U0924505

成保良经济文选

成保良 著

清華大學出版社
北京

图书在版编目(CIP)数据

成保良经济文选/成保良著. —北京：清华大学出版社，2019
ISBN 978-7-302-51600-2

Ⅰ. ①成…　Ⅱ. ①成…　Ⅲ. ①马克思主义政治经济学—文集　Ⅳ. ①F0-0

中国版本图书馆CIP数据核字(2018)第257222号

责任编辑：徐学军
封面设计：常雪影
责任校对：宋玉莲
责任印制：李红英

出版发行：清华大学出版社
网　　址：http://www.tup.com.cn，http://www.wqbook.com
地　　址：北京清华大学学研大厦A座　　邮　　编：100084
社 总 机：010-62770175　　邮　　购：010-62786544
投稿与读者服务：010-62776969，c-service@tup.tsinghua.edu.cn
质量反馈：010-62772015，zhiliang@tup.tsinghua.edu.cn
印 装 者：三河市铭诚印务有限公司
经　　销：全国新华书店
开　　本：170mm×240mm　　印　　张：32.5　　字　　数：508千字
版　　次：2019年1月第1版　　印　　次：2019年1月第1次印刷
定　　价：98.00元

产品编号：078689-01

目　录

马克思经济思想理论体系研究

马克思《资本论》及其创作史研究

马克思重要经济理论观点研究

马克思主义经济学在中国传播与发展研究

当代现实经济问题研究

马克思主义经济思想理论的深湛探索

——《成保良经济文选》评介(代序)

马克思主义政治经济学和马克思主义经济思想史学家、中国人民大学经济学院成保良教授,在长期的高等教育教学和科研生涯中,致力于政治经济学、马克思主义经济思想史、马克思《资本论》的教学和科研工作。他与其他同志合著的《马克思主义学说史》《马克思经济体系的继承和创新》《〈资本论〉续篇探索》等专著,均具较高理论学术水平,获得国家级奖励。同时,他撰写了大量经济学论文,本书所选辑的论文,是他潜心从事经济学科学研究所取得的丰硕成果。

综观本书所汇集的经济学论文,具有以下显著特色。

一、对马克思的经济思想进行系统连贯的理论探索,深入挖掘和研究马克思经济学遗产。

马克思主义经济学体系是马克思主义经济学理论大厦的基本框架结构,它是运用辩证唯物主义和历史唯物主义,在批判地继承古典政治经济学科学成果和总结人类社会经济发展实践的基础上建立和发展起来的。它深刻研究人们的社会生产关系即经济关系,阐明人类社会各个发展阶段上支配物质资料生产和分配的规律,特别是论证资本主义生产方式产生、发展和灭亡的必然性。马克思的经济理论体系,包括它的各个理论观点、内在结构、科学方法,经历了一个从不成熟到成熟的发展过程,经历了一个逐步建立、不断发展乃至修正自身不足之处的完善过程。伴随着这个过程,也是马克思以及恩格斯的世界观和政治立场逐渐转变的过程。成保良在《马克思世界观和政治立场的转变》《恩格斯世界观和政治立场的转变》两文中,深刻分析了马克思和恩格斯通过参与现实政治斗争的实践和艰苦深入的理论研究,从而在世界观上从唯心主义转向唯物主义,在政治立场上从资产阶级民主主义转向共产主义的内在原因。成保良在《马克思经济理论的发展阶段》《马克思在科学上的两个伟大发现》等论文中,依据马克思经济理论体系结构的演变发展过程,将马克思经济理论的发展划分为四个阶段，深入说明马克思经济理论体系的核心问题即以劳动价值论为基础的剩余价值理论的逐步发展和成熟，相应地分析了马克思的科学方法论的逐步完善进程，提示了马克思对资产阶级政治经济学批判继承的深度和广度。在此基础上，成保良对马克思所创立的唯物史观和剩余价值理论两大科学发展，进行了精辟剖析和研究，指出这两大科学发现揭示了人类社会历史的发展规律和资产阶级社会产生、发展、灭亡的规律，实现了社会历史观和政治经济学的根本变革。

二、对马克思经济思想理论的研究，突出表现在他对马克思的经济学巨著《资本论》及其创作史的研究方面。

《资本论》是马克思的主要著作，是马克思天才智慧和毕生心血的结晶，它以马克思的剩余价值理论为主线，揭示了人类社会发展的客观规律，为无产阶级指明了革命前景，被誉为“工人阶级的圣经”。《资本论》分析资本主义经济过程所揭示的关于社会化大生产和商品经济的一般原理，《资本论》所提供的正确观察社会发展的世界观和方法论，对建设中国特色社会主义具有重大指导意义。成保良在《研究〈资本论〉创作史的现实意义》一文中，明确提出研究《资本论》及其创作史，一是有助于加深对马克思的经济理论是发展的科学这一本质特点的认识，科学地对待马克思主义；二是可以了解马克思主义具有开放性的特点，正确对待西方经济学；三是有助于从理论和实践的结合上更好地坚持和发展马克思主义。成保良所撰写的《论〈资本论〉结构的形成过程》《马克思〈资本论〉“四卷结构”的形成》，以及《也谈〈资本论〉的研究起点》等论文，反映了他在《资本论》创作史方面的研究成果。结合对《资本论》创作史的研究，他深入剖析了《资本论》的体系结构、理论观点、基本内容。他还提出了“《资本论》学”这一概念，认为“《资本论》学”是一门范围广阔的马克思主义基础理论学科，是我们研究当代经济问题的金钥匙，对于学习、研究、传播、发展马克思主义具有重要意义。

三、对马克思的诸多重要经济理论观点深入剖析，进行专题性的探讨和研究。

成保良善于运用史论结合的方法，从马克思主义经济思想史的角度，深入探析马克思的许多重要经济理论观点的形成和发展过程，经过翔实的论证，指明这些理论观点的本质特征，从而大大加强了理论上的认识深度。他对马克思的剩余价值理论(《剩余价值理论在马克思主义科学体系中的地位和作用》)、劳动从属于资本理论(《马克思关于劳动从属于资本的理论》)、市场的含义和形态(《马克思市场范畴研究》)、市场竞争的含义和作用(《竞争范畴的含义和竞争学说的地位》)、社会总劳动分配及其调节机制(《论马克思的社会经济调节理论》),以及马克思的人口理论、资本流通理论、借贷资本理论、级差地租理论等,都进行了专门深入的研究,并针对有的人在有关理论观点上的错误认识予以辨析,提出正确的理解,特别是批判了资产阶级学者在有关问题上的曲解。他还运用一般和特殊相结合的辩证分析方法,结合当今世界各国发展市场经济的实践,分析资本、剩余价值、利润等经济范畴,认为这些范畴在不同基本经济制度下具有特殊性,在资本主义制度下,资本和剩余价值体现资产者和雇佣劳动者的生产关系,但是,这些范畴又是发达市场经济一般性的基本范畴,在我国社会主义市场经济体制下,也可以运用现代发达市场经济通行的理论和范畴。

四、把马克思主义经济思想史的研究延伸到中国特色社会主义经济理论创立史领域,探讨了马克思主义经济学在中国的传播并同中国实际相结合而不断发展的历史进程。

马克思主义经济学肇始于19世纪40年代,成熟于60年代至70年代,直到20世纪初,它才逐渐传播到中国。马克思主义经济学在中国的传播和发展,就是它同中国社会经济愈益结合,理论上不断发展创新,并在实践中取得辉煌成果的历史过程。成保良在1999年所写的《马克思主义经济学在中国的传播》和2000年所写的《马克思主义经济学同中国实际愈益结合的一百年》两文中,把马克思主义经济学在中国传播和发展的历程划分为三个阶段,即20世纪开头的20年,特别是新文化运动、“五四”运动和中国共产党创立时期,是它在中国传播的初始阶段;20世纪中期50多年是它在中国发展的第二阶段,即毛泽东经济理论创立和实践阶段;20世纪最后20多年是它在中国发展的第三个阶段,即邓小平经济理论创立和实践阶段。

成保良对马克思主义经济理论在中国的传播,并与中国实际相结合而发展马克思主义经济学的主要代表人物李大钊、毛泽东、刘少奇、邓小平、张闻天的经济思想理论和现实意义进行了全面深入的考察和研究。在他所撰写的《论李大钊的经济思想》《毛泽东经济理论的创立和实践》《论毛泽东商品经济思想》《毛泽东的经济体制改革思想》《论毛泽东利用资本主义的思想》《刘少奇关于利用资本主义的思想及其意义》《邓小平经济理论创立和实践》《张闻天新民主主义经济构成思想的理论地位和现实意义》《张闻天的利用资本主义思想及其理论贡献》《张闻天在〈资本论〉研究方面的贡献及其现实意义》等文中，从多重视角分析了上述我国老一辈无产阶级革命家在经济理论方面的探索和贡献，他们在传播马克思主义经济理论的同时，分别结合我国新民主主义革命和建设、结合中华人民共和国成立初期的社会主义革命和经济建设、结合我国改革开放发展的历程，提出了一系列有重要先导意义和指导意义的经济思想理论，把马克思主义基本经济思想理论同中国实际和时代发展密切联系，推动了我国革命建设和改革发展的历史进程，开创了马克思主义经济思想理论在中国划时代发展的新篇章。

五、从理论与实际的结合上，探讨和研究了资本主义和社会主义的某些现实经济问题。

成保良在《资本主义发展阶段划分依据的理论述评》《现代资本所有制形式和资本主义发展阶段》等文中，考察了近百年来马克思主义经典作家、马克思主义研究者，以及社会学家、未来学家对资本主义发展阶段的各种探索，归纳出他们划分资本主义发展阶段的各种依据和各种划分方法。他在对这些观点和划分方法进行归纳和评析的基础上，提出了自己的独到见解，主张以“资本关系和资本所有制形式的变化”作为主要依据来划分资本主义的发展阶段，为此划分为两个阶段：(1)从16 世纪到 19 世纪后期是个人资本占统治地位，可称为个人资本主义(或私人资本主义)阶段；(2)从 19 世纪后期到现在，是股份资本或社会资本占统治地位，可称为股份资本主义(或社会资本主义)阶段。同时他还提出，如果按照传统的以自由竞争和垄断这两种经济特征作为依据来划分资本主义发展阶段的划分方法，则不如划分为“自由竞争资本主义”“垄断竞争资本主义”“国家——垄断竞争资本主义”三个阶段较为合理和符合实际。

他在《论共产主义、社会主义用语含义的演变和发展》《社会主义社会概念和社会主义初级阶段地位之我见》等文中，考察了共产主义和社会主义用语的起源和演变，指出在马克思和恩格斯的著作中，共产主义和社会主义的用语和含义一般是相一致的。应将马克思主义创始人科学预见的理想的社会主义社会,同20世纪出现的现实的社会主义社会加以区别,前者的标准要远高于后者,其最重要的差别就在于后者的生产力发展水平,大大低于马克思主义创始人所设想的共产主义社会(包括社会主义社会)所应该达到的远高于资本主义社会的更高水平。在马克思主义思想史上,是列宁第一次把共产主义两个阶段分别称为"社会主义"和"共产主义"。社会主义初级阶段理论是中国共产党人和邓小平对马克思主义关于共产主义两个阶段理论的创新和发展,它科学地指明了我国现阶段的历史定位。

此外,他在《以公有制为主体和多种经济成分共同发展思想的形成过程》《发达市场经济是当代世界各国经济运行的共同形式》等文中,对我国现阶段的生产资料所有制结构和社会主义市场经济运行等问题,进行了深入的分析和研究。

成保良教授已经离世五年了。这部《成保良经济文选》,汇集了他多年持之以恒的重要研究成果,集中体现出他所研究的经济问题的广度和深度。这些论文在着力于研究和探索经济理论和现实问题过程中,注重从马克思主义经济思想史的视域入手进行分析,从深层次上探析各种经济问题的形成和发展的思想脉络及理论演进过程,并从理论和实际的结合上,以及历史和逻辑相统一的维度,进行实事求是和鞭辟入里的分析研究,提出自己的看法,从而提高了理论说服力,具有卓异的见解和理论深度。这是成保良教授所做出的颇具理论价值和现实意义的学术贡献。他深厚的经济学理论素养和孜孜不倦的理论探索精神,是值得我们敬重和学习的。

顾学荣

2017年4月写于北京增光佳苑

马克思经济思想理论体系研究

马克思经济理论的发展阶段

马克思1842—1843年在《莱茵报》工作期间，遇到要对所谓物质利益发表意见的难事，成为他研究经济问题的最初动因。马克思退出《莱茵报》以后，通过对黑格尔法哲学的批判性的研究得出结论：法的关系根源于物质的生活关系，而对物质生活关系的总和的解剖，应该到政治经济学中去寻求。

马克思从1843年10月底迁居巴黎后开始研究政治经济学，到他1883年3月逝世，历尽艰辛，不断耕耘，呕心沥血40载。在吸收人类优秀思想成果和批判地继承资产阶级古典政治经济学的基础上，在研究资本主义发展历史，特别是英国资本主义经济发展过程的基础上，马克思实现了政治经济学的根本变革，创立了被誉为"划时代的功绩"的第二个伟大科学发现的剩余价值理论，写下了不朽的《资本论》等著作，创建了以马克思的伟大名字命名的马克思主义政治经济学，即无产阶级政治经济学。

马克思的经济理论体系，包括它的各个理论、方法论、结构，经历了一个从不成熟到成熟的过程，经历了一个逐步克服、修正自身错误而走向正确的过程。研究马克思经济理论的发展过程具有重大现实意义：它能够加深对马克思的经济理论是发展的科学这一本质特点的认识；可以了解马克思主义具有开放性的特点，正确对待现代西方经济学；有助于完整、准确、深刻地理解和把握马克思经济理论本身；可以发掘蕴藏在马克思的经济学笔记和手稿中的宝贵思想，丰富马克思主义理论宝库；将更加有力地回击当代资产阶级学者歪曲和反对马克思经济理论的思潮，捍卫马克思主义。

为了深入仔细研究马克思经济理论的发展过程，有必要把它划分为若干阶段，每个阶段又可以分为几个小阶段。应该以马克思经济理论体系的核心问题即以劳动价值论为基础的剩余价值理论的成熟程度，作为划分经济理论发展阶段的主要标志。而马克思的劳动价值理论和剩余价值理论的创建，又是与他的科学方法论的确立、对资产阶级政治经济学的批判和理论体系结构的创建分不开的。因此，在划分马克思经济理论发展阶段时，也要考虑他的科学方法论的完善程度、对资产阶级政治经济学批判的广度和深度，以及理论体系结构的演变发展过程。

根据以上认识，马克思研究经济理论的40年历程，可以划分为以下四个阶段。

（一）40年代是马克思经济思想的萌芽阶段（1843—1849年）

1. 40年代初是马克思研究政治经济学的开端时期。马克思在巴黎系统研究政治经济学时，在阅读许多资产阶级经济学家著作的过程中，先后写下了7册摘录、批注和评论性的笔记即《巴黎笔记》（写于1843年10月—1844年1月）。在这部笔记中，马克思站在无产阶级立场上，用唯物主义和共产主义观点，批判了维护私有制的资产阶级政治经济学，揭露了私有制使工人阶级陷于被奴役和贫困的境地，并用异化概念研究了货币的本质和工人劳动的特殊性。在这个笔记的基础上，马克思打算写一部两卷本的旨在批判资本主义社会制度和资产阶级政治经济学的著作《政治和政治经济学批判》。《1844年经济学哲学手稿》（写于1844年4—8月）可能就是为撰写这本著作所做的准备。这一手稿通过分析资本主义社会三个基本阶级的三种收入形式即工资、利润和地租，揭露了资本主义社会的经济结构及其对抗性质；使用德国古典哲学中的“异化”术语，提出“异化劳动”概念，用以表示私有制条件下工人的地位和状况，试图运用这一概念来揭示劳动和私有制的本质联系。“异化劳动”概念就其实质而言，是马克思关于资本和雇佣劳动理论的发端。

2. 在40年代中期，马克思全面制定了新的世界观和历史观，并为政治经济学奠定了科学方法论的基础。1844年8月，马克思和恩格斯在巴黎见面后合作撰写了一部批判青年黑格尔派和黑格尔本人唯心主义哲学的著作《神圣家族》（1845年2月出版）。在这部初步阐述辩证唯物主义和历史唯物主义一些重要思想的哲学著作中，马克思已经接近他的整个体系的基本思想即社会生产关系的思想，也转而接受李嘉图的劳动决定价值的观点。1845年2月，马克思迁居布鲁塞尔继续研究政治经济学，又写下了阅读资产阶级政治经济学著作和其他著作的15册摘录和评论性的笔记，被称为《布鲁塞尔笔记》和《曼彻斯特笔记》。在这过程中，马克思和恩格斯又合作撰写了另一部批判黑格尔以后的包括费尔巴哈在内的德国哲学的著作《德意志意识形态》（写于1845年9月—1846年夏初）。这部著作全面制定了唯物史观，把社会经济形态的发展理解为一个合乎规律的客观过程，发现了人类社会发展的规律，揭开了人类历史之谜。《神圣家族》和《德意志意识形态》奠定了政治经济学科学方法论的基础。

3. 在40年代后期，马克思产生了劳动价值理论和剩余价值理论的最初思想。在1847年到1849年，马克思出版了几本重要著作。首先是批判小资产阶级思想家蒲鲁东的论战性的著作《哲学的贫困》(1847年7月出版)，论述了唯物史观的一些基本原则和政治经济学的一系列原理。它规定了政治经济学的对象和方法，提出了“经济范畴只不过是生产方面社会关系的理论表现，即其抽象”(第4卷，第143页)的论断，论证了经济范畴的历史性；论述了资本主义经济的一般特征、产生前提和发展趋势，探讨了资本主义经济的许多范畴；改变了以前对李嘉图劳动价值论的否定态度，肯定并阐述了这一理论，并在此基础上，在利润的形式上研究了剩余价值的来源。当然，这时马克思的剩余价值理论还处于萌芽状态。其次是马克思在1847年12月在布鲁塞尔德国工人协会所作演讲《雇佣劳动与资本》(1849年4月发表)，把资本主义生产关系作为研究对象，以劳动价值论为基础，揭露了资本对雇佣劳动的剥削本质。他明确指出，资本不是以生产资料形式存在的物，而是资产阶级社会的生产关系。这时，他虽然还没有明确区别劳动力和劳动，把工人出卖的商品说成是劳动，但已经认识到工人的劳动是一种“创造力量”，“这种力量不仅能补偿工人所消费的东西，并且还使积累起来的劳动具有比以前更大的价值”(第6卷，第489页)，1847年底马克思和恩格斯合作撰写的科学共产主义纲领性文献《共产党宣言》(1848年2月出版)，全面阐述了马克思主义三个重要组成部分的基本观点，运用生产力和生产关系对立统一原理，揭示了资本主义生产方式产生、发展和必然灭亡的客观规律，阐明了无产阶级的伟大历史使命。

(二) 50年代是马克思经济理论的初步形成阶段(1850—1859年)

1. 马克思在欧洲革命失败后迁居伦敦。从1850年9月开始，马克思恢复了曾一度中断的政治经济学的研究工作，重新阅读并广泛研究了众多资产阶级经济学家的著作，写下了24本笔记即《伦敦笔记》(写于1850年9月至1853年8月)。这些笔记表明，马克思已经克服了李嘉图货币数量论的影响，从根本上推翻了资产阶级经济学的货币流通理论；初步揭示了货币本质，规定了货币的基本职能，研究了影响货币流通量的因素及其规律性；克服了李嘉图地租理论中的错误，提出了级差地租的新观点；进一步研究了"价值以及资本怎么会增加"的问题，指出资本家获得的价值"余额"是工人劳动所创造的价值大于工资的价值的部分。《伦敦笔记》是马克思后来撰写政治经济学著作的直接准备。

2. 从1857年7月到1858年6月，马克思撰写了一部宏大的《经济学手稿(1857—1858年)》。这个手稿的最大贡献在于它第一次制定了科学的劳动价值理论和剩余价值生产理论即狭义剩余价值理论，后者被称为马克思的第二个伟大科学发现。它是《资本论》的最初草稿。这个手稿的《导言》科学地规定了政治经济学的对象和方法。这一手稿的"货币章"和后面的"价值"章片段，第一次规定了商品、劳动、价值、货币这些商品经济的范畴，奠定了科学劳动价值论的基础。它首次确定商品是研究资产阶级经济的第一个范畴，分析了商品的二重属性；第一次分析了生产商品的劳动的二重性质；在深入揭示商品经济内在矛盾的过程中阐明了货币的产生，分析了货币的本质和职能，阐述了货币流通概念和货币流通规律；揭示了商品经济的各种矛盾的根源，指出了人们生产关系物化的原因。这一手稿的"资本章"，第一次揭示了资本和剩余价值这些资本主义经济的最主要的范畴，创立了剩余价值生产理论。"资本章"第一部分对资本的生产过程进行了深入分析：首先规定了"资本一般"这个范畴，即"每一种资本作为资本所共有的规定，或者说是使任何一定量的价值成为资本的那种规定"(第46卷上，第444页)，并从流通形式上揭示了作为资本的货币不同于作为货币的货币的重要特征；研究了资本和劳动相交换的两个不同过程，第一次区别了劳动和劳动能力，初步分析了劳动力商品的属性；通过劳动过程和价值增殖过程的研究，具体探明了资本的生产过程，第一次提出了剩余价值范畴，揭示了它的来源；初步研究了剩余价值两种形式即绝对剩余价值和相对剩余价值；研究了资本的不同组成部分在价值增殖过程中的不同作用，第一次明确地把生产阶段的资本划分为不变资本和可变资本，这样，马克思就解决了导致李嘉图体系解体的第一个难题即资本与劳动的交换与价值规律不相容的矛盾。"资本章"第二部分对资本的流通过程进行了初步分析，着重考察了资本运动中价值增殖过程和产品价值实现过程的矛盾、资本主义积累、资本的循环和周转等问题，提出了关于社会资本再生产理论的思想萌芽。“资本章”第三部分对利润进行了研究，它把剩余价值的纯粹形式和它的特殊形式区别了开来，第一次论述了剩余价值转化为利润、利润率转化为平均利润率以及利润率下降规律等问题。这个手稿还有一个专门部分考察了资本主义生产以前的各种形式，探讨了从原始社会到资本主义以前各种所有制形式的发展过程，特别是前资本主义各种所有制形式解体和资本主义生产关系产生的历史过程。

3. 1859 年 6 月，马克思出版了他的《政治经济学批判》第一分册。这本书的《序言》对作为马克思经济理论的方法论的唯物史观作了经典式的表述。这本书的第一章“商品”和第二章“货币或简单流通”，对先前所写手稿中关于商品和货币的理论，关于劳动价值理论的基本内容，首次作了系统的、科学的阐述。

4. 在 50 年代后期，马克思制定了自己的经济理论的研究和写作计划。他把自己的经济学著作定名为《政治经济学批判》，打算分六个分册出版。“六册计划”包括：资本、土地所有制、雇佣劳动、国家、对外贸易、世界市场。第一册《资本》又分为四篇：资本一般、竞争或许多资本的相互作用、信用、股份资本。第一篇《资本一般》中又分为三章：商品、货币或简单流通、资本一般。第三章又分为三个部分：资本的生产过程；资本的流通过程；两者的统一，或资本和利润、利息。

50 年代马克思在政治经济学研究上取得的成就表明，在这一时期，马克思经济理论的基本观点已经确立，基本体系已经初步形成。后来《资本论》阐述的基本观点大多在上述手稿和著作中已经提出并给予初步说明；《资本论》的结构体系在上述手稿和所拟计划中也可以看到它的轮廓。恩格斯说，马克思在 1859 年前后，“他自己的政治经济学批判不仅在纲要上已经完成，而且在最重要的细节上也已经完成”(第 24 卷，第 11 页)。

（三）60 年代初期和中期是马克思经济理论的基本完成阶段（1861—1867 年）

1. 从 1861 年 8 月到 1863 年 7 月，马克思为继续写作《政治经济学批判》这部著作，又形成了一部篇幅巨大的、有 23 个笔记本的《经济学手稿（1861—1863

年)》。这部手稿完成了包括剩余价值生产、实现、转化分割全部内容的广义剩余价值理论的创建,被称为《资本论》第二稿。按其内容来说,它可分为理论部分和历史批判部分。手稿的理论部分由三篇构成。第一篇“资本的生产过程”,包括八章:(1)“货币转化为资本”,(2)“绝对剩余价值”,(3)“相对剩余价值”,(4)“相对剩余价值和绝对剩余价值”,(5)“劳动对资本的形式上的从属到实际上的从属。过渡形式”,(6)“资本的生产性。生产劳动和非生产劳动”,(7)“剩余价值再转化为资本”,(8)“所谓原始积累”。这一篇全面丰富和发展了50年代制定的关于资本本质和剩余价值生产的理论;已经非常接近后来写作的“资本论”第一卷的内容。现在编入第二篇“资本的流通过程”的包括两章:“再生产过程”和“补充部分。资本主义再生产中的货币回流运动”,对在历史批判部分中已经探讨过的社会资本再生产问题进行了理论概括。现在编入第三篇《资本和利润》的包括两章:“剩余价值和利润。平均利润率。利润率下降规律”和“利润分为产业利润和利息。商业资本。货币资本”,对利润、商业资本和生息资本做了进一步的分析。手稿的历史批判部分是17世纪中叶以来“政治经济学核心问题即剩余价值理论的详细的批判史”(第24卷,第4页)。马克思为这部分手稿加的标题为“剩余价值理论”,在它的开头有一个“总的评论”,尖锐地指出所有资产阶级经济学家都犯了一个错误,“他们不是就剩余价值的纯粹形式,不是就剩余价值本身,而是就利润和地租这些特殊形式来考察剩余价值。”(第26卷Ⅰ,第7页)这个手稿现编为三册:第一册研究了李嘉图以前的资产阶级政治经济学,主要评论了重农学派和亚当·斯密的经济理论;第二册研究了资产阶级古典政治经济学完成者李嘉图的经济理论体系;第三册研究了李嘉图以后的资产阶级政治经济学,主要考察古典政治经济学的瓦解过程和庸俗政治经济学的产生和发展。通过以上研究和评述,《剩余价值理论》便展示了资产阶级古典政治经济学产生、发展和完成及其庸俗化的历史过程。同时,马克思在对资产阶级经济学家的经济观点进行评述的过程中,充实和发展了自己原有理论,创建了一些新的理论。例如,在评述斯密等人的生产劳动和非生产劳动见解的过程中,制定了自己的关于这个问题的理论;在批判“斯密教条”和研究魁奈《经济表》的基础上,创立了自己的社会资本再生产理论;在批判李嘉图等人的价值理论和费用价格理论时,解决了导致李嘉图体系解体的第二难题即等量资本获得等量利润与价值规律不相容的矛盾，完成了平均利润和生产价格理论；在评论李嘉图地租理论的过程中，论证了绝对地租的存在，从而全面制定了自己的地租理论。

1862 年 12 月，马克思在写作《剩余价值理论》手稿的过程中，对自己经济学著作的名称和结构产生了新的想法，即他的著作“将以《资本论》为标题单独出版，而《政治经济学批判》这个名称只作为副标题”（第 30 卷，第 636 页）。后来，他又计划把《资本论》这部著作分三卷四册出版。

2. 从 1863 年 8 月到 1867 年马克思开始了一个新的工作阶段，即按上述计划为《资本论》的出版而“整理手稿”，又形成了包括《资本论》前三册的一系列新手稿；有人把它叫作 1863—1867 年经济学手稿，或《资本论》第三稿。第一册为《资本的生产过程》，开始时包括六章：(1)“货币转化为资本”，(2)“绝对剩余价值生产”，(3)“相对剩余价值生产”，(4)《绝对剩余价值和相对剩余价值的进一步研究》，(5)“资本的积累过程”，(6)“直接生产过程的结果”。第六章“直接生产过程的结果”，论述了作为资本产物的商品、资本主义生产是剩余价值的生产、资本主义生产是特殊资本主义生产关系的生产和再生产等问题。这一章的特点是把资本主义生产过程作为总体来考察，深刻地揭示了资本主义生产方式的内在矛盾，指出了资本主义生产方式被新的生产方式所代替的必然性及其主客观条件逐步形成过程。第二册为《资本的流通过程》，包括三章：(1)“资本流通”，(2)“资本周转”，(3)“流通和再生产”。它是《资本论》第二卷的第一稿，是马克思第一次对资本的循环和周转理论、社会资本再生产理论的系统阐述。第三册为《总过程的具体形式》，原稿分为七章：(1)剩余价值转化为利润，(2)利润转化为平均利润，(3)一般利润率随着资本主义生产的进步趋向而下降的规律，(4)商品资本和货币资本转化为商品经营资本和货币经营资本，或商人资本，(5)利润分为利息和企业主收入（工业利润和商业利润），生息资本，(6)超额利润转化为地租，(7)各种收入（所得）及其源泉。它是第三册的“初稿”，也是后来恩格斯用来编辑《资本论》第三卷的“主要的手稿”，它研究的是“剩余价值转化为它的各种不同的形式和彼此分离的组成部分”（第 32 卷，第 70—71 页）。

3. 从 1866 年元旦起，马克思就对《资本论》第一册文稿开始进行誊清和润色工作。1867 年 9 月 14 日,《资本论》第一卷德文第一版在汉堡由迈斯纳出版社出版。这一卷结构仍然包括 6 章,但与原来文稿不同,增加了《商品和货币》,列为第一章,抽下了第六章《直接生产过程的结果》。马克思在这本书《第一版序言》中声明:“本书的最终目的就是揭示现代社会的经济运动规律”(第 23 卷,第 11 页),即资本主义社会产生、发展和必然灭亡的规律。它的第一卷出版后,在欧洲大陆上被誉为“工人阶级的圣经”,在政治经济学史上开创了一个新时代,是无产阶级政治经济学产生的标志。

(四)60 年代后期到 80 年代初是马克思经济理论的进一步完善和发展阶段(1867—1883 年)

1. 马克思在 1871—1873 年间,对《资本论》第一卷德文版进行了修订,出版了第二版,并为第三版做了准备工作。后来在恩格斯主持下,又出了第三版和第四版。同时,马克思在 1872—1875 年间,还亲自校订了具有独立科学价值的《资本论》第一卷法文版。《资本论》第一卷德文第二版以后各版,在篇章结构上有较大变动,在对某些问题的表述上更加完善。第一卷《资本的生产过程》分为 7 篇 25 章:第一篇科学地表述了商品和货币理论,阐明了劳动价值理论的基本原理。它从“资产阶级社会的经济细胞”商品分析开始,研究了商品的使用价值和价值的矛盾,发现了生产商品的劳动二重性即具体劳动和抽象劳动以及它们的矛盾。对劳动二重性的批判论证就把古典政治经济学创立的劳动价值论奠定在科学的基础上,使马克思找到了一把钥匙,科学地解释商品经济和资本主义经济的许多经济现象。它分析了前人从未研究过的价值形式及其发展,揭示了货币的起源和本质,解开了几千年来笼罩在货币上的谜。它确认商品、货币、价值不是物,而是被物的外壳掩盖的人与人的生产关系,从而揭示了商品拜物教和货币拜物教的秘密。因为商品是资产阶级财富的元素形式,抽象商品是研究资本的逻辑起点,商品生产和商品流通是资本产生的历史前提,而货币则是资本最初的表现形式,所以分析商品和货币的这一篇是研究资本主义生产方式的“绪论性的章节”或“引言”。这一篇阐明的价值理论是以后分析资本和剩余价值理论的基础。第二至六篇科学地表述了 50 年代后期和60年代初期两部手稿中已经制定出来的剩余价值生产理论，详细地分析了剩余价值的生产过程，深刻地揭示了资本的本质和剩余价值的起源，揭露了资本主义剥削的隐蔽机制，从而令人信服地论证了无产阶级和资产阶级对立的经济基础。因为资本本质和剩余价值生产的理论是马克思经济理论的基石，在整个科学共产主义理论中处于中心地位，所以这五篇是《资本论》中最具有决定意义的篇章。第七篇科学地表述了资本积累理论，揭示了资本积累的本质、规律和后果。它研究了资本主义生产的发展，资本积累的进行，资本有机构成的提高，给工人阶级命运产生的影响，揭示了资本主义积累的一般规律，财富在资产阶级一极积累，贫困在工人阶级一极积累。它分析了随着资本主义生产和积累的发展，资本的集中，资产阶级和工人阶级之间矛盾的加深，得出结论："生产资料的集中和劳动的社会化，达到了同它们的资本主义外壳不能相容的地步。这个外壳就要炸毁了。资本主义私有制的丧钟就要响了。剥夺者就要被剥夺了。"(第23卷，第831—832页)这就是资本主义积累的历史趋势。因为这一部分从资本积累过程得出了资本主义必然灭亡的结论，所以是整个第一卷的总结。

2. 马克思在1867—1880年间，为修订《资本论》第二册花费了巨大劳动，在第一稿以后又写了七份手稿即第二至八稿。其中第二至四稿是1870年前写作的，第五至八稿是1877年以后撰写的。完成于1870年的第二稿是一个属于全册三篇的完整的手稿，马克思指示："第二个修订稿必须作为基础"(第24卷，第7页)。马克思逝世后，恩格斯根据这七份手稿编纂成现行版本的《资本论》第二卷，于1885年问世。第二卷《资本的流通过程》把资本主义生产过程作为生产过程和流通过程的统一的总流通过程来进行考察，中心问题是剩余价值的流通或实现。马克思在这一卷中提出，资本不仅是一种历史的阶级关系，而且应理解为一种运动。全卷共3篇21章：第一篇研究资本的形态变化及其循环，中心问题是资本运动的连续性，而连续性乃是资本主义生产的特征。第二篇研究资本的周转，中心问题是资本运动的速度，它对剩余价值的生产和实现有重大影响。第三篇研究社会资本的再生产和流通，中心是社会总产品的实现问题，为此阐述了简单再生产和扩大再生产的实现条件。由于资本主义所固有的矛盾，社会生产两大部类之间的比例关系必然不断被破坏，因而周期性的经济危机是不可避免的。恩格斯高度称赞马克思《资本论》第二卷在研究工作上的首创性、精确性和学术性。

3. 在这期间，马克思为修订《资本论》第三册，对农业、土地所有制和地租问题，银行、信贷、货币资本和财政问题，经济危机问题等作了进一步的研究。但所获成果没有形成一个新的系统手稿，或者汇总到原先手稿中去，只留下几个关于个别问题的手稿和一些笔记。恩格斯花了九年时间编辑成现行《资本论》第三卷，于1894年12月出版。第三卷《资本主义生产的总过程》“要揭示和说明资本运动过程作为整体考察时所产生的各种具体形式”（第25卷，第29页）。第一至三篇阐述的平均利润和生产价格理论，通过分析剩余价值在产业资本家之间的分配，揭示了资本家阶级在剥削工人阶级方面利益一致的经济基础。第四至六篇阐述的商业资本理论、生息资本理论和地租理论，揭示了商业资本家、生息资本家和跟农业资本相联系的土地所有者通过商业利润、利息和地租形式瓜分和占有产业工人所生产的剩余价值的规律。第七篇批判了“三位一体”公式，阐明了分配关系和生产关系的关系，进一步揭示了资本主义生产方式的对抗性质和历史暂时性质，指出了解决这个对抗性的社会生产方式的道路，是《资本论》全书的总结。恩格斯曾经说过，第二卷在很大程度上是纯学术性的，很少鼓动材料，而第三卷犹如“雷鸣电闪”，“第一次从总的联系中考察了全部资本主义生产，完全驳倒了全部官方的资产阶级经济学”（第36卷，第322页），“对整个旧经济学确实是一场闻所未闻的变革”（第36卷，第292页）。

4. 马克思晚年在广义政治经济学的研究上也取得了重大进展。在这以前，马克思在《资本论》及其手稿和其他著作中对前资本主义社会形态和未来社会的经济特征曾有许多精辟论述。在这一时期的主要贡献是：在1871年，马克思在《法兰西内战》一书中，总结了巴黎公社的经验，驳斥了统治阶级代表鼓吹合作制的骗局，论述了剥夺剥夺者实行生产资料公有制的途径。在1875年，马克思在《哥达纲领批判》一书中，第一次论述了共产主义社会发展的两个阶段及其基本特征，指出第一阶段经济上的特征是生产资料公有和按劳分配；分析了从共产主义低级阶段到高级阶段过渡的条件，指出高级阶段将实行“各尽所能，按需分配”。在1880—1881年，马克思对美国科学家摩尔根《古代社会》一书作了摘要和评论，认为该书提供的实际材料证实了他和恩格斯共同制定的唯物史观和对原始社会的看法。马克思曾打算写一本关于这个问题的书，但这个愿望没有实现。后来，恩格斯利用了马克思的材料，写成《家庭、私有制和国家的起源》一书。

原载《马克思主义经济理论全书》
历史篇——马克思主义经济学的创立和发展，466—471 页
吉林人民出版社 1992 年 7 月出版

马克思在科学上的两个伟大发现

在19世纪四五十年代，马克思这位雄踞世界理论高峰的科学巨匠，在许多研究领域都取得独到的发现，其中最重要的有两个：一是创立了唯物史观，揭开了人类历史之谜，发现了人类社会历史的发展规律，实现了社会历史观的根本变革；二是创立了剩余价值理论，揭破了资本主义剥削的秘密，发现了资产阶级社会产生、发展和必然灭亡的规律，实现了政治经济学的根本变革。

一、创立了唯物史观

在马克思以前，在社会历史的理论领域内唯心史观占据完全统治地位。唯心史观认为，社会意识是第一性的，社会存在是第二性的，是社会意识决定社会存在。从这一基本观点出发，它把人类社会历史看成是依精神力量为转移的，用人们的思想动机、个别英雄人物的意志或某种超自然的神秘力量来解释人类社会历史的发展。它否认人类社会历史是按照本身所固有的必然规律而发展的物质过程，否认社会历史发展的客观规律，否认阶级斗争，否认人民群众是世界历史的创造者。对于唯心史观，恩格斯是这样揭示的："以前所有对于历史的见解，都以下述观念为基础：一切历史变动的最终原因，应当到人们变动着的思想中去寻求，并且在一切历史变动中，最重要的、决定全部历史的是政治变动。可是，人的思想究竟从哪里来的，政治变动的动因又是什么——关于这一点，没有人发问过。"（第19卷，第121页）

在19世纪40年代初期和中期，马克思在积极参加现实政治斗争的同时，进行了艰苦的理论创建活动，一开始研究哲学、历史和法律，继而转向研究政治经济学。就在这一时期，马克思在批判地研究黑格尔客观唯心主义哲学和费尔巴哈唯心主义社会历史观的过程中，在总结人类社会历史发展过程和资本主义发展实践的基础上，与恩格斯一道共同创立了唯物史观。

马克思发现唯物史观，经历了一个从萌芽到逐步成熟的过程。1842 年 10 月至 1843 年 3 月，他在《莱茵报》工作期间，由于广泛接触社会生活和参与现实政治斗争，就产生了唯物史观的一些萌芽思想。1843 年 3 月至 1844 年 8 月，马克思离开《莱茵报》退回书房以后，在克罗茨纳赫刻苦读书，对黑格尔法哲学和资产阶级经济学进行了深入研究，后来又在巴黎创办《德法年鉴》杂志，亲自参加法国工人运动，在《黑格尔法哲学批判》手稿、发表在《德法年鉴》上的论文和在《1844 年经济学哲学手稿》中，马克思提出了唯物史观基本问题的许多重要思想。1844 年底，马克思和恩格斯第一次合作撰写的哲学著作《神圣家族》中，提出了"接近"自己社会历史观整个"体系"的基本思想，即社会生产关系的思想，阐明了历史的基本内容是物质生产和社会生产方式的思想。特别是 1845—1846 年，在马克思和恩格斯再次合作撰写的另一部哲学著作《德意志意识形态》中，深刻地论述了物质生产是人类社会产生和人类历史的前提和基础，社会存在和社会意识的关系，生产力和生产关系的辩证关系及其运动规律等基本问题，从而这本书以揭开人类历史之谜和全面创立唯物史观而载入马克思主义史和人类思想史。1859 年，马克思在为《政治经济学批判》第一分册所写的《序言》中对他创立的唯物史观的基本内容作了经典式的表述。

对于唯物史观的基本思想，《德意志意识形态》作了如下概括："这种历史观就在于：从直接生活的物质生产出发来考察现实的生产过程，并把与该生产方式相联系的、它所产生的交往形式，即各个不同阶段上的市民社会，理解为整个历史的基础；然后必须在国家生活的范围内描述市民社会的活动，同时从市民社会出发来阐明各种不同的理论产物和意识形式，如宗教、哲学、道德等等，并在这个基础上追溯它们产生的过程。"(第 3 卷，第 42—43 页)根据马克思在《〈政治经济学批判〉序言》中对唯物史观所作的表述，它的基本原理有：第一，关于社会生活基本构造以及生产力和生产关系、经济基础和上层建筑的相互关系的原理。马克思说："人们在自己生活的社会生产中发生一定的、必然的、不以他们的意志为转移的关系，即同他们的物质生产力的一定发展阶段相适合的生产关系。这些生产关系的总和构成社会的经济结构，即有法律的和政治的上层建筑竖立其上并有一定的社会意识形式与之相适应的现实基础。"第二，关于物质生活的生产方式决定社会发展、社会存在决定社会意识的原理。马克思说:“物质生活的生产方式制约着整个社会生活、政治生活和精神生活的过程。不是人们的意识决定人们的存在,相反,是人们的社会存在决定人们的意识。”第三,关于生产力和生产关系的矛盾是推动社会历史发展的动力的原理。马克思说:“社会的物质生产力发展到一定阶段,便同它们一直在其中活动的现存生产关系或财产关系(这只是生产关系的法律用语)发生矛盾。于是这些关系便由生产力的发展形式变成生产力的桎梏。那时社会革命的时代就到来了。”第四,关于随着经济基础的变更,全部庞大的上层建筑也或慢或快地发生变革的原理。马克思认为有两种变革,一是经济条件方面或物质的变革,二是意识形态方面的变革。前者是后者的根据,后者是前者的反映。第五,关于社会经济形态由低级到高级演进的原理。“大体说来,亚细亚的、古代的、封建的和现代资产阶级的生产方式可以看做是社会经济形态演进的几个时代。”第六,关于资本主义必然灭亡和被新的社会形态取代的原理。马克思说:“资产阶级的生产关系是社会生产过程的最后一个对抗形式,这里所说的对抗,不是指个人的对抗,而是指从个人的社会生活条件中生长出来的对抗;但是,在资产阶级社会的胎胞里发展的生产力,同时又创造着解决这种对抗的物质条件。因此,人类社会的史前时期就以这种社会形态而告终。”(以上引文均见第 13 卷,第 8—9 页)

恩格斯不仅把唯物史观称为马克思的第一个伟大发现,而且高度评价马克思在上述《序言》中表达的唯物史观基本原理的巨大意义:“这个原理,不仅对于经济学,而且对于一切历史科学(……)都是一个具有革命意义的发现”(第 13 卷,第 526 页)。列宁说:“马克思的历史唯物主义是科学思想中的最大成果。”(《列宁全集》第 23 卷,第 45 页)

二、创立了剩余价值理论

自资本主义生产方式产生到马克思主义诞生以前,工人为资本家生产剩余价值已经有几百年了,但是,资本家赚来的钱是从哪里来的,这一直是个秘密。资产阶级经济学家曾企图对这个问题作出有科学根据的答复,却总是徒劳无功。对资本主义生产方式进行最早理论探讨的重商主义,从表面现象出发,认为利润是交换中产品价格高于价值出卖的结果，即从流通中产生。资产阶级古典经济学把对剩余价值的考察从流通领域转到生产领域。重农主义认为那个马克思称之为剩余价值的东西，是由农业创造的，是由土地产生的，最后则归结为“自然恩赐”。亚当·斯密认为不仅农业中而且工业中也存在剩余价值，并指出剩余价值的源泉是一般剩余劳动。但是，他没有剩余价值这个概念，并且把剩余价值和利润混为一谈。斯密没有解决剩余价值的起源问题。李嘉图前进了一步，把利润看作工人劳动耗费的结果，在事实上把利润归结为剩余价值，并论证了工资和利润的对立。但是，他也没有把剩余价值这个范畴确定下来，也没有把它和它的具体形式如利润、利息、地租相区别。他从来没有考虑到剩余价值的起源问题，关心的只是剩余价值的数量方面。至于资产阶级庸俗经济学，根本不是科学地探讨问题，而是一味地为资本主义剥削辩护，鼓吹“三位一体”公式，认为利润是资本产生的，或是资本家“节欲”的结果。空想社会主义者对资本主义剥削深恶痛绝，指斥它，咒骂它，幻想消灭它，幻想有好的社会制度出现，劝说富人放弃剥削，呼吁统治阶级接受他们的理想。然而，“它既不会阐明资本主义制度下雇佣奴隶制的本质，又不会发现资本主义发展的规律，也不会找到能够成为新社会的创造者的社会力量。”(《列宁全集》第 23 卷，第 47 页)所以，这种社会主义只能是一种空想而不是科学。总之，在马克思以前很久，人们就已经确认我们现在称之为剩余价值的那部分产品价值的存在，也有人已经多少明确地说过这部分价值是占有者不付等价物的那种劳动的产品构成的。但是，他们到这里就止步了。他们都为原有经济理论和既有经济范畴所束缚，不能解决社会生活已经提出的问题。

马克思发表了独创的见解。在前人认为已有答案的地方，他却认为是问题的所在。他根据资本主义经济发展的全部事实，批判地研究了资产阶级政治经济学的既有经济范畴，创立了剩余价值理论。

马克思这一发现，前后用了 20 多年时间。在 40 年代初，他还不知道剩余价值的真正起源。在《1844 年经济学哲学手稿》中，马克思站在无产阶级立场上首次对资本主义经济进行了研究，但仍然沿用资产阶级经济学的术语和规律来分析工资、利润和地租成反比例变化的原理，揭露资本主义社会中的阶级对立关系。这个手稿是借助“异化劳动”这个术语来说明资本主义剥削的，远远没有解决剩余价值的真正起源问题。后来，在1847年出版的《哲学的贫困》一书中，马克思力图用劳动价值论来说明资本主义剥削。他从“劳动商品”中看到了“可怕的现实”，认为“由劳动时间衡量的相对价值注定是工人遭受现代奴役的公式”，认识到等量劳动时间的交换关系同劳动产品在资本家和工人之间的不平等的分配并不矛盾(第4卷，第95页)。在1849年发表的《雇佣劳动与资本》演讲中，马克思明确地指出，工人拿来和资本家进行交换的“劳动”是一种“生产活动”“创造力量”，“这种力量不仅能补偿工人所消费的东西，并且还使积累起来的劳动具有比以前更大的价值”(第6卷，第489页)。恩格斯认为，后两本论著证明马克思在40年代末“不仅已经非常清楚地知道‘资本家的剩余价值’是从哪里‘产生’的，而且已经非常清楚地知道它是怎样‘产生’的”(第24卷，第12页)。当然，这只是马克思剩余价值理论的萌芽思想，还不能说这个理论已经创建完成了。因为“在40年代，马克思还没有完成他的政治经济学批判工作。这个工作只是到50年代末才告完成”(第22卷，第234页)。在50年代，马克思埋头制定了剩余价值理论。在《1857—1858年经济学手稿》中，马克思制定了自己的科学劳动价值论，第一次区分了“劳动”和“劳动力”，第一次提出了剩余价值范畴，详细地阐述了他的剩余价值理论的基本观点。在1867年出版的《资本论》第一卷中，马克思对他所发现的剩余价值理论全面地、系统地作了科学表述。

《资本论》第一卷《资本的生产过程》阐述的是剩余价值生产理论，中心是剩余价值的起源和本质的学说。马克思认为，在对剩余价值的研究上，关于它的量怎样增加的问题，是属于第二位的问题，“首先必须揭示剩余价值的范畴，揭示剩余价值生产的秘密”(第26卷Ⅰ，第411页)。因为在资本主义社会，资本家在赚钱，资本能增殖，是有目共睹的事实。现在的重要问题是要把这个赚钱的秘密揭破，弄清它的来源。马克思在科学劳动价值论和区别“劳动”和“劳动力”的基础上，创立了货币转化为资本和劳动力商品学说，为问题的解决提供了基础和前提。他指出，工人出卖的商品不是劳动，而是劳动力；劳动力商品具有特殊的使用价值，它是价值的源泉，并且是大于它自身的价值的源泉；工人在生产过程中劳动所创造的价值大于劳动力本身的价值，这个差额就是剩余价值。所以，剩余价值来源于工人的剩余劳动，本质上是资本家对工人剩余劳动的无偿占有。马克思的全部经济理论就是从剩余价值这个范畴出发并在它的基础上展开的。因为劳动力成为商品并在生产过程中生产出剩余价值，于是资本家的货币便转化为资本。资本就是能够带来剩余价值的价值，而剩余价值乃是对工人剩余劳动的无偿占有，所以资本不是物，而是资产阶级社会的一种生产关系。这就形成了资本本质的学说。在资本主义生产过程中，资本家用来购买生产资料的那一部分资本不发生价值增殖，只有用来购买劳动力的那一部分资本才会带来剩余价值。于是形成了不变资本和可变资本的学说。资本对剩余价值的贪欲是无止境的，资本家为了增加剩余价值、提高剥削程度，采用了绝对剩余价值生产和相对剩余价值生产的方法。这就有了剩余价值生产两种形式或两种方法的学说。工资作为劳动力的价值或价格的转化形式，是剩余价值生产得以进行的必要条件，也是资本家加强剩余价值生产和掩盖剥削的补充形式。这就有了工资学说。资本家为了扩大剩余价值生产，便把一部分剩余价值转化为资本，即进行资本积累。随着资本积累的进行，在资本主义积累的一般规律的作用下，资产阶级的财富不断增加，无产阶级的贫困日益加深，资本主义基本矛盾和阶级矛盾日益尖锐，最终导致资本主义必然灭亡的历史命运。这就形成了资本积累及其历史趋势的学说，《资本论》第一卷中阐述的关于剩余价值生产的理论，包括它的起源和本质的学说，是狭义的剩余价值理论。《资本论》第二卷阐述了剩余价值流通或实现的理论。《资本论》第三卷阐述了剩余价值转化、分割为各种具体形式的理论。《资本论》全三卷阐述的全部剩余价值理论，包括剩余价值的生产、实现、转化分割理论，是为广义的剩余价值理论。在全部剩余价值理论中，剩余价值生产的理论，特别是它的起源和本质的学说是最重要最基础的部分。被恩格斯叫作马克思的第二个伟大发现的，主要是指剩余价值生产理论。

剩余价值理论的创立是马克思的"划时代的功绩"(第 20 卷，第 222 页)，"剩余价值学说是马克思经济理论的基石"(《列宁全集》第 23 卷，第 46 页)，具有极其伟大的意义。首先，它彻底弄清了资本和劳动的关系，揭露了资本主义社会内资本家对工人的剥削是怎样进行的，从而"揭露了现代资本主义生产方式以及以它为基础的占有方式的结构，揭示了整个现代社会制度在其周围凝结起来的核心。"(第 20 卷，第 223 页)马克思这一理论揭示的资本主义生产方式的本质及其发展规律，为无产阶级提供了认识资本主义的钥匙，锻造了反对资本主义的强大武器，是射向资产者和土地所有者脑袋的最厉害的炮弹。其次，它"使全部经济学发生革命"（第24卷，第21页），解决了导致资产阶级古典经济学解体的第一个难题，即资本和劳动的交换与价值规律的矛盾，完成了政治经济学的革命变革。最后，它尖锐而鲜明地揭示了资本主义社会中无产阶级和资产阶级对立的经济根源，科学地论证了无产阶级作为资本主义掘墓人和社会主义创造者的历史使命，这就"使社会主义者早先像资产阶级经济学者一样在深沉的黑暗中摸索的经济领域，得到了明亮的阳光的照耀。科学的社会主义就是从此开始，以此为中心发展起来的。"（第20卷，第222页）正因为如此，恩格斯认为，由于马克思的两个伟大发现，使"社会主义已经变成了科学"（第20卷，第30页）。

恩格斯在《反杜林论》中说："唯物主义历史观和通过剩余价值揭破资本主义生产的秘密"，是马克思的"两个伟大的发现"。（第20卷，第30页）并"使他自己的名字永垂于科学史册"（第19卷，第121页）。马克思逝世后，恩格斯在这位思想巨人长眠的墓前发表讲话，高度评价了马克思这两个伟大发现的意义："正像达尔文发现有机界的发展规律一样，马克思发现了人类历史的发展规律"，"不仅如此，马克思还发现了现代资本主义生产方式和它所产生的资产阶级社会的特殊的运动规律。"（第19卷，第374—375页）

原载《马克思主义经济理论全书》
历史篇——马克思主义经济学的创立和发展，471—474页
吉林人民出版社1992年7月出版

马克思世界观和政治立场的转变

马克思是全世界无产阶级的导师和划时代的思想家。但是，他并不天生就是唯物主义者和共产主义者。青年时代的马克思在思想政治方面，曾经受到黑格尔唯心主义和资产阶级民主主义的影响。后来，由于参加现实政治斗争的实践，艰苦深入的理论研究和勇于探求真理的精神，使马克思很快实现了两个转变，即在世界观上由唯心主义转向唯物主义，在政治立场上由资产阶级革命民主主义转向共产主义。

一、参加青年黑格尔派

1835 年 10 月，马克思入波恩大学学习法律，翌年 10 月，转读于柏林大学法律系。柏林大学是黑格尔长期执教并当过校长的学校。马克思到柏林大学学习时，黑格尔虽已去世 5 年，但柏林大学仍然是黑格尔思想的中心。1835 年，大卫·施特劳斯发表《耶稣传》，反对黑格尔用哲学论证宗教，掀起了对宗教的批判，成为青年黑格尔运动的开端。马克思在柏林大学参加了青年黑格尔运动，逐步转向黑格尔哲学。他从头至尾阅读了黑格尔的全部著作和他的大多数学生的著作。他结识了所谓“博士俱乐部”的成员（主要是布鲁诺·鲍威尔、埃德加·鲍威尔、阿道夫·鲁滕堡、卡尔·弗里德里希·科本等），并参加了“博士俱乐部”的活动，成为它的精神领袖之一。马克思转向黑格尔哲学，使他能够站在德国古典哲学发展的高峰，从中吸取智慧和营养，为自己的思想发展找到了一个发源地，作为探索新世界观的一个起点。但是，马克思并没有全盘接受黑格尔学说，一开始就对黑格尔哲学采取了分析的态度。同时，马克思与青年黑格尔派其他成员也存在着分歧。在政治立场上，马克思是革命民主主义者，而青年黑格尔派分子基本上属于资产阶级自由派；在哲学观点上，马克思吸收了黑格尔关于应有和现有辩证统一思想，而青年黑格尔派中许多人在自我意识和现实关系的问题上，从黑格尔退回到费希特。后来，这些分歧终于导致马克思与青年黑格尔派彻底决裂。

马克思写于1841年3月的博士论文《德谟克利特的自然哲学和伊壁鸠鲁的自然哲学的差别》，尽管基本倾向是唯心主义的，但已明显地表现出同黑格尔和青年黑格尔派的不同。在宗教和哲学的关系上，黑格尔主张哲学和宗教同一论，用自己的哲学来保护宗教；马克思认为哲学和神学、科学和迷信是不相容的，哲学以理性给人以真知，宗教则以迷信给人以愚昧，公开提出要"反对一切天上的和地上的神"(第40卷，第190页)，矛头直指封建统治者。在思维和存在的关系上，黑格尔认为存在不过是观念的"他在"，只有绝对观念本身才是最重要的，而"他在"即现实社会是无足轻重的；马克思主张哲学必须积极地作用于现实，阐明了哲学和生活之间的辩证关系。在如何看待黑格尔哲学体系的问题上，黑格尔认为19世纪初的德国社会制度是道德的和完美的体现，绝对观念发展到了顶峰；马克思倾向于费尔巴哈的观点，认为黑格尔哲学体系不是哲学的终结，而仅仅是暂时的历史的存在，在它以后还有一个发展前进时期。

二、实现两个转变的开始

1841年3月马克思在柏林大学毕业，同年4月获得耶拿大学博士学位证书。他本想到波恩大学任教，但鉴于当时政府实行反动政策，终于放弃了这个打算。1842年4月，马克思开始为资产阶级激进派的《莱茵报》撰稿，同年10月担任该报主编。在这期间马克思接触到当时社会生活的一些重大问题，第一次遇到要对所谓物质利益发表意见的难事，发现了自己头脑中的黑格尔思想因素同客观现实的矛盾，促使他以满腔热忱投入了直接反对普鲁士专制制度、捍卫劳动人民利益、争取民主自由的现实斗争。列宁指出，从1842年发表在《莱茵报》上的一些文章，"可以看出马克思开始从唯心主义转向唯物主义，从革命民主主义转向共产主义。"(《列宁全集》第26卷，第83页)1842年1月，马克思在《评普鲁士最近的书报检查令》一文中，已经对德国的君主专制制度和封建势力发起了猛烈的攻击。1842年5月，在发表于《莱茵报》上的第一篇文章《关于出版自由和公布等级会议记录的辩论》中，马克思不是抽象地谈论思想自由，而是具体地把它同各个社会阶层的态度联系起来。在莱茵省议会的辩论中，诸侯、贵族等级的代表反对出版自由，而农民等级的代表则拥护出版自由。马克思指出，“在这里论战的不是个别的人，而是等级。”（第1卷，第42页）他抨击了贵族对等级特权的顽固坚守态度，批判了资产阶级的犹豫动摇，赞扬了农民劳动阶级捍卫出版自由的英勇精神。马克思尖锐地指出，用哀诉乞求是得不到自由的，必须不仅用矛头而且要用斧头去为自由而战斗。这表明，马克思已经不是一个普通的抽象的自由论者，而开始成为劳动阶级的自由论者，他已经开始从现实社会阶层的分析中探索问题，抽象的“普遍理性”的概念已经被具体的社会阶层概念所代替；他已经意识到不同政治观点、思想认识上的分歧，是与等级地位的对立分不开的。这时，马克思思想上已经出现了某些唯物主义观点的萌芽，开始从青年黑格尔派的普遍自由主义转向劳动阶层的战斗民主主义。

在发表于《莱茵报》上的另一篇文章《关于林木盗窃法的辩论》中，马克思对莱茵省议会和《林木盗窃法》进行了猛烈的抨击。当时德国贫苦农民为维生到森林中去捡拾枯枝。莱茵省议会于1841年通过的法案规定，未经林木占有者同意，捡拾枯枝以盗窃林木论，要严加惩罚。马克思以黑格尔关于“法的本质”的论述为依据，指出捡拾枯枝和盗窃林木是性质不同的两回事。林木占有者的所有权对象是林木，枯枝是已死林木，是“不定形财产”，这种财产属于先占权范围，农民捡拾枯枝是一种合法占有，并不是盗窃。这时马克思已经看到，普鲁士专制国家和它的各级机构，绝不是什么“普遍理性”和社会普遍利益的代表，而是私人利益和私人特权的保护者；并且敏锐地觉察到，在法和利益的关系中，结果利益占了法的上风。马克思坚决捍卫劳动人民的利益，公开宣布：“我们为穷人要求习惯权利，但并不是限于某个地方的习惯权利，而是一切国家的穷人所固有的习惯权利。”（第1卷，第142页）在这里，马克思为贫苦农民物质利益辩护时，并不是立足于经济分析，而是局限于法律、习惯权利等等，论证带有唯心主义的思辨色彩。

在发表于《莱茵报》上的另一篇文章《摩塞尔记者的辩护》一文中，马克思又一次对物质利益问题发表了意见，尖锐地谴责了普鲁士专制主义当局。当时摩塞尔地区酿酒农民生活极端贫困，《莱茵报》为此发表过一篇报道。莱茵省总督冯·沙培尔指责报道歪曲事实，诽谤政府。马克思经过调查研究写出批驳文章指出，造成当地酒农生活贫困的原因，不是自然条件恶劣或个别官员失职，而是普鲁士封建官僚制度反动统治的结果。在这里，马克思碰到了国家制度是由什么决定的重要问题。马克思的看法是："在研究国家生活现象时，很容易走入歧途，即忽视各种关系的客观本性，而用当事人的意志来解释一切。但是存在着这样一些关系，这些关系决定私人和个别政权代表者的行动。"（第 1 卷，第 216 页）这里说的"客观关系"决定"国家生活现象"的问题，实际上就是后来的唯物观的一个根本问题，即生产关系、经济基础决定上层建筑的问题。尽管这时马克思还不能明确解释这种"客观关系"是什么，但正是对这个"客观关系"的研究，成为马克思研究经济问题的最初动因。恩格斯说，马克思自己讲，正是他对林木盗窃法和摩塞尔河地区农民处境的研究，推动他由纯政治转向经济关系的研究，并走向社会主义。

马克思在《莱茵报》工作期间也开始迈出了转向共产主义的步伐。1842 年 9 月，《莱茵报》转载了德国工人运动领袖魏特林在《年轻一代》杂志上发表的关于柏林家庭住宅问题的通讯，反映了汉堡工人的悲惨生活。接着，《莱茵报》又报道了第十次法国学者会即斯特拉斯堡会议的情况。这次会议的经济小组讨论了法国社会主义的问题和傅立叶派关于改善无产阶级社会地位的建议。奥格斯堡《总汇报》借机攻击《莱茵报》是"普鲁士的共产主义者""向共产主义虚幻地卖弄风情和频送秋波的妇人"。当时，马克思对社会主义文献并不熟悉，但从他撰写的反驳文章《共产主义和奥格斯堡〈总汇报〉》中可以看出，他对待这个问题的态度是严肃的。马克思看到了当时社会矛盾的客观性，肯定共产主义运动的合理性和重要意义。他写道："现在一无所有的等级要求占有中等阶级的一部分财产，这是事实，即使没有斯特拉斯堡的演说，也不论奥格斯堡如何保持沉默，它仍旧是曼彻斯特、巴黎和里昂大街上引人注目的事实。"（第 1 卷，第 131 页）正因为英、法的无产阶级已经提出了占有资产阶级财产的要求，所以共产主义已是一个现实的问题，而且具有全欧洲的意义。但是马克思和《莱茵报》的态度是：在理论上不承认现有形式的共产主义思想的现实性，更不会在实际上去实现它。当然，对当时流行的共产主义思想家的著作"决不能根据肤浅的、片刻的想象去批判，只有在不断的、深入的研究之后才能加以批判"（第 1 卷，第 134 页）。马克思反对空想社会主义者所搞的各种试验，认为"真正危险的并不是共产主义思想的实际试验，而是它的理论论证"（第 1 卷，第 134 页）。

三、两个转变的彻底完成

由于马克思主编的《莱茵报》的激进革命民主主义倾向越来越明显，政府决定查封该报。马克思于1843年3月辞去主编职务，暂时“从社会舞台退回书房”。马克思阅读了许多历史的、哲学的著作，批判地分析了黑格尔的法哲学，思考了使他感到困惑的一些重大理论问题，写下了5个笔记本的《克罗茨纳赫笔记》和《黑格尔法哲学批判》手稿。《黑格尔法哲学批判》研究的重要问题之一是政治国家和市民社会的关系问题。黑格尔法哲学认为家庭、市民社会和国家是伦理观发展的三个阶段，家庭和市民社会本身并没有独立性，它们只不过是国家概念的领域，是国家的有限领域，因此是国家决定市民社会。马克思指出，“政治国家没有家庭的天然基础和市民社会的人为基础就不可能存在。它们是国家的必要条件。”(第1卷，第252页)所以在马克思看来，不是国家决定市民社会，而是市民社会决定国家，家庭和市民社会是国家的前提。这个结论本身就为全面创立唯物史观揭开了新的一页。马克思在这部手稿中的认识是在《莱茵报》工作时期的思想总结，是彻底完成两个转变的起点。

在这期间，马克思继续与阿尔诺德·卢格通信，筹划在国外出版革命刊物事宜。1843年10月底，马克思来到巴黎，和卢格一起创办了《德法年鉴》杂志。它的第1、2期合刊号于1844年2月出版，刊载了马克思致卢格的信和《论犹太人问题》《〈黑格尔法哲学批判〉导言》两文。

《论犹太人问题》是马克思就德国犹太人的解放问题与布鲁诺·鲍威尔进行论战而作。在当时的德国，犹太人备受种族歧视，他们要求享有平等的权利，遭到政府的拒绝。鲍威尔为此而写的两篇文章认为，基督教是清除了民族利己主义精神的崭新宗教，犹太教是人类精神普遍发展较低阶段上的宗教，是与整个社会进步相对立的。阻碍犹太人获得解放的正是犹太教。他进一步提出，犹太人摆脱犹太教，基督教徒放弃基督教，一切人都放弃宗教信仰是政治解放的前提。马克思批判了鲍威尔企图从宗教解放入手来解决现实社会问题的唯心主义观点。马克思站在唯物主义立场上阐明了宗教产生的基础。他指出，“宗教已经不是世俗狭隘性的原因,而只是它的表现。因此,我们用自由公民的世俗桎梏来说明他们的宗教桎梏。”“我们不把世俗问题化为神学问题。我们要把神学问题化为世俗问题。”(第 1 卷,第 425 页)在这里,马克思正确地说明了宗教和世俗基础的关系,指出宗教只不过是世俗关系的表现或反映。马克思从共产主义观点阐述了政治解放和人类解放的关系。“政治解放”是指国家摆脱宗教束缚,把封建神权国家变为资产阶级政治国家。“政治革命是市民社会的革命”(第 1 卷,第 441 页),即资产阶级革命。马克思认为,政治解放虽然不是一般人类解放的最后形式,但仍然是一大进步,但是“政治解放本身还不是人类解放”(第 1 卷,第 435 页),具有很大局限性,例如,它远远没有废除私有财产的差别,等等。政治解放的实质就是“把人变成市民社会的成员,变成利己的、独立的个人”(第 1 卷,第 443 页),实行资产阶级统治。所以,政治解放并不能从根本上解决现实社会的矛盾,反而在普遍利己主义的支配下使社会矛盾越来越严重。马克思探讨了“人类解放”问题。他认为,在资本主义社会,使人对宗教的崇拜日益转为对金钱的崇拜,宗教异化被金钱异化所代替,资本主义社会也是一个沉浸于异化之中的社会。只有消除这种现实的社会异化,人类才能得到真正解放。在这里,马克思实际上提出了只有进行社会革命,推翻资本主义社会,才能实现人类真正解放的见解。

《〈黑格尔法哲学批判〉导言》结合对德国革命问题的研究进一步探讨了人类解放问题。在这篇文章中,马克思进一步发挥了对旧世界进行彻底批判的思想。他主张把以往青年黑格尔派开始的对宗教的批判继续下去,把对宗教的批判同对政治的批判和德国封建制度的批判结合起来。他提出:对天国的批判应变成对尘世的批判,对宗教的批判应变成对法的批判,对神学的批判应变成对政治的批判。这一批判的目的就是“必须推翻那些使人成为受屈辱、被奴役、被遗弃和被蔑视的东西的一切关系”(第 1 卷,第 461 页)。只有做到了这一点,人类才能真正得到解放。马克思指明只有无产阶级才是实现人类解放的社会力量。在德国,社会正在急剧解体,破产的贫民和农奴不断充实着无产阶级。无产阶级要求否定私有制,只不过是把社会已经提升为无产阶级的原则的东西提升为社会的原则。德国解放的实际可能性,“就在于形成一个被彻底的锁链束缚着的阶级”,这个阶级“就是无产阶级”(第 1 卷,第 466 页)。马克思提出了无产阶级只有解放全人类才能使自己获得解放的光辉思想。他指出，对于无产阶级来说，“若不从其他一切社会领域解放出来并同时解放其他一切社会领域，就不能解放自己的领域”（第1卷，第466页）。在这篇文章中，马克思精辟地论述了物质和精神、理论和实践的辩证关系。他写道：“批判的武器当然不能代替武器的批判，物质力量只能用物质的力量来摧毁；但是理论一经掌握群众，也会变成物质力量。理论只要说服人，就能掌握群众；而理论只要彻底，就能说服人。”（第1卷，第460页）马克思还指出了作为革命理论的哲学对于无产阶级革命的重要性。“哲学把无产阶级当做自己的物质武器，同样地，无产阶级也把哲学当做自己的精神武器。”“这个解放的头脑是哲学，它的心脏是无产阶级。”（第1卷，第467页）

列宁对马克思在《德法年鉴》上的这两篇论文给予了很高评价：“马克思在这个杂志上发表的文章表明他已经是一个革命家。他主张‘对现存的一切进行无情的批判’，尤其是‘武器的批判’；他诉诸群众，诉诸无产阶级。”（《列宁全集》第26卷，第49页）并认为这两篇文章是马克思“特别出色的文章”，是从唯心主义向唯物主义、从革命民主主义向共产主义转变“彻底完成”（《列宁全集》第26卷，第83页）的标志。

原载《马克思主义经济理论全书》
历史篇——马克思主义经济学的创立和发展，464—466页
吉林人民出版社1992年7月出版

恩格斯世界观和政治立场的转变

恩格斯的家乡德国巴门(现为乌培塔尔市的一部分),是当时莱茵省的纺织工业中心之一。由于毗邻法国,而且在 1815 年维也纳会议之前曾经一度归属于法国,所以受资本主义影响比较多,封建关系受到了较大的破坏。当时德国仍然盛行的赋税和徭役等封建义务,在这里已经废除;教会和容克地主的封建特权被宣布为非法。资本主义社会的阶级矛盾——资产阶级和无产阶级的矛盾——在这里远比落后的各省突出。然而,在精神生活方面,基督教的虔诚主义教派一直居于主导地位,对先进思想的传播起着严重的阻碍作用。恩格斯的家在巴门颇有名气。他的父亲经营工厂,并且进行政治活动,担任过公职,但是思想比较保守,在家里实行严格的宗教教育,要求子女在家里和在学校里都必须遵从宗教教义,要求无条件地信奉《圣经》。恩格斯就读的爱北斐特理科中学是当时普鲁士有名的中学,其中任课的老师,有不少是自由主义者,他们反对宗教神秘主义,传播民主和人道主义思想。恩格斯的童年时代和少年时代就是在这种进步和落后并存的充满矛盾的环境中度过的。

恩格斯从小受到纯粹基督教的和传统普鲁士的教育,而通过文学和外语(恩格斯十四五岁时就已经能用几种外语阅读文学作品)汲取充满自由主义和人道主义精神的营养,培养出了崇尚真理、热爱自由、追求人类尊严和人类平等的理想。但是他在自己周围生活中看到的,却是劳动者为生存而遭受屈辱、贫困、饥饿的情景。理想和现实之间的巨大反差使他对家乡的现状感到不满和厌恶,把文学中和历史上的英雄人物树为自己的榜样。

1837 年,16 岁的恩格斯被迫辍学经商。他上大学的希望破灭了,被父亲送进了商行事务所做练习生。这时,他心中炽烈的对真理的追求和对美好世界的朦胧理想,开始动摇对宗教和上帝的信念。他在彷徨困惑中前进,一年后,转往德国四大自由市之一的不莱梅,在那里继续做商行的练习生。

不来梅的政治氛围比较松动，思想比较活跃，对进步思想的压制不太强烈，各种自由主义的政治和哲学思想可以在报刊上多少比较自由地发表和传播。一些自由主义的和民主主义的人物和派别，也逐渐开展了自己的宣传。在这里，恩格斯为政治性辩论所吸引，经常参加同大学生协会有联系的活动，对各种政治问题发表自己的见解。他到不来梅才半年多，思想上的斗争已经达到夜不能寐的程度。一方面，他从家乡和其他地方看到，普鲁士政教合一的反动封建统治剥削压榨人民群众，使工人和其他劳动者处于水深火热之中，压制一切进步活动，连稍有抗命的教士、官吏都不能幸免；另一方面，基督教的教义又不容否定。恩格斯虽然对基督教早已产生了怀疑，但是对整个宗教还没有全盘否定。在现实面前，他决定不再沉默。18 岁的恩格斯在汉堡的《德意志电讯》上发表了《乌培河谷来信》(第 1 卷，第 493—518 页)，对家乡的宗教虔诚主义开始了尖锐的批判，对劳动人民的苦难生活进行大胆的、淋漓尽致的揭露。这种从人道主义和民主主义立场出发的批判和揭露，虽没有从根本上触动旧制度，但是乌培河谷的掌权者们已经按捺不住而在《爱北斐特日报》上进行辩驳。恩格斯理所当然地进行了回击。

使恩格斯真正摆脱上帝和宗教的，还是德国的哲学。青年恩格斯在施特劳斯的《耶稣传》影响下成为青年黑格尔派的一员，在科学、理性和宗教的矛盾中舍弃了宗教。他如饥似渴地研究黑格尔、康德、费希特，同时还研究了苏格拉底、柏拉图、斯宾诺莎，其中最崇尚的则是黑格尔哲学中的辩证法。对天国上帝的批判，最后必然引向对封建统治者，特别是对普鲁士国王的批判。

1841 年 9 月底，恩格斯从故乡到柏林服兵役。柏林的思想界很活跃，但同时反动势力也很强大。恩格斯照规定可以住在军营外面，这就使他有很多自由时间来结交青年黑格尔派的朋友，并同他们交流进步的民主思想。在这一时期，他进行的反对官方哲学家谢林的斗争，产生了一定的影响，受到青年黑格尔派的欢迎，也受到了反动的、教会的报刊的攻击。尖锐的斗争促使他更深入地研究哲学，而且致力于研究 18 世纪的法国唯物主义哲学。到 1842 年夏季，他在费尔巴哈《论基督教的本质》一书的推动下，转向了唯物主义，并脱离了青年黑格尔派。同年 4 月，他开始给民主派报纸《莱茵报》(当时马克思也为该报撰稿，后来任主编)撰稿，展开反封建主义的斗争。

1842年8月底，22岁的恩格斯到英国曼彻斯特经商。在那里，他同普通工人及宪章派的著名领袖们都有密切接触，目睹了工人的困苦生活和他们为生存而进行的斗争。他深切同情工人的际遇，认识到拯救社会只能依靠工人阶级，而且应该采取暴力（见第1卷，第549—556页）。在英国，恩格斯还同德国共产主义者在1836年创建的“正义者同盟”的领导人有了直接联系。

22岁的恩格斯，虽然已经摆脱了宗教和唯心主义的束缚而接受了唯物主义，但仍然是一个人道主义者和民主主义者。在当时资本主义最发达的英国，他在自己同工人和工人运动的联系过程中产生了一系列难以答复的问题。他同情工人阶级的状况，深信这种状况必须改变而且可能改变，但是并不知道如何去改变；他同意工人组织为维护工人阶级利益而进行有组织的斗争，但是觉得不论是和平的合法斗争还是少数人的密谋，都不能解决根本问题。这一切都促使他去探索新的道路，寻求新的答案，为此，他进行了大量的、深入的理论研究工作。

恩格斯阅读了欧文、傅立叶、圣西门这些英国和法国的伟大空想主义者的著作，赞同他们对资本主义丑恶的社会问题的揭露。空想社会主义者对美好的未来社会作了生动的描述，提出消灭私有制和雇佣劳动，说明只有消灭人剥削人的现象，才能建立起新的社会。对于这些，恩格斯是同意的，但是再向前走，意见分歧就越来越大。空想主义者认识不到无产阶级的伟大历史使命，只把他们看成是一个受苦受难而又无力自救的阶级。他们把改造社会的美好方案只寄希望于资产阶级，而方法也只好是劝善。恩格斯则认为，无产阶级作为新生产力的承担者，不仅仅是一个受苦的阶级，更主要的是一个革命的、推动历史前进的阶级。埋葬资本主义的使命必然地应由工人阶级来承担。

恩格斯同时研究了英国资产阶级古典政治经济学，特别是斯密和李嘉图的著作。他们从对资本主义经济制度的研究中揭示出劳动在生产中的决定性作用，并进而建立了劳动价值理论。资产阶级古典政治经济学的伟大成果为恩格斯进一步探索真理，发展自己的理论提供了一个坚实的基础。

恩格斯在晚年回顾这一段历史时写道：“我在曼彻斯特时异常清晰地观察到，迄今为止在历史著作中根本不起作用或者只起极小作用的经济事实，至少在现代世界中是一个决定性的历史力量；这些经济事实形成了现代阶级对立所由产生的基础；这些阶级对立，在它们因大工业而得到充分发展的国家里，因而特别是在英国，又是政党形成的基础，党派斗争的基础，因而也是全部政治历史的基础。"（第21卷，第246页）标明恩格斯这种认识的，就是发表在马克思和卢格主编的杂志《德法年鉴》第1、2期合刊上的《政治经济学批判大纲》以及《英国状况》这两篇文章。

《政治经济学批判大纲》（以下简称《大纲》）是恩格斯写于1843年底至1844年初的经济学论文，是马克思主义政治经济学的第一部开拓性的研究著作。在这部著作中，恩格斯站在无产阶级立场上，对资本主义经济制度和资产阶级经济学进行了全面尖锐批判。马克思称赞这部著作是"批判经济学范畴的天才大纲"（第13卷，第9页）。列宁认为该文"从社会主义的观点考察了现代经济制度的基本现象，认为那些现象是私有制统治的必然结果"（《列宁全集》第2卷，第8页）。

《大纲》确定了资产阶级经济学的阶级本质。恩格斯认为，资产阶级经济学的产生是商业扩展的结果。随着它的出现，就有了一整套成熟的官许的欺诈办法、一门完整的发财致富的科学。资产阶级学者极力榜标自己的理论是关于"国民财富"增长的学说，恩格斯则把这种科学称为"私经济学"，在它的额角上就打有最丑恶的自私自利的烙印。它是为维护资本家私有制服务的，而且距离我们时代越近的经济学家就越不老实，辩护性就越明显。

《大纲》评述了资产阶级经济学的一系列经济范畴，如商业、价值和价格、生产费用、资本和劳动、土地和地租、竞争和垄断、危机等，并提出了与之不同的观点。恩格斯认为私有制产生的最初结果是商业即交换。斯密认为商业的本质中就有人道的基础，是"各民族、各个人之间的团结和友谊的纽带"；恩格斯认为商业产生的第一个后果就是使人互不信任、互相敌对，使私有制文明达到世界各个角落，使敌对关系普遍化。恩格斯认为因商业而形成的第一个范畴是价值。萨伊认为价值是由物品效用决定的，李嘉图认为价值是由生产费用决定的。恩格斯不同意他们的看法，认为"价值是生产费用对效用的关系"（第1卷，第605页）。这表明当时恩格斯并不赞成李嘉图劳动价值论的基本观点。资产阶级经济学家看到了资本（实际上是生产资料）和劳动在生产过程中的区别，但又认为它们是统一的。恩格斯认为，是私有制导致了生产条件和劳动的分离，在资本主义条件下就是资本和劳动的分裂。这种分裂不外就是劳动本身的分裂，即劳动产品或工资与劳动的对立中产生的。由于资本和劳动的分裂，就使利润得以产生。而土地与资本和劳动的分裂，又使地租得以产生。这一切都是私有制造成的，如果消灭了私有制，"那么所有这些反常的分裂状态就不会存在"(第 1 卷，第 611 页)。恩格斯认为，只要私有制存在一天，一切终究都会归结为竞争，而竞争的对立面就是垄断。重商主义者鼓吹垄断，排斥竞争；自由贸易论者鼓吹竞争，排斥垄断。恩格斯坚持竞争和垄断的辩证关系，反对把它们绝对地对立起来。因为在私有制条件下，每个人和他周围的人有同样的利害关系，所以人与人相互敌视，竞争达到了顶点。竞争是建立在利害关系上面的，而利害关系引起垄断，即竞争转为垄断；垄断也不能阻止竞争，而且它本身还会引起竞争。恩格斯切中要害地指出，"垄断就是财产所有权"(第 1 卷，第 613 页)。

《大纲》研究了建立在私有制基础上的资本主义经济规律，并得出社会革命的结论。竞争是资本主义的重要规律。在这个规律作用下供和求始终力图但从来不会互相适应，双方脱节并进而转为尖锐对立，并爆发经济危机。资产阶级经济学家用绝妙的供求理论证明"生产绝不会过多"，但实践却表明危机就像彗星一样有规律地反复出现，这是一个以当事人的盲目活动为基础的自然规律。由于资本主义生产的无政府状态和竞争，经济危机一次比一次更普遍更严重，这必然会使更多的资本家破产，使专靠劳动为生的阶级人数剧增，使急待就业的人数显著增加，"所有这一切势必引起一次社会革命"(第 1 卷，第 614 页)。资本主义制度造成财富生产过剩和工人贫困失业这一矛盾现象，给工人阶级带来深重灾难。资产阶级经济学家马尔萨斯却编造出一套反动的人口论为资本主义罪恶辩护。恩格斯严厉地批判了这种反动人口论，指出这种理论从反面指明了私有制为何最终使人变成了商品，使人的生产和消费也仅仅取决于需求，竞争制度屠杀了并且每日屠杀着千百万人，"这一切都促使我们要用消灭私有制、消灭竞争和利益对立的办法来结束这种人类堕落的现象"(第 1 卷，第 621 页)。

《英国状况——评托马斯·卡莱尔的〈过去和现在〉》是恩格斯写于 1844 年 1 月的论战文章。卡莱尔是 19 世纪英国作家、历史学家和唯心主义哲学家。《过去和现在》一书站在反动浪漫的贵族阶级立场上批判资本主义制度，并幻想把英国拉向后退回到中世纪封建社会去。卡莱尔谴责资本主义的金钱统治给人民带来的贫困、野蛮和道德败坏。但他不是把这些罪恶归咎于资本主义制度，而认为是由无神论、宗教的破坏造成的。他主张在泛神论和崇拜劳动的基础上建立一种新的宗教，依靠与寄生阶级和资产阶级不同的“真正的贵族”，并确立英雄崇拜。

恩格斯肯定了卡莱尔对资本主义罪恶的谴责，但认为他对英国社会问题原因的分析、对社会前景的描绘和对于进行社会改革力量的确定上都是错误的。恩格斯指出，资本主义社会的罪恶并不是由于人们信仰无神论造成的，要求返回宗教对于当前社会问题的解决也根本无济于事。要达到消灭当前社会罪恶的目的，就要彻底消灭一切超人和超自然的事物，使人们真正认识自己的历史，认识人类本质的伟大，真正具备自由人的自觉，人类“自由地独立地创造建立在纯人类道德生活关系基础上的新世界”（第 1 卷，第 650 页）。这个“新世界”绝不是卡莱尔的“新的改良的贵族制”，而是“真正的人类自由”（第 1 卷，第 653 页）。这个“真正的人类自由”，就是消灭竞争、供求、私有制，宣布利益的一致是人类的唯一境界。恩格斯反对卡莱尔依靠“真正的贵族”来创立新社会的观点，反对他把人分为统治者和被统治者、贵族和平民、老爷和老百姓的观念，反对由所谓的“天才”“英雄”用暴力去统治别人的主张。恩格斯认为在现代，贵族和资产阶级已日暮途穷，应该把社会变革的希望寄托在广大人民群众身上；认为“只有工人、英国的贱民、穷人，才是真正值得尊敬的人”，“将来拯救英国的却正是他们”（第 1 卷，第 628 页）。

恩格斯的这些观点表明，他已经大大超越了同时代社会主义者从道德立场上批判资本主义的水平。第一，他把这种批判推向对资本主义经济发展规律的分析，深刻论证了资本主义私有制本身不可能解决这个社会的矛盾，这些矛盾的发展必然引起消灭私有制的社会革命。第二，他对实现英国社会改造力量的分析中，已经包含了关于无产阶级历史使命的思想。上述两篇文章中的这些卓越见解标志着恩格斯已经彻底实现了两个转变，即在世界观上从唯心主义转向唯物主义，在政治上从革命民主主义转向共产主义，表明他已经是无产阶级革命家。

原载《马克思主义经济理论全书》

历史篇——马克思主义经济学的创立和发展，613—616 页

署名张奇云、成保良

吉林人民出版社 1992 年 7 月出版

马克思《政治经济学批判》的“五篇计划”和“六册计划”

马克思主要著作《资本论》现行版本的“四卷结构”有一个形成过程。从 19 世纪 40 年代起，马克思主要经济学著作都是为揭示资本主义社会经济运动规律而写作的。马克思经济学著作的结构体系从理论上科学地再现资本主义经济制度的运动过程，是马克思经济学的一个重要方面，是马克思经济理论研究的集中表现。马克思经济学结构体系的演变过程是经济理论发展过程的综合反映；结构体系方面的发展程度是经济理论发展水平的一个重要标志。

马克思经济学的结构体系并不是理论内容的简单的次序排列，它是由马克思经济学的研究对象和研究方法决定的，也同对资产阶级经济学结构体系的批判性的研究有直接关系。马克思经济学结构的演变过程，反映着马克思经济学研究对象确定和研究方法制定的过程，反映着对资产阶级经济学结构体系批判继承的进程。

40 年代是马克思经济思想的萌芽阶段。从他在这一阶段留下的经济学手稿和著作，可以看到他关于经济学著作结构的最初思路。

在 1844—1846 年间，马克思曾着手撰写一部两卷本的政治经济学著作，书名定为《政治和政治经济学批判》，打算从唯物主义和共产主义的立场来批判资本主义经济制度和资产阶级政治经济学。这部著作没有写完，手稿也没有全保留下来，它的整个结构体系也不清楚。《1844 年经济学哲学手稿》可能是为这部著作而创作的手稿中唯一被保留下来的部分。

《1844 年经济学哲学手稿》是马克思对资本主义经济关系的第一个分析，主要是一部政治经济学著作。当时，马克思的科学世界观和方法论正在形成中，政治经济学的研究对象还没有明确规定，对资产阶级经济学的批判刚刚开始，对李嘉图的价值理论还持否定态度。所以，这部手稿的理论内容和结构体系都呈现出不成熟性。该手稿本身也残缺不全，由《序言》和三个手稿组成。第一手稿的全部内容都属于政治经济学方面的，它的结构在一定程度上反映马克思在经济学研究初期关于政治经济学结构体系的最初想法。第一手稿通过分析工资、利润、地租这三种收入形式和借助“异化劳动”概念，研究资本主义社会的工人、资本家和土地所有者三大阶级之间的经济关系，揭示这三大阶级特别是资本家和工人的对立的经济根源。但是，这部手稿从三种收入形式来分析上述重大主题的结构以及对某些问题的分析来看，表明马克思还受资产阶级古典经济学特别是“斯密教条”的影响。

发表于 1849 年 4 月的《雇佣劳动与资本》，是马克思用通俗易懂的形式正面阐述自己经济理论观点的著作。因为它原来是马克思在德意志工人协会做的演讲稿，所以从工人群众最关心的工资问题开始分析。这部著作的主题是论述资本和雇佣劳动关系，揭示资本主义剥削的实质。在此之前，马克思已经制定了科学的世界观和方法论，实际上已经把生产关系作为自己经济学的研究对象，完全接受了李嘉图关于劳动决定价值的观点，从而反映在《雇佣劳动与资本》这本书中，不仅在劳动价值理论和剩余价值理论方面提出了一些重要思想，而且在结构体系上也有了新的思路。它共有五节，第一节讲工资概念及其决定，从“劳动”商品引出一般商品；第二节讲商品的价格和价值(生产费用)的决定，以及“劳动”商品价格的决定；第三节讲资本和劳动的交换引起资本价值的增殖，并指出资本是一种社会生产关系；第四节讲资本增长、竞争以及工资和利润的变动规律；第五节讲资本增长对工人阶级的影响。可见，这种结构大体上是从商品、价格、价值，到资本和剩余价值，再到资本积累、竞争和利润，最后归结到阶级斗争这样一个从简单关系到复杂关系的过程。这种结构和后来《资本论》第 1 卷的结构在总的思路上大体一致。

(一)《政治经济学批判》的“五篇计划”

19 世纪 50 年代是马克思经济理论的初步形成阶段。马克思在 50 年代初期重新系统研究政治经济学和写作《伦敦笔记》的基础上，于 1857 年 7 月至 1858 年 6 月撰写了一部篇幅巨大的手稿即《经济学手稿(1857—1858 年)》。马克思在这部手稿的一个笔记本封面上写有《政治经济学批判》字样，可以认为这就是计划写作的经济学著作的主要标题。这部手稿的全部内容表明，马克思在这一时期经济理论的基本观点已经确立，基本体系也已经初步形成。后来《资本论》中阐述的基本观点，大多在手稿中已经提出并给予初步阐明；《资本论》的基本体系，在手稿中也可以看到它的雏形。它是《资本论》的最初草稿。就是在这部手稿中，马克思提出了他的政治经济学著作的“五篇计划”。

这部手稿开头部分的《导言》是马克思为计划写作的《政治经济学批判》一书起草的“总的导言”。《导言》第一次专门地论述了政治经济学的对象、方法和结构。它的前两节提出政治经济学应该研究“一定社会性质的生产”“一定社会发展阶段上的生产”，并论述了社会生产总体内部的生产与分配、交换、消费的一般关系。它的第三节论述政治经济学方法时提出了对结构、分篇有决定意义的方法和原则。第一，批判地继承了 18 世纪资产阶级古典政治经济学家开始运用的从抽象上升到具体的方法，即建立从劳动、分工、需要、交换价值等等这些简单的东西上升到国家、国际交换和世界市场的经济学体系的方法，认为它是建立政治经济学范畴体系的科学上正确的方法；第二，提出了逻辑和历史相一致的原则，认为从简单上升到复杂的思维进程符合现实的历史过程；第三，提出了把握研究主体的原则，认为在政治经济学中研究经济范畴发展时应该把握住资产阶级社会这个既定的主体，资本是支配一切的经济权力，必须成为起点又成为终点。

按照上述方法和原则，《导言》提出了以下“五篇计划”：“(1)一般的抽象的规定，因此它们或多或少属于一切社会形式，不过是在上面所阐述的意义上。(2)形成资产阶级社会内部结构并且成为基本阶级的依据的范畴。资本、雇佣劳动、土地所有制。它们的相互关系。城市和乡村。三大社会阶级。它们之间的交换。流通。信用事业(私人信用)。(3)资产阶级社会在国家形式上的概括。就它本身来考察。‘非生产’阶级。税。国债。公共信用。人口。殖民地。向外国移民。(4)生产的国际关系。国际分工。国际交换。输出和输入。汇率。(5)世界市场和危机。”(《全体》第 46 卷上，第 46 页)

这个计划的重大意义在于，马克思从唯物辩证法和唯物史观出发，批判地继承了古典经济学的研究成果(包括它对资本主义社会三个基本阶级的分析、开始运用的从抽象到具体的方法和开始建立的经济学体系结构)，根据自己制定的科学方法和原则，第一次提出了自己的经济学的结构体系：首先分析“一般的抽象的规定”，然后分析“形成资产阶级社会内部结构并且成为基本阶级的依据的范畴”，即资本、雇佣劳动和土地所有制，以及它们的相互关系，而后上升到跟国家相联系的经济关系，即生产关系在国家形式上的概括，再后上升到生产的国际关系，最后上升到作为资本主义生产总体的世界市场，并得出结论：在世界市场上一切矛盾都展开了，最终导致资本主义经济制度的灭亡。

随后在这部手稿的“货币章”和“资本章”中对上述“五篇计划”先后提出了三个补充计划。第一个补充计划把第一篇具体化了，认为“一般的抽象的规定”的内容应该是商品、交换价值、货币、价格等；同时对第五篇补充说，在世界市场上“一切矛盾都展开了”，危机迫使现存社会“采取新的历史形式”(第46卷上，第177—178页)。第二个和第三个补充计划把第二篇中的主要范畴即“资本”部分设计得更具体了，借鉴黑格尔《逻辑学》的方法，按照“一般、特殊、个别”的顺序，把有关资本的复杂内容排列成一个多层次的三分结构：Ⅰ.资本的一般性，Ⅱ.资本的特殊性，Ⅲ.资本的个别性。在这三者下面又各分三个组成部分。在“Ⅰ.资本的一般性”下面的三个组成部分是：(1)包括由货币变成资本、资本和劳动，按照同劳动的关系而分解成的资本各要素；(2)资本的特殊化，包括流动资本、固定资本，资本周转；(3)资本的个别性，包括资本和利润，资本和利息，资本作为价值同作为利息和利润的自身相区别(参见第46卷上，第219—220、232—233页)

《经济学手稿(1857—1858年)》基本上是按照上述“五篇计划”及其补充计划写作的。“货币章”和“价值”章研究了商品、价值、交换价值、货币、价格等范畴。“资本章”只写了相当于资本的三分结构中的“Ⅰ.资本的一般性”，马克思后来把这一部分叫作“资本一般”，它的三个组成部分实际上是后来《资本论》理论部分的胚芽。

马克思创立的政治经济学方法和制定的五篇结构，促进了经济理论研究的进展。在写作“货币章”时，由于抽象了较具体的关系，只在一般性上考察商品、价值、货币等简单关系，以论战的形式阐述了生产商品的劳动二重性，从而把古典学派创立的劳动价值论奠定在科学的基础上。在写作“资本章”时，先抽象掉资本的特殊性和个别性，只在一般性上考察资本即“资本一般”。在研究“资本一般”时，先抽象了“资本的特殊化”即属于资本流通过程的流动资本和固定资本以及资本周转等，抽象了“资本的个别性”即属于现象形式的利润、利息等等，只纯粹考察资本的生产过程中资本和劳动的关系，发现了剩余价值范畴，揭示了资本主义剥削的秘密，制定了剩余价值生产理论；然后再遵循逐步上升的原则，通过对“资本的特殊性”和“资本的个别性”的研究，又初步说明剩余价值转化形式的利润范畴。这样，马克思就解决了导致李嘉图体系瓦解的第一个矛盾，实现了政治经济学的根本变革。马克思做出的这个贡献，是同他的科学方法和依据这个方法制定的科学结构分不开的。

（二）《政治经济学批判》的“六册计划”

《经济学手稿(1857—1858 年)》写作快要结束时，马克思为了更好地反映理论研究和写作过程中所取得的成果，使写作计划更加完善，在“五篇计划”的基础上提出了《政治经济学批判》的“六册计划”。这个演变始于 1858 年 2 月 22 日马克思给拉萨尔的信。讲了两点：第一，他的经济学著作将包括以下三部：第一部著作为“对经济学范畴的批判”或“对资产阶级经济学体系的批判”，是关于政治经济学理论部分的书；第二部著作为“政治经济学和社会主义的批判和历史”，是关于政治经济学理论史和空想社会主义理论史的书；第三部著作为“对经济范畴或经济关系的发展的简短历史概述”，是关于经济范畴史和国民经济史的书。第二，第一部著作《政治经济学批判》将分为六册：(1)资本(包括一些绪论性的章节)；(2)地产；(3)雇佣劳动；(4)国家；(5)国际贸易；(6)世界市场(见第 29 卷，第 531 页)。“六册计划”和“五篇计划”相比，变化主要在于：第一，“五篇计划”中的第二篇一分为三，它的三大范畴——资本、土地所有制和雇佣劳动，变为“六册计划”前三册的研究对象；第二，相应地，“五篇计划”中的第三、四、五篇变为“六册计划”后三册的研究对象；第三，“五篇计划”的第一篇不独立设置，它的内容纳入“六册计划”第一册《资本》中作为结论性的章节。

在从 1858 年 2 月写的这封信开始到 1859 年 2 月将近一年的时间里，马克思在给拉萨尔、恩格斯、魏德迈的信中，在《七个笔记本的索引（第一部分）〔索引草稿〕》中，在《政治经济学批判》第一分册《序言》中，多次谈到“六册计划”，使之更加完善和具体化。主要是：第一，马克思在1859年1月写的《〈政治经济学批判〉序言》中正式宣布：“我考察资产阶级经济制度是按照以下的次序：资本、土地所有制、雇佣劳动；国家、对外贸易、世界市场。”（第13卷，第7页）第二，马克思对第一册《资本》向第二册《地产》和第三册《雇佣劳动》的转化，提出了逻辑的和历史的论据。第三，《资本》册分为四篇：《资本一般》《竞争或许多资本的相互作用》《信用》，《股份资本》。第四，《资本》册《资本一般》篇又分为三章：第一章先叫“价值”，后改为“商品”；第二章先叫“货币”，后改为“货币或简单流通”；第三章也叫“资本一般”。并且在每一章后面都附有一个相应的“历史部分”，即理论史。第五，《资本》册“资本一般”篇第三章“资本一般”又分为三部分：“资本的生产过程”“资本的流通过程”“两者的统一，或资本和利润、利息”。这三部分是后来《资本论》前三卷研究的基本问题。第六，马克思并不准备每一册都将探讨得同样详尽，第三册专门阐述基本经济原理要作详细的解释，后三册只打算作一些基本的叙述。

根据前面介绍的材料，可以看出马克思在50年代末为自己的经济学著作拟订的写作计划的全貌是：

第一部著作　《对经济学范畴的批判》或《对资产阶级经济学体系的批判》，后来拟的标题为《政治经济学批判》

第一册　资本

第一篇　资本一般

第一章　商品

第二章　货币或简单流通

第三章　资本一般

Ⅰ　资本的生产过程

Ⅱ　资本的流通过程

Ⅲ　两者的统一，或资本和利润、利息

第二篇　竞争或许多资本的相互作用

第三篇　信用

第四篇　股份资本

第二册　土地所有制

第三册　雇佣劳动

第四册　国家

第五册　对外贸易

第六册　世界市场

第二部著作　《政治经济学和社会主义的批判和历史》

第三部著作　《对经济范畴或经济关系的发展的简短历史概述》

综观上述计划可以看出，它脱胎于“五篇计划”，又有所发展；它除具有“五篇计划”的优点外，又有新的特点。第一，它是经济学的一个规模宏大、内容丰富、结构严谨、层次分明的科学体系。它既有经济学理论的内容，又有理论史、经济史的内容；既有经济学理论的正面阐述，又有对资产阶级经济学的批判；既有抽象的经济关系的分析，又有具体的资本主义经济关系的分析；既有经济关系本身的分析，又有跟上层建筑相联系的经济关系的分析；既有一国经济关系的分析，又有国际经济关系的分析，进而对资本主义世界经济体系进行分析。通过以上多层次多方面的研究建立起来的结构体系，就再现了资本主义世界经济这个丰富的复杂的生动的总体，揭示了它的发展规律。第二，它把形成资产阶级社会内部结构并且成为基本阶级依据的三大范畴分册加以研究，紧紧抓住资产阶级社会这个主体，着重地对占统治地位的资本关系进行深入的、多层次的剖析。这种剖析是按照一般、特殊、个别的顺序，遵循从抽象上升到具体的方法展开的。仅就《资本》册本身而言，也是一个宏伟、严谨、独立的科学体系。

1859年6月出版的《政治经济学批判》第一分册是马克思按照上述计划写作的第一本著作，小标题为“第一册　资本　第一篇　资本一般”。实际上它只包括第一篇《资本一般》的头两章：《商品》和《货币或简单流通》。至于第三章《资本一般》，按照计划则是《政治经济学批判》第二分册叙述的内容。

到60年代，马克思在写作《1861—1863年经济学手稿》的过程中，对于自己的经济学著作的研究重点、著作名称和结构体系等问题有了新的考虑，打算把研究重点放在“六册计划”第一册《资本》上，将以《资本论》为标题单独出版，而《政治经济学批判》这个名称只作为副标题，形成了《资本论》的“四卷结构”，并按照这一结构撰写手稿和出版自己的著作。

原载《马克思主义经济理论全书》

历史篇——马克思主义经济学的创立和发展，564—567页

吉林人民出版社1992年7月出版

《〈经济学手稿(1857—1858年)〉导言》第四节初探*

马克思的手稿《导言》写作于1857年8月底到9月上旬，是称之为《1857—1858年经济学手稿》的开头部分。这篇手稿是马克思从1843年在巴黎开始研究政治经济学十五年之后，1850年在伦敦重新系统研究政治经济学七年之后，为他计划写作的总标题为《政治经济学批判》这一经济学巨著而起草的“总的导言”。

这篇在马克思生前没有重新修改和公开发表的《导言》，比他的其他著作和手稿更集中地论述了政治经济学的对象和方法的思想，是一篇具有独立科学价值的政治经济学的重要文献。《导言》第一、二节论述的是关于政治经济学对象的问题，第三、四节论述的是关于政治经济学方法的问题。但论述政治经济学方法的后两节又有所不同：第三节讲的是政治经济学的特有的研究方法，建立范畴体系的方法。而从第四节的标题和内容提示、手稿片断来看，马克思打算在本节要阐述的则是关于研究政治经济学的指导思想、政治经济学方法论的基础——唯物史观。本文专门谈谈个人学习《导言》第四节的体会，错误之处请指正。

一

《导言》第四节列了这样一个标题：“生产。生产资料和生产关系。生产关系和交往关系。国家形式和意识形式同生产关系和交往关系的关系。法的关系。家庭关系”。首先要说明的是：这里的“生产”，是指作为人类社会存在和发展的基础的物质资料生产。这里提到的“生产资料”，马克思用来表示生产力。这是因为生

---

* 马克思：《〈经济学手稿(1857—1858)〉导言》第四节，载《马克思恩格斯全集》第46卷上册第47—50页，或《马克思恩格斯选集》第2卷第111—114页。以下文章中出自《导言》第四节的引文，不再注明出处。

产资料是生产力的基本因素之一,是生产的客观条件。下面正文第五点中,在生产力后面用一个圆括号注明就是生产资料,也表明了马克思这一思想。这里的“生产关系”,是指人们在物质资料的直接生产过程中结成的关系,即狭义的生产关系。至于“交往关系”,则是马克思和恩格斯早期著作中使用的一个术语,是他们当时所形成的生产关系的概念,即广义的生产关系,包括直接生产过程中人们的相互关系,以及分配过程、交换过程和消费过程中人们的相互关系。这些都是属于社会经济基础方面的关系。而“国家形式”“意识形式”“法的关系”,则是属于社会上层建筑方面的关系。“家庭关系”也是一种社会关系。它作为社会的生活组织形式,既反映经济基础的特点,又反映上层建筑的特点,归根到底,家庭关系决定于经济关系。

从本节标题列出的项目来看,马克思打算在本节中说明社会形态各种现象和关系的地位、意义以及它们之间的内在联系。尽管一定社会形态下的各种现象和关系是极其错综复杂的,但它们之间又存在着有机的联系,并按照一定的规律发展着。从马克思所列各种社会现象和关系的次序可以看出,他打算首先从物质资料的生产出发,进而论述生产力和生产关系的相互关系,生产关系内部诸方面的关系,再进而分析国家形式、意识形式、法的关系这些上层建筑同作为生产关系总和的经济基础之间的相互关系,并进而考察由经济关系决定、同经济基础和上层建筑都有联系的家庭关系。以上情况表明,马克思在本节将要阐明的正是他的唯物史观。不过,马克思在《导言》第四节中对于上述唯物史观的基本命题,只列出了要点,提出了问题,并没有展开论述和给予回答。一年半以后,即在1859年1月,马克思在为《政治经济学批判》第一分册写的《序言》中,对于在《导言》第四节中所提出的问题,作了最概括的回答,这就是大家熟知的关于唯物史观的经典表述。《序言》中所表述的唯物史观,实际上就是《导言》第四节提出的问题的具体论述。

大家知道,马克思和恩格斯早在40年代就已经确立了唯物史观。那么,在作为马克思的经济学巨著的“总的导言”的第四节中,他又为什么要提出并想论述这些属于唯物史观的基本命题?这是因为,马克思将要建立的政治经济学和资产阶级政治经济学在对资本主义经济制度的看法,即在理论上是尖锐对立的,而理论上的对立又是由观察社会现象的立场、观点、方法的不同所决定的。正如《导言》前两节揭露的那样，资产阶级经济学家从“孤立个人”出发，研究“生产一般”，把资本主义制度永恒化。他们的这种看法，除了阶级局限性的原因以外，也是他们奉行唯心史观的必然结果。所以，要实现政治经济学理论上的变革，就必须首先在方法论上进行根本革命。马克思在研究政治经济学的过程中，十分强调他的方法论的重要性。在《政治经济学批判》第一分册的《序言》中，他把唯物史观说成是从政治经济学研究中“我所得到的，并且一经得到就用于指导我的研究工作的总的结果”①。在《资本论》第一卷第二版跋中，马克思把唯物史观当作他的辩证方法的“唯物主义基础”②。正是由于唯物史观在政治经济学的研究中具有如此重要的意义，所以马克思认为有必要在他的经济学巨著开头的“总的导言”中专门加以论述。由此可见，马克思在《导言》中讲唯物史观，并不是把它作为单纯的哲学思想来讲的，而是把它作为政治经济学研究的指导思想来阐述的。

有了崭新的世界观，才能创立科学的政治经济学。马克思的唯物史观指明：在人类社会形态中，一方面生产力和生产关系辩证地联系着，另一方面生产关系总和作为经济基础和上层建筑辩证地联系着，因此社会生产关系是在上述社会基本矛盾的作用下运动和发展的。从而，政治经济学作为研究人类社会一定阶段上的生产关系的科学，就不仅要研究生产关系及其内部各方面的关系，而且要了解生产力和生产关系、经济基础和上层建筑的相互关系。只有在社会基本矛盾的运动中，一方面联系生产力，另一方面联系上层建筑来研究生产关系，才能科学地阐明人类社会生产关系发展的客观规律。

二

本节正文前一部分列出了八个注意之点。通观这八点，它们都是围绕本节的基本内容即唯物史观，特别是生产力和生产关系、经济基础和上层建筑的相互关系问题而提出来的，都是为了阐述生产关系的发展规律这个中心主题而要加以说明的。这进一步表明，马克思将要在本节阐述的正是唯物史观问题。不过这八点并

① 《马克思恩格斯选集》第2卷第82页。

② 《马克思恩格斯全集》第23卷第20页。

不是论述唯物史观基本原理的提纲,而是正如马克思所指出的是在论述过程中应该提到而不应忘记的各点。

(一)关于"生产力和交往关系的关系在军队中也特别显著""战争比和平发达得早"。马克思提到的这一点,其着眼点乃是生产力和生产关系的相互关系问题。就是说,在分析生产力和生产关系的关系时,要注意用军队和战争的例子来说明,并分析某些经济关系为什么在战争和军队中比在和平时期和资本主义社会内部发展得更早这一特殊现象。

关于生产力和生产关系的关系在军队中表现得特别显著的问题,马克思在1847年底所作《雇佣劳动与资本》的讲演中就有所论述。在那里,他论述了生产力和生产关系的相互关系、生产力决定人们的生产关系的原理之后,紧接着说:"随着新作战工具即射击火器的发明,军队的整个内部组织就必然改变了,各个人借以组成军队并能作为军队行动的那些关系就改变了,各个军队相互间的关系也发生了变化。"[①]马克思讲的这种情况,在现代军队中更为明显。在这里,马克思讲作战工具与军队内部关系、组织形式的关系,以及前者变化必将引起后者变化的情况,其主旨是为了说明生产力和生产关系的关系,以及生产力的发展必将引起生产关系变革的原理。同样在《导言》中,马克思再次提到"生产力和交往关系的关系在军队中也特别显著",其目的仍然是为了进一步说明生产力和生产关系的相互关系。

值得注意的是马克思提出了这样一个论断:"战争比和平发达得早";并举例说:"某些经济关系,如雇佣劳动、机器等等,怎样在战争和军队等等中比在资产阶级社会内部发展得早。"马克思举的这些例子,无疑都是事实,但这只是就这些经济关系的形式方面而言的。例如,雇佣劳动是资本主义社会里的生产关系,但是雇佣军队在历史上的奴隶社会和封建社会中就存在了。与此相联系的是,工资是体现资本主义生产关系的经济范畴,但是在古代社会对雇佣兵也是要发薪饷或工资的。马克思起草《导言》前后所写的经济学手稿中说:"工资表现为普遍现象的第一个形式就是军饷"。[②]"军队是古代共同体中最先采用这种发薪饷方法的形式之

① 《马克思恩格斯选集》第1卷第363页。

② 《马克思恩格斯全集》第46卷上册第16、466、496、489页。

一。"[①]又如,机器的使用是资本主义生产方式下普遍存在的经济现象,但是用于军事目的机械(如枪炮等)在资本主义社会以前就已经发明并使用了。

为什么某些经济关系在战争时期和军队中比在和平时期和资本主义社会内部发展得早？对此,马克思在这里没有加以说明,是需要进一步探讨的问题。我体会,在阶级社会里,战争是不同的阶级、民族、国家和政治集团之间,因为经济利害冲突而发生的政治斗争的最尖锐的最高的形式,所以某些科学技术和经济关系的形式往往首先在战争时期和军队中发展起来,而后才在和平时期和物质资料生产过程中得到推广和普遍化。这种情况在现代社会生活中也不乏其例,像原子能首先在第二次世界大战中用于军事目的,到战后才逐渐推广用于生产建设。也正是在这个意义上,才能理解马克思所说的"战争比和平发达得早"。

(二)关于"历来的观念论的历史叙述同现实的历史叙述的关系"。这一点的意思是,在阐明人类社会发展的历史时,要注意说明以往唯心主义的历史叙述方法同唯物主义的历史叙述方法的关系和区别。

在马克思以前,"社会学"和历史学领域历来被唯心主义所统治。"观念论的历史叙述",就是对人类社会历史的唯心主义的叙述。资产阶级思想家对于人类社会发展历史过程的叙述,就是从唯心主义出发的,黑格尔就是一个突出的代表人物。唯心主义的历史叙述,否认社会存在决定社会意识,把社会历史看作依精神力量为转移的,把人们的思想动机、个别英雄人物的意志或某种超自然的力量,看作社会历史发展的根本原因。因此,马克思以前的"社会学"和历史学,至多是积累了片断收集来的未加分析的事实,描述了历史过程的个别方面,从根本上说并不能科学地阐明人类社会发展的历史过程。

马克思和恩格斯所发现的唯物主义历史观,实现了历史科学和一切社会科学的根本变革。马克思主义对于人类社会发展的历史叙述,是以唯物主义历史观为指南的。马克思所说的"现实的历史叙述",是关于人类社会发展客观过程的现实的历史叙述。以唯物史观为指南的历史叙述方法坚持以下原理:社会存在决定社会意识,归根到底是经济条件制约着历史的发展;人类社会历史的发展是有其本身固有的客观规律的,是在生产力和生产关系、经济基础和上层建筑的矛盾运动中

① 《马克思恩格斯全集》第46卷上册第16、466、496、489页。

发展的；人民群众是历史的创造者，社会发展的历史是人民群众实践活动的历史。

马克思还谈到了当时资产阶级“文化史”的状况。马克思主义在确定作为社会现象的文化的本质时，以唯物史观的基本原理为出发点，认为物质资料的生产方式决定社会生活、政治生活和精神生活的全部过程，从而决定社会文化的发展。而资产阶级学者却从唯心史观出发，认为文化发展的基础不是物质生产，而是某种超自然的力量的启示以及某些天才、英雄人们的意识、精神和活动，等等。因此，资产阶级学者的“所谓文化史全部是宗教史和政治史”，很少有或者根本没有经济史。毋庸赘言，他们的宗教史和政治史全都是用唯心主义历史观写成的。

可见，“历来的观念论的历史叙述”同“现实的历史叙述”的区别，实质上是唯心史观和唯物史观的对立。马克思在阐述自己的唯物史观并确立政治经济学的方法时，理所当然地要说明上述两种历史叙述方法的关系，并作必要的评述。

（三）关于原生的生产关系与“第二级的和第三级的东西”。按照马克思在这里的意见，生产关系总和是一个复杂的体系，并且可以分级。第一级的东西是基本的、原生的生产关系；第二级和第三级的东西则是“派生的、转移来的、非原生的生产关系”。马克思提出的这一点指明：在分析社会生产关系时，不仅要考察属于第一级的东西，而且要注意说明属于第二级和第三级的东西，以及“国际关系在这里的影响”。那么，这种生产关系分级的具体情况又是怎样的？根据马克思在经济学手稿中其他论述，有如下几种情形：

首先，因为人类社会的生产力是不断发展的，生产关系也随之发生变化。人类社会最初阶段上自然形成的原始共同体的生产关系的形式是原生的，后来阶段上的生产关系的形式则是派生的。马克思在《资本主义生产以前的各种形式》中，把人类社会最初阶段上劳动者对其劳动的自然条件的共同占有即公社制，看作是所有制的“原始的形式”，而奴隶制、农奴制等等则是“派生的形式”，“是以共同体为基础的和以共同体下的劳动为基础的那种所有制的必然的和当然的结果”。[①]

其次，因为在任何一个社会形态里，生产关系都不可能是单一的，特别是在新旧社会交替时期更是这样。在每一个社会形态中，都有着居于统治地位的生产关系，它规定着这个社会的经济基础和上层建筑的性质以及整个社会形态的特征。

① 《马克思恩格斯全集》第 46 卷上册第 16、466、496、489 页。

但是，在每一个社会形态中，在开始的一个相当长的时期里，同时还存在着它由以脱胎而来的旧社会的生产关系的残余，在它的解体时期，也会出现未来的新社会的生产关系的因素或物质前提。前者居于统治地位的是第一级的生产关系，后者处于从属地位的是第二级或第三级的、转移来的生产关系。

最后，因为国际交往的发展，会发生各种生产关系的相互混合、渗透和影响。马克思在《〈政治经济学批判〉(1857—1858 年草稿)》中，举了好几个例子说明这种情形。例如，在古代秘鲁"看到的那种共同生产和公有制"，就是由"一些征服者部落所导入和带去的派生形式"。在古代克尔特人那里的所有制形式"也是派生的"，是由处于较高发展阶段的征服者部落"带给处于较低发展阶段的被征服部落的"。[①] 在近代，由于资本主义大工业和世界市场的建立，使国际关系空前发展了。国际关系的发展，对原来经济落后的国家和地区的社会结构有着重大影响。特别是资本主义国家的对外经济侵略和武力扩张，破坏了经济落后国家和地区的传统的奴隶制或封建制的社会经济结构，使资本主义关系逐渐产生、发展起来，演变为殖民地、半殖民地的经济。在殖民地、半殖民地，奴隶制的或封建制的生产关系是原生的生产关系，而资本主义的生产关系则是转移来的、非原生的生产关系。

(四) 关于"对这种见解中的唯物主义的种种非难；同自然唯物主义的关系"。

马克思创立的唯物史观的原理，"给一切唯心主义，甚至给最隐蔽的唯心主义当头一棒。关于一切历史性的东西的全部传统的和习惯的观点都被这个原理否定了。政治论证的全部传统方式崩溃了；爱国的义勇精神愤慨地起来反对这种无礼的观点。"[②]马克思的新的世界观，不仅必然遭到资产阶级代表人物的反对，而且也必然遭到法国空想社会主义者的反对，还激起了德国庸俗的民主主义空谈家极大的愤怒。他们纷纷起来非难马克思的唯物史观。所以，马克思认为在阐述唯物主义历史观时，有必要对这些非难加以反击和批判。

马克思认为，还有必要谈谈他的世界观——辩证唯物主义和历史唯物主义与自然唯物主义的关系。自然唯物主义也就是自然科学的唯物主义。恩格斯指出，在 1848 年以后的德国，与资产阶级经济的强大发展相适应，以异乎寻常的精力致

---

① 《马克思恩格斯全集》第 46 卷上册第 16、466、496、489 页。

② 《马克思恩格斯选集》第 2 卷第 118、120 页。

力于自然科学。于是,“黑格尔被遗忘了,新的自然科学唯物主义发展了,这种唯物主义在理论上同十八世纪的唯物主义几乎完全没有差别,它胜于后者的地方主要只是拥有较丰富的自然科学的材料”。[①] 按照列宁的说法,自然科学的唯物主义是“绝大多数自然科学家对我们意识所反映的外界客观实在的自发的、不自觉的、不定型的、哲学上无意识的信念”。[②] 列宁认为自然科学家“倾向于唯物主义、敢于捍卫和宣传唯物主义、反对盛行于所谓‘有教养社会’的唯心主义和怀疑论的时髦的哲学倾向”,战斗唯物主义者应该“同现代自然科学家结成联盟”,把他们的自然科学唯物主义提高到自觉的辩证唯物主义水平[③]。

(五) 关于“生产力(生产资料)的概念和生产关系的概念的辩证法”。这一点是说,在分析生产力和生产关系的相互关系时,要注意到它们之间的辩证关系。简单地说,生产力和生产关系的辩证关系就是:生产力决定生产关系,生产关系对生产力也具有反作用。但是,马克思特别强调的是以下两点:

第一,生产力和生产关系的辩证法的界限应当确定。这个界限应当怎样确定呢?后来马克思在《〈政治经济学批判〉序言》中作了深刻的论述。他指出:社会的物质生产力发展到一定阶段,便同它们一直在其中活动的现存生产关系发生矛盾。于是这种生产关系便由生产力的发展形式变成生产力的桎梏。这时社会革命的时代就到来了。在这里,生产力起着决定性的作用。每一种生产关系,都是适应于一定的生产力状况而建立起来的。“无论哪一种社会形态,在它们所能容纳的全部生产力发挥出来以前,是决不会灭亡的;而新的更高的生产关系,在它存在的物质条件在旧社会的胞胎里成熟以前,是决不会出现的。所以人类始终只提出自己能够解决的任务,因为只要仔细考察就可以发现,任务本身,只有在解决它的物质条件已经存在或者至少是在形成过程中的时候,才会产生。”[④]

第二,生产力和生产关系的辩证法并不抹杀现实差别。生产力和生产关系的辩证法适用于人类社会的一切社会形态,生产关系一定要适合生产力的状况是人类社会发展的一般规律。但是,马克思主义讲的生产力和生产关系总是处于历史

① 《马克思恩格斯选集》第2卷第118、120页。

② 《列宁选集》第2卷第353页。

③ 《列宁选集》第4卷第608—609页。

④ 《马克思恩格斯选集》第2卷第82—83页。

发展一定阶段上的生产力和与之相适应的生产关系。任何一个历史时期的生产方式，都以一定的生产力为其内容，而与之相适应的生产关系则是生产力赖以发展的社会形式。根据社会生产力的发展状况和与之相适应的生产关系的状况，马克思主义把人类社会形态划分为五种不同的社会形态。所以，生产力和生产关系的辩证法，并不抹杀人类社会形态的现实差别。

（六）关于“物质生产的发展例如同艺术生产的不平衡关系”“生产关系作为法的关系怎样进入了不平衡的发展”。这一点是说，在分析社会的经济基础和上层建筑的相互关系时，要注意说明作为上层建筑的社会意识形式和法的关系的发展同经济基础的发展的不平衡性，以及上层建筑某些部分发展的历史继承性。

历史唯物主义认为，经济基础的性质决定上层建筑的性质，有什么样的经济基础，就有什么样的上层建筑。但是，上层建筑的各个部分又都有不同程度的相对独立性，各有其本身形成和发展的相对独立的历史，它们并不都是随着经济基础的变化或消亡而马上变化或消灭的。上层建筑某些部分的发展同经济的发展的不平衡性和历史继承性，就是上层建筑具有相对独立性的表现。

马克思讲的“物质生产的发展例如同艺术生产的不平衡关系”，就是上层建筑具有相对独立性的一个表现。关于这种情形，马克思在本节的后一部分，就希腊艺术与现代社会的关系做了深入的分析。在这里，马克思强调指出：对于“进步这个概念决不能在通常的抽象意义上去理解”。这就是说，不能抽象地谈论“进步”这个概念，而要结合社会意识形式本身发展的特殊规律性来理解它。例如在艺术领域，不能抽象地说一切现代艺术都比古典艺术进步，一切古典艺术都比现代艺术落后，而应该作具体分析。因为每一个时代的艺术作品都是一分为二的，有的是属于精华，即艺术珍品，能够为后代人所继承，在许多世纪内能够给予人们以思想启发和艺术享受；有的是属于糟粕；有的是精华和糟粕混杂并存；即使是优秀作品也都有其历史的、阶级的局限性。因此，对于历史上的文化遗产，应该采取批判地继承的态度，吸取其精华、进步的东西，舍弃其糟粕、反动的东西。

马克思讲的“法的关系”“进入了不平衡的发展”，即法的关系的发展同经济基础的发展不平衡，是上层建筑具有相对独立性的另一个表现。马克思举的罗马私法同现代资本主义生产的关系，就是一个例子。

从古罗马的法学家开始，把法律分为公法和私法两类：公法指有关国家地位和利益的法律，私法指涉及个人利益的法律。当时罗马社会生产关系的基础是奴隶主私有制；同时，商品货币经济也很发达。罗马法对奴隶主私有制、家长权、买卖、借贷、契约、债务，以及刑法、诉讼程序等等，都作了明确而详尽的规定。它竭力维护奴隶主对奴隶的统治、保障富有平民的利益，是奴隶主阶级意志的体现。恩格斯说，罗马法是“以私有制为基础的法律的最完备形式”①，是“商品生产者社会的第一个世界性法律”②，“完满地表现了马克思称为商品生产的那个经济发展阶段的法律关系”③。罗马法典对以后剥削阶级统治的国家的立法，特别对资产阶级国家的立法，有着重大的影响。马克思和恩格斯在《德意志意识形态》中指出，随着资本主义工商业和资产阶级私有制的发展，“罗马私法便立即得到恢复并重新取得威信”，在欧洲大陆的一切国家里，资产阶级的私法“都是以罗马法典为基础的”，即使在英国，它的私法“也不得不参照罗马法的诸原则”。④ 例如，法国在资产阶级大革命中制定的《法兰西民法典》(亦称《拿破仑法典》)，就是把古代罗马法“巧妙地运用于现代的资本主义条件”⑤。

“可是，这里要说明的真正困难之点是：生产关系作为法的关系怎样进入了不平衡的发展。”“生产关系作为法的关系”，就是指财产关系，因为按照马克思的说法，财产关系是生产关系的法律用语。马克思提出的这个“要说明的真正困难之点”就是：为什么生产关系作为法的关系或财产关系的发展同物质生产的发展不平衡？为什么体现奴隶主阶级意志的罗马私法能够为体现资本家阶级意志的资产阶级法典所吸收或参考，并为近代资本主义经济基础服务？对于这个问题，历史唯物主义是不难回答的。首先，法律思想作为社会意识，它的发展同经济发展的不平衡，它的发展有历史的继承性，是上层建筑相对独立性的一种表现。其次，罗马私法作为私有制和商品生产社会的第一个世界性法律，它体现了奴隶主私有制和商品生产者的经济利益，而资本主义社会，也是私有制(资本家私有制)、奴隶制(雇佣

---

① 《马克思恩格斯选集》第3卷第143、395、395页。

② 《马克思恩格斯选集》第4卷第248页。

③ 《马克思恩格斯选集》第3卷第143、395、395页。

④ 《马克思恩格斯选集》第1卷第70页。

⑤ 《马克思恩格斯选集》第3卷第143、395、395页。

奴隶制)、商品生产(高度发展的商品生产)的社会,所以罗马私法的一些立法原则能够为资产阶级法典所继承就不奇怪了。

(七) 关于"这种见解表现为必然的发展。但承认偶然。怎样。(对自由等也是如此。)"这一点是说,在用唯物史观研究人类社会生产关系发展的历史时,要注意说明它的发展有其本身固有的客观规律性,表现为必然的发展的客观过程;同时要说明这种发展过程中的必然性和偶然性的关系,必然和自由的关系。

唯物史观是马克思的伟大发现。恩格斯指出:"正像达尔文发现有机界的发展规律一样,马克思发现了人类历史的发展规律"。① 马克思发现的人类历史的发展规律指明,人类社会的历史决不是由个人意志所支配的一些偶然事件的堆积,而是不依赖人们主观意志为转移的、按照本身所固有的必然规律而发展的客观过程。马克思说"这种见解表现为必然的发展",就是讲他的唯物史观认为,人类社会生产关系的发展有其本身固有的客观规律性,表现为必然的发展的客观过程。

但是,马克思主义在讲必然性时,也承认偶然性。必然性和偶然性是对立的统一,它们互相联系,互相依赖,并在一定条件下互相转化。在客观事物的发展过程中,必然性和偶然性是同时存在的。必然性通过偶然性为自己开辟道路,通过大量的偶然性表现出来;偶然性是必然性的补充和表现形式。

马克思在讲必然性时,还提到了自由。自由和必然是揭示人们自觉活动和客观规律之间相互关系的范畴。必然是指客规事物发展的规律性;自由是对必然的认识和对客观世界的改造。自由和必然是辩证的统一,自由不能离开必然,必然可以转化为自由。当人们还未认识客观规律时,就要受客观规律支配,也就没有自由;当人们一旦认识了某些客观规律并自觉利用它为自己服务,就有了一定的自由;人们对客观规律的认识越多越深化,自由也越大。人类的历史,就是一个不断从必然王国向自由王国发展的历史。

(八) 关于"出发点当然是自然规定性"。这就是说,必须从物质资料生产的自然规定性出发,研究人类社会发展的历史。

马克思为什么要提出这个问题呢?大家知道,马克思是把资本主义生产方式作为自己研究和批判的对象的,一再指出资本主义生产方式并非自古以来就存在

---

① 《马克思恩格斯选集》第3卷第574页。

的自然的社会形态，而是人类社会长期发展的历史产物，是历史的暂时的形式。那么，在资本主义生产方式以前，特别是人类社会的开始阶段的情况又是怎样的？难道那也不是自然发生的东西，而也是历史的东西吗？这是理论上和逻辑上必须回答的问题。

马克思明确地指出："出发点当然是自然规定性"。关于这一点，马克思在《导言》中只作了这个提示，并未详细阐明。几个月之后，他在《资本主义生产以前的各种形式》这篇手稿中，作了专门的论述。所以，学习马克思后来写的这篇手稿，有助于我们理解《导言》中的这个提示。在《资本主义生产以前的各种形式》这篇手稿中，马克思是怎样论述这个问题的①？

首先，马克思指出，人类社会的最初阶段是"自然形成的社会"。最初的人"表现为种属群、部落体、群居动物"。"对活的个体来说，生产的自然条件之一，就是他属于某一自然形成的社会，部落等等"。"自然形成的部落共同体""是人类占有他们生活的客观条件和占有再生产这种生活自身并使之物化的活动(……)的客观条件的第一个前提。"马克思在这篇手稿中提到的"自然形成的共同体"，是指"部落"或"部落联合"。马克思在《导言》第四节第八点提示中，也提到了"部落、种族等"这些人类社会初期阶段上的社会组织形式，这也表明他列出这一点正是为了研究人类社会的早期情况。

其次，马克思指出，在"自然形成的社会"中，社会生产的主观的和客观的因素都是"自然存在"。"劳动的主体是自然的个人，是自然存在"；这种"自然的个人"的"劳动的第一个客观条件表现为自然，土地，表现为他的无机体""这种条件不是他的产物，而是预先存在的；作为在他之外的自然存在，是他的前提"。他还说："生产的原始条件表现为自然前提，即生产者生存的自然条件"，"这些生存的自然条件，本身具有双重的性质：(1)是主体的自然，(2)是客体的自然"。从以上这些论述中，我们可以了解马克思在《导言》第四节第八点提示中提到的"主观地和客观地"，就是要"主观地和客观地"分析社会生产要素的"自然规定性"，或者说要研究"主体的自然"和"客体的自然"这些"生产的原始条件"。

---

① 以下引文均见马克思：《〈政治经济学批判〉(1857—1858年草稿)》，《马克思恩格斯全集》第46卷上册第470—498页。

第三,马克思指出,在"自然形成的社会"中,原始的所有制就是"劳动的个人""对劳动的自然条件的占有"。土地就是当时"劳动的自然条件"。原始所有制或公社制,实际上就是土地所有制。

第四,马克思指出,"自然形成的社会"也是建立在"社会生产上面"的,也是在生产力和生产关系的矛盾运动中形成、发展和走向解体的。原始共同体的人们起先是在"自然形成的基础"上从事劳动的,然后这种"自然形成的基础"就变为"历史的前提"。"到后来,这个基础或前提本身就被扬弃,或者说成为对于不断前进的人群的发展来说过于狭隘的、正在消灭的前提。"在原始社会的末期,由于社会生产力的一定发展,自然形成的原始共同体就解体了,接着便是以剥削阶级私有制为基础的奴隶制社会、封建制社会和资本主义社会这些历史性的社会。

从以上论述可以大体了解马克思提出"出发点当然是自然规定性",是打算简要地说明人类怎样从统一的自然界中分离出来的,人类社会是怎样形成的,原始人的物质生产一开始是怎样进行的,当时的生产力的状况和生产关系(所有制)的形式是怎样的,总之,人类社会的生产力和生产关系是怎样从自然发生的东西发展为历史的东西的,怎样从"自然形成的社会"——原始共同体,发展到历史的暂时的形式——资本主义社会的。

三

本节正文的后一部分是一个没有写完的手稿片断,论述了艺术生产发展同物质生产发展的不平衡关系。这个问题从实质上说,就是上层建筑和经济基础的关系问题,也是唯物史观一个重要问题。

艺术是社会意识的一种形式,它作为上层建筑,归根到底是由经济基础决定的;但是作为上层建筑的艺术具有相对的独立性,它的发展同经济基础的发展又存在着不平衡的关系。一般地说,随着物质生产的发展,艺术也必然相应地发展,物质生产发展的程度越高,艺术发展的程度也越高。这是物质生产与艺术的相互关系的主要方面。但是,又存在着艺术发展与物质生产发展不平衡、不成比例的情况,在物质生产发展的较低阶段上可以有艺术较高的发展,在物质生产发展的较高阶段上却不一定有艺术的高度发展。这是物质生产和艺术的相互关系的次要方面。《导言》第四节着重论述了客观生活中存在着的艺术发展与物质生产发展的不平衡的情况,同时也谈到了一定的艺术总是同一定的社会形态结合在一起的问题。所以,学习马克思在本节中阐明的思想,可以全面理解物质生产和艺术之间的辩证关系,深入了解艺术这种上层建筑发展的特殊规律。

本节这个手稿片断的主要思想是:

(一)马克思在前面已经提出"物质生产的发展例如同艺术生产的不平衡关系"的问题,这里他进一步指出:"关于艺术,大家知道,它的一定繁盛时期决不是同社会的一般发展成比例的,因而也决不是同仿佛是社会组织的骨骼的物质基础的一般发展成比例的。"为了说明这个问题,马克思"拿希腊人或莎士比亚同现代人相比"做例子:在物质生产处于较低发展阶段的古希腊奴隶社会,曾经出现文化艺术的繁荣时期,创造了丰富多彩的希腊古典文化;在中古后期西欧文艺复兴时期的英国,却产生了伟大剧作家、诗人莎士比亚的不朽作品;而在物质生产达到很高阶段的现代资本主义社会,却没有出现像古希腊和中世纪西欧曾经有过的那样的艺术成就。

马克思还指出,在艺术本身的领域内,各种艺术形式的发展也是不平衡的,"某些有重大意义的艺术形式只有在艺术发展的不发达阶段上才是可能的"。他举史诗为例说,某些艺术形式"一旦作为艺术生产出现,它们就再不能以那种在世界史上划时代的、古典的形式创造出来"。这里提到的史诗,指公元前八世纪前后古希腊的叙事长诗——《荷马史诗》。史诗叙述了古希腊人的战争事迹和英雄人物,反映了古希腊原始公社制社会瓦解时期的物质文明、风俗习惯、神的故事和英雄传说。史诗不仅是希腊古典文学的优秀成果,而且也是研究公元前11世纪到9世纪希腊社会经济的最重要的文献。史诗是不朽的世界的文化遗产。

既然在艺术本身领域以内,各种艺术形式的关系中已经有这种发展不平衡的情形,那么,在整个艺术领域同社会一般发展的关系中也有这种不平衡的情形,就更没有什么奇怪了。现在,困难的问题不在于对这种不平衡的关系或矛盾现象作一般的表述,而是要对它作出科学的解释。马克思指出了解决这个矛盾的关键和途径:"一旦它们的特殊性被确定了,它们也就被解释明白了。"这就是说,不仅要一般地指出各种社会形态中，艺术这种上层建筑和经济基础之间辩证关系的普遍性，而且要具体分析某一社会形态下，它们的这种辩证关系的特殊性；不仅要说明艺术这种上层建筑和经济基础之间矛盾的普遍性，即艺术是经济基础的反映，归根到底是由物质生产方式决定的，而且要说明艺术和经济基础之间矛盾的特殊性，即艺术作为上层建筑具有相对的独立性，有其本身的形成和发展的相对独立的历史，有其自己发展的特殊的规律性。

马克思在解释艺术同物质生产的发展为什么会出现不平衡的现象时，仍然拿古希腊艺术和中古莎士比亚同现代的关系作例子。不过，他只分析了希腊艺术同现代的关系，至于莎士比亚同现代的关系则未具体说明。

马克思分析希腊艺术同现代社会的关系时，首先分析了希腊艺术产生的社会历史条件，指出希腊艺术是同当时奴隶制社会形态结合在一起的；然后分析了希腊艺术同现代社会的关系，指出希腊艺术在现代仍然具有永久的魅力，并且能够给予人们以艺术享受。

（二）马克思指出，希腊古典艺术是同当时的社会形态结合在一起的。马克思分析这个问题的逻辑是这样的：希腊艺术的土壤是希腊神话，希腊神话的基础是古希腊人的自然观和社会观，而希腊人的自然观和社会观是由当时希腊奴隶制社会的生产方式决定的。

公元前 12 世纪到 8 世纪的希腊，在历史上称之为“荷马时代”或“英雄时代”，是由原始公社制向奴隶制过渡的社会。公元前 8 世纪到 6 世纪，希腊的奴隶社会已经确立。公元前 5、4 世纪，是希腊奴隶制城邦发展和繁荣时代。这时，希腊文化也臻于极盛。正是奴隶制的生产方式和奴隶劳动，为希腊古典文化创造了物质基础。根据当时希腊奴隶制生产方式的具体情况，马克思着重论述了以下几个问题。

第一，马克思揭示了当时希腊人的自然观和社会观同希腊神话的关系。他指出：希腊人的“那种对自然的观点和对社会关系的观点”，“成为希腊人的幻想的基础、从而成为希腊〔神话〕的基础”。

在希腊社会发展的最初阶段，社会生产力发展水平十分低下，人们认识和征服自然界的能力极其有限，当时希腊人不仅不能对自然界和社会的一切现象作出正确的解释,而且在很大程度上还受自然力的统治。在这种情况下,人们只能用想象或借助于想象去解释自然和社会的各种现象,把自然和社会所发生的一切变化的原因,都看作神的意志和权力,并由此而形成了当时希腊人的“对自然的观点和对社会关系的观点”。正因为希腊人把一切自然现象和社会现象变化的原因归之于神的意志和权力,并把它们形象化、人格化,幻想出能够驾驭自然力的各种神,希望在神的保护和帮助下同自然界做斗争,于是就形成了一系列关于神的故事和英雄传说,即希腊神话。

第二,马克思说明了神话特别是希腊神话的产生原因及其本质。他指出:“任何神话都是用想象和借助想象以征服自然力,支配自然力,把自然力加以形象化”,希腊神话“也就是已经通过人民的幻想用一种不自觉的艺术方式加工过的自然和社会形式本身”。

希腊神话中首先是关于神的故事。希腊人想象中的神,是和人“同形同性”的,神具有人的体形和性格,是人的典型和提高,但比人更高大、更有力量、更富有智慧,而且永生不死,主宰着人世间的祸福和命运。希腊人想象中的神都居住在奥林帕斯山上,主要有以宙斯为首的十二个神。希腊人以宙斯等男女诸神为主要系谱,编撰了许多错综虚幻、丰富多彩的神话故事。后来,希腊人在和自然界做斗争的过程中,逐渐提高了征服自然的能力,又创造出许多英雄传说。传说中的英雄是宙斯和人间妇女所生之子,是神和人所生的半人半神。著名的英雄有柏修斯、海格立斯、提修斯等。这些英雄是人民集体力量和聪明智慧的代表,反映了当时人民在征服大自然的过程中所表现出来的勤劳勇敢的品质。很明显,这些神和英雄都是自然力的形象化、人格化和神化,这些神话都是希腊人用想象和借助想象征服、支配自然力的表现,都是希腊人的幻想用一种不自觉的艺术方式加工过的自然和社会形式本身,反映了希腊人对自然界和人类社会的模糊认识。后来,罗马人继承了希腊古典文化的成就,吸取了希腊神话中的神的形象,形成了罗马神话。

第三,马克思指出了希腊神话对希腊古典文学艺术的巨大影响。他说:“希腊神话不只是希腊艺术的武库,而且是它的土壤。”又说,“希腊艺术的前提是希腊神话”,希腊神话“是希腊艺术的素材”。实际情况正是这样,希腊古典文学艺术的各种形式,无不打上神话的烙印。例如,在文学诗歌方面,前面提到的《荷马史诗》,由诗人赫西俄德所写的《神谱》，它们本身就是希腊神话和传说的总汇，流传到后世的许多关于神的故事和英雄传说，都是来源于这些著作。在戏剧方面，古希腊雅典的三大悲剧作家的作品，大多也取材于希腊神话。在雕刻、绘画方面，如雕像、浮雕、瓶画等，其题材几乎都是希腊神话中的神和英雄以及他们的故事。

马克思进一步指出，“不是随便一种神话，就是说，不是对自然（这里指一切对象，包括社会在内）的随便一种不自觉的艺术加工”，都可以成为希腊古典文学艺术的土壤和母胎。例如，“埃及神话决不能成为希腊艺术的土壤和母胎”，它只能成为埃及艺术的土壤和母胎。总之，只有希腊神话才是希腊艺术的土壤和母胎。但是，马克思特别强调指出：希腊艺术的土壤和母胎，“无论如何总得是一种神话”。

第四，马克思指出了神话消失的社会经济条件。他说：在现代社会，“随着这些自然力之实际上被支配，神话也就消失了。”随着人类社会的发展，人们认识和征服自然能力的逐步提高，科学技术的不断进步，当人们对自然界发生的各种现象能够作出科学解释时，神话也就失去了产生和存在的基础，而逐渐消失。例如，在近代资本主义社会，社会生产和科学技术都有了巨大进步，19 世纪 50 年代以前就出现了自动纺机、铁道、机车和电报等等。很显然，这些反映近代科学技术水平的东西，是不能够同“成为希腊人的幻想的基础、从而成为希腊〔神话〕的基础的那种对自然的观点和对社会关系的观点”并存的。马克思用几个形象的比喻，说明古代希腊罗马神话在现代社会必然消失。

第五，马克思认为在现代社会，随着希腊神话的消失，产生希腊古典文学艺术的必要条件也必然同时消失。他指出：希腊艺术决不能产生于“这样一种社会发展，这种发展排斥一切对自然的神话态度和把自然神话化的态度；并因而要求艺术家具备一种与神话无关的幻想。”马克思讲的“这样一种社会发展”，指的就是近代社会。例如，在资本主义社会，人们对自然界各种现象的认识已经能够用科学来解释，而排斥用神话来解释，因此以神话为土壤的希腊艺术，也就决不可能以它们在世界史上划时代的那种古典的形式再度生产出来。现在要求于艺术家的，已经不是关于神话的幻想，而是要具备一种与神话无关的想象力和艺术表现力。马克思又用几个形象的比喻，说明在资本主义社会已经不存在产生希腊古典文学艺术的必要条件。

第六，马克思通过对希腊艺术产生的社会历史条件的分析，得出了一个重要的结论：希腊艺术和史诗是同一定社会发展形态结合在一起的。这就是说，希腊艺术作为一定社会的上层建筑，是在希腊奴隶社会的经济基础上产生的，是希腊奴隶制社会的特殊产物。广言之，一定的艺术总是同一定的社会形态结合在一起的，总是一定的经济基础的反映。

（三）马克思指出：希腊古典艺术在现代仍然显示出永久的魅力，并能够给予人们以艺术享受。但是，“困难的是，它们何以仍然能够给我们以艺术享受，而且就某方面说还是一种规范和高不可及的范本”。

马克思是怎样解决这个困难问题的呢？他用儿童的天真使成人感到愉快的例子，形象生动地比喻古代人的艺术对现代人所产生的魅力。在人类历史的发展过程中，也有它的童年时代和成年时代。在每一个时代，它自己天然的纯真性格，是活跃在童年时代的天性之中的。人类历史上的童年时代，在它发展得最完美的地方，可以作为永不复返的阶段显示出永久的魅力。古代民族的发展是不完全相同的，它们的童年时代也不尽相同，有的像“粗野的儿童”，有的像“早熟的儿童”，“希腊人是正常的儿童”。所以，希腊古典艺术对现代人显示出魅力，能够给现代人以艺术享受，是完全可以理解的。

马克思的这个比喻揭示了艺术发展的特殊规律性。艺术是由社会的经济基础决定的，但是它的发展又有相对的独立性，每一个历史时代的艺术都同过去时代的艺术有着历史的继承关系。在各个时代的现实主义艺术中，都有不朽的珍品，能够在很长的历史时期中，在思想上和美学上对后人产生巨大影响。各个时代的艺术珍品，用生动典型的艺术形象、丰富多彩的艺术形式、精湛完美的艺术技巧，集中地、鲜明地反映了当时社会生活的某些方面的矛盾，表现出人民对于美好生活的思想、意愿、渴望和幻想，歌颂了先进社会力量和人民的美德，鞭挞了反动社会势力和丑恶行为。所以，每一个时代的艺术珍品中所表现的进步思想内容可以为后代人继承和发展，它的形式和技巧也可以为后代人借鉴和吸收，它的美的感染力可以长久地发生作用，并给后代人以很高的艺术享受。

在古希腊国家，当时社会生产力的一定发展，发达的奴隶制的经济基础，奴隶主民主制的发展和争取国家独立的爱国热情，以及人民的幻想用一种不自觉的方式对现实进行了加工的神话传说，就是希腊艺术产生的经济、政治和思想条件。在这样的社会基础上，创造出来的灿烂多彩的希腊古典艺术，“是希腊人由野蛮时代带入文明时代的主要遗产”[①]，对古罗马和后世欧洲文化的发展产生了很大的影响，至今仍然是世界文化宝库中的不朽遗产。

所以，马克思最后说，古希腊人的艺术对于现代人所产生的魅力，“同这种艺术在其中生长的那个不发达的社会阶段并不矛盾”，反而倒可以说，希腊古典艺术的魅力正是“这个社会阶段的结果，并且是同这种艺术在其中产生而且只能在其中产生的那些未成熟的社会条件永远不能复返这一点分不开的”。

总之，《导言》第四节虽然只是一些提示和片断论述，但它的内容十分重要，思想极为精辟，对于我们学习马克思的唯物史观，研究政治经济学都有重大指导意义。

原载长春《社会科学战线》1983 年第 4 期

① 《马克思恩格斯选集》第 4 卷第 22 页。

马克思《〈政治经济学批判〉导言》第二节《生产与分配、交换、消费的一般关系》讲解

本文是马克思在1857—1858年写的经济学手稿的开头部分，是为他计划中的总标题为《政治经济学批判》著作写的“总的导言”。

马克思原打算在《导言》中说明他在政治经济学研究中得出的一般结论。但稿子未完成，只写了其中的第一部分，即现在标题为“Ⅰ.生产、消费、分配、交换（流通）”的《导言》稿子。这一部分共四节，这里节选的是其中第二节全文。

1. 生产

在这一节里，马克思批判了资产阶级经济学从孤立个人出发抽象地研究生产的错误，提出了要社会地、历史地考察物质生产的思想。

要社会地、历史地考察物质生产

物质生产，即物质资料生产，是人类征服自然，改造自然，以获得必需物质资料的社会经济活动。它是人类社会存在和发展的基础。所以，政治经济学的研究，首先要从考察物质生产开始。

物质资料生产从来就是社会的生产。这是因为在生产中，人们除了要和自然界发生关系外，人与人之间也必须发生一定的联系和关系。而且人们只有以一定的方式结合起来，互相交换自己的活动，才能同自然界斗争，利用自然界来生产物质资料。所以，生产关系如同生产力一样，是社会生产的不可缺少的方面，不同的社会生产什么具有不同的性质，就是因为它们的生产关系的性质各不相同。

资产阶级经济学是从孤立的个人出发进行研究的，他们考察的生产者，就像英国作家丹尼尔·笛福的著名小说《鲁滨逊漂流记》的主人翁鲁滨逊在荒岛上那样孤独地劳动和生活着。这在方法论上就是错误的。在现实生活中，孤独的一个人，离

开社会,想进行生产以求得生存是难以想象的,即使有也是极为罕见的,只有一个过去已经在社会中从事过劳动,具有一定的生产经验和劳动技能,因而是“已经内在的社会力量的文明人或许能做到”。所以,马克思指出,“在社会中进行生产的个人——因而,这些个人的一定社会性质的生产,自然是出发点”。

在原始社会里,人们是组织在一个家庭、氏族或公社中进行生产,生产资料归全体成员共同所有,每个人都以平等的社会成员的资格参加集体劳动,相互之间结合成一种互相合作的关系。随着生产力的发展,生产活动可以由一家一户,甚至单独个人独立去进行。这时,表面上看来,似乎一个人可以单独地不与他人发生关系而进行生产了。特别是到了自由竞争的资本主义社会,即马克思说的“市民社会”。人身的封建隶属关系和依附关系解体了,单个的人表现为摆脱了“使他成为一定的狭隘人群的附属物”的自然关系而可以自由独立地行动了,就更造成了单个的人可以孤立地进行生产这样一种错觉。其实,即使在个体劳动条件下,人们为了进行生产仍然可发生种种的联系和关系。社会生产越发展,分工越细密,人们在生产中的相互关系也就越密切。特别是在现代化的大生产中,生产的专业化协作发达,不要说单独的个人无法离开他人孤立的劳动,甚至连单个企业和单个部门也都不能脱离其他企业和部门孤立地进行生产。人们在生产中的社会联系比过去大大扩大和加深了。如马克思说的:“人是最名副其实的社会动物,不仅是一种合群的动物,而且是只有在社会中才能独立的动物。”

人类社会是在不断发展变化着的。由于社会生产关系的性质不同,不同的社会便具有不同的性质。“因此,说到生产总是指不同的社会便在一定社会发展阶段上的生产——社会个人的生产”。抽象的生产是不存在的。但是,这并不是说,不同的社会发展阶段之间不具有一些共同的标志和共同的规定。例如,任何社会生产都是生产、分配、交换和消费的辩证统一体。因此,在研究过程中,抽出这些共同的规定,可以避免重复论述,因而是有意义的。生产一般是一个抽象,但是只要它真正把共同点提出来,定下来,免得我们重复,它就是一个合理的抽象。不过,我们不能忘记,这个一般,这些共同点,本身就是有许多组成部分的,分别有不同规定的东西。因此,在看到统一的一面时,不能忘记它们之间还存在着本质的差别。资产阶级经济学的错误,一方面,是脱离人们的相互联系和关系孤立地研究个人的生产；另一方面，抹杀不同社会发展阶段生产的本质差别，抽象地去研究生产。他们这样做，就是企图证明资本主义制度是一种永存而和谐的制度。

2. 生产与分配、交换、消费的一般关系

对资产阶级学者关于生产、分配、交换、消费及其相互关系的看法的一般评述

当时资产阶级经济学家的著作都分为生产、分配、交换、消费四个部分或生产、分配、消费三个部分进行论述。所以，马克思在具体分析生产与分配、交换、消费的相互关系之前，先对资产阶级学者在这方面的错误进行了简要评述和初步批判。资产阶级学者的看法可以分为两类：

一类是部分资产阶级经济学家的看法。这主要是：首先，他们从社会成员个人取得产品（个人消费品）的过程，或从社会产品运动的过程，说明生产、分配、交换、消费四个环节的意义、作用和联系。然后，把生产、分配、交换、消费归结为一个正规的“三段论法”。所谓“三段论法”，是黑格尔和其他一些资产阶级学者经常使用的一种逻辑推理方法。例如，说生产是一般，分配和交换是特殊，消费是个别，全体由此结合在一起。

资产阶级经济学家的这些看法，只是“肤浅的表象”“肤浅的联系”。因为这些看法只是从人与物的关系，物与物的表面现象的关系，而不是从人与人的社会关系的观点来说明四个环节的本质关系，说明四个环节各自的意义、特点、地位、作用及其相互联系。

另一类是反对上述资产阶级经济学家的人们的看法。这些反对者责备资产阶级经济学家的上述观点“把联系着的东西粗野地割裂了”。

其中最庸俗的责备是批评资产阶级经济学家过于重视生产，把它当作目的本身。他们认为分配也是同样重要的，甚至把分配问题提到了首位，认为资本主义社会里祸害的根源就在于分配不合理。这些反对者的观点，好像很重视分配，其实恰好就是那种把分配与生产并列起来，并把分配当作与生产无关的独立领域的观点。

还有一种责备是，批评资产阶级经济学家没有把生产、分配、交换、消费“这些要素放在其统一中来理解”。马克思指出，本来在现实经济过程中，生产、分配、交

换和消费这四个要素是互相联系、互相制约的辩证统一体，它们之间既有同一性，又有差别性、矛盾性。资产阶级经济学家形而上学地割裂现实生活中四个要素的辩证统一关系，在其经济学著作中分别孤立地进行考察，所以这种割裂“是从现实进到教科书中去的”。可是，反对者却认为资本主义社会现实生活中四个要素之间的矛盾，是由于资产阶级经济学家在教科书中把它们割裂了，即这种割裂“是从教科书进到现实中去的”。因此，反对者们认为，只要在教科书中把四个要素统一起来理解，在概念上作辩证的平衡，现实生活中就不至于有这四个要素的矛盾了，从而资本主义社会中的各种对抗性矛盾也就不存在了。在这里，马克思既反对资产阶级经济学家把现实生活中四个要素本来存在着的辩证统一关系在教科书中形而上学地加以割裂，也反对那些反对者们根本不去理解现实生活中四个要素的真实关系及其矛盾，只在教科书中搞概念的辩证平衡。

(a)〔生产和消费〕

在这一小节，马克思阐述了生产和消费的辩证关系，论证了生产和消费的同一性和矛盾性，提出了生产决定消费和消费反作用于生产的原理，批判了资产阶级经济学家否定生产和消费的矛盾并把它们等同起来的错误观点。

生产和消费的同一性

马克思认为生产和消费之间的同一性表现在三个方面。

第一，生产和消费的直接的同一性。这又表现在以下两个方面：

首先，生产直接是消费。这是指物质资料的生产过程，同时直接也就是一切生产要素的消费过程。物质资料的生产是双重的消费过程：一是主体的消费，个人在生产行为中支出和消耗了自己的劳动力；二是客体的消费，即生产资料的消费，包括劳动资料和劳动对象的消费。马克思说：“生产和消费的这种同一性，归结起来是斯宾诺莎的命题：‘规定即否定’。”“规定即否定”的意思是：对某物性质的规定，同时也是对它相反性质的否定。马克思援引斯宾诺莎的这个命题，是说明生产这个规定，本身就包含着它的否定——“消费”(指生产的消费)。

其次，消费直接也是生产。这是指生活资料的个人消费过程，同时直接也就是人的身体及其劳动力的生产过程。但是，这种生产并不是原来意义上的物质资料的生产，而是人的身体及其劳动力的生产，叫作消费的生产。资产阶级经济学家把这种“与消费同一的生产”，叫作第二种生产。

马克思阐明了生产和消费的直接同一性，指明生产就是消费，消费就是生产，但并不是说生产和消费二者就是一个东西，并不排斥它们的对立和矛盾。生产和消费的关系，既直接统一，又直接对立，是对立的统一。

第二，生产和消费互为媒介，相互依存。在生产和消费这二者之间存在着一种媒介运动。一方面，“生产媒介着消费”。生产创造出消费的材料，没有生产创造出来的材料，消费就没有对象。另一方面，“消费也媒介着生产”。正是消费为生产的产品创造了主体，即消费者。因为产品只有对于这个主体即消费者才是产品，而产品也只有在消费中才得到完成。所以，生产和消费是互为媒介，相互依存的。没有生产，就没有消费，消费就没有手段；反之，没有消费，也就没有生产，生产就没有目的。生产是消费的手段，消费是生产的目的。

第三，生产和消费互相生产、创造着对方。

首先，消费从两个方面生产出、创造出生产：(1)因为只有在消费中作为消费对象时，产品才被证实是产品，才最后完成，才成为现实的产品，所以，消费是社会再生产过程的完成和实现。(2)“因为消费创造出新的生产的需要”，从而创造出“生产的观念上的内在动机”，而这种“内在动机”是再生产的前提。所以，消费是社会再生产过程得以重新开始的条件。总之，消费使社会再生产过程得以最后完成，又使社会再生产过程得以重新开始，所以说消费生产出、创造出生产，消费转化为生产。

其次，生产从三个方面创造出、生产出消费。(1)生产创造出、生产出消费的材料和对象。(2)生产创造出、生产出消费的方式。(3)生产创造出、生产出消费的动力。生产不仅为主体即消费者生产出消费的对象，而且也为这些消费的对象生产出消费者。

马克思在分别论述了生产和消费的同一性之后，又把它们作了进一步的概括和总结。

批判把生产和消费等同起来，否认生产和消费存在矛盾的错误观点

关于生产和消费具有同一性，一些资产阶级学者也承认。但他们往往把生产和消费的同一性绝对化、抽象化，或者把它们绝对地同一起来，否认它们之间的矛盾；或者撇开了人与人的社会关系，抽象地谈论物质资料的生产和消费的同一性；

或者把它们并列起来，抹杀生产对消费的决定作用。马克思提到的“社会主义美文学家”①和“平庸的经济学家”②就是证明。

马克思在批判萨伊的错误时，指出了以下两点：

第一，援引俄国资产阶级经济学家施托尔希对萨伊的批判，指出：“一个民族不是把自己的产品全部消费掉，而是还要创造生产资料等等、固定资本等等。”因为施托尔希在批判萨伊时正确地指出：“年产品的价值分成资本和利润两部分。年产品价值的这两部分中，每一部分都要有规则地用来购买国民所需的产品，以便维持该国的资本和更新它的消费基金。”“构成一个国家的〈不变〉资本的产品，是不能消费的。”③萨伊的错误之一就在于把社会总产品和国民收入混同起来，认为当年生产的产品全部用于个人消费，是违背社会再生产原理的。

第二，指出萨伊等人“把社会当做一个单独的主体来观察”，是唯心主义和形而上学的。因为社会从来都是人们互相关系的总和，而决不是抽象了互相联系着的人们的单独的主体。所以，决不能把社会当作一个单独的主体，抽象地考察社会的

---

① “社会主义美文学家”，指的主要是德国小资产阶级政论家，“真正的社会主义”代表人物卡尔·格律恩(1817—1887)。他提出，“在理论上和外部现实中，生产和消费可以在空间和时间上彼此分开，但是按其本质来说，它们是没有区别的”。“消费和生产从经济学上来说应当彼此抵消”。他并认为，一部分人的生产就等于另一部分人的消费；当一个人在生产的时候，他也在消费，即消费原料，他用一种经典式的、美文学式的语言表述了这些观点。并且，他用许多例子试图证明：在资本主义社会中生产和消费是统一的，没有矛盾的。在现实中生产和消费之所以各自分开存在，只是因为“我们颠倒的世界把它们彼此割裂开来，在它们之间放上价值和价格的概念，并用这种概念把人和社会分为两半”，即生产者和消费者。据他说，只要正确地解释这种矛盾，只要能理解生产和消费的本质，就足以确立二者的统一并消除任何矛盾。对于格律恩的这些谬论，早在40年代马克思和恩格斯在《德意志意识形态》中就进行过深刻批判。他们指出，在社会生产的不同发展阶段，会产生不同的生产和消费的各种关系，以及二者之间的各种矛盾。只有研究每一种生产方式和社会制度，才能了解这些矛盾。“而这些矛盾只有通过这种生产方式和这种制度的实际改变，才能得到解决”。

② “平庸的经济学家”，指的是法国庸俗经济学家让·巴蒂斯特·萨伊(1767—1832)等人。萨伊是政治经济学体系“三分法”，即生产、分配、消费三个部分的首创者。他提出了生产和消费是统一的平衡的销售论。他沿袭“斯密教条”，认为商品价值由工资、利润和地租三种收入构成，个别产品是这样，社会产品也是这样。因此，年生产物的总价值全部分解为所得，能够全部消费掉，他把资本主义社会里的商品交换同直接的产品交换等同起来，人们出卖自己的商品就是为了换回自己所需要的商品，卖就是买，买就是卖，每个卖主都是买主，每个买主又都是卖主。他认为，就一个民族来说，它的生产也就是它的消费；而且，就人类一般来说，也是这样。他断言：“生产给产品创造需求”，“在一切社会，生产者越众多，产品越多样化，产品便销得越快、越多、越广泛”，“生产越发达，产品就越畅销”。对于萨伊的这种生产和消费的形而上学的均衡论，马克思在他的著作中曾多次进行过批判。

③ 转引自《马克思恩格斯全集》第26卷，第1分册，第86页。

生产和消费的关系。如果像萨伊等人那样，从社会是一个单独的主体出发来考察生产和消费的关系，就必然脱离人们的相互关系，抛开社会生产的特殊形式，只看到生产和消费的抽象的一致性，否认它们的矛盾性，否定资本主义经济危机。

生产是实际的起点和居于支配地位的要素

在本小节的最后几段，马克思进一步概述了生产和消费的辩证关系，提出了以下重要思想：

首先，就一个主体来说，生产是起点和居于支配地位的要素，消费作为需要是生产的一个要素，是由生产决定的。

其次，生产和消费都体现着人们的社会关系，应当把生产和消费放在一定的社会关系中来考察。如果从一个主体或单个个人来考察，生产和消费的关系好像是简单的、直接统一的，但是这种考察是抽象的、不正确的。如果从社会生产关系的角度来考察生产和消费的关系，那么，它们不仅有着统一性，而且存在矛盾性，它们是对立的统一。在社会中，特别是在商品经济的条件下，产品的生产者并不是它的消费者，产品一经生产出来，生产者和产品就脱离了，生产者如何获得他所需要的产品，则“取决于主体对其他个人的关系”，取决于社会生产关系的性质。

概括说来，在生产和消费的关系的问题上，马克思和资产阶级经济学家的观点是根本不同的：第一，资产阶级经济学家把生产和消费完全等同起来，只承认它们的同一和一致，抹杀它们的对立和矛盾。马克思则认为生产和消费是对立的统一，既全面地分析了它们的同一性，又深刻地揭示了它们的矛盾性。第二，资产阶级经济学家把生产和消费简单地并列起来，根本不懂得它们之间的相互的有机的联系。马克思认为在生产和消费这个对立统一体中，生产是属于支配地位的要素，生产决定消费；而消费则是生产的内在要素，消费也反过来影响生产。第三，资产阶级经济学家是从单个个人或单独主体出发来考察生产和消费的关系的，结果生产和消费的关系变成了人与物的关系或物与物的关系。马克思则是从社会出发来考察生产和消费的关系的，因而生产和消费的关系实质上是人与人的社会关系，是社会生产关系。第四，资产阶级经济学家离开社会生产方式和生产关系的性质，抽象地考察生产和消费的关系，根本否认资本主义社会中生产和消费之间的对抗性的矛盾，为资本主义制度辩护。马克思认为生产和消费都是社会的行为，生产和消费的性质取决于社会生产方式和社会制度的性质。

(b)〔生产和分配〕

在第二小节，马克思精辟地论述了生产和分配的关系，批判了资产阶级经济学家割裂、颠倒生产和分配相互关系的种种错误观点。

分配的结构完全取决于生产的结构

在生产和分配相互关系的问题上，资产阶级经济学家的主要错误是：割裂生产和分配之间的本质联系，歪曲生产和分配的真正关系，抹杀生产对分配的决定作用，硬是把分配作为处于生产之旁和生产之外的独立领域。所谓生产决定于一般的自然规律，分配决定于特殊的社会规律，就是把生产和分配粗暴地割裂开来的典型表现。

其实，生产和分配这两个要素是密切联系的。正如马克思所指出的那样："如果看看普通的经济学著作，首先令人注目的是，在这些著作里什么都被提出两次。"这种情况也表明，生产和分配这两个要素是不可分割的。尽管资产阶级经济学家在研究分配问题时论述了地租、工资、利息和利润这些分配形式，在研究生产问题时论述了土地、劳动和资本这些生产要素，但是实际上，每个范畴都被提到了两次。

例如资本，在研究生产时是作为生产要素提出来的，在研究分配时是作为收入源泉，当作决定一定分配形式的东西(如利润和利息)又被提出来。

又如利息和利润，看起来似乎只是分配形式，但它们也是生产范畴，因为它们作为资本增殖和扩大的形式，因而作为资本自身的生产的要素来说，本身也要在生产中出现。况且，利息和利润作为分配形式也不能脱离作为生产要素的资本而独立存在，因为它们的出现是以资本作为生产要素为前提的。所以，利息和利润即是以资本作为生产要素为前提的分配方式，同时它们又是资本的再生产方式。

再如工资，也不单纯是一个分配形式，它同时也是一个生产范畴。资本主义工资只不过是资本家用可变资本支付给雇佣劳动者的劳动力价值或价格的转化形式，是进行资本主义生产的必要条件。所以，工资实际上是在生产这个项目中被考察的雇佣劳动。在生产中劳动作为雇佣劳动而具有资本主义性质，那么，在分配中劳动者的收入就必然采取资本主义工资形式。反之，如果作为生产要素的劳动不采取雇佣劳动的形式，那么，这种劳动参与产品的分配就不会采取工资形式。例如,在奴隶制度下的奴隶劳动和封建制度下的农奴劳动,就不采取工资形式参与产品的分配。

最后,如资本主义地租这个范畴,也既是收入分配范畴,又是资本主义生产范畴。资本主义农业中的一部分收入不采取地租形式,就没有资本主义农业的存在和发展。而且,资本主义地租作为分配形式,是同生产过程中土地作为大土地所有者的地产和其他生产资料作为农场主的资本相联系的,是由后两者所决定的。

由以上分析可以看出,分配关系并不是处于生产之旁和生产之外的独立领域,而是同生产密切不可分并由生产所决定的要素。马克思深刻地指出:“分配关系和分配方式只是表现为生产要素的背面。”“分配的结构完全决定于生产的结构,分配本身就是生产的产物,不仅就对象说是如此,而且就形式说也是如此。就对象说,能分配的只是生产的成果,就形式说,参与生产的一定形式决定分配的特定形式,决定参与分配的形式。”

马克思批驳了庸俗经济学家对李嘉图那样的经济学家的责备。他们责备李嘉图那样的经济学家眼中只有生产,没有分配。这种责备是毫无根据的。马克思指出:李嘉图虽然“专门把分配规定为经济学的对象”,“把分配说成现代经济学的本题”,但他仍然是“力求在一定的社会结构中来理解现代生产并且主要是研究生产的经济学家”。李嘉图作为英国产业革命时期的资产阶级古典经济学家、产业资本家的代言人,积极参加当时新兴资产阶级反对贵族地主阶级的斗争。他致力于探讨工资、利润和地租这些分配形式之间的关系,揭示工资和利润的对立、利润和地租的对立;指出地主阶级地租的增长如何促进了工人工资的上涨,从而不利于产业资产阶级的利润收入和资本积累。李嘉图从阶级本能上觉察到生产和分配的联系,觉察到分配形式是一定社会中的生产要素得以确定的最确切的表现。所以,他研究分配问题的目的,是为了确定发展资本主义生产最有利的条件,促进社会生产力的发展,增进资产阶级社会的财富。

产品分配是生产工具分配和社会成员在各类生产之间分配的结果

上面马克思已经提出了分配结构完全取决于生产结构的科学论断,但是从一定的角度来看,情况却相反,好像是分配先于生产并决定生产。

例如,就单个的个人来看,在一定的社会生产中他干什么和处于什么地位,是由社会规律决定的。在资本主义社会中，丧失了生产资料和生活资料的劳动者，他一出生就由社会分配指定从事雇佣劳动，以雇佣劳动者的身份参加社会生产。但这种情况并不意味着分配先于生产并决定生产。因为这种指定本身是以生产资料(生产工具和土地等)的资本主义占有制的存在为前提的。

再如，就整个社会来看，从一定意义上说，分配似乎先于生产并决定生产，分配似乎是先于经济的事实。马克思列举历史上曾经发生过的一些情况。[①] 指出在所有这些历史上发生过的情况下，“似乎不是生产安排和决定分配，而相反地是分配安排和决定生产”。那么，到底怎样理解这些情况呢？马克思指出，最浅薄的看法是把分配仅仅理解为产品分配，因此认为产品分配仿佛离开生产很远，并认为产品分配对于生产是独立的。马克思批驳了这种浅薄见解，指出应该区分三种不同的分配：(1)生产工具的分配，即生产资料的分配，实质上就是生产资料归谁所有或生产资料所有制问题；(2)社会成员在各类生产之间的分配，实质上是指人们从属于一定的生产关系；(3)产品或生产成果的分配。这三者的相互关系是：生产工具的分配是最基本的分配，而社会成员在各类生产之间的分配只是生产工具分配的进一步规定。上述这两种分配，是“包含在生产过程本身中并且决定生产的结构，

① 第一种情况是“一个征服者民族在征服者之间分配土地，因而造成了地产的一定的分配和形式，由此决定了生产”。例如，公元3—5世纪，日耳曼民族征服西罗马帝国以后，就在被征服的罗马各省，将原来奴隶主贵族，豪富占有的大田庄好土地重新分配，日耳曼人的军事贵族和亲兵分得了大量土地，而原来的奴隶、隶农和贫民则变成了农奴，从而推翻了旧的奴隶制的农业关系，造成了新的封建的土地所有制，建立了封建主的生产方式。第二种情况是，一个征服者民族“使被征服的民族成为奴隶，于是使奴隶劳动成为生产的基础”。例如，公元前4—2世纪，罗马共和国征服了意大利、迦太基和地中海区域，将这些被征服的地区改建为行省，把征服地区的居民都沦为奴隶，促进了罗马共和国和被征服地区的奴隶制的发展，使奴隶劳动成为整个社会生产的基础。第三种情况是“一个民族经过革命把大地产粉碎成小块，从而通过这种新的分配使生产有了一种新的性质”。例如，18世纪末的法国资产阶级大革命中雅各宾派专政时期，曾颁布一系列土地法令，没收了亡命者的土地，将之分成小块拍卖给农民；收回了地主从农村公社夺去的一切公有土地，将它们按农村人口进行分配；宣布无偿地完全取消一切封建义务，及带有封建性的领土权利。这些法令实施后，结束了法国的封建制度，数十万无地的农民获得了土地，变成了土地私有者，解决了法国资产阶级革命中的土地问题，比较彻底地消灭了农村的封建剥削，为农业中的资本主义的发展扫清了道路。第四种情况是，“立法使地产永久属于一定的家庭，或者，把劳动〔当做〕世袭的特权来分配，因而它像等级一样固定下来。例如，17世纪英国资产阶级革命时期，国会长期实行有利于资产阶级新贵族的土地政策，通过一系列法令，将从国王、教会和保王党分子手里没收来的土地，转手卖给资产阶级新贵族和资产阶级；取消骑士领有制及与之有关的‘庇护制’，以及地主应当交纳给国王的一切封建捐税，这样，英国资产阶级新贵族就利用立法手段把中世纪的封建地产改变为资产阶级的私有财产。但是，这些立法并没有取消地主对农民的封建剥削，农民要照旧向这些新的土地所有者缴纳地租，承担封建义务，这就为以后剥夺农民土地创造了条件。”

产品的分配显然只是这种分配的结果”。

生产工具分配和社会成员在各类生产之间分配，是社会生产发展的历史结果

上面讲到生产工具分配和社会成员在各类生产之间分配是包含在生产过程本身中并决定生产的结构，那么，这种决定生产结构的分配和生产又是怎样的关系？马克思认为这是属于生产本身的问题。

有人说，既然生产必须从生产工具的一定分配出发，那么至少在这个意义上应该说分配先于生产，并成为生产的前提。马克思批判了这种看法。首先，马克思指出，生产实际上需要有它的条件和前提，这些条件和前提构成生产的要素，是任何社会生产得以进行的条件和前提。生产资料和运用它进行生产的劳动者结合起来，就是社会的生产力。其次，马克思指出，生产要素通过生产过程本身，在生产内部被不断地改变着。这些生产要素最初可能就是自然界本身就存在的东西，如原始土地、棍棒、石块等等，但是通过生产过程本身，经过逐步改良、革新，成为人们运用来进行生产的生产资料，从而变成历史的东西了。所以，“它们对于一个时期表现为生产的自然前提，对于另一个时期就是生产的历史结果了”。再次，马克思指出，生产要素的改变，“既改变了生产工具的分配，也改变了产品的分配”。例如，近代历史上产业革命时期出现的机器，一方面引起了物质生产过程本身的革命，极大地促进了资本主义社会生产力的极大发展；另一方面又使全部社会关系不断革命化，巩固和发展了资本主义生产关系，迅速排挤了小生产，加强了对工人的剥削，生产资料日益集中在少数资本家手中，无产阶级则陷入贫困境地。又如，资本主义大土地所有制的形成，一方面是因为工商业中资本关系的发展要求农业也按照资本主义方式经营，另一方面也由于农业中也采用先进的生产技术。所以，“现代大土地所有制本身既是现代商业和现代工业的结果，也是现代工业在农业上应用的结果”。上述例子表明，社会生产力的发展，必然会引起社会生产关系的变革，包括生产资料所有制形式和产品分配关系的变革和调整。最后，马克思指出：“上面提出的一些问题，归根到底就是：一般历史条件在生产上是怎样起作用的，生产和一般历史运动的关系又是怎样的。”这里所说的“一般历史条件”，是指社会生产力及其在一定阶段的发展形式。在这里，马克思提出了历史唯物主义中的一个极为重要的内容。他认为，这个问题“属于对生产本身的讨论和分析”，没有展开论述。但

是，从马克思的已有分析，可以体会到这样一个基本思想：生产工具分配、社会成员在各类生产之间分配和产品分配，即生产关系和分配关系，是由历史地形成的既得的生产力的发展水平决定的。所以，马克思说，上面这些问题，即使按照上面那样平庸的提法，也可以同样给予简短的回答：分配决不是先于生产并决定生产，分配决不是先经济的事实。

马克思和恩格斯早就批判过把征服、暴力、战争、掠夺、抢劫等等看作历史发展动力的资产阶级观点。马克思在《导言》中，又进一步批判了这种错误观点，明确指出：在所有的情况下，总是生产力、生产方式决定一般的历史运动，决定人类社会历史的发展。前面提到的"征服"问题，归纳起来不外乎三种情况①。

---

① 第一种情况是"征服民族把自己的生产方式强加于被征服的民族"。例如，爱尔兰在12世纪后半期以前还处于民族公社制度的阶段，后来由于英国的入侵，逐步破坏了爱尔兰的氏族制度，并沦为英国的殖民地，最后在19世纪初被正式吞并，而成为"大不列颠及爱尔兰联合王国"的一部分，英国把资本主义生产方式强加于爱尔兰使之资本主义化。又如，印度本身是一个独立的国家，从17世纪开始，英国殖民者通过东印度公司等工具，对印度进行侵略和掠夺，到19世纪中最后完全吞并了印度，成为英国的附庸和殖民地，这就破坏了印度的原来封建制度，使资本主义逐步发展起来。第二种情况是"征服民族让旧生产方式维持下去，自己满足于征服贡赋"。例如，奥斯曼土耳其在中世纪是一支游牧的突厥部落，到14—15世纪征服了拜占庭等国家，建立了强大的军事封建的奥斯曼帝国。在这个帝国中，土耳其人占统治地位，一部分部落仍从事游牧。另一部分部落则过渡到定居农业。在原先的拜占庭帝国，封建生产关系已经建立起来。土耳其人征服拜占庭以后，仍然让它维持原先的封建生产方式，同时向被征服的拜占庭等国征收贡赋。又如，古代罗马人在公元前5世纪左右废除王政建立了共和国，并开始从原始公社制向奴隶制过渡。此后它先后征服了意大利、迦太基和地中海区域的其他各国，而这些国家当时已进入奴隶社会。罗马在被征服地区继续维持奴隶制的生产方式，利用行省制度从那里获得大量贡赋。第三种情况是征服民族和被征服民族"发生一种相互作用，产生一种新的、综合的生产方式"。例如，在古代西罗马帝国的北方，很早就居住着所谓"蛮族"部落，其中人数最多的是克尔特人，日耳曼人和斯拉夫人。公元1世纪以前，日耳曼人还处于原始公社制的氏族社会阶段，过着半游牧的生活；后来随着生产力的发展，氏族公社开始解体，出现了家长奴隶制，并在经常的对外战争中形成军事贵族同其拥有的亲兵结成依从关系的亲兵制；再后来日耳曼人各氏族部落开始结成部落联盟。从3世纪起，这些日耳曼人的部落联盟经常向罗马边境侵袭，接着便是在武力入侵的形式下开始了"民族大迁徙"，大批进入罗马帝国境内。日耳曼人进入西罗马定居以后，原先的氏族公社解体了，按地区结成农村公社，土地变为私有财产，私有制得到了发展，并开始出现大土地所有者和依附于他们人的农奴，而在3世纪时，已经建立了奴隶制的西罗马帝国社会矛盾日益发展，经济和政治危机不断加深，奴隶主把大田庄分成小块土地，租给在法律上保持自由人地位的并向之缴纳一定租额的小佃农，称之为"隶农"。这样，在罗马的奴隶社会的母胎内，便孕育了封建生产关系的因素，到公元5世纪后半叶，罗马帝国社会危机日趋严重，不断爆发奴隶起义。于是，在外部日耳曼蛮族入侵和内部奴隶、隶农、贫民起义相结合的力量的打击下，西罗马帝国终于灭亡了。日耳曼人蛮族征服西罗马以后，军事贵族和亲兵连同奴隶和隶农在内的田庄。成为大地主阶级，"奴隶"、隶农和一部分贫民则构成新的农奴阶级。这样，就在西罗马奴隶制瓦解和日耳曼部落原始公社制解体的基础上，逐步形成了一种新的、综合的生产方式——西欧封建生产方式。

马克思分析这些情况后指出："在所有的情况下，生产方式，不论是征服民族的，被征服民族的，还是两者混合形成的，总是决定新出现的分配。"这里讲的"新出现的分配"，是指新形成的某种生产资料所有制形式。一种新的生产资料所有制形式是新的社会生产发展的前提，但是它本身又是社会生产力发展的产物，而且是一定历史条件下社会生产力发展的产物。在这里，马克思实际上阐述了历史唯物主义的一个重要原理：随着生产力的发展，必将引起以生产资料所有制为基础的生产关系的变革；而新的生产关系的形成，又必然会推动社会生产力的进一步发展。

为了进一步说明生产方式决定生产资料分配这个原理，马克思又举了以下两个例子：一个例子是历史上蒙古人征服俄罗斯时发生的情况。公元13世纪初，成吉思汗统治蒙古后，游牧社会完成了由氏族制向封建制的过渡，并开始进行大规模的侵略远征。先后侵入俄罗斯北部和南部以及匈牙利、波兰、捷克境内。侵略大军所到之处，屠杀居民，掳掠财富，焚毁城市，把俄罗斯等地弄得一片荒凉。他们这样做，是因为蒙古族长期处于游牧社会，畜牧是其主要生产方式，大片无人居住的地带作牧场是畜牧的主要条件，适合于他们的生产方式和生活方式。再一个例子是历史上日耳曼蛮族征服西罗马时发生的情况。西罗马帝国的灭亡，是古代世界奴隶制社会历史基本结束和西欧中古时代封建制社会历史开始的标志。这一历史性的转变，其根本原因并不是日耳曼人的征服，而是社会生产力发展到一定阶段的必然结果。正是由于社会生产力的发展，罗马帝国各行省发生了土地所有权的集中，出现了封建生产关系的因素，以致完全推翻了旧的奴隶制的农业关系，也正是因为社会生产力的发展，日耳曼人的原始公社制的解体，出现了用农奴耕种的土地制度。所以，日耳曼蛮族征服罗马以后，能够非常容易地使罗马各省服从用农奴耕种生产，从而使封建生产方式得以产生。

接着，马克思又批判了劫掠、剥夺这些暴力形式和法律的上层建筑决定生产关系的谬论。

首先，马克思批判了"劫掠"决定生产资料分配，决定生产的观点。过去有一种传统观念，认为在某些时期人们只靠劫掠生活。例如，法国庸俗经济学家巴师夏就认为古代奴隶制社会的希腊人和罗马人是专靠掠夺其他民族为生的。这种观点实际上是说劫掠可以离开生产，改变生产资料的分配，建立某种新的生产方式。这不过是分配先于生产并决定生产的另一种说法，马克思在《导言》和《资本论》中，批驳了这种观点，说这种观点是“滑稽可笑”的。[①]

其次，马克思批判了“剥夺”决定生产资料分配、决定生产的观点。例如，奴隶直接被剥夺了生产工具，这是否意味着剥夺决定生产呢？当然不对。奴隶制生产关系的特征是奴隶主占有生产资料和奴隶，奴隶被直接剥夺了生产工具。这种奴隶制的生产关系的形成，是原始社会后期社会生产力发展的结果，即生产的发展已达到使用奴隶劳动能提供剩余产品的程度。在资本主义发展初期，大批非洲黑人被贩卖到南美洲和美国南部各洲，在当地一些工厂、农场从事奴隶劳动。贩卖黑奴是资本主义原始积累的一种手段，同时南美洲和美国南部诸州的资本主义有了发展，已经建立起适合于使用奴隶劳动的生产方式。这些例子表明，仍然是生产力的发展，生产方式的变化，决定生产要素的分配，而不是相反。

最后，马克思批判了“法律”这种上层建筑决定生产资料分配、决定生产的观点。在历史上英、法等国曾经通过立法手段把土地这种生产资料分配给一定的家庭。这种情况似乎是法律这种上层建筑决定生产资料的分配。这种看法是完全错误的。法律作为社会的上层建筑是由经济基础决定的，而不是相反。法律这种上层建筑，当它赖以存在的经济基础适合于社会生产力发展时，才有经济意义；反之，它就阻碍社会生产力的发展，就要被革命所摧毁。在英国16世纪资本主义原始积累时期，为适应工业发展对羊毛、粮食的需求，发生了“圈地运动”，赶走了小农，建立了大农场。在后来的17世纪中叶资产阶级革命中，资产阶级和封建贵族妥协，用立法手续把封建地产变为资产阶级新贵族的私有财产，在大土地所有制的基础上建立起农业中的资本主义关系。所以，保护大土地所有权的法律，在当时英国具体情况下，因为适合于生产力的发展，才有经济意义。而在法国情况则不同。在法国18世纪的资产阶级革命中，比较彻底地摧毁了当时农村中的封建的大土地所有权，通过法律把封建大地产粉碎成小块分给几十万无地农民，形成了大量私有的小农经济。所以，保护大土地所有权的法律，在法国的具体情况下，因为不适合生产力的发展，就被革命摧毁了。但是这种土地析分的改革，并没有长期固定下来，后来随着资本主义经济的发展，农村中发生了两极分化，土地逐渐又集中到土

① 参见《马克思恩格斯全集》第23卷，第98—99页注(33)。

地所有者手中。由此可见,不是法律而是生产力的发展和生产方式的变化决定生产资料的分配。当然,法律作为上层建筑,对社会生产关系以及生产力也有反作用。不过,这是另一个专门问题了。

(c)〔最后,交换和流通〕

在这一小节,马克思论述了生产和交换的关系。

流通本身只是交换的一定要素

本小节一开始,马克思提出流通和交换这两个范畴的含义,并说明了它们的相互关系。他指出:"流通本身只是交换的一定要素,或者也是从总体上看的交换。"

交换是由生产、分配、交换、消费所组成的社会再生产过程的一个环节,指的是人们互相交换劳动或劳动产品的过程。一旦劳动产品转化为商品,交换就表现为商品交换。最初的商品交换采取直接的以物易物的交换形式,即物物(商品—商品)交换形式。但这种商品交换形式有很大局限性,经常遇到困难,因为交换双方不一定恰好需要对方的产品。随着商品经济内在矛盾的发展,产生了货币,于是以物易物的直接商品交换,便转化为以货币为媒介的商品交换,交换表现为商品流通的形式。商品流通是从互相联系、互相交错的许多个以货币为媒介的商品交换总体。由商品流通过程产生的货币的运动形式,就是货币流通。在资本主义条件下,商品流通和货币流通又表现为资本流通。可见,商品流通和货币流通以及后来的资本流通是商品经济出现以后,商品交换发展到一定阶段的现象。从而,流通也只是人类交换劳动和劳动产品的一种形式,只是交换的一定要素。

交换的一切要素或是直接包含在生产之中或是由生产决定

交换是生产以及由生产所决定的分配为一方和以消费为一方之间的媒介要素或中间环节,所以"交换当然也就当做生产的要素包含在生产之内"。这里讲的生产,不是狭义的生产,即直接生产过程,而是广义的生产,即社会生产总过程或生产总体。

马克思在本小节中讲的交换,不是狭义的交换,即流通中的商品交换,而是广义的交换,即包括流通过程中的交换,也包括人的活动和能力的交换。具体说来有以下四种不同的交换:

第一种交换是在一定生产过程中劳动者之间发生的各种活动和各种能力的交

换。例如,一个生产企业为了生产某种产品,企业内部各个工序和工种之间的劳动者必须进行必要的分工协作,相互交换自己的活动和能力。这种交换直接属于了生产,并且从本质上说,生产就是由这种交换组成的。

第二种交换是一个企业内各种劳动者的物化劳动的交换。例如,一个企业内部各个车间、分厂之间,互相进行的半成品或部件的交换就是这样。在这里,用来进行交换的劳动产品是制造供直接消费的成品的手段。在这个限度内,这种交换本身是包含在生产过程之中的行为。

第三种交换是所谓企业家之间的交换。前两种交换发生在直接生产过程中,这里讲的第三种交换则发生在流通过程中。马克思讲的"所谓企业家之间的交换",是借用英国古典经济学家亚当·斯密的提法。斯密把整个流通分为两个不同领域,一是企业家之间流通,二是企业家和消费者个人之间的流通。斯密特别指明,企业家是指全体制造业者,手工业者和富人。按照斯密的意见,企业家之间的交换行为,完全是由生产决定的,而且它们本身也属于生产行为。例如,制造业者为采购生产资料而和生产资料生产者之间的交换,虽然是在流通中进行的,但它本身是由生产需要决定的;制造业者和批发商、批发商和零售商之间的交换,是为了媒介生产和消费,也是由生产决定的;至于上述企业家和运输业者、仓储保管者之间的流通行为,本来就是生产过程在流通过程中的继续。所以,马克思指出,上述"所谓企业家之间的交换,从它的组织方面看,既完全决定于生产,而且本身也是生产行为"。

第四种交换是产品为了消费而进行的交换。前三种交换都是属于生产过程方面的交换,而这里讲的第四种交换则是指发生在单纯流通过程中的产品销售者和消费者之间进行的交换。只有在这个最后阶段上,当产品直接为了进入个人消费而进行交换的时候,交换才表现为独立于生产过程之外,并与生产漠不相关。但这仅仅是表面现象。从本质上说,这种直接为了个人消费而进行的产品交换,也完全是由生产决定的。为什么呢?马克思在下面回答了这个问题。

交换产生的原因,交换的性质,交换的深度、广度和方式,都是由生产决定

首先,生产中的分工是交换的一般前提。社会生产中如果没有分工,也就没有交换。分工指许多劳动者从事各种不同的而又相互联系的工作。分工的产生和发展是由社会生产力的发展决定的。在人类社会生产发展的早期阶段，是自然分工；后来随着社会生产力的发展，发生了三次社会大分工；到资本主义生产阶段，又产生了企业内部分工。社会生产力越发展，新的生产部门不断涌现，社会分工也越来越细，交换也日益发展。可见，交换产生和发展的原因是生产中分工的形成和发展，是由生产的发展所决定的。

其次，交换的性质决定于生产方式的性质。在社会生产发展的不同阶段，由于生产的社会性质不同，使交换具有不同的经济内容和经济形式。在生产资料私有制的社会，生产的私人性质决定交换也具有私人性质。私人交换的特点是利益对抗，激烈竞争，两极分化，以致生产资料占有者阶级通过不等价交换来剥削丧失生产资料的阶级和其他社会阶层。在资本主义社会，生产是剩余价值生产的过程，而交换则是实现剩余价值的手段。在社会主义社会，在生产资料公有制基础上的商品经济中，交换的主要部分也具有公有的性质，是为发展公有化的生产和满足劳动人民消费需要服务的。

最后，交换的深度、广度和方式也是由生产的发展和结构决定的。社会生产力发展水平越高，社会生产结构越进步，社会分工越细致，进行交换的劳动和劳动产品的种类和数量就越多，规模和范围就越大。社会各生产部门之间、城乡之间、地区之间的交换发展起来了，同时交换的方式方法也会随着不断变化、发展。

通过以上分析，马克思得出结论说：“交换就其一切要素来说，或者是直接包含在生产之中，或者是由生产决定。”

生产、分配、交换、消费是对立统一的关系

在本节的最后，马克思对前面的分析进行了总结，得出极其重要的结论。

首先，生产、分配、交换、消费是社会再生产过程中相互联系、相互制约的四个环节，它们共同构成社会生产总体。在这个统一体内部，这四个环节既具有同一性，又具有差别性，是对立统一的关系。

其次，在社会生产这个统一体内部，生产居于支配地位，起决定作用。“生产既支配着生产的对立规定上的自身，也支配着其他要素”。这就是说，生产居于支配地位，既支配着对立统一的生产总体内的生产本身，也支配着其他的环节。再生产过程总是从生产重新开始。交换和消费不能是起支配作用的东西，那是自明之理。

分配，作为产品的分配，也是这样。而作为生产要素的分配，它本身就是生产的一个要素。“因此，一定的生产决定一定的消费，分配，交换和这些不同要素相互间的一定关系”。

最后，分配、交换、消费也反作用于生产。在一定意义上，它们也决定生产。这就是马克思所说的：“生产就其形式来说也决定于其他要素。”例如，当交换发展，市场扩大时，就会促进生产规模扩大，生产部门增多，分工更细。又如，随着分配的变动，生产也会发生变动。在资本主义社会，随着资本的集中，生产资料分配的变化，随着城乡人口的变化，社会成员在各类生产中分配的变化，社会生产社会化的程度也就越高；而随着资本对雇佣劳动的剥削加强，资产阶级财富的增长和无产阶级贫困的加深，这种不合理的分配关系就越来越阻碍生产的发展。再如，消费的需要也决定生产。如前所述，消费会创造出新的生产需要，创造出生产的动力，没有消费的需要就没有生产。

总之，生产、分配、交换、消费这四个环节之间存在着有机联系和相互作用，是对立统一的关系。正如马克思精辟地指出的那样：“不同要素之间存在着相互作用。每一个有机整体都是这样。”在这里，马克思指出了事物发展的普遍规律。

原载辽宁人民出版社1989年《政治经济学》讲解，卫兴华等主编，22—46页

《德意志意识形态》中的经济思想

马克思恩格斯于1845—1846年合写的《德意志意识形态》是一部内容丰富、规模宏伟的马克思主义哲学著作。这本书第一次系统阐述的唯物史观，为马克思恩格斯创建无产阶级政治经济学提供了科学方法论的基础。同时，这本书在运用唯物史观广泛考察社会生活的过程中，也论及了政治经济学的许多重要问题。

（一）物质生产是人类社会存在的前提，生产关系是社会的基础的思想

马克思恩格斯在对德国各式各样唯心史观进行批判的过程中，提出了物质资料生产是人类社会和历史得以存在和发展的前提的原理。他们提出，一切人类生存和一切历史的第一个前提就是："人们为了能够'创造历史'，必须能够生活。但是为了生活，首先就需要衣、食、住以及其他东西。因此第一个历史活动就是生产满足这些需要的资料，即生产物质生活本身。"（第3卷，第31页）这就指明，生产物质生活本身是一切历史发展的基本条件，从而把对人类社会生活及其历史的考察，奠定在彻底的唯物主义基础之上。

马克思恩格斯不仅重视人们的物质生活的生产这一基本事实，而且还对它作了进一步的解剖和研究，从物质生产中划分出社会关系的领域来。他们认为，物质生产包括两方面的关系："一方面是自然关系，另一方面是社会关系；社会关系的含义是指许多个人的合作"（第3卷，第33页）。并且认为，"以一定的方式进行生产活动的一定的个人，发生一定的社会关系和政治关系。"（第3卷，第28—29页）物质生产中许多个人的社会关系，实际上就是社会生产关系。马克思恩格斯特别重视人们之间的物质联系及其历史形式。他们写道："人们之间是有物质联系的。这种联系是由需要和生产方式决定的，它的历史和人的历史一样长久；这种联系

不断采取新的形式，因而就呈现出'历史'"(第 3 卷，第 34 页)。

列宁认为马克思恩格斯在 1844 年所写《神圣家族》一书中已经接近了对生产关系的理解。而《德意志意识形态》表明，他们对生产关系的理解已经成熟了。尽管这时生产关系这一科学概念还没有最后形成，是用其他术语表达的，如"交往关系""交往方法""交往形式"等。在稍后写成的《哲学的贫困》《雇佣劳动与资本》中，马克思抛弃了上述术语，用"生产关系"这一科学概念来代替它们。后来，马克思恩格斯正是根据这一唯物史观，把社会生产关系作为研究对象，并着重解剖了资产阶级社会的生产关系，创立了马克思主义政治经济学。

（二）生产关系要适合生产力的状况

马克思恩格斯并没有孤立地、抽象地谈论生产关系，而是把它理解为一定历史阶段上"受生产力所制约，同时也制约生产力的交往形式"(第 3 卷，第 40 页)。他们认为生活的生产表现为双重关系，即"人和自然以及人与人之间在历史上形成的关系"(第 3 卷，第 43 页)。人和自然在历史上形成的关系，实际上就是指生产力方面。他们解释说："一定的生产方式或一定的工业阶段始终是与一定的共同活动的方式或一定的社会阶段联系着的，而这种共同活动方式本身就是'生产力'"(第 3 卷，第 33 页)。马克思恩格斯所理解的生产力，总是指一定历史阶段上的生产力。"历史的每一阶段都遇到有一定的物质结果、一定数量的生产力总和"(第 3 卷，第 43 页)。他们认为生产力是社会历史发展的决定性的力量。"人们所达到的生产力的总和决定着社会状况"(第 3 卷，第 33 页)。因此，必须根据生产力的发展状况来研究人类社会历史的发展，来探明生产关系的变化规律。

马克思恩格斯着重分析了生产力和生产关系之间的辩证关系。一定的交往形式即生产关系是与一定的生产力相联系着的，交往形式总是"与生产力发展的一定水平相适应的"(第 3 卷，第 80 页)。《德意志意识形态》第一次表述了生产力和生产关系的矛盾运动规律，即生产关系必须适合生产力发展状况的规律："在整个历史发展过程中构成一个有联系的交往形式的序列，交往形式的联系就在于：已成为桎梏的旧的交往形式被适应于比较发达的生产力，因而也适应于更进步的个人

自主活动类型的新的交往形式所代替；新的交往形式又会变成桎梏并为别的交往形式所代替。”(第3卷，第81页)

马克思恩格斯从对生产力和生产关系的辩证运动的分析中得出了重要革命结论。“一切历史冲突都根源于生产力和交往形式之间的矛盾。”(第3卷，第83页)这种矛盾的发展必然爆发为革命，“历史的动力……是革命，而不是批判。”(第3卷，第43页)革命就是发展的先进的生产力和落后的生产关系之间矛盾的最尖锐的表现和解决的办法。“生产力和交往形式之间的这种矛盾……每一次都不免要爆发为革命，同时也采取各种附带形式——表现为冲突的总和，表现为各个阶级之间的冲突，表现为意识的矛盾、思想斗争等等、政治斗争等等。”(第3卷，第83—84页)把迄今为止的人类社会历史发展的原因和动力归结为生产力和生产关系的矛盾，和由此而引起的革命，是马克思恩格斯创立的马克思主义的精髓。

(三) 社会经济形态和所有制形式

马克思恩格斯关于生产力和生产关系相互关系的原理，为建立社会经济形态学说提供了理论前提。在《德意志意识形态》中，虽然还没有最后形成“社会经济形态”这个科学概念，但已有“社会形态”的提法。当时他们对“所有制形式”的历史演变的研究，可以看作马克思主义社会经济形态学说的萌芽。

对于所有制形式，马克思恩格斯是从生产力和分工的发展来研究的。当时，他们一方面认为分工的发展程度是生产力发展水平的表现；另一方面认为“分工从最初起就包含着劳动条件、劳动工具和材料的分配，因而也包含着……所有制本身的各种不同的形式。”(第3卷，第74—75页)他们认为分工是随着生产的增长而发展的，首先是性别上的分工，然后是自然分工，最后才是“民族内部的分工”即社会分工。社会分工的发展，首先引起工商业劳动和农业劳动的分离以及城乡分离，进一步发展就导致商业劳动和工业劳动的分离。与此同时，各个不同部门内部的劳动分工也日益发展，从而在社会中从事劳动的个人之间的分工也愈趋细致。

马克思恩格斯把注意力放在社会分工体系内各个个人的相互关系上面，放在生产力和分工所采取的社会形式上面。他们指出，“分工发展的各个不同阶段，同时也就是所有制的各种不同形式,这就是说,分工的每一个阶段还根据个人与劳动的材料、工具和产品的关系决定他们相互之间的关系。"(第3卷,第25页)在《德意志意识形态》中,马克思恩格斯将历史上的所有制形式划分为彼此联系、依次更替的四种形式:部落所有制、古代公社所有制和国家所有制、封建的或等级的所有制、资产阶级所有制。代替资产阶级所有制的将是共产主义社会中的"无产阶级占有制"。这是马克思恩格斯关于五种社会经济形态的首次论述。

(四)私有制和阶级的产生

马克思恩格斯认为,私有制和社会成员划分为阶级的现象并不是永恒的,明确指出"私有财产是生产力发展一定阶段上必然的交往形式"(第3卷,第410—411页),"私有制是从自然形成的共同体形式的解体过程中同时发展起来的"(第3卷,第71页)。他们从生产力和分工的发展研究了私有制产生的问题。生产力和分工的发展,提高了人的劳动生产率。当生产力发展到一定阶段,人们就有可能在为自己生产必要产品以外,还提供一定量的剩余产品。剩余产品的出现,进一步促进分工发展,引起"真实的分工"即物质劳动和精神劳动的分离,随之也就产生了劳动与享受、生产和消费的分离。所有这些分离必然引起种种矛盾:工业生产和农业生产的矛盾、生产和消费的矛盾、物质活动和精神活动的矛盾、劳动和享受的矛盾,等等。马克思恩格斯把这些矛盾最后归结为生产力、社会状况和意识这三个因素之间的矛盾,即后来所讲的生产力和生产关系、经济基础和上层建筑的矛盾。

在私有制产生的问题上,马克思恩格斯十分重视个体家庭出现的意义,认为由分工发展所引起的种种矛盾,是以"社会分裂为单独的、互相对立的家庭这一点为基础的"(第3卷,第36页)。个体家庭经济单位出现以后,各个家庭之间由于劳动上的差别,必然引起产品占有方面的不平等现象;某些产品成为家庭的私有财产就不可避免地发生了。另外,私有财产还由于原始共同体公职人员侵占公有财产而产生。这在当时还是私有财产形成的一条主要途径,以致马克思恩格斯说,在古代,"真正的私有财产到处都是因篡夺而产生的"(第3卷,第422页)。他们认为,古代的"真正的私有制"是从动产开始的,到后来"不动产的私有制"——土地私有制才发展起来。

各个家庭之间在私有财产上的不平等，意味着社会上存在贫富差别，而商品交换关系的发展，则会使贫富两极分化过程加剧，剥削现象也就产生了。这就产生了马克思恩格斯所说的最早的所有制或私有制形式。他们援引当时经济学家所下的定义："所有制是对他人劳动力的支配"（第 3 卷，第 37 页），认为家长奴隶制这种所有制形式也符合这个定义。随着私有制的产生，社会成员划分为阶级的现象也就发生了。他们指出，"在分工的范围内，私人关系必然地、不可避免地会发展为阶级关系，并作为这样的关系固定下来"（第 3 卷，第 513 页）。阶级的产生，意味着出现了一个阶级统治其他阶级的现象。从此，"社会一直是在对立的范围内发展的，在古代是自由民和奴隶之间的对立，在中世纪是贵族和农奴之间的对立，近代是资产阶级和无产阶级之间的对立。"（第 3 卷，第 507 页）

（五）对货币、价值的观点

《德意志意识形态》没有系统研究商品货币关系，但是马克思恩格斯对货币的本质和作用已经有所理解。他们认为货币是一种"普遍商品""普遍的交换手段"（第 3 卷，第 463、462 页），实际上已变为同其他事物比较的"独立力量"和"普遍尺度"（第 3 卷，第 517 页），"是已经固定下来的衡量一切人和物的用作比较的根据即标准"（第 3 卷，第 519 页）。马克思恩格斯认为，在商品经济以致资本主义经济中，货币具有巨大权力，已"独立化而成为一种对社会或个人来说的独立力量"（第 3 卷，第 462 页）。货币的权力在危机中表现得最为明显。"货币危机首先在于：一切资产同交换手段相比，突然贬值而丧失了胜过货币的能力。危机的发生，正是在人们已不能再用自己的'资产'而必须用货币支付的时候。这种危机又不是像那些根据自身的个人需要来判断危机的小资产者所想象的那样，是由于货币不足而发生的，而是由于作为普遍商品和'通用的流通的财产'的货币同一下子不能成为通用财产的所有其他特种商品之间的特殊差别表面化了。"（第 3 卷，第 462—463 页）

马克思在 1843 年 1 月至 1845 年 1 月写的《巴黎笔记》中对李嘉图、麦克库洛赫著作的摘录中，恩格斯在 1843—1844 年写的《政治经济学批判大纲》一文中，对资产阶级古典政治经济学的劳动价值论均持否定态度。稍后不久，在马克思的《巴黎笔记》中对詹姆斯·穆勒著作的摘录中，以及马克思恩格斯合写的《神圣家族》中，他们已经改变了看法，正如列宁所说，这时“马克思接近劳动价值论了”(《列宁全集》第55卷，第13页)。到《德意志意识形态》中，马克思恩格斯已经非常明确地接受了古典学派的劳动决定价值的观点。当他们批判青年黑格尔分子麦·施蒂纳时，谈到了商品价格的形成问题，指出施蒂纳“甚至没有从竞争里了解到：‘需求，例如对于面包的需求是每天不同的；……他不了解，在竞争的领域中面包的价格是由生产成本决定的，而不是由面包师任意决定的。”(第3卷，第430页)这表明，他们已经明确认识到：商品价格不是由人任意规定的，而是有其决定的基础的；它不是由竞争决定的，而是由生产成本决定的。这里讲的生产成本，就是生产商品所耗费的劳动量。关于这一点，他们在谈到作为普遍商品的货币的价值决定时说：“金属货币，则完全是由生产成本即劳动所决定的。”(第3卷，第466页)

（六）对资本主义经济问题的分析

《德意志意识形态》深入分析了资本主义所有制，认为它是生产力发展一定阶段上的必然产物，是从封建社会中发展过来的。“经过了几个不同的阶段——封建地产，同业公会的动产，工场手工业资本——然后才变为由大工业和普遍竞争所产生的现代资本”(第3卷，第70页)。他们着重考察了“工场手工业资本”的发生、发展过程。工场手工业是超出行会制度范围、摆脱行会束缚的生产形式。工场手工业中的阶级关系与过去不同，行会中的帮工和师傅之间的宗法关系为工人和雇主资本家之间的金钱关系所代替。

马克思恩格斯指出，17世纪英国和18世纪末法国的资产阶级革命的胜利，自然科学的发展，产生了大工业，从而开始了“中世纪以来私有制发展的第三个时期”(第3卷，第67页)，形成了由大工业和普遍竞争所产生的现代资本。现代资本的出现，使整个社会面貌发生了巨大变化：竞争普遍化了，创造了现代化的市场，工业资本控制了其他资本形式，把人与人之间的关系一概还原为金钱关系，造成了私有制容纳不了的庞大的社会生产力，创造了“一个真正同整个旧世界脱离并与之对立的阶级”——无产阶级(参见第3卷,第67—68页)。他们分析了资本主义社会中人与人的关系,认为在这个社会中只存在一种功利关系,“即我是通过我使别人受到损失的办法来为我自己取得利益(人剥削人)”(第3卷,第479页)的关系。对于资产者具有独立自在意义的只是剥削关系,其他一切关系都只有在他能把这些关系归结到这种唯一的关系中去时才有意义。资产阶级利益的物质表现就是金钱,“它代表一切事物,人们和社会关系的价值”(第3卷,第480页)。

《德意志意识形态》对资本、利润、地租等经济范畴的本质也作了说明。关于资本,马克思恩格斯认为由大工业和普遍竞争而产生的“现代资本”不同于中世纪行会手工业中的“等级资本”,前者采取货币形态,后者体现为自然的物质形态。他们把现代资本叫作“现代私有制”,理解为所有制的一种特殊形式。他们坚决不同意地租由土地生出、利润由机器生出的庸俗经济学观点,指出土地与地租没有必然联系,机器与利润也没有必然联系。只有在一定的社会关系下,土地才有带来地租的特性,机器才有带来利润的特性。所以,地租、利润是“私有财产的现实存在形式”,“是与生产的一定阶段相适应的社会关系”(第3卷,第255页)。

《德意志意识形态》在批判“真正的社会主义者”时还阐述了资本主义经济危机的思想。资本主义社会中生产和消费之间之所以存在矛盾,根源在于资本主义生产方式和以此为基础的整个社会制度,在于这个社会制度中存在着真正的私有者和没有财产的无产者之间的对立,“这种对立日益尖锐,而且必然会导向危机。”(第3卷,第553页)资本主义社会中的生产和消费的矛盾,经济危机,“只有通过这种生产方式和这种制度的实际改变,才能得到解决。”(第3卷,第612页)

(七)对共产主义社会的一些预见

马克思恩格斯指出,无产阶级推翻资本主义以后将建立起共产主义社会。共产主义和所有过去的运动不同的地方在于:“它推翻了一切旧的生产和交往的关系的基础,并且破天荒第一次自觉地把一切自发产生的前提看作是先前世世代代的创造,消除这些前提的自发性,使它们受联合起来的个人的支配。”(第3卷,第79页)

马克思恩格斯认为,为了建立共产主义,必须消灭私有制,建立起“无产阶级的占有制”，即“联合起来的个人对全部生产力总和占有”“财产则受所有的个人支配”(第3卷，第76—77页)。这是一种与私有制相对立的、由无产阶级共同占有的公有制，共产主义革命还必须“消灭劳动”，即资本主义社会中那种特殊形式的劳动——雇佣劳动，它将“转化为自主活动”(第3卷，第77页)。共产主义革命必须消灭阶级。过去一切革命只不过是私有制和剥削阶级统治的更替，“而共产主义革命……消灭任何阶级的统治以及这些阶级本身”(第3卷，第78页)。在共产主义社会中要“消灭分工”即消灭那种和私有制、阶级剥削联系在一起的旧有分工，包括脑力劳动和体力劳动的分工在内。消灭了个人屈从于狭隘的旧有分工以后，在无产阶级集体中，“个人才能获得全面发展其才能的手段……才可能有个人自由”(第3卷，第84页)。在共产主义社会中，“消灭城乡之间的对立，是社会统一的首要条件之一”(第3卷，第57页)。

马克思恩格斯认为，共产主义的胜利必须“以生产力的普遍发展和与此有关的世界交往的普遍发展为前提”(第3卷，第39页)。在共产主义社会中，经济规律将为人们自觉地控制和驾驭。“各个个人的全面的依存关系、他们的这种自发形成的世界历史性的共同活动的形式，由于共产主义革命而转化为对那些异己力量的控制和自觉的驾驭，这些力量本来是由人们的相互作用所产生的，但是对他们说来却一直是一种异己的、统治着他们的自量。”(第42页)因此，在未来社会中、自由竞争资本主义经济所固有的自发竞争和生产无政府状态，将被对社会生产进行自觉调节所代替。“随着基础即私有制的消灭，随着对生产实行共产主义的调节(这种调节消灭人们对于自己产品的异化关系)，供求关系的统治也将消失，人们将使交换、生产及其相互关系的方式重新受自己的支配。”(第3卷，第40页)

《德意志意识形态》在论述共产主义社会时，还没有把它的低级阶段(社会主义)和高级阶段加以区别，作者否定按劳分配，强调按需分配。“共产主义的最重要的不同于一切反动的社会主义的原则之一就是下面这个以研究人的本性为基础的实际信念，即人们的头脑和智力的差别，根本不应引起胃和肉体需要的差别；由此可见，‘按能力计报酬’这个以我们目前的制度为基础的不正确的原理应当……变为‘按需分配’这样一个原理，换句话说：活动上，劳动上的差别不会引起在占有和消费方面的任何不平等，任何特权。”(第3卷，第637—638页)这是本书第2

卷第五章中的一段话，据考证，这一章大概是由莫·赫斯起草，由马克思恩格斯校订的。

原载《马克思主义经济理论全书》
历史篇——马克思主义经济学的创立和发展，588—591页
吉林人民出版社1992年7月出版

马克思《资本论》及其创作史研究

论《资本论》结构的形成过程

马克思主要著作《资本论》现行版本的“四卷结构”有一个形成过程。这个结构体系是为了从理论上科学地再现资本主义经济制度的运动过程。它是马克思经济理论研究的集中表现；它的演变过程是马克思经济理论发展过程的综合反映，它的发展程度标志着马克思经济理论达到的科学高度。

马克思经济学的结构体系并不是内容的简单的次序排列，它是由研究对象和研究方法决定的，也同对资产阶级经济学结构体系的批判性的研究有直接关系。它的演变过程反映着马克思经济学研究对象确定和研究方法制定的过程，反映着对资产阶级经济学结构体系批判继承的进程。

一、19 世纪 40 年代经济学著作结构的思路

19 世纪 40 年代是马克思经济思想的萌芽阶段。没有发现马克思在这一阶段为研究和创作经济学著作而拟订的具体计划，只能从留下的经济学手稿和著作来看他关于经济学著作结构的最初思路。

在 1844—1846 年间，马克思曾着手撰写一部两卷本的政治经济学著作，书名定为《政治和政治经济学批判》。这部著作打算从唯物主义和共产主义的立场来批判资本主义经济制度和资产阶级政治经济学。但它没有写完，手稿没有完整保留下来，它的整个结构体系也不清楚。《1844 年经济学哲学手稿》可能是这部著作的手稿中唯一被保留下来的部分。

《1844 年经济学哲学手稿》是马克思对资本主义经济关系的最早分析，它主要是一部政治经济学著作。当时，马克思的科学世界观和方法论正在形成中，政治经济学的研究对象还没有明确规定，对资产阶级经济学的批判刚刚开始，对李嘉图的

价值理论还持否定态度。所以,这部手稿的理论内容和结构体系都呈现出不成熟性。该手稿本身残缺不全,由《序言》和三个手稿组成。其中,第一手稿的全部内容都属于政治经济学方面的探讨。它的结构在一定程度上反映马克思在经济学研究初期关于政治经济学结构体系的最初想法。第一手稿现在分为工资、资本的利润、地租和异化劳动四个部分。前三部分的标题是手稿上原有的,最后一部分的标题是后来编者所加。第一手稿通过分析工资、利润、地租这三种收入形式和借助"异化劳动"概念,研究资本主义社会的工人、资本家和土地所有者三大阶级之间的经济关系,揭示这三大阶级特别是资本家和工人的对立的经济根源。这是1844年手稿在马克思主义政治经济学创立史上的重大贡献。但是,这部手稿从三种收入形式来分析上述重大主题的结构以及对某些问题的分析来看,表明马克思还受资产阶级古典经济学特别是"斯密教条"的影响。

发表于1849年4月的《雇佣劳动与资本》,是马克思用通俗易懂的形式正面阐述自己经济理论观点的著作。因为它原来是马克思在德意志工人协会作的演讲稿,所以从工人群众最关心的工资问题开始分析。这部著作的主题是论述资本和雇佣劳动关系,揭示资本主义剥削实质。在此之前,马克思已经制定了科学的世界观和方法论,实际上已经把生产关系作为自己经济学的研究对象,完全接受了李嘉图关于劳动决定价值的观点,从而反映在《雇佣劳动与资本》这本书中。该书不仅在劳动价值理论和剩余价值理论方面提出了一些重要思想,而且在结构体系上也有了新的思路。它共有5节,第1节讲工资概念及其决定,从"劳动"商品引出一般商品;第2节讲商品的价格和价值(生产费用)的决定,以及"劳动"商品价格的决定;第3节讲资本和劳动的交换引起资本价值的增殖,并指出资本是一种社会生产关系;第4节讲资本增长、竞争以及工资和利润变动规律;第5节讲资本增长对工人阶级的影响。可见,这种结构大体上是从商品、价格、价值,到资本和剩余价值,再到资本积累、竞争和利润,最后归结到阶级斗争这样一个从简单关系到复杂关系的发展过程。这种结构和后来《资本论》第1卷的结构在总的思路上大体一致。

二、《政治经济学批判》的"五篇计划"

19 世纪 50 年代是马克思经济理论的初步形成阶段。马克思在 50 年代初期重新系统研究政治经济学和所作《伦敦笔记》的基础上，于 1857 年 7 月至 1858 年 6 月撰写了一部篇幅巨大的手稿即《1857—1858 年经济学手稿》。马克思在这部手稿的一个笔记本封面上写有《政治经济学批判》字样，可以认为这就是计划写作的经济学著作的主要标题。这部手稿的全部内容表明，在这一时期他的经济理论的基本观点已经确立，基本体系也初步形成。后来《资本论》中阐述的基本观点，大多在手稿中已经提出并给予初步阐明；《资本论》的基本体系，在手稿中可以看到雏形。它是《资本论》的最初草稿。就是在这部手稿中，马克思提出了他的政治经济学著作的"五篇计划"。

这部手稿开头部分的《导言》是马克思为计划写作的《政治经济学批判》一书起草的"总的导言"。《导言》第一次专门地论述了政治经济学的对象、方法和结构。它的前两节提出政治经济学应该研究"一定社会性质的生产""一定社会发展阶段上的生产"，并论述了社会生产总体内部的生产与分配、交换、消费的一般关系。它的第三节论述政治经济学方法时提出了对结构、分篇有决定意义的方法和原则。第一，批判地继承了 18 世纪资产阶级古典政治经济学家开始运用的从抽象上升到具体的方法，即建立从劳动、分工、需要、交换价值等等这些简单的东西上升到国家、国际交换和世界市场的经济学体系的方法，认为它是建立政治经济学范畴体系的科学的方法；第二，提出了逻辑和历史相一致的原则，认为从简单上升到复杂的思维进程符合现实的历史过程；第三，提出了把握研究主体的原则，认为在政治经济学中研究经济范畴发展时应该把握住资产阶级社会这个既定主体，资本是支配一切的经济权力，必须成为起点又成为终点。

按照上述方法和原则，《导言》提出了以下"五篇计划"："(1)一般的抽象的规定，因此它们或多或少属于一切社会形式，不过是在上面所阐述的意义上。(2)形成资产阶级社会内部结构并且成为基本阶级的依据的范畴。资本、雇佣劳动、土地所有制。它们的相互关系。城市和乡村。三大社会阶级。它们之间的交换。流通。信用事业(私人信用)。(3)资产阶级社会在国家形式上的概括。就它本身来考察。'非生产'阶级。税。国债。公共信用。人口。殖民地。向外国移民。(4)生产的国际关系。国际分工。国际交换。输出和输入。汇率。(5)世界市场和危机"①。

这个计划的重大意义在于,马克思从唯物辩证法和唯物史观出发,批判地继承了古典经济学的研究成果(包括对资本主义社会三个基本阶级的分析,开始运用的从抽象到具体的方法和开始建立的经济学体系结构),根据自己制定的科学方法和原则,第一次提出了自己的经济学的结构体系:首先分析"一般的抽象的规定",然后分析形成资产阶级社会内部结构并且成为基本阶级的依据的范畴,即资本、雇佣劳动和土地所有制,以及它们的相互关系,而后上升到跟国家相联系的经济关系,即生产关系在国家形式上的概括,再后上升到生产的国际关系,最后上升到作为资本主义生产总体的世界市场,并得出结论:在世界市场上一切矛盾都展开了,最终导致资本主义经济制度的灭亡。

随后在这部手稿的"货币章"和"资本章"中对上述"五篇计划"先后提出了三个补充计划。第一个补充计划把第 1 篇具体化了,认为"一般的抽象的规定"的内容应该是商品、交换价值、货币、价格等,同时对第 5 篇补充说,在世界市场上"一切矛盾都展开了",危机迫使现存社会"采取新的历史形式"②。第二个和第三个补充计划把第 2 篇中的主要范畴即"资本"部分设计得更具体了,借鉴黑格尔《逻辑学》的方法,按照"一般、特殊、个别"的顺序,把有关资本的复杂内容排列成一个多层次的三分结构:Ⅰ.资本的一般性,Ⅱ.资本的特殊性,Ⅲ.资本的个别性。在这三者下面又各分三个组成部分。在"Ⅰ.资本的一般性"下面的三个组成部分是:(1)包括由货币变成资本,资本和劳动,按照同劳动的关系而分解成的资本各要素;(2)资本的特殊化,包括流动资本、固定资本,资本周转;(3)资本的个别性,包括资本和利润,资本和利息,资本作为价值同作为利息和利润的自身相区别③。

---

① 42 卷上册 46 页、177—178 页、444 页、270 页〔注中所标卷数均系《马克思恩格斯全集》之卷数,不另说明。〕。

② 42 卷上册 46 页、177—178 页、444 页、270 页。

③ 参见 46 卷上册 219—220 页、233 页。

《1857—1858 年经济学手稿》基本上是按照上述“五篇计划”及其补充计划写作的。“货币章”和“价值章”研究了商品、价值、交换价值、货币、价格等范畴。“资本章”只写了相当于资本的三分结构中的“Ⅰ.资本的一般性”，马克思后来把这一部分叫作“资本一般”，它的三个组成部分实际上是后来《资本论》理论部分的胚芽。

马克思创立的政治经济学方法和制定的五篇结构，促进了经济理论研究的进展。在写作“货币章”时，由于抽象了较具体的关系，只在一般性上考察商品、价值、货币等简单关系，批判地论证了生产商品的劳动二重性，从而把古典学派创立的劳动价值论奠定在科学的基础上。在写作“资本章”时，先抽象掉资本的特殊性和个别性，只在一般性上考察资本即“资本一般”。在研究“资本一般”时，先抽象了“资本的特殊化”即属于资本流通过程的流动资本和固定资本以及资本周转等，抽象了“资本的个别性”即属于现象形式的利润、利息等等，只纯粹考察资本的生产过程中资本和劳动的关系，发现了剩余价值范畴，揭示了资本主义剥削的秘密，制定了剩余价值生产理论；然后再遵循逐步上升的原则，通过对“资本的特殊性”和“资本的个别性”的研究，又初步说明了剩余价值转化形式的利润范畴。这样，马克思就解决了导致李嘉图学派瓦解的第一个矛盾，实现了政治经济学的根本变革。马克思做出的这个贡献，是同他的科学方法和依据这个方法制定的科学结构分不开的。

三、《政治经济学批判》的“六册计划”

《1857—1858 年经济学手稿》写作快要结束时，马克思为了更好地反映理论研究和写作过程中所取得的成果，使写作计划更加完善，在“五篇计划”的基础上提出了《政治经济学批判》的“六册计划”。这个演变始于 1858 年 2 月 22 日马克思给拉萨尔的信。他讲了两点：第一，他的经济学著作将包括以下三部：第一部著作为“对经济学范畴的批判”或“对资产阶级经济学体系的批判”，是关于政治经济学理论部分的书；第二部著作为“政治经济学和社会主义的批判和历史”，是关于政治经济学理论史和空想社会主义理论史的书；第三部著作为“对经济范畴和经济关系的发展的简短历史概述”，是关于经济范畴史和国民经济史的书。第二，第一部著作《政治经济学批判》将分为六册：(1)资本(包括一些绪论性的章节)；(2)地产；(3)雇佣劳动；(4)国家；(5)国际贸易；(6)世界市场[①]。“六册计划”和“五篇计划”相比，变化主要在于：第一，“五篇计划”中的第二篇一分为三，它的三大范畴——资本、土地所有制和雇佣劳动，变为“六册计划”前三册的研究对象；第二，相应地，“五篇计划”中的第3、4、5篇变为“六册计划”后三册的研究对象；第三，“五篇计划”的第1篇不独立设置，它的内容纳入“六册计划”第1册《资本》中作为绪论性的章节。

在从1858年2月写的这封信开始到1859年2月将近一年的时间里，马克思在给拉萨尔、恩格斯、魏德迈的信中，在《七个笔记本的索引(第一部分)〔索引草稿〕》中，在《政治经济学批判》第一分册《序言》中，多次谈到“六册计划”，并使之更加完善和具体化。主要是：第一，马克思在1859年1月写的《〈政治经济学批判〉序言》中正式宣布：“我考察资产阶级经济制度是按照以下的次序：资本、土地所有制、雇佣劳动；国家、对外贸易、世界市场”[②]。第二，马克思对第1册《资本》向第2册《地产》和第3册《雇佣劳动》的转化，提出了逻辑的和历史的论据。第三，《资本》册分为四篇：“资本一般”《竞争或许多资本的相互作用》《信用》《股份资本》。第四，《资本》册《资本一般》篇又分为三章：第1章先叫“价值”，后改为“商品”；第2章先叫“货币”，后改为“货币或简单流通”；第3章也叫“资本一般”。并且在每一章后面都附有一个相应的“历史部分”，即理论史。第五，《资本》册《资本一般》篇第3章“资本一般”又分为三部分：“资本的生产过程”《资本的流通过程》“两者的统一，或资本和利润、利息”。这三部分是后来《资本论》前三卷研究的基本问题。第六，马克思并不准备每一册都探讨得同样详尽，前三册专门阐述经济学基本原理要作详细的解释，后三册只打算作一些基本的叙述。

---

① 29卷531页。

② 13卷7页，30卷636页，29卷483页。

从上述材料，可看出马克思在19世纪50年代末所拟订的经济学著作写作计划的全貌是：

第一部著作　“对经济学范畴的批判”或“对资产阶级经济学体系的批判”，后来拟的标题为《政治经济学批判》

第1册　资本

　第1篇　资本一般

　　第1章　商品

　　第2章　货币或简单流通

　　第3章　资本一般

　　　Ⅰ　资本的生产过程

　　　Ⅱ　资本的流通过程

　　　Ⅲ　两者的统一，或资本和利润、利息

　第2篇　竞争或许多资本的相互作用

　第3篇　信用

　第4篇　股份资本

第2册　土地所有制

第3册　雇佣劳动

第4册　国家

第5册　对外贸易

第6册　世界市场

第二部著作　“政治经济学和社会主义的批判和历史”

第三部著作　“对经济范畴或经济关系的发展的简短历史概述”

综观上述计划可以看出，它脱胎于“五篇计划”，又有所发展；它除具有“五篇计划”的优点外，又有新的特点：第一，它是经济学的一个规模宏大、内容丰富、结构严谨、层次分明的科学体系。它既有经济学理论的内容，又有理论史、经济史的内容；既有经济学理论的正面阐述，又有对资产阶级经济学的批判；既有抽象的经济关系的分析，又有具体的资本主义经济关系的分析；既有经济关系本身的分析，又有跟上层建筑相联系的经济关系的分析；既有一国经济关系的分析，又有国际经济关系的分析及资本主义世界经济体系的分析。通过以上多层次多方面的研究建立起来的结构体系，从本质上再现了资本主义世界经济体系这个丰富复杂的生动的总体，揭示了它的发展规律。第二，它把形成资产阶级社会内部结构以及成为基本阶级依据的三大范畴，分册加以研究，紧紧抓住资产阶级社会这个主体，着重地对占统治地位的资本关系进行深入的、多层次的剖析。这种剖析是按照一般、特殊、个别的顺序，遵循从抽象上升到具体的方法展开的。仅就《资本》册本身而言，也是一个宏伟、严谨、独立的科学体系。

1859年6月出版的《政治经济学批判》第一分册是马克思按照上述计划写作的第一本著作，小标题为《第一册　资本　第一篇　资本一般》。实际上它只包括第一篇《资本一般》的头两章：《商品》和《货币或简单流通》。至于第三章《资本一般》，按照计划则是《政治经济学批判》第二分册叙述的内容。

原载太原《晋阳学刊》1993年第1期

马克思《资本论》"四卷结构"的形成

在19世纪50年代后期，马克思在撰写《1857—1858年经济学手稿》的过程中，曾经为自己的经济学著作《政治经济学批判》拟订了一个"五篇计划"，随后不久修订、调整为"六册计划"，即按照"资本、土地所有制、雇佣劳动；国家、对外贸易、世界市场"的次序来研究资产阶级经济制度。到60年代前期，马克思实际上要详细分析的是前三册，其中《资本》册又是重点，它的第一篇《资本一般》则是"精髓"（第30卷，第636页）。马克思认为《资本一般》这一分册"具有决定性的重要意义"，"是全部资产阶级污垢的核心"（第29卷，第483页）。从50年代末到马克思辞世的二十多年的经济学研究的实践活动中，他一直紧紧抓住这个重点和核心不放，撰写自己的著作。与此相适应，马克思的《政治经济学批判》的"六册计划"，也就演变为《资本论》的"四卷结构"。

关于"资本一般"概念，马克思指出，"资本一般"，"表现为一种抽象"，"是抓住了与所有其他财富形式或（社会）生产发展方式相区别的资本的特征的一种抽象。""资本一般，这是每一种资本作为资本所共有的规定，或者说是使任何一定量的价值成为资本的那种规定。"（第46卷上，第444页）马克思还特别说明，在《资本一般》这一篇中，"研究的既不是资本的某一**特殊**形式，也不是与其他各单个资本相区别的某一**单个资本**"（第46卷上，第270页）。但是，"考察资本一般，并不是单纯的抽象"，它"本身是一种**现实的**存在"，它不仅"是一种同特殊事物和个别事物的形式并存的、特殊的现实形式"，而且也是"某个国家内与总雇佣劳动（或者也与地产）相区别的总资本"、资产阶级的"一般经济基础"（以上引文均见第46卷上，第444—445、270页；第46卷下，第382页）。所以，"资本一般"是资本主义社会中现实资本关系本质和共同规定的范畴。

但是，马克思在实际创作过程中，突破了"资本一般"的范围。写作《经济学手稿（1857—1858年）》时就开始有所突破，在以后写的新的手稿中，就更进一步突破了。

1860年夏，马克思为写作第一册第一篇第三章《资本一般》拟定了一个《提纲草稿》。它分为四个部分：Ⅰ.资本的生产过程，Ⅱ.资本的流通过程，Ⅲ.资本和利润，Ⅳ.其他问题。在每一部分下面都列了许多小题目。从1861年8月到1863年7月，《经济学手稿(1861—1863年)》被马克思写成《经济学手稿1861—1863年》。手稿第一本封面上写有标题《政治经济学批判。第三章。资本一般》，表明马克思是按照原定"六册计划"写作的。马克思在写了第一部分《资本的生产过程》和第三部分《资本和利润》的部分内容后，大约从1862年春天开始，转入《剩余价值理论》的创作。像《政治经济学批判》第一分册在正面叙述了商品理论和货币理论之后均附有理论史一样，在新的手稿正面叙述剩余价值理论之后，也要叙述它的理论史。《剩余价值理论》约占全部手稿一半以上，是17世纪中叶以来资产阶级政治经济学发展的历史。正是在《剩余价值理论》手稿写作过程中，马克思通过对资产阶级经济学各个理论的批判性研究，在自己的理论创建方面有了新的突破，取得重大进展，加深和丰富了一些原有理论，同时又形成和创立了一些新的理论。在这部手稿的许多地方，有时以论战的形式，有时以正面叙述的形式，创造性地阐发了政治经济学的许多基本原理，大大充实和完善了自己的理论。例如，马克思通过对资产阶级古典经济学派关于价值理论和剩余价值理论的评述，丰富和发展了自己的价值理论和剩余价值理论，通过对重农学派和斯密以及其他经济学家经济思想的评论，创立了自己的社会资本再生产理论、生产劳动和非生产劳动理论；通过对李嘉图理论体系的批判性研究，基本完成了平均利润和生产价格理论，创立了完整的地租理论，进一步丰富和发展了资本积累理论和经济危机理论。

需要特别指出的是，马克思在理论上的许多新进展是原来"资本一般"容纳不了的，也突破了它的三个理论部分原设计框架。因此，马克思得重新调整、修订这三个部分的理论内容和内部结构。

第一部分《资本的生产过程》：原来考虑"积本积累"要通过剩余价值的实现才能进行，涉及"许多资本的相互作用"，因此没有列入这一部分。但是，"资本积累"意味着剩余价值的资本化，对工人无偿劳动的进一步占有，这对于进一步揭露资本本质和剩余价值生产实质是必要的，应该包括到这一部分中来。"工资"问题本应属于《雇佣劳动》册的内容，但工资作为劳动力价值或价格的转化形式却表现为"劳动的价值或价格"这种不合理的形式，掩盖了剩余价值生产过程，同时工资的具体形式（如计时工资和计件工资等）还是资本家加强剩余价值生产的补充手段，因此工资理论作为剩余价值生产理论的继续和补充，也应该包括到这一部分中来。据此，马克思重新拟订了第一部分的计划（见第26卷Ⅰ，第446页）。这个计划没有把工资列入，工资问题是以后写作过程中列入的。

第二部分《资本的流通过程》：本来这一部分只准备研究资本的循环和周转、固定资本和流通资本、周转时间和费用等问题，现在由于在批判地研究魁奈和斯密的再生产见解的基础上制定了社会资本再生产理论，同时以社会总产品的实现为核心问题的社会资本再生产理论又是研究平均利润和生产价格理论的必要前提，所以后来就把这个涉及"竞争或许多资本的相互作用"的问题放到这一部分中来叙述。

第三部分《资本和利润》：原来设想资本竞争问题应是《竞争》篇专门研究的对象，但马克思在批判地研究了导致李嘉图学派解体的第二个矛盾、制定平均利润和生产价格理论时，又绕不开竞争问题，因此不得不在这里论及资本竞争的两种形式即部门内部竞争和部门之间竞争。当然，这只是在说明利润率平均化和生产价格形成的限度内谈到竞争，并没有专门研究竞争理论的所有方面。原来在《资本一般》中不准备研究资本的特殊形式，但在研究了平均利润理论之后，认识到商业资本和借贷资本都要参与以平均利润形式表现出来的剩余价值的分配，因此也就把资本的这两种特殊形式以及利润分割为产业利润和利息等问题包括了进来。至于地租问题，原属《土地所有制》册的研究对象，但马克思在批判地研究了资产阶级经济学家地租理论的基础上制定了包括绝对地租和级差地租两种形式的地租理论，并且认识到地租作为平均利润以上部分即超额利润的转化形式，可以作为平均利润和生产价格理论"例解"，于是就把地租理论包括了进来。当然，从这个角度来叙述的地租理论，并不能取代《土地所有制》册的研究，马克思一再申明这一点。根据以上情况，马克思又重新拟订了第三部分的计划（见第26卷第Ⅰ册，第447页）。

马克思写作《剩余价值理论》手稿过程中取得的理论进展，以及原来设计的《资本一般》框架的突破，对它的三个部分内部结构的充实，特别是第一部分和第三部分写作计划的修订，势必要对原先制定的“六册计划”的研究重点、著作结构、出版次序以致著作名称作出新的考虑。1862 年 12 月 28 日，马克思写信告诉库格曼：作为《政治经济学批判》第一分册“续篇”的“第二部分”即将完成。这个第二部分“将以《资本论》为标题单独出版，而《政治经济学批判》这个名称只作为副标题。它只包括本来应构成第一篇第三章的内容，即《资本一般》”，“这里没有包括资本的竞争和信用”。“这一卷的内容就是英国人称为‘政治经济学原理’的东西”，它同第一部分合起来是整个著作的“精髓”。“至于余下的问题……别人就容易在已经打好的基础上去探讨了”。他还谈到了今后的打算：“或者用德文写续篇，即结束资本、竞争和信用的阐述，或者为**英国**读者把头两本著作压缩成一本书。”（第 30 卷，第 636—637 页）。这封信表明，马克思打算把研究重点放在“六册计划”的《资本》册上，当前完成的是原来的第一篇《资本一般》，接下去再完成《竞争》《信用》等篇。至于《资本》册以后各册如何完成则未具体说明，甚至考虑由别人去探讨。

马克思在结束《经济学手稿(1861—1863 年)》写作以后，就按照这部手稿内插写的所拟计划（主要是第一部分和第三部分），在 1863—1867 年间撰写了《资本论》前三册的手稿。1865 年 7 月，马克思致恩格斯的信中首次提到《资本论》的“四册计划”：“再写三章就可以结束理论部分（前三册）。然后还得写第四册，即历史文献部分”（《全集》第 31 卷，第 135 页）。这表明马克思已经改变了原来在正面叙述剩余价值理论之后接着就叙述它的理论史的做法，而是把剩余价值理论史单独拿出来作为一册来写。这样，就在三册理论部分之后又增加了理论史的部分。1866 年 10 月，马克思致库格曼的信中又提出一个“三卷四册计划”：“全部著作分为以下几部分：**第一册　资本的生产过程**。**第二册　资本的流通过程**。**第三册　总过程的各种形式**。**第四册　理论史**。第一卷包括头两册。我想把第三册编作第二卷，第四册编作第三卷。”（《全体》第 31 卷，第 535 页）后来在 1867 年《资本论》第一卷出版前后又说，第一卷只包括第一册，第二卷将包括第二、三册，第三卷包括第四册。马克思逝世后，恩格斯把第二册编为第二卷，第三册编为第三卷。恩格斯逝世后，马克思留下的《剩余价值理论》手稿由考茨基把它作为独立的著作出版。苏联和民主德国编辑出版的《马克思恩格斯全集》第二版和它的中文版均把《剩余价值理论》编为《资本论》第四卷。这就是《资本论》现行版本的“四卷结构”。

显然,《资本论》的"四卷结构"是由《政治经济学批判》的"六册计划"演变而来,但又有很大不同,对于这个演变应该怎样认识,二者关系又如何,国内外学术界历来有不同看法。开始有两种截然对立的观点:一是"计划改变说",认为马克思放弃了"六册计划",或者说用"四卷结构"取代了"六册计划"。二是"计划不变说",认为马克思并未改变"六册计划",后来的"四卷结构"相当于"六册计划"中《资本》册《资本一般》部分。后来又提出"演变说",认为"四卷结构"没有完全取代"六册计划",《资本论》是由"资本一般"演化而来、扩大而成。它在论述"资本一般"或资本本质的必要限度内,把"六册计划"中《资本》册中的《竞争》《信用》《股份资本》篇和《土地所有制》《雇佣劳动》册的某些内容吸收了进来,但并不能代替对它们的专门研究。至于后三册即《国家》《对外贸易》《世界市场》的内容,则没有包括进来。

国内外不少学者认为,马克思在50年代末拟订的"六册计划"具有重大科学意义。因为它给人以启发:对于经济学的研究不能只局限于社会经济关系的本质和一般抽象的原理,还应该上升到较为具体的经济关系和现实的经济问题。所以,对"六册计划"的研究,对于扩展理论经济学研究的内容,建立理论经济学的科学体系,对于当代资本主义经济现实问题的研究,对于确定社会主义经济学的研究范围和科学体系,都有借鉴、指导意义。

原载《马克思主义经济理论全书》
历史篇——马克思主义经济学的创立和发展,567—569页
吉林人民出版社1992年7月出版

也谈《资本论》的研究起点

兰宗政同志在《光明日报》经济学专刊第206期的一篇文章中提出,《资本论》的研究点是简单商品,而不是资本主义的商品。我认为,这样简单地肯定和否定是值得商榷的。

《资本论》的起点是资本主义商品抑或简单商品,学术界是有不同意见的。我认为,关键在于如何理解马克思研究政治经济学的方法问题。

马克思的研究方法是辩证唯物主义和历史唯物主义。在这个方法论的基础上,马克思对于经济学的研究,运用了逻辑的方法,而马克思的逻辑方法同历史方法又是一致的。《资本论》的范畴体系就是运用从抽象上升到具体的逻辑方法建立起来的。商品是这个体系中最抽象的范畴,是研究资本主义生产方式的逻辑起点。

一般说来,抽象范畴是事物简单关系和规定的反映。但是,作为上升方法起点的抽象范畴还具有两个特征:第一,它是客观事物的整体中一些有决定意义的抽象的一般的关系的反映,是构成客观具体事物的共同基础和共同本质的那些关系的表现。这种简单抽象关系是从客观具体事物抽取出来的,只能"作为一个既与的、具体的、生动的总体的抽象片面的关系而存在"。[①] 例如,商品在《资本论》中是最简单、最抽象的关系,但它是从资本主义经济关系总体中抽取出来的,是这个总体中最抽象最一般的关系,并不是从简单商品经济中抽象出来的关系。第二,它是已发展的、具体的、原始的,又是从属的关系的反映。例如,商品在简单商品经济中就已经存在,到了资本主义商品经济中,简单商品已经不复独立存在(假定是发展的纯粹的资本主义社会),但商品关系却作为资本的从属关系保存了下来。正是在这个限度内,从简单上升到复杂的逻辑进程才符合现实的历史进程。

---

① 《马克思恩格斯全集》第12卷,第751、757、752页。

马克思指出："在研究经济范畴的发展时，正如在研究任何历史科学、社会科学时一样，应当时刻把握住：无论在现实中或在头脑中，主体——这里是现代资产阶级社会——都是既与的；因而范畴表现这个一定社会的、这个主体的存在形式、存在规定，常常只是个别的侧面……"[①]《资本论》是反映资本主义生产方式的范畴体系，其中的一切重要范畴都是资本生义社会现实关系的反映，是这个社会的存在的形式和规定的表现。商品作为《资本论》中的一个重要范畴，当然也只能是资本主义社会现实关系的一个方面的反映，因而也只能是资本主义社会中的商品。

商品不只是《资本论》中的一个普通的范畴，而且是运用从抽象上升到具体的方法对资本主义进行逻辑分析的起点。马克思说：资本主义生产方式支配着的社会财富，表现为一个惊人庞大的商品堆积，一个一个的商品表现为它的元素形态。所以，我们的研究，要从商品分析开始。"对于资产阶级社会，劳动生产物的商品形态或商品的价值形态，就是经济的细胞形态。"[②]这里不仅告诉我们研究资本主义生产方式为什么要从商品分析开始，同时也指出了这个商品的社会属性：是资本主义生产方式社会财富的元素形态，是资产阶级社会的经济细胞。列宁也曾经强调指出，《资本论》开端的商品是资产阶级社会里"最简单、最普遍、最基本、最常见、最平凡，碰到过亿万次的关系"[③]。因此，怎能说这里的商品不是资本主义社会中的商品而是简单商品生产的商品呢？

既然商品是资本主义社会中最简单的关系，那么，能不能说这个商品是资本主义社会中的简单商品呢？显然不能这样说。简单商品是与资本主义商品相对而言的，前者存在于简单商品经济中，后者则存在于资本主义商品经济中，二者存在于不同的社会发展阶段，体现着不同的生产关系，是不能混淆的。诚然，商品关系与资本关系相比是简单的抽象的，《资本论》首先分析了商品这种简单抽象的关系，但这是为了进一步分析复杂的资本关系。这里，马克思只不过在思维中暂时把资本主义关系抽象掉，而在纯粹的、简单的形态上进行逻辑分析，研究资本和剩余价值的基础——商品和价值。但是，马克思的着眼点和考察的主体仍然是资本主义社

---

① 《马克思恩格斯全集》第 12 卷，第 751、757、752 页。

② 《资本论》第 1 卷，序跋第 2 页。

③ 《列宁全集》第 38 卷，第 409 页。

会，以及这个社会中的经济关系。他曾指示我们，当进行逻辑分析时，“在理论方法上，主体，即社会，也一定要经常作为前提浮现在表象面前”。[①] 总之，作为《资本论》逻辑起点的商品，决不是简单商品生产的商品，而是资本主义社会中的商品，是这个社会中最简单、最抽象的关系。

以上是从马克思的逻辑方法来考察的。如果我们用历史方法来考察商品经济的发展，简单商品生产则是资本主义生产方式依以产生和发展的历史前提。但是，马克思的逻辑方法和历史方法并不矛盾。在逻辑分析上作为资本主义关系最简单、最抽象关系的表现的商品，其规定和内容与历史上简单商品生产阶段的简单商品是相同的。所以，从逻辑和历史相一致的观点来说，也可以把《资本论》开端的商品看作资本的历史前提，看作简单商品。因为简单商品生产和资本主义商品生产，虽然二者在历史上是两个不同的发展阶段，但又存在着密切的历史联系：它们不仅都同属于商品经济，有着相同的规定性，而且资本主义商品生产是在简单商品生产的基础上发展起来的，是商品经济发展的最高阶段。可是，当简单商品经济为资本主义商品经济代替之后，简单商品关系是通过转化为资本的从属关系或资本的简单抽象关系——资本主义社会中的商品，而成为分析资本主义的逻辑起点的。所以在《资本论》第一卷第一篇中，我们不能把资本主义商品和简单商品当作完全互相排斥的东西绝对地对立起来，我们不能否认资本主义商品作为资本的简单抽象要素和历史上的简单商品有一致的地方。

尽管如此，《资本论》第一卷第一篇的内容和意义，决不是离开资本主义社会，单独地对其历史前提——简单商品生产作纯粹的专门的历史考察。这一篇的特点，恰恰是将逻辑分析和历史分析结合在一起。从一定意义上说，历史前提的分析是服从于逻辑分析的。

这样，对于恩格斯在《资本论》第三卷编者序中的一段话也就容易理解了。在那里，恩格斯虽然指出《资本论》的开端是从历史前提的“简单商品生产”和从“简单商品”出发，但是马克思的逻辑方法和历史方法是一致的，所以这与经典作家的其他论述并不矛盾。因此，我们不应该片面地引用恩格斯的话来证明《资本论》开端的商品仅仅是简单商品，而否定它是资本主义的商品。要知道，恩格斯在那里强调

① 《马克思恩格斯全集》第12卷，第751、757、752页。

简单商品生产是资本主义商品生产的历史前提是有深刻原因的。因为资产阶级学者(包括费尔曼在内)是最没有历史观点的,他们从形而上学的观点出发,把资本主义生产看作永恒的自然的。恩格斯不仅指出马克思《资本论》的方法是辩证唯物主义的方法、逻辑和历史相统一的方法,而且特意地指出,资本主义商品生产和资本关系都是历史的,是从简单商品生产发展而来的。这样,就粉碎了资本主义生产是永恒的谎言。

不错,《资本论》第一卷第一篇中并没有资本主义关系的分析。但是不能由此否认第一篇研究的商品是资本主义社会的商品,也不能由此否认商品关系是资本主义关系的一个侧面。这是因为:首先,《资本论》是阐明资本主义生产方式经济运动规律的完整的科学体系,这个统一的研究对象贯彻于全书,我们决不能孤立地把某一篇割裂出来加以谈论。其次,在理论方法上,为了分析复杂事物,暂时把一些复杂关系抽象掉而先研究简单关系,是完全必要的,也是允许的。第一篇研究的商品和劳动价值学说,是资本和剩余价值学说的基础,这一篇对于分析资本主义生产关系是具有关键意义的一篇,是全书的基础和理论准备,是全书不可分割的有机组成部分。马克思在这一篇是把商品关系当作资本主义关系的一个单纯的因素来研究,而不是当作简单商品经济关系中的一个因素来研究的。

总之,《资本论》研究起点的商品,一方面从逻辑方法上说,因为在资本主义社会中,商品是社会财富的原来形态和经济细胞,是最简单、最普遍、最常见的经济关系,又是最单纯的因素,所以它是分析资本主义社会的逻辑起点,从而应该把它看作资本主义的商品;另一方面从逻辑和历史相一致的观点来说,也可以把它看作是资本的历史前提,即简单商品。而兰宗政同志强调它是简单商品,否认它是资本主义商品;强调它是资本的历史前提,忽视它是资本主义社会中的现实关系;强调它是资本的历史起点,忽视它是对资本主义进行逻辑分析的起点。这些看法我认为是片面的。

原载《光明日报》1964 年 1 月 20 日

研究《资本论》创作史的现实意义

内容提要：《资本论》创作史的研究是《资本论》基本理论研究的一个重要方面。研究《资本论》创作史，有助于加深对马克思的经济理论是发展的科学这一本质特点的认识，科学地对待马克思主义；可以了解马克思主义具有开放性的特点，正确地对待西方经济学；有助于从理论和实践的结合上更好地坚持和发展马克思主义。

以马克思的主要著作《资本论》为研究对象的"《资本论》学"，是一门范围广阔的马克思主义基础理论学科。随着研究的深入，"《资本论》学"这门科学形成了一系列分支学科。它可以划分为以下两个方面：一是《资本论》本身的研究，包括《资本论》原理、《资本论》创作史、《资本论》的方法等；二是《资本论》应用的研究，包括《资本论》与现代资本主义经济、《资本论》与社会主义经济等。前一方面属于基本理论的研究，是《资本论》研究的基础；后一方面属于理论联系实际的研究，即运用《资本论》提供的理论和方法，研究发展中的现代资本主义经济的新现象和新特点，研究实践中的社会主义经济的新经验和新规律，通过这种研究来丰富《资本论》的理论，发展马克思主义。以上两个方面研究的关系是很清楚的：没有前一方面的研究，就没有后一方面研究的基础和出发点，也就谈不上坚持马克思主义；如果不进行后一方面的研究，《资本论》就失去了生命力，就谈不上发展马克思主义。只有把以上两方面很好地结合起来，才能做到在坚持中发展马克思主义，在发展中坚持马克思主义。

《资本论》的巨大生命力，在于它科学地揭示的资本主义经济发展规律仍然是伟大真理，在于它提供的理论和方法对现代资本主义经济和社会主义经济的研究都具有重大现实意义，在于研究它有助于在实践中坚持和发展马克思主义。《资本论》的重大现实意义可以从很多方面来加以说明，本文只从《资本论》创作史这一方面谈谈研究它的现实意义。我认为研究《资本论》创作史的现实意义有以下五个方面：一、能够加深对马克思的经济理论是发展的科学这一本质特点的认识，科学地对待马克思主义；二、可以了解马克思主义具有开放性的特点，正确对待现代西方经济学；三、有助于完整、准确、深刻地理解和把握《资本论》的原理；四、可以发掘蕴藏在马克思的经济学笔记和手稿中的珍贵思想，丰富马克思主义理论宝库；五、将更加有力地回击当代资产阶级学者歪曲和反对《资本论》的思潮，捍卫马克思主义。下面仅就前两个方面谈谈个人的认识。

加深对马克思的经济理论是发展的科学这一本质特点的认识，科学地对待马克思主义

除去资产阶级及其思想家出于阶级本性，对《资本论》竭力加以反对和攻击以外，我们内部对待《资本论》乃至整个马克思主义历来都有两种错误倾向：一种错误倾向是把《资本论》的原理当作万古不变的教条，当作政治经济学发展的顶峰。《资本论》中有的个别原理是马克思根据当时社会实践概括出来的并且是正确的，但已不完全符合今天发展了的实际情况了，而有的同志还把它当作神圣不可侵犯的、不可移易的真理。另一种倾向是片面强调《资本论》是马克思对19世纪中叶以前自由资本主义经济实践的理论概括，而现代科学技术和资本主义经济有了新的发展，因此《资本论》的原理和结论已经“过时”了，从而对马克思主义持怀疑甚至否定态度。

学习和研究《资本论》创作史，有助于克服上述错误看法，科学地对待马克思主义。因为马克思创作《资本论》的过程，向人们清楚地展示了马克思主义的一个重要特点或规律：它本质上是一种发展的科学。

从创作史的角度来考察，人们可以看到：马克思的《资本论》的整个理论体系和方法，是在不断参加社会实践的基础上，在坚持不懈的科学研究的基础上，呕心沥血四十载，经历了从萌芽到初步形成到基本完成到进一步完善的过程，逐步创作出来的。马克思从1843年退出《莱茵报》迁居巴黎开始，到1883年逝世的40年中，他的经济思想的发展大体经历了以下四个阶段：

(1) 40年代(1842—1849)是马克思经济思想的萌芽阶段。在这一阶段,马克思在巴黎和布鲁塞尔系统研究政治经济学,写下了《巴黎笔记》《1844年经济学哲学手稿》和《布鲁塞尔笔记》;与恩格斯合著《神圣家族》和《德意志意识形态》,并写了《关于费尔巴哈提纲》,创建了唯物主义辩证法和唯物主义历史观,为政治经济学的研究奠定了方法论的基础;写作了《哲学的贫困》《雇佣劳动与资本》和《共产党宣言》,提出了劳动价值论和剩余价值论的初步思想,并从生产力和生产关系的对立统一中首次阐述了资本主义经济运动规律。

(2) 50年代(1850—1859)是马克思经济理论的初步形成阶段。在这一阶段,马克思在伦敦继续研究政治经济学,写下了《伦敦笔记》;在此基础上撰写了《经济学手稿(1857—1858年)》,写作并出版了《政治经济学批判》第一分册,制定了科学的价值论和狭义剩余价值理论,后者被称为马克思的第二个伟大发现;与此同时,他制定了自己的政治经济学的研究和写作计划,初步形成了他的经济学的理论体系。

(3) 60年代初期和中期(1861—1867)是马克思经济理论的基本完成阶段。在这一阶段,马克思写作了《经济学手稿(1861—1863年)》,论证了社会资本再生产理论、平均利润和生产价格理论、地租理论、危机理论等,从而基本上完成了广义剩余价值理论的创建;接着就直接转入《资本论》的创作,写出了它的第1卷、第2卷(第1稿)和第3卷手稿,并出版了第1卷第1版;到这时,马克思的经济理论体系也已经基本确定下来了。

(4) 60年代后期到80年代初(1867—1883)是马克思经济理论的进一步完善和发展时期。在这一阶段,马克思修订了《资本论》第1卷第2版,并准备了第3版,校订了第1卷的法文版;写下了第2卷的第2稿到第8稿;为修订第3卷继续深入研究了农业、土地所有制和地租问题,银行、信用、货币资本和财政问题,经济危机问题等,并写下了大量札记。

从创作史的角度来考察,人们还可以看到:马克思在创建自己的经济理论时,许多理论都经历了一个从不成熟到成熟的过程。例如,拿资本剥削雇佣劳动的问题即剩余价值理论来说,在40年代前半期,马克思还借助于“异化劳动”这一用语来说明资本家对工人的剥削;到40年代后半期,马克思用资本家按照生产费用购买工人的劳动会使资本增殖来说明资本主义剥削。总之，在40年代马克思还没有提出剩余价值范畴，还没有制定出科学意义的剩余价值理论，只能说有了剩余价值理论的萌芽。到了50年代后期，马克思才第一次确立剩余价值这个范畴，科学地阐述了剩余价值的起源和本质，制定了狭义的剩余价值理论。到了60年代，马克思又研究了剩余价值的各种具体形式，才完成广义剩余价值理论的创建。与此相联系，关于劳动力商品的范畴，在40年代后期写的《雇佣劳动与资本》和《共产党宣言》中，马克思还没有区别“劳动力”和“劳动”这两个概念，到处沿用古典学派的“劳动”这一术语，把工人称为“商品”；尽管他是在“劳动力”的意义上使用“劳动”这一术语的，但终归还没有提出“劳动力”商品这一科学范畴。到50年代后期写的《经济学稿(1857—1858年)》中，才正式提出“劳动能力”“劳动力”的概念，用来代替过去使用的“劳动”这一术语，但这时仍然同时使用“劳动能力”和“劳动力”这两个用语。直到60年代写的《经济学手稿(1861—1863年)》和《资本论》第1卷中，马克思才最终确立“劳动力商品”这一科学概念。

从创作史的角度来考察，人们还可以看到：马克思在创建自己的经济理论时，有时还经历着一个逐步克服、修正自身的错误而走向正确的过程。例如，在对待李嘉图的劳动价值论的态度上就经历了这样的转变过程。在40年代前期写的《巴黎笔记》关于李嘉图《政治经济学和赋税原理》一书的摘要中，他对李嘉图坚持的劳动决定价值的正确观点是持否定态度的；但在同一个笔记关于麦克库洛赫《论政治经济学的起源、发展、特殊对象和重要性》一书摘要和《神圣家族》第4章论蒲鲁东的一节中有关价值的论述，表现出马克思对李嘉图的劳动价值论的态度已经有所转变；在后来写的《德意志意识形态》中，更明显地表现出马克思对李嘉图的劳动价值论的态度已经转向肯定了；到40年代后期写的《哲学的贫困》和《雇佣劳动与资本》中，马克思已经完全接受了李嘉图的劳动价值论；而到50年代后期写的《政治经济学批判(1857—1858年草稿)》和《政治经济学批判》第一分册中，马克思一方面继承了李嘉图关于劳动决定价值的正确观点，另一方面又批判地论证了生产商品的劳动的二重性，论述了价值形式的发展，把古典学派开创的劳动价值论提高到完全科学的新水平。

还有在经济危机理论上，马克思和恩格斯在四五十年代总是把危机和革命简单地直接地联系在一起，认为“新的革命的来临像新的危机的来临一样是不可避免的”[①]，认为资本主义世界性危机的爆发，将会成为欧洲无产阶级革命的先兆。关于这一论点，在马克思和恩格斯于50年代前期和中期写的文章以及他们之间的通信中讲的都很明确。他们分析了当时资本主义经济周期发展的实际材料，预言在1857年必将爆发一场世界性的经济危机，那时欧洲工业完全衰落，资产阶级会完全破产，并会发生极端的混乱和战争，引起新的革命浪潮。马克思怀着无产阶级革命家的特殊感情，对此感到十分惬意，并以巨大革命热情全力奋笔写作他的经济学著作，为的是在“洪水之前”把理论武器奉献给无产阶级革命事业。果然不出所料，1857年爆发了第一次世界性的经济危机，但这次危机并没有导致另一次无产阶级革命高潮。后来，马克思在《剩余价值理论》和《资本论》中的许多地方，从不同角度阐述和发展了自己的经济危机理论，强调危机是“惊人巨大的生产力”同“日益膨胀的资本的价值增殖的条件”的矛盾的产物，“永远只是现有矛盾的暂时的暴力解决，永远只是使已经破坏的平衡得到瞬间恢复的暴力的爆发”[②]。也就是说，这时马克思讲得多的是资本主义经济危机的必然性，它对资本主义经济的破坏作用和调节作用，而对原先讲的危机必然引起革命的论点则不太强调了。

从创作史的角度来看，人们还可以看到：即使在《资本论》中，马克思也没有最后全部完成他的所有理论。例如，他在50年代后期制订的“六册计划”中关于资本理论中的竞争、信用、股份资本等理论，关于土地所有制理论，关于雇佣劳动理论，关于国家、财政理论，关于对外贸易理论，关于世界市场和世界危机理论等等，在《资本论》中并没有得到充分展开，系统阐述。按照原定计划，这些理论属于“资本一般”这个题目以外的课题，看来马克思对其中的一些问题还没有来得及进行深入研究。已经公开出版的《资本论》共四卷，马克思生前只出版了经过他精心加工润色的第1卷；它的第2卷，马克思从60年代中期到他逝世时，一共写了8个稿本，生前并未最终完成；它的第3卷，其主要手稿是1864—1865年间写的，后来又写了一些手稿，但也没有来得及进行系统加工。这后两卷是在马克思逝世后由恩格

① 《马克思恩格斯全集》第7卷，第514页。

② 《马克思恩格斯全集》第25卷，第296、278、7页。

斯编辑出版的，而恩格斯又把自己的编辑工作严格限制在“单纯选择各种文稿方面”[①]和“最必要的范围内”[②]。至于《资本论》第4卷《剩余价值理论》手稿，它是《经济学手稿(1861—1863年)》的一部分，马克思在生前再也没有回到这个手稿上来对它修订。后来考茨基对它进行了编辑处理，于1906—1910年间首次出版了这一手稿。

由上可见，《资本论》是马克思在不断实践的基础上，经过40年坚持不懈的研究，不断扩展自己的思路，不断克服和修正自己的错误，不断深化、丰富和发展自己的理论，而逐步创建起来的。《资本论》开创并奠定了无产阶级政治经济学的基石，但并没有穷极这一科学的真理；它为马克思主义政治经济学提供了基本原则和基本方法，但并没有对这一科学的一切问题提供现成答案，它已经作出的一切结论也不是永恒不变的教条；它是马克思智慧的结晶和精心制作的艺术整体，但并非一字一句都不可移易的。关于这一点恩格斯说得好：“马克思的整个世界观不是教条，而是方法。它提供的不是现成的教条，而是进一步研究的出发点和供这种研究使用的方法。”[③]

了解马克思主义具有开放性的特点，正确对待西方经济学

政治经济学具有鲜明的阶级性和党性，《资本论》是反映无产阶级利益并为这个阶级的解放斗争服务的。这一点是毫无疑义的，但在这个问题上也有种种不正确的理解。例如，在强调《资本论》是工人阶级的政治经济学的同时，看不到它同资产阶级政治经济学的联系；在强调它在本质上是批判的革命的，是在批判资产阶级政治经济学的基础上建立起来的同时，忽视它和前人经济思想是既批判又继承的关系；即使承认它同资产阶级古典政治经济学有思想渊源关系，但坚决否认庸俗经济学有任何借鉴意义。这种种看法，实际上是把马克思主义政治经济学看成是一种排斥前人思想成果的、宗派主义的、封闭保守的思想体系。研究《资本论》创

① 《马克思恩格斯全集》第24卷，第9页。

② 《马克思恩格斯全集》第25卷，第296、278、7页。

③ 《马克思恩格斯全集》第39卷，第406页。

作史，将有助于消除这些误解。

纵观《资本论》的创作过程就会发现，它是在批判地继承人类一切优秀思想成果的基础上创建出来的。思想文化是历史发展的产物。人们只能在历史既与的社会生产力和与之相适应的生产关系的基础上创建自己的物质文明，同样也只能在历史既与的思想文化的基础上创建自己的精神文明。任何一部有价值的科学著作都是继承和吸收以前和当时既有思想材料的基础上产生的，古往今来概莫能外。马克思在科学上的伟大发现，他的《资本论》也是这样。他立志要“为世界阐发新原理”[①]，要为工人阶级锻造精神武器，但他的出发点仍然是他那个时代已经积累和提供出来的思想文化资料，为此他广泛地研究了自然科学、哲学、经济学、政治学、法学、历史学等各个领域的代表性的著作。

马克思的经济理论和前人思想的关系，他留下的大量读书笔记就是极好证明。马克思研读前人和同时代人的经济学著作有三次高潮：第一次是 19 世纪 40 年代前期和中期留居巴黎和布鲁塞尔时读了大量的书，留下了 7 本《巴黎笔记》和 15 本《布鲁塞尔笔记》；第二次是 50 年代前期寓居伦敦时又读了大量的书，写下了 24 本《伦敦笔记》；第三次是 70 年代为修订《资本论》第二、三册又读了很多书，留下了大量读书札记。马克思写作他的经济学著作的过程总是：先读前人著作，作读书笔记，记录下重要观点，并夹有自己的评述。这一读书过程，也是一个艰苦的研究过程。然后就是利用前一阶段收集的思想资料和研究成果，直接转入手稿的写作。像《1844 年经济学哲学手稿》就利用了《巴黎笔记》的材料，像《政治经济学批判(1857—1858 年草稿)》则是利用《伦敦笔记》的材料写出来的。最后再对手稿进行加工润色，正式写成付印稿，并出版自己的著作。所以，掌握前人和同时代人的思想资料，对它进行批判性的研究，是马克思创作《资本论》的直接准备和基础。

马克思的伟大之处，在于他对前人的思想成果总是采取一分为二的科学分析的态度，严格区别它包含的精华和糟粕，对其中正确的有价值的见解予以充分肯定，甚至高度评价，对其中的错误的或庸俗的成分则予以批判。但这种批判，并不是简单的骂倒，而是严肃的、有分析的、有说服力的批判，即批判是科学的；同时这种批判，也不是否定、排斥、拒绝前人的一切思想，而是采取批判地继承的态度。前

① 《马克思恩格斯全集》第 1 卷，第 418 页。

人的正确的科学的见解，马克思公开地加以引证，毫无偏见地继承了下来；前人的富有天才的但又不成熟的思想，或极有价值但又夹杂着不科学的成分的思想，马克思总是对它们进行提炼、剥离和改造，摒弃其不科学的成分，抽取出合理内核，并加以发展和提高；即使是前人思想中完全错误的东西，马克思也极为重视，作为反面的思想材料，展开批判性的研究，提出全新的见解。《资本论》中的许多小注，是马克思对前人思想成果的科学态度的有力证明。马克思在阐述自己的理论观点时，凡是前人曾经提到过的，他总是从不同角度尽可能地加以说明，不管是古典学派的还是庸俗学派的都一样对待。

研究过马克思的《资本论》及其手稿，特别是《剩余价值理论》手稿，人们就会具体地发现，英国资产阶级古典政治经济学，还有德国资产阶级古典哲学和法国空想社会主义，它们共同是马克思的理论的直接来源。可以说，马克思经济理论的整个体系和方法以及它的各个理论，无一不是在批判继承前人理论的基础上创建起来的。首先拿政治经济学的研究方法来说，马克思和恩格斯在《神圣家族》《关于费尔巴哈提纲》和《德意志意识形态》等书中，批判了黑格尔哲学体系的唯心主义，继承了它的合理内核的辩证法，批判地吸取了费尔巴哈的唯物主义的基本内核，抛弃了它的机械论杂质和社会历史观上的唯心主义，创立了唯物主义辩证法和唯物主义历史观，并把它作为指导自己的政治经济学研究的方法论。正因为有了这个科学方法，马克思就能够在《德意志意识形态》和《〈政治经济学批判〉导言》等书中，从社会生活中划分出物质生产领域来，作为人类社会生存和发展的基础，又从物质生产中划分出人和人的社会关系即生产关系来，并分析了生产与分配、交换、消费的一般关系，从而为科学的政治经济学确定了独立的研究对象。至于建立政治经济学范畴体系的方法，马克思在《〈政治经济学批判〉导言》中，一方面批判了黑格尔逻辑方法的唯心主义，把它置于唯物主义的基础上；另一方面批判地考察了 17 世纪和 18 世纪资产阶级经济学家在建立范畴体系方法上所走过的道路，从而把建立在唯物辩证法基础上的从抽象上升到具体的逻辑方法，作为建立政治经济学科学体系的方法。再说《资本论》中阐述的各个理论，也都是批判地继承资产阶级古典经济学有关理论创建起来的。例如，马克思批判地继承了斯密特别是李嘉图的劳动决定价值的论点，批判地论证了生产商品的劳动的二重性，创建了完全科学的劳动价值论。接着,他又批判地考察了从重商主义、重农主义到斯密、李嘉图以及其他经济学家关于利润即剩余价值的见解,终于获得一个伟大发现,即通过剩余价值揭破了资本主义剥削的秘密,第一次创立了剩余价值理论。至于他的社会资本再生产理论,则是在批判"斯密教条"及从魁奈的《经济表》到古典学派的再生产理论的基础上创建起来的;他的平均利润和生产价格理论,则主要是在批判李嘉图的费用价格理论的基础上建立起来的;他的地租理论,则是在批判地研究了安德森、马尔萨斯、罗雪尔、霍普金斯、洛贝尔图斯、斯密、李嘉图等人的地租理论的基础上创建起来的;他的生产劳动理论,则是在评述斯密等众多经济学家的种种见解的过程中创立的;他的经济危机理论,则是在批判小资产阶级经济学家和资产阶级经济学家关于危机观点的基础上创建起来的。

就是对于资产阶级庸俗经济学的著作,马克思也没有简单地、不加分析地一概予以否定。马克思在对庸俗经济学进行批判时,实际上把它分为一般的庸俗经济学和辩护论的经济学。马克思认为,与古典经济学研究资产阶级生产关系的内部联系相反,"庸俗经济学却只是在表面的联系内兜圈子,它为了对可以说是粗浅的现象作出似是而非的解释,为了适应资产阶级的日常需要,一再反复咀嚼科学的经济学早就提供的材料。在其他方面,庸俗经济学则只限于把资产阶级生产当事人关于他们自己的最美好的世界的陈腐而自负的看法加以系统化,赋以学究气味,并且宣布为永恒的真理。"[①]这是一般庸俗经济学的特点。但是随着资本主义经济及其矛盾的发展,"庸俗政治经济学也就有意识地越来越成为辩护论的经济学"[②]。马克思把萨伊和巴师夏作了区别,认为巴师夏"是一个职业的调和论者和辩护论者",而萨伊同"巴师夏比较起来还算是一个批评家,还算无所偏袒,因为他在斯密的著作里发现的矛盾相对说来还是未发展的"[③]。辩护论的经济学除具有一般庸俗经济学的特点外,还有意识地抹杀资本主义矛盾,捏造各种理由为资本主义弊病作辩解,甘心充当统治阶级的辩护士和献媚者。所以,虽说辩护论经济学也属于庸俗经济学,但是庸俗经济学并不等于辩护论经济学,也不都属于辩护论经济学。例

① 《马克思恩格斯全集》第23卷,第98、17页。

② 《马克思恩格斯全集》第26卷第3册,第557、69页。

③ 《马克思恩格斯全集》第26卷第3册,第557、69页。

如，一般都认为约翰·斯图亚特·穆勒是庸俗经济学家，但马克思并没有把他列入资本主义辩护士一帮，只说他是“毫无生气的混合主义”①的代表。因为他同巴师夏这一类庸俗经济学家不同，在一定程度上还承认资本家和工人的矛盾，并企图在不触动资本主义生产关系的前提下对分配关系进行某些改良。

马克思对辩护论经济学的代表人物的著作，也没有完全否定它的一切论点，认为他们在某些具体经济问题，诸如通货、信用等问题的研究上，有些见解还是值得一提的。一个明显的例子，像既庸俗化了李嘉图又庸俗化了詹姆士·穆勒的“双料”庸俗化者麦克库洛赫，马克思说他是资本主义现状的辩护士，但他提出的“折旧基金本身也可以作积累之用”的见解，马克思认为“值得注意”，因为他“说出了折旧基金本身就是积累基金这个思想”②。马尔萨斯更是一个地地道道的贵族地主和资产阶级的辩护士，马克思十分鄙视此人，在《资本论》及其手稿中对他的反动的“人口论”、庸俗的“让渡利润”观点和为“非生产消费者”即寄生阶级的消费作辩护的观点，进行了尖锐的、无情的批判，但对他的其他观点也予以注意，在自己的著作中多次提到。《资本论》前三卷中有20多处引用了马尔萨斯的四本著作，其中有五六处是客观地或肯定地提到了他的某些观点。

以上事实表明，马克思的经济理论是批判地继承人类历史上一切优秀文化遗产和吸收当时科学文化成就，特别是资产阶级政治经济学的一切有价值的见解的基础上创立起来的，它是一个公正地对待一切科学思想、包容前人一切有价值观点的、完全开放的思想体系。马克思对待资产阶级经济学的科学态度，是我们今天正确对待当代西方经济学的一个榜样。马克思基于资本主义社会发展的一般规律，把资产阶级经济学划分为古典经济学和庸俗经济学两个发展阶段是完全正确的，时至今日并未过时。但是，对此不能作形而上学和绝对化的理解。应该看到，在现代资本主义国家，社会生产力在不断发展，科学技术在不断进步，资本主义生产关系在它自身范围内也在不断变化和调整中，相应地，资产阶级经济学也在不断演变中。自1830年以后，日益鲜明尖锐的无产阶级和资产阶级之间的阶级斗争敲响了科学的资产阶级经济学的丧钟，一方面资产阶级政治经济学走向庸俗化，另一方面

① 《马克思恩格斯全集》第23卷，第98、17页。

② 《马克思恩格斯全集》第26卷第3册，第557、69页。

无产阶级政治经济学应运而生。但这不意味着自那时以来，资产阶级经济学已经完全堕落为辩护论的经济学，就毫无任何科学性可言。正像资本主义经济今天还有生命力一样，资产阶级经济学也没有走完它的路程。今天的西方经济学，既不同于资本主义上升阶段形成的古典经济学，也有别于1830年以后产生的、马克思生活的那个时代的庸俗经济学。现代西方经济学的整个理论体系属于资产阶级意识形态范畴，本质上仍然是资产阶级经济学。像以往所有资产阶级经济学一样，它从来不对资本主义经济关系进行质的分析，把资本主义社会看作最合理的、永恒不变的社会，在不妨害资本主义经济制度的前提下寻找医治种种弊病的改良药方。但是，我们绝不能对现代西方经济学采取简单否定和不屑一顾的态度。在这里，有以下两方面的实际情况应该加以考虑：

首先，从无产阶级政治经济学本身的发展来看，在马克思和恩格斯创立自己的政治经济学时，服从于为无产阶级革命斗争锻造理论武器这一任务，主要是从资本主义社会的资产阶级和无产阶级之间的矛盾和斗争这一根本事实出发，揭示了这个社会的经济运动规律。尽管他们对资本主义商品经济和社会化大生产作了十分科学的分析，但对这个社会的经济运行和发展的具体机制则不是研究的重点。他们的后继者们，虽然对这种研究有所进展，但同资本主义经济本身的发展比较起来是相对不够的。因此，为了发展马克思主义政治经济学，就必须对资本主义经济及其发展，不断地再认识再研究。而现代西方经济学在资本主义国家被当作经济行为的准则和经济政策的理论依据，在有关经济问题的文献中经常被引用。所以，为了更深入地研究资本主义国家的经济情况，为了理解西方国家的经济文献，为了分析西方国家的经济政策，了解和熟悉现代西方经济学是一个必要条件，从而也是发展马克思主义政治经济学、同西方国家进行经济交往的一个必要条件。其次，从现代西方经济学本身的内容来说，它事实上是一个范围相当广泛的研究领域，至少包括：(1)对企业的经营管理方法和经验的概括，如行情研究、存货管理、产品质量控制、车间生产流程布局等；(2)对某一经济领域或经济部门的集中研究，如资源经济学、商业经济学、农业经济学、石油经济学等；(3)经济理论和经济政策的考察和阐述，如微观经济学、宏观经济学、数理经济学、动态经济学、静态经济学、福利经济学等。在以上这几个方面中，有的内容侧重于纯粹技术方面，有的内容则具有较强的理论的和意识形态的色彩。特别要看到，当今资本主义国家中科学技术的进步，生产社会化的发展，社会生产关系的局部调整，国家对社会经济生活干预的加强，所有这些变化也必然会反映到现代西方经济学中来，并试图从理论上加以阐明；而且，面对资本主义经济中各种矛盾的挑战，经济危机的袭击，各种社会弊病的暴露，西方经济学适应资产阶级的需要，纷纷提出各种对策和建议。从总体上说，这些理论和对策虽然不能正确说明资本主义经济发展的本质，不能解决这个社会的根本矛盾，但某些理论和政策对暂时缓解矛盾、遏止弊病恶化还是收到了一定效果。

因此，我们对现代西方经济学的评价不能一概而论，而应该加以具体分析、区别对待。它的纯粹技术方面的内容，体现了现代科学技术的进步，体现了先进的经营管理方法，有较大的实用性，而较少具有意识形态的色彩，从而对我们有较大的借鉴意义；就是它的理论方面的内容，虽然整个理论体系是错误的，但是某些概念、论点和个别方法，在一定程度上也反映了社会经济生活中某些实际情况，反映了现代社会化大生产的某些过程和规律，只要我们用马克思主义作指导，给以正确解释，也有一定的借鉴意义。总之，我们对待现代西方经济学，既不能盲目地全盘照端，也不应该不加分析地一概否定，要像马克思那样，在批判它的整个理论体系的不科学性的同时，对其中某些有价值的观点和方法予以肯定和作为借鉴，用来发展马克思主义经济学，用来管理社会主义经济。这才是马克思主义的科学态度。

原载《中国人民大学学报》1990 年第 1 期

全国第一次《资本论》学术讨论会暨中国《资本论》研究会成立大会纪要

（1981 年 12 月 22 日）

（一）

1981 年 12 月 15 日至 22 日，全国第一次《资本论》学术讨论会暨中国《资本论》研究会成立大会，在江苏省无锡市隆重举行。参加会议的代表共 232 人，他们来自全国 28 个省、市、自治区的 120 个科研和教学单位，包括中央和省、市、自治区的社会科学研究机构、综合性大学、高等师范院校、党校、部分军事院校，以及部分省、市党委宣传部门和新闻出版单位。出席会议的代表中有我国著名的经济学家，也有经济理论战线的新生力量。此外，还有列席和旁听会议的同志多人。会议共收到会议代表和会外同志提供的研究《资本论》的学术论文、资料 224 篇。

会议由中国社会科学院副院长许涤新、于光远等十九人组成的大会主席团领导。于光远和许涤新同志在会上分别作了题为《有关〈资本论〉研究的几个问题》和《论〈资本论〉的生命力》的报告。学术讨论会就《资本论》与社会主义经济、《资本论》与当代资本主义以及《资本论》的对象、结构、方法和创作史等内容分八个组进行了讨论，交流了学术观点，并有一些同志在大会上汇报了自己的研究成果。12 月 21 日，举行了中国《资本论》研究会的成立大会，通过了研究会的章程，选出了由 59 人组成的理事会，并一致推举许涤新同志为会长。会上还决定出版《〈资本论〉研究》和《〈资本论〉研究资料和动态》两种刊物，并就 1983 年马克思逝世一百周年发出了开展隆重纪念活动的倡议。

这次《资本论》学术讨论会是开得成功的，自始至终充满了奋发、热烈的气氛，发扬了民主和科学的精神，贯彻了百家争鸣的方针。这次会议，是我国一次空前的《资本论》研究盛会，是一次难得的互相学习、互相切磋的学术交流会，也是全国《资本论》研究和教学工作者团结战斗的大会，攀登科学高峰的动员大会。

（二）

会议高兴地看到，近几年来我国出现了学习和研究《资本论》的喜人形势。广大干部正在努力学习《资本论》的基本原理，把它用于我国的社会主义经济建设的实践。综合性大学和高等师范院校的经济理论系普遍开设了《资本论》的课程，有的院校还招收了专门攻读《资本论》的研究生。中央和省、市、自治区委党校举办了《资本论》干部学习班。全国有许多省、市和单位相继建立了《资本论》的研究机构和学术团体，研究工作正逐步走向深入。与此同时，《资本论》的研究和教学队伍也在不断扩大。另一方面，会议也指出，我们对《资本论》的研究工作，无论是在研究的范围和深度方面，或是在研究成果的数量和质量方面，都是很不够的。面对这种形势，有必要成立一个全国性的研究会，把各地《资本论》的研究力量组织和协调起来，交流情况，总结经验，分工协作，共同提高研究的水平。

成立全国性的《资本论》研究会，也是我国广大《资本论》研究和教学工作者长期以来的共同愿望。1980 年 10 月 30 日，许涤新同志邀集北京一些科研和教学单位的三十余人举行座谈会，一致同意向全国发出了成立中国《资本论》研究会和举行学术讨论会的“倡议书”。这个倡议得到了全国各地《资本论》研究和教学工作者的热烈响应和积极支持。我们的这次会议，就是在上述基础上举行的。

中国《资本论》研究会成立大会，希望全体会员和全国广大《资本论》研究和教学工作者，进一步提高对学习和研究《资本论》重要性的认识，并有针对性地大力宣传学习和运用《资本论》的巨大意义。《资本论》是马克思花费毕生精力写成的划时代的巨著，是马克思主义理论宝库中最重要的文献，是科学社会主义的理论基础。它极其深刻地分析了资本主义经济制度，揭示了资本主义产生、发展和灭亡的客观规律，至今仍然是处在资本主义统治下的无产阶级争取解放的强大思想武器，也是我们观察、分析和研究当代资本主义的准绳。同时还应该看到，《资本论》在主要研究资本主义经济运动规律的同时，还科学地阐明了人类社会普遍适用的规律、社会化大生产的规律、商品经济的一般规律，并以科学的预见指出了社会主义经济的若干基本特征和主要的规律。所以，它又是已经取得胜利的社会主义国家进行经济建设的理论指针。当前，我国正在进行社会主义现代化的建设，贯彻执行以经济调整为中心的调整、改革、整顿、提高的方针，学习《资本论》中阐明的社会再生产理论以及其他政治经济学的重要原理，更有直接的指导意义。

会议强调指出，在《资本论》研究中必须贯彻理论联系实际的原则。应该看到，时代在不断前进，无论是现代资本主义的发展，还是现代社会主义的实践，都出现了许多在马克思写作《资本论》时所不可能预见到的新情况和新问题。这就要求我们不能用教条主义的态度去对待《资本论》，不能认为《资本论》中的一字一句都不可移易。我们应该运用体现在《资本论》中的立场、观点和方法，联系当代资本主义和社会主义的实际，发现新情况、研究新问题，作出新的理论概括，进一步丰富和发展马克思主义。

同时我们不要忽视，一百多年来资产阶级学者一直对《资本论》这部伟大著作不断地进行恶毒的歪曲和攻击，时至今日，这种挑战仍然有增无已。在我国，由于林彪、“四人帮”的破坏，西方资产阶级思潮的影响，以及我们思想工作的薄弱，在少数青年学生当中，也存在认为《资本论》“过时了”的错误看法。对此，我们要拿出有力的论据和事实，来回击资产阶级学者的挑战，并对群众进行科学的、有说服力的宣传教育。

会议相信，这次中国《资本论》研究会的成立，对团结全国《资本论》研究工作者的力量，在马克思列宁主义、毛泽东思想的指引下，贯彻百家争鸣的方针和理论联系实际的原则，深入开展《资本论》的学术研究，为提高我国哲学社会科学水平，促进我国社会主义现代化建设事业，必将起到积极的作用。这是成立中国《资本论》研究会的宗旨，也是我们《资本论》研究工作者的光荣任务。

（三）

在这次讨论会上，与会同志密切联系我国社会主义经济建设实际和当代资本主义问题，研究和探讨了《资本论》中有关基本理论，讨论了《资本论》的对象、方法和创作史。

一、马克思主义再生产理论问题

我们目前正在贯彻以调整为中心的“八字”方针，改变长期以来国民经济比例严重失调的状况，彻底改变在“左”的思想指导下的老一套做法，真正从我国实际情况出发，走出一条速度比较实在、经济效益比较好、人民可以得到更多实惠的新路子。客观情况要求我们研究马克思主义再生产理论。有的同志认为。为了使国民经济迅速转入良性循环，必须认真学习马克思的再生产理论，处理好简单再生产和扩大再生产的关系、外延扩大再生产和内含扩大再生产的关系、社会生产两大部类之间的关系、农轻重之间的关系、积累和消费之间的关系，并在生产过程中注意提高经济效果。

围绕马克思主义再生产理论，会议上还开展了对简单再生产的前提条件和实现条件、扩大再生产的前提条件和实现条件、生产资料生产优先增长是否经济规律、区分良性循环与不良循环的标志等问题的讨论，提出了各种不同的意见。例如：

扩大再生产的实现条件。有同志提出应包括五个方面的平衡：1. 两大部类之间的产品交换必须保持平衡，即 $\mathrm{I}\left(v+\Delta v+\frac{m}{x}\right)=\mathrm{II}(c+\Delta c)$；2. 第一部类的总产品与两个部类的补偿基金和积累基金之间必须保持平衡；3. 第二部类总产品与两个部类消费基金之间必须保持平衡；4. 两大部类各自内部的产品交换必须保持平衡；5. 社会总产品与两个部类的补偿基金、积累基金和消费基金之和，必须保持平衡。也有的同志认为，$\mathrm{I}(v+m)=\mathrm{II}c+\mathrm{I}\Delta c+\mathrm{II}\Delta c$ 是扩大再生产的基本实现条件；不同意，$\mathrm{I}\left(v+\Delta v+\frac{m}{x}\right)=\mathrm{II}(c+\Delta c)$ 是基本实现条件，因为《资本论》中找不到这个公式。

对于生产资料生产优先增长是否经济规律的问题，有三种意见：第一种意见，认为它是特殊规律，即在一定条件下起作用的规律。具体条件是：1. 机器代替手工劳动的阶段；2. 两大部类按比例发展；3. 第一部类积累率高于第二部类积累率。第二种意见，认为它是普遍规律，不仅适用于机器代替手工劳动的阶段，也适用于现代化生产和未来的共产主义社会。第三种意见,认为它不是一个规律。因为技术进步可以引起生产资料的节约,工人的工资也可能提高,文教卫生、服务行业的发展也限制着有机构成的提高。

二、社会主义社会中存不存在剩余价值

讨论中有两种不同的意见。一种意见,认为存在剩余价值。因为剩余价值是商品经济的一般范畴,而不是资本主义的特有经济范畴。只要有剩余劳动和商品生产两个条件存在,必然有剩余价值。《资本论》中谈到的剩余价值有两重含义:一与商品一般相联系,即剩余价值一般:一与资本主义相联系,即剩余价值特殊。剩余价值一般在不同的社会有它的特殊存在,为了区别,可把资本主义的剩余价值称为无偿占有价值,社会主义的剩余价值称为公共必要价值。另一种意见,认为社会主义社会中不存在剩余价值。因为剩余价值是反映资本与雇佣劳动关系的特殊经济范畴,是同劳动力成为商品连在一起的。剩余价值并不是与商品生产共存,在奴隶制社会和封建社会中,虽然有剩余劳动和商品生产存在,但并不存在剩余价值这个范畴。

三、关于生产劳动问题

讨论中主要有两种意见。一种意见认为应该包括物质生产、劳务生产和精神生产三个领域。另一种意见认为只能限于生产剩余产品的劳动。有的同志说,社会主义社会是建立在比资本主义社会更高的劳动生产率基础上的,因此社会主义生产劳动的规定性必然是提供剩余产品的劳动,否则社会主义生产方式本身就不能建立。有的同志分析了生产劳动的社会规定性和物质规定性的关系,认为两者是有机联系在一起的。生产劳动属于生产关系的范畴,因此,社会规定性是生产劳动的本质特征。但是,生产劳动又不是与物质规定性完全无关,物质规定性是劳动生产性的前提和基础。马克思在分析资本主义生产劳动时,曾经说过它与生产的物质内容无关,这是针对重农学派关于从事农业的劳动才是生产劳动的观点说的,不能理解为与一般的物质生产无关。一些同志还就生产劳动一般与资本主义生产劳动的关系、狭义的资本主义生产劳动和广义的资本主义生产劳动等问题进行了

讨论。

四、《资本论》与当代资本主义问题

会上主要讨论了马克思的劳动价值论和无产阶级贫困化问题。

第二次世界大战后，生产自动化有了迅速发展，电子计算机在生产过程中得到广泛的应用，机器人在生产中也不断增多，于是有些资产阶级学者叫嚣，说马克思的劳动价值论过时了。大家认为，必须坚持马克思的劳动价值论，回答资产阶级学者的挑战。但这需要科学地阐明这样几个问题：第一，自动化系统是人设计和创造的。只不过这时，作为价值实体的抽象劳动的内涵发生了变化，即脑力劳动的比重越来越大了。这包含两层意思：一是工人的劳动支出中脑力劳动比重增大了；二是劳动者的结构改变了，直接从事产品生产的劳动者减少了，从事研究设计等非直接生产产品的劳动的科技人员增加了。第二，根据劳动二重性学说，机器人的价值也是由人的具体劳动转移到产品中去的；与此同时，人又支出了一定量的脑力和体力，从而又把一定量的新价值加到产品中去。所以是人创造价值，而不是机器人创造价值。第三，操纵自动化机器体系的劳动是高度复杂的劳动，这种劳动是加倍的或自乘的劳动，它能比简单劳动创造出大得多的价值来。

关于无产阶级贫困化问题，会上仍有不同的解释。有同志认为，在马克思的《资本论》及其他著作中，虽然没有明确提出"贫困化"这个概念，但有贫困化的意思，无产阶级贫困化是资本主义的经济规律。也有同志认为，"绝对贫困化"和"相对贫困化"的划分不科学，应按照列宁提出的概念，把贫困化划分为"物质贫困"和"社会贫困"两个方面。"社会贫困"是指工人生活水平同资产阶级生活水平相比、同整个社会不断提高的消费水平相比越来越低，这种社会贫困是资本主义社会始终存在的。"物质贫困"是工人物质生活条件的贫困，这种贫困只存在于资本主义国家某个时期、某个地区的一部分工人中。

会上还有同志介绍了多年来西方关于"转形问题"的论争，并对马克思《资本论》中的"转形"(或译为转化)概念作了方法论的说明，强调了《资本论》中价值转化为生产价格问题的理论意义，指出"转形问题"的研究是维护马克思劳动价值论的关键所在。

五、关于《资本论》研究的对象

资本主义生产关系是《资本论》研究的对象，这点是没有争议的。分歧在于，生产力和生产方式是不是研究的对象。对这两个问题，一些同志持肯定意见，另一些同志持否定意见。讨论焦点又集中到对《资本论》第一卷第一版序言中“本书研究的，是资本主义生产方式以及和它相适应的生产关系和交换关系”这句话中“资本主义生产方式”的理解上。大家对这里的“资本主义生产方式”提出了各自的看法，归纳起来，大致有以下六种：1.它是指从社会经济形态来看的资本主义社会；2.它有两个含义：一是指劳动的方式即劳动者在劳动过程中相互结合的方式以及他们使用劳动资料的方式，二是指生产的社会形式；3.它是指生产社会化或社会化大生产；4.它是指以资本主义所有制为基础的生产资料和劳动力的结合方式；5.它是指生产关系和生产力的辩证统一；6.它是指劳动的组合方式和生产关系的统一。

六、关于《资本论》的方法

与会同志认为，《资本论》的方法总的来说是唯物辩证法。从具体到抽象和从抽象到具体，逻辑方法和历史方法，都是唯物辩证法的具体运用。有同志说，研究方法是从具体到抽象，叙述方法是从抽象到具体，只是就它们的主导的、本质的特点来说的，实际上，它们常常是互相结合、互相渗透、互相联系的。但也不能把它们等同起来。也有的同志说，讨论研究方法和叙述方法的关系问题，必须区分抽象和具体的关系的两种不同含义：一种指理性认识和感性认识的关系；另一种指规定性简单和复杂的关系。按前一种含义，从具体到抽象乃是认识真理的途径；按后一种含义，从具体到抽象则是错误的叙述方法。至于《资本论》中逻辑方法和历史方法的关系，有同志认为，它们整个说来是一致的，但一致并不是等同；有人把逻辑和历史一致，理解为《资本论》的逻辑结构必须始终地、处处地和历史一致，这不仅是要求完全按照历史来安排逻辑，把逻辑方法变成了历史方法，而且要求在客观上不存在历史的地方，例如生产过程与流通过程、总过程之间，简单再生产与扩大再生产之间等，也要搞出一个历史顺序来，这是值得商榷的。

由于《资本论》的结构是资本主义社会经济结构的理论表现，体现了从抽象上升到具体的方法，因此讨论中也涉及《资本论》的结构问题。有些同志用剩余价值的生产、实现和分配来分别概括《资本论》一、二、三卷的内容，以及由此构成《资本论》的整个逻辑结构。也有的同志认为，这个意见在一定程度上指出了各卷的最主要的内容，但还不能确切地说明《资本论》的结构；至于还有一种比较流行的见解，认为《资本论》一、二、三卷就是分别研究资本主义的生产、交换、分配，那就更不恰当，等于是用马克思批判过的资产阶级经济学的"三分法"去解释《资本论》的逻辑结构了。

会上还讨论了《资本论》结构形成史，马克思的计划、经济学草稿和《资本论》的关系等问题。许多同志认为，研究这个问题是很有意义的。这不是烦琐考证，它可以使我们更好地把握《资本论》的结构和方法，有助于加深对马克思主义政治经济学基本原理的理解，有助于进一步发掘一些对我们有用的东西。

会议期间，综合性大学、高等师范院校和党校系统的同志还分别座谈了《资本论》的教学和研究问题。与会同志互相介绍了情况，交流了教学经验，讨论了在新形势下如何进一步搞好《资本论》的教学和研究工作等问题。

（大会秘书处）

原载《经济研究》1982 年第 2 期

写作者：杨长福　成保良

纪念马克思逝世一百周年全国《资本论》学术讨论会纪要*

（一九八三年三月三日）

今年是人类历史上最伟大的革命家、科学家，全世界无产阶级和被剥削、被压迫群众的伟大导师，科学共产主义的奠基人马克思逝世一百周年。由中国社会科学院经济研究所、中国《资本论》研究会和厦门大学联合举办的“纪念马克思逝世一百周年全国《资本论》学术讨论会”，于二月二十四日至三月三日在福建省厦门市召开。出席这次会议的有来自全国二十九个省、市、自治区的社会科学研究机构，综合性文科大学和高等师范院校以及其他高等院校，中央和省、市、自治区党校的从事《资本论》研究和教学工作者，以及中央和部分省、市、自治区新闻、出版单位的代表二百七十一人，另有列席代表五十人。会议收到各地代表和会外同志提供的学术论文、资料近四百篇。与此同时，大会还举办了“《资本论》研究成果展览”。

二月二十四日上午，在庄严的《国际歌》声中在厦门大学建南大会堂举行了隆重的开幕式。许涤新、曾鸣等大会主席团成员，中共厦门市委和当地驻军领导同志，出席这次会议的全体代表和列席代表，以及厦门大学师生代表，共二千五百多人参加了开幕式。中国社会科学院顾问、中国《资本论》研究会会长许涤新致开幕词，中共福建省委宣传部副部长，厦门大学党委书记曾鸣等同志讲了话。

大会认为，马克思逝世一百周年的纪念日子里，全国《资本论》的研究、教学工作者云集鹭岛，举行这样一次盛况空前的学术讨论会，具有特别重要的意义。一百年来，整个世界和整个中国所发生的翻天覆地的大变化，已经证明并将继续证明，马克思的《资本论》具有强大的生命力，不仅是解剖现代资本主义的基础理论，而且是指导我们进行社会主义现代化建设的理论基础。学习《资本论》，研究《资本论》，

---

* 《经济研究》发表时，作了一些删节。

宣传《资本论》,是我们继承马克思的终生事业的一项重要任务。从事政治经济学,特别是从事《资本论》研究和教学工作的同志,有责任运用《资本论》这一理论武器,为我国的社会主义现代化建设和经济体制的改革做出自己应有的贡献。这是对马克思的最好纪念,也是我们学习《资本论》的最实际的行动。

会议代表满意地指出,在党的十一届三中全会和十二大精神的指引下,自中国《资本论》研究会成立以来,我国学习和研究《资本论》的工作又取得了新的进展。全国已有二十个省、市、自治区成立了《资本论》研究会,其他省、自治区也正在筹建中。中国《资本论》研究会的个人会员由二百一十七人发展到五百多人。中国《资本论》研究会的各学术组、全国高等师范院校《资本论》研究会、各省、市、自治区的《资本论》研究会,都积极开展了各种形式的学术活动。特别要指出的,近年来《资本论》研究在联系我国社会主义经济和现代资本主义经济,为开创社会主义现代化建设新局面服务方面,大家作了认真的努力。面对当前资本主义各国经济"衰退"的实际,许多同志进一步研究了马克思的经济危机理论。收有马克思经济学手稿的《马克思恩格斯全集》的补卷、《资本论》第一卷法文版的翻译。出版的进度大大加快,预计今年之内能够出齐。一年来写出和发表的宣传和研究《资本论》的专著、丛书,论文,其数量成倍增加,科学水平也有明显提高。

与会代表本着认真贯彻党的十二大精神,遵循"百家争鸣"方针,围绕《资本论》与社会主义经济、《资本论》与现代资本主义经济等中心议题,采取大会和分组会的形式进行了热烈的、认真的和比较深入的讨论。这次会上代表们提出和讨论的问题以及主要观点是:

一、关于社会再生产的理论问题

会议着重讨论了社会主义生产关系再生产的问题和扩大再生产两种类型的问题。

有的同志认为,社会主义生产关系再生产问题,近年来曾被忽视。在我国当前的经济体制改革中有重新引起注意的必要。社会主义生产关系的再生产主要包括两个方面的内容:第一,坚持社会主义道路,自觉地维护社会主义生产关系,以保证它沿着社会主义方向前进。第二,通过经济体制改革使社会主义生产关系不断完善,容许并促进生产力的蓬勃发展。所谓社会主义生产关系的扩大再生产,实质上是一个经济体制改革问题。只有进行经济体制改革,才能全面开创社会主义现代化建设的新局面,实现党的十二大提出的宏伟战略目标。

关于扩大再生产两种类型的问题,会上提出了四种不同的划分标准。第一种意见认为,外延与内涵的扩大再生产是个空间的概念。凡生产场所扩大了,就是外延的扩大再生产;凡在原有生产场所内的扩大,就是内涵的扩大再生产。第二种意见认为,划分扩大再生产两种类型的标准是生产效率有无提高。凡生产效率没有变化的,是外延的扩大再生产;凡生产效率有所提高的,是内涵的扩大再生产。第三种意见认为,凡生产要素的质量不变,单纯依靠增加人力、物力、投资、设备而实现的扩大再生产是外延扩大再生产;凡依靠改善生产要素的质量、提高劳动生产率而实现的扩大再生产是内涵扩大再生产。在我国现阶段,扩大再生产应以内涵方式为主,但也不能忽视外延扩大再生产的重要作用。第四种意见认为,扩大再生产的类型是一个资金概念。如果扩大再生产的源泉是由于积累,由于追加新的投资,不管是建设新企业或改造老企业,都是外延的扩大再生产。如果扩大再生产的源泉是由于挖掘和发挥企业的内部潜力,不管是扩大再生产场所或提高生产资料效率的都是内涵的扩大再生产。如果对原有企业进行技术改造,既利用企业的折旧基金,挖掘企业的潜力,又增加新的投资,就是一种内涵与外延相结合的扩大再生产。各种类型的扩大再生产都应当以提高经济效益为中心。

关于生产资料生产优先增长规律问题。少数同志认为它是资本主义社会特有的规律;多数同志认为它是资本主义与社会主义社会扩大再生产的共同规律。我国以往国民经济比例严重失调的原因不是这一原理有什么错误,而是我们对原理的片面理解。在我国今后的社会主义建设中,应坚持正确地理解和运用这一原理,否则就不能实现现代化。

二、关于两种含义的社会必要劳动时间与价值决定的关系问题

许多代表指出,深入研究两种含义的社会必要劳动时间与价值决定的关系问题,不仅有助于准确地、全面地理解马克思的劳动价值学说,而且对于提高社会主

义建设的经济效益,对于当前的经济体制改革,特别是价格体系的改革,都有重要的现实意义。

会上提出了两种针锋相对的观点:一种观点认为,价值量只能由第一种含义的社会必要劳动时间来决定,而第二种含义的社会必要劳动时间只是同价值实现有关。另一种观点认为,价值量是由两种含义的社会必要劳动时间共同决定的。

会上还有同志建议,不要提两种含义,也不要提两种表述,二者本来就是统一的一个概念。

三、关于生产劳动的理论问题

(一)关于生产劳动的概念。一种意见认为,物质生产领域和非物质生产领域都存在着生产劳动和非生产劳动的区分。论据主要有四:1.两大领域都有生产或不生产使用价值(包括物质的和非物质的两种形态)的劳动;2.马克思的生产劳动理论体系可以分为直接生产过程的生产劳动、狭义的生产劳动和广义的生产劳动三个层次,而后一层次已扩展到非物质生产领域;3.物质生产领域是本原的生产劳动,非物质生产领域是派生的生产劳动;4.生产物质产品的劳动是生产劳动一般,体现社会主义生产目的、满足人民物质文化需要的劳动是生产劳动特殊,它包括非物质生产领域的一部分劳动。

另一种意见认为,只有在物质生产领域才有生产劳动。论据是:1.政治经济学研究的只是物质生产劳动;2.马克思提到的非物质生产领域的生产劳动只是"歪曲"的生产劳动;3.物质文化需要归根结底靠物质资料来满足,因而体现社会主义生产目的的生产劳动只能是物质生产劳动。

(二)关于是否存在劳动产品的两种存在形式。一种意见认为,马克思从来就把使用价值分为实物使用价值与非实物使用价值,把社会消费品分为物品消费品与服务消费品。有的同志还认为,精神生产领域也可分为两大部类。另一种意见认为,不能将使用价值的外延搞得漫无边际。非物质使用价值不是严格意义的使用价值。

会议还对服务劳动是否创造价值和商业劳动的性质等问题进行了讨论。

四、关于以《资本论》为指导加强政治经济学社会主义部分研究的问题

（一）应该把研究的主要力量放在什么地方？一种意见认为，社会主义经济理论工作主要地应研究现实经济生活和经济工作中所提出的实际问题。另一种意见认为，我们的工作不能局限于上述这一方面，同时还必须加强基本理论的研究，从整体上分析现阶段社会主义经济的根本制度和它们的各种过程。没有对社会主义经济的系统的、完整的认识，各种实际问题的完满解决也会遇到困难。

（二）如何改进和完善政治经济学社会主义部分？一种意见认为，政治经济学社会主义部分目前虽有许多缺陷，但现有的各种教科书毕竟反映了这方面的研究已经取得的成果，对各国的实践经验作出了一定的总结。现在需要的是结合我国的经验进一步加深研究，把问题阐述得更加透彻一些，内容更加丰富一些。至于要从根本上加以改善，另搞出一个体系，目前看来不太现实。另一种意见认为，尽管社会主义经济存在的时间还不长，但毕竟是个客观存在，并且已有六十多年的历史。对它进行系统的分析是有可能的。

（三）政治经济学社会主义部分所要研究的是现阶段社会主义经济一般还是某一社会主义国家的经济制度？一种意见认为，政治经济学社会主义部分既然要为我国社会主义经济建设实践服务，那就要具体反映我国的情况和经验，要具有中国的特色。实际上各国的社会主义政治经济学教科书都是各该国家经济模式的理论反映。另一种意见认为，政治经济学社会主义部分研究的是现阶段社会主义经济的一般的、普遍的规律，是各个社会主义国家不同经济体制下的那个共同的基础，即社会主义经济的根本制度，政治经济学不能按国别来建立。但它可以为分析和解决各国的实际经济问题提供理论工具。

会上还对社会主义经济的始发范畴，提出了五种不同的观点：1. 所有制，2. 产品，3. 自主劳动，4. 联合劳动，5. 劳动者与生产资料结合的方式。

五、关于现代资本主义经济和资产阶级经济学的一些问题

与会同志指出，面对现实，在《资本论》的基础上，系统地、深入地研究现代资本主义经济，具有重大的理论意义和现实意义。(一)关于经济危机的科学概念。有的同志说，它的内涵是资本主义生产关系的本质反映，它的外延不能跨越资本主义制度。从经济下降的严重程度和造成损失的大小来判断是否发生了经济危机，从而认为封建社会和社会主义社会同样有经济危机的看法是值得商榷的。有的同志不同意上述看法，认为“经济危机”和“资本主义经济危机”是有区别的。“经济危机”是个一般概念。在社会主义制度下，经济建设搞得不好也会发生经济危机，但在性质上不同于资本主义经济危机。(二)关于经济危机的根源。有的同志说，要摆正经济制度、基本矛盾、利润率下降规律之间的关系。经济危机的根源在于资本主义经济制度。经济危机的基础是资本主义生产方式的基本矛盾。利润率下降规律和资本主义值用制度则影响、促进危机的发展。(三)生产和消费的矛盾、“消费不足论”、生产无限扩大的趋势和人民群众购买力相对缩小的矛盾这三者的关系。有的同志说，这三者既有联系又有区别，要划清界限。生产和消费的矛盾、消费不足这二者是以往任何社会都有的。而生产无限扩大的趋势和人民群众购买力相对缩小的矛盾，则是资本主义社会的产物，消费不足仅仅是这一矛盾的表现。会议还对当前西方世界经济危机的特点以及应该研究的问题进行了讨论，交流了看法。

与会代表还批判了当代资产阶级经济学家否定马克思的劳动价值学说的各种观点。关于西方经济学界提出的“转形问题”，在上次学术讨论会以后，引起了我国越来越多的《资本论》研究者的重视。提交这次会议的批判论文就有八篇，从不同的方面进行了评介和批判。

六、关于《资本论》的方法论问题

与会同志认为，研究《资本论》的方法论决不是脱离实际，而是有着十分重要的意义。《资本论》中蕴含的辩证方法是马克思留给我们的宝贵遗产。只有运用《资

本论》的方法，才能科学地揭示社会主义经济的客观规律。而且当前社会主义经济理论的一些重大争论，都涉及对《资本论》方法的理解。创立政治经济学社会主义部分的理论体系，也要求我们深入研究《资本论》的方法。

与会同志还对《资本论》彻底贯彻了逻辑与历史相统一的原则和从抽象上升到具体的方法等问题进行了讨论。

七、关于马克思的劳动力商品的学说形成史的问题

马克思的劳动力商品学说的形成和发展的过程究竟是怎样的？第一种意见认为，在40年代马克思已经在事实上或思想上区分了“劳动”和“劳动力”，已经有了劳动力商品的学说。尽管这时马克思和古典学派使用的术语都是“劳动”商品，但二者的本质内容不同，不能说马克思这时还沿用古典学派的观点，这时马克思实际上已经解决了李嘉图的第一个难题。第二种意见不同意上述观点，认为在40年代马克思还没有解决李嘉图的第一个难题。当时马克思提出劳动创造的价值大于劳动本身的价值，不等于说已经区别了劳动和劳动力。说马克思当时使用的“劳动”实际上是指“劳动力”，这是不正确的，因为古典学派讲的“劳动”实际上也是指“劳动力”。第三种意见认为，对于马克思的劳动力商品学说应区分为内容上的建立、完成和形式上的建立和完成。马克思在内容上区分了劳动和劳动力是在40年代，而全面完成劳动力商品学说则是在《1857—1858年经济学手稿》中。

有的同志提出，要搞清楚劳动力商品学说的形成史，首先必须解决这个学说本身所包含的内容。如果回答了以下问题，就解决了马克思这一学说的内容，也可以判断马克思是怎样和何时形成和建立这一学说的。这些问题是：劳动力商品是什么；劳动力在什么条件下成为商品的；劳动力商品有何特性，它的使用价值同一般商品的使用价值有何不同；劳动力商品的价值由什么决定，与一般商品的价值决定有何不同；劳动力商品价值的具体形式是什么；劳动力价值量运动规律是什么。根据这一认识，有的同志指出，马克思是逐步解决这些问题的。前三点是在《1857—1858年经济学手稿》中解决的，后几点是在《1861—1863年经济学手稿》中解决的。

八、关于如何理解马克思提出的“重新建立个人所有制”的问题

参加讨论的同志一致认为，马克思在《资本论》第一卷第七篇第二十四章中提出的“重新建立个人所有制”的论断，是指经过否定之否定而建立起来的社会主义—共产主义生产方式的高度概括。但对这一论断直接含义的理解，与会代表的认识并不一致。主要有以下几种看法：

（一）这里的“个人所有制”指的是生产资料公有制基础上对消费资料的个人所有制。对此恩格斯在《反杜林论》中已经作了十分明确的解释。和这种意见相近，有的同志指出，对照《资本论》的几个版本，“重新建立个人所有制”应该译为“重新建立生产者的个人财产”，“个人财产”就是恩格斯说的消费品。因此，马克思并没有讲过重建个人所有制。

（二）这里的“所有制”不能直接解释为消费资料的所有制。因为根据否定之否定规律，对应第一个被否定的独立劳动者的生产资料个人所有制，重新建立起来的也应该是生产资料的个人所有制。但这不是简单的复归，重建小私有制，而是在马克思所说的在资本主义时代成就的基础上、在自由劳动者协作和土地等生产资料公有的基础上重建个人所有制，即生产资料的社会主义、共产主义公有制。这里讲的“个人”，是指“联合起来的个人”。至于消费资料的个人所有，并不是这句话的直接含义，只是它的必然引申。恩格斯在《反杜林论》中的有关论述，主要是批判杜林对马克思原意的歪曲，而不是对这句话的直接解释。

（三）“重新建立个人所有制”有双重含义：一是指联合起来的个人对生产资料的所有制即公有制，这符合否定之否定规律的表述；二是指消费品的个人所有制，因为分配关系是生产关系的背面。有的同志还肯定“重新建立个人所有制”主要指生产资料所有制的同时，指出个人所有制和公有制是对立的统一。在公有制下，劳动者和生产资料不仅直接结合，而且是社会结合，劳动者把生产资料既看作公共的、集体的，又看作是个人的、自己的，这就是建立了公有制基础上的个人所有制。

（四）马克思这一论断应该理解为在生产资料公有制基础上实行劳动力的个人所有制。不应该把“个人所有制”改译为“个人财产”，因为财产包括生产资料和

消费资料。

三月三日上午大会举行了闭幕式，并宣布了《关于召开全国第三次〈资本论〉学术讨论会的几点意见》，初步定于一九八五年四五月在适当地点召开。

大会还就中共中央顾问委员会委员、中国社会科学院经济研究所名誉所长、中国《资本论》研究会顾问孙冶方同志的逝世发出了唁电，表示沉痛哀悼。

（大会秘书处）

原载《经济研究》杂志1983年第4期

写作者：成保良　许柏年

《〈资本论〉与当代经济》发刊词

中国《资本论》研究会自1981年11月成立以来，它的组织不断发展，队伍日益壮大，研究基本理论和现实问题蔚然成风，并获得许多有价值的成果，但遗憾的是一直没有一个可供发表研究成果的专门刊物。现在，由中国《资本论》研究会创办，由吉林财贸学院具体编辑出版的《〈资本论〉与当代经济》杂志问世了，满足了大家多年的愿望，值得高兴和庆贺。

我们办这个刊物的主要目的是：进一步推动我国《资本论》研究者运用《资本论》提供的立场、观点和方法，研究当代经济问题，包括现代资本主义经济问题和社会主义经济问题，为坚持和发展马克思主义做出贡献。

《资本论》是马克思的主要著作，是他天才智慧和毕生心血的结晶。它以马克思的第二个伟大发现为标志，为无产阶级指明革命前景，从而成为马克思主义的一面光辉旗帜，被喻为“工人阶级的圣经”。《资本论》严密论证的剩余价值理论，揭示了资本主义剥削的实质，阐明了资本主义产生、发展和必然被社会主义代替的历史趋势。它指出的人类社会发展的客观规律，经过一个多世纪的历史实践，证明至今仍然是科学真理。《资本论》还为我们提供了一种正确观察社会并预见未来的科学的世界观和方法论。恩格斯曾经这样说过：“马克思的整个世界观不是教义，而是方法。它提供的不是现成的教条，而是进一步研究的出发点和供这种研究使用的方法。”(《致威·桑巴特(1895年3月11日)》,《马克思恩格斯全集》第39卷第406页)《资本论》提供的科学方法永远是我们研究当代经济问题的金钥匙。马克思主义的巨大生命力就在于它能够回答和解决时代提出来的新问题。

历史在前进，时代在发展。现代帝国主义国家和其他资本主义国家的情况，已不同于马克思写作《资本论》时的自由竞争资本主义，在社会生产力、生产关系和上层建筑诸方面都有许多新变化、新特点，需要我们认真研究。但是，马克思在《资本论》中揭示的资本主义经济关系的本质并没有改变。在当今资本帝国主义国家，亿万富豪和失业大军同时并存，工人不断进行罢工，雄辩地证明马克思发现的剩余价值规律和资本主义积累一般规律，依然支配着资本主义社会的经济生活。《资本论》的理论和方法，仍然是分析和认识现代资本主义的思想武器。

马克思在《资本论》中多次指出建立在生产资料公有制基础上的未来社会的经济关系根本不同于资本主义社会，在深刻地批判资本主义私有制的同时，对以公有制为基础的共产主义社会的经济制度作出了一系列科学预见，其中许多预见已为后来社会主义国家的实践证明是正确的。社会主义经济也是社会化的大生产，是建立在公有制基础上的有计划的商品经济，因而《资本论》分析资本主义经济制度过程中揭示的关于社会化大生产和商品经济的一般原理，对研究社会主义经济仍有重大现实意义。对于社会主义经济发展过程中出现的问题，需要以马克思主义为指导，不断探索，认真总结，形成正确理论。《资本论》的理论和方法能够指导社会主义国家进行经济建设。在我国，坚持四项基本原则，研究建设有中国特色的社会主义和实行改革开放中的经济问题，批判资产阶级自由化思潮，批判"《资本论》过时论"和其他谬论，也是我们《资本论》研究者的一项光荣而伟大的任务。

坚持马克思主义，同时必须发展马克思主义，其中就包括坚持和发展《资本论》的理论和方法。我们把这个刊物定名为《〈资本论〉与当代经济》，就是期望它在坚持和发展马克思主义经济学方面，努力探索，做出成绩。《资本论》开创并奠定了无产阶级政治经济学的基础，但并没有穷极这门科学的真理；它为马克思主义政治经济学提供了基本原理和基本方法，但并没有对这一科学的一切问题都提供现成答案，它不是永恒不变的教条。当代马克思主义者，要继承马克思留给我们的《资本论》这份宝贵遗产，从中吸取智慧和力量，努力研究新情况，解决新问题，提出新见解，把《资本论》开创的马克思主义经济学，把革命导师开拓的无产阶级革命事业推向前进！

原载《〈资本论〉与当代经济》1990年试刊 发刊词

马克思重要经济理论观点研究

剩余价值理论在马克思主义科学体系中的地位和意义

在政治经济学的资本主义部分，剩余价值理论是贯彻始终的基本理论。因此学习时，除要掌握这一理论的基本内容外，还应了解它在马克思主义科学体系中的地位和意义。

使全部经济学发生了革命

自资本主义生产方式产生到马克思主义诞生前，工人为资本家生产剩余价值已经有几百年了。但是，资本家赚来的钱是从哪里来的这一问题，直到马克思以前还是一个秘密。资产阶级经济学家和空想社会主义者，都企图对这个问题作出有科学根据的答复，却总是劳而无功。

对资本主义生产方式进行最早理论探讨的重商主义，从表面现象出发，认为利润是交换中产品价格高于价值出卖的结果，即从流通中产生。但是一人之所得必然是他人之所失，然而，整个资产阶级的财富是增加的，因此这种“让渡利润”的观点是完全错误的。资产阶级古典政治经济学把对剩余价值的考察从流通领域转到生产领域。重农主义认为剩余价值不是从流通中产生的，而是由农业生产中创造出来的，但又认为是土地产生的，并最后归结为“自然恩赐”。亚当·斯密认为不仅农业中而且工业中也存在剩余价值，并指出剩余价值的源泉是一般剩余劳动。但是，他没有剩余价值这个概念，还把利润和剩余价值混为一谈。斯密未能解决剩余价值的起源问题。李嘉图前进了一步，把利润看作工人劳动耗费的结果，在事实上把利润归结为剩余价值，并论证了工资和利润的对立。但是，他也没有把剩余价值这个范畴确定下来，也没有把它和它的具体形式如利润、利息、地租相区别；他从来没有考虑到剩余价值的起源问题，关心的只是剩余价值的数量方面。

为什么资产阶级经济学家不能解决剩余价值的起源问题呢？首先，这是由他们的阶级局限性决定的。资产阶级立场使他们看不到资本主义生产方式的特殊历史性，反而把它看作社会生产的自然形式。在他们看来，剩余价值是资本主义生产方式所固有的东西。所以，他们没感到它的起源是一个要加以研究的重要问题。他们“实际上具有正确的本能，懂得过于深入地研究剩余价值的起源这个爆炸性的问题是非常危险的。”①其次，唯心主义和形而上学的方法，使他们不会进行科学抽象。他们把剩余价值这一本质关系和它的特殊具体形式相混同，只能在利润、利息、地租等等具体形式上认识剩余价值的存在，不能从这些具体形式中把剩余价值抽象出来以发现它的起源。最后，他们在理论上没有劳动二重性学说和劳动力商品学说，不能科学地区分“劳动力”和“劳动”。他们不懂得工人出卖的不是劳动而是劳动力，从而也就不能在劳动价值论的基础上揭示剩余价值的来源。

随着资本主义生产及其内在矛盾的发展，欧洲空想社会主义思潮也流行起来。空想社会主义对资本主义剥削深恶痛绝，指斥它，咒骂它，幻想消灭它，幻想有好的社会制度出现，他们劝说富人放弃剥削，呼吁统治阶级接受他们的理想。然而，这种社会主义只能是一种空想，它不能为无产阶级找到真正的出路。因为“它既不会阐明资本主义制度下雇佣劳动制的本质，又不会发现资本主义发展的规律，也不会找到能够成为新社会的创造者的社会力量”②。

总之，在马克思以前很久，人们就已经确认我们现在称之为剩余价值的那部分产品价值的存在，也有人已经多少明确地说过这部分价值是由占有者不付等价物的那种劳动的产品构成的。但是，他们到这里就止步了。他们都为原有的经济理论和既有的经济范畴所束缚，不能解决社会生活已经提出的问题。

马克思发表了独创的见解。在前人认为已有答案的地方，他却认为是问题所在。他根据资本主义经济发展的全部事实，批判地研究了既有的经济范畴，创立了剩余价值理论，写出了不朽著作《资本论》。马克思的剩余价值理论指明：无偿占有剩余价值是资本主义生产方式对工人进行剥削的基本形式；即使资本家按照价

---

① 马克思：《资本论》第一卷，《马克思恩格斯全集》第 23 卷第 564 页。

② 列宁：《马克思主义的三个来源和三个组成部分》，《列宁选集》第 2 卷第 445 页。

值来购买工人的劳动力，也仍然能够从工人身上榨取到更多的价值；正是这种剩余价值构成了剥削阶级得以生存的基础和发财致富的源泉。这样，马克思就科学地说明了资本主义生产的实质。

恩格斯在评价马克思发现和创造剩余价值理论的意义时曾经说过："这种事实必定要使全部经济学发生革命。"[①]恩格斯认为，剩余价值理论对于政治经济学的意义，就正如达尔文的进化论对于生物学、摩尔根的《古代社会》一书对于原始社会的历史学的意义一样，是划时代的[②]。剩余价值理论的建立，是马克思完成政治经济学伟大变革的根本标志，使政治经济学变成了真正的科学。

经济理论的基石

《资本论》的核心问题是剩余价值理论。马克思的全部政治经济学是建立在剩余价值理论的基础之上的。

在马克思的资本和剩余价值的理论体系中，首先是揭示剩余价值范畴本身即它的起源和本质的学说。马克思认为，在对剩余价值的研究上，关于它的量怎样增加的问题，是属于第二位的问题，"首先必须揭示剩余价值的范畴，揭示剩余价值生产的秘密。"[③]因为在资本主义社会，资本家在赚钱，资本能够增殖，是有目共睹的事实。现在的重要问题是要把这个赚钱的秘密揭破，弄清它的来源。马克思在自己的科学劳动价值理论的基础上，第一次区别了"劳动力"和"劳动"，创立了劳动力商品的学说，为问题的解决提供了基础和前提。他指出，工人出卖的不是劳动，而是劳动力；劳动力商品具有特殊的使用价值，它是价值的源泉，并且是大于它自身的价值的源泉；工人在生产过程中劳动所创造的价值大于劳动力本身的价值，这个差额就是剩余价值。由此可见，剩余价值来源于工人的剩余劳动，本质上是资本家对工人剩余劳动的无偿占有。

马克思的全部经济理论，就是从剩余价值这个范畴出发并在它的基础上展开

---

① 恩格斯：《〈资本论〉第二卷序言》，《马克思恩格斯全集》第24卷第12页。

② 参见恩格斯：《关于原始家庭的历史》，《马克思恩格斯全集》第22卷第256—257页。

③ 马克思：《剩余价值理论》，《马克思恩格斯全集》第26卷第一册第411页。

的。因为劳动力成为商品并在生产过程中生产出剩余价值，于是资本家的货币便转化为资本。资本就是能够带来剩余价值的价值，而剩余价值乃是资本对工人剩余劳动的无偿占有，所以资本不是物，而是资产阶级社会的一种生产关系。这就产生了资本本质的学说。在资本主义生产过程中，资本家用来购买生产资料的那一部分资本不发生价值增殖，只有用来购买劳动力的那一部分资本才会带来剩余价值。于是就形成了不变资本和可变资本的学说。资本对剩余价值的贪欲是无止境的，资本家为了增加剩余价值、提高剥削程度，采用了绝对剩余价值生产和相对剩余价值生产的方法。这就有了剩余价值生产两种方法的学说。工资作为劳动力的价值或价格的转化形式，是剩余价值生产得以进行的条件，也是资本家加强剩余价值生产和掩盖剥削的补充形式。这就有了工资学说。资本家为了扩大剩余价值生产，便把一部分剩余价值转化为资本，即进行资本积累。随着资本积累的进行，在资本主义积累的一般规律的作用下，资产阶级的财富不断增加，无产阶级的贫困日趋加深，资本主义基本矛盾和阶级矛盾日益尖锐，最终导致资本主义必然灭亡的历史趋势。这就形成了资本积累及其历史趋势的学说。

剩余价值的生产离不开流通，资本的生产过程要有资本的流通过程来补足。资本主义生产过程就整体来看，是生产过程和流通过程的统一。资本生产过程的实质是生产出剩余价值，资本流通过程的实质是为生产剩余价值作准备和实现剩余价值。资本是能够带来剩余价值的价值，但只有在不断的运动中才能保存自己并增殖自己。产业资本依次经过购买、生产、售卖三个阶段，采取货币资本、生产资本、商品资本三种职能形式，使其价值得以自行增殖的运动，就是资本的循环。产业资本周而复始的不断重复的循环，就是资本的周转。资本的循环和周转的学说，研究的是个别资本的再生产和流通的形式和条件。在资本的现实运动中，个别资本的再生产和流通，必须同另一些个别资本的再生产和流通互相交错地进行，各个单个资本的循环是互相交错的，是互为前提、互为条件的，于是在这种交错中便形成了社会总资本的运动。社会总资本的再生产和流通的学说，研究的是这种再生产和流通的形式和条件，其核心是包含剩余价值的社会总产品在价值上和物质上得到补偿即实现问题。

资本运动过程作为整体考察时产生了产业资本、商业资本、借贷资本这些具体形式；此外，还有资本主义土地所有制。因此，剩余价值生产出来以后，还要转化、分割为产业利润、商业利润、利息、地租这些具体形式，为各个剥削集团所占有。在现实生活里，剩余价值采取了利润的形式，并且资本家拿到的是平均利润，所以首先要研究剩余价值到利润，再到平均利润的转化。由于剩余价值已经转化为平均利润，因而价值也就转化为生产价格。这就形成了平均利润和生产价格的学说。既然利润是垫支总资本的产物，在生产领域里的职能资本——产业资本能带来利润，那么在流通领域里的职能资本——商业资本也应该带来利润。这就有了商业资本和商业利润的学说。既然职能资本要带来利润，那么作为所有权的资本——借贷资本也就要求带来收入。但是，借贷资本一定要与职能资本共同作用才能带来利润，所以利润就分割为企业利润和利息。这就形成了借贷资本和利息的学说。既然利润是资本带来的，同量资本只能带来同量利润，那么与资本无关的因素所带来的平均利润以上的收入，就不应该归于资本。这样，资本投在诸如土地这种生产条件上所带来的超额利润，就应该归于土地所有者。这就形成了地租学说。

从以上简单的叙述可以看到，马克思研究资本主义生产关系的政治经济学就好比是一座宏伟的科学大厦，这个大厦的始基就是剩余价值。马克思从剩余价值这一范畴出发，经过逐步上升，“揭露了现代资本主义生产方式以及以它为基础的占有方式的结构，揭示了整个现代社会制度及其周围凝结起来的核心。”[①]正因为这样，所以列宁才说：“剩余价值学说是马克思经济理论的基石。”[②]

马克思的剩余价值理论是向资产者和土地所有者脑袋发射的最厉害的炮弹[③]。

这一理论，科学地揭示了资本主义生产的本质及其发展规律，这就把理解资本主义生产方式的钥匙交给了知道怎样运用它的人，为无产阶级锻造了反对资本主义的最厉害的武器；同时，这一理论，尖锐而鲜明地揭示了资本主义社会中无产阶级和资产阶级对立的经济根源，这就论证了无产阶级作为资本主义掘墓人和社会主义创造者的历史使命，找到了运用这一武器的社会力量。所以，剩余价值理论的发现，是马克思的划时代的功绩。恩格斯曾经说过，马克思毕生有两个伟大发现：

---

① 恩格斯：《反杜林论》，《马克思恩格斯选集》第 3 卷第 245 页。

② 列宁：《马克思主义的三个来源和三个组成部分》，《列宁选集》第三卷第 444 页。

③ 参见《马克思致约翰·菲力甫·贝克尔(1867 年 4 月 17 日)》，《马克思恩格斯全集》第 31 卷第 542—543 页。

一是发现了“人类历史的发展规律”，即“唯物主义历史观”；二是发现了“资产阶级社会的特殊的运动规律”，即“通过剩余价值揭破资本主义生产的秘密”，“由于有了这些发现，社会主义变成了科学”[①]。

原载《中央电大经济》1983 年第 1 期

① 参见恩格斯：《在马克思墓前的讲话》，《马克思恩格斯选集》第 3 卷第 574 页；恩格斯：《反杜林论》，《马克思恩格斯选集》第 3 卷第 67 页。

马克思关于劳动从属于资本的理论

在资本主义社会，雇佣工人的劳动从属于资本，是一个现实的客观的存在。马克思在创立以资本主义经济制度为研究对象的政治经济学理论体系的过程中，专门研究了这个问题，形成了劳动从属于资本的理论。

在19世纪40年代，马克思在《1844年经济学哲学手稿》《雇佣劳动与资本》和《共产党宣言》等著作中分析雇佣劳动和资本的关系时，已经包含劳动从属于资本理论的萌芽。在50年代后期写作的《经济学手稿(1857—1858年)》中，马克思在阐述劳动力商品、剩余价值生产和资本积累等理论时，又进一步论述了劳动从属于资本的问题。但是，马克思对劳动从属于资本理论的系统研究和阐述，则是在60年代撰写的经济学手稿中。

马克思在60年代初撰写的有23个笔记本的《经济学手稿(1861—1863年)》中，有好几个笔记本都谈到了劳动对资本的从属问题。

最初，在"货币转化为资本"章中，马克思谈到劳动过程和价值增殖过程的统一问题时讲过，资本起初只是使劳动过程在形式上从属于自己，在其发展过程中才不仅在形式上使劳动过程从属于自己，而且改变了这个过程，从而第一次创造了它所特有的生产方式(参见第47卷，第99—100页)。

后来，在"相对剩余价值"章中，马克思更多次谈到这个问题。马克思认为，"劳动在形式上从属于资本，就是单个的工人现在不是作为独立的商品所有者，而是作为隶属于资本家的劳动能力进行劳动，因而是在资本家的指挥和监督下进行劳动，他不再为自己而是为资本家劳动；而劳动资料也不再是实现他劳动的手段，相反，他的劳动表现为增殖的手段，即对劳动资料来说表现为劳动的吸收。"(第47卷，第298—299页)根据这样的理解，马克思认为资本主义关系和资本主义前的关系的差别只是形式上的差别。但是，随作协作形式的出现，资本主义关系与它以前的关系出现了特殊的差别，从而劳动对资本的从属关系也就发生了变化。马克思明确指出，在第一阶段即简单协作阶段，“劳动对资本的从属不再是单纯形式上的从属，而是会改变生产方式本身，于是**资本主义的**生产方式就成为特殊的生产方式。”到了第二阶段即分工的条件下，“资本主义生产方式已经从本质上控制并改变了劳动。这已经不再只是工人对资本的形式上的从属：工人在他人的指挥和监督下为另一个人劳动。”(第 47 卷，第 298、318 页)这时，工人是工场的活的组成部分，是资本的附属物。到了第三阶段即机器生产阶段，情况就更是如此，劳动对资本的实际上的从属就完成了。

在上述手稿中还设专章《劳动对资本的形式上的从属和实际上的从属。过渡形式》，系统地研究并论述了这个问题。在这里，马克思一方面把这个问题同剩余价值的两种形式联系起来进行研究，另一方面把这个问题同历史上的生产关系和资本主义社会中非资本关系加以对比考察。他写道：“在所有的场合，和两种剩余价值形式……相适应的，是**劳动从属于资本的两种单独的形式**，或者说**资本主义生产的两种单独的形式**，其中第一种形式总是第二种形式的前驱”(第 48 卷，第 5 页)。

关于劳动从属于资本的第一种形式，马克思说：“我把以绝对剩余价值为基础的形式叫作**劳动对资本的形式上的从属**。”(第 48 卷，第 5 页)马克思认为第一种形式的本质内容是：(1)工人作为他的劳动能力的所有者，同拥有货币的资本家相对立，双方作为商品所有者，除买者和卖者的关系外，实际上不存在任何政治上或社会上固定的统治和从属关系。(2)工人的客观劳动条件不属于工人，而属于资本家，作为资本而和工人自身相对立。在第一种形式下，生产方式本身和过去没有区别，劳动过程和工艺过程同过去完全一样，要说有区别的话，只不过是使劳动过程从属于资本了。因此，这里发生了以下两个变化：第一，工人的劳动是在资本家的监督和管理下进行的；第二，工人的劳动比以往社会里的劳动更紧张、更有连续性、更熟练了。正是由于这两点，资本对劳动的统治和劳动从属于资本的关系建立和发展起来了，这也是劳动对资本形式上从属的特点。在一切以对抗为基础的社会中，劳动条件的所有者对剩余劳动的榨取都具有强制性。但是在上述第一种形式下，资本对剩余劳动的强制却不同于以往的生产方式，却采取了另外的形式，即延长工作日，提高劳动强度，增加生产，促进劳动能力品种发展，把劳动条件所有者和工人之间的关系变成新的买卖关系，使剥削摆脱宗法的和政治的束缚，等等。就这一点来说，资本主义关系“表现为提高到较高的社会阶段”（第48卷，第12页）。但是，劳动对资本从属的第一种形式并没有改变生产方式，主要依靠延长工作日来增加剩余价值即进行绝对剩余价值生产，所以说它是劳动对资本从属的第二种形式的前驱。

关于劳动从属于资本的第二种形式，马克思指出，劳动对资本的实际上的从属是在相对剩余价值的那一切形式中发展起来的。随着协作、分工的发展，特别是机器生产的发展，其结果是：一方面，劳动过程和工艺过程中的一切都发生了变化，并进而把自然力、科学和机器大规模地应用于生产，从而大大发展了社会的劳动生产力，提高了生产社会化的程度；另一方面，便由此“改变了物质生产的形态”，形成了“特殊生产方式”——资本主义生产方式，物质生产形态的这种变化又“构成资本主义关系发展的基础”，使劳动对资本的形式上的从属变为事实上的从属（第48卷，第18页）。

在这部手稿的最后部分《资本的生产性：生产劳动和非生产劳动》中，马克思又补充论述了劳动从属于资本的第二种形式。他指出，像协作、分工、机器生产这些社会地发展了的劳动形式，都表现为资本的发展形式，是“完全不以单个工人为转移而形成的关系”。在这种关系下，“工人从属于资本，变成这些社会构成的要素”，而这些社会构成要素作为资本本身的形态而同工人相对立。在上述那些社会劳动的形式下，一方面，工人的劳动能力本身如果“处在这种资本主义联系之外时，就变得无能为力，它的独立的生产能力被破坏了”；另一方面，“随着机器生产的发展，劳动条件在工艺方面也表现为统治劳动的力量，同时又代替劳动，压迫劳动，使独立形式的劳动成为多余的东西”（第48卷，第38页）。这是关于劳动对资本实际上从属的深刻揭示。在这种从属关系下，工人的命运是很悲惨的，“几乎又被贬低到奴隶制关系”（第48卷，第20页），雇佣劳动制是雇佣奴隶制。

马克思还指出了劳动对资本的形式从属发展为实际从属对于资本主义的重要意义：“在生产方式本身中，在劳动生产率中，在资本家和工人之间——在生产内部——的关系中，以及在双方彼此的社会关系中，都发生完全的革命。”（第48卷，第20页）在这种关系下，社会生产力有了迅速发展，社会生产资料有了大量增加，但是这些大量的社会化的生产资料的所有者是资本家而不是工人，这是建立在对抗基础上的资本家所有制。马克思不仅看到了这种所有制的消极面，而且看到它的“积极结果”；“这一对立形式一旦消除，结果就会是他们（指工人——引者）**社会地**占有而不是作为各个私人个人占有这些生产资料”，建立起生产资料公有制（第48卷，第21页）。

马克思在结束《经济学手稿(1861—1863年)》写作后，从1863年8月起，便按照预定计划为他新近确定名称为《资本论》的著作撰写一部新的手稿。在被保留下来的第一卷第六章《直接生产过程的结果》手稿中，利用了前一手稿中的研究成果，从资本主义生产过程总体或直接生产过程结果的角度，又进一步概述了劳动从属于资本的两种形式的理论。关于第一种从属形式，马克思写道：“劳过程从属于资本（它是资本**本身**的过程），资本家作为管理者、指挥者进入这个过程；这个过程对资本家来说，同时又是直接剥削他人劳动的过程。我把这称为**劳动对资本的形式上的从属**。”形式上的从属的“一般特征就是**劳动过程**直接**从属于资本**”。又说：“我把以绝对剩余价值为基础的那种形式称为**劳动对资本的形式上的从属**。”关于第二种形式，马克思认为，在第一种形式的基础上，“一种在工艺方面和其他方面都是**特殊的生产方式，一种在劳动过程的现实性质和现实条件上都发生了变化的生产方式——资本主义生产方式**建立起来了。资本主义生产方式一经产生，**劳动对资本的实际上的从属**就发生了。”马克思往往把“劳动对资本的实际上的从属”和“特殊资本主义生产方式”看作一个意思，并说“劳动对资本的**实际上**的从属，即**本来意义上的资本主义生产方式**”（第49卷，第78—95页）。

第六章手稿还论述了劳动从属于资本的两种形式的物质表现，以及它们的相互关系。马克思认为，“资本关系作为一种通过延长劳动时间来榨取剩余劳动的**强制关系**……是两种方式所共有的”。但是在第一种形式下，生产方式本身没有什么变化，剩余价值只是通过延长劳动时间才能生产出来。所以，第一种形式是与绝对剩余价值生产相适应的，“绝对剩余价值的生产被看作是劳动对资本的形式上的从属的物质表现”。在第二种形式下，劳动的方法和整个劳动过程的实际性质都发生了变革，建立了特殊的生产方式，剩余价值可以通过提高劳动生产力，通过协作、分工和机器生产这些劳动形式生产出来。所以，第二种形式是与相对剩余价值生产相适应的,“相对剩余价值的生产也可以被看作是劳动对资本的实际上的从属的物质表现”(第49卷,第81、84页)。马克思还指出,第一种从属形式是资本主义生产过程的一般形式,同时又是与第二种从属形式并列的特殊形式。第三种从属形式包含第一种从属形式,而第一种从属形式则不一定包含第二种从属形式。从资本主义生产发展来看,第一种从属形式始终先于第二种从属形式。

第六章手稿还详细地阐述了在第二种从属形式下资本主义社会的生产力和生产关系所发生的变革。马克思再次强调指出,随着劳动对资本的实际上从属的发展,在生产方式中,在劳动生产率上,在资本家与工人的关系上,“都发生了完全的(不断继续和重复的)革命”(第49卷,第95页)。这主要表现在:社会劳动生产力发展了,大规模的劳动以及随之而来的科学和机器在直接生产中的应用也发展了,形成了特殊的生产方式;单个资本家手中的资本最低限量提高了,资本家必须是具有社会规模的生产资料的所有者,越来越抛弃个人的性质;物质产品的生产量大大提高,生产部门及其分支日益增多和多样化;商品生产和商品交换的范围日益扩大;以追求剩余价值为目的的生产,资本关系固有的追求多多益善的剩余价值、为生产而生产的趋势得到了适当的实现方式;实际生产者表现为单纯的生产手段,物质财富表现为目的本身,生产与生产者的对立,物质财富的发展与个人的对立,也日益发展了。这一切表明,资本主义社会的生产力和生产关系的矛盾也日益深化和发展。

在1867年《资本论》第一卷出版时,上述第六章《直接生产过程的结果》被马克思抽了下来。马克思写作第六章的本意,是要对前面五章的研究作总结性的分析,并由此向第二册《资本的流通过程》过渡。后来马克思写作第二册手稿时,也没有把上述第六章包括进去。在《资本论》现行版本中,没有专章或专节阐述劳动从属于资本的理论,只在第一卷第五篇第十四章《绝对剩余价值和相对剩余价值》中附带提到这个问题。在那里,马克思讲到两种剩余价值生产的关系时说,绝对剩余价值的生产只同工作日的长度有关,相对剩余价值的生产使劳动的技术过程和社会组织发生根本的革命。“因此,相对剩余价值的生产以特殊的资本主义的生产方式为前提;这种生产方式连同它的方法、手段和条件本身,最初是在劳动在形式上隶属于资本的基础上自发地产生和发展的。劳动对资本的这种形式上的隶属,又让

位于劳动对资本的实际上的隶属。”(第23卷,第557页)

为什么《资本论》没有专门论述劳动从属于资本的理论,是一个需要研究的问题。一个可能的原因是同马克思的研究和写作计划有关。马克思在50年代末就已经确定,研究资本主义经济制度的《政治经济学批判》这一巨著计划写六册书,其中第一册是《资本》,第二册是《土地所有制》,第三册是《雇佣劳动》,第四册是《国家》,第五册是《对外贸易》,第六册是《世界市场》。看来,这里谈到的劳动从属于资本的理论,应该属于第三册《雇佣劳动》研究和阐述的范围。

总之,马克思关于劳动从属于资本的理论,实际上表明这样的思想:资本对劳动的统治和劳动对资本的从属,实质上就是资本和雇佣劳动的关系,资产阶级社会的生产关系。这种生产关系有一个建立和发展的过程。起初,当这种生产关系刚刚建立时,资本主义的生产方式还没有什么大的变化,与绝对剩余价值生产相适应,资本对劳动的统治还不很牢固,劳动对资本还只是形式上从属;后来,随着协作、分工和使用机器这些社会劳动形式的发展,资本主义建立了自己的特殊生产方式,相对剩余价值生产占统治地位,从而资本对劳动的统治就巩固地建立起来了,劳动对资本的从属就从形式上变为实际上的了。所以,马克思关于劳动从属于资本的理论,对于揭示劳动与资本的关系的实质,揭明雇佣劳动者在资本主义社会中的地位,都有十分重要的意义。

原载《马克思主义经济理论全书》
历史篇——马克思主义经济学的创立和发展,547—549页
吉林人民出版社1992年7月出版

马克思市场范畴研究

学习和研究马克思的市场理论，首先搞清楚市场范畴的含义，无疑具有重大的理论意义和现实意义。

本文不打算全面论述马克思的市场理论，只就市场范畴问题谈谈个人学习体会。

市场是经济学上的抽象范畴

马克思极其重视市场问题。在他的经济学著作中，市场是一个广泛使用的经济范畴。然而，马克思在《资本论》及其手稿中，并没有专门研究市场问题并形成系统理论。但这并不意味着市场问题不重要，而是因为按照他的研究计划，在写作《资本论》(包括它的手稿)的阶段，专门研究市场问题还没有提到日程上来。可是，市场问题又是研究商品货币关系，特别是资本主义经济关系时，不容回避的一个重大现实因素，因而马克思又不得不时时论及市场和与之有关的问题。所以，尽管马克思后来没有按照原定计划写出他的经济学著作，尽管在他留下来的论著和大量经济学手稿中，没有专门篇章系统地研究和阐述市场理论，但是在《资本论》及其手稿中，仍然包含了关于市场问题的丰富论述。这是马克思理论遗产中的重要部分。

为了说明上述问题，为了深刻认识市场问题的重要性，有必要遵循马克思的科学方法即从抽象上升到具体的方法，来考察一下市场范畴在马克思经济理论体现中的地位。从《资本论》的第一个手稿即《经济学手稿(1857—1858 年)》可以清楚地看出：市场既是马克思理论逻辑研究的一个出发点、一个抽象规定，又是他的理论体系的一个终结、一个具体总体。马克思在这个手稿中打算从以下三个层次来研究市场问题：

首先，马克思打算把市场作为一个“抽象的规定”即抽象范畴来进行研究。马克思说，市场“最初在经济学上作为抽象的规定出现”。[①] 在马克思对资本主义经济关系进行逻辑研究的进程中，市场是同商品相伴生的一个重要经济范畴，因而同商品、货币、价值、价格等范畴一样，也是一个简单的抽象的范畴；但是，市场是一个跟商品价值实现相关联的范畴，涉及供求、竞争和许多商品生产者的相互关系，因而与商品、货币、价值、价格等范畴相比，又是一个比较复杂的具体的范畴。那么，作为“抽象的规定”的市场范畴应该放在经济学理论体系的什么位置上呢？开始，在上面提到那部手稿的第Ⅰ册第25页上，马克思对此似乎还没有最后确定下来。他说：“市场的抽象范畴应该放在什么地方，以后将会知道。”[②]后来，在手稿第Ⅳ册第37页上，市场范畴的位置终于确定了下来，明确指出：“市场学说”应该“属于论述资本的部分”。[③] 我们知道，在19世纪50年代末，马克思对资本主义经济制度的研究提出了一个“六册计划”，即全部著作分为六册：(1)资本，(2)土地所有制，(3)雇佣劳动，(4)国家，(5)对外贸易，(6)世界市场。马克思说市场学说属于论述资本的部分，就是指“六册计划”的第1册《资本》。我体会，马克思在这里讲的“市场学说”，包括市场作为“抽象的规定”的学说和后面要讲到的市场作为“总体的形态”的学说。进一步说，“市场学说”应该属于第1册《资本》的哪一部分呢？因为当时马克思已经拟定了第1册《资本》的具体计划，打算分为以下四篇：(1)资本一般，(2)竞争或许多资本的相互作用，(3)信用，(4)股份资本。显然，在第1篇“资本一般”中，许多资本的竞争或相互作用是先要舍象的。而在商品经济中，市场是涉及商品流通的问题，涉及商品价值实现的问题，涉及价格、供求的问题，因而涉及商品生产者之间的竞争问题，而在资本主义条件下又表现为许多资本的相互作用的问题。因此，市场学说不是第1篇《资本一般》的研究范围，而应属于第2篇《竞争或许多资本的相互作用》的研究对象。对此，马克思作以下提示：在研究《资本一般》的这一部分里还不能说明价格关系，像“把降低价格当作争夺市场的条件”这一类问题，“属于竞争问题”[④]。

① 《马克思恩格斯全集》第46卷上册第238页。

② 《马克思恩格斯全集》第46卷上册第240页。

③ 《马克思恩格斯全集》第46卷下册第185页。

④ 《马克思恩格斯全集》第46卷下册第286页。

其次，马克思还打算把市场作为具体形态的范畴来进行研究。马克思认为，市场又总是采取“总体的形态”而存在的[①]。“总体的形态”这一提法有两层意思：第一，市场是一个“总体”，或者说市场是一个系统或体系，它由许多不同的部分构成，从而有不同种类的市场；第二，市场这个“抽象的规定”在现实生活中又总是采取种种具体形态，从而又可以衍生出许多现象形态的市场范畴。在《经济学手稿(1857—1858 年)》中，马克思对市场“总体的形态”进行分析时，提到了市场的两种形态：一是“货币市场”，它又包括“票据市场”(如五花八门的股票市场)、“一般的借贷市场”“金银条块市场”等。二是“产品市场和原产品市场”，它又可以划分为：产品市场(主要指为直接消费服务的产品市场，以及既为生产服务又为直接消费服务的产品市场)；原产品市场(包括原料市场、材料市场和辅助材料市场等)。马克思认为，生产工具本身不形成特殊的市场，它在市场上主要存在于原料、金属和辅助材料等形式上。在这个手稿后半部的几个地方，马克思又分析了不同于产品市场的特殊商品市场即“劳动市场”。在“劳动市场”上，资本的一部分同活劳动能力相交换，它受不同于产品市场的另一些规律支配。在《资本论》中，马克思则非常明确地按商品交换的种类，把市场概括地划分为三大类：“商品市场、劳动市场或货币市场”。[②] 有时他把商品市场叫作“真正的商品市场”[③]，它又可以分为生产资料市场和消费资料市场。此外，马克思又按商品交易的地区范围，把市场区分为地方市场、民族市场、国内市场、多国市场和世界市场等。引申来说，还有农村市场、城市市场等。总之，以从市场的“抽象的规定”到“总体的形态”，从市场到商品市场、劳动市场和货币市场，从市场到国内市场到世界市场等，都体现了马克思从本质到现象、从抽象到具体的逻辑研究方法。

最后，马克思又研究了超越资产阶级社会的国家界限的世界市场。也就是说，马克思按照预定计划在前 5 册中，依次研究了“形成资产阶级社会内部结构并且成为基本阶级的依据的范畴”——“资本”“土地所有制”和“雇佣劳动”，作为“资产阶级社会在国家形式上的概括”——“国家”，“生产的国际关系”——“对外贸易”这些

---

① 《马克思恩格斯全集》第 46 卷上册第 238 页。

② 《马克思恩格斯全集》第 23 卷第 168 页。

③ 《马克思恩格斯全集》第 24 卷第 33 页。

问题之后,在第 6 册将要研究"资产阶级社会越出国家的界限"——"世界市场"。在最后这一册中,"生产以及它的每一个要素都表现为总体,但是同时一切矛盾都展开了。于是,世界市场又构成总体的前提和承担者。于是,危机就是普遍表示超越这个前提,并迫使采取新的历史形式。"①这也就是"以交换价值为基础的生产方式和社会形式的解体。个人劳动实际转化为社会劳动以及相反的情况。"②可见,"世界市场"是理论逻辑研究的从抽象上升到具体的范畴运动的终点,也是"六册计划"全部著作理论体系的最后归结和完成。

尽管后来马克思没有按照上述"六册计划"写出自己的著作,从而无法窥见包含在上述计划中的那部著作中的市场学说和世界市场学说的全部内容,但是从马克思留下的《经济学手稿(1857—1858 年)》中关于"六册计划"的若干论述以及后来写成的经济手稿和《资本论》,我们可以看到:市场范畴在马克思经济理论体系中占有十分重要的地位,市场学说是马克思经济理论的重要组成部分。我们还可以这么说:马克思作为一位科学巨匠和天才的经济学家,是从一个非常恢弘的理论视野和极其科学的辩证逻辑方法来研究市场问题的;同时,他作为一位伟大革命家,又是从无产阶级革命战略高度来考虑市场问题的。在市场问题的研究上,再次体现了马克思经济理论的科学性和革命性的高度统一。

市场是商品的流通领域和流通阶段

什么是市场?它的科学含义是什么?如今国内外学者众说纷纭,并对之进行了辨析。西方经济学一般认为,市场是指从事某一特定商品买卖的场所或接触点。这种市场可以是一个有形的场所,也可以是一个通过电信进行交易的接触点。有的马克思主义经济学著作也持类似提法,认为商品流通的具体"场所"或"地方"就是市场。这些看法不能说错,只是过于肤浅片面罢了。

如果我们仔细阅读《资本论》及其手稿就会发现,马克思是从空间和时间相统

① 《马克思恩格斯全集》第 46 卷上册第 178 页。
② 《马克思恩格斯全集》第 46 卷上册第 220 页。

一的意义上来说明市场范畴的。马克思明确指出："流通在空间和时间中进行。"[①]既然大家都承认，市场是属于商品流通方面的或同商品流通密切相关的一个范畴，那么我们就应该从空间和时间相统一的意义上来把握市场这个范畴。

首先，马克思著作中有不少地方是从空间意义上论及市场范畴的。狭义地说，空间可以具体理解为某一场所或地点，因而市场也可以指商品交换的场所或地点。这是因为，人们为了出卖自己生产的或占有的产品以获得货币，为了购买自己所需要的生产资料或消费资料，一般地说，总得有进行交换或买卖活动的场所或地点。从这个意义说，市场也是一个地理的概念。对此，马克思明确指出，"市场有一个外部的地理界限"，并提出"国内市场""既是国内又是国外的市场""世界市场"等概念。[②] 马克思在分析市场形成时又指出，"产品的主要市场在各个中心地点形成，这些地点所以成为中心地点，或者是由于进出口的关系，或者是由于它本身要么是某种生产的中心，要么是这种中心的直接供应地。"他还说，"市场整个来说分为本国市场和外国市场"。[③] 毫无疑问，马克思的这些论述都表明，市场可以理解为商品交换的场所或地点。而且，马克思在自己的著作里，有时也把"商人的店铺、栈房"叫作市场。[④] 由此我们还可以引申出，像市场、购物中心、超级市场、集市、庙会、物资交流会、展销会、交易所、批发站等等，也都可以称之为市场。

但是，马克思是从更广泛的空间意义上来使用市场范畴的。在《经济学手稿(1857—1858 年)》中，马克思在谈到交换对生产的反作用时说："当市场扩大，即交换范围扩大时，生产的规模也就增大，生产也就分得更细。"[⑤]在同一手稿中，他在谈到资本流通时，用"构成资本空间流通道路"来说明市场。[⑥] 在《资本论》中，马克思多处谈到了市场的空间含义。他在谈到劳动力商品的买卖时说："我们的货币所有者就必须幸运地在流通领域内即在市场上发现这样一种商品，它的使用价值本身具有成为价值源泉的特殊属性。"[⑦]又如，他在谈到商品的形态变化时说，"现

---

① 《马克思恩格斯全集》第 46 卷下册第 27 页。

② 参见《马克思恩格斯全集》第 26 卷第 1 册第 599 页。

③ 《马克思恩格斯全集》第 46 卷上册第 238 页。

④ 参见《马克思恩格斯全集》第 26 卷第 II 册第 310 页。

⑤ 《马克思恩格斯全集》第 46 卷上册第 37 页。

⑥ 《马克思恩格斯全集》第 46 卷下册第 33 页。

⑦ 《马克思恩格斯全集》第 23 卷第 190 页。

在，我们随同任何一个商品所有者，比如我们的老朋友织麻布者，到交换过程的舞台上去，到商品市场上去。”[①]又如，他在论述商品经营资本再次提到资本形态变化时说，“资本作为商品资本的存在和它作为商品资本在流通领域内，在市场上所经历的形态变化……形成产业资本再生产过程的一个阶段”。[②] 在这些论述中，马克思是把市场同流通领域、交换领域、交换范围等当作等同概念来使用的。

由此可见，抽象的市场范畴，首先是指商品的流通领域。国内市场就是指本国的商品流通领域，世界市场就是指世界范围的商品流通领域；地方市场就是指某一地区的商品流通领域，农村市场就是指广大农村地区的商品流通领域。如果就某种产品的市场来说，就是指以某种产品的生产地或供应地为中心，通过销售向外辐射所能达到的范围；或者说这种产品销售所能覆盖的地区范围，就是这种产品的市场。马克思曾经形象地把市场看作一个以商品生产地为中心向外辐射的圆形范围。他说：“市场的不断扩大，随着商品在市场停留的间歇期间的缩短，空间的范围相应扩大，或者说，市场在空间上相应扩大，以商品生产领域为中心画出的圆的半径越来越大。”[③]当然，这只是一种情况。因为市场的空间范围同生产中心的地理位置和交通运输条件有密切关系，它可以是圆形的，也可以是扇形的，或不规则多边形等等。以上种种情况，如仅从市场是交换的具体场所或地点这种狭窄意义上是不好理解的。

其次，马克思著作中有不少地方又是从时间意义上来说明市场范畴的。关于这一点，许多人并没有注意。我们不妨先引用马克思对此所作的说明。在《剩余价值理论》中，马克思在谈到资本积累条件和资本生产或再生产条件时讲：“这些条件就是：用一部分货币购买劳动，用另一部分货币购买能由这种劳动进行生产消费的商品（原料、机器等等）。……为了能够买到这些商品，它们就必须作为商品存在于市场上，即存在于已经结束的生产和尚未开始的消费之前的中间阶段，存在于卖者手中，存在于流通阶段”。[④] 又如，他在谈到商人的商品储备时，认为这种商品储备或商品积累，“只不过是商品从流通转入消费之前所处的中间阶段。这是商品

① 《马克思恩格斯全集》第 23 卷第 123 页。

② 《马克思恩格斯全集》第 25 卷第 298 页。

③ 《马克思恩格斯全集》第 26 卷第 Ⅱ 册第 317 页。

④ 《马克思恩格斯全集》第 26 卷第 Ⅰ 册第 551—552 页。

作为商品在市场上的存在。”“已经最后成为使用价值并已进入可以出卖状态的商品，作为商品处于市场，处于流通阶段；一切商品，当它们必须完成它们的第一形态变化，即转化为货币时，都处于这个阶段。……如果生产，从而还有消费，都是多种多样和大规模的，那么就会有大量的各种各样的商品经常处于这种停顿状态，即处于这种中间阶段，一句话，处于流通中，或者说，处于市场上。”“资本作为商品资本(在这个流通阶段，在市场上，它就是以这种形式出现的)不应该停滞不动，而应该只是在运动进程中作短暂的停留。否则再生产过程就会遭到破坏。”[①]马克思的这些论述表明：第一，他是把市场同流通阶段当作等同概念来使用的；第二，他是从商品和资本是一种运动的观点出发，从流通是在时间中进行的观点出发来谈论市场的；第三，商品和资本的运动必须经过从生产到消费的过渡阶段、中间阶段，必须经过一个流通阶段，只要商品处在这个阶段上、这个过程中，就是处在市场上。可见，对于市场的含义，不仅要从空间意义上来理解，而且要从时间意义上来理解；不仅指商品的流通领域，而且指商品的流通阶段。

如果我们从时间意义上来把握市场范畴，当说市场繁荣时，直接的意思是购销两旺，实质上是商品通过流通阶段、流通过程时很通畅，停留的时间很短，没有或很少发生商品积压现象；当说市场疲软时，直接的意思是购销不旺，实质上是商品通过流通阶段、流通过程时不通畅，停顿的时间长了，发生了商品滞销现象。如果我们把市场仅仅理解为流通的具体场所或地点，就有点费解了。

市场是商品买卖关系的总和

任何经济范畴都是一定生产关系的理论表现，市场范畴也是这样。因此，对于市场的含义，不能单从它是商品的流通领域和流通阶段方面来理解，而且应该从它所体现的生产关系方面来理解。

市场是属于商品经济的并反映着商品生产者之间的生产关系的范畴。在《经济学手稿(1857—1858年)》中，马克思对市场和商品的关系作了非常科学的说明。

① 《马克思恩格斯全集》第26卷第II册第310页、第311页。

他在讲到流通是资本主义生产过程的要素时说："产品只有上了市，才真正完成。"地点要素，把产品运到市场，"可以看作是产品到商品的转化，产品只有在市场上才是商品"[①]。他在谈到商品流通费用时讲：商业把产品运到市场，使产品获得了新的形式。产品运到市场属于生产过程本身，所花费的费用仍然属于产品的生产费用。"产品只有到了市场，才是商品，才处于流通之中。"[②]他在谈到改进运输工具对促进商品流通的作用时也明确指出："产品只有出现在市场上，才成为商品，才离开生产阶段。"[③]由此可见，市场和商品是一并产生的，有了商品，就有市场，有了市场，产品才转化为商品，市场和商品从其产生来说就不可分离地联结在一起，可以说它们是共生的、孪生的关系。市场产生和发展的过程，也就是商品产生和发展的过程，二者是同一过程。

特别重要的是马克思在《资本论》及其手稿中把市场作为生产关系的范畴，多角度多层次地研究了市场的形成和发展过程。

第一，马克思分析了社会分工和劳动生产力的发展，在商品和市场产生和发展过程中的重大意义。他指出，某些产品之所以成为具有使用价值和交换价值的商品，仅仅是因为有其他产品成为它们的等价物，并同它们相对立，仅仅是因为这些产品并不是作为生产者本人的生活资料，而是作为通过变为交换价值，通过转让才变成使用价值的产品来生产的。"由于社会分工，这些商品的市场日益扩大；生产劳动的分工，使它们各自的产品互相变成商品，互相成为等价物，使它们互相成为市场。"[④]在人类历史早期阶段发生的三次社会大分工对商品和市场的产生和发展起了巨大推动作用。马克思举例说，第二次社会大分工使纺纱和织布的劳动从家庭工业和农业中分离出来时，纱和布以及某些农产品成了商品，于是所有土地耕种者就都成了纺纱者和织布者的市场，纺纱者和织布者也成了土地耕种者的市场；同样，纺纱者和织布者由于他们的行业划分现在也互为市场。在资本主义生产的基础上，社会分工进一步扩大了。社会规模的分工，是资本生产和再生产的条件，也是市场的条件。总之，一般规律是：社会分工越扩大，"产品本身越片面，它所交

① 《马克思恩格斯全集》第46卷下册第27—28页。

② 《马克思恩格斯全集》第46卷下册第141页。

③ 《马克思恩格斯全集》第46卷下册第185页。

④ 《马克思恩格斯全集》第25卷第718页。

换的商品越多样化，表现它的交换价值的使用价值的系列越大，它的市场越大，产品就越能在更充分的意义上作为商品来生产。”[①]而由产品转化成的商品越多，市场也就越大。商品生产和市场是互相促进并发展的。

第二，马克思分析了商人和商业在商品生产和市场形成和发展中的历史作用。第三次社会大分工，出现了商人和商业。在漫长的奴隶社会和封建社会中，商人作为商品生产者或占有者和消费者的中介人，对商品交换起中介作用，促进了商品生产和商品交换的发展。在封建社会后期，“商业是行会手工业、农村家庭手工业和封建农业转化为资本主义经营的前提。”[②]这时，商业在使产品生产发展为商品生产起了巨大作用。这是因为：商业为产品创造了市场；它提供了新的商品等价物；它为生产提供了新原料和辅助材料，并开创了一些新的生产部门。在资本主义以前的社会中，商业支配产业。后来，资本主义工场手工业，特别是大工业相当巩固了，商业就成了工业生产的奴仆；工场手工业、机器大工业为自己创造了市场，并用自己的产品来夺取市场。“对工业生产来说，市场的不断扩大则是它的生活条件。”[③]

第三，马克思还分析了剥夺农村居民、使生产资料和劳动者相分离，在建立资本主义国内市场方面的重要作用。马克思指出：“资本迅速为自己创造国内市场，是借助于消灭所有的农村副业，从而为一切人纺织，为一切人供应衣服等等，一句话，使以前作为直接使用价值而生产的商品具有交换价值的形式，这是一个由于劳动者与土地以及与生产条件的所有权(……)相分离而自然产生的过程。”[④]在资本原始积累时期，一部分农村居民的被剥夺和被驱逐，不仅为工业资本家游离出雇佣工人及其生活资料和劳动材料，同时也为工业资本创立了国内市场。“只有消灭农村家庭手工业，才能使一个国家的国内市场获得资本主义生产方式所需要的范围和稳固性。”[⑤]但是，在工场手工业时期并没有引起根本的改变。只有在机器大工业建立以后，才彻底地剥夺了绝大多数农村居民，铲除了农村家庭手工业的根基，

① 《马克思恩格斯全集》第 26 卷第 II 册第 296 页。
② 《马克思恩格斯全集》第 25 卷第 376 页。
③ 《马克思恩格斯全集》第 25 卷第 376 页。
④ 《马克思恩格斯全集》第 46 卷上册第 516 页。
⑤ 《马克思恩格斯全集》第 23 卷第 816 页。

使农业和农村家庭手工业完全分离,为工业资本征服了整个国内市场。用暴力剥夺农民,一方面使他们丧失了生产资料和生活资料,并把这些生产资料和生活资料抛到商品市场上去;另一方面使他们无路可走,被绞架、耻辱柱和鞭子赶到通往劳动市场的狭路上去。出卖了劳动力的工人不仅要为资本家提供剩余价值,而且要以商品形式提供他的劳动力价格的等价物,工人在取得工资以后还要作为买者出现在真正的商品市场上购买生活资料。马克思说:"工人作为商品的买者,对于市场来说是重要的",[①]它扩大了商品市场。劳动力成为商品,劳动市场的建立,是资本主义商品生产区别于以前的简单商品生产的根本点之一。

第四,马克思还从资本主义生产的本质,分析了资本主义市场不断扩大的趋势。马克思指出:资本主义生产的本质决定了,"第一,每一笔资本活动的规模,并不决定于个人需求(……),而是决定于力求实现尽可能多的劳动,因而实现尽可能多的剩余劳动,并用现有的资本提供尽可能多的商品的欲望;第二,每一笔资本都力求在市场上占据尽可能大的地盘,并竭力排挤、排除自己的竞争者。"[②]资本主义生产发展的趋势是:生产的规模越来越小地取决于对产品的直接需求,越来越大地取决于单个资本家支配的资本量,取决于他的资本的增殖欲,以及他的生产过程连续进行和不断扩大的必要性。因此,每一个特殊生产部门中作为商品出现在市场上寻找销路的产品量必然增大,从而整个社会中作为商品出现在市场上寻找销路的产品量也必然增大。总之,资本主义生产越发展,资本越大,劳动生产率越高,生产规模越大,生产的商品越多,进入并存在于流通中的商品也就越多,从而市场也越大。市场的扩大是资本主义生产发展的结果,又是资本主义生产进一步发展的条件。

第五,马克思还从商品货币关系本质和资本本性的分析,指出了建立世界市场的必然性。因为只有在世界贸易中,商品才普遍地展开有己的价值;只有在世界市场上,货币发展为世界货币,抽象劳动发展为社会劳动,货币才充分地体现为抽象人类劳动的直接的社会实现形式。也就是说,在世界市场上,商品货币的存在方式才和商品货币的概念相适合。对外贸易和世界市场,既是资本主义生产方式的

① 《马克思恩格斯全集》第 24 卷第 351 页注 32。

② 《马克思恩格斯全集》第 26 卷第 I 册第 552 页。

前提和基础，又是它的结果和生活条件。马克思说："世界贸易和世界市场在十六世纪揭开了资本的近代生活史。"[①]资本主义生产绝不是以随便什么样的规模进行都行的，资本主义生产越是发展，它就越是不得不采取与直接的需求无关而取决于世界市场的不断扩大的那样一种规模。因此，以资本为基础的生产，其条件是创造一个不断扩大的流通范围，创立世界市场。马克思认为，"世界市场的形成"，是"资本主义生产的三个主要事实"之一。[②] 马克思还从资本概念说明了这个问题："资本一方面具有创造越来越多的剩余劳动的趋势，同样，它也具有创造越来越多的交换地点的补充趋势……从本质上来说，就是推广以资本为基础的生产或与资本相适应的生产方式。创造世界市场的趋势已经直接包含在资本的概念本身中。"[③]而资本主义生产的进步和交通运输工具的发展，不仅为开拓远方市场提供了可能性，而且又引起开拓世界市场的必要性。随着资本主义的发展，"各国人民日益被卷入世界市场网，从而资本主义制度日益具有国际的性质。"[④]

根据上述马克思对市场范畴及其形成和发展过程的分析，我们可以看到：市场不仅是商品的流通领域和流通阶段，而且是特定的一种社会生产关系，体现着不同历史发展阶段上商品生产者之间的经济关系。马克思说，在市场上，"互相对立的只是两个范畴：买者和卖者、需求和供给。"[⑤]因此，市场所反映的商品生产者之间的关系，实际上是商品购买者和出卖者之间的关系或需求者和供给者之间的关系。在市场上出现的不是个别的而是许多的买者和卖者、需求者和供给者，不论就某种商品来说或就全都商品来说都是这样。在《资本论》第 3 卷第 10 章中，马克思分析了市场上商品供求关系所反映的关系：一是使用价值和交换价值的关系，商品和货币的关系，买者和卖者的关系；二是生产者和消费者的关系，这二者可以由第三者即商人来代表。在这里，供给等于某种商品的卖者或生产者的总和，需求等于这同一种商品的买者或消费者(包括个人消费和生产消费)的总和。以上"这两个总和是作为两个统一体，两个集合力量来互相发生作用的。个人在这里不过是

① 《马克思恩格斯全集》第 23 卷第 167 页。
② 《马克思恩格斯全集》第 25 卷第 296 页。
③ 《马克思恩格斯全集》第 46 卷上册第 391 页。
④ 《马克思恩格斯全集》第 23 卷第 831 页。
⑤ 《马克思恩格斯全集》第 26 卷第Ⅱ册第 514 页。

作为社会力量的一部分,作为总体的一个原子来发生作用,并且也就是在这个形式上,竞争显示出生产和消费的社会性质。"[①]所以,从所反映的生产关系的角度来看,从最抽象的意义上说,市场就是商品的买者和卖者关系的总和、商品的需求者和供给者的总和,或者说就是商品买和卖关系的总和、商品需求和供给关系的总和。

对市场范畴的两点思考

第一个问题:市场范畴的真正含义是什么?

如前已经提到的,国内外学者对市场含义的理解是不同的。主要有:第一种看法认为市场是指商品交换的领域。如说:"市场(交换领域)只是许多经济领域中的一个领域"。[②] 市场是"商品交换的场所和领域"。[③] 第二种看法认为市场是商品交换关系的总和。如说:"在商品买卖过程中人与人之间建立的经济关系的总和构成市场经济范畴",[④]市场是"实现交换过程的商品流通领域中的商品货币关系的总和",[⑤]市场是"商品交换的总和,或者说是一切商品买卖的总称"。[⑥] 第三种看法认为市场是人们从事商品交换活动的场所或地方。如说:"商品流通的具体场所是市场",[⑦]市场是"商品交换的场所,也就是人们进行买卖活动的地方"。[⑧] 在讨论这个问题的过程中可以看到两种倾向:一种倾向是把以上关于市场的几种提法并列起来,认为市场是多含义范畴,看不到这些提法之间的内在联系。另一种倾向是肯定一种含义,否定另一种含义。关于后者,例如市场是指商品交换领域观点

---

① 《马克思恩格斯全集》第25卷第216页。

② [苏联]勃·拉塞茨基:《社会主义企业的独立性与商品货币关系》,《经济学译丛》1988年第2期第59页。

③ 许涤新主编:《政治经济学辞典》下册,人民出版社1981年版,第420页。

④ [罗马尼亚]康斯坦丁内斯库:《政治经济学》,人民出版社1981年版,第576页。

⑤ [苏联]卡扎克维奇:《社会主义经济理论概论》,中国社会科学出版社1985年版,第78页。

⑥ 马洪、孙尚清主编:《经济与管理大辞典》,中国社会科学出版社1985年版,第210页。

⑦ [民主德国]米塔格:《社会主义政治经济学及其在德意志民主共和国的应用》上册,中国社会科学出版社1982年版,第280页。

⑧ 马洪、孙尚清主编:《经济与管理大辞典》,中国社会科学出版社1985年版,第210页。

的同志既批评了市场是“商品流通的具体场所”的观点，又批评了市场是“商品交换关系总和”的观点，认为这后二者都不是市场的真正含义。

我认为，以上两种倾向的看法都值得商榷。因为一般说来，人们讲某范畴有多种含义，意思是说这些含义不同，它们之间没有什么内在联系。例如，学术界讨论马克思主义著作中“生产方式”范畴时，认为它是多含义的，有时指生产力和生产关系的对立统一，有时指劳动者和生产资料结合的方式，有时直接指生产关系，有时指劳动方式，等等。而市场范畴却不是这样。我认为应该从马克思对市场的全部论述中把握市场的含义。这就是：市场是经济学上的抽象范畴，指商品的流通领域和流通阶段，是商品买卖关系或商品交换关系的总和。说市场是经济学上的抽象范畴，主要是从它在经济范畴体系中的地位和方法论的角度来讲的；说它是商品的流通领域和流通阶段，是从它在生产过程和再生产过程中的地位的角度来讲的；说它是商品买卖关系或交换关系的总和，是从它所体现的生产关系的角度来讲的。至于说市场是指交换的场所或地方的含义，已经包括在市场是商品的流通领域的提法之中。以上这些含义是有机地联系在一起的，是统一的。把它们割裂开来、并列起来是形而上学的；孤立地肯定一个含义而否定其他含义则是片面的。

第二个问题：市场是否具有社会性质，能否说是中性范畴？

抽象的市场范畴只是理论上的抽象，而在现实中总是以采取一定的具体的社会形式的市场而存在的。商品生产采取什么社会形式，市场也相应地采取什么社会形式。在历史上已有两种社会形式的商品生产，即简单商品生产和资本主义商品生产，从而相应地也有两种社会形式的市场，即简单商品生产下的市场和资本主义市场。简单商品生产下的市场和资本主义市场的关系与简单商品生产和资本主义商品生产的关系一样，它们有共性，也有重大区别。它们的重要区别是：(1)在简单商品生产下，通过市场进行流通的商品只是社会产品的一部分甚至一小部分；而在资本主义商品生产下，通过市场进行流通的商品是社会产品的绝大部分甚至是全部。(2)简单商品生产下，因为受交通运输不便、行会制度束缚、封建势力割据、民族国家限制等影响，市场范围狭窄，市场容量小，无论是国内市场或是世界市场发育均不成熟；资本主义商品生产下，市场深度和广度发展到前所未有的程度，不仅统一的国内市场形成了，而且世界市场也最终确立并发展了。(3)在简单商品生产下，通过市场买卖的只是产品；而在资本主义商品生产下，劳动力变成商品在市场上买卖，形成了劳动（力）市场。这是资本主义市场和简单商品生产下市场的一个根本区别。(4)在简单商品生产下，通过市场实现一种商品的价值仅仅是为了获得另一种商品的使用价值，以满足人们的生产消费和生活消费；而在资本主义商品生产下，通过市场实现的一种商品的价值，决不是为了满足个人需求，而是为了价值增殖，实现尽可能多的剩余价值。(5)在简单商品生产下，参与市场买卖活动的主要是小商品生产者，同时还有奴隶主、封建主等剥削阶级，它们出卖无偿占有的社会剩余产品并购买一般消费品和奢侈品；在资本主义商品生产下，参与市场买卖活动的主要是资本家阶级，同时还有小生产者，另外还有工人阶级以及其他社会阶层作为消费者购买消费品。在当前社会主义社会，存在商品生产和商品交换，同样也存在市场——社会主义市场。社会主义市场是以公有制为基础的市场。在我国社会主义初级阶段，在生产资料所有制结构方面，是以社会主义公有制为主体的、多种经济成分并存为特征的。这种所有制结构，在生产领域中是这样，在流通领域中也大体如此。这就决定了：在社会主义市场上参与经济活动的，除全民所有制和集体所有制企业这些主体经济成分外，还有个体企业、私营企业和三资企业这些非主体经济成分。这是社会主义市场同以私有制为基础的简单商品生产下的市场和资本主义市场的根本区别所在。这个根本区别也决定了：社会主义市场在流通目的、调控方式、功能和作用等方面，都不同于以前那两种类型的市场。总之，在迄今为止的人类社会发展的过程中，先后出现和存在三种性质不同的商品生产，相应地也出现和存在三种性质不同的市场。

前一时期，"市场范畴中性论"颇为流行。论者认为，那些反映人类社会共性的经济关系、经济手段及方法的范畴，可以称之为中性经济范畴，诸如商品、货币、价值、价格、市场、供求等，都是中性经济范畴。论者认为，这些中性经济范畴不具有确定的社会性质，既不姓"资"，也不姓"社"，而有"亦此亦彼"的特点。

现在要问：商品、价值、价格、市场等范畴能称为"中性经济范畴"吗？笔者不能苟同，理由如次：

第一，现实中无中性经济关系，理论上亦无中性经济范畴。一切事物和一切科学范畴无一不具有确定的性质，经济关系领域和经济学中是这样，其他领域和其他科学中也如此。在经济关系领域里，一切经济关系都有确定的性质。人所共知，商品、货币、价值、价格、市场、供求等关系，作为一种同自然经济关系相对立的经济形式，从原始社会末期产生以来已有五至七千年的历史，在奴隶社会、封建社会、资本主义社会以及当今社会主义社会中都存在，但由于劳动者和生产资料的结合方式不同，而有上面提到的三种不同社会性质的商品经济。历史和现实都证明，经济关系只能是"非此即彼"，根本不存在"亦此亦彼""既不姓资又不姓社"的中性经济关系，从而也不存在什么中性经济范畴。谈到商品和市场，要么是小生产的商品和市场，要么是资本主义的商品和市场，要么是社会主义的商品和市场。

第二，科学上的抽象经济范畴同所谓"中性经济范畴"是根本不同的，二者绝不能混同。人们都知道，马克思运用抽象和具体相统一的方法、从抽象上升到具体的方法进行经济学的研究，建立了严谨的科学体系。首先，抽象范畴和具体范畴是对立的。抽象范畴是规定性较少的范畴，正由于它的规定性较少，因而往往具有普遍性；具体范畴是规定性较多的范畴，正由于它的规定性较多，因而往往具有特殊性。马克思指出，最抽象的范畴由于其抽象性，它可以适用于一切时代，"但是就这个抽象的规定性本身来说，同样是历史关系的产物，而且只有对于这些关系并在这些关系之内才具有充分的意义。"[①]而资产阶级学者相反，他们把抽象范畴适用于一切时代，抹杀了一切历史差别，把一切社会形式都看成资产阶级社会形式。其次，抽象范畴和具体范畴又是统一的。像市场这个抽象关系总是寓于像商品市场、劳动市场和货币市场这些具体关系之中，而像商品市场、劳动市场和货币市场这些具体关系又总是包容了像市场这个抽象关系的一切规定。同理，市场这个抽象形式又总是采取简单商品生产的市场、资本主义市场和社会主义市场这些具体形式而存在，而这些具体形式的市场无非是抽象形式的市场的特殊社会形式。可见，把商品、货币、价值、价格、市场、供求等等范畴看作马克思经济理论体系中的抽象范畴是科学的、正确的，如果把它们说成是中性范畴则是不科学的、错误的。

原载《〈资本论〉与当代经济》1991年第2期

① 《马克思恩格斯全集》第46卷上册第43页。

竞争范畴的含义和竞争学说的地位

竞争是商品经济中普遍存在的现象，是社会经济发展的重要推动力。竞争学说是马克思打算着力研究的一个重要理论问题，并有许多精辟论述。深入研究马克思的竞争学说，了解竞争学说提出的过程及其重要地位，分析竞争范畴的科学含义和竞争学说的主要内容，认识竞争的重大作用及其在社会主义商品经济条件下的意义，无疑是一项有价值的理论课题。

竞争学说在马克思研究计划中的地位

在私有制基础上的资本主义经济中，竞争表现为资本的竞争。马克思要着力研究的正是“资本的竞争”或“自由竞争”。马克思从19世纪40年代初研究政治经济学开始，以后一直关注并研究资本竞争。在《1844年经济学哲学手稿》中，马克思已经认识到“贪欲以及贪婪者之间的战争即竞争”是资产阶级经济学家“所推动的唯一的车轮”[①]。并沿用资产阶级经济学的语言和规律，把私有财产，把劳动、资本、土地的互相分离，工资、利润、地租的互相分离，以及分工、竞争、交换价值概念等等当作前提，分别分析了资本家和工人之间、资本家之间、资本家和土地所有者之间以及工人之间的竞争。在后来撰写的《哲学的贫困》《雇佣劳动与资本》和《共产党宣言》等著作中，马克思继续从不同角度论述了资本主义社会中的竞争。

经过十多年的潜心研究，马克思下决心创作一部经济学巨著——《政治经济学批判》。为撰写这部著作，马克思在50年代后期写的经济学手稿和与别人的通信中，拟订了一个恢弘的研究计划。

---

① 《马克思恩格斯全集》第42卷，第90页。

马克思从1857年7月开始写作一部巨大经济学手稿，即《经济学手稿(1857—1958年)》。在写于1857年8月的《导言》中，马克思提出了“五篇计划”[①]。这是关于整部经济学著作的总计划，提纲比较粗略，没有提到资本竞争问题。三个月之后，马克思在写作手稿的过程中，大致在一个月的时间内，对上述“五篇计划”陆续提出了三个补充计划。

首先，大致刚进入1857年11月，马克思在手稿的《货币章》快要结束时，在第Ⅱ笔记本第3页上，提出了第一个补充计划[②]。这个计划是对上述“五篇计划”的进一步说明，也没有提到资本竞争问题。

其次，可能是在1857年11月中旬，当手稿写作刚进入“资本章”不久，在第Ⅱ笔记本第18页上，马克思提出了第二个补充计划[③]。这个计划主要涉及“五篇计划”的后四篇，因为当前已经进入关于资本问题的写作，所以第2篇中的“资本”部分具体化了，共分六个小部分：“Ⅰ.(1)资本的一般概念。(2)资本的特殊性：流动资本，固定资本。(资本作为生活资料，作为原料，作为劳动工具。)(3)资本作为货币。Ⅱ.(1)资本的量。积累。(2)用自身计量的资本。利润。利息。资本的价值，即同作为利息和利润的自身相区别的资本。(3)资本的流通。(α)资本和资本相交换。资本和收入相交换。资本和价格。(β)资本的竞争。(γ)资本的积聚。Ⅲ.资本作为信用。Ⅳ.资本作为股份资本。Ⅴ.资本作为货币市场。Ⅵ.资本作为财富的源泉。资本家。”[④]。在这个补充计划中使我们感兴趣的是：第一，开始运用“一般”“特殊”等概念来安排“资本”部分的结构。第二，第一次把“资本的竞争”列入研究计划之内，但地位并不显著，仅是第Ⅰ部分第(3)点中的一小点。

接着，可能仍然是在1857年11月，在手稿“资本章”前一个补充计划后不久，在第Ⅱ笔记本第22—24页上，马克思又提出了第三个补充计划[⑤]。这个计划完全是关于“资本”部分的结构研究：“Ⅰ.一般性：(1)(a)由货币变成资本。(b)资本和劳动(以他人劳动为媒介)。(c)按照同劳动的关系而分解成的资本各要素(产

---

① 《马克思恩格斯全集》第46卷上，第46、177—178、219—220页。

② 《马克思恩格斯全集》第46卷上，第46、177—178、219—220页。

③ 《马克思恩格斯全集》第46卷上，第46、177—178、219—220页。

④ 《马克思恩格斯全集》第46卷上，第219、232—234页。

⑤ 《马克思恩格斯全集》第46卷上，第219、232—234页。

品、原料、劳动工具)。(2)资本的特殊化:(a)流动资本、固定资本。(b)资本周转。(3)资本的个别性:资本和利润。资本和利息。资本作为价值同作为利息和利润的自身相区别。Ⅱ.特殊性:(1)资本的积累。(2)资本的竞争。(3)资本的积聚(资本的量的差别同时就是质的差别,就是资本的大小和作用的尺度)。Ⅲ.个别性:(1)资本作为信用。(2)资本作为股份资本。(3)资本作为货币市场。"[①]在这个补充计划中:第一,"资本"部分完全是按照"一般性、特殊性、个别性"的顺序排列而成的多层次的"三段式"结构。第二,第Ⅰ部分"一般性"下面又分为三部分九小点。后来马克思把这一部分叫作"资本一般",它的三部分实际上是以后《资本论》前三卷的雏形。第三,第Ⅰ部分"特殊性"下面又分为三部分,表明资本的积累、资本的竞争和资本的积聚都属于资本的"特殊性"的范畴,而且资本的竞争的地位比前一个补充计划突出了。

后来,马克思在将要结束手稿的《资本章》写作时,对著作的结构计划有了新的考虑,将"五篇计划"改为"六册计划"。1858年2月22日,马克思在给拉萨尔的信中第一次提出"六册计划":"全部著作分成六个分册:(1)资本(包括一些绪论性的章节);(2)地产;(3)雇佣劳动;(4)国家;(5)国际贸易;(6)世界市场"[②]。1858年3月11日,马克思在给拉萨尔的另一封信中着重讲了即将出版的第一分册的设想:"这一分册包括:(1)价值,(2)货币,(3)资本一般(资本的生产过程,资本的流通过程,两者的统一,或资本和利润、利息。)"[③]1858年4月2日,马克思在给恩格斯的信中提到"六册计划"时,把第一册《资本》划分为四篇:"资本又分成四篇。(a)资本一般(这是第一分册的材料);(b)竞争或许多资本的相互作用;(c)信用,在这里,整个资本对单个的资本来说,表现为一般的因素;(d)股份资本,作为最完善的形式(导向共产主义),及其一切矛盾。"[④]这封信里提出的《资本》册的"四篇结构",马克思后来曾多次提到过,从来没有表示过要放弃这个结构。

马克思制定了《政治经济学批判》的"六册计划"和《资本》册的"四篇结构"以后,就按照这个计划完成了《〈政治经济学批判〉(1857—1858年草稿)》的写作。这

① 《马克思恩格斯全集》第46卷上,第219、232—234页。

② 《马克思恩格斯全集》第29卷,第531、534、299页。

③ 《马克思恩格斯全集》第29卷,第531、534、299页。

④ 《马克思恩格斯全集》第29卷,第531、534、299页。

个“草稿”实际上只有《货币章》、《资本章》和《价值》的一个片断，其中的《资本章》就是前引马克思给拉萨尔信中提到的第三章《资本一般》，即《资本》册“四篇结构”里的第一篇，后三篇《竞争》《信用》《股份资本》的内容在这个“草稿”里没有相应的章节。随后，在1859年1月，马克思出版了《政治经济学批判》第一分册。这一分册只包括第一章《商品》和第二章《货币或简单流通》，没有包括第三章《资本一般》。马克思在《〈政治经济学批判〉(1857—1858年草稿)》里叙述“资本一般”时，尽量抽象了诸如“资本竞争”等较具体的内容，但在论述资本内在本性和内在规律时，或者是当理论思路展开的时候，又在必要的限度内，不得不以简要说明的方式，或以插论和预先提示的方式，谈到了竞争学说的某些内容。后来马克思在1861—1863年间写的经济学手稿(即《经济学手稿(1861—1863年)》)中，在1863—1867年间写的经济学手稿(包括《资本论》第一卷付印稿、《资本论》第二卷第一稿、《资本论》第三卷“主要的手稿”)中，尽管已很少使用“资本一般”这一范畴，但实际上研究的仍然是资本的内在本质和一般规律。在上述著作和手稿的叙述过程中，为了说明资本的内在本质和一般规律，常常在必要限度内论及了资本的竞争。但是，在所有场合，包括和别人的通信中，马克思提到竞争时总是声明，竞争是一个专门学说，是继《资本一般》和《资本论》以后的另一篇或另一著作的研究范围。

《资本》册的“四篇结构”与黑格尔的“普遍性、特殊性、个体性”的“三段式”

要深入了解竞争学说在马克思经济学体系中的地位，就要搞清楚“资本”部分的内部结构；而要真正了解“资本”部分的内部结构，就要懂得黑格尔《逻辑学》中的“普遍性、特殊性、个体性”的“三段式”。

前已说明，在《政治经济学批判》“五篇计划”的第二个和第三个补充计划中，引人注目的一点是，“资本”部分的内部结构是按照“一般性、特殊性、个别性”的顺序来安排的。特别是第三个补充计划，更是一个排列整齐的多层次的“三段式”结构。后来提出的《资本》册的“四篇结构”，基本上是从上述两个补充计划演变而来，从一定意义上说，它仍然保留有那个“三段式”的痕迹。

有材料足可证明，马克思在制定自己的著作结构和创作手稿时，借鉴和运用了黑格尔《逻辑学》中的辩证逻辑方法。上面提到的《政治经济学批判》“五篇计划”的第二个和第三个补充计划，大致是1857年11月间拟订的。在前一个月，马克思收到斐迪南·弗莱里格拉特赠送的《黑格尔全集》中的几卷书，并且阅读了它们。后来，1858年1月14日，马克思把这一情况告诉了恩格斯：“完全由于偶然的机会——弗莱里格拉特发现了几卷原为巴枯宁所有的黑格尔著作，并把它们当作礼物送给了我——我又把黑格尔的《逻辑学》浏览了一遍，这在材料加工的方法上帮了我很大的忙。”[①]马克思在这里说的是黑格尔的《逻辑学》在方法上对他的帮助，包括黑格尔哲学中的辩证方法和论述概念发展所运用的“普遍性、特殊性、个体性”的“三段式”。

既然马克思谈到了黑格尔《逻辑学》在方法上对他的帮助，而且也是为了理解《资本》册“四卷结构”的需要，在这里，有必要较详细地考察一下黑格尔《逻辑学》中的辩证方法。大家知道，黑格尔的整个哲学体系是运用一系列大大小小的“三段式”建立起来的。黑格尔从他的“绝对精神”既是实体又是主体这一唯心而又辩证的规定出发，认为他的哲学的研究对象就是“绝对精神”发展的历史，基本任务是揭示其发展的阶段和内在必然联系。他把“绝对精神”的辩证发展过程分为三个基本阶段：逻辑阶段、自然阶段、精神阶段。这是“绝对精神”经历的一系列大大小小的“三段式”中最大的一个“三段式”。黑格尔的全部哲学就是对“绝对精神”发展阶段的描述，从而他的哲学体系也由三大部分构成：“逻辑学”“自然哲学”“精神哲学”。

“逻辑学”是黑格尔哲学体系的第一部分，它描述“绝对精神”在逻辑阶段运动的规律和原则。在逻辑阶段，绝对精神作为纯粹抽象的逻辑概念超自然超社会地自我发展着。黑格尔把“逻辑学”视为“自然哲学”和“精神哲学”的“核心”和“灵魂”，而后两者则是所谓“应用逻辑学”。黑格尔认为，“绝对精神”在逻辑阶段的辩证运动表现为从一个纯粹概念到另一个纯粹概念的转化，而这也就是“与自身同一的”理念即“绝对理念”的自我认识的过程。“绝对理念”的发展又经历了三个阶段：存在阶段、本质阶段、概念阶段。相应地，他的“逻辑学”也由三篇构成：“存在论”

---

① 《马克思恩格斯全集》第29卷，第250页。

"本质论""概念论"。

"概念论"是"绝对精神"在逻辑阶段中发展的最后最高阶段,是"存在论"和"本质论"的统一。在黑格尔看来,"存在"和"本质"都是片面的、不真实的,它们不过是"概念"生成的两个环节,只有"概念"才是"存在"和"本质"的基础和真理。黑格尔把"存在论"和"本质论"称为"客观逻辑",把"概念论"称为"主观逻辑"。逻辑范畴的推演是由"存在论"到"本质论",由"客观逻辑"到"主观逻辑"的过程,并造成一个由低级到高级、由抽象到具体、由片面到全面、按照先后次序排列的概念体系。黑格尔认为,"主观逻辑"是"客观逻辑"矛盾发展的必然结果,"概念"虽然是主观的,但它是从客观的"存在"和"本质"发展而来,因而"概念"并不是空洞的、纯粹主观的形式,而是有其真实的内容和根据。黑格尔的这个看法是极其深刻的、合理的。"概念论"也有三个发展阶段:"主观性""客观性""理念"。

"主观性"是"概念论"的第一个阶段。"主观性概念"又分为"概念本身"(即"概念")、"判断""推理"。在这里,黑格尔系统地阐述了关于"概念""判断""推理"的辩证观点,批判了形式逻辑关于"概念""判断""推理"的形而上学观点。黑格尔认为,"概念"是完全具体的东西,是包含着多种多样性的有机统一体的"具体的概念",不同意形式逻辑把"概念"看成为脱离了特殊性和个别性的"抽象的概念"。黑格尔认为,辩证逻辑的"概念"包含有三个环节:"普遍性""特殊性""个体性"。从"存在论"中的"有"这个"概念"开始,每一个环节都是"概念"的一个规定,因此,它们与自在自为的"有"(即"概念"本身)是同一的。黑格尔说:"概念本身包含下面三个环节:一、普遍性,这是指它在它的规定性和它自身有自由的等同性。二、特殊性,亦即规定性。在特殊性中,普遍性纯粹不变地继续和它自身相等同。三、个体性,这是指普遍与特殊两种规定性返回到自身内。这种自身否定的统一性是自在自为的特殊的东西,并且同时是自身同一体或普遍的东西。"①

黑格尔的这段话比较晦涩,其意思是说:(1)普遍性(即一般性)是指概念在它自己表现出来的多样性(特殊性)中的同一性,因为这种同一性不受其各种规定性的限制,故称"自由的同一性",亦即概念本身。简言之,普遍性就是指多样性中的同一性,即异中之同。(2)特殊性是指普遍性不变地同自身保持同一性的各种规定

① 黑格尔:《小逻辑》,商务印书馆1980年版,第331页。

性，亦即概念的规定性，但它还没有个体化，所以它仍然是和普遍性自身等同的。简言之，特殊性就是指同一性中的多样性，即同中之异。(3)个体性(个别性)是普遍性和特殊性的统一，或个体化了的普遍性，是普遍性的自身否定(即特定的东西)。因为在个体性中，普遍性即特殊性自身，特殊性即普遍性自身，所以说"返回到自身内"。简言之，个体性是同与异的统一。

黑格尔认为，概念的这三个环节"是不可分离的"、有机联系的全体，这就是"概念的明晰性"[①]。黑格尔从唯心主义观点出发，认为概念不仅是主观的思维活动和形式，而且也是客观事物，"一节事物都是一概念"。[②] 这是因为每一个存在着的事物都是个体化的东西，个体性就在于它是普遍性和特殊性的统一。黑格尔强调普遍性和特殊性的不可分离的联系：普遍性是特殊性的本质，应该寓于特殊性之中；特殊性是普遍性的外部显现，构成普遍性的内容。个体性就是普遍性和特殊性的统一体。普遍性只有通过个别事物才能取得具体的实在，个别的特殊的事物也只有在普遍性里才能找到它们的现实存在的坚固基础和真实内容。这就是辩证逻辑的"概念"的特征。

黑格尔《逻辑学》中包含的辩证法思想是极其丰富的，对马克思的启发也是巨大的。马克思公开承认自己是黑格尔的学生。他并说，"辩证法在黑格尔手中神秘化了，但这决不妨碍他第一个全面地有意识地叙述了辩证法的一般运动形式。在他那里，辩证法是倒立着的。必须把它倒过来，以便发现神秘外壳中的合理内核。"[③]在这里，只想就黑格尔关于"普遍性、特殊性、个体性"的"三段式"和马克思关于"资本"部分的内部结构的关系，谈几点认识。

第一，马克思批判地继承了黑格尔的辩证方法，借鉴其"普遍性、特殊性、个体性"的"三段式"，试图建立自己的"资本"部分的内部结构。从前一节叙述的马克思关于"资本"部分的内部结构的几个计划来看，都程度不同地借鉴了黑格尔的"普遍性、特殊性、个体性"的"三段式"。特别是"五篇计划"的第三个补充计划，则完全是按照这个"三段式"建立的典型的多层次的"三段式"的结构。后来的《资本》册的

---

① 黑格尔：《小逻辑》，商务印书馆1980年版，第335、356页。

② 黑格尔：《小逻辑》，商务印书馆1980年版，第335、356页。

③ 《马克思恩格斯全集》第23卷，第24页。

“四篇结构”也保留有这个“三段式”的痕迹。它的第一篇《资本一般》实际论述资本的“普遍性”问题，第二篇《竞争》属于资本的“特殊性”的问题，第三篇《信用》和第四篇《股份资本》则是资本的“个别性”的范畴。而且，马克思对“资本一般”“竞争”“信用”“股份资本”这几个范畴含义的说明，同黑格尔关于概念的“普遍性、特殊性、个体性”的说明，在意思上也是相近的。黑格尔认为，“普遍性”是概念在它自己表现出来的多样性、特殊性中的同一性。马克思则认为，“资本一般”与各特殊资本不同，是每一种资本作为资本所共有的规定，是使任何一定量价值成为资本的那种规定。黑格尔认为，“特殊性”是概念的普遍性持续不变地同自身保持同一性的各种规定性，是同一性中的多样性。马克思不仅直接把“竞争”归之于资本的“特殊性”，并且认为“竞争”是许多资本的相互作用，是作为许多资本彼此间相互作用而表现出来的本质规定，是资本内在本性的外在必然表现形式。黑格尔认为，概念的“个别性”是普遍性和特殊性的统一，是普遍性的自身否定，而成为特定的东西。马克思则把资本作为信用和资本作为股份资本直接看成资本的“个别性”；认为在资本竞争中，各单个资本对于别的资本来说是独立出现的，各资本作为单个资本相互作用而使资本一般规律得以确立；而在信用中，各单个资本的表面独立性和独立存在则被扬弃，整个资本对单个资本来说是表现为一般因素；在股份资本中，则是各单个资本独立性扬弃的最高形式，并使资本最终确立了它的最适当的形式、最完善的形式。①

第二，马克思并没有完全拘泥于黑格尔的那套“三段式”，也没有完全照搬他的“普遍性、特殊性、个体性”的公式。例如，在马克思的许多研究计划中，完全按照“普遍性、特殊性、个体性”的公式建立自己经济学体系的，只有写于 1857 年 11 月的“五篇计划”的第三个补充计划。到 1858 年 4 月，马克思拟定的《资本》册“四篇结构”，从形式上看已不是那种典型的“三段式”了。又如，马克思在自己的写作实践中，也没有像黑格尔在写作《逻辑学》时那样，把概念的“普遍性、特殊性、个体性”三者截然分开。除 50 年代后期和 60 年代初写的那两部手稿外，在 1863 年以后写的《资本论》的手稿中，在叙述资本的内在机制和一般规律时，在必要的限度内也叙述了“资本一般”以外的问题。也就是说，有时突破了原先《政治经济学批判》“六册

① 《马克思恩格斯全集》第 26 卷，第 234 页，第 29 卷，第 299 页，第 46 卷下第 167 页。

计划”的设计，在主要研究“资本”的《资本论》中，也论及了“土地所有制”和“雇佣劳动”的某些问题；有时也突破了《资本》册“四篇结构”的设计，突破了“资本一般”的框架，在主要研究资本内在机制和一般规律的《资本论》中，也论述了原先计划属于资本的“特殊性”的“竞争”的某些问题，论述了原先计划属于资本的“个别性”的“信用”“股份资本”的某些问题。当然，《资本论》中对土地所有制、雇佣劳动、竞争、信用、股份资本等问题的某些说明，并不能取代这些问题的专门学说。

第三，黑格尔关于“普遍性、特殊性、个体性”的辩证思想，对马克思的最大的启迪，莫过于帮助马克思区分了资本的一般形式和具体形式，区分了剩余价值的一般形式和特殊形式，区别了资本的内在本质和现实运动，区别了资本的内在规律和外在必然表现形式。马克思在1861—1863年经济学手稿的《剩余价值理论》的一开头，对资产阶级经济学家有一段重要的评论：“所有经济学家都犯了一个错误：他们不是就剩余价值的纯粹形式，不是就剩余价值本身，而是就利润和地租这些特殊形式来考察剩余价值。由此必然会产生哪些理论谬误，这将在第三章(即后来的《资本论》第三卷——引者)中得到更充分的揭示，那里要分析以利润形式出现的剩余价值所采取的完全转化了的形式。”①在1867年《资本论》第一卷问世前后，马克思曾两次谈及这部书的优点。一次是1867年8月24日给恩格斯的信中，马克思谈到他的书有两个“最好的地方”，“研究剩余价值时，撇开了它的特殊形态——利润、利息、地租等等。……古典经济学总是把特殊形态和一般形态混淆起来，所以在这种经济学中对特殊形态的研究是乱七八糟的。”②另一次是1868年1月8日给恩格斯的信中，马克思谈到欧根·杜林对《资本论》的评论时说，“奇怪的是，这个家伙并没有觉察到这部书中的三个崭新的因素”，就是：“过去的一切经济学一开始就把表现为地租、利润、利息等固定形式的剩余价值特殊部分当作已知的东西来加以研究，与此相反，我首先研究剩余价值的一般形式，在这种形式中所有这一切都还没有区分开来，可以说还处于融合状态中。”③马克思在1864—1865年写的《资本论》第三卷“初稿”或“主要的手稿”开头有一段话说明《资本论》三卷研究对象的分

① 《马克思恩格斯全集》第26卷Ⅰ，第7页。

② 《马克思恩格斯全集》第31卷，第331页。

③ 《马克思恩格斯全集》第32卷，第11页。

工：第一卷研究“资本主义生产过程本身作为直接生产过程考察时呈现的各种现象”，第二卷研究资本的“流通过程”，第三卷“要揭示和说明资本运动过程作为整体考察时所产生的各种具体形式”，并说，“资本在自己的现实运动中就是以这些具体形式互相对立的，对这些具体形式来说，资本在直接生产过程中采取的形态和在流通过程中采取的形态，只是表现为特殊的要素。因此，我们在本卷中将要阐明的资本的各种形式，同资本在社会表面上，在各种资本的互相作用中，在竞争中，以及在生产当事人自己的通常意识中所表现出来的形式，是一步一步地接近了。”①

马克思对资产阶级经济学家的这个致命缺陷，能够有如此明晰深刻的认识，作出如此切中要害的批评，马克思在自己的理论研究中，能够区分资本和剩余价值的一般形式和特殊形式，创立被称为第二个伟大发现的剩余价值理论，制定《资本论》的三卷结构对之分别加以研究，总之马克思能够做出如此重大的贡献，从方法论的角度来说，是同批判地继承黑格尔哲学中的合理内核的辩证法分不开的，是得益于黑格尔的《逻辑学》对他的启迪。

竞争是比“资本一般”要具体的范畴

为了理解马克思经济学著作的结构(包括《政治经济学批判》的“六册结构”和《资本》册的“四篇结构”)，为了认识当前讨论的竞争范畴的含义和竞争学说在马克思经济学体系中的地位，在这里有必要进一步研究马克思的政治经济学的方法论。撇开《政治经济学批判》的“六册计划”不谈，可以这么说，《资本》册“四篇结构”和竞争学说在马克思经济学体系中的地位，是基于“资本一般”“竞争”等范畴的含义和竞争学说的研究对象的规定上，这又归根到底是由马克思的政治经济学的研究方法和建立范畴体系的方法所决定的。而马克思的政治经济学的方法，又是在批判地继承黑格尔古典哲学中的辩证方法和资产阶级古典经济学的抽象方法的基础上建立起来的。

① 《马克思恩格斯全集》第25卷，第30页。

马克思创作《〈政治经济学批判〉(1857—1858年草稿)》之前，于1857年8月所写的那篇著名《导言》中就根据他的唯物辩证法和唯物史观，批判地考察了17世纪和18世纪资产阶级经济学家的方法以及黑格尔的唯心主义辩证逻辑方法，较详细地阐述了他自己的政治经济学的方法论原则。马克思指出，17世纪的经济学家总是从生动的整体，从人口、民族、国家、若干国家等等开始，最后从分析中找出一些有决定意义的抽象的一般的关系，如分工、货币、价值等等。但是，这些个别的要素一旦确定下来和抽象出来以后，从劳动、分工、需要、交换价值等等这些简单的东西上升到国家、国际交换和世界市场的各种经济学体系就开始出现了。这里指的首先是亚当·斯密、大卫·李嘉图这些优秀古典经济学家运用从抽象上升到具体的方法所建立的经济学范畴体系。马克思明确指出，“后一种方法(即从抽象上升到具体的方法——引者)显然是科学上正确的方法”，并把以上两种情况概括为两条道路：“在第一条道路上，完整的表象蒸发为抽象的规定；在第二条道路上，抽象的规定在思维行程中导致具体的再现。”[①]同时，马克思还批判了黑格尔颠倒范畴运动和现实世界相互关系的唯心主义观点。马克思在《导言》中还提出，以下原则对于分篇直接具有决定的意义：“应当时刻把握住：无论在现实中或在头脑中，主体——这里是现代资产阶级社会——都是既定的；因而范畴表现这个一定社会即这个主体的存在形式、存在规定、常常只是个别的侧面”[②]。马克思认为，在一切社会形式中都有一种一定的生产决定其他一切生产的地位和影响，因为它的关系也决定其他一切关系的地位和影响。这是一种普照的光，它掩盖了一切其他色彩，改变着它们的特点。马克思指出，“资本是资产阶级社会的支配一切的经济权力。它必须成为起点又成为终点”[③]，马克思正是根据这些科学的方法论原则提出了《政治经济学批判》的“五篇计划”和“六册计划”。

“六册计划”中第一册《资本》的“四篇结构”，也体现了《导言》中所阐述的方法论原则。因为在马克思看来，“资本一般”是每一种资本作为资本所共有的规定，是资本的最抽象、最简单的关系，“竞争”是许多资本的相互作用，是资本的实际运动，

① 《马克思恩格斯全集》第46卷上，第38、44—45、444—445页。

② 《马克思恩格斯全集》第46卷上，第38、44—45、444—445页。

③ 《马克思恩格斯全集》第46卷上，第38、44—45、444—445页。

是资本内在规律的表现形式，是资本的较具体、较复杂的关系；资本作为"信用"，单个资本家可以支配整个资本家阶级的资本。整个资本对单个资本来说表现一般因素[①]，是资本的更具体、更复杂的关系；资本作为"股份资本"，取得了与私人资本相对立的"社会资本(即那些直接联合起来的个人的资本)的形式"，是资本的最完善的形式，是体现一切矛盾的、导向共产主义的形式[②]，是资本的最具体、最复杂的关系。所以，从"资本一般"开始，到"竞争或许多资本的相互作用"，再到"信用"，最后到"股份资本"，这样一个"四篇结构"也是根据从抽象到具体、从简单到复杂、从一般到特殊再到个别的方法制定的。

下面较仔细地分析一下马克思提出的"资本一般"和"竞争"这两个范畴的含义，以加深对马克思的方法论和《资本》册"四篇结构"的理解，并进而认识竞争学说在马克思经济理论体系中的地位。

马克思从两个方面揭示了"资本一般"范畴的含义：一方面，"资本一般"是资本关系的一种抽象存在。他说："尽管与各特殊资本相区别的资本一般，(1)仅仅表现为一种抽象；不过不是任意的抽象，而是抓住了与所有其他财富形式或(社会)生产发展方式相区别的资本的特征的一种抽象。资本一般，这是每一种资本作为资本所共有的规定，或者说是使任何一定量的价值成为资本的那种规定。而且这种抽象内部的种种差别也是表明每一种资本的特性的一些抽象特殊性，每一种资本就是这些抽象特殊性的肯定或否定(例如，固定资本或流动资本)。"[③]另一方面，"资本一般"又是资本关系的一种现实存在。马克思说："(2)但是，与各特殊的现实的资本相区别的资本一般，本身是一种现实的存在。"马克思解释说，任何事物都是在二重形式上存在。"一般的东西，一方面只是观念中的特征，同时也是一种同特殊事物和个别事物的形式并存的、特殊的现实形式。"[④]

根据马克思对"资本一般"含义的上述揭示以及其他说明，对"资本一般"可以得出以下认识：第一，"资本一般"是资本这个丰富整体的最本质最抽象最简单的关系，也是任何一种特殊资本所共有的规定。这种规定就是它能够增殖，是增殖的

① 参见《马克思恩格斯全集》第 26 卷Ⅱ，第 234 页，第 29 卷，第 299 页。

② 参见《马克思恩格斯全集》第 25 卷，第 493 页，第 29 卷，第 299 页。

③ 《马克思恩格斯全集》第 46 卷上，第 38、44—45、444—445 页。

④ 《马克思恩格斯全集》第 46 卷上，第 38、44—45、444—445 页。

价值。它与各特殊资本不同,它“既不是资本的某一特殊形式,也不是与其他各单个资本相区别的某一单个资本”[①]。第二,“资本一般”所反映的尽管是资本的抽象关系,但是它又与所有其他社会财富形式和社会生产发展形式(如封建地产)相区别,它反映的是社会总资本和总雇佣劳动的关系。马克思说:“考察资本一般,并不是单纯的抽象。例如,如果我考察某个国家内与总雇佣劳动(或者也与地产)相区别的总资本,或者说,我把资本当作与另一个阶级相区别的某一阶级的一般经济基础来考察,那我就是在考察资本一般”。[②] 第三,“资本一般”作为价值同单纯作为价值或货币的价值也不同,后者是更抽象的关系,是商品货币关系的最抽象的表现,是资本关系的前提。马克思说:“在这里作为必须同价值和货币相区别的关系来考察的资本,是资本一般,也就是使作为资本的价值同单纯作为价值或货币的价值区别开来的那些规定的总和。价值、货币、流通等等,价格等等,还有劳动等等也一样,都是前提。”[③]总之,马克思所说的“资本一般”是资本关系的抽象的简单的一般的范畴,是从现实的资本、各特殊形式的资本、每一单个资本中抽象出来的共同的本质的规定。

马克思研究的“竞争”不是一般竞争,而是“资本的竞争”。当前要着重讨论的是竞争范畴的含义。在1857—1858年经济学手稿中,马克思提出:资产阶级学者赞美自由竞争,而空想社会主义者则诅咒自由竞争。资产阶级学者认为自由竞争是生产力发展的终极形式,是人类自由发展的终极形式。如果谁否定自由竞争就等于否定个人自由,等于否定以个人自由为基础的社会生产。但是,在资产阶级学者那里,“自由竞争只是被否定地理解,即被理解为对垄断、行会、法律规定等等的否定,被理解为对封建生产的否定”[④]。因此马克思认为,“揭示什么是自由竞争,这是对于中产阶级先知们赞美自由竞争或对于社会主义者们诅咒自由竞争所作的唯一合理的回答。”[⑤]

马克思认为,不能像资产阶级学者那样只是从否定方面来理解自由竞争,“它

---

① 《马克思恩格斯全集》第46卷上,第270、397—398页。
② 《马克思恩格斯全集》第46卷下,第382、161、159页。
③ 《马克思恩格斯全集》第46卷上,第270、397—398页。
④ 《马克思恩格斯全集》第46卷上,第270、397—398页。
⑤ 《马克思恩格斯全集》第46卷下,第382、161、159页。

总还必须是某种自为存在的东西”[①]。从马克思的诸多论述中，可以看出竞争范畴具有如下含义和特征：第一，竞争是许多资本的相互关系和相互作用。马克思计划中的《竞争》篇的完整提法是“竞争或许多资本的相互作用”，这个提法本身就表明了这个意思。他还说，“自由竞争是资本同作为另一个资本的它自身的关系”[②]“资本是而且只能是作为许多资本而存在，因而它的自我规定表现为许多资本彼此间的相互作用。”[③]第二，竞争是资本的一种外在必然性，是资本内在本性的必然表现，是资本内在规律的实现形式。马克思说：“从概念来说，竞争不过是资本的内在本性，是作为许多资本彼此间的相互作用而表现出来并得到实现的资本的本质规定，不过是作为外在必然性表现出来的内在趋势。”[④]他还提出，竞争，“它使符合资本本性，符合以资本为基础的生产方式，符合资本概念的东西，表现为单个资本的外在必然性。”[⑤]“资本的内在规律，资本的趋势只有在竞争中，即在资本对资本的作用中，才能得到实现。”[⑥]。第三，竞争是资本的现实发展和实际运动。马克思说，竞争是“资本作为资本的现实行为”。“自由竞争是资本的现实发展。……各资本在竞争中相互之间施加的，以及资本对劳动等等施加的那种相互强制(……)，就是作为资本的财富得到的自由的同时也是现实的发展。”[⑦]在另外一些地方，马克思把竞争当作“资本的实际运动”的同义语来使用，把竞争解释为“资本的实际过程，这种过程表现为各资本以及其他一切由资本决定的生产关系和交往关系的相互作用。”[⑧]第四，竞争是各资本之间施加的压力，是一种强制规律。马克思说：“竞争无非是许多资本把资本的内在规定互相强加给对方并强加给自己。”[⑨]“自由竞争使资本主义生产的内在规律作为外在的强制规律对每个资本家起作用。”[⑩]“内在规律只有通过他们(指资本主义商品生产者——引者)之间的竞争，他们互相施

---

① 《马克思恩格斯全集》第46卷上，第270、397—398页。
② 《马克思恩格斯全集》第46卷下，第382、161、159页。
③ 《马克思恩格斯全集》第46卷上，第270、397—398页。
④ 《马克思恩格斯全集》第46卷上，第270、397—398页。
⑤ 《马克思恩格斯全集》第46卷下，第159页。
⑥ 《马克思恩格斯全集》第46卷下，第271、159—160、47、247页。
⑦ 《马克思恩格斯全集》第46卷下，第271、159—160、47、247页。
⑧ 《马克思恩格斯全集》第46卷下，第271、159—160、47、247页。
⑨ 《马克思恩格斯全集》第46卷下，第271、159—160、47、247页。
⑩ 《马克思恩格斯全集》第23卷，第300页。

加的压力来实现，正是通过这种竞争和压力，各种偏离得以互相抵销。”[①]第五，自由竞争是“资产阶级经济的重要推动力”[②]，“是资本贯彻自己的生产方式的手段”[③]，“是资本生产过程的最适当形式”[④]。为什么呢？“因为自由竞争就是以资本为基础的生产方式的自由发展，就是资本的条件和资本这一不断再生产着这些条件的过程的自由发展。”[⑤]所以，随着自由竞争的发展，资本的内在规律才确立为规律，以资本为基础的生产才以它的最适当的形式确立起来。

从马克思对“资本一般”和“资本竞争”这两个范畴的说明可以看出：“资本一般”是关于资本的内在本性、本质规定和内在规律的范畴，是抽象了资本的特殊形式和各个资本之间相互关系的范畴，因而是表现资本的抽象的简单的关系的范畴，即抽象范畴；“资本竞争”是关于资本的内在本性和内在规律的外在表现的范畴，是资本的现实发展和实际运动的范畴，是许多资本相互关系和相互作用的范畴，因而是表现资本的比较具体的、比较复杂的关系的范畴，即相对于“资本一般”来说是具体范畴。由此可以得出结论：从人们的认识规律来说，只有理解了资本的内在本性和内在规律，才能理解资本的现实发展和实际运动，也就是说，只有阐述了“资本一般”，阐述了资本的本质规定和一般规律，才能对“资本竞争”给予科学说明。所以，在理论结构上，资本竞争应该作为一个专门学说，安排在论述资本的本质规定和一般规律的学说之后加以阐明。这就是资本竞争学说的理论地位。

原载《〈资本论〉与当代经济》1993 年第 1 期

① 《马克思恩格斯全集》第 25 卷，第 995 页。

② 《马克思恩格斯全集》第 46 卷下，第 271、159—160、47、247 页。

③ 《马克思恩格斯全集》第 46 卷下，第 271、159—160、47、247 页。

④ 《马克思恩格斯全集》第 46 卷下，第 271、159—160、47、247 页。

⑤ 《马克思恩格斯全集》第 46 卷下，第 271、159—160、47、247 页。

论马克思的社会经济调节理论

关键词：马克思经济理论；社会经济调节；资源配置

摘　要：作为社会经济调节理论的创始人，马克思指出按比例分配社会总劳动是适用于一切社会形态的共有规律，但在不同的社会形态里的实现形式不同；他正确地揭示了在私有制商品经济中，这一规律通过市场上的竞争机制、价值规律而实现，在资本主义经济条件下，它表现为社会总产品价值上和物质上实现的规律；马克思还科学地预见了在未来公有制社会中，人们将通过直接的自觉的控制和预先制定的计划来实现社会总劳动的按比例分配。

社会经济调节理论是对马克思主义经济理论体系中一个重要理论问题的概括，是指在社会化大生产条件下，社会运用什么方式或采取什么手段以调节社会经济正常运行的理论，简言之就是社会调节经济运行的理论。马克思主义经典作家从理论上总结了近现代社会化大生产发展的历史实践，指出社会调节经济的方式，或者是自发的方式，即让客观经济规律自发地调节社会经济的运行；或者是自觉的方式，即人们在遵守经济规律的前提下，自觉地利用它来调节社会经济的运行。也就是说，自发调节就是由市场机制调节社会经济的运行，即由市场上的价值规律、竞争机制、供求关系变动来自发地调节社会经济资源的配置；自觉调节就是由社会从宏观上调控社会经济的运行，即社会或国家运用计划手段、财政货币政策以及其他政策手段来自觉地调节社会经济资源的配置。马克思指出，任何一个社会总要以某种方式来调节生产，从而提出社会调节生产的方式的问题，并对此作了深入系统的研究。

一

马克思通过研究发现,按比例分配社会总劳动是适用于一切社会形态的共有规律,但它在不同的社会形态里的实现形式是不同的。

在《1857—1858年经济学手稿》中,马克思从第二种社会必要劳动时间的角度第一次提出了社会总劳动时间的分配问题。他认为,社会为生产某种产品所花费的劳动时间,同社会拥有的全部劳动时间即社会总劳动时间之间在客观上应该符合一定的比例,但实际上可能低于或高于这个比例。写于1864—1865年间的《资本论》第3卷"主要的手稿"中,马克思从社会分工、社会需要和价值规律的角度,在更高的理论层次上进一步阐发了社会总劳动时间在不同生产领域的分配问题,指出了价值规律在实现这种分配中的作用。他认为,由于人类社会的需要是多方面的,存在着社会分工,因而社会必要劳动应该理解为:"这是生产特殊物品,满足社会对特殊物品的一种特殊需要所必要的劳动",即只有符合这种需要所花费的劳动时间才是必要的。"在这里界限是通过使用价值表现出来的。社会在一定生产条件下,只能把它的总劳动时间中这样多的劳动时间用在这样一种产品上","因此,不仅在每个商品上只使用必要的劳动时间,而且在社会总劳动时间中,也只把必要的比例量使用在不同类的商品上"。(《马克思恩格斯全集》,第25卷,716、717页,北京,人民出版社,1974。)1868年1月,马克思在给恩格斯的信中提出了社会生产调节方式问题。他说:"实际上,没有一种社会形态能够阻止社会所支配的劳动时间以这种或那种方式调整生产。"依据德文版原文,句中的"调整生产"译为"调节生产"更好。1868年7月,马克思在给库格曼的信中,把上述思想归结为一条客观规律。他说,人们要想得到与各种不同需要相适应的产品量,就要付出各种不同的和一定数量的社会总劳动。"这种按一定比例分配社会劳动的必要性,决不可能被社会生产的一定形式所取消,而可能改变的只是它的表现形式"。他还强调指出,"自然规律是根本不能取消的。在不同的历史条件下能够发生变化的,只是这些规律借以实现的形式"。(《马克思恩格斯全集》,第32卷,12、541页,北京,人民出版社,1975。)这里马克思是讲,每一种社会形态总要以某种方式调节生产或经济,使按比例分配社会总劳动的规律得以实现。

马克思的上述思想归纳起来有三点：(1)明确地把按一定比例分配社会总劳动的必要性归结为一条适用于一切社会形态的共有经济规律。马克思所说的社会总劳动应该包括全社会活劳动和物化劳动，亦即人力资源和物质资源，所以，社会总劳动的分配也就是社会经济资源的配置。(2)明确地把上述经济规律和它的表现形式或实现形式加以区别，认为这一规律在不同的社会形态里具有不同的表现形式或实现形式。马克思的大量论述表明，这一规律在私有制社会和公有制社会里的实现方式是完全不同的。(3)明确地指出了社会对生产或经济的调节方式问题，即调节生产的方式作为一种手段或方法，以达到按一定比例分配社会总劳动的目的。

二

马克思指出，私有制商品经济条件下社会总劳动按比例分配规律，是通过市场上的竞争机制、价值规律亦即价格变动而实现的。

在以私有制为基础的商品经济中，商品生产者的私人劳动和社会劳动是矛盾的，这是商品经济的基本矛盾。按照马克思的意见，这时社会总劳动按比例分配规律的实现形式或调节方式是竞争机制和价值规律。马克思在讲第二种社会必要劳动时间时提出这样一个问题：这种“必要劳动时间究竟按怎样的量在不同的生产领域中分配”？他回答说：“竞争不断地调节这种分配，正像它不断地打乱这种分配一样。”(《马克思恩格斯全集》，第26卷Ⅰ，234—235页，北京，人民出版社，1972。)竞争只不过是经济规律借以实现的一种机制，那么这个规律是什么呢？马克思认为是价值规律。他说，如果社会总劳动的分配是按比例进行的，则不同类商品就按照它们的价值或价格出售。因此，“事实上价值规律所影响的不是个别商品或物品，而总是各个特殊的因分工而互相独立的社会生产领域的总产品”。“只有当全部产品是按必要的比例进行生产时，它们才能卖出去。社会劳动时间可分别用在各个特殊生产领域的份额的这个数量界限，不过是整个价值规律进一步发展的表现，虽然必要劳动时间在这里包含着另一种意义”。(《马克思恩格斯全集》，第

25卷,第716、717页。)

所谓由价值规律和竞争机制来实现,具体说就是通过交换价值或价格变动来实现。马克思明确指出:“在社会劳动的联系体现为个人劳动产品的私人交换的社会制度下,这种劳动按比例分配所借以实现的形式,正是这些产品的交换价值。”(《马克思恩格斯全集》,第32卷,第541页。)他还说,在私有制下,对社会总劳动时间分配的调节,只能“通过商品价格的变动来实现”。(同上书,第12页。)在私有制商品经济条件下,社会总劳动按比例分配规律由竞争机制和价值规律(价格变动)调节也就是市场调节。但是,马克思也指出,在私有制商品经济中,由于存在商品生产者劳动的私人性和社会性的矛盾,存在社会经济过程既是个人过程,同时又是社会过程的矛盾,价值规律是在商品生产者背后在市场上自发地起作用的,因而必然存在盲目性和破坏性。价值规律在自发调节社会资源在各生产领域的分配的同时,也会造成社会资源和生产力的浪费,造成商品生产者的两极分化。

三

马克思指出,在资本主义社会化大生产条件下,社会总劳动按比例分配规律具体地表现为社会总产品价值上和物质上实现的规律,这一规律是通过社会经济发展的周期变动和危机的形式实现的。

《资本论》第2卷的社会总资本再生产和流通理论详细深入地阐述了资本主义条件下社会总产品的实现规律。资本主义经济是生产资料资本家私人占有制经济,是高度发达的商品经济,是社会化大生产经济。这时,社会总劳动表现为社会总商品并进而表现为社会总价值;社会总产品的实现,“不仅是价值补偿,而且是物质补偿,因而既要受社会产品的价值组成部分相互之间的比例的制约,又要受它们的使用价值,它们的物质形式的制约”。(《马克思恩格斯全集》,第24卷,437—438页,北京,人民出版社,1974。)因而社会总劳动按比例分配规律具体表现为社会总产品价值上和物质上实现的规律。马克思提出了在简单再生产和扩大再生产条件下社会总产品实现的条件和公式。可见,社会总产品的实现归根结底是社会生产按比例发展问题，是社会总劳动按比例分配问题。因此，社会总劳动按比例分配规律同社会总产品实现规律是一致的，后者只不过是前者在资本主义社会化大生产条件下的具体表现。

资本主义社会化大生产条件下社会总产品实现的条件和规律，是抽象的实现论。那么，这一抽象规律的实现形式是怎样的？或者说在资本主义条件下调节社会总劳动分配的方式是怎样的？应当指出，资本主义作为商品经济的特殊形式，前面讲的关于私有制商品经济中调节社会总劳动分配的方式和机制，即竞争机制和价值规律（价格变动）也是完全适用的。但是，资本主义经济是发达的、社会化大生产的、资本家私人占有的商品经济，从而调节社会总劳动的方式和机制以及负面作用又有了新的特点和表现。

首先，由价值规律调节转化为由生产价格规律调节。在资本主义发展的较高阶段，商品已不再按价值出卖，而是按生产价格出卖。这时，价值规律作用形式也发生了变化，市场价格以生产价格为中心，并围绕这个中心而波动。生产价格等于成本价格加平均利润，各部门的资本都按平均利润率获取平均利润。所以，由生产价格调节也就是由平均利润率调节。受平均利润率规律支配，各部门之间展开自由竞争，通过资本自由转移和流动，从而社会总劳动或经济资源（包括生产资料和劳动力）也不断重新配置，直到各部门的特殊利润率平均化。可见，在资本主义自由竞争阶段，是生产价格规律和平均利润率规律调节社会总劳动的分配和经济资源的配置。

其次，经济发展的周期波动和危机也是调节社会总劳动分配的形式。马克思说："在资本主义社会，社会的理智总是事后才起作用，因此可能并且必然会不断发生巨大的紊乱"，（《马克思恩格斯全集》，第 24 卷，第 350 页。）以及"不可避免的经常的无政府状态和周期的痉挛现象"。（《马克思恩格斯全集》，第 17 卷，362 页，北京，人民出版社，1963。）马克思分析了在随着生产力发展产生的平均利润率下降规律作用下资本主义经济的内在矛盾的种种表现，如剩余价值生产和剩余价值实现的矛盾、生产扩大和价值增殖的矛盾等等，指出在工人人口过剩的同时还会形成资本过剩。人口和资本过剩对于资本来说是致命的威胁和打击，表明"生产资料的集中和劳动的社会化，达到了同它们的资本主义外壳不能相容的地步"。（《马克思恩格斯全集》，第 23 卷，831 页，北京，人民出版社，1974。）于是，经济发展的周期波动以致经济危机就不可避免了，从而由此造成的资本价值的贬值甚至丧失、社会资源的浪费和破坏、劳动人民的失业和贫困也不可避免了。经济危机是资本主义矛盾尖锐化的结果，同时又是“现有矛盾的暂时的暴力的解决”，“使已经破坏的平衡得到瞬间恢复的暴力的爆发”。（《马克思恩格斯全集》，第 25 卷，第 278 页。）可见，在资本主义自由竞争和市场机制下，社会总劳动的按比例分配，社会总资本再生产的平衡运行，是通过比例关系和平衡调节的破坏的形式，即“平衡——平衡破坏——再平衡”的机制强制地实现的。

四

马克思在《资本论》及其手稿中多次提到未来社会中社会总劳动按比例分配规律的实现方式，认为在未来公有制社会中，人们将通过直接的自觉的控制和预先制定的计划来实现社会总劳动的按比例分配。

马克思明确指出，在自由人联合体中，“劳动时间的社会的有计划的分配，调节着各种劳动职能同各种需要的适当的比例”。（《马克思恩格斯全集》，第 23 卷，第 96 页。）“只有在生产受到社会实际的预定的控制的地方，社会才会在用来生产某种物品的社会劳动时间的数量，和要由这种物品来满足的社会需要的规模之间，建立起联系”。（《马克思恩格斯全集》，第 25 卷，第 209 页。）

在其他著作和通信中，马克思也多次谈到这个问题。1868 年 1 月，马克思在给恩格斯的信中指出，“只有在公有制之下”，才有可能“通过社会对自己的劳动时间所进行的直接的自觉的控制”来实现对社会生产的调节。（《马克思恩格斯全集》，第 32 卷，第 12 页。）1871 年 4—5 月，马克思在《法兰西内战》一书中指出，在共产主义制度下，“联合起来的合作社按照总的计划组织全国生产，从而控制全国生产，制止资本主义生产下不可避免的经常的无政府状态和周期的痉挛现象”。（《马克思恩格斯全集》，第 17 卷，第 362 页。）1872 年 3—4 月，马克思在《论土地国有化》一文中进一步指出，在未来社会中，“农业、矿业、工业，总而言之，一切生产部门都将逐渐地用最合理的方式组织起来。生产资料的全国性的集中将成为自由平等的生产者的联合体所构成的社会的全国性基础,这些生产者将按照共同的合理的计划自觉地从事社会劳动"。(《马克思恩格斯全集》,第 18 卷,67 页,北京,人民出版社,1964。)

把马克思的上述思想归纳一下,主要是:(1)公有制的自由人联合体即共产主义社会的生产将由社会自觉控制的方式进行调节。(2)它将根据社会需要来分配社会总劳动时间,按一定比例安排生产。(3)它将按照预先制定的合理的计划自觉地组织和控制全国的生产。我认为,社会直接自觉地控制自己的经济活动是未来社会调节经济的更高层次的方式,而通过制定计划组织社会生产只是实现上述调节方式的一种具体手段。总之,在马克思看来,在未来公有制的自由人联合体里,社会总劳动按比例分配的规律、社会再生产的实现规律,将通过由社会直接自觉控制和预先制定计划的方式来进行调节,使社会生产符合社会需要的要求得以实现。这是马克思在总结资本主义自由竞争阶段社会经济运动规律及其内在矛盾的基础上,对未来社会经济活动的实现方式和调节方式的一种科学预见,也是马克思主义关于公有制的共产主义社会实行计划经济的由来。同时,这也是现代社会经济需要实行国家的或社会的宏观调控的思想的最早来源之一。

五

马克思的最大贡献在于:他在人类思想史上第一次提出比较系统的社会经济调节理论。

第一,他科学地发现适用于一切社会形态的社会总劳动按比例分配的普遍规律,并认为这一规律在不同的社会形态中具有不同的表现形式、实现方式和调节方式。西方资产阶级经济学家只提出资源配置方式理论、总供给和总需求均衡理论,但没有把二者联系起来,从而不可能得出社会资源必须根据社会需要按比例配置的认识。

第二,他正确地揭示了私有制商品经济中上述普遍规律的实现形式和调节方式,在市场上发生作用的竞争机制和价值规律(价格变动)。不仅如此,马克思还专门揭示了以社会化大生产为特征的自由竞争阶段的资本主义经济中,社会总产品实现的条件和规律，以及这一规律的实现形式和调节方式，以及由于这一机制的缺陷，必然要通过社会经济发展的周期波动和危机的形式而强制实现。资产阶级古典政治经济学家亚当·斯密发现了调节资源配置的方式即所谓“看不见的手”，其实就是市场机制和价值规律。但是，斯密和李嘉图未能区分价值和生产价格，并解决价值规律和平均利润率规律的矛盾，因而不能正确地说明资本主义经济实现的内在机制。特别是由于阶级本性，他们不承认市场机制的缺陷，否认经济危机的必然性。

第三，他科学地预见了未来公有制的共产主义社会中上述普遍规律的实现形式和调节方式。这时由于商品货币关系已经消亡，市场机制不复存在，社会总劳动的分配、社会资源的配置将由社会的人们直接自觉控制和通过预先制定的计划来实现和调节。在资产阶级经济学方面，直到20世纪20年代，自由放任主义经济学一直占据统治地位，有些非正统学派也提出过各种各样的国家干预主义的政策主张，但影响极微。1929—1933年的空前严重的经济危机教训了资产阶级及其思想家，美国罗斯福“新政”从实践上加强了国家对社会经济生活的干预，运用国家政权力量实施反危机的政策法令来缓解和消除危机后果；随后出现的凯恩斯主义则从理论上对国家干预的必要性和干预方式作了系统解释和概括。但是在人类思想史上最先提出对社会经济活动实行自觉控制和从宏观上调节社会经济运行思想的是马克思，而凯恩斯等人提出类似思想要晚六十多年。

参考文献

[1] 《马克思恩格斯全集》[C].第17卷.北京：人民出版社，1963.
[2] 《马克思恩格斯全集》[C].第18卷.北京：人民出版社，1964.
[3] 《马克思恩格斯全集》[C].第23卷.北京：人民出版社，1974.
[4] 《马克思恩格斯全集》[C].第24卷.北京：人民出版社，1974.
[5] 《马克思恩格斯全集》[C].第25卷.北京：人民出版社，1974.
[6] 《马克思恩格斯全集》[C].第26卷Ⅰ.北京：人民出版社，1972.
[7] 《马克思恩格斯全集》[C].第32卷.北京：人民出版社，1975.

On Theories of Social Economic Adjustment by Marx

CHENG Bao-liang

(School of Economics, Renmin University of China, Beijing 100872)

Key words: Marxist economic theories; social economic adjustment; distribution of resources

Abstract: Marx, who initiated theories of social economic adjustment, maintained that distribution of the total amount of labor in proportion is a general principle which could be applied to all social forms. The ways of actualizing might vary from one society to another, though. He pointed out that under circumstances of private commodity economy this principle was realized through competition in the market and law of value. Under circumstances of capitalist economy, it was manifested by regulations in the form of materi-alization and values of social products as a whole. He made the scientific prediction that in the future society of public ownership, people would realize proportional distribution of the total amount of labor by means of direct control and planning in advance.

原载中国人民大学《教学与研究》2000 年第 2 期

学习马克思关于流通时间和流通费用的理论

资本在其循环过程中，不断发生着形态的变化，这些形态变化都要经历一定的时间。资本经历一次循环过程所需要的全部时间，叫作流通时间。这是从资本总流通来讲的流通时间，是广义的流通时间。作为《资本论》第二卷第五章标题的《流通时间》，就是指广义的流通时间。

资本通过生产领域和流通领域两阶段的运动，资本停留在生产领域里的时间，是生产时间；资本停留在流通领域里的时间，是流通时间（狭义的流通时间）。“所以，资本完成它的循环的全部时间，等于生产时间和流通时间之和。”（《资本论》第二卷第138页，以下引文出自此书，只注明页数）

生产时间，根据生产资料是否进入生产过程。划分为生产预备时间和生产过程时间。生产预备时间，指储备生产资料的时间，是为生产过程作准备的。这时，生产资料已经进入生产领域，但还没有进入直接生产过程。生产过程时间，指生产资料已经停留在生产过程内的时间。它又分为三个部分：(1)停工时间，指生产资料停止发挥作用的时间。例如，工厂不开工的时间。(2)自然作用时间，指自然力独立地对劳动对象发生作用的时间。例如，酿酒的自然发酵时间和农作物的自然生长时间。(3)劳动时间，指劳动者与生产资料直接结合进行物质资料生产的时间。由此，生产时间可以划分为劳动时间和非劳动时间。非劳动时间包括生产预备时间、停工时间和自然发生作用时间。非劳动时间既不创造价值，也不创造剩余价值。

资本的流通时间，包括购买时间（G—W）和出卖时间（W′—G′）。流通时间是资本增殖运动的一个必要条件，没有购买阶段和出卖阶段，生产阶段就不能进行，剩余价值就不能生产和实现。但是，资本在流通时间内也不生产价值和剩余价值。而且，流通时间和生产时间是互相排斥的。资本的流通时间长了，生产时间就相对短，这对于资本增殖是一种限制。因为资本停留在流通领域的时间越长，处于货币形态和商品形态上的资本量就越大,用在生产领域发挥作用的资本部分就相对小,资本价值的增殖就会受到了限制。马克思说:“资本的流通时间,一般说来,会限制资本的生产时间,从而也会限制它的价值增殖过程。限制的程度与流通时间持续的长短成比例。”(第142页)

在资本的流通时间内,卖的时间比买的时间更为重要。在资本主义制度下,购买生产资料和劳动力是为剩余价值生产作准备,而出卖商品,则更为重要。由于资本主义的生产和消费的矛盾,使商品出卖和剩余价值的实现经常存在着困难。同时,因为商品的使用价值是有一定寿命的,有的能够保持很长时间,有的会逐步丧失,有的在很短时间内就会消灭,这是由于物体本身的自然属性以及受自然的和社会的各种因素的影响存在着差别。因此,商品的出卖时间的绝对界限,就是这种商品的使用价值的存在和延续的时间。超过这个界限,随着商品使用价值的消失,它的价值也同时消失。鲜嫩易腐商品必须尽快求售。变质商品要削价处理以致报废,就是这个道理。

资本在流通领域内,不仅要经历一定的时间,而且要消耗一定的费用,这种费用叫流通费用。它分为两大类:由商品价值运动引起的,属于资本价值形式转化而消耗的各种费用,叫作纯粹流通费用;由商品使用价值运动引起的,为保管和运输商品而消耗的各种费用,叫生产性流通费用。

纯粹流通费用,包括买卖时间、簿记和货币所引起的费用。资本家从事商品买卖行为所需要的时间,就是买卖时间。在买卖时间内支出的各种费用,如建筑和维持买卖机构的费用,商业雇佣劳动者的工资、广告费、商业办公费等。但是,资本价值的形式转化并不会创造价值,它是一种非生产性的费用。簿记是关于填写凭证、记账和结账工作的统称。在执行簿记职能时,既要耗费劳动资料,又要耗费劳动力,在流通领域中花费在簿记上的物化劳动和活劳动,就是簿记费用。簿记费用也是一种纯粹流通费用。资本的循环是离不开货币的。要维持货币流通,就需要支付一定的费用。这种费用也是非生产性的。

生产性流通费用包括保管费用和运输费用。在资本主义制度下,为了保证社会再生产过程的正常进行,市场上和企业就必须储备一定的生产资料和生活资料,形成商品储备。要能妥善保管储备的商品,首先要有建筑物,如栈房、仓库等,这就需要支出不变资本。其次，搬运、看管商品还得雇佣劳动力，这就需要支付可变资本。此外，为了保护好商品，避免变质，还得购置必要的设备，采取必要的措施，这也需要投下资本。所以，资本采取商品储备形式时，必须追加所需要的物化劳动和活劳动，即支出保管费用。

保管费用是由商品的使用价值运动引起的，是为了保存商品的使用价值。保存使用价值的过程具有生产性质，是生产过程在流通过程中的继续。保存使用价值的劳动是一种生产劳动，一定程度上会加入商品的价值，并创造剩余价值，使商品变贵。在这个意义上，保管费用是“生产上的”流通费用。但是，这种保存使用价值的劳动是在流通过程中进行的，不创造也不增加使用价值，而且要耗费一部分物化劳动和活劳动，这种耗费是非生产耗费，是社会财富的扣除。在这个意义上，保管费用又是一种“非生产费用”。可见，保管费用是流通领域内的费用，但它又与前面讲的纯粹流通费用不同，是一种具有生产性质的流通费用。

商品储备有正常形式和非正常形式。正常储备所需要的保管费用，会加入商品价值，是生产性的流通费用。非正常的商品储备，超过了社会需要的正常界限，是流通的真正停滞。所以，为非正常储备而支付的保管费用，它不会加入价值，而成为价值的损失，它已经由生产性的流通费用转化为纯粹流通费用。

运输费用是为产品变换场所而支付的费用。马克思说：“商品在空间上的流通，即实际的移动，就是商品的运输。”(第 170 页)在资本主义社会，专门执行运输职能的运输业是一个独立的生产部门，是生产资本的一个特殊投资领域；但是它又与别的物质生产部门不同，它表现为生产过程在流通领域内的继续。资本家投入运输业的生产资本，也分为两部分：不变部分用于购置运输工具，它的价值会转移到所运输的产品中去；可变资本用于雇佣运输工人，其劳动会创造新价值，追加到所运输的产品中去。运输业资本家垫支的生产资本，投下的物化劳动和活劳动，就是运输费用。

为什么运输部门是生产部门，运输业的资本是生产资本？这是因为：首先运输是产品的空间移动和场所变换的物理运动，是使用价值的运动，是生产过程在流通领域内的继续，是一种追加的生产过程。其次，产品只有通过消费才成为现实的产品，否则只是可能的产品。运输虽不能创造使用价值，但它可以使产品的使用价值通过消费而实现,而产品只有从生产场所运到销售场所才能进入消费得到最后实现。所以,运输工人的劳动是一种生产劳动,其劳动虽然不会使产品总量增大,也不会增加其使用价值,但却能使生产资本加入到运输的产品中去,并给资本家带来剩余价值,正是因为这个缘故,由运输部门的生产资本所形成的运输费用,也是具有生产性质的流通费用。

马克思关于资本的流通时间和流通费用的理论,其中包含了适用于社会化大生产和商品经济的一般原理。因此,撇开其中属于资本主义的性质和特点,它的一般原理对于社会主义经济建设有着重大现实意义。马克思的这些原理对我们的实际工作有哪些启发呢?

第一,要提高社会经济效益,最根本的是要组织好企业的生产,缩小非劳动时间,扩大劳动时间;同时要搞好商品流通,减少流通时间,增加生产时间。当前某些企业生产任务不饱满,一个重要原因是原材料供应不足和产品销路不好。从理论上说,就是流通时间过长,使生产时间受到了限制。现在某些工业品和农产品发生买难卖难,从生产者来说就是为购买生产资料和推销产品所花的流通时间延长了,限制了生产时间。因此,企业要搞好自己的生产,首先要切实解决原材料的供应问题,使生产预备时间与生产过程时间或劳动时间相适应;同时要合理组织生产,扩大生产时间;最后还要做到产品适销对路,防止发生滞销和积压,尽量减少流通时间。只有这样,才能保证企业生产均衡地、有节奏地进行。

第二,要疏通流通渠道,减少流通环节,节省流通费用。纯粹流通费用,包括不合理的保管费用和运输费用,是一种非生产性的费用,要从社会财富中扣除的。所以,要千方百计节省纯粹流通费用,同时要把保管费用和运输费用限制在必要的合理的限度内。为了发挥流通对生产的促进作用,必须多方疏通和开辟流通渠道,打破地区封锁,减少不必要的环节,克服买难卖难,清理仓库积压,避免迂回运输,保证货畅其流。

第三,要合理储备商品,减少仓存损耗,节省保管费用。要节省保管费用,最重要的是商品储备要合理。同时,要科学地保管贮存物资,尽量保存和延长其使用价值,由于保管不善使物资变质所造成的损失浪费,是犯罪的行为,必须坚决防止。还有,要爱护保管设备,节省保管人员和保管费用。

第四,大力发展运输事业,改善经营管理,提高运输工作质量,促进生产和流通。运输业是国民经济的纽带,又是经济发展的"先行官"。目前我国货运和客运都很紧张,是国民经济的一个薄弱环节。为此,要抓紧运输业的基本建设,扩大运输能力,使之与生产和流通的发展相适应;要改善运输企业的经营管理,提高运输效率,降低运输成本,减少运输费用;要提高运输工作的质量,整顿运输秩序,做到安全迅速,避免物资丢失、损坏、积压。

原载武汉《财会通讯》杂志1982年第9期

借贷资本是产业资本运动中的货币资本职能形式的转化形态吗?

商业资本和借贷资本是从产业资本循环运动中分离出来的两种不同的具体的资本形态,但是在某些政治经济学书籍中却把二者相提并论,等同看待,从而令人不容易把握这二者的区别。有一本书中写道:“资本有三种形式:货币资本形式、生产资本形式和商品资本形式。工业资本的这些职能形式在工业资本的一定发展阶段就相互分离,商品资本分离为商业资本,货币资本分离为借贷资本”。在另一本流传很广的教科书中虽然分析了借贷资本的形成过程,但在概括时也认为产业资本的三种职能形式在一定发展阶段上就互相分离,商品资本分离为商业资本,货币资本分离为借贷资本。还说,像商品资本分离为商业资本一样,货币资本也分离为借贷资本。有些人由商业资本是产业资本循环运动中商品资本独立化的形态这一命题出发,简单地用来类比于借贷资本,说借贷资本是产业资本循环运动中货币资本的独立化形态。还有些人认为在商业资本和借贷资本成为独立化的资本形态以后,平均利润率的计算公式应为:全社会利润总额÷(产业资本+商业资本+借贷资本)。我认为以上这些观点和提法都是不够恰当的,甚至是错误的。

商业资本和借贷资本是两种不同的具体资本形态,无论是从产业资本循环运动中分离出来的过程,或是在资本主义再生产过程中的地位和作用,二者都是极不相同的。

商业资本只不过是产业资本循环运动中机能资本形式之一的商品资本独立化了的形态,原来要由产业家担任的把商品资本转化为货币实现价值和剩余价值的机能,现在由商人专门来完成了。商品资本现在,独立化为商业资本,执行着实现商品价值和剩余价值的机能。所以马克思说,商业资本是“在流通过程内发生机能的产业资本一部分的独立化形态”[①]，是“在流通领域内发生机能的资本。”[②]

借贷资本从产业资本中分离出来的过程和商业资本不同。马克思在《资本论》第2卷第2、8、15诸章中，曾经分析了资本周转运动中必然会出现游离的货币资本的多种情况，同时指出：“由周转运动机构而游离出来的货币资本（加上由固定资本逐次流回的，以及每一个劳动过程为可变资本而成为必要的货币资本），在信用制度发展的时候，必然起重要的作用，同时还必然是信用制度的基础之一。”[③]这种游离的货币资本，按照马克思的说法，是一种“潜在的资本”、“休眠状态的资本”、“可能的资本”，总之是一种闲置的货币资本，而不是机能中的资本，它不能参与剩余价值的生产和实现。这样，就在这种闲置货币资本的形态上，出现了资本闲置和资本本性的矛盾：按照资本的本性，要求带来剩余价值，但它又处于游离和闲置状态，却不能带来剩余价值。这个矛盾的存在和发展，就使这种从产业资本周转运动中出现的货币资本转化为借贷资本。由此可见，借贷资本和产业资本有着本质的联系，它是产业资本循环运动中必然产生的一种游离的货币资本的转化形态。如果说借贷资本是货币资本的独立化形态，但绝不能说是机能形态上的货币资本的独立化，宁可说是游离形态上或潜在形态上的货币资本的独立化。

借贷资本在资本主义再生产过程中的地位和作用也与商业资本不同。在借贷资本形态上，重要特征是当作所有权的资本和当作机能的资本相分离，它是与机能资本（产业资本和商业资本）相对立的一种所有权资本。它处于资本循环运动的外部，和资本的现实运动及其机能过程是分离的，它既没有产业资本生产价值、剩余价值的机能，也没有商业资本实现价值、剩余价值的机能，它在资本主义再生产过程中没有完成任何现实的机能。借贷资本既然不参加资本的现实运动，因而也不参加平均利润的形成过程。相反，在资本现实运动过程中产生的利润，在借贷资本出现以后，要被分割为企业利润和利息。借贷资本家虽然没有完成任何现实的机能，但却凭资本所有权的名义参与社会上业已形成的利润的瓜分，取得利息。而商业资本则不同，它是作为机能资本形式之一，参加了平均利润的形成过程。可见，

---

① 《资本论》第3卷，人民出版社1953年版第304、339页。

② 同上。

③ 《资本论》，第2卷，第337页。

那种认为商业资本和借贷资本出现以后,平均利润率等于全社会利润总额被产业资本、商业资本和借贷资本之和来除的公式,显然是错误的。

以上分析表明,商业资本和借贷资本是两种不同的具体资本形态,二者和产业资本的关系也是不同的。马克思对于产业资本、商业资本和借贷资本三者的关系,曾作过经典性的论述,他说:“产业资本,一经支配资产阶级社会,就成为资本关系的根本形态。在其内,一切其他的形态都只表现为派生的或次要的——派生的,像生息资本;次要的,像商业资本,那是在一个特殊机能(即属于资本流通过程的机能)上的资本。”[①]这就是说,产业资本是生产形态,执行着生产价值和剩余价值的机能,是资本的根本形态;商业资本的机能是在流通过程中实现价值和剩余价值,流通机能的资本和生产机能的资本相比,当然只是次要形态;借贷资本是游离的货币资本的转化形态,在资本主义再生产过程中没有完成任何现实的机能,故它只是派生形态。

本文开头所引的那些观点之所以错误,主要是没有把货币资本的机能形态和潜在形态加以区别。机能形态上的货币资本,是资本循环运动中时而采取时而放弃的并执行着一种特殊机能的资本形态,它参与剩余价值的形成过程,它始终处于资本循环运动之中,由一种形态推移到另一种形态。在产业资本的循环运动中,绝不能缺少机能的货币资本形态,否则循环运动就要中断。马克思说:“产业资本在它循环的连续中,是同时在它的一切循环阶段上,及与其相适应的不同的各个机能形态上。”[②]可见,绝不能将资本循环运动中处于机能形态上的货币资本分离为借贷资本。转化为借贷资本的只能是产业资本循环运动中处于游离、闲置、休眠状态中的货币资本。设若货币资本一旦取得游离或闲置的形态,就不参与剩余价值的创造和实现,当它转化为借贷资本以后,同样也不参与剩余价值的创造和实现,仅凭资本所有权的名义参与剩余价值的分割。所以,绝不能说借贷资本是产业资本循环运动中机能形态的货币资本的独立化,否则就会有人发生疑问:机能形态上的货币资本在资本循环运动中是参加平均利润形成的,为什么独立化为借贷资本以后却不参加平均利润的形成?同时,也绝不能认为像商品资本分离为商业资本

① 《剩余价值学说史》第3卷,第536页。

② 《资本论》第2卷,第103页。

的过程一样，货币资本会分离为借贷资本，否则就不能理解为什么马克思把商业资本称为次要形态，而把借贷资本称为派生形态。其次，产业资本循环运动中货币资本所特有的机能是购买劳动力和生产资料，不管产业资本家手中的货币资本是自有的或是借入的，必须执行这个机能，方才成为机能的货币资本，方才能进一步转化为生产资本，以完成创造价值和剩余价值的机能。这个用来购买劳动力和生产资料的货币资本的机能，恰恰不能独立化为借贷资本的专门机能。作为借贷资本的特征正是和资本的机能相分离，借贷资本家非但自己不去完成货币资本的这种机能，相反，他把这个机能交给机能资本家（产业家和商人）去完成了。而商业资本则不同，在它独立化以前是产业资本循环运动中的商品资本，执行着实现剩余价值的机能；当它独立化以后，这个机能就成为商业资本的专属机能了。第三，机能形态上的货币资本不仅不转化为借贷资本，相反，它会独立化为商业资本的一个亚种——货币经营资本。《资本论》第 3 卷第 4 篇的标题为《商品资本和货币资本转化为商品经营资本和货币经营资本（商人资本）》，马克思在第 19 章中专门分析了货币资本的一部分转化为货币经营资本的问题。

最后，我们从《资本论》第 3 卷的结构安排也可以看出商业资本和借贷资本是两种性质上不同的资本形态。马克思在前三篇以产业资本作为资本一般阐述了平均利润和生产价格学说，揭露了产业资本内部各部门、各企业之间如何通过竞争来瓜分工人所创造的剩余价值。接着在第 4 篇分析了商业资本如何以它特殊的流通机能来参加剩余价值的分配。不过以上各篇还是揭露资本循环运动内部各机能资本形态瓜分剩余价值的情形。第 5 篇则是揭露处于资本循环过程外部的借贷资本如何只凭资本所有权参加资本机能过程中已经发生的利润的分割。以上五篇还是分析资本关系内部各具体资本形态如何凭不同的权利名义来瓜分剩余价值的情形。第 6 篇则是分析处于资本关系外部的土地所有权瓜分资本运动中所发生的剩余价值的情形。马克思就是这样由抽象到具体、由简单到复杂，说明了资本主义社会的现实关系，揭露了剥削阶级总体与工人阶级的根本对立以及剥削阶级内部各集团之间的矛盾。可见，第 4 篇和第 5 篇的地位及其所分析的两种具体资本形态，绝不能等同看待。这一点从这两篇的标题上也可以得到启示。第 4 篇的标题上面已引过，它说明商业资本如何从产业资本中分离出来的问题；第 5 篇“利润分为利息和企业利润，生息资本”，它说明生息资本如何以资本主义生产过程中已经发生的利润当作前提来进行分割取得利息，表明第5篇分析的生息资本这一具体资本形态与以前各篇所分析的机能资本形态有着很大的不同。

可见，不能认为借贷资本是产生资本运动中的货币职能资本的转化形态。

原载中国人民大学《教学与研究》1963年第2期

再议级差地租形成的原因

我国现行的政治经济学教材和辞典中关于级差地租和绝对地租形成原因的论述，大多采取以下的说法：土地私有权的垄断是绝对地租产生的原因，但它与级差地租的形成毫无关系，级差地租形成的原因是土地资本主义经营的垄断。

许多教材在论述中都引用了列宁在阐述马克思地租理论时提出的"双重的垄断"的论述。列宁的原话是这样的："我们所看到的实际上是双重的垄断。一种是土地经营(资本主义的)的垄断。这种垄断是由于土地的有限而产生的，因此是任何资本主义社会的必然现象。这种垄断的结果使粮食价格取决于劣等地的生产条件，对优等地的投资，或者说，生产率较高的投资所带来的额外剩余利润，则构成级差地租。级差地租的形成和土地私有权毫无关系，土地私有权只是使土地占有者有可能从农场主手中取得这种地租。另一种是土地私有权的垄断。无论从逻辑上或历史上来看，这种垄断同前一种垄断并没有密切的联系。"[①]我国的一些政治经济学教材正是根据列宁这一论述作出两种地租形式形成原因的上述概括，认为前一种垄断即土地的经营垄断是级差地租产生的原因；后一种垄断即土地私有权的垄断是绝对地租产生的原因。多年来，这种概括几乎已经成了经典性的定理。

毫无疑问，列宁在上述著作中区别了资本主义农业中的两种垄断，并作出"双重的垄断"的概括，这对于认识和区别资本主义的两种地租形式具有重大的理论意义。但是，也应该看到，我国经济学界对列宁所说的"双重的垄断"的理解和把这两种垄断说成是两种地租形式产生的原因，并不完全符合列宁的原意，也不符合马克思在《资本论》第三卷和《剩余价值理论》中的论述。

---

① 《列宁全集》第5卷，第103页。

土地所有权的经济意义及其和地租的关系

马克思在《资本论》第三卷第六篇即地租篇的首章——第三十七章“导论”中，首先考察了土地所有权问题，阐述了土地所有权和地租的关系。这是地租理论中一个带根本性的问题。不了解土地所有权的含义及其经济意义，就不能对地租形式作出科学的解释。而这一点，在我国某些政治经济学教材和教学中往往注意得不够。

马克思并没有分析土地所有权的各种历史形式，只是在资本所产生的剩余价值的一部分归土地所有者的范围内，研究了土地所有权的问题，即土地所有权的资本主义形式。它是土地所有权的一种独特的历史形式。为什么要研究资本主义土地所有权这种形式呢？因为《资本论》的任务就在于全面深入具体地揭示资本关系，而资本投入农业这个生产部门而产生的生产关系和交换关系，是对资本关系进行全面研究的一个重要方面。没有这方面的研究，对资本的分析就是不完全的。而资本投入农业生产部门首先碰到的一个事实是，作为农业生产的首要条件的土地是土地所有者占有的，存在着资本主义土地所有制，以及与之相适应的、由它产生的法律形式——土地所有权。

马克思在写《资本论》第三卷手稿前两年写成的《剩余价值理论》手稿中，对土地所有权及其经济意义作了精辟的分析。他指出：土地、水、矿山等生产条件的私有权，不是价值的源泉，也不是超额剩余价值的源泉，“但是，这种所有权是收入的一个源泉。它是一种权利，一种手段，使这一生产条件的所有者能够在他的所有物作为生产条件加入的生产领域中占有被资本家榨取的无酬劳动的一部分，否则这一部分会作为超过普通利润的余额被投进资本总库中去。”[①]土地所有权之所以是一种手段，因为它能够阻止在其余资本主义生产领域中发生的利润平均化过程在农业中发生，并把农业这个特殊生产领域所生产的剩余价值扣留在这个领域中，于是剩余价值就在资本家和土地所有者之间进行分配。因此，土地所有权就像资本

① 《马克思恩格斯全集》第26卷Ⅱ，第36、96页。

一样，变成了支取无酬劳动的凭证。

在《资本论》第三卷中，马克思对土地所有权的经济意义及其与地租的关系作了进一步的论述。马克思说："土地所有权的前提是，一些人垄断一定量的土地，把它作为排斥其他一切人的、只服从自己个人意志的领域。"[①]土地所有权是"不同的人借以独占一定部分土地的法律虚构"[②]。这表明，土地所有权本身就意味着是一种垄断。马克思认为，在这个前提下，重要的问题在于说明土地所有权这种垄断在资本主义生产基础上的经济价值，即这种垄断在资本主义生产基础上的实现。

正因为资本主义农业中存在着土地所有制和土地所有权，所以不像资本主义工业中那样只有资本和雇佣劳动的关系，而是存在着资本、雇佣劳动和土地所有制的关系，存在着构成资本主义社会骨架的三个并存而又互相对立的阶级，即产业资本家（租地农场主）、雇佣工人（农业工人）和土地所有者。租地农场主为了得到在农业这个特殊生产部门使用资本的许可，就要在一定期限内按照契约的规定支付给土地所有者一个货币额。这个货币额就是地租。由此马克思得出结论说："在这里地租是土地所有权在经济上借以实现即增殖价值的形式"[③]，或是"土地所有权在资本主义生产方式基础上的独立的特有的经济形式"[④]。马克思的这一论断是关于资本主义土地所有权的经济价值以及它和资本主义地租之间关系的一般揭示，是资本主义地租的抽象规定，适用于资本主义地租的各种具体形式。稍后，马克思在谈到历史上各种地租形式的区别时，又首先提出了它们的共同性。他说："不论地租有什么独特的形式，它的一切类型有一个共同点：地租的占有是土地所有权借以实现的经济形式，而地租又是以土地所有权，以某些个人对某些地块的所有权为前提。"[⑤]不同地租形式的共同性就在于，它是"土地所有权在经济上的实现，即不同的人借以独占一定部分土地的法律虚构在经济上的实现"[⑥]。在这里，马克思对土地所有权的经济价值以及它和地租的关系的揭示更抽象了，适用于历

---

① 《马克思恩格斯全集》第 25 卷，第 222、695、698、704、714、715、727、728、729、846、851、854、859、861 页。

② 同上。

③ 同上。

④ 同上。

⑤ 同上。

⑥ 同上。

史上的一切地租形式。

以上马克思对土地所有权的一般形式的经济价值以及它和地租的关系的揭示,对土地所有权的资本主义形式的经济价值以及它和资本主义地租的关系的揭示,都指明这样一个真理:土地所有权和地租之间有着内在的必然的联系,土地所有权是前提或原因,地租是其经济后果。没有土地所有权就没有地租。

按照马克思的理论方法,一些比较抽象的关系是从许多具体的关系中抽取出来的,这些比较抽象的关系的规定,也必定存在于那些比较具体的关系中。马克思对于土地所有权和地租的关系的论述,特别是对于资本主义土地所有权和资本主义地租关系的论述,也必定适用于资本主义地租各种形式的具体场合。所以,资本主义地租的各种具体形式,无论是级差地租或是绝对地租,都和土地私有权有着内在的必然的联系,都是资本主义土地所有权实现自己的经济形式,土地所有权的垄断是这两种地租形式的前提和原因。那种认为只有绝对地租的形成才和土地私有权的垄断有联系,而级差地租的形成和土地私有权的垄断毫无关系的说法,那种认为土地所有权的垄断只是绝对地租形成的原因,而不是级差地租形成的原因的说法,显然是不符合马克思关于土地私有权和地租的关系的科学论断的。

级差地租和绝对地租形成原因的表述

从一定意义上说,《资本论》第三卷研究的是剩余价值转化为它的各种具体形式的问题。它的前三篇研究了剩余价值转化为利润和平均利润、价值转化为生产价格的过程,阐述了平均利润和生产价格的一般规律。它的第六篇所研究的问题,按照马克思的说明,就是把前面“从其一般形式上论述的规律应用到一个特殊生产部门而已”[①],即把平均利润和生产价格规律具体运用于农业生产部门。《资本论》第三卷第二篇第十章在阐明了平均利润和生产价格规律以后,在结尾的一个片断中,马克思提到了平均利润以上的超额利润的两种形式:一种形式是“每个特殊生产部门中在最好的条件下生产的人所获得的超额利润”;另一种形式是“某些生产

① 《马克思恩格斯全集》第26卷Ⅱ,第36、96页。

部门可以不把它们的商品价值转化为生产价格，从而不把它们的利润化为平均利润”[①]而产生的超额利润。马克思预先告知：将在地租篇中研究超额利润这两种形式的更进一步的变形。

《资本论》第三卷第六篇的标题，指明了这一篇的研究对象是超额利润转化为地租的问题。同时，这一标题和这一篇的理论分析，也指明了农业中的超额利润和地租的关系。超额利润是地租的实体或内容，地租是超额利润的特定的经济形式。二者是内容和形式、本质和现象的关系。它们之间的区别是不容混淆的。地租篇的全部理论分析，正是在区别了超额利润和地租的基础上，研究了在平均利润和生产价格一般规律作用下所形成的超额利润这个实体，在农业这个特殊生产部门中如何转化为地租这个形式的。这里仅就两种地租形式的形成原因，简要提一下马克思的有关论述。

在考察级差地租形式时，马克思在《概论》中阐明了级差地租的一般原理。在这里，作为研究的出发点的正是超额利润，即农业资本家租用土地所有者所有的较好的生产条件（土地、瀑布等）而产生的超额利润。级差地租就是由这种超额利润转化而来的。马克思严格区分了作为实体的超额利润创造的原因和作为它的转化形式的级差地租形成的原因。

构成级差地租实体的超额利润产生的原因是什么呢？马克思指出，资本家“利用瀑布而产生的超额利润，不是产生于资本，而是产生于资本对一种能够被人垄断并且已经被人垄断的自然力的利用”[②]，是“由于支配一种可以和他的资本分离、可以垄断、数量有限的自然力而产生”[③]。也就是说，这种超额利润是由土地等这类自然存在的生产条件有限和存在等级差别，其中较好的生产条件作为经营对象被垄断时，才会产生。在这种情况下，那些投入较好生产条件的个别资本，同那些没有可能利用这种例外的、有利于提高生产力的自然条件的投资相比，具有相对较高的生产率，这就使那些支配着一种垄断的自然力的个别资本的产品的个别生产价格和那些投入该部门的一般资本的产品的一般生产价格之间产生了差额，从而形

---

① 《马克思恩格斯全集》第 25 卷，第 222、695、698、704、714、715、727、728、729、846、851、854、859、861 页。

② 同上。

③ 同上。

成了平均利润以上的超额利润。总之，农业中的这种超额利润产生的原因，就是列宁讲的由土地有限性而引起的“土地经营（资本主义的）的垄断”。应该强调指出的是，土地经营垄断仅仅是这种超额利润产生的原因，而不是级差地租的形成原因。因为要使这种超额利润转化为级差地租还需要其他的条件。

那么，这种超额利润转化为级差地租的原因，或者说级差地租的形成原因是什么呢？这就是，在资本主义条件下，土地所有者对土地的私有权，决定了这种超额利润必然要转化为级差地租。马克思明确指出：“级差地租的形成是由于超额利润转化为地租，是由于土地所有权在一般起调节作用的生产价格下对这个超额利润的攫取”[①]。他还说：“瀑布的土地所有权本身，对于剩余价值（利润）部分的创造，从而对于借助瀑布生产的商品的价格的创造，没有任何关系。即使没有土地所有权……这种超额利润也会存在。所以，土地所有权并不创造那个转化为超额利润的价值部分，而只是使土地所有者，即瀑布的所有者，有可能把这个超额利润从工厂主的口袋里拿过来装进自己的口袋。它不是使这个超额利润创造出来的原因，而是使它转化为地租形式的原因，也就是使这一部分利润或这一部分商品价格被土地或瀑布的所有者占有的原因。”[②]在这里，马克思严格地区分了农业中这种超额利润创造的原因和它转化为级差地租的原因，后者即级差地租的形成原因。不应把二者混同起来，不能用后者代替前者。前者无须借助于土地私有权的存在就可以产生，而后者则只因为土地私有权的存在才得以产生。说农业中这种超额利润的产生同土地私有权没有联系是对的，但说级差地租的形成同土地私有权毫不相干就不对了；说土地私有权不是农业中这种超额利润产生的原因是对的，但说它不是级差地租形成的原因就不对了。因为这些提法忽略了级差地租乃是超额利润由于土地私有权的存在而已经转化了的形式，把超额利润和地租形式混同起来，把它们产生的原因相提并论，抹杀了土地私有权在级差地租形成中的决定性作用，没有认识到土地私有权是级差地租得以形成的根本原因。这不是单纯的表述问题，而是涉及级差地租这种形式是在什么经济条件下、由于什么原因才得以形成

① 《马克思恩格斯全集》第 25 卷，第 222、695、698、704、714、715、727、728、729、846、851、854、859、861 页。

② 同上。

的问题。应该说,没有土地私有权的存在,就没有级差地租这种形式,就没有级差地租这个范畴。对此,马克思指出:“土地所有权的垄断,作为资本的限制的土地所有权,是级差地租的前提;如果没有这种垄断,超额利润就不会转化为地租,就不会落到土地所有者手里,而会落到租地农场主手里。”[①]这就明白无误地告诉我们:土地私有权的垄断是超额利润转化为级差地租的原因,也就是级差地租这种地租形式得以形成的原因,而不仅仅是绝对地租这种地租形式形成的原因。因此,把土地私有权的垄断同土地经营的垄断完全对立起来,认为级差地租这种地租形式的形成只同土地经营的垄断有关而同土地私有权的垄断无关的看法,是不能成立的。

在《剩余价值理论》和《资本论》第三卷中,马克思在批判李嘉图地租理论的基础上,创立了绝对地租理论。李嘉图承认级差地租的存在,否认绝对地租的存在,其主要原因在于他假定对土地的利用没有受到土地所有权垄断的限制,即假定土地私有权是不存在的。相反,马克思充分估计了土地私有权在地租形成中的作用。马克思认为,土地私有权的存在,不仅使那些经营较好土地的资本产生的超额利润必然要转化为级差地租,而且使包括经营最坏土地在内的各级土地的资本都必须毫无例外地提供另一种形式的超额利润,并转化为另一种形式的地租,即绝对地租。因为在农业的资本主义经营下,土地所有权的存在,是对投资的一种绝对限制,是对资本在土地上任意增殖的一个绝对限制。只有向土地所有者支付地租,土地所有者才会把土地出租给农业资本家。“所以,市场价格必须涨到生产价格以上,达到 $P+r$,才能向土地所有者支付地租。”[②]而在资本主义发展的一定阶段上,由于农业资本的有机构成低于社会资本的平均构成,农产品的价值高于它的生产价格。这样,假定农产品按价值出卖时,它的价值高于生产价格的余额,就会构成一个超额利润,把它支付给土地所有者便转化为绝对地租。

土地私有权在绝对地租的形成中具有什么作用呢?马克思认为土地所有权在级差地相和绝对地租的形成中的作用不完全相同。在级差地租场合,土地所有权

① 《马克思恩格斯全集》第 25 卷,第 222、695、698、704、714、715、727、728、729、846、851、854、859、861 页。

② 同上。

只是超额利润转化为级差地租的原因,而不是超额利润本身创造出来的原因。在绝对地租场合,土地所有权本身就是障碍,不交租就不能对土地投入任何资本。如果没有土地所有权,只要起调节作用的市场价格使最坏土地的租地农场主得到他的生产价格,这最坏的土地就会被耕种。"但是,因为有了土地所有权的限制,市场价格必须上涨到一定的程度,使土地除了生产价格外,还能支付一个余额,也就是说,还能支付地租。但是,因为按照假定,农业资本所生产的商品的价值高于它们的生产价格,所以,这个地租(……)就是价值超过生产价格的余额或这个余额中的一部分。"[①]马克思对比了土地所有权的作用在级差地租和绝对地租形成中的区别后,又指出,对于级差地租来说,"土地所有权在这里仅仅取去超额利润",而对于绝对地租来说,"**土地所有权本身已经产生地租**"[②]。总之,在绝对地租场合,土地所有权的作用就在于:它首先是构成绝对地租实体的那个超额利润本身得以产生的原因;其次,毋庸赘言,它当然也是那个超额利润转化为绝对地租的原因,即绝对地租这种地租形式形成的原因。

对阐述马克思地租理论的几点建议

第一,应该充分分析土地所有权的经济意义及其和地租形式的关系。要指出在存在土地私有制的条件下,土地私有权是地租这种经济形式得以产生和存在的前提和原因,一切地租都是土地私有权在经济上实现自己的形式。在资本主义社会,资本主义土地所有制基础上的土地私有权,是一切资本主义地租形式产生和存在的前提和原因,一切资本主义地租形式,首先是级差地租和绝对地租这两种基本形式,都是土地私有权在经济上实现自己的形式。不能说土地私有权和级差地租的形成毫无关系。

第二,应该科学地说明超额利润和地租形式的关系。首先,要把二者加以区别。超额利润是实体,地租是其形式。它们在概念上是不同的,经济意义也不相

① 《马克思恩格斯全集》第 25 卷,第 222、695、698、704、714、715、727、728、729、846、851、854、859、861 页。

② 同上。

同。其次,要分别阐述构成级差地租和绝对地租这两种地租形式实体的两种超额利润的形成原因。前一种超额利润是由土地经营的垄断产生的,后一种超额利润是由土地私有权垄断产生的。最后,要说明这两种超额利润转化为两种地租形式的原因都是土地私有权的垄断。

第三,应当正确阐述列宁关于资本主义农业中的两种垄断和两种地租形式的关系。我认为,列宁作出了"双重的垄断"的概括,但并没有明确指出这两种垄断就是两种地租形式产生的原因。列宁讲的两种垄断只能用来说明两种地租形式的实体超额利润形成的原因,即构成级差地租实体的那个超额利润是由土地经营的垄断创造的,构成绝对地租实体的那个超额利润则是由土地私有权垄断本身产生的。不能把列宁讲的土地经营的垄断也说成是级差地租形式本身形成的根本原因。级差地租得以形成和存在的根本原因只能是土地私有权。

原载中国人民大学《教学与研究》1985 年第 4 期

讲授“资本主义特有人口规律”的几个问题

讲清资本主义特有的人口规律这一重要问题，可以了解资本积累对工人阶级命运的影响，进一步认识资本主义制度的矛盾。

学生在学习中提出的问题比较多，主要有：相对过剩人口是不是资本主义社会的特有现象；我国现在存在的待业人员是不是相对过剩人口？马尔萨斯人口论在政治上是反动的，但其理论本身是不是真理？我国实行的控制人口增长的方针和马尔萨斯人口论有什么不同？因此，在教学中必须理论联系实际地讲清楚以下几个问题。

一、资本主义特有人口规律的社会历史性

首先，人口规律总是特殊的历史的，没有抽象的人口规律。马克思指出：“事实上，每一种特殊的、历史的生产方式都有其特殊的、历史地起作用的人口规律。抽象的人口规律只存在于历史上还没有受过人干涉的动植物界。”[①]这是因为：第一，人和动物不同，动物所能做到的最多不过是搜集，而人则能生产。由于生产，人类社会才得以形成和发展。第二，没有抽象的人，也没有抽象的社会，社会总是以历史的暂时的形式而存在。第三，人只能在现实存在的不同的社会中劳动和占有，因而，人口是在极不相同的社会关系之中发展的。人类的繁殖受一定的经济基础和上层建筑各种因素的影响。人口增加的绝对速度，以及过剩人口与人口的比率是随生产条件而变动的。列宁说：“马克思把人和动植物加以对比是根据前者生活在各种不同的、历史地更替的、由社会生产制度因而由分配制度决定的社会机体中。人类的增殖条件直接决定于各种不同的社会机体的结构，因此应当分别研究每个社会机体的人口规律，不应当不管历史上有各种不同的社会结构形式而去‘抽

① 《马克思恩格斯全集》第23卷，第676、692页。

象地'研究人口规律。"[①]

其次,相对人口过剩是资本主义生产方式所特有的人口规律。马克思明确指出:"工人人口本身在生产出资本积累的同时,也以日益扩大的规模生产出使他们自身成为相对过剩人口的手段。这就是资本主义生产方式所特有的人口规律。"[②]这一规律表明,在资本积累过程中,资本不仅在量上扩大,而且有机构成也不断提高。由于资本对劳动力的需求不是由总资本的大小决定,而是由可变资本的大小决定,在资本有机构成提高的条件下,资本对劳动力的需求相对地有时甚至绝对地减少。同时,由于机器的使用,大批工人被排挤出来,农民和手工业者陆续破产,大批成长起来的年轻劳动力要求就业,使劳动力的供应超过需求,必然造成大量失业人口。而且,相对过剩人口又是资本积累的杠杆,甚至成为资本主义生产方式存在的条件。在经济危机期间,资本对劳动力的需求急剧减少,失业工人猛烈增加。这种失业人口的存在,正是资本加强对劳动的剥削,压低工资,转嫁和摆脱危机的条件。在经济繁荣期间,资本对劳动力的需求大量增加,而失业人口的存在,可以随时满足资本家恢复和扩大生产、追求更多剩余价值的需要。所以,马克思把相对过剩人口叫产业后备军。

从第二次世界大战后的情况来看,资本主义经济曾有过迅速发展的所谓"黄金时代",但失业人口始终存在,失业率没有下降。1963 年到 1979 年第一季度各主要资本主义国家失业率情况如下:

年平均失业率(%)[③]

	1963—1973	1974—1977	1978	1979(第一季度)
美　国	4.6	7.2	6.0	6.3
日　本	1.2	2.0	2.2	2.3
联邦德国	0.6	4.4	4.4	4.8
法　国	2.2	5.6	6.9	7.8
英　国	3.1	5.3	5.8	5.7
意大利	3.5	6.6	7.2	7.6

① 《列宁全集》第 1 卷,第 430 页。

② 《马克思恩格斯全集》第 23 卷,第 676、692 页。

③ [民主德国]《国际政治与经济研究所报告》1979 年第 8 期,第 40 页。

以上情况表明,60 年代以来,主要资本主义国家的失业率显著增长。

最后,随着资本主义生产方式的灭亡,相对人口过剩的人口规律也就退出历史舞台。资本主义相对过剩人口的存在,决定于工人对于资本主义再生产条件的关系。工人只是作为资本增殖的手段,才会被并入资本,投入生产过程。而资本积累却使人口超过资本增殖的需要,于是一部分人就被排除于这种特定基础上的再生产条件之外。“这个过剩纯粹是相对的:和生活手段本身没有任何关系,有关的只是生产生活手段的方式。”[①]

在资本主义生产方式为社会主义生产方式所取代后,相对过剩人口这个范畴也就失去存在的经济基础。社会主义生产不以追求剩余价值为目的,再生产是有计划按比例进行的。因而,可以使物质资料的生产和人口的生产之间保持平衡,走向计划化。

至于我国目前暂时存在的待业人员,在产生的原因和性质上是和资本主义相对过剩人口根本不同的。它并不是由社会主义生产关系产生的,而是由具体历史原因和工作上的缺点造成的。第一,我们在相当长时期内对社会主义人口规律和我国人口发展的实际情况认识和研究不够,在理论上曾经片面地宣传“人手论”,忽视甚至否认人既是生产者又是消费者,人手也并不能凭空创造物质财富这些基本的经济学原理。因此,只强调人多是好事,把人口的增长说成是社会主义制度优越性的表现。同时,对我国物质基础薄弱而人口基数极大的实际情况,也没有足够的认识,因而在一个很长的时期内没有采取有力措施及时控制人口迅速增长。第二,林彪、“四人帮”的干扰破坏,使过去十多年中经济建设和其他各项事业发展缓慢,对适龄待业人口造成了严重的就业困难。不过,这种现象具有暂时的性质。目前,在党和政府的关怀下,各地正在按照统筹兼顾的原则,广开就业门路,采取多种形式,积极妥善地安排待业人员就业,已经取得显著成效。

---

① 马克思:《政治经济学批判大纲》第 3 分册,第 245 页。

二、马尔萨斯人口论的反科学性和反动性

马尔萨斯的人口理论抹杀资本主义特有的人口规律，是为了掩盖资本主义的矛盾。

首先，要讲清什么是马尔萨斯人口论。马尔萨斯人口论的中心点是：人口增长速度超过生活资料的增长速度是一条永恒的自然规律。它的具体内容可归纳如下：(1)两个纯生物学的前提："第一，食物为人类生存所必需。第二，两性间的情欲是必然的。"(2)两种存在天然差别的增长级数：人口按几何级数增长，每二十五年增加一倍；生活资料按算术级数增加，每二十五年只增加一个最初的基数。(3)从上述两种增长级数得出结论，人口增长速度超过生活资料的增长速度，乃是与社会制度无关的永恒的自然规律。因此，人口的绝对过剩，工人的饥饿、贫困、失业是不可避免的。(4)提出两种限制人口增长的措施：在人口没有开始增长以前，采取"预防的抑制"，也叫"道德的抑制"，即从道德上限制人类生殖的本能，包括节育、不婚、晚婚、堕胎等；在人口开始增长以后，则采取"积极的抑制"，包括"各种不卫生的职业，剧烈的劳动和受严寒盛暑的煎迫，极度的贫困，对儿童的恶劣保育，大城市的拥挤，各种各样的过度行为，连串整套的普通疾病和传染病，战争，瘟疫和饥荒。"(5)马尔萨斯认为资本主义私有制是一种能够通过道德抑制和积极抑制，自动保持人口增殖和生活资料的增长之间平衡的最有效的社会制度，任何想要进行社会改革、变革资本主义制度的学说，都无济于事。

马尔萨斯人口论是反科学的、反动的。他的荒谬理论是为了反动的政治目的捏造出来的；而反动的政治目的也只能用反科学的理论来论证。这表现在：

第一，马尔萨斯研究人口理论的方法是唯心主义和形而上学的。他把人类从社会历史关系中抽象出来，把人和动物等同起来，把人口增长说成是纯粹的自然进程，从中引出一条永恒的自然的人口规律，而人类在历史上生产和再生产的内在条件，却表现为马尔萨斯式的自然人类再生产的外在限制。这种人口规律不是人口发展历史的抽象，而是马尔萨斯头脑的产物。

第二，马尔萨斯人口论的内容，既没有自然规律也没有历史规律作根据：

(1)他的两个级数的理论纯粹是凭空杜撰和抄袭别人的。所谓人口按几何级数增加,只是根据美国历史上有一个时期因为欧洲移民的大量迁入,致使人口增加一倍而武断地作出的结论。所谓生活资料按算术级数增加,则是马尔萨斯的假设和推断。自然界的植物也不存在这样的规律。如果说马尔萨斯找到了什么理论根据的话,那就是“土地肥力递减规律”。但这个根据本身就是反科学的。列宁指出,“土地肥力递减规律”根本不是普遍规律,“完全不适用于技术正在进步和生产方式正在变革的情况”。[①] (2)资本主义相对过剩人口存在的原因,并不是人口与生活资料数量不适应,而是资本主义生产方式的产物。就连资产阶级古典经济学家也驳斥马尔萨斯说,假使劳动者没有工作的话,现存的谷物数量对于他是毫不相干的;所以将劳动者推到过剩人口范畴以内或以外的,是雇佣资料而不是生活资料。(3)所谓人口增长快于食物增长的结论,已被将近二百年的历史实践所否定。按照马尔萨斯的理论,从他发表《人口原理》的1798年到现在,世界人口应该是五百多亿,实际上现在只有四十多亿。而且,历史和现实的材料都证明食物的增长速度快于人口的增长速度。从近三十年的情况来看,1950—1976年,世界人口增加了64.6%,而同期粮食产量增长了77.6%。就年增长率来看,1952—1962年世界人口年平均增长率为2%,食物则为3.1%;1962—1972年,则分别为1.9%和2.7%。

第三,马尔萨斯人口论在政治上是反动的。这集中表现在它的政治目的上。18世纪后半期,英国的圈地运动已接近完成,大批被赶出来的农民流落城市;随后工业革命又将许多城市小生产者和工人抛向街头,造成十分严重和尖锐的社会问题。马尔萨斯在这时写作和发表《人口原理》,它的“实际目的,是为了英国现政府和土地贵族的利益,‘从经济学上’证明法国革命及其英国的支持者追求改革的意图是空想。一句话,这是一本歌功颂德的小册子,它维护现有制度,反对历史的发展”。[②]

第四,马尔萨斯是个十分卑鄙的剽窃者。马克思指出:马尔萨斯的《人口原理》“不过是对笛福、詹姆斯·斯图亚特爵士、唐森、富兰克林、华莱士等人的小学生

① 《列宁全集》第5卷,第87—88页。
② 《马克思恩格斯全集》第26卷Ⅱ,第125—126页。

般肤浅的和牧师般拿腔作调的剽窃，其中没有一个他独自思考出来的命题。”①

三、划清我国的人口政策同马尔萨斯人口论的界限

我国目前和今后相当长的时期内，都要实行有计划地控制人口增长的方针，为此要动员人民实行晚婚、节育。这和马尔萨斯的人口理论根本不同。

首先，我国的人口方针，是依据马克思主义的理论从我国具体实际出发制定的。马克思主义认为，建立在生产资料公有制基础上的社会主义和共产主义社会，不仅对物的生产要进行计划调节，而且对人的生产也要实行有计划的调节，使两者相互适应，协调发展。同时还认为，决定社会发展的主要力量是生产方式，但人口的状况对社会发展也起促进或延缓的作用。因此，应该根据各国家、各民族、各地区、各时期的具体情况，采取有计划地加快增长或控制增长的方针。我国的实际情况是人口多，基数大，增长较快，而另一方面底子薄，经济文化发展水平低，这就决定了必须实行有计划地控制人口增长的方针。而马尔萨斯人口论，则是从人口的纯生物学的本性出发，以凭空杜撰的两个级数存在天然差别的理论为依据的。

其次，我国控制人口增长的目的，是为了全国人民的根本利益，保持国民经济发展的合理的比例关系，更好地实现新时期的总任务，建设社会主义现代化的强国。而马尔萨斯的人口论，则是为了掩盖资本主义社会劳动人民贫困和失业的真正根源。

最后，我国的人口方针，体现着劳动人民的根本利益。它从关怀劳动人民的健康出发，一方面普遍发展城乡医疗保健事业，努力降低死亡率；另一方面采取科学措施节制生育，切实降低出生率，使人口增长符合发展生产和提高人民生活的需要。而马尔萨斯人口论是仇恨人类、与劳动人民为敌的，他的主张是用战争、瘟疫、繁重劳动、贫困和饥饿作为决定性的手段，用晚婚、节育作为补充手段来消灭“多余的”人口。

---

① 《马克思恩格斯全集》第23卷，第676、692页。

总之,马尔萨斯人口论是反科学的反动的理论,既不能用来正确地解释资本主义制度下的相对人口过剩,更和社会主义的人口政策在理论上和实践上毫无共同之处,因此必须对它进行无情的批判。

原载中国人民大学《教学与研究》1980 年第 6 期

署名　黎惠民　成保良

马克思和恩格斯怎样对待马尔萨斯人口论的?

近一年来,在人口理论研究中,提出了重新评价马尔萨斯人口论问题。有的同志认为,它有科学成分、合理因素或积极意义的东西;有的同志甚至认为,它对马克思主义人口理论的建立起了借鉴、启发和推进的作用,它同马克思主义人口理论的关系是批判和继承、改造和创新的关系,近似于黑格尔哲学同马克思主义哲学的关系。这种观点是值得商榷的。

马克思和恩格斯对待马尔萨斯的人口论的态度,究竟是怎样的呢?

首先,他们无情地揭露马尔萨斯"伪造科学",指出他的人口理论是"纯粹凭空杜撰"。马尔萨斯捏造了一条适合于一切社会形态的人口的自然规律。马克思指出,根本不存在抽象的超历史的人口规律。因为人口问题是一种社会现象,是在不同性质的社会关系下发展的,因而它受不同历史时期的生产力和生产关系、经济基础和上层建筑的矛盾所制约。"抽象的人口规律只存在于历史上还没有受过人干涉的动植物界。"(《马克思恩格斯全集》第23卷,第692页)马尔萨斯武断地运用的两个公式,即人类自然的繁殖按几何级数增加,植物性食料自然的繁殖按算术级数增加,是"把历史上极不相同的关系转化为抽象的数字关系,这是纯粹凭空杜撰的,既没有自然规律也没有历史规律作根据。"(马克思:《政治经济学批判大纲》第三分册,第242—243页)马克思曾经指出,达尔文学说实际上驳倒了马尔萨斯的理论。达尔文认为整个生物界(包括动物界和植物界)都是"依照几何级数高度繁殖的",而马尔萨斯恰恰把它"不是应用于植物和动物,而是只应用于人类"(《马克思恩格斯全集》第30卷,第251—252页)。马尔萨斯硬说资本主义制度下存在过剩人口是由于生活资料不足引起的。马克思明确指出,资本主义制度下的人口过剩"纯粹是相对的:和生活资料本身没有任何关系,有关的只是生产生活资料的方式。"(《政治经济学批判大纲〔草稿〕》第三分册,第245页)马尔萨斯的这种理论,甚至遭到李嘉图的直接驳斥。

其次，他们尖锐地指出，马尔萨斯是一个“职业剽窃者”，他的人口论中“没有包含一个新的科学词汇”（《马克思恩格斯全集》第26卷Ⅱ，第128页）。早在1753年，英国牧师罗伯特·华莱士在《关于上古和近代人类数目的论争》中，就企图论证人口是按几何级数增加，每三十年就可以增加一倍。1791年，另一个英国牧师约瑟夫·唐森在《西班牙旅行记》中，就作出了人口增长要依赖于生活资料增长的论断。1767年，英国重商主义者詹姆斯·斯图亚特在《政治经济学原理研究》中，认为人口数量和生活资料之间是存在一定比例关系的；人口的繁殖先于财富的增加，繁殖力的自然作用会破坏人口数量和生活资料的平衡。所以，马克思指出，马尔萨斯在1798年发表的《人口原理》第一版，“是对笛福、詹姆斯·斯图亚特爵士、唐森、富兰克林、华莱士等人的小学生般肤浅的和牧师般拿腔作调的剽窃”（同上书，第23卷，第676页）。恩格斯也说：“马尔萨斯牧师的这个理论，同他所有的其他思想一样，都是直接从他的前人那里剽窃来的，只有两种级数的纯粹武断的运用，才属于他自己。”（同上书，第31卷第470页）马尔萨斯在理论上的剽窃和它为剥削阶级的辩护是紧密结合在一起的。即使马尔萨斯所剽窃的原著中有某些科学成分，但经过他加以歪曲，用来为他的庸俗辩护理论作论证，就谈不上什么科学意义了。在人口理论发展史上，马尔萨斯没有任何有价值的新贡献，而是开倒车。

再次，他们深刻地揭露马尔萨斯是“统治阶级的辩护士”和“无耻的献媚者”，他的理论是“为了现有社会统治阶级或统治阶级集团的特殊利益”服务的（《马克思恩格斯全集》第26卷Ⅱ，第127页）。《人口原理》完全是为当时英国社会普遍存在的工人贫困和失业现象作辩护的。马尔萨斯把工人贫困和失业的原因说成是人口增殖太快，主张用极端残忍的办法（战争、瘟疫、饥荒等等）来消灭过剩人口，而为资本主义剥削制度开脱罪责。所以，马克思说，“他用残忍的说法表达了资本家残忍的看法”（《政治经济学批判大纲〔草稿〕》第三分册，第242页）。马尔萨斯的《人口原理》，也是适应资产阶级的需要，来消除18世纪末法国大革命以及英法社会改革家的激进思想对英国的影响。1793年出版的葛德文的《政治正义论》和1794年出版的康多塞的《人类理性发展的历史观察概论》两书，指出了私有制是一切社会灾难的主要根源，论证了消灭私有制和进行社会改革的必要性。1798年出版的马尔萨斯的《人口原理》，其全名是《论影响于社会改良前途的人口原理，并论葛德文先生、马·康多塞和其他作家的推理》。马克思指出："马尔萨斯的《人口原理》是一本攻击法国革命和与它同时的英国改革思想（葛德文等）的小册子。它对工人阶级的贫困进行辩解。"（《马克思恩格斯全集》第26卷Ⅲ，第61页），"这部著作的实际目的，是为了英国现政府和土地贵族的利益，'从经济学上'证明法国革命及其英国的支持者追求改革的意图是空想。一句话，这是一本歌功颂德的小册子，它维护现有制度，反对历史的发展；而且它还为反对革命法国的战争辩护。"（《马克思恩格斯全集》，第26卷Ⅱ，第125—126页）

有的同志引用马克思和恩格斯的话，来说明马尔萨斯人口论有科学成分和合理因素。不错，马克思和恩格斯的著作中，有过似乎是肯定马尔萨斯人口论的话，但是，对于这些话，我们要准确地、历史地去理解。比如，恩格斯在给弗·阿·朗格的信中讲的"所谓马尔萨斯理论中的站得住脚的东西"，仅仅是指马尔萨斯的人口过剩理论反映了剥削阶级社会所共有的关系，而且就在这句话的后面，恩格斯紧接着就揭露马尔萨斯的理论是从前人剽窃来的，只有两种级数的武断运用才属于他自己，丝毫没有肯定马尔萨斯的意思。恩格斯在《政治经济学批判大纲》中说，"人口总是威胁着就业手段，有多少人能够就业，就有多少人生出来，简言之，劳动力的产生迄今仍然由竞争的规律来调节，因而也同样要受周期性的危机和波动的影响，这是事实，确定这一事实是马尔萨斯的功绩。"（《马克思恩格斯全集》第1卷，第619页）有的同志以此为根据，说恩格斯如实地肯定了马尔萨斯的历史作用。但恰恰是在这里，恩格斯全面揭露和批判了马尔萨斯理论的荒谬和反动。就是在上述问题上，恩格斯也指出马尔萨斯把生活资料和就业手段混为一谈是一个错误。实际上，早在马尔萨斯之前，某些资产阶级学者和某些社会改革家就确认了这个事实。马克思说，"在这方面，最大的功绩应归于约翰·巴顿。"（《马克思恩格斯全集》第23卷，第692页）

马克思、恩格斯对待马尔萨斯人口论的态度是一贯的。1880年，考茨基在《人口增殖对社会进步的影响》一书中，宣扬马尔萨斯的人口增长超过食物增长的观点，维护马尔萨斯人口论的"合理内核"，受到了恩格斯和马克思的严厉批评，说他是"一个新出笼的马尔萨斯主义者"（《马克思恩格斯全集》第35卷，第431页）。三年以后，考茨基在《大洋彼岸的食物竞争》一书中改变了原先的马尔萨斯主义观点，又受到恩格斯的欢迎。1894 年，俄国资产阶级经济学家和政论家、“合法马克思主义者”司徒卢威，在《俄国经济发展问题的评述》一书中，胡说“马克思的人口理论补充了而不是批驳了马尔萨斯的人口论”，引起了恩格斯的极大愤慨。他在给俄国经济学家、《资本论》俄文译者丹尼尔逊的信中写道：“司徒卢威先生说什么马克思补充了马尔萨斯的人口论，而不是批驳了它——他究竟想说什么，我不明白。我认为第一卷（指《资本论》第一卷——注）中关于马尔萨斯的那条注释，即第 23 章注 75，对每一个人都是十分清楚的。”（《马克思恩格斯全集》第 39 卷，第 354—355 页）可见，说马尔萨斯人口论同马克思主义人口理论的关系属于批判和继承、改造和创新的关系，是根本违反事实的。凡是读过《资本论》第一卷的人都可以发现，它的第七篇《资本的积累过程》向我们科学地证明了：在资本主义制度下，随着资本积累的增长和资本有机构成的提高，对劳动力的需求相对缩小，与资本积累的需要相比较，就使很大一部分工人成为“多余”，成为相对过剩人口。马克思的人口理论是在分析资本积累过程的科学基础上建立起来的，根本谈不上是什么继承和改造了马尔萨斯的人口论。说马尔萨斯人口论对马克思主义人口理论的历史作用近似于黑格尔哲学同马克思主义哲学的关系，更是完全错误的。这种类比，一方面抬高了马尔萨斯的人口论；另一方面也亵渎了马克思主义。

不可否认，马尔萨斯的人口论是有历史作用的，因为它是一份难得的反面教材。马尔萨斯的人口论，从反面推动了无产阶级研究人口问题，批判资产阶级的反动人口理论，建立无产阶级的崭新人口理论，从反面启发了无产阶级，必须进行社会革命，推翻资本主义，建立社会主义，才能从根本上解决资本主义制度下工人的贫困失业和一切苦难。

我国现阶段实行的有计划地控制人口增长的政策，是以马克思主义人口理论与我国具体实际情况为依据的。我国的人口政策同马尔萨斯人口论毫无共同之处，在理论基础、阶级目的、对待劳动人民的态度以及解决问题的方法等方面，都是水火不相容的。（人民数据库资料）

原载《人民日报》1980 年 5 月 2 日第 5 版

署名　成保良　黎惠民

马尔萨斯“人口论”批判

托马斯·罗伯特·马尔萨斯(1766—1834年),是英国教会牧师、资产阶级庸俗经济学家、资产阶级化的地主贵族思想家,著名反动人口学家。出生于英国萨立州的一个土地贵族家庭,曾在剑桥大学学习哲学和神学。1798年加入英国教会僧籍,并在萨立州奥尔堡担任牧师。1805年以后在伦敦东印度学院任历史和政治经济学教授。主要著作有:《人口原理》(1798)、《关于地租的本质和增长及其调整原则的研究》(1815)、《政治经济学原理》(1836)。

马尔萨斯生活的时代,英国和欧洲大陆国家的资本主义已有相当程度的发展,英国正在进行工业革命,法国爆发了资产阶级民主革命,资产阶级和无产阶级、资产阶级和地主阶级的阶级矛盾和阶级斗争日益尖锐。1789年爆发的法国大革命产生了巨大影响,出现了一批主张社会改革的思想家。1793年出版的英国威廉·葛德文的《政治正义论》和1794年出版的法国马里·让·康多塞的《人类理性发展的历史观察概论》两书,指出了私有制是一切社会灾难的主要根源,论证了消灭私有制和进行社会改革的必要性。这两本书问世后,深受劳动人民的欢迎,同时也引起了资产阶级、地主阶级和英国政府的严重不安。剥削者和统治者迫切需要一种反动理论,来消除法国大革命的影响,抵制主张社会改革的学说,以维护资本主义私有制的统治。马尔萨斯的人口论正是适应这种需要而产生的。1798年出版的《人口原理》第一版,其全名是《论人口原理和它对于社会的将来改革之影响。附关于葛德文、康多塞及其他作者的臆测之评论》。这本书一出版,立即轰动一时,博得资产阶级和英国政府的热烈喝彩。此书初版时是匿名发表的,只有五六万字的小册子,后来他又东拼西凑地塞进了许多材料,扩展到20多万字,于1803年出了第二版,并公开了自己姓名。为了显示书的科学性,将书名改为《论人口原理或人口在人类幸福的过去和现在影响的见解。附预察关于解除或减少人口原理所生的祸害的研究》。在马尔萨斯生前,《人口原理》共出了6版。

马尔萨斯人口论的基本点是：人口增长速度超过生活资料增长速度，是一条永恒的自然规律。具体地说，首先，他从生物学的角度提出了两个前提，即人有食欲和情欲两种生理欲望。他说："我可适当的定下两个公理。第一，食物为人类生存所必需。第二，两性间的情欲是必然的，且几乎会保持现状。"（马尔萨斯：《人口论》第1版，世界书局1933年版，第5页）从这两个前提出发，因此就有人的吃饭和结婚问题，就有谷物和人类的繁衍问题。接着，他提出两个级数的原理，即人口按几何级数增殖，食物按算术级数增加。他认为，"人口增殖力，比土地生产人类生活资料力，是无限的较为巨大。"（马尔萨斯：《人口论》，第6页）根据他的计算，人口每25年增加一倍，而生活资料每25年只增加一个最初的基数。他说："假设现有的人口等于10亿，人类将按下列比例增加：1、2、4、8、16、32、64、128、256；而生活资料则按1、2、3、4、5、6、7、8、9的比数增加。在两个世纪以内，人口对生活资料的比率是256对9。在三个世纪以内，4096对13；而在2000年里其差数几乎无法计算了。"（马尔萨斯：《人口原理》，商务印书馆1961年版，第6—7页）他由此认为，人口增长的速度超过生活资料增长的速度，是一条与社会制度无关的永恒的自然规律。马尔萨斯还断言，工人的工资水平取决于工人人口的数量，工人的贫困是由于工人人口数量增长超过了应该属于他们的不变的生活资料数量，因此工人阶级的贫困、失业是不可避免的。为了解决这个矛盾，马尔萨斯提出了两个限制人口增长的措施，即"道德抑制"和"积极抑制"。就是说，在人口没有开始增长以前采取预防的抑制即"道德抑制"，包括用节育、晚婚、不婚、堕胎等方法来限制人口的增长；在人口开始增长以后则采用"积极抑制"，包括用"各种不卫生的职业，剧烈的劳动和受严寒盛暑的煎迫，极度的贫困，对儿童的恶劣保育，大城市的拥挤，各种各样的过度行为，连串整套的普遍疾病和传染病，战争，瘟疫和饥荒"（马尔萨斯：《人口原理》，第6页）等办法，来消灭大量"多余"人口。在第二版中（以后各版中已经删去）还有这样一段残忍的话：这些没有自己生活资料的人，事实上他在地球上是多余的，在大自然盛大的宴会上并没有为他设下空的席位，大自然将命令他离开，并且如果他不能取得大自然的某客人的怜悯的话，她会迅速地执行自己的命令的。马尔萨斯坚持上述两种"抑制"，竭力反对当时英国实行的济贫法。他认为济贫法只会促使人口增加，而不会增加食物，是造成人口和生活资料不平衡的一个原因。马尔萨斯的目的就是要论证：资本主义私有制是一种能够通过两种“抑制”自动地保持人口增殖和生活资料之间平衡的最有效的社会制度，任何想要进行社会改革、变革现行资本主义制度的学说都无济于事。

马尔萨斯的《人口原理》是一本赤裸裸地向无产阶级公开宣战，为资本主义剥削制度辩护，宣扬资产阶级反动人口理论的坏书，引起了全世界无产阶级和劳动人民的强烈谴责，受到了马克思主义经典作家的严厉批判。马尔萨斯人口论在理论上是完全反科学的，政治上是极端反动的。

1. 马尔萨斯研究人口理论的方法是唯心主义和形而上学的。他的人口论的理论前提是所谓有食欲和情欲。但是人所共知，食欲和情欲是一切动物赖以生存和繁殖后代的生物学本性，而人和动物是有本质区别的。人是社会动物，是生活在社会中，处于一定的社会生产方式之下；在阶级社会中，人又总是处于一定的阶级关系之中。因此，人口的繁殖和生活资料的生产，总要受一定社会的生产力和生产关系、经济基础和上层建筑的矛盾所制约，在阶级社会中要受阶级关系所制约。马克思指出：“事实上，每一种特殊的、历史的生产方式都有其特殊的、历史地起作用的人口规律。抽象的人口规律只存在于历史上还没有受过人干涉的动植物界。”（《马克思恩格斯全集》第 23 卷，第 692 页）马尔萨斯离开一定的社会生产方式，抽象地谈人的生物本性，把人和动物等同起来，并进一步引申出一条永恒的自然的人口规律，这种研究问题的方法本身就是反科学的。

2. 马尔萨斯人口论的内容是没有任何科学根据的。他所提出的所谓人口增长快于食物增长的自然规律，是建立在两种级数对立的理论上的。首先，他的两种级数的理论是纯粹凭空杜撰。所谓人口按几何级数增加，他只是根据北美历史上有一个时期因为大量欧洲移民迁入，使人口增加一倍的个别现象而武断地作出的一般结论；所谓生活资料按算术级数增加，也只是根据法国个别时期农业衰退、谷物生产增长缓慢的特殊现象，就主观地夸大为普遍规律。这种把个别当一般、把特殊当普遍的方法也是反科学的，其结论也就当然没有什么科学意义了。其次，所谓生活资料按算术级数增长，是以“土地肥力递减规律”作为理论根据的。但是，这个“土地肥力递减规律”本身就是反科学的，因为它完全抹杀了科学技术进步和生产方式变革对于土地肥力和农业生产的作用。既然这个规律本身违反科学，那么立论于这个规律基础之上的所谓食物按算术级数增加的论断,也就站不住脚了。最后,所谓人口增长快于食物增长的结论,已被近 200 年的历史实践所驳倒。按照马尔萨斯的理论,从他发表《人口原理》一书的 1798 年到现在,世界人口应是 500 多亿,但实际上现在只有 55 亿。另外,历史的和现实的材料都已证明,总的说来食物增长速度比人口增长速度要快,而不是相反。

3. 马尔萨斯人口论在政治上是极其反动的。它的反动性,首先表现在它的卑鄙的政治目的上。《人口原理》一书的出版是 18 世纪末英国资本主义社会阶级矛盾尖锐化的产物。在 18 世纪下半期,英国剥夺农民土地的圈地运动正接近完成,造成大批破产农民流入城市;这个世纪末,英国工业革命也进入高潮,机器的发明和对机器的资本主义使用,把许多城市小生产者和工人抛向街头。因此,在资本主义积累的一般规律、资本主义相对人口过剩规律作用下,劳动人民的普遍贫困和大量失业,成为当时英国的一个极其严重和十分尖锐的社会问题。与此同时,在法国资产阶级大革命影响下,英国出现了社会改革思潮,掀起了社会改革运动。所以,"马尔萨斯的《人口原理》是一本攻击法国革命和它同时的英国改革思想(葛德文等)的小册子。它对工人阶级的贫困进行辩解"(《马克思恩格斯全集》第 26 卷Ⅲ,第 61 页)。"这部著作的实际目的,是为了英国现政府和土地贵族的利益,'从经济学上'证明法国革命及其英国的支持者追求改革的意图是空想。一句话,这是一本歌功颂德的小册子,它维护现有制度,反对历史的发展;而且它还为反对革命法国的战争辩护。"(《马克思恩格斯全集》第 26 卷Ⅱ,第 125—126 页)马尔萨斯人口论的反动性,还表现在对待劳动人民的态度和处理人口的手段的残酷无情上。他把资本主义社会所特有的人口相对过剩说成是绝对过剩,把工人的贫困和失业说成是由于生孩子过多,并主张用战争、瘟疫、饥荒等极端残忍的办法来消灭"多余"的人口。这表明马尔萨斯是一个统治阶级的辩护士和无耻的献媚者。

4. 马尔萨斯对待科学的态度是十分卑鄙的。马尔萨斯是一个"职业剽窃者",他的人口论中"没有包含一个新的科学词汇"(《马克思恩格斯全集》第 26 卷Ⅱ,第 128 页),其主要观点都是抄袭前人的著作,而且是整页整页地抄袭。早在 1753 年,英国牧师罗伯特·华莱士在《关于上古和近代人类数目的论争》中,就企图论证人口是按几何级数增加,每 30 年就可以增加一倍。1791 年,另一个英国牧师约瑟夫·唐森在《西班牙旅行记》中，就作出了人口增长要依赖于生活资料增长的论断。1767年，英国重商主义者詹姆斯·斯图亚特在《政治经济学原理研究》中，认为人口数量和生活资料之间是存在一定比例关系的；人口的繁殖先于财富的增加，繁殖力的自然作用会破坏人口数量和生活资料的平衡。所以，马克思指出，马尔萨斯在1798年发表的《人口原理》第一版，“是对笛福、詹姆斯·斯图亚特爵士、唐森、富兰克林、华莱士等人的小学生般肤浅的和牧师般拿腔作调的剽窃”。（《马克思恩格斯全集》第23卷，第676页）恩格斯也说，“马尔萨斯牧师的这个理论，同他所有的其他思想一样，都是直接从他的前人那里剽窃来的，只有两种级数的纯粹武断的运用，才属于他自己。”（《马克思恩格斯全集》第31卷，第470页）马尔萨斯在理论上的剽窃行为和它为剥削阶级的辩护是紧密结合在一起的。即使马尔萨斯所剽窃的原著中有某些科学成分，但经过他加以歪曲，用来为他的庸俗辩护理论作论证，就谈不上什么科学意义了。

在人口理论史上，马尔萨斯没有提出什么有价值的新见解。要说他有什么历史作用的话，那就是把前人的人口思想拼凑汇集在一起，成为一本专论人口的书，引起了人们的注意，提供了一份难得的反面教材。它从反面推动了无产阶级研究人口问题，批判资产阶级反动人口理论，建立无产阶级的崭新的人口理论；它从反面启发了无产阶级，必须进行社会革命，推翻资本主义，建立社会主义，才能从根本上解决资本主义制度下工人的贫困、失业和一切祸害。

原载《马克思主义经济理论全书》
理论篇——马克思主义经济学基本理论概说，第112—114页
吉林人民出版社1992年版

马克思主义经济学在中国传播与发展研究

马克思主义经济学同中国实际愈益结合的一百年

摘要：马克思主义经济学肇始于19世纪40年代，成熟于60年代至70年代。直到20世纪初，它才逐渐传播到中国来。纵观一个世纪以来，马克思主义经济学在中国的传播和发展，就是它同中国社会经济愈益结合，理论上不断发展创新，并在实践中不断取得伟大胜利的一百年。它在中国传播和发展的历程是：20世纪开头20多年，特别是在新文化运动、"五四"运动和中国共产党创立时期，是它在中国传播的初始阶段。后来它在中国的传播不断深入，与马克思主义同中国实际相结合的两次飞跃和产生的两大理论成果相对应，在20世纪中间50多年，是它在中国发展的第一阶段，即毛泽东经济理论创立和实践阶段；接着在20世纪最后20多年，是它在中国发展的第二阶段，即邓小平经济理论创立和实践阶段。一个重要的历史经验是：只有把马克思主义基本原理同本国实际和时代发展密切结合起来，创造性地发展马克思主义，才能显示马克思主义的强大生命力，才能取得本国革命和建设事业的胜利。

关键词：马克思主义经济学；毛泽东经济理论；邓小平经济理论

中图分类号：F092.7　　**文献标识码**：A

在这千年交替、世纪更迭之际，马克思被西方一些媒体评为千年最伟大的思想家或风云人物。他和恩格斯创立的学说被称为马克思主义，他们的思想和著作在已逝的一个多世纪里，对世界政治、经济和意识形态领域产生了巨大深刻的影响；同样，对中国社会的发展也产生并将继续发生巨大深刻的影响。因此，研究马克思主义在中国的传播和发展，探求其规律，是一个有重大理论意义和实践意义的课题。

作为马克思主义三个重要组成部分之一的马克思主义经济学是由马克思和恩格斯共同创立的。马克思对经济学的研究，肇始于19世纪40年代，成熟于60年代到70年代，其主要标志是《资本论》第一卷的出版和后三卷手稿的写成。在这个过程中，恩格斯在经济学领域也做出了自己的贡献；马克思逝世以后，他编辑出版了《资本论》第2、3卷。19世纪末至20世纪20年代初，列宁继承和发展了马克思、恩格斯的经济学说。由马克思和恩格斯创立的、列宁发展了的经济学说统称马克思列宁主义经济学说，泛称马克思主义经济学。

马克思、恩格斯的经济学说于19世纪下半期在欧美各国得到广泛传播，《资本论》被誉为“工人阶级的圣经”，被译成俄、法、意、英等多种文字出版。但是，在东方由于清王朝的封建统治和闭关锁国政策，直到20世纪初，马克思、恩格斯的思想和著作才逐渐传播到中国来，到现在已整整一个世纪了。纵观一个世纪以来，马克思主义经济学在中国的传播和发展，用一句话来概括，就是它是同中国社会经济愈益结合，理论上不断发展创新，并在实践中不断取得伟大胜利的一百年。它在中国传播和发展的具体过程大体是这样的：20世纪开头的20多年，特别是新文化运动、“五四”运动和中国共产党创立时期，是它在中国传播的初始阶段。后来，它在中国的传播不断深入，与马克思主义同中国实际相结合的两次飞跃和产生的两大理论成果相对应，在20世纪中间50多年是它在中国发展的第一阶段，即毛泽东经济理论创立和实践阶段；接着在20世纪最后20多年是它在中国发展的第二阶段，即邓小平经济理论创立和实践阶段。在这100年里，我国其他马克思主义经济学家也提出了许多真知灼见，做出了重大贡献，应另文专论。

一、马克思主义经济学在中国传播的初始阶段

马克思主义经济学在中国传播的过程，也就是马克思主义在中国的传播过程。它最早是在19世纪末20世纪初传播到中国来的。从1840年开始，资本主义帝国主义列强的炮舰轰开了清王朝闭关自守的大门。两次鸦片战争，使中国封建社会逐步半殖民地化，在同治、光绪期间，先是洋务派标榜以自强求富为中心的“新政”；后是资产阶级改良派“除旧布新”的变法维新。维新派的变法主张中有一条就是办学堂，奖励新著作、新发明，设译局编辑外国书籍，开设报馆、学会，等等。19世纪下半期，西方国家从官方到民间的各种人士（包括帮助清政府办实业的工程技术人

员、做生意的商人和传播西方宗教、文化的教士)纷纷涌入中国；与此同时，到国外的出国考察者、游历者、留学者也日益增多。正是在这个大的社会背景下，中西方文化交流日趋活跃发展，马克思主义包括它的经济学说作为西方的一种新学说也被介绍到中国来。首先要谈到的是19世纪末到20世纪20年代中国共产党创立时期马克思主义经济学在中国传播初始阶段的情况。这一阶段又可分为以下两个时期：

(一) 19世纪末20世纪初到新文化运动开始以前的时期。据已知材料，1899年英国传教士理查德·提摩西(Richard Timothy，旧译李提摩太)第一次在中国报刊上提到马克思和恩格斯的名字及其思想。此人是上海英国苏格兰长老会教士韦廉臣创办的广学会会员，1895年被派驻北京，曾向光绪皇帝呈送过一篇题为《新政策》的长文，鼓吹变法维新。1899年4月，他为介绍英领德的进化学说与其秘书蔡尔康合作，在广学会主办的《万国公报》上发表题为《相争相进之理》(署名为英李提摩太、中国蔡尔康撰文)的文章中提到了马克思和恩格斯的名字以及马克思关于资本的学说。

随后，中国学者也写文章介绍马克思和恩格斯的思想和著作。首先是资产阶级改良派梁启超，于1902年在《新民丛报》上发表《进化论革命者颉德之学说》一文，提到了马克思，说他是"社会主义之泰斗"；1903年、1904年又在同一刊物上提到马克思及其社会主义学说，简要地转述了《资本论》的某些观点。其实，梁启超并不懂马克思学说及其基本思想，他是从贬义上来评介的。与此同时，外国学者特别是日本学者论述马克思社会主义的著作也被译成中文出版。其中最有代表性的是日本学者福田准造著、赵振汉译的《近世社会主义》一书，它从肯定的方面介绍了马克思、恩格斯学说及其重要著作的写作过程和主要内容，说《资本论》是当代伟大的著作和社会主义的根据。再有就是资产阶级革命派朱执信(蛰伸)于1906年写的《德意志社会革命家小传》一文，比较全面系统地介绍了马克思和恩格斯的生平和主要著作，用三千字介绍了《资本论》中的劳动价值理论和剩余价值理论的基本思想，还节译了《共产党宣言》的十项纲领。此外，其他一些学者和同盟会成员中少数倾向无政府主义的人也介绍和翻译过马克思和恩格斯的一些著作的片断。

这一时期马克思主义包括它的经济学在中国的传播具有以下特点：第一，把马克思、恩格斯的学说只作为西方学说中的一种学说或客观地或贬义地作介绍；第二，对马克思、恩格斯的学说只零星地加以转述，对原著只摘译了极少片断；第三，作者情况较为复杂，有外国各界人士，有中国资产阶级改良派和革命派以及具有无政府主义倾向的人；第四，当时中国无产阶级还没有走上政治舞台成为一种政治力量，马克思主义作为一种学说只在资产阶级、小资产阶级知识分子的极小范围内流传，社会影响极微。

（二）新文化运动开始到中国共产党创立时期。20 世纪 10 年代中期，我国逐渐兴起一场以民主与科学为旗帜，向封建传统思想、道德和文化宣战的新文化运动，一般以 1915 年由陈独秀主编的《新青年》杂志出版为标志。1917 年俄国发生了十月社会主义革命。“十月革命一声炮响，给我们送来了马克思列宁主义。”[①]接着，就是 1919 年“五四”爱国运动和 1921 年中国共产党的建立。从此，马克思主义在中国得到全面系统广泛传播，在中国这块土地上生根发芽，生长成参天大树，并结出丰硕果实。

在这个阶段，中国共产主义先驱、中国共产党主要创始人之一李大钊，在系统传播和运用马克思主义方面起了主要作用。1907 年，李大钊入天津北洋法政学校，读政治经济学本科，曾“深入调查研究了政治经济学方面的科学”[②]。1913 年，他留学日本，入早稻田大学大学部政治经济学科学习，系统学习了经济学原理和原著(包括古典经济学原著研究)，并开始接触马克思主义著作，接受社会主义思想影响。1916 年回国后，开头两年主编《晨钟报》和《甲寅日刊》。1917 年 11 月到北京大学任职，先任图书馆主任，后兼经济学教授。从日本回国后，李大钊的一项主要活动就是以各种形式积极参加新文化运动，参与领导了“五四”爱国运动。由于对马克思主义著作的学习和研究，由于受俄国十月社会主义革命的鼓舞和启发，由于参加新文化运动和“五四”爱国运动的实践，李大钊完成了从进化论到唯物史观、从革命民主主义者到共产主义者的转变。李大钊是我国最早的马克思主义者和共产主义者，积极筹建中国共产党，是中国共产党的创始人和领导人之一；同时，对马克思主义的研究和宣传也就成为他的全部革命事业的一个重要方面。

---

① 《毛泽东选集》第 4 卷，第 1253、1431—1432、1471 页。

② 《李大钊文集》(上)，人民出版社 1984 年版，第 114 页。

李大钊对马克思主义的研究和宣传是全面的，下面着重讲讲他对传播和运用马克思主义经济学方面的贡献。首先是通过各种形式宣传马克思主义包括它的经济学。(1)与陈独秀共同创办的《新青年》《每周评论》，主编的《晨钟副刊》等，成为宣传马克思主义的主要阵地。(2)利用讲坛宣传马克思主义基本原理，他作为经济学教授，先后在北京大学经济学系、政治学系、史学系以及其他高校任教，讲授“唯物史观”“社会主义和社会运动”“现代政治”“社会主义史”“史学思想史”“工人的国际运动”“社会主义的将来”等课程和专题。(3) 1918 年在北大与其他教授发起组织了一个秘密的、与马尔萨斯字音相似的“马尔格士(马克思)学说研究会”，1920 年 3 月成立了一个公开的“马克思学说研究会”，下面还设了一个名叫“亢慕义斋”(德语共产主义小室 Das Kammunistsches Zimmer 的音译)的图书室(同时还是翻译室和研究会办公室)，收藏有中外文马克思列宁主义的重要原著以及其他进步学术著作、报章杂志。(4)撰写并发表关于马克思主义基本原理以及用马克思主义观点评论当时社会、政治、经济问题的文章。

李大钊撰写的有关经济学的文章很多，最重要的有《法俄革命之比较观》(1918 年)、《庶民的胜利》(1918 年)、《Bolshevism 的胜利》(1918 年)、《我的马克思主义观》(1919 年)、《大亚细亚主义与新亚细亚主义》(1919 年)、《由纵的组织向横的组织》(1920 年)、《俄罗斯革命的过去及现在》(1921 年)、《马克思经济学说》(1922 年)、《社会主义下的经济组织》(1923 年)、《社会主义释译》(1923 年)等。这些文章涉及了以下内容：(1)宣传《资本论》的基本思想，介绍贯穿于马克思经济学说中的唯物史观，重点解说了马克思的剩余价值理论和资本积累理论等。(2)评论了近代西方各经济学派的观点和马克思经济学说的重要地位。(3)分析了帝国主义的经济特征，揭露了帝国主义的掠夺本性。(4)阐述了社会主义经济制度产生的必然性，认为它的必然出现是“历史的命令”[①]，描绘了社会主义经济组织的重要特征，如实行生产资料国有，有计划地合理地发展生产，人人各尽所能地劳动和实行公平分配，运用科学、协作、自然力组织生产，等等。

尤其珍贵的是，李大钊首倡马克思主义基本原理同中国实际相结合的科学精神，并遵循这一精神探索中国社会经济发展之路。他说，我们“应该细细的研考马

① 《李大钊文集》(下)，人民出版社 1984 年版，第 334、711—712 页。

克思的唯物史观,怎样应用于中国今日的政治经济情形”,“把中国从列强压迫之下救济出来”①。他根据时代发展潮流的分析,认为在今日世界经济形势下,中国要振兴经济,非走社会主义道路不可。他根据马克思主义理论同中国国情的分析,提出了中国革命两个阶段,即首先进行反帝反封建的民族民主革命,然后再进行社会主义革命的初步思想。

在这一阶段传播马克思主义的代表人物,还应该提到1915年兴起的新文化运动主要代表和初期思想领袖陈独秀。新文化运动一开始就把矛头指向封建传统思想,提倡科学和民主,在中国现代史上功不可没。由陈独秀首先创办的、后来李大钊参与的《新青年》杂志在发动新文化运动、宣传马克思主义方面起了重大作用。陈独秀在“五四”爱国运动的推动下,逐步否定过去信仰的资产阶级民主主义,开始转向社会主义,写过不少宣传马克思主义的文章。在传播《资本论》方面,他发表了《马克思学说》(1922年)、《社会主义批评》(1922年)这两篇文章,集中地阐述了马克思的剩余价值学说和资本主义必然灭亡的趋势,并赞颂马克思是一个伟大的经济学家。由于陈独秀在当时是一代名流、学者、思想家,他的这些文章产生了重大社会影响。此外,在新文化运动和“五四”爱国运动中,几位在留学日本期间曾经接触过马克思主义学说的先进青年,如杨匏安、李达等,在中国传播马克思主义经济学的初始阶段也起过重要作用。再有,“五四”爱国运动中一批年轻左翼骨干、学生运动领袖,如毛泽东、邓中夏、蔡和森、周恩来等的政治思想也开始转变,信仰共产主义,宣传马克思主义。

二、毛泽东经济理论创立和实践阶段

中国共产党建立以后,马克思主义在中国的传播和发展进入一个新阶段,但在开头十多年里出现了曲折的发展过程。机会主义,或者从右的方面放弃马克思主义的基本原理,或者从“左”的方面教条主义地对待马克思主义,它们的共同点都是不顾中国国情,违背了理论和实际相统一的原则,给中国革命事业造成极大危害。

① 《李大钊文集》(下),人民出版社1984年版,第334、711—712页。

以毛泽东为代表的中国共产党人，坚持马克思主义的正确路线，纠正了右倾和“左”倾机会主义的错误，使中国革命走上了正确道路并取得了伟大胜利，同时使马克思主义在中国得到重大发展。

到 1920 年夏，毛泽东已经建立起对马克思主义的信仰，成为一个马克思主义者，并出席了 1921 年的中国共产党第一次代表大会。1927 年革命失败后，毛泽东在党内受到机会主义路线领导的打击和排挤。直到 1935 年 1 月遵义会议以后，才事实上确立了毛泽东在党中央的领导地位，成为党在历史上的一个重大转折点。1945 年党的七大确立毛泽东思想为党的指导思想。毛泽东领导中国革命和建设事业长达 40 年之久，他的思想影响则更深远。

毛泽东一贯倡导实事求是，理论联系实际，把这一原则和方法概括为“马克思主义的普遍真理与中国革命的具体实践的统一”[①]。毛泽东思想就是这一统一的产物，它是以毛泽东为核心的党的第一代领导集体智慧的结晶，周恩来、刘少奇等对它作出了重要贡献。毛泽东的经济理论是毛泽东思想的重要组成部分。同中国革命两个阶段相适应，毛泽东创立了完整的新民主主义经济理论，并积极探索了社会主义经济理论。

（一）新民主主义经济理论。同马克思和恩格斯面对的资本主义社会、列宁所面对的帝国主义阶段不同，毛泽东面对的旧中国是半殖民地半封建社会。毛泽东在中国民主革命阶段把马克思主义普遍真理同旧中国半殖民地半封建社会相结合，创立了新民主主义理论，这是他对马克思主义的重大贡献。应该说，毛泽东的新民主主义理论本身，就是他对当时中国社会生产力和生产关系、经济基础和上层建筑进行马克思主义经济政治分析，对党内关于中国社会性质和革命阶段长期争论进行科学总结而得出的理论成果。中国的半殖民地半封建的社会性质、中国革命分为民主革命和社会主义革命两个阶段的理论，是新民主主义理论的基础。

毛泽东全面阐述了新民主主义的经济理论。1940 年，他在《新民主主义论》中首先提出“新民主主义的经济”概念，分析了它的基本内容。1948 年，他在一个报告里不赞成把新民主主义社会的经济叫“新资本主义”，认为“我们的社会经济的名

① 《毛泽东文集》第 5 卷，第 57、139、140、145—146、259 页。

字还是叫‘新民主主义经济’好”[①]。毛泽东关于“新民主主义的经济”的阐述即新民主主义的经济理论是毛泽东新民主主义理论的重要组成部分。毛泽东的新民主主义的经济理论有两个方面：

一是关于实现新民主主义革命任务，从半殖民地半封建社会向新民主主义社会转变的经济理论。重要著作有：《必须注意经济工作》(1934 年)、《我们的经济政策》(1934 年)、《中国革命和中国共产党》(1939 年)、《新民主主义论》(1940 年)、《抗日时期的经济问题和财政问题》(1942 年)、《组织起来》(1943 年)、《目前形势和我们的任务》(1947 年)、《中国的社会经济形态、阶级关系和人民民主革命》(1948 年)、《关于工商业政策》(1948 年)、《在晋绥干部会议上的讲话》(1948 年)等。重要思想是：第一，对旧中国社会经济形态的分析。毛泽东总结党内长期讨论和争论，把 1840 年以来旧中国的社会经济形态历史地定性为“半殖民地的半封建的社会经济形态，即是说半独立的半资本主义的社会经济形态”。在目前整个中国社会经济中，一方面，“存在着外国帝国主义的经济，本国封建主义的经济、官僚资本主义的经济和自由资本主义的经济”；另一方面，“存在着新式的国家经济、被解放了的农民和小生产者的经济和在新民主国家指导下的私人资本主义经济”[②]。第二，为实现新民主主义革命任务的经济纲领。“没收封建阶级的土地归农民所有，没收蒋介石、宋子文、孔祥熙、陈立夫为首的垄断资本为新民主主义的国家所有，保护民族工商业。这就是新民主主义革命的三大经济纲领。”[③]第三，关于革命根据地的国民经济构成和党的政策。他在土地革命战争时期就指出：在根据地“尽可能地发展国营经济和大规模地发展合作社经济，应该是与奖励私人经济发展，同时并进的”[④]。第四，革命根据地和解放区经济建设的总方针。他指出：根据地的经济建设要为革命战争服务；必须把发展农业生产放在第一位；要关心群众生活；要独立自主，自力更生，克服经济困难。总之，“发展经济，保障供给，是我们的经济工作和财政工作的总方针”[⑤]。毛泽东的这些经济思想和据此制定的方针政策，在土地

① 《毛泽东文集》第 5 卷，第 57、139、140、145—146、259 页。

② 同上。

③ 《毛泽东选集》第 4 卷，第 1253、1431—1432、1471 页。

④ 《毛泽东选集》第 1 卷，第 134 页。

⑤ 《毛泽东选集》第 3 卷，第 891 页。

革命战争、抗日战争和解放战争中发挥了重大作用，保证了革命和战争的胜利实现。

二是关于发展新民主主义经济，从新民主主义社会向社会主义社会过渡的经济理论。新民主主义革命在全国胜利的结果是我国新民主主义社会的建立和新民主主义国家——中华人民共和国的诞生。历史赋予的任务就是建设和发展新民主主义经济，解放和发展生产力，为以后向社会主义过渡建立强大的物质技术基础和经济基础。对这个问题除毛泽东有大量论述外，刘少奇也有很多分析。1948年9月，毛泽东在中央政治局会议的结论中，称赞刘少奇关于新民主主义和社会主义以及过渡问题的提纲[①]讲得很好，嘱咐他进一步考虑并草拟文件[②]。毛泽东论述这个问题的主要著作除前已提到的外，还有《论联合政府》和在党的七大上的口头政治报告与结论(1945年)、《在中共中央政治局会议上的报告和结论》(1948年)、在党的七届二中全会上的报告(1949年)、《在全国政协一届二次会议上的讲话》(1950年)、《在中央政治局扩大会议上的讲话》(1953年)、《改造资本主义工商业的必经之路》(1953年)、《革命转变和党在过渡时期的总路线》(1953年)等；刘少奇的著作有《新民主主义经济建设问题》(1948年)、《新中国经济的性质与经济建设方针》(1948年)、"天津讲话"(1949年)、《新中国的财政经济政策》(1949年)、《关于新中国的经济建设方针》(1949年)、《"三年准备，十年建设"》(1951年)、《春耦斋讲话》(1951年)等；还有张闻天的《关于东北经济构成及经济建设基本方针的提纲》(1948年)等。综合以上论著的重要思想有：第一，毛泽东最早就确认新民主主义社会是处于半殖民地半封建社会和社会主义社会之间的一个社会形态。刘少奇深入分析了新民主主义经济，认为它是一种过渡性质的经济，既有社会主义成分，又有资本主义成分；同时他又确信民主革命胜利后应该有一个相对独立的稳定的新民主主义阶段，因而提出"巩固新民主主义制度"的思想[③]。毛泽东批评了这一观点。第二，毛泽东首先提出"新民主主义的经济形态"这一概念，认为它由国营经济、合作社经济、私人资本主义经济、个体经济和国家资本主义经济这五种经济成分构成。他强调在民主革命胜利以后，要没收帝国主义和中国官僚资产阶级的资

① 指刘少奇1948年9月13日在中央政治局会议上的讲话，见《刘少奇论新中国经济建设》第1—8页。

② 《毛泽东文集》第5卷，第57、139、140、145—146、259页。

③ 《刘少奇选集》下卷，第62页。

本为人民共和国所有，使国家掌握国民经济命脉，使社会主义性质的国营经济成为整个国民经济的领导成分，并使之不断发展壮大；同时，要谨慎地逐步地而又积极地引导个体经济向现代化集体化方向发展；有利于国民经济的城乡资本主义则应当容许其存在和发展。[①] 后来，张闻天以毛泽东的论述为依据，首先把新民主主义经济构成概括为以国营经济为主体、五种经济成分都应加以发展的方针[②]。随后刘少奇也使用了这一提法，认为上述五种经济成分都应加以鼓励使其发展，但必须以发展国营经济为主体[③]。第三，毛泽东在新中国成立前后直至1953年以前，认为从新民主主义社会过渡到社会主义社会的时间，大体需要十几年、二三十年，甚至说"在很远的将来"[④]。刘少奇认为，新民主主义社会的过渡性质不能长久存在，但它"有一个相当长的时期"[⑤]，至于何时对资本主义采取社会主义步骤，则需要十几年，甚至说"几十年以后"[⑥]"相当长久的将来"[⑦]。第四，毛泽东早在30年代末就认为，在革命胜利之后，资本主义经济在中国会有一个相当程度的发展是不可避免和不足为怪的[⑧]。在党的七大上，他发挥了这一观点，认为中国在新民主主义社会"要广泛地发展资本主义"，或者说"需要资本主义的广大发展"；中国的资本主义不是太多了，而是太少了；发展资本主义没有坏处，只有好处，我们不要怕资本主义。他在党的七大结论报告中提出不同于一般资本主义的"新民主主义的资本主义"概念，认为它在像中国这样的农业国家中还有生命力，还有革命性，还有用，有利于社会主义的发展。他还尖锐地指出，想在半殖民地半封建社会的废墟上，中间不经过发展资本主义阶段，就建立社会主义，那只是完全的空想，是民粹主义[⑨]。这些看法并不是毛泽东个人观点，而是全党的共识。三年以后，毛泽东说："六次大会和七次大会都承认资本主义在民主革命胜利后要有一个发展。"[⑩]另一方面，

---

① 《毛泽东选集》第4卷，第1253、1431—1432、1471页。

② 《张闻天文集》，中共党史出版社1995年版，第4卷，第27、45页。

③ 《刘少奇论新中国经济建设》，中央文献出版社1993年版，第146页。

④ 《毛泽东选集》第5卷，人民出版社1977年版，第27页。

⑤ 《刘少奇论新中国经济建设》，第47、140页。

⑥ 同上。

⑦ 《刘少奇选集》上卷，第435页。

⑧ 《毛泽东选集》第2卷，第650页。

⑨ 《毛泽东选集》第3卷，第1060—1061页；《毛泽东文集》第3卷，第275、322—323、384—385页。

⑩ 《毛泽东文集》第5卷，第57、139、140、145—146、259页。

毛泽东赞成孙中山的"节制资本"的思想，多次讲到我们容许其存在和发展的，是一切不是于国有经济有害而是于国民经济有利的城乡资本主义成分。刘少奇在新中国成立前后的许多讲话（包括 1949 年 4、5 月的"天津讲话"）阐发了毛泽东的上述思想。

应该说从 40 年代初至新中国成立前后，毛泽东、刘少奇等创立了相当完备的、符合中国实际的新民主主义经济理论，其中关于新民主主义经济及其向社会主义过渡的重要思想，至今仍有重大现实意义，对我们现在理解邓小平理论有直接帮助。

（二）社会主义经济理论。毛泽东在新中国成立后在领导我国社会主义革命和建设事业的过程中，积极探索中国社会主义经济建设的道路，在总结经验教训的基础上提出了许多重要见解，从而丰富和发展了马克思主义经济学的社会主义经济理论。重要著作有：《论十大关系》（1956 年）、《关于正确处理人民内部矛盾的问题》（1957 年）、在两次郑州会议上的讲话（1958—1959 年）、《读苏联〈政治经济学教科书〉的谈话》（1959—1960 年）等。在苏共二十大以后，毛泽东形成一个重要认识，这就是要破除对斯大林和苏联建设经验的迷信，走适合中国国情的建设社会主义的道路。他在这一方面提出的重要观点有：第一，要走中国工业化的道路，处理好重工业、轻工业和农业的关系。经济建设要以重工业为中心，但要更多地发展农业和轻工业；后来进一步提出，要把过去重、轻、农的次序倒过来改为农、轻、重，要"以农业为基础，以工业为主导"。第二，要改进国家经济管理体制。50 年代中期提出，要处理好一国家、生产单位和生产者个人的关系，中央和地方的关系。50 年代后期和 60 年代初期，在毛泽东的倡导下，我国曾在传统计划经济模式框架内进行经济管理体制改革的尝试。第三，认为中国商品生产很不发达，需要有一个发展商品生产的阶段。同社会主义制度相联系的商品生产是社会主义商品生产。必须肯定社会主义商品生产和商品交换的积极作用，利用它来发展社会主义生产。价值规律是一个伟大的学校，应该利用它教育广大干部和人民，利用它建设社会主义和共产主义[①]。第四，社会主义阶段可能分为两个阶段，第一个阶段是不发达的社会主义，第二个阶段是比较发达的社会主义，后一个阶段可能比前一阶段需要更长

① 《毛泽东文集》第 7 卷，第 434—440 页，《毛泽东文集》第 8 卷，第 34 页。

的时间[①]。以上这些认识,有的是新中国成立以来经济建设成功经验的概括,有的是对1958年开始的"大跃进"和人民公社化运动中失败教训的总结,有的是立足于现实对社会发展趋势的科学预见。这些见解都是毛泽东社会主义经济理论中有科学价值并有现实意义的几个重要方面。

另一方面也要看到毛泽东在经济理论和实践中的一些失误。首先是他在1953年提出的关于逐步实现对农业、手工业和资本主义工商业的社会主义改造问题。这是党在过渡时期总路线的一个基本点,从马克思主义普遍原理来说是正确的,但应该根据我国国情和生产力发展水平具体指明改造的目标和实施的步骤。正因为理论上不明确,以致在实践中,一是当时对"三大改造"的目标定得太高,即要使生产资料的社会主义所有制成为我国社会的唯一经济基础,把小生产和资本主义消灭光;二是把完成上述任务的时间定得太短,先说从1953年算起用15年左右的时间,后来实际上只用4年,到1956年就完成了。对"三大改造"的成败得失的评价要认真研究。如果基本肯定它,说它是伟大的历史性胜利,那么怎能同我国现阶段生产力发展水平比当年高得多的条件还允许非公有制经济发展的方针并存不悖?如果承认"三大改造"不是一次成功的实践,那么又怎能以它的完成作为我国过渡时期结束和进入社会主义社会的标志?其次是他在1958年发动的"大跃进"运动和人民公社化运动。在发展生产力方面,追求高指标,提出钢铁一年翻番;在改变生产关系方面,追求"一大二公",大刮"共产风",急于实现所有制和生产关系的过渡。这两个运动是我党在新中国成立以后犯的严重"左"倾错误,给我国经济建设和人民生活带来灾难性后果,毛泽东对此负有主要责任。以上两件事表明,毛泽东从1955年下半年批判农业合作化运动所谓右倾错误开始,出于迅速改变中国贫穷落后面貌的良好愿望,部分地放弃了新中国成立前后关于新民主主义经济的某些正确认识,逐渐滋长了急于求成思想,从而导致实践中的"左"倾错误。急于求成的要害在"急",急了就会过头。过急,规定的目标和任务就会脱离实际而过高,迈的步子和完成时间就会过快。用经济学的语言说,这就是不尊重经济规律,脱离我国生产力发展水平很低这一最根本的实际,人为地拔高生产关系的"超越阶段"。这个教训表明毛泽东在上述问题上违背了他自己一贯倡导的马克思主义普

① 《毛泽东文集》第8卷,第116页。

遍真理同中国实际相结合的原则。毕竟毛泽东是一位伟大的马克思主义者，是他首先发现并领导全党纠正了“大跃进”和人民公社化运动中的错误。

三、邓小平经济理论创立和实践阶段

在20世纪最后20多年里，以邓小平为核心的党的第二代领导集体，在新的历史条件下，继承和发扬毛泽东倡导的马克思列宁主义普遍原理同中国革命具体实践相结合的原则，并使这一结合达到了一个新高度。邓小平根据毛泽东思想的这一基本点，制定了解放思想，实事求是，一切从实际出发，理论联系实际的思想路线，开创了建设有中国特色社会主义的新时期、新道路，并把马克思主义在中国的发展推向一个新阶段——邓小平理论。邓小平理论是一个完整的科学体系，作为它的重要组成部分的邓小平的经济理论，就是建设有中国特色社会主义经济理论。现在全国都在学习这一理论，这里只简要地讲讲它的产生条件、主要内容和实践意义。

邓小平经济理论的产生条件，同样是马克思主义同当代中国实际和时代特征相结合的产物。它的产生条件从经济学的角度要着重把握以下几点：第一，马克思主义经济学的基本原理和科学方法始终是邓小平创建经济理论的基础和主要来源。第二，从中国国情出发，这就是生产力发展水平低，人口多底子薄，在改革开放之初人均国民生产总值不足三百美元，是世界上较贫穷的国家之一。第三，新中国成立初到十一届三中全会30年我国社会主义革命和建设的历史经验，包括毛泽东晚年的错误，林彪、“四人帮”极“左”路线的严重教训；同时还有其他社会主义国家兴衰成败的历史经验和教训。第四，当代科学技术进步，特别是高科技迅速发展对经济发展的重大作用；经济全球化趋势给中国经济发展带来的机遇和挑战。第五，20世纪20年代末30年代初世界经济大危机以后，发达市场经济国家相对平稳发展和某些新兴市场经济国家快速发展的经验对我国的借鉴作用；与此相适应，西方经济学对当代资本主义经济发展实践作出的符合实际的概括，包括国家宏观调控理论和市场调节机制理论中有价值的东西。

邓小平建设有中国特色社会主义经济理论，包含在《邓小平文选》一至三卷中。

其中特别重要的是：《解放思想，实事求是，团结一致向前看》(1978 年)，它奠定了党在新时期的思想路线，是开创新道路、新理论的宣言书，也是邓小平经济理论的科学方法论；《在武昌、深圳、珠海、上海等地的谈话要点》(1992 年南方谈话)，它是又一个倡导解放思想、实事求是的宣言书，也是我国建立社会主义市场经济体制的纲领。邓小平经济理论的根本出发点是社会主义初级阶段理论，即根据我国国情将我国现阶段以及很长一段历史时期历史地定位于社会主义社会的初级阶段；其基本点就是在社会主义条件下发展市场经济，不断解放和发展生产力，把我国建成现代化的社会主义强国。具体内容包括以下理论：关于社会主义本质和根本任务，即解放和发展生产力，消灭剥削，消除两极分化，最终达到共同富裕；关于社会主义初级阶段的所有制，要坚持社会主义公有制为主体，同时允许各种形式的非公有制经济发展；关于改革社会主义经济体制，计划和市场都是现代社会调节经济的手段，社会主义也可以搞市场经济；关于社会主义分配原则，要坚持按劳分配，鼓励一部分地区、一部分人先富起来；关于社会主义现代化建设，发展才是硬道理，要紧紧抓住经济建设这个中心，注意经济稳定协调发展，全面实现农业、工业、国防和科学技术的现代化；关于科学技术是第一生产力，经济建设必须依靠科技和教育；关于实行对外开放，积极发展对外贸易，大胆引进国外资金、先进技术和经营管理方法；关于我国经济发展战略，要分三步走，到 20 世纪末实现前两步目标并达到小康水平，到 21 世纪中叶实现第三步目标达到中等发达国家水平；关于尊重经济规律，一定要按经济规律办事，要统筹兼顾地处理好各种经济关系，要用经济方法管理经济；等等。邓小平的这些理论来源于马克思主义，又是对马克思主义经济学的新发展。

邓小平经济理论对我国建设有中国特色社会主义事业起了巨大推动作用，促进了改革开放和现代化建设胜利发展，社会主义市场经济体制的建立完善，社会生产力和综合国力的不断增长，人民生活水平的明显提高。举世公认，自 1978 年开始实行改革开放以来的 20 年，是我国历史上发展和进步最快最好的时期，原因很多，归根结底是一条，那就是中国共产党更成熟了，以邓小平为代表的中国共产党人在新的历史条件下把马克思主义普遍真理同中国实际结合得更好了，实现了二者的高度科学统一。党的十四大、十五大高举马克思列宁主义、毛泽东思想和邓小平理论的旗帜，坚持党的实事求是的思想路线，发扬党的理论联系实际的优良传统，随着时代、实践和科学的发展，不断总结建设有中国特色社会主义经济的新鲜经验，进一步丰富和发展了马克思主义经济学。

100年来，中国共产党及其领导人在传播和发展马克思主义经济学方面，给国际共产主义运动提供的最重要的一点历史经验是：只有把马克思主义基本原理同本国实际和时代发展密切结合起来，创造性地发展马克思主义，才能显示马克思主义的强大生命力，才能取得本国革命和建设事业的胜利。

原载《当代经济研究》2000年第5期

马克思主义经济学在中国的传播

编者的话

值此21世纪来临之际，我们利用本报今年最后一个理论周刊的B1、B2版，向读者隆重推出“百年经济学回眸”专稿，介绍马克思主义经济学在中国的实践与发展。我们的目的，旨在通过对百年来经济学具有重大影响的理论、观点和人物，作一概略回顾，并通过这种回顾，对启发读者思考百年来的经济学发展，理解当前的经济现实、展望未来的经济走势，能够起到一些帮助作用。

马克思主义经济理论肇始于19世纪40年代，成熟于六七十年代。

马克思主义经济学被系统地介绍到中国来是我国新文化运动和俄国十月革命以后的事。

一百年来，马克思主义经济学在中国的传播和发展，是它同中国社会经济实际不断结合与发展的过程。

记者：马克思主义经济学创立于19世纪中叶，它什么时候传播到中国来，其传播和发展的过程是怎样的?

成保良：马克思、恩格斯创立的马克思主义经济学，肇始于19世纪40年代，成熟于六七十年代，其主要标志是《资本论》第1卷的出版和后三卷手稿的写成。

马克思主义经济学在19世纪下半期在欧美各国得到广泛传播，《资本论》被誉为“工人阶级的圣经”。但是在东方，由于清王朝的封建统治和闭关锁国政策，直到本世纪初，马克思、恩格斯的思想和著作作为西方的一种新学说才被介绍到中国来。

马克思主义经济学被系统地介绍到中国来，是发端于我国新文化运动和发生于1917年的俄国十月社会主义革命以后的事。“十月革命一声炮响，给我们送来了马克思列宁主义”。从此，马克思主义经济学就在中国生根发芽，成长为参天大树，并结出丰硕成果。一个世纪以来，马克思主义经济学在中国的传播和发展，用一句话来概括，就是它同中国社会经济实际日益结合，并不断发展和取得伟大胜利的一百年。它和马克思主义的其他两个组成部分一起，是中国共产党和我们国家的指导思想和理论基础。

马克思主义经济学在中国传播和发展的过程大体分为三个阶段：20 世纪开头约 20 年，特别是新文化运动、"五四"运动和中国共产党创立时期，是它在中国传播的初始阶段。后来与马克思主义同中国实际相结合的两次历史性飞跃和产生的两大理论成果相对应，在 20 世纪中间 50 多年是它在中国发展的第二个阶段，即毛泽东经济理论创立和实践阶段。接着在 20 世纪最后 20 多年是它在中国发展的第三个阶段，即邓小平经济理论创立和实践阶段。在这 100 年里，我国许多马克思主义经济学家也提出很多真知灼见，做出重大贡献。

记者：马克思主义经济学在中国系统传播的初始阶段有哪些重要代表？

成保良：我认为首先是李大钊，此外还有初期新文化运动的思想代表人物之一陈独秀，留日进步青年杨匏安、李达等人，毛泽东、邓中夏、蔡和森、周恩来等革命家也做出了不可磨灭的贡献。在当时，李大钊在传播马克思主义包括它的经济学方面起了主要作用。他和陈独秀一起编辑出版《新青年》《每周评论》等刊物，组织"马尔格士（马克思）研究会"，发表演说文章，全面宣传马克思主义学说。他在《我的马克思主义观》等文章中，指出马克思主义是唯物史观、经济学说和社会主义理论的统一，系统介绍了《资本论》的基本思想，评述了近代经济学各派观点和地位，揭露了资本帝国主义经济上的掠夺本性，阐述了社会主义经济制度的特征，探索了中国社会经济发展的新道路。特别可贵的是，他主张将马克思的唯物史观"应用于中国今日的政治经济情形"，首倡马克思主义基本原理同中国实际相结合的科学精神。

记者：毛泽东的经济理论是毛泽东思想的重要组成部分，包含在他创立的新民主主义论中的经济理论中有哪些重要思想？

成保良：毛泽东的经济理论是以毛泽东为核心的党的第一代领导集体智慧的结晶，毛泽东把马克思主义普遍原理同中国半封建半殖民地的社会实际相结合，创立了新民主主义理论（包括它的经济理论），是他对马克思主义经济学的最大贡献。

毛泽东的新民主主义经济理论内容丰富，这里着重谈谈其中关于新民主主义经济形态及其向社会主义经济过渡的若干思想：第一，毛泽东首先提出“新民主主义经济形态”这一概念，认为它由国营经济、合作社经济、私人资本主义经济、个体经济和国家资本主义经济这五种经济成分构成。第二，毛泽东很早就确认新民主主义社会是处于半封建半殖民地社会和社会主义社会之间的一个“过渡的阶段”。第三，毛泽东在建国前后直至1953年以前，认为从新民主主义社会过渡到社会主义社会的时间，大体需要十几年、二三十年，甚至说“在很远的将来”。第四，毛泽东认为中国在新民主主义社会“要广泛地发展资本主义”，或者说“需要资本主义的广大发展”。他还尖锐地指出，想在半封建半殖民地的废墟上，中间不经过发展资本主义阶段，就建立社会主义，完全是一种空想，是民粹主义。

新中国成立后，以毛泽东为核心的党的第一代领导集体对社会主义经济理论做出了进一步探索。1956年苏共二十大以后，毛泽东形成一个重要认识，就是要破除对斯大林和苏联建设经验的迷信。他提出：第一，要走中国工业化的道路，处理好重、轻、农的关系。经济建设要以重工业为中心，但要更多地发展农业和轻工业；后来进一步提出，要把过去重、轻、农的次序倒过来改为农、轻、重，要“以农业为基础，以工业为主导”。第二，要改进国家经济管理体制，要处理好国家、生产单位和生产者个人的关系，中央和地方的关系。第三，认为中国需要有一个大大发展商品生产的阶段，必须肯定社会主义商品生产和商品交换的积极作用，利用它来发展社会主义生产。第四，社会主义阶段可分为两个阶段，第一个阶段是不发达的社会主义；第二个阶段是比较发达的社会主义，后一阶段可能比前一阶段需要更长时间。这些观点都是毛泽东社会主义经济理论中有科学价值并有现实意义的方面。

记者：邓小平理论是马克思主义经济学在中国发展的新阶段。

成保良：是的。邓小平理论是一个完整的科学体系，它的经济理论也就是建设有中国特色社会主义经济理论。它作为邓小平理论的重要组成部分，同样是马克思主义同当代中国实践和时代特征相结合的产物。

邓小平经济理论的根本点是社会主义初级阶段理论，其基本点就是在社会主义条件下发展市场经济，不断解放和发展生产力，把我国建设成现代化的社会主义强国。邓小平的理论来源于马克思主义，又是对马克思主义经济学的新发展。党的十四大、十五大高举邓小平理论的伟大旗帜，进一步丰富发展了邓小平经济理论，指导全国人民迈向新世纪，夺取新胜利。

《经济日报》记者专访稿

原载《经济日报》1999 年 12 月 27 日

李大钊对传播和发展马克思主义经济学说的贡献

李大钊是我国共产主义运动的先驱和伟大的马克思主义者。他积极参与了我国的新文化运动,并与其他先进分子一起组织领导了伟大的“五四”运动,大力宣传科学和民主精神,进行反帝反封建的英勇斗争。在革命斗争中。他逐渐明确地站到马克思主义和共产主义的立场上,热情宣传俄国十月社会主义革命,在中国传播马克思主义,参与创建了中国共产党,主张在中国实现社会主义和共产主义。

李大钊也是20世纪初我国新文化运动和中国共产党创建时期的重要思想家,在哲学、政治学、经济学、历史学等领域均有建树。他在青年时代就开始研究政治经济学,后来以马克思主义为指导,深入研究了资本帝国主义经济和社会主义经济问题,有很深的造诣和许多精辟的见解。是我国第一位马克思主义经济学家。本文试图对李大钊在传播和发展马克思主义经济学方面的贡献作简要阐述。

宣传《资本论》的基本思想

李大钊写于1919年的《我的马克思主义观》,公开宣告他信仰马克思主义,并扼要介绍了它的唯物史观、阶级斗争学说和经济学说。这篇长文的最后4节(第9—12节),阐述了马克思经济学说的主要内容,是我国最早较全面系统介绍《资本论》基本思想的重要著作。

李大钊认为马克思的“经济论”有两个要点:一为“余工余值说”,即剩余价值理论;二为“资本集中说”,即资本积累理论。在实际的阐述中,还介绍了资本理论、平均利润和生产价格理论。下面,我们分别考察他对几个主要理论问题的阐述。

第一,李大钊阐述了马克思的剩余价值理论,揭破资本主义剥削的秘密。他认为马克思的“余工余值说”即剩余价值理论，是从“劳工价值论”即劳动价值理论演导出来的。他指出现代资本主义下资本家剥削工人的秘密就在于：“维持工力所必要的物品的价值，永不能与那工力的生产的价值相等。”[①]后者大于前者，其差额就是资本家无偿占有的“余值”，即剩余价值。创造这“余值”的是“余工”，即剩余劳动。采取“余工价值”这种形式掠夺劳动者是资本主义特有的剥削方式。李大钊认为“余值论”是马克思“全经济学说的根本观念”[②]。

第二，阐述了马克思的资本理论，指出剩余价值的来源。他大体正确地介绍了马克思的“不变可变资本说”，认为“资本用于生产并不消失，而能于生产物中为再生产，足以维持他当初的价值，这叫资本的自存”，“自存的资本为不变资本”，乃指生产工具等；“而资本又不止于自存，生产的结果，更于他本来价值以上生出新价值，这叫资本的增值”，“增值的资本为可变资本”，乃指“资本家对于劳工所给的劳银或生活必要品”。[③] 这就正确地指出了剩余价值的来源并不是不变资本，而是可变资本。他认为“不变可变资本说是支撑马氏余值论的柱子”[④]。

第三，阐述了马克思资本积累理论，指出资本主义私有制必然被社会主义公有制代替的必然性。他在“资本集中论”这个题目下，简要地阐述了马克思的资本积累及其历史趋势的理论的主要思想。他说，一方面，随着科学技术的勃兴、社会生产力的发展、生产组织社会化程度的提高和信用关系的发展，资本有集中的趋势，“把资本都集中于一处，聚集在少数人手中”，产业“遂为少数资本家所垄断”[⑤]；另一方面，工人丧失了一切财产，不得不出卖自己的劳动力，为资本家创造越来越多的剩余价值和“新样财产”，而自己却陷于贫困，沉落在地底层，成为无产阶级，是伏在资本家脚下的敌兵。因此，资产阶级和无产阶级之间的阶级竞争愈益剧烈，“竞争的结果，把这集中的资本收归公有、又是很简单的事情。”“资本主义趋于自灭，也是自然之势，也是不可免之数了。”“资本主义的破坏，就是私有财产制的破坏”[⑥]，

① 《李大钊文集》下卷，人民出版社 1984 年版，第 71 页。

② 同上书，第 82 页。

③ 同上书，第 79 页。

④ 同上书，第 82 页。

⑤ 同上书，第 83 页。

⑥ 同上书，第 84—85 页。

代替资本主义私有制的将是新的“集产制度”，即社会主义公有制。

第四，阐述了马克思的平均利润和生产价格理论。李大钊把马克思的这一理论归结为“平均利润率论”。首先，他阐述了剩余价值转化为利润的问题。他认为使剩余价值“关系于全资本”就是利润，剩余价值对于全资本的关系是为利润率。然后，他提出了“平均利润率的谜”的问题。他认为不同产业部门因为不变资本和可变资本的比例各异，故利润率不同，而实际上“同一的全资本额有同一的平均利润率”，“这是一个显然的矛盾”，而且平均利润率“与价值原则绝不相容”，这就是“平均利润率的谜”[①]。接着，他按照自己的理解，介绍了马克思“解谜”的过程：高于社会平均构成的资本生产的商品会在其价值以上出卖，低于社会平均构成的资本主产的商品会在其价值以下出卖，于是各个资本的特殊利润率就平均化为一般利润率，各个相同的资本都得到相等的利润即平均利润。结果，各个资本生产的商品的实际卖价即生产价格都等于“费用价格”（即成本价格）加上按平均利润率计算的利润（即平均利润）。面对《资本论》中这个复杂的理论问题，李大钊产生了迷惘和疑惑。在他看来，劳动价值论是马克思经济理论的基础，可是现在这个生产价格同他原先所说的价值“全非同物”，“于价值以外，又有一种实际卖价（即生产价格——引者），为供求竞争的关系所支配，与生产物品所使用的工量全不相干。”[②]于是他问：这与一般经济学家所主张的“竞争价格论”有所区别？并说：“物品的实际价格既为竞争所支配，那劳工价值论就有根本动摇的危险。劳工价值论是马克思主义的基础，基础一有动摇，学说全体为之震撼。这究不能不算是马克思主义的一大遗憾。”[③]这些看法是李大钊对马克思经济学说理解上的一个错误。

对经济学派划分和马克思经济学说地位的评述

对经济思想史上各学派的划分，李大钊不像马克思那样，把当时的经济学派划分为资产阶级经济学和无产阶级经济学，而是有其独特的划分方法。他说：“由经

① 《李大钊文集》下卷，人民出版社 1984 年版，第 74—75 页。

② 同上书，第 79 页。

③ 同上。

济思想史上观察经济学的派别,可分为三大系,就是个人主义经济学、社会主义经济学与人道主义经济学。"①

李大钊所说的个人主义经济学,又叫资本主义经济学,是以资本和资本家为本位的经济学。它有两个要点:"其一是承认现在的经济组织为是;其二是承认在这经济组织内,各个人利己的活动为是。"②它宣称现行的经济组织是个人营利主义的组织,是最巧妙、最经济的组织,因而主张维护它,不主张改造它。这个学派的鼻祖是著有《国富论》的亚当·斯密,其他还有李嘉图、马尔萨斯和詹姆士·穆勒等人。由于他们的研究和贡献,使这个学派得以发扬光大,成为正统的经济学。李大钊介绍这个学派时,没有把它划分为古典学派和庸俗学派两个发展阶段。

李大钊对个人主义经济学是持否定和批判态度的。在他看来,现在资本主义丧钟已经敲响了世界改造的机运,从俄、德诸国闪出一道社会主义曙光,因而个人主义经济学已经丧失其正统地位,将被社会主义经济学和人道主义经济学所取代。如果说从前的经济学是以资本和资本家为本位,那么以后的经济学则以劳动和劳动者为本位。

李大钊认为,社会主义经济学反对个人主义经济学的第一个要点。他说:"社会主义经济学者以为现代经济上、社会上发生了种种弊害,都是现在经济组织不良的缘故,经济组织一经改造一切精神上的现象都跟着改造,于是否认现在的经济组织,而主张根本改造。"③所以,社会主义经济学者持组织改造论,其目的在于社会的革命。李大钊认为,现在正是社会主义经济学改造世界的新纪元。他特别强调,以前的社会主义者只限于空想,未能造成一个科学的理论和体系,只有马克思才把社会主义从空想变为科学,论证了社会主义经济组织的可能性和必然性,与个人主义经济学相对立,创立了独立的社会主义经济学体系,并成为这种经济学的鼻祖。李大钊对马克思创立的社会主义经济学给予很高评价,认为他在经济思想史上具有重要地位。

李大钊认为,人道主义经济学反对个人主义经济学的第二个要点。他说,无论

① 《李大钊文集》下卷,第47页。

② 同上书,第48页。

③ 同上书,第49页。

经济组织改造到怎么好的地步，如人心不改造，必然像现在这样贪私无厌，社会仍然没有改善的希望。因此，应否定经济上的个人利己活动，主张以爱他的动机代替那利己的动机。人道主义经济学不注重于经济组织改造的一面，而注意于改造在那经济组织下活动的各个人的动机。因此，它主张人心改造论，其目的在于道德的革命。李大钊没有指明人道主义经济学的鼻祖和代表人物。

看来，李大钊并没有完全赞同社会主义经济学，也没有完全否定人道主义经济学。他认为，它们各有优点，又各有不足之处：社会主义经济学的优点是主张组织改造和社会革命，缺点是忽视人心改造和道德革命；人道主义经济学的优点是主张人心改造和道德革命，缺点是忽视组织改造和社会革命。李大钊主张把这两种改造和这两种革命结合起来。他说："我们主张以人道主义改造人类精神，同时以社会主义改造经济组织。不改造经济组织，单求改造人类精神，必致没有效果。不改造人类精神，单求改造经济组织，也怕不能成功。我们主张物心两面的改造，灵肉一致的改造。"①李大钊关于对资本主义社会要同时进行经济组织和人类精神两个方面的改造，不应有所偏废的思想，无疑是正确的。但是，他认为马克思的社会主义经济学只注重组织改造而不注意人心改造的看法是误解了。

揭露资本帝国主义经济的掠夺本性

19 世纪末到 20 世纪初，自由资本主义发展为垄断资本主义即帝国主义，中国愈益沦为帝国主义的半殖民地。生活在外国侵略强盗铁骑下的、已经掌握了马克思列宁主义理论武器的李大钊，对于帝国主义本质及其侵华行径的认识，大大超过了一般知识分子的水平。

早在第一次世界大战期间，他就正确地指出了这次战争的性质及其经济根源。当时许多人都用社会达尔文主义和马尔萨斯人口论来解释战争现象。李大钊在 1919 年元旦写的《大亚细亚主义与新亚细亚主义》一文中首先使用了"帝国主义"这一概念，针对日本帝国主义者宣扬"大亚细亚主义"，他指出："这'大亚细亚主

① 《李大钊文集》下卷，第 68 页。

义'不是平和的主义,是侵略的主义;不是民族自决主义,是吞并弱小民族的帝国主义;不是亚细亚的民主主义,是日本的军国主义"[①]。并说,这次欧洲战争就是因为你倡大斯拉夫主义,我倡大日耳曼主义,你倡大亚细亚主义,我倡大欧罗巴主义引起的,一句话,是争自己的"大"的帝国主义者造成的。在前两个月即1918年11月写的《庶民的胜利》一文中,李大钊认为"这回战争的起因,全在'大……主义'的冲突",他进一步说:"这回战争的真因,乃在资本主义的发展。国家的界限以内,不能涵容他的生产力,所以资本家的政府想靠着大战,把国家界限打破,拿自己的国家做中心,建一世界的大帝国,成一个经济组织,为自己国内资本家一阶级谋利益。"[②]进入20年代,李大钊对帝国主义战争根源的分析达到新的高度。他在1923年写的《工人国际运动略史》中说:"战争不是恶癖性或国际间的误解的结果,乃是现代帝国主义的结果。"[③]到1926年1月,他在《新帝国主义战争的酝酿》一文中进一步指出:"在资本主义已经达到他最后的阶段帝国主义时代的今日,战争的危险更是一天一天地逼紧。一九一四年那样残酷的大战,只是英、德帝国主义间利润之争的结果。现在各国帝国主义者间利润之争,亦必然的要造成第二个世界大战,它的危机一天一天的迫切。"[④]李大钊的这些分析完全符合列宁主义。

李大钊非常敬仰列宁,并努力研究列宁主义。他在1926年1月为纪念列宁逝世两周年而发表的演说中明确指出:"列宁主义是帝国主义时代无产阶级革命的理论与策略。"[⑤]1921年7月他在长文《俄罗斯革命的过去及现在》中,详细地介绍了列宁的革命生涯,并列举了列宁的19本重要著作,包括1917年出版的名著《帝国主义是资本主义的最高阶段》。

李大钊在20年代写的几篇论文对帝国主义经济特征作了如下分析:第一,他认为帝国主义是资本主义发展的结果。他写道:"这帝国主义在他的基础上是经济的,和资本主义有不可分的关系。"[⑥]"帝国主义是什么?就是资本主义发展之结

① 《李大钊文集》上卷,第610页。
② 同上书,第594页。
③ 《李大钊文集》下卷,第650页。
④ 同上书,第841页。
⑤ 同上书,第845页。
⑥ 同上书,第650、797、842、111页。

果。”[①]第二，他从多方面分析了帝国主义的经济特征：一个重要特征是资本急剧集中形成金融资本和金融大王的统治。他写道：帝国主义大战使某些资本主义国家“资本急遽的集中，金融资本的势力替代了从来的工业资本而增大起来，发展到少数金融大王独裁时代即帝国主义时代了”[②]。另一个重要特征是资本输出。“帝国主义的特征不是单纯的生产品的输出而是资本的输出。”[③]再一个重要特征是帝国主义国家的掠夺瓜分殖民地，必然爆发世界大战。帝国主义“要向海外找殖民地作它自己的贸易场和原料地，因为又要保护，便要武装起来，所以武装之资本主义就是帝国主义。”[④]他在许多文章中，揭露帝国主义列强在中国和印度为划分势力范围而展开的明争暗斗以及这些强盗们为争夺殖民地和利润进行分赃的帝国主义战争。第三，他还指出了帝国主义的腐朽性和必然灭亡的命运。他讲：“世界上的军国主义、资本主义，都像唐山煤矿坑上的建筑物一样，它的外形尽管华美崇闳，他的基础，已经被下面的工人掘空了，一旦陷落，轰然一声，归于乌有。”[⑤]李大钊对帝国主义经济的这些分析，虽然不如列宁论述的那么全面深刻，没有指出帝国主义的经济基础和本质是垄断，但上面提到的这些认识和列宁思想是完全一致的。如果李大钊这时还没有读到列宁的《帝国主义论》，他能独立地得出这些看法，就更难能可贵了。

对社会主义经济制度的阐述

苏联十月社会主义革命的胜利，使社会主义不再只是一种理想，而已经成为一种现实的社会经济制度。在20年代，李大钊根据马克思列宁主义原理和苏联革命实践，对社会主义制度产生的必然性、建立前提、政治经济特征和应该实行的措施方针进行了认真研究，留下了丰富的论述，宣传了社会主义的优越性。其中重要的有：《由纵的组织向横的组织》(1920年)、《社会主义下的经济组织》(1923年)、《社会主义释疑》(1923年)等。

① 《李大钊文集》下卷，第650、797、842、111页。
② 同上。
③ 同上。
④ 同上。
⑤ 同上。

李大钊从马克思的唯物史观出发，阐述了社会主义的历史必然性。他指出，社会主义必然到来这一科学论断，是有其强固的理论根据的，是应用唯物史观对人类历史发展进程进行研究得出的客观规律。他说："社会主义的社会，无论人愿要他不愿要他，他的运命的必然的出现，这是历史的命令。""今社会主义既立在人类历史的必然行程上，有具有绝大势力的历史为其支撑者；那么社会主义之来临，乃如夜之继日、地球环绕太阳的事实一样确实了。"①

李大钊认为社会主义制度是从资本主义社会里孕育出来的。他比喻说："'社会主义'之发生，恰如鸡子在卵壳里发生一样。"②因为鸡蛋里本有新的生机，鸡子在卵壳里，长了眼睛，长了头，长了毛，等到孵养成熟，小鸡就自然破壳而出。"社会主义"到了羽毛丰满的时候，自然也非打破资本主义这个壳不可。"推翻资本制度的力量，完全在资本主义的积威之下，随着进化的程序自然而然养成的。""到了时机成熟，新生命已经发育完全，就是资本家势力发达到极点，非采用社会主义去推翻资本制度不可的时候，那就必定要用革命的手段——无论如何，革命总是必须的，必经的，无可避免的。"③

社会主义制度如何建立和实现？李大钊认为，"必须经过三阶段：一、政权的夺取；二、生产及交换机关的社会化；三、生产分配及一般执行事务的组织。"④其中，用革命手段夺取资产阶级政权，建立无产阶级专政是首要前提。李大钊引用了马克思《哥达纲领批判》中关于无产阶级专政的论述，并说："在革命的时期，为镇压反动者的死灰复燃，为使新制度新理想的基础巩固，不能不经过一个无产者专政的时期"⑤，建立无产阶级多数人对资产阶级少数人的统治。

无产阶级专政国家的经济组织是怎样的？按照李大钊的意见，无产阶级专政的国家必须对原来资产阶级专政国家的经济组织进行"完全改革"，"其实质方面又须寻出一种新方法，代替旧式之私竞的经济秩序及组织，使社会上发见新的经济组

---

① 《李大钊文集》下卷，第 334 页。

② 同上书，第 544 页。

③ 同上书，第 631—632 页。

④ 同上书，第 611 页。

⑤ 同上书，第 572 页。

织及秩序是正规而优良者”[①]。概言之是两条：实现生产交换机构的社会化，合理组织社会生产、交换、分配。为此，应该采取以下措施和方针：

（1）一切重要生产资料和生产交换机构收归国有。“几大资本的企业：铁路、矿山、轮船公司、承办运输事业、大规模的制造工业、大商店，收归国有”，“自国家银行以下所有的银行，均收归公有”，由国家经营；“小工商业及运输机关，亦渐次收归国有”；“除去有土农夫所有的土地以外，土地亦收归国有”，土地经营者在未觅得他种职业以前，“此项农民仍准续理前业”[②]。

（2）破除统治及服从的关系，建立平等自由联合的关系。“社会主义的目的，即在破除统治与服属的关系”，“把政治上、经济上、社会上一切特权阶级，完全打破，使人民全体，都是为社会国家作有益的工作的人”，人民之间“只有自由联合的关系”[③]。社会主义的“社会组织是打破上下阶级为平等联合的组织”[④]。但是李大钊又认为，“从前的社会组织是纵的组织”，“以力统属的组织”；“现在所要求的社会组织是横的组织”，“以爱结合的组织”，“我们的至高理想在使人间一切关系……纯为爱的关系，使人间一切生活……纯是爱的生活”。[⑤] 从这里可以看出，李大钊受托尔斯泰“博爱观”的影响还未完全克服。

（3）有计划地合理地发展生产，使社会生产符合公众的消费需要。“资本主义的本质是无政府的，不能齐一努力”[⑥]；“社会主义是使生产品为有计划的增殖”[⑦]，“生产为消费者的需要所轨制”，国家要用科学方法进行计算，“使生产恰合于公众的需要”[⑧]，并针对所谓社会主义破坏生产的误解，写道：“社会主义是由个人生产变为社会的生产，由手工的生产变为机器的生产，其进步是一线的，故社会主义不是破坏生产，是求进步的、适合的生产，即整理生产，使归统一，免呈纷乱之象。”[⑨]

---

① 《李大钊文集》下卷，第 376 页。
② 同上书，第 611—612 页。
③ 同上书，第 608—609 页。
④ 同上书，第 202 页。
⑤ 同上书，第 202—203、613、620、614 页。
⑥ 同上。
⑦ 同上。
⑧ 同上。
⑨ 同上书，第 375、613、376、612 页。

(4) 以事物的管理代替人的统治，运用科学、协作、自然力极经济地组织生产。“社会主义的制度，是以事物的管理代人的统治的制度。”“科学上有所发明普及的工人”[①]，运用“协作的生产”[②]，“依极经济的组织与方法，把资本、劳力与天然均成经济化，利用自然力开发富源，俾利国用。”“在这种经济组织之下，无论工农生产事业均渐扩大，生产自然增加。”[③]“社会主义之下，资本可以集中，劳力可以普及。资本之功能以集中而增大，劳力之效用亦普及而加强。有此种资本与劳力，以开发公有土地之富源，那愁实业不突飞猛进?”[④]

(5) 人人各尽所能地做工，劳动变成一种愉快的事。到工人掌握政权以后，“除去少数幼稚、老休、残疾者外，其余皆是做事的工人，各尽所能以做工”[⑤]。“社会主义制度底下做工，是很愉快的，很舒服的，并不像现在资本主义制度下的工作，非常劳苦，同那牛马一样得不到一点人生的乐趣。”[⑥]他并主张社会应科学地计算社会劳动时间，缩减每人过量时间，剩余时间可以用来美化人们的生活。[⑦]

(6) 实行公平分配，人人享受富裕的物质精神生活。“社会主义是使生产品为有计划的增殖，为极公平的分配，要整理生产的方法。这样一来，能够使我们人人都能安逸享福，过那一种很好的精神和物质的生活。”[⑧]关于全社会产品的分配，李大钊主张建立社会分配组织，按照社会消费(包括生产消费和个人消费)需要生产出来的产品，以货币计算，按以下项目进行分配：劳动者的工资(“薪俸”)，社会福利支出(鳏寡孤独废疾者的“恤金”)，对资产阶级的赎买支出(“前资产阶级的年金赔金”)，生产成本(“农作物的代价”)。这些论述和马克思《哥达纲领批判》中有关论述大体上是一致的。至于个人消费品的分配原则，在《我的马克思主义观》中，曾提到“使直接从事生产的人得和他劳工相等的份”[⑨]，即按劳动者提供的劳动量进行分配。但在其他许多文章中，则有多种提法：较早时提得较多的是“均等分配”、

---

① 《李大钊文集》下卷，第 375、613、376、612 页。

② 同上。

③ 同上。

④ 同上书，第 445—446 页。

⑤ 同上。

⑥ 同上书，第 504、613、671 页。

⑦ 同上。

⑧ 同上。

⑨ 同上书，第 670 页。

“平均分配”或“分配平均”,[①]后来有一次提到“各取所需”,再后来提到“公开分配”[②]。总之,他对社会主义社会个人消费品的分配原则还没有一个固定成熟的看法,还没有把“按劳分配”作为一个正确原则确定下来。

(7) 社会主义国家应自主发展经济,先进社会主义国家应帮助落后国家。社会主义国家主张民族自决原则,经济上应独立自主。“倘使经济情形已能自立……自应任其自主,而若经济进化过于低浅,苟非于经济上助其开发则永不能达于自决的境界,社会主义的国家当然有提携掖进的义务。”[③]

(8) 社会主义经济仍然要保留货币关系。李大钊没有直接论及社会主义社会是否存在商品关系,但却明确认为仍需保留货币,作为交换物品的手段,并充当社会经济的计算工具[④]。至于信用关系和信用机关,他认为“在社会主义制度下,久已不必要了。”关于银行业务,他主张有的要停止,有的要“有限的归于消灭”[⑤]。这个看法不符合后来社会主义国家建设的实践。

(9) 利用具有经营管理经验的资产阶级,对他们实行“赔金”政策。在他看来,“工人虽执掌政权,但实际上不能指挥工师、技匠、实业家。此时阶级既废,好意的前资产阶级自当许与合作”,并对他们支付“年金赔金”[⑥]。这跟列宁讲的“赎买”政策颇为相似。

纵观李大钊对社会主义经济的这些论述,虽说有若干不明确、不精当甚至个别错误之处,但绝大部分观点是正确的。

探索中国社会经济发展的新道路

李大钊在新文化运动以前,曾经指望学习西方,在中国建立资产阶级共和国,发展资本主义经济。实现富国富民愿望。1917 年俄国十月革命前后,他接受了马

---

① 《李大钊文集》下卷,第 85 页。

② 《李大钊文集》上卷,第 632、633 页。

③ 《李大钊文集》下卷,第 612—613、614、611 页。

④ 同上。

⑤ 同上。

⑥ 同上书,第 613—614 页。

克思主义，并逐步树立起在中国实现社会主义的信念。中国共产党建立以后，担任党的重要领导职务的李大钊，一直在探索中国社会经济发展的新道路。以前李大钊的理论活动主要致力于马克思主义基本原理的研究和宣传，现在已经转向中国革命的理论和实践问题的探索了。作为党的创始人，李大钊极力提倡以马克思主义为指导来研究中国革命的实际问题。1922 年 2 月和 1923 年 3 月，他在关于马克思的经济学说的演讲中明确指出，"世界的革命一天快似一天了，全都受了马克思学说的影响，中国人岂能单独除外。"[①]他号召我国的有志者要下功夫研究马克思的学说，并用来"指导社会"的改造[②]。1924 年 5 月，他在短文《这一周》中更进一步提出：我们"应该细细的研考马克思的唯物史观，怎样应用于中国今日的政治经济情形。详细一点说，就是依马克思的唯物史观以研究怎样成了中国今日政治经济的情状，我们应该怎样去作民族独立的运动，把中国从列强压迫之下救济出来。"[③]并且，他身体力行，对中国革命面临的一系列基本问题进行了深入研究。

首先，李大钊根据对时代发展潮流的分析，认为在今日世界经济形势下，中国要振兴经济，非走社会主义道路不可。在 1921 年写的《社会主义下的实业》和《中国的社会主义与世界的资本主义》这两篇文章中，他先考察了世界经济形势："因为中国的经济情形，实不能超出于世界经济势力之外。现在世界的经济组织，既已经资本主义以至社会主义"。也就是说，别的国家已经由自由竞争资本主义走向帝国主义，并且已"发达到必须社会主义共管地位"，再实行资本主义就违反时代发展的潮流了。再从中国自身的情况来看，一方面帝国主义国家不允许中国民族资本主义的发展；另一方面"一般平民间接受资本主义经济组织的压迫，较各国直接受资本主义压迫的劳动阶级尤其苦痛"。由这种国内外经济形势决定，中国"想行保护资本家的制度，无论理所不可，抑且势所不能"。"所以今日在中国想发展实业，非由纯粹生产者组织政府，以铲除国内的掠夺阶级，抵抗此世界的资本主义，依社会主义的组织经营实业不可。"[④]"中国实业之振兴，必在社会主义之实行。"[⑤]

---

① 《李大钊文集》下卷，第 633 页。

② 同上书，第 547 页。

③ 同上书，第 711—712 页。

④ 同上书，第 454—455 页。

⑤ 同上书，第 446 页。

其次，李大钊根据马克思列宁主义理论和中国国情的分析，初步形成了中国革命分两个阶段的思想，即首先进行反帝反封建的民族民主革命即新民主主义革命，然后再进行社会主义革命。他在1920年写的《〈国体与青年〉跋》一文中指出，我们的要求不是单求打倒一个君立国体，而是要走向世界大同。在获得资产阶级民主革命胜利后，“紧接着社会主义”[①]就是走向世界大同的全路程中的一个进程。但是，他又认为当前的任务是进行反帝反封建的民族民主革命。中国共产党从二大开始到四大，已经初步形成了民主革命总路线的基本思想。李大钊为制定党的民主革命总路线作出了重要贡献。李大钊在1924年写的《在共产国际第五次代表大会第二十二次会议上的报告》和1926年写的《孙中山先生在中国民族革命史上之位置》《马克思的中国民族革命观》等论文中，阐述了这个问题。他特别指出，在国共合作下和孙中山先生领导下的“中国国民革命是世界革命一部分”[②]，一定要坚决反对国际帝国主义的压迫。同时，中国又是一个封建反动军阀统治的国家，人民大众受封建地主军阀官僚的剥削也很严重。据此，李大钊提出了反帝反军阀的双重任务：“中国人民一方面遭受国际帝国主义者的压迫；另一方面又遭受中国军阀的压迫。外国帝国主义者在中国的权力决定了中国军阀的存在，因为后者是帝国主义列强的走狗。”[③]所以，要“唤起群众的革命精神，引导他们反对国际帝国主义者和国内的军阀。”[④]

为了解决国内民主革命的任务，应该首先解决中国农民的土地问题。李大钊为解决这个问题，在1925—1926年经过认真的调查研究，在搜集了大量材料的基础上，写下了《土地与农民》《鲁豫陕等省的红枪会》等著名论文。他首先分析了中国农民和土地的状况：(1)从农业和农民的地位看：“农民约占总人口百分之七十以上，在全人口中占主要的位置，农业尚为其国民经济之基础。故当估量革命动力时，不能不注意到农民是其重要的成分。”[⑤](2)从农村的生产关系看：“中国的农业

① 《李大钊文集》上卷，第604页。
② 《李大钊文集》下卷，第864页。
③ 同上书，第776、780页。
④ 同上。
⑤ 同上书，第780、824、825页。

经营是小农的经济，故以自耕农、佃户及自耕兼佃为最多。”[①]长期以来，中国农民在外国帝国主义和国内封建主义的压迫下，加上军阀横行，兵祸连年，生活日趋艰难，流离失所。进入民国以来，苛捐杂税，负担日重，各省田赋，有预征至数年后者。其结果是：“自耕农、佃农，以及自耕农兼佃农户数，并自耕田、租种田亩数，逐渐减少。”[②]自耕农与佃农成为“农民中最多数最困苦的阶级”[③]，“佃农及雇工所受的压迫，比自耕农更甚。”[④]中国农村出现了“水潮似的全国农民破产的潮流，正在那里滔滔滚滚的向前涌进而未已。”[⑤]

那么，中国农业和农民的出路何在？李大钊认为，孙中山“所拟的平均地权办法，未能及身而见其实行”[⑥]。于是，他明确地提出了“耕地农有”的方针，并认为这也是“广众的贫农所急切要求的口号”[⑦]。他阐述说：“国民革命政府成立后，苟能按耕地农有的方针，建立一种新土地政策，使耕地尽归农民，使小农场渐相联结而为大农场，使经营方法渐由粗放的以向集约的，则耕地自敷而效率益增，历史上久久待决的农民问题，当能谋一解决。”[⑧]在这里，李大钊为我国革命规划了解决农民问题的完整政策，包括目前首先实行“耕地农有”的方针，以后再实行把个体小农业“联结”为集体化大农业的政策，以及将粗放经营转向集约化经营的方针。我党在以后革命进程中，大体上也是按照这样的方针解决农民和农业问题的。

原载《马克思主义经济学说在当代的发展》，
高等教育出版社 1992 年 8 月出版

① 《李大钊文集》下卷，第 780、824、825 页。
② 同上书，第 825—826、827、833 页。
③ 同上。
④ 同上。
⑤ 同上书，第 826、824、831、833 页。
⑥ 同上。
⑦ 同上。
⑧ 同上。

论李大钊的经济思想

——纪念李大钊诞生一百周年

中国共产主义运动的先驱和伟大的马克思主义者李大钊，生于1889年10月29日，今年正好是他诞生一百周年。李大钊也是20世纪初我国新文化运动和中国共产党创立时期的重要思想家。他在哲学、政治学、经济学、史学等领域均有建树，在中国近现代史上璀璨夺目，具有时代的特征和重大的社会影响。本文试图对李大钊的经济思想作初步探讨，表示对这位伟大革命家和思想家的深切怀念。

早期：要求在中国发展资本主义经济、建立资产阶级共和国的理想及其破灭

辛亥革命前后到新文化运动前期(1907—1917年)，是李大钊革命活动的第一个阶段。从1907年起，李大钊入天津北洋法政专门学校学习，接触并接受了所谓"新学"，即西方资产阶级哲学、经济、政治思想。他在《我的自传》中谈到，在北洋法政学校学习的那六年期间，曾经"深入调查研究了政治经济学方面的科学"[①]。1913年，李大钊东渡日本留学，就读于早稻田大学政治本科，继续广泛阅读和深入研究西方社会科学方面的著作。他在这一时期和以后写的许多论文表明。他曾经研究了18、19世纪欧洲著名的资产阶级经济学家、小资产阶级经济学家和空想社会主义者的经济思想。特别要提到的是，他在日本留学期间，通过日本著名马克思主义经济学家河上肇博士的著作，开始接触了马克思主义著作。

尽管这一时期的后期，李大钊已经开始接触马克思主义，并且具有若干朴素的唯物辩证法和唯物史观的思想，但其世界观方法论的主导方面仍然是达尔文的进

---

① 《李大钊文集》上卷，人民出版社1984年版，第114页。以下引文凡出自本书者，只注卷次和页数。

化论。他于1916年写的《民彝与政治》《晨钟之使命——青春中华之再造》和《青春》三篇论文,在论述代议政治是时代前进的历史潮流,新生力量必然战胜腐朽力量这一客观规律等问题时,充分体现了他的进化论的发展观。用这种发展观来考察中国社会历史变迁,其局限性是很明显的,既不能区分社会生产关系的不同性质,正确判断当时中国社会的性质及其矛盾,也不能提出用一种新的社会经济制度来代替旧的社会经济制度,改造旧中华、创建新中华的正确方案。下面我们来看看他当时对中国社会政治经济状况及其前途这些根本问题的认识。

1911年孙中山领导的辛亥革命推翻了清王朝,创建了资产阶级性质的中华民国。但是,这个"革命尚未成功",中国社会的根本矛盾,即人民大众与封建主义的矛盾和中华民族与帝国主义的矛盾并未解决。中国仍然是一个半封建半殖民地的社会。因此,只有进行彻底的反帝反封建的新民主主义革命并进而实行社会主义革命,才能救中国。

李大钊作为一个爱国主义者和革命民主主义者,对当时中国社会的性质及其矛盾是有初步认识的,他对辛亥革命是很拥护的,并寄予极大希望,以为中国从此获救。但不久,袁世凯篡国窃权,革命半途夭折,中国社会经济状况依然如旧。对此,李大钊深感忧虑。他在1912年写的《隐忧篇》和1913年写的《大哀篇》,表达了对中国社会面临内乱外患的忧国忧民意识。他列举了当时中国社会的六大"隐忧":一曰"边患":"蒙藏离异,外敌伺隙,领土削蹙,立召瓜分";二曰"兵忧":"军兴以来,广征厚募,集易解难,饷糈罔措";三曰"财困":"雀罗鼠掘,财源既竭,外债危险,废食咽以";四曰"食限":"连年水旱,江南河北,庚癸之呼,不绝于耳";五曰"业敝":"工困于市,农叹于野,生之者敝,百业彫蹶";六曰"才难","顽梗未净,政俗难革,事繁人乏,青黄不接"(上卷第1页)。除此以外,还有"三害":谋取私利,排挤倾轧,祸国害民的"党私";自举都督,独霸一方,省自为治的"省私";兵变为流寇,灾民铤而走险成盗贼,以及社会流氓汇合而成的"匪氛"。

李大钊认为统治中国这个社会的是外国的列强和国内的封建买办势力,包括他们的政治代表——军阀、官僚、政客、党棍,窃权的袁世凯则是其总代表。李大钊尖锐地指出,辛亥革命后建立起来的国家,名为资产阶级共和,实为封建专制。他写道:"所谓民政者,少数豪暴狡狯者之专政,非吾民自主之政也;民权者,少数豪暴狡狯者之窃权，非吾民自得之权也；幸福者，少数豪暴狡狯掠夺者之幸福，非吾民安享之幸福也。”(上卷第6—7页)“共和自共和，幸福何有于吾民也!”(上卷第4页)

从这一时期李大钊的全部言论和行动来看：他对外国列强侵略中国的行径是坚决反对的，就这一点说他已经认识到中国人民和外国侵略者或帝国主义的矛盾。同时，他对推翻清王朝和建立共和制的中华民国是真诚拥护的，对北洋军阀政府的卖国殃民和袁世凯等人的倒行逆施也是深恶痛绝的，就这一点说他已经认识到广大民众和封建军阀势力的矛盾。但是，北洋军阀政府代表哪个阶级的利益，他所说的那个“民”或“民彝”又包括哪些阶级，他并没有作出明晰的分析；至于国内的其他社会矛盾，如封建地主和农民的矛盾，资产阶级和工人的矛盾，民族资产阶级和官僚买办资产阶级的矛盾等等，也没有明确提出并加以具体分析。

正因为李大钊当时的认识水平处在这样的阶段上，所以他提出改造“白首中华”和创建“青春中华”的方案，只能像当时欧美和日本那些列强一样，发展资本主义经济，建立资产阶级共和国。李大钊理想中的共和国是怎样的？关于这个共和国的政治制度，他主张用西方资本主义国家实行的代议政治取代当时中国的专制政治。关于这个共和国的经济制度，李大钊则没有十分明确的说明。他在《大哀篇》中只一般地提出：“富强之本不外振农、通商、惠工。农以生之，工以成之，商以通之。”(上卷第6页)根据李大钊当时的思想和认识水平，他所说的工业、农业和商业，只能是西方国家已有几百年历史的并充分发展的资本主义工业、农业和商业。

如果说李大钊在上述论文中还没有具体指明他要建立和发展的经济制度是何性质，那么在1917年4月写的《中心势力创造论》一文中则比较明确地回答了这个问题。此文主旨是论述中国社会政治势力的。他认为，一个国家必须有一个中心政治势力，才能实现统一，促进社会发展。这种新势力“必以中级社会为中枢，而拥有国民的势力，其命运乃能永久”(上卷第465页)。李大钊建议：“自今而后，国民宜速自觉醒，驱逐此政治的营业者于政局之外，由中流社会之有恒产者自进而造成新中心势力，以为国本之所托。”(上卷第466页)引起我们注意的，是文中提到的“中级社会”，实乃指资产阶级社会，“中流社会之有恒产者”，也就是有财产的人。

当时西方资本主义社会中有财产的人，就是资产阶级和大土地所有者。可见，李大钊心目中所欲建立的共和国，乃是以资产阶级和大土地所有者为社会中心政治势力的资产阶级共和国。因而，在中国建立西方那种资本主义经济关系，发展资本主义工农商企业，是李大钊这一时期的主导经济思想，尽管这种思想并不是直接明确加以表达的。然而就在当时，李大钊对资产阶级共和国的方案在中国是否行得通，也是持怀疑和保留态度的。他在那篇提出代议政治主张的论文中写道："代议政治虽今犹在试验之中，其良其否，难以确知，其存其易，亦未可测。"（上卷第168页）

后来李大钊越来越认识到，辛亥革命并未给苦难的中华民族带来转机，强国富民只是愿望。此后数年，北洋军阀政府派系斗争愈演愈烈，加上第一次世界大战的爆发，日本帝国主义妄图亡我中华的"二十一条"的提出，袁世凯废弃共和实行帝制，张勋演出拥戴清废帝溥仪复辟的闹剧，这一切加深了中国社会政治经济的矛盾，人民承受着日益深重的灾难，中华民族处于更为严峻的内忧外患的危机之中。面对如此尖锐矛盾和巨大危机，李大钊百感交集，愤慨万端。他认为，民国以还，政争迭起的真因，穷本溯源均在各谋私利的派系斗争。他写于1917年8月的《辟伪调和》，是一篇声讨中国政坛派系斗争的檄文。他写道：由于派系争斗，"卒至政潮所趋，日即险恶，潜伏于外交，暴发于干宪，披昌于群督称兵，糜烂于张康复辟，而民国不国矣！丧乱之余，法纪荡然，国会则解散矣，元首则去位矣，中华民国之体制不知属于何类，中华民国之主权不知在于谁何矣？"（上卷第507页）李大钊对辛亥革命后中国社会状况所作的如此反思，表明他处于极端矛盾之中，对原先想在中国发展资本主义经济、建立资产阶级共和国的愿望已经破灭，正在探索着寻找另一条能够"创建青春中华"的新道路。

中期：歌颂俄国十月社会主义革命，宣传马克思的唯物史观和经济学说，论述社会主义代替资本主义的必然性

俄国十月革命后到"五四"运动时期（1918—1920年），是李大钊革命活动的第二个阶段。1916年夏李大钊从日本回国后，就积极参加正在兴起的反帝反封建的

新文化运动。他大力宣传民主主义思想和科学真理,热情号召青年和全国人民为“挽回民族之青春”“索我理想之中华”而斗争。1917 年 11 月俄国伟大十月社会主义革命的胜利,李大钊深受鼓舞,他热烈歌颂十月革命的伟大意义。在李大钊等人组织和领导的伟大“五四”爱国运动中,他高举反帝反封建的大旗,为争取科学和民主进行了英勇斗争。在这一时期,由于对马克思主义的深入钻研,十月革命的鼓舞和亲自参加“五四”运动的革命斗争实践,李大钊的世界观和立场实现了一次升华,完成了从进化论到唯物史观和革命民主主义到共产主义的转变。与此同时,他接受并掌握了马克思主义政治经济学的方法和原理,在我国进行了启蒙宣传,并运用来解决我国的社会经济发展的根本道路问题。

(一) 赞颂十月社会主义革命的伟大胜利,欢呼人类历史新纪元的到来

俄国十月革命的胜利,对于正在彷徨中并为中国社会发展进行新探索的李大钊来说,是一个极大的启发。他在 1918—1919 年写的《法俄革命之比较观》《庶民的胜利》《Bolshevism 的胜利》和《新纪元》诸文,是中国思想界热情讴歌十月革命并正确评价其意义的第一批文章。

他通过比较 18 世纪末法国资产阶级革命和刚刚发生的俄国十月革命,正确地论述了后者的划时代的世界意义。他指出,这两个革命“时代之精神不同,革命之性质自异,故迥非可同日而语”。法国革命所代表的时代已经过去,唯有俄国革命才代表整个世界文明发展的新方向。“俄罗斯之革命是 20 世纪初期之革命,是立于社会主义上之革命,是社会的革命而并着世界的革命的彩色”,“吾人对于俄罗斯今日之事变,惟有翘首以迎其世界的新文明之曙光”(上卷第 573—575 页);“1917 年俄国革命的血”,“洗出一个新纪元来”,“这个新纪元是世界革命的新纪元,是人类觉醒的新纪元。”(上卷第 606—608 页)

他通过俄国无产阶级革命胜利这一征兆,预见 20 世纪必将是世界无产阶级革命取得伟大胜利的时代。他说,由今以后,世界无产阶级革命犹如滔滔滚滚的潮流,决非各国资产阶级政府所能防遏得住的。从十月革命开始,“生产制度起一种绝大的变动,劳工阶级要联合他们全世界的同胞,作一个合理的生产者的结合,去打破国界,打倒全世界资本的阶级。”(上卷第 608 页)“由今以后,到处所见的,都是

Bolshevism 战胜的旗。到处所闻的，都是 Bolshevism 的凯歌的声。”“试看将来的环球，必是赤旗的世界!”(上卷第 603 页)

(二) 宣传马克思的唯物史观，提出以经济为中心考察社会变革的科学方法

1918 年以后李大钊的社会经济思想有了一个根本转变，这是由他的世界观方法论从进化论转变为唯物史观决定的。在 1919—1920 年间，他在《我的马克思主义观》《物质变动与道德变动》《史学思想史》《由经济上解释中国近代思想变动的原因》《原人社会于文字书契上之唯物的反映》《史观》等文中，比较全面深刻地阐述了马克思、恩格斯所创建的唯物史观的基本思想。其中与经济学有关的主要有:(1)关于经济生活是一切社会生活的根本条件、物质生产是社会发展的基础的思想。“历史的唯物论者观察社会现象，以经济现象为最重要，因为历史上物质的要件中，变化发达最甚的，算是经济现象。故经济的要件是历史上唯一的物质的要件。”(下卷第 51 页)人民的“生长与活动，只能在人民本身的性质中去寻，决不在他们以外的什么势力。最要紧的，是要寻出那个民族的人依以为生的方法，因为所有别的进步，都靠着那个民族生产衣食方法的进步与变动。”(下卷第 363 页)(2)关于生产关系总和构成社会经济基础和经济基础决定上层建筑的思想。他引述了马克思、恩格斯的著作中关于唯物史观的有关论述，认为它的一个要点是:“人类社会生产关系的总和，构成社会经济的构造。这是社会的基础构造。一切社会上政治的、法制的、伦理的、哲学的，简单说，凡是精神上的构造，都是随着经济的构造变化而变化。”(下卷第 59 页)(3)关于生产力和生产关系的矛盾引起的社会革命是社会发展的客观规律的思想。他说，“生产力与社会组织有密切的关系。生产力一有变动，社会组织必须随着他变动。社会组织即社会关系，也是与布帛菽粟一样，是人类依生产力产出的产物。”“生产力在那里发展的社会组织，当初虽然助长生产力的发展，后来发展的力量到那社会组织不能适应的程度，那社会组织不但不能助他，反倒束缚他、妨碍他了。……发展的力量愈大，与那不能适应他的社会组织间的冲突愈迫，结局这旧社会组织非至崩坏不可。这就是社会革命。新的继起，将来到了不能与生产力相应的时候，他的崩坏亦复如是。”(下卷第 59—60 页)(4)关于经济

利益相对立的阶级之间的矛盾必然导致政治的阶级斗争的思想。他赞同马克思讲的阶级“就是经济上利害相反的阶级”的意见。在一个社会里为什么会呈现出阶级对立的现象呢？这是因为某个社会集团独占生产手段掠夺另一些人剩余劳动的结果。政治变动的“根本原因都在殊异经济阶级间的竞争。”(下卷第61—62页)李大钊对马克思主义的阶级斗争学说给予很高评价，认为它是马克思运用唯物史观研究以往人类社会历史发展的一个重大贡献。

后来，李大钊在1924年5月写的《史学要论》中，高度评价了马克思唯物史观关于经济分析方法的重大意义：“马克思所以主张以经济为中心考察社会的变革的缘故，因为经济关系能如自然科学发见因果律。”(下卷第716页)李大钊是在我国宣传和阐发唯物史观的先驱，对传播马克思主义，对社会科学各领域包括哲学、经济学、史学等学科研究产生了巨大影响。就李大钊本人来讲，由于他掌握了唯物史观这个科学的社会历史观，从此他对社会经济现象的考察就有了锐利的武器，从而逐渐抛弃了传统的资产阶级经济学，成为我国最早的一位马克思主义的经济学家。

（三）宣传马克思经济学说，批判资本主义经济制度

李大钊写于1919年的《我的马克思主义观》这篇长文的最后四节中，阐述了马克思经济学说亦即《资本论》的主要内容。李大钊认为马克思的“经济论”有两个要点：一为“余工余值说”即剩余价值理论；二为“资本集中说”即资本积累理论。

李大钊阐述了马克思的剩余价值理论；揭破了资本主义剥削的秘密。他认为马克思的“余工余值说”是从“劳工价值论”(即劳动价值理论)演导出来的。他阐述了马克思劳动价值理论的要点以后，着重介绍了马克思的剩余价值理论，指出现代资本主义下资本家剥削工人的秘密就在于：“维持工力所必要的物品的价值，永不能与那工力的生产的价值相等。”(下卷第71页)后者大于前者，其差额就是资本家无偿占有的“余值”即剩余价值，创造这“余值”的是“余工”即剩余劳动。采取“余工余值”这种形式掠夺劳动者是资本主义特有的剥削方式。李大钊认为，“余值论”是马克思“全经济学说的根本观念”(下卷第82页)。

李大钊阐述了马克思的资本积累理论，指出了资本主义私有制必然被社会主

义公有制代替的必然性。他在“资本集中论”这个题目下阐述了马克思的资本积累及其历史趋势的理论。李大钊在介绍马克思这一理论时说，一方面，随着科学技术的勃兴、社会生产力的发展、生产组织社会化程度的提高和信用关系的发展，资本有集中的趋势，“把资本都集中于一处，聚集在少数人手中”，产业“遂为少数资本家所垄断”(下卷第83页)。另一方面，工人丧失了一切财产，不得不出卖自己的劳动力，为资本家创造越来越多的剩余价值和“新样财产”，而自己却陷于贫困，沉落在地底层，成为无产阶级，是伏在资本家脚下的敌兵。因此，资产阶级和无产阶级之间的阶级竞争越益剧烈，“竞争的结果，把这集中的资本收归公有，又是很简单的事情。”“资本主义趋于自灭，也是自然之势，也是不可免之数了。”“资本主义的破坏，就是私有财产制的破坏。”(下卷第84—85页)代替资本主义私有制的将是新的“集产制度”，即社会主义公有制。

李大钊在1920年写的《桑西门的历史思想》(桑西门，今译为圣西门——笔者)一文中，更从马克思的唯物史观出发，阐述了社会主义的历史必然性。他认为，社会主义必然到来这一科学论断，是马克思应用唯物史观对人类历史发展进程进行研究得出的客观规律。他说：“社会主义的社会，无论人愿要他不愿要他，他的运命的必然的出现，这是历史的命令。”“今社会主义既立在人类历史的必然行程上，有具有绝大势力的历史为其支撑者；那么社会主义之来临，乃如夜之继日、地球环绕太阳的事实一样确实了。”(下卷第334页)

后期：阐述社会主义经济制度的特征，探索中国社会经济发展的新道路

“五四”运动后和中国共产党创立时期(1921—1927年)，是李大钊革命活动的第三个阶段。俄国十月社会主义革命鼓舞了中国人民，马克思列宁主义教育启发了中国的先进分子。1920年3月李大钊在北京发起组织了共产主义小组，1921年7月中国共产党成立，他代表党中央指导北方的工作。从这时起到1927年牺牲的这一时期中，李大钊一方面从事繁重艰巨的实际革命工作，领导北方乃至全国的革命运动；另一方面继续研究革命理论，发表了一系列宣传马列主义、讨论中国革命

实际问题的文章。在这一时期，他除宣传列宁的帝国主义理论、揭露帝国主义侵略掠夺本性、指出帝国主义必然灭亡命运这一重要问题外，其社会经济思想主要有以下两个方面：

（一）阐述社会主义经济制度的建立和特征

苏联十月社会主义革命的胜利，社会主义不再只是一种理想，已经成为一种现实的社会经济制度。在20年代，李大钊根据马克思列宁主义原理和苏联革命实践，对社会主义经济制度产生的必然性、前提、特征和应实行的方针进行了认真研究，留下了丰富的论述。其中重要的有：《由纵的组织向横的组织》《社会主义下的经济组织》《社会主义释疑》等。

李大钊认为，社会主义经济制度是从资本主义社会里孕育出来的。他比喻说："'社会主义'之发生，恰如鸡子在卵壳里发生一样。"（下卷第544页）社会主义到了羽毛丰满的时候，自然也非打破资本主义这个壳不可。那么，社会主义经济制度如何建立和实现？李大钊认为，"到了时机成熟，新生命已经发育完全，就是资本家势力发达到极点，非采用社会主义去推翻资本主义制度不可的时候，那就必定要用革命的手段"（下卷第631—632页）。"在革命的时期，为镇压反动者的死灰复燃，为使新制度新理想的基础巩固，不能不经过一个无产者专政的时期"（下卷第672页），建立无产阶级多数人对资产阶级少数人的统治。

无产阶级专政国家的经济组织是怎样的？按照李大钊的意见，无产阶级专政的国家必须对原来资产阶级专政国家的经济组织进行"完全改革"，"其实质方面又须寻出一种新方法，代替旧式之私竟的经济秩序及组织，使社会上发见新的经济组织及秩序是正规而优良者"（下卷第376页）。概言之是两条：实现生产交换机构的社会化；合理组织社会生产、交换、分配。具体说，有以下诸方面：（1）一切重要生产资料和生产交换机构收归国有。"凡大资本的企业：铁路、矿山、轮船公司、承办运输事业、大规模的制造工业、大商店，收归国有"，"自国家银行以下所有的银行，均收归公有"，由国家经营；"小工商业及运输机关，亦渐次收归国有"；"除去有土农夫所有的土地以外，土地亦收归国有"（下卷第611—612页）。（2）破除统治与服从的关系，建立平等自由联合的关系。"社会主义的目的，即在破除统治与服属的关系”，“把政治上、经济上、社会上一切特权阶级，完全打破，使人民全体，都是为社会国家作有益工作的人”，人民之间“只有自由联合的关系”（下卷第608—609页）。社会主义的“社会组织是打破上下阶级为平等联合的组织”（下卷第202页）。(3)有计划地合理地发展生产，使社会生产符合公众的消费需要。“社会主义是使生产品为有计划的增殖”（下卷第670页），“生产为消费者的需要所轨制”，国家要用科学方法进行计算，“使生产恰合于公众的需要”（下卷第614页）。(4)对物的管理代替人的统治，运用科学、协作、自然力极经济地组织生产。“社会主义的制度，是以事物的管理代人的统治的制度。”“科学上有所发明普及的工人”，“依极经济的组织与方法，把资本、劳力与天然均成经济化，利用自然力开发富源，俾利国用。……在这种经济组织之下，无论工农生产事业均渐扩大，生产自然增加。”（下卷第612—613页）(5)人人各尽所能地做工，劳动变成一种愉快的事。工人掌握政权以后，“除去少数幼稚、老休、残疾者外，其余皆是做事的工人，各尽所能以做工”（下卷第504页）。“社会主义制度底下做工，是很愉快的”（下卷第671页）。他并主张社会应科学地计算社会劳动时间，缩减每人过量时间，剩余时间可用以美化人们的生活（下卷第613页）。(6)实行公平分配，人人享受富裕的物质精神生活。“社会主义是使生产品为有计划的增殖，为极公平的分配，要整理生产的方法。这样一来，能够使我们人人都能安逸享福，过那一种很好的精神和物质的生活。”（下卷第670页）关于全社会产品的分配，李大钊主张建立社会分配组织，按照社会消费需要生产出来的产品，以货币计算，按以下项目进行分配：劳动者的工资（“薪俸”），社会福利支出（鳏寡孤独废疾者的“恤金”），对资产阶级的赎买支出（“前资产阶级的年金赔金”），生产成本（“农作物的代价”）。至于个人消费品的分配原则，曾提到“使直接从事生产的人得和他劳工相等的份”（下卷第85页），即按劳动者提供的劳动量进行分配。(7)社会主义国家应自主发展经济，先进社会主义国家应帮助落后国家。社会主义国家“倘使经济情形已能自立……自应任其自主。而若经济进化过于低浅，苟非于经济上助其开发则永不能达于自决的境界，社会主义的国家当然有提携掖进的义务。”（下卷第612—613页）(8)社会主义经济仍然要保留货币关系。李大钊没有直接论及社会主义社会是否存在商品关系，但却明确认为仍需保留货币，作为交换物品的手段，并充当社会经济的计算工具（下卷第614页）。(9)利用具有经营管理经验的资产阶级，对他们实行“赔金”政策。在他看来，“工人虽执掌政权，但实际上不能指挥工师、技匠、实业家。此时阶级既废，好意的前资产阶级自当许与合作”，并对他们支付“年金赔金”（下卷第613—614页）。这跟列宁讲的“赎买”政策颇为相似。

纵观李大钊对社会主义经济的这些论述，虽说有若干不明确、不精当甚至个别错误之处，但绝大部分观点是正确的。

（二）探索中国社会经济发展的新道路

中国共产党建立以后，担任党的重要领导职务的李大钊，一直在探索中国社会经济发展的新道路。以前李大钊的理论活动主要致力于马克思主义基本原理的研究和宣传，现在已经转向中国革命的理论和实践问题的探索了。1924年5月，他在短文《这一周》中提出：我们“应该细细的研究马克思的唯物史观，怎样应用于中国今日的政治经济情形。详细一点说，就是依马克思的唯物史观以研究怎样成了中国今日政治经济的情状，我们应该怎样去作民族独立的运动，把中国从列强压迫下救济出来”（下卷第711—712页）。

首先，李大钊根据对时代发展潮流的分析，认为在今日世界经济形势下，中国非走社会主义道路不可。他在1921年写的《社会主义下的实业》和《中国的社会主义与世界的资本主义》两篇文章中论述了这个问题。他先考察了世界经济形势：“因为中国的经济情形，实不能超出于世界经济势力之外。现在世界的经济组织，既已经资本主义以至社会主义”。也就是说，别的国家已经由自由竞争资本主义走向帝国主义，并且已“发达到必须社会主义共营地位”。再从中国自己的情况来看，虽然没有资本主义的充分发展，但“一般平民间接受资本主义经济组织的压迫，较各国直接受资本主义压迫的劳动阶级尤其痛苦”。由这种国内外经济形势决定，中国“想行保护资本家的制度，无论理所不可，抑且势所不能”。“所以今日在中国想发展实业，非由纯粹生产者组织政府，以铲除国内的掠夺阶级，抵抗此世界的资本主义，依社会主义的组织经营实业不可。”（下卷第454—455页）

其次，李大钊根据马克思列宁主义理论和中国具体国情，提出中国革命两阶段的初步思想，他在1920年写的《〈国体与青年〉跋》一文中指出，我们的要求不是单求打倒一个君主的国体,而是要走向世界大同。在获得资产阶级民主革命胜利以后,“紧接着社会主义"(上卷第604页)就是走向世界大同的全路程中的一个进程。但是,当前的任务是进行反帝反封建的民族民主革命。中国共产党从二大开始到四大,已经初步形成了民主革命总路线的基本思想。李大钊为制定我党的这一总路线作出了重要贡献,他在1924年作的《在共产国际第五次代表大会第二十二次会议上的报告》和1926年写的《孙中山先生在中国民族革命史上之位置》《马克思的中国民族革命观》等论文中,阐述了这个问题。他特别指出,在国共合作下和孙中山先生领导下的“中国国民革命是世界革命一部分”(下卷第864页),中国革命面临反帝反军阀的双重任务,所以,要“唤起群众的革命精神,引导他们反对国际帝国主义者和国内的军阀”(下卷第780页)。

为了解决国内民主革命的任务,应该首先解决中国农民的土地问题。李大钊为解决这个问题,在1925—1926年经过认真调查研究并搜集大量材料的基础上,写了《土地与农民》《鲁豫陕等省的红枪会》等著名论文。他首先分析了中国农民和土地的状况:(1)从农业和农民的地位看:“农民约占总人口70%以上,在全人口中占主要的位置,农业尚为其国民经济之基础。故当估量革命动力时,不能不注意到农民是其重要的成分。”(下卷第824页)(2)从农村的生产关系看:“中国的农业经营是小农的经济,故以自耕农、佃户及自耕兼佃为最多。”(下卷第825页)长期以来,中国农民在外国帝国主义和国内封建主义的压迫下,生活日趋艰难,流离失所。自耕农与佃农成为“农民中最多数最困苦的阶级”(下卷第827页)。中国农村出现了“水潮似的全国农民破产的潮流,正在那里滔滔滚滚的向前涌进而未已”(下卷第826页)。

那么,中国农业和农民的出路何在?李大钊认为,孙中山“所拟的平均地权办法,未能及身而见其实行”(下卷第824页)。于是,他响亮地提出了“耕地农有”的方针,并认为这也是“广众的贫农所急切要求的口号”(下卷第831页)。他阐述说:“国民革命政府成立后,苟能按耕地农有的方针,建立一种新土地政策,使耕地尽归农民,使小农场渐相联结而为大农场,使经营方法渐由粗放的以向集约的,则耕地自敷而效率益增,历史上久久待决的农民问题,当能谋一解决。”(下卷第833页)在这里,李大钊为我国革命规划了解决农民问题的完整政策,包括首先实行“耕地农有”的方针，以后再实行把个体小农业“联结”为集体大农业的政策，以及将粗放经营转向集约化经营的方针。

1989 年 9 月

原载《经济研究》1989 年第 10 期

署名　季　华　成保良

毛泽东商品经济思想轨迹

在我国建设社会主义的过程中，由于实践的需要，毛泽东作为伟大的马克思主义理论家、党和国家的主要领导人，对社会主义制度下的商品生产和价值规律问题，进行过认真的思考和探索，发表过一系列见解，并体现在党和国家制定的经济政策中，丰富和发展了社会主义商品经济理论。毛泽东的商品经济思想，是邓小平有中国特色社会主义理论和党的十四大确定的社会主义市场经济体制的重要来源之一，应该认真加以研究和继承。本文拟按历史发展顺序，寻找毛泽东商品经济思想的轨迹，并试予初步评价。

一

在我国民主革命阶段，毛泽东的主要精力放在领导国内革命战争和抗日战争，理论贡献主要在哲学、政治学、军事学和文艺理论方面，对于政治经济学还没有来得及深入研究，很少论及社会主义经济问题，更少直接论述商品生产和价值规律问题。但是，为了保证战争的胜利，毛泽东也很重视经济工作，十分注意在根据地、解放区发展农业和手工业生产，发展商业，搞好商品流通。

在第二次国内革命战争时期，毛泽东在1933年8月写的《必须注意经济工作》一文中认为，要搞好红色区域的经济建设，应该设立粮食调剂机构，一方面调剂红色区域内的粮食流通；另一方面搞好和白区之间的粮食流通。同时，还要努力发展农业和手工业生产，把产品输往白区换回自己需要的物资。

在抗日战争时期，毛泽东在1940年12月写的《论政策》一文中谈到当时的经济政策说："应该积极发展工业农业和商品的流通。应该吸引愿来的外地资本家到我抗日根据地开办实业。应该奖励民营企业……应该避免对任何有益企业的破坏。关税政策和货币政策,应该和发展农工商业的基本方针相适合”。[①] 在写于1942 年 2 月的《整顿党的作风》一文中,毛泽东提到马克思从商品分析开始,周密地研究了资本主义社会的经济结构,创造出革命的理论。在这里,毛泽东同意马克思的商品是资本主义最单纯因素的论点。1942 年 12 月,毛泽东在陕甘宁边区高级干部会上作的《经济问题与财政问题》报告中,提出“发展经济,保障供给”的财政经济工作总方针,强调要发展公营经济和民营经济。他提出,为解决由国民党停发经费和经济封锁所造成的困难,应大力发展边区自给性经济。但他同时强调指出,发展这种自给性经济是目前特殊条件下的特殊产物,而在其他历史条件下是不合理的和不可理解的。尽管如此,毛泽东仍然希望边区政府对人民的农业、畜牧业、手工业、盐业和商业,采取帮助其发展的适当步骤和方法,使人民经济有所增长,使人民能有所得。他还说:“如果我们的党与政策不注意动员人民并帮助人民发展农工商业,则人民生活既不能改善,抗日需要亦不可能供给,其结果是军民交困。军心民心如不能巩固,一切也就无从谈起了。”[②]

在第三次国内革命战争时期,毛泽东于 1949 年 3 月党的七届二中全会上作的报告中论述全国革命胜利后的经济政策时,提出人民共和国将有五种经济成分,即社会主义性质的国营经济、半社会主义性质的合作社经济、私人资本主义经济、个体经济、国家和私人合作的国家资本主义经济。他特别指出,在全国革命胜利以后一个相当长的时期内,“一切不是于国民经济有害而是于国民经济有利的城乡资本主义成分,都应当容许其存在和发展。这不但是不可避免的,而且是经济上必要的”。[③] 但是,它在活动范围、税收政策、市场价格、劳动条件这几个方面将被限制。毛泽东这里讲的城乡资本主义经济本是一种商品经济,所以他的以上论述表明,在即将建立的人民共和国经济中是存在商品经济的,对它实行既利用又限制的方针。

总之,在全国解放以前,由于当时历史条件和革命任务决定,毛泽东还没有来得及深入研究商品经济理论,没有直接阐述对这个问题的系统见解。我们只能从他当时提出的经济政策中,为发展根据地经济,发展农业和手工业生产,发展商业

① 《毛泽东选集》第 2 版第 2 卷,第 768 页。

② 《毛泽东选集》,东北书店 1948 年版,第 751 页。

③ 《毛泽东选集》第 2 版第 2 卷,第 1431 页。

和商品流通,发展和限制城乡资本主义经济等论述中,来考察他的商品经济思想。可以说,这时毛泽东的商品经济思想还处于萌芽状态。

二

全国解放以后,在"基本完成社会主义改造的七年"时期内,毛泽东很少讲商品生产和价值规律问题。在进入"开始全面建设社会主义的十年"时期以后,1957 年 1 月,毛泽东在省市自治区党委书记会议上的讲话中谈到"农业问题"时说,要发展商品性的农产品的生产,要逐步提高农产品特别是粮食的商品率,才能保证工业和城市人口的需要;还提到农村合作社要注意利用价值法则搞好经济核算。

毛泽东对社会主义商品经济的看法,集中地反映在 1958 年开始的"大跃进"和人民公社化运动以及由此造成的三年困难时期他所作的讲话、经他修改的文件以及读书的批注、谈话记录中。其历史背景是人所共知的,当时推行的所谓"三面红旗"运动中,出现了以"急于过渡"和"共产风"为标志的"左"的倾向。

毛泽东很快就发现了这些"左"的倾向。从 1958 年 11 月第一次郑州会议开始,一直到 1959 年 7 月庐山会议前段时期内,毛泽东自己着手纠正这种"左"的错误。当时他已经意识到,运动中出现的种种"左"的倾向,都包含有否定价值法则、否定等价交换的思想。为了解决运动中的实际问题,必须首先从理论上武装全党干部的思想。在第一次郑州会议期间,他于 1958 年 11 月 9—10 日正式向中央、省市自治区、地、县四级干部写信,建议读两本书,即斯大林的《苏联社会主义经济问题》和《马恩列斯论共产主义社会》,提出要联系中国社会主义经济革命和经济建设读这两本书,使自己获得一个清醒的头脑,以利指导我们伟大的经济工作;指出现在很多人有一大堆混乱思想,读这两本书就可能给以澄清。他还建议,将来有时间再读一本书,即苏联《政治经济学(教科书)》(第三版)。

毛泽东自己带头读这几本书。对于斯大林《苏联社会主义经济问题》一书,他在 1958 年研读了三次,并在书上作了批注;同时还组织有数人参加的读书小组,采取边读边议的方法,发表自己的见解,后经别人整理成"谈话记录"。毛泽东在读书批注和谈话记录中,对社会主义条件下的商品生产和价值规律问题阐述了如下见解:

第一，分析了商品生产的社会性质，提出了“社会主义商品生产”概念。毛泽东同意斯大林说的“不能把商品生产和资本主义生产混为一谈”的观点。他进一步补充说：不能孤立地看商品生产，要看它与什么经济相联系。它和资本主义相联系，是资本主义商品生产，它和社会主义相联系，是社会主义商品生产。毛泽东认为，社会主义商品生产和商品流通，与资本主义商品生产流通有本质差别，最主要的是这二者所赖以存在的生产资料所有制不同。资本主义商品生产的基础是生产资料的资本主义所有制，社会主义商品生产是建立在生产资料的社会主义全民所有制和社会主义集体所有制占统治地位的基础之上的。这里值得注意的是，毛泽东明确地提出了“社会主义商品生产”的概念，比起斯大林的“社会主义制度下的商品生产”“特种的商品生产”“没有资本家参加的商品生产”“基本上都是联合起来的社会主义生产者”的商品生产等提法，无疑是更明确、更概括了。这一提法不仅有助于进一步克服把商品生产混同于资本主义的传统观念，而且第一次明白无误地指出了社会主义社会中存在的商品生产的社会主义性质，把商品生产纳入社会主义经济关系的范围之内。

第二，认为中国商品生产很不发达，很需要有一个发展商品生产的阶段。毛泽东认为，中国原来就是一个商品生产很不发达的国家，比印度、巴西还落后。他指出，我国农产品(包括粮食和经济作物)的商品率很低，农民货币收入很少，生活难以改善。就全国来说，1957 年生产了 3700 亿斤粮食，300 亿斤作为公粮，530 亿斤卖给国家，商品率还不到 1/4；经济作物生产也很不发达，茶、丝、麻、烟直到 1957 年还没有恢复到历史上最高水平。就各地区来说，商品生产发展也不平衡，京、津、沪郊区农村商品生产比较发展，所以农民比较富裕；而在河北省分三种县：一部分县只能吃饭，一部分县要救济，一部分县除吃饭还能分点钱，其原因就在于商品生产不发达，农民货币收入很少。因此，农村应当在发展自给性生产的同时多搞商品生产，尽可能多地生产能够交换的东西，向全省、全国乃至全世界交换。毛泽东的结论是：我国很需要有一个发展商品生产的阶段。这是我们党和国家主要领导人第一次作出这样的论断，可以看作 1984 年党的十二届三中全会通过的决定中讲的“商品经济的充分发展是社会经济发展的不可逾越的阶段”这一论断的思想来源。

第三，突破了生产资料“商品外壳论”的传统观点，认为卖给农民的生产资料也是商品。斯大林坚持在社会主义制度下，商品生产的活动范围只限于个人消费品。

他批评亚·伊·诺特京的国有化企业所生产的生产资料（首先是生产工具）看作是商品的观点，斩钉截铁地说："无论如何不能把我国制度下的生产资料列入商品的范畴。"[①]斯大林认为，在对外贸易流通领域内，我国企业所生产的生产资料，无论在实质上或形式上都保持着商品属性，"可是在国内经济流通领域内，生产资料却失去商品的属性，不再是商品，并且脱出了价值规律发生作用的范围，仅仅保持着商品的外壳（计价等等）。"[②]毛泽东指出，斯大林关于商品是一种可以转让所有权的产品的论点，同生产资料不能列入商品范畴的观点是矛盾的，是值得研究的。毛泽东从我国的实际情况出发，认为在全民所有制范围内调拨的产品，从而大部分生产资料不是商品，但全民所有制企业把农业生产资料和农村为办工业需要的生产资料卖给农民，因为它们的所有权转让了，所以应列为商品。毛泽东的结论是：斯大林的看法很不妥当，商品生产的活动范围不限于个人消费品，有些生产资料（例如农业和手工业需用的生产工具）也是商品。他特别指出，在我国，拖拉机等生产资料是属于商品的。总之，在生产资料是不是商品的问题上，毛泽东比斯大林前进了一步，但又是不彻底的，他只承认卖给集体所有制企业的生产资料是商品，仍然不承认全民所有制企业互相提供的生产资料也是商品。

第四，把社会主义计划同商品生产联系了起来，提出要有计划地发展商品生产和商品流通的论点。毛泽东不仅突破了把商品生产同社会主义对立起来的传统观念，而且开始克服了把商品经济和计划对立起来的局限。他接受资本主义商品生产是无政府状态的传统观点。但难能可贵的是，他第一次提出社会主义商品生产、商品交换要有计划地发展的光辉思想。他还说，社会主义的商品交换应当有计划地进行，要把国家和公社的商品交换纳入计划的轨道，要逐步推广合同制度。毛泽东的这一认识与十二届三中全会确定的"有计划的商品经济"是一致的，为正确解决计划和市场的关系提供了最初的理论前提。

第五，认为社会主义商品生产的命运最终取决于社会生产力的发展水平。斯大林发展了列宁思想，认为两种公有制形式——全民所有制和集体所有制的存在是社会主义制度下商品生产存在的条件。毛泽东认为斯大林对这一问题的阐述不

① 《斯大林文集(1934—1952)》，人民出版社 1985 年版，第 638 页。

② 同上。

完整。两种所有制的存在只是商品生产的主要前提，但商品生产的命运，最终和社会生产力的发展水平有密切关系。其实，不仅商品生产的命运要最终取决于社会生产力的发展水平，而且社会主义条件下公有制采取两种形式，以致所有制存在多种形式，也最终取决于社会生产力的发展水平。先不说将来商品生产的命运究竟如何，但是毛泽东坚持社会生产力水平决定社会经济形式这一历史唯物主义基本观点，对澄清当时某些人不管社会生产力发展水平如何，急于搞所有制形式的过渡，甚至要消灭商品生产等糊涂观念是大有好处的。

第六，认为在社会主义制度下商品生产是极其有用的有利工具，应该充分利用它来为社会主义建设服务。毛泽东从农业、农村、农民方面谈了发展商品生产的作用：(1)发展商品生产可以通过交换获得货币收入，买回生产资料和消费品，以满足农民日益增长的生产和生活需要，逐步走向共同富裕，提高文化水平。(2)对待农民只能用贸易，不能搞剥夺。发展商品生产，实行等价交换，可以团结“五亿农民”，巩固工农联盟。(3)只有通过大力发展商品生产，才能大大发展社会生产力，引导农民从集体所有制过渡到全民所有制。毛泽东认为，只要还存在两种所有制，商品生产和商品交换就极其必要，极其有用。

第七，提出要利用价值规律作为经济核算的工具。这时，在社会主义制度下价值规律的问题上，毛泽东基本上照搬斯大林的观点。首先，毛泽东赞同斯大林的价值规律“不能起生产调节者的作用”的观点。他解释说，所谓价值规律对生产不起调节作用，是说不起决定作用，起决定作用的是计划。他明确指出，在我国，还存在着商品生产，价值规律还起作用。其次，毛泽东赞同斯大林的价值规律在经济核算方面具有现实意义的观点，提出所有的经济单位(包括国营企业和集体企业)都要利用价值规律，作为经济核算的工具，以便不断地改善经营管理工作，合理地进行生产和扩大再生产。

第八，严厉批评了当时我国某些人主张消灭商品生产、否定价值规律的错误观点。斯大林在书中批评了苏联某些人在取得政权并把生产资料收归国有以后应当消灭商品生产的错误观点。对此毛泽东批注说，我国现在也有这样的人。他还指出，这些人大有消灭商品生产之势，觉得这是资本主义的东西。有些人向往共产主义，倾向于不要商品。有些号称马克思主义的经济学家表现得更“左”，主张现在就消灭商品生产，实行产品调拨。毛泽东严肃指出，这种观点是错误的，是违反客观规律的。如果这样做，实质上就是剥夺农民。我们的某些哲学家、经济学家在看书本时是马克思主义，碰到经济实践，他们的马克思主义就打了折扣，思想很混乱。如果按照他们的意见办，在政策上犯了错误，就有脱离农民的危险，就要把农民引导到敌人那里去。毛泽东还针对某些人的担心说，这是否会导致资本主义呢？他明确答复说：不。他分析说，这些人没有区分社会主义商品生产和资本主义商品生产的本质差别，不懂得在社会主义制度下利用商品的重要性，不懂得社会主义阶段价值、价格和货币在商品生产和商品流通中的积极作用。这一切表明，他们根本不认识无产阶级对五亿农民应该采取什么态度。毛泽东还指名批评陈伯达废除商品生产、废除货币的错误观点和主张，劝某位省委书记不要同陈伯达搞在一起，讽刺陈伯达的“马克思主义太多了”。

三

毛泽东研究斯大林《苏联社会主义经济问题》一书所作批注和谈话记录，是他联系当时我国发生的“大跃进”和人民公社化运动进行独立思考的结果。这些认识也体现在他在 1958 年 8 月北戴河中央政治局扩大会议以后的一系列讲话和经他修改过的党的文件中。人所共知，北戴河会议把“大跃进”和人民公社化运动迅速推向高潮，同时由此也把“左”倾错误推向顶峰。当时的“左”倾错误有两个主要标志：一是急于搞两个过渡，即急于从集体所有制过渡到全民所有制，急于从社会主义过渡到共产主义；二是高指标、瞎指挥、浮夸风和“共产风”。1958 年秋冬之交，“大跃进”和人民公社化运动中暴露出许多严重问题。毛泽东是这一运动的积极倡导者和发动者，也是较快觉察到运动中严重问题的中央领导人之一。从 1958 年 11 月上旬第一次郑州会议开始，到 1959 年 7 月中旬庐山会议前期，毛泽东最先指出并纠正他已认识到的“左”倾错误。当时他的出发点是，运动中的缺点是属于一个指头的问题，把这些问题解决了，“大跃进”和人民公社化运动就能健康发展了。

1958 年 11 月初，党中央在郑州召开有部分中央领导人和若干省委书记参加的会议，即第一次郑州会议。在会议期间，毛泽东在听汇报时，针对某些人说十年就可以过渡到共产主义的看法说：我就不一定相信。这是个客观的东西，人们的想法是一回事，是否符合客观规律又是一回事。我们要参考《苏联社会主义经济问题》，研究人民公社的性质、交换、社会主义向共产主义过渡、集体所有制向全民所有制过渡。当有人汇报说群众有怕废票子的顾虑，毛泽东指出：废除货币，陈伯达就有这个倾向。

这次会议还审议了《十五年社会主义建设纲要四十条(1958—1972 年)》草案。毛泽东在关于人民公社必须尽可能广泛地发展商品性生产的那一条中，加写了如下意见：在商品流通过程中，价值、价格和货币仍然将起它们的积极的作用。毛泽东就修改文件谈了他对商品生产的态度说：商品的问题，我们这个文件是避不开的。现在人们都要避开这一方面，谁讲到商品生产和商品交换，大概就不是共产主义者了。起草这个文件的同志以及在座诸公，都是避开这一点的。我就想写上，当一点右派。这可能触犯许多人，因为许多"左"派实在不愿意。他还说：我们国家是个商品生产不发达的国家，现在又很快地进到了社会主义。社会主义的商品生产同商品交换还要发展，这是肯定的，有积极作用。

会议期间，毛泽东还亲自给到会同志讲解斯大林的《苏联社会主义经济问题》，在谈到商品交换时指出：我们是工人阶级的产品跟过去的小资产阶级(农民)的产品进行交换。农民在中国是一个海。现在还是个农民问题。

第一次郑州会议结束后，为了给即将召开的武昌会议作准备，为了统一全党认识，毛泽东写信建议在北京的中央领导同志和各省市自治区领导同志讨论几个问题。其二就是讨论斯大林《苏联社会主义经济问题》中"意见书"部分的第一、二、三章，对商品问题，要从正反两面提出问题，在现阶段要商品好，还是不要商品好。

武昌会议(中央政治局扩大会议)于 1958 年 11 月下旬召开。毛泽东在这次会议上的讲话提纲中，一共列了八个问题。其中第六点就是讲"商品经济问题"，下面列的要点有商品的范围、商品的寿命、斯大林的提法和政治经济学教科书第三版的提法等。他在会上作了重要讲话，主要谈"过渡"、粮食和钢铁指标问题。说：我们现在吹得太大了，我看不合事实，没有反映客观实际。整个说来，认识客观规律，掌握它，熟练地运用它，并没有。他还说，《四十条》传出去很不好，叫作务虚名而受实祸。他表示，他最怕犯冒险主义错误了。

随后，党中央在武昌召开了八届六中全会。毛泽东在这次全会上的讲话提纲中，其第五个问题是专讲研究政治经济学问题。为此，他建议研究斯大林的社会主义政治经济学(他是第一个研究这个问题的人，虽然有许多缺点和错误)，研究苏联第一、二、三版政治经济学教科书，研究马恩列斯论共产主义社会。毛泽东特别强调，目前研究社会主义政治经济学有极大的理论意义和现实意义。这次全会通过了在毛泽东主持下起草并经他多次修改的《关于人民公社若干问题的决议》。这个《决议》第三节中有一大段专门阐述了党对商品生产的意见："应当着重指出：在今后一个必要的历史时期内，人民公社的商品生产，以及国家和公社、公社和公社之间的商品交换，必须有一个很大的发展。这种商品生产和商品交换不同于资本主义的商品生产和商品交换，因为它们是在社会主义公有制的基础上有计划进行的，而不是在资本主义私有制的基础上无政府状态地进行的。继续发展商品生产和继续保持按劳分配的原则，对于发展社会主义经济是两个重大的原则问题，必须在全党统一认识。有些人在企图过早地'进入共产主义'的同时，企图过早地取消商品生产和商品交换，过早地否定商品、价值、货币、价格的积极作用，这种想法是对于发展社会主义建设不利的，因而是不正确的。"这一论述，无疑反映了他在读斯大林《苏联社会主义经济问题》一书所获得的认识，也反映了毛泽东在当时运动实践中是发展商品生产还是取消商品生产这一尖锐问题上的认识。

为解决人民公社内部仍然存在的平均主义和过分集中的倾向，进一步纠正"共产风"，进一步解决人民公社的分配制度问题，党中央于1959年2、3月间召开了第二次郑州会议(中央政治局扩大会议)，毛泽东作了重要讲话。他指出，在人民公社化运动中，现在有许多人在许多地方否认价值法则，否认等价交换。在公社范围内，实行贫富拉平，平均分配，对生产队的某些财产无代价地上调；银行方面，也把许多农村中的贷款一律收回。"一平、二调、三收款"，引起广大农民的很大恐慌。这就是我们目前同农民关系中的一个最根本的问题。他批评说，当前应首先检查和纠正平均主义倾向和过分集中的倾向。上述这两种倾向，都包含有否认价值法则、否认等价交换的思想在内，这当然是不对的。他还指出，在人民公社成立之后刮起的"共产风"，主要内容有三条：一是穷富拉平；二是积累太多，义务劳动太多；三是"共"各种"产"。"共产风"实际造成了一部分人无偿占有别人劳动的情况。我们对于民族资产阶级尚且采取赎买政策,对于劳动人民的劳动成果又怎么可以无偿占有呢?毛泽东强调说:价值法则依然是客观存在的经济法则,我们对于社会产品,只能实行等价交换,不能实行无偿占有。违反这一点,终究是不行的。当然,毛泽东这篇讲话,总的框架仍然是贯彻北戴河会议决议的精神,但是,对于他已发现和已认识到的"左"的倾向的批评,包括对否定价值规律、否定等价交换的错误的批评,也是尖锐的、坚决的。在这次会议形成的《郑州会议纪要》中,毛泽东规定了十四句话作为当时整顿和建设人民公社的方针,最后四句是:物资劳动,等价交换,按劳分配,承认差别。

第二次郑州会议后,毛泽东在对几个文件的批语中,重申了他对商品生产和价值规律的意见。1959 年 3 月,他在一个省委的报告上批写道:大家读过马克思主义的哲学和政治经济学,办起事来却在长时间内不认识公社的集体所有制要有一个由小到大、由量到质的变化过程,几乎普遍否认价值、价格和等价交换的经济法则。原先在第二次郑州会议上,他对"一平二调"的旧账,认为一般地不应当算。同年 3 月,他对山西省委的一个报告上批注说:旧账一般不算这句话,是写到了郑州讲话里面去了的,不对,应改为旧账一般要算。算账才能实行那个客观存在的价值法则。这个法则是一个伟大的学校,只有利用它,才有可能教会我们的几千万干部和几万万人民,才有可能建设我们的社会主义和共产主义。否则一切都不可能。斯大林在书中认为价值规律是"很好的实践的学校","它促使我们的经济工作干部迅速成长,迅速变成现今发展阶段上社会主义生产的真正领导者"[①]。显然,毛泽东对价值规律的意义的认识比斯大林要高一点。同年 5 月,他在对一个报告的批语中赞成"工农商并举"的提法说,工农商并举,提得很好,一定要这样做。贬低商业,商不挂帅,工农两业是不会发展的。在这里毛泽东强调商业的作用,就是强调商品流通的作用。

后来于 1959 年 4 月在上海会议(中央政治局扩大会议)和八届七中全会,以及 7 月初开始的庐山会议(中央政治局扩大会议)前期,党中央和毛泽东在主导思想上都是为纠正"左"倾错误而努力,并在实践中取得一定成效,形势开始向好的方面转变。

---

① 《斯大林文集(1934—1952)》,人民出版社 1985 年版,第 612 页。

四

由于人所共知的原因，1959 年 7 月庐山会议后期发生了重大反复，形势骤然逆转，进一步纠“左”变成了“反右倾”，错误地开展了一场所谓的“反对右倾机会主义”的斗争。这场斗争在经济上的严重后果，就是打断了纠“左”的积极进程，掀起了又一次“大跃进”浪潮，刮起了第二次“共产风”。可能跟这一政治形势变化有关，在这以后一段时期内，毛泽东在商品经济理论上没有取得进一步重大进展，在个别问题上还有所后退。

庐山会议后毛泽东留下的一个重要理论文献，是《读苏联〈政治经济学(教科书)〉谈话记录》，需要认真深入研究。如前所述，毛泽东在第一次郑州会议时就建议全党干部学习苏联科学院经济研究所编写的《政治经济学(教科书)》(第三版)下册即社会主义部分。随后在武昌会议和八届六中全会上，他又重申了这一要求。庐山会议前期，毛泽东拟定会议讨论的 19 个问题中，第一点谈读书问题，要求从中央委员到县委书记都要读《政治经济学(教科书)》。庐山会议后，1959 年冬，党中央再次提出要学习这本书。毛泽东等中央领导同志以及中央各部门党组、各省市自治区党委都由第一书记挂帅组织读书小组。毛泽东组织的读书小组，从 1959 年 12 月 10 日到 1960 年 2 月 9 日，先后在杭州、上海和广州等地，采取边读边议的方法，逐章逐节地学习讨论了这本书。在学习讨论过程中，毛泽东发表了许多谈话，形成一个“谈话记录”。在这个记录中，毛泽东对商品生产问题谈得不多，对价值规律发表了不少意见。

第一，关于计划和价值规律的关系。毛泽东提出，在社会主义制度下，价值规律只能作为计划工作的工具，但不能作为计划工作的主要依据。这实际上是对斯大林和苏联教科书中有关观点的简洁概括。毛泽东批评苏联教科书把价值规律的作用夸大了。他认为，社会主义经济制度的优越性，主要不是由于人们掌握了价值规律，而是由于社会主义所有制、社会主义经济的基本规律、全国有计划地进行生产和分配等等作用的结果。毛泽东的这些看法同他一年前讲价值规律是一个能教会几千万干部和几万万人民建设社会主义和共产主义的“伟大的学校”的论述相比，是一个后退。与上述观点相联系，毛泽东还明确地提出了“计划第一，价格第一”的观点。他说的价格，就是市场价格。他讲的计划和价格的关系，实际上就是计划和市场的关系，同我们党后来提出的“计划经济为主，市场调节为辅”方针在意思上是相近的。毛泽东关于计划和价格的关系的这些论述，都包含有把计划和市场对立起来的味道。

第二，关于工农业产品的价格问题。毛泽东提醒人们要注意价格问题，特别是工农业产品的价格问题。他认为，工农业产品的交换不能够完全等价，但要做到相当的等价。因为工农业产品的价格关系，体现着工人和农民之间的经济关系和政治关系。在我国，工人和农民在工农业产品价格问题上也有矛盾，虽然矛盾没有苏联那么大，但仍应注意调整。调整价格，就是调整工人和农民、生产者和消费者之间的经济关系和政治关系。

第三，关于集市贸易和价格问题。毛泽东赞成开放集市贸易，但只同意让第三类物资上市，认为这样做对促进城乡物资交流有好处。他认为苏联集体农庄市场的自由太大了，他主张初级市场上的价格应由国家管理，由国家规定一定的幅度，不能让小自由变成大自由。他把这种价格管理原则叫作“有领导”“有控制”，并认为如不加以控制，就会使投机者大赚其钱。

第四，关于商品生产和价值规律的命运。毛泽东认为，社会主义社会里的商品生产、价格规律等等，现在是适合于生产力发展要求的，但将来总有一天就不适合生产力发展的要求了，就要被生产力的发展所突破，就要完结自己的命运。他进一步解释说，社会主义经济有其发生和发展过程，它的一切经济关系和经济范畴，都会发生进一步的变化，而不能“彻底巩固”下去。他认为，社会主义社会里的商品生产、价值规律这些范畴并不是永生不灭的范畴，并非只有生长、发展而没有变化、死亡的范畴，而是一种历史范畴。

“大跃进”、人民公社化运动和“反右倾”斗争导致的三年严重经济困难，使我们党逐步清醒过来，决心调查研究，纠正错误，调整政策。1961 年 1 月党的八届九中全会正式决定对国民经济实行“调整、巩固、充实、提高”的方针，经过 1962 年 1、2 月的“七千人大会”(扩大的中央工作会议)，以及前后两年的调整，国内形势逐步好转。此后，经济上的调整任务虽然胜利地完成了，但政治上的“左”倾错误却再度发展起来。在1962年9月党的八届十中全会以后,强调“以阶级斗争为纲”,毛泽东把社会主义社会中一定范围内存在的阶级斗争扩大化、绝对化,终于又酿成另一次严重政治错误。

五

1966年,毛泽东亲自发动和领导的所谓“文化大革命”,实为大动乱。在所谓“无产阶级专政下继续革命”理论的指导下,把“左”倾错误推向了极端,在一系列重大理论和政策问题上混淆了是非。1974年,毛泽东在《关于理论问题的重要指示》中关于我国商品制度和货币交换的观点,是他的商品经济理论上的一个谬误。毛泽东的这个“重要指示”实际上是他两次谈话的综合。一次是1974年10月20日,毛泽东在接见丹麦保罗·哈特林时谈到无产阶级专政理论问题说:“总而言之,中国属于社会主义国家。解放前跟资本主义差不多。现在还实行八级工资制,按劳分配,货币交换,这些跟旧社会没有多少差别。所不同的是所有制变了”。另一次是同年12月26日,毛泽东在长沙同周恩来等谈到这个问题时又说:“我国现在实行的是商品制度,工资制度也不平等,有八级工资,等等。这只能在无产阶级专政下加以限制。”“所以,林彪一类如上台,搞资本主义制度很容易。”为了论证这些观点,他特意引证了列宁讲的如下一句话:“小生产是经常地、每日每时地、自发地和大批地产生着资本主义和资产阶级的。”他还说:“工人阶级一部分,党员一部分,也有这种情况。无产阶级中,机关工作人员中,都有发生资产阶级生活作风的。”①

毛泽东的上述观点,明显地从50年代末的认识后退了。第一,在社会主义商品生产和资本主义生产的关系上,他在50年代末还强调它们之间“有本质差别”,而到70年代初则说它们之间“没有多少差别”了。这就模糊了两种性质不同的商品生产的原则界限。第二,在对待商品经济制度的态度上,他在50年代末强调我国很需要一个发展商品生产的阶段,而在70年代初则要“在无产阶级专政下加以限制”。第三,对商品生产作用的分析上,他在50年代末主要讲它的积极作用,要

① 见《人民日报》1975年2月22日。

利用它为社会主义建设服务，当然也谈到了它的消极方面；而在70年代初则主要讲它的消极作用。第四，在商品生产是否会产生资本主义的问题上，50年代末他还劝那些怕商品生产会产生资本主义的同志不要怕，现在他却把列宁那句泛论小生产会产生资本主义的论述，用来论证社会主义社会里的工人阶级一部分和党员一部分也会如此，并得出“资产阶级就在共产党内”的错误论断。

六

（一）毛泽东是一位伟大的马克思主义理论家，但深入研究政治经济学却比较晚。在新中国成立以前二十八年中和在新中国成立后基本完成社会主义改造的七年中，他并没有专门研究和阐述商品经济理论，而是把商品经济发展问题包容在国民经济发展这个总体之内的。在开始全面建设社会主义的十年中，特别是1958年开始推行的“大跃进”和人民公社化运动中出现了“左”的倾向，毛泽东才重视学习和研究社会主义经济理论。这可以从以下两个材料得到证实：一是1959年12月30日，毛泽东在杭州给女儿李讷的信中谈到他在外地生活状况时说：每天读书、爬山。读的是经济学。我下决心要搞通这门学问。前已说过，1959年12月到1960年2月，毛泽东正在外地研读苏联《政治经济学(教科书)》(第三版)下册。如果毛泽东在信里讲的不是谦辞，那么就可以认为，到50年代末他才决心深入研究社会主义经济学。二是1960年6月，毛泽东在《十年总结》一文中说，在人民公社化和大办钢铁的过程中出了不少乱子，于是召开了第一次郑州会议，提出了一系列问题，主要是商品生产、价值法则、等价交换等问题。可见，是我国社会主义建设实践的迫切需要，是运动中出现了严重问题，促使毛泽东去读书，去总结运动中经验教训，去研究社会主义商品经济理论。

（二）毛泽东继承了马克思主义商品经济理论，又发展了这一理论。毛泽东自己讲，在要不要商品生产的问题上，他要搬斯大林，而斯大林是搬列宁的。毛泽东十分重视斯大林《苏联社会主义经济问题》这本著作，不仅带头钻研，而且建议全党干部认真学习。毛泽东并不是教条主义者，并没有完全照搬斯大林理论，而是结合我国实际，既继承借鉴，又分析鉴别，吸取其正确的东西，批评其不正确的成分。他读斯大林著作的谈话记录和1958年、1959年在党的重要会议上一系列讲话中，系统阐发的社会主义条件下商品生产和价值规律的见解达到了那个时代的最高水平，发展并超越了列宁和斯大林的理论，是对社会主义商品经济理论和马克思主义政治经济学的重大贡献。

（三）毛泽东关于商品生产和价值规律的思想，体现在党的文献中，体现在党的方针政策中，在实践中产生了积极作用。毛泽东是"大跃进"、人民公社化运动和"三年困难时期"严重错误的"第一个负责"的领导人，也是较早发现和纠正这个严重错误的领导人。毛泽东在价值规律的大学校中，既是学生，又是老师。由于他的阐发和宣传，并用来指导实践，较快地发现并纠正了运动中的"共产风"，度过了"三年困难时期"，保证了1961年开始的经济调整任务的实现。

（四）毛泽东对于社会主义商品经济理论的认识并不是前后一贯、不断前进的，而是有曲折有反复。他在理论上已经获得的认识，有时并没有完全实践它。他在实践这一理论时，也是左右摇摆的。当国民经济发展遭受重大挫折、发生严重困难、受到客观规律惩罚的时候，他比较注意虚心研究商品经济理论，并在实践中努力加以贯彻；当国民经济发展比较顺利或实践中没有碰到重大尖锐问题的时候，他就不大注意研究这个理论了。"文化大革命"是一个带有全局性的、长时间的、严重的"左"倾错误，毛泽东负有主要责任。他在这一时期犯的理论错误，就包括前面提到的混淆社会主义商品生产和资本主义生产的性质，并要对商品经济制度加以限制的错误。在"文化大革命"中，我国国民经济发展再次遭到严重挫折，不能说同他在商品经济理论上的错误没有关系。毛泽东在商品经济理论上的进展，是他探索适合我国社会主义建设道路并付出沉重代价的一个积极成果；他在商品经济理论上的错误，是他晚年理论生涯中的一个消极方面。

（五）毛泽东社会主义商品经济理论的局限性主要在于：对计划和市场的关系缺乏深刻认识，对市场作用和市场机制缺乏足够认识，对价值规律、竞争规律和供求规律缺乏充分认识。他自觉或不自觉地仍然把计划和市场对立起来，始终固守那种高度集中的计划经济体制，从来没有想到使计划和市场有机结合起来以建立一种新的经济体制。

（六）党的十一届三中全会以后，社会主义商品经济理论取得了重大发展。我们不能用今天已经获得的新的认识来要求毛泽东，更不能用来抹杀和否定他在这一理论上做出的贡献。我们应该用历史观点来审视毛泽东在商品经济理论上的得失功过。科学发展也是一种接力赛。毛泽东继承了马克思、恩格斯、列宁、斯大林已经取得的理论成就，又把这一理论向前推进了一大步。党的十一届三中全会以后，以邓小平为核心的第二代党中央领导集体，继承了前人的理论成果，包括毛泽东的贡献，总结了新中国成立以来社会主义经济建设的经验教训，把这一理论继续推向前进。如果没有毛泽东在商品经济理论上的探索、贡献和局限性，没有新中国成立以来发展商品经济实践中的经验和教训，就没有十一届三中全会以来理论上和实践中的成就。毛泽东关于中国商品生产还要发展的论断，社会主义商品生产范畴的提出及其与资本主义商品生产有本质差别的论述，社会主义的商品生产和商品交换要有计划地发展的认识，价值规律是一个伟大学校的思想等，对党的十一届三中全会以后“有计划商品经济”“社会主义市场经济”等理论的提出，起了先导作用。

原载《经济研究参考》1993 年 10 月第 165 期

毛泽东的经济体制改革思想

内容提要：毛泽东是一位伟大的改革家。他在50年代中期到60年代初期，就总结我国经济建设经验，以苏联教训为鉴戒，率先提出了进行经济改革的问题，认为在基本完成生产资料所有制的社会主义改造以后，最重要的问题是管理问题。在中央和地方的关系上，在国家、生产单位和生产者个人的关系上，在企业管理方面，他都提出了许多真知灼见。并曾经进行过改革经济管理体制的尝试。他对我国经济体制改革的探索，对党的十一届三中全会以后的经济体制改革理论和实践，起了先导作用。

毛泽东是一位伟大的无产阶级革命家，也是一位锐意创新的改革家。他毕生致力于变革社会，改造自然，把贫穷落后的半封建半殖民地的旧中国，改造为初步繁荣昌盛的社会主义的新中国。他认为在社会主义制度下，在生产资料所有制方面，人们在生产中相互关系方面和领导经济的形式方面，都存在着妨碍生产力发展的问题，需要进行变革。在50年代中期到60年代初期，他率先提出正确处理社会主义经济中各种矛盾和关系，改进经济管理体制的思想。

毛泽东从来不迷信书本，不迷信斯大林和苏联经验，一贯倡导把马克思主义普遍原理同中国实际结合起来，主张学习苏联先进经验但又要以苏联教训为借鉴，探索一条适合中国国情的建设社会主义道路。苏共二十大以后，他指出："特别值得注意的是，最近苏联方面暴露了他们在建设社会主义过程中的一些缺点和错误，他们走过的弯路，你还想走？过去我们就是鉴于他们的经验教训，少走了一些弯路，现在当然更要引以为戒。"[①]后来他还说过，"十大关系"开始提出自己的建设路线，它的基本观点就是同苏联作比较，除了苏联办法以外，是否可以找到别的办法比苏

① 《毛泽东著作选读》下册，第720～722、726～729、796页。

联搞得更快更好。他在写于1960年6月的《十年总结》一文中说，前八年照抄外国经验。但从1956年提出十大关系起，开始找到自己的一条适合中国的路线。

一

毛泽东在发表于1956年4月的《论十大关系》中的前五条是分析经济领域里矛盾的，并提出了改革意见。其中，第一、二、三条是关于改进国民经济产业结构问题的：

首先，在国民经济产业结构中，最基本的产业部门的关系是重工业和轻工业、农业的关系。过去，苏联东欧国家片面地注重重工业，忽视农业和轻工业，致使农业和轻工业长期落后。到了第一个五年计划后期，也暴露出农业发展赶不上工业发展的需要，农产品供应日趋紧张的状况。因此，毛泽东指出："重工业和轻工业、农业的关系，必须处理好。""现在的问题，就是还要适当地调整重工业和农业、轻工业的投资比例，更多地发展农业、轻工业。"[①]那么，这是否意味着重工业就不是我国建设重点了，就违反了优先发展生产资料的生产了？毛泽东辩证地分析说：这里有一个你对发展重工业究竟是真想还是假想的问题，是想快一点还是慢一点的问题。因为在发展重工业的问题上可以有两种方法：一种是少发展一些农业轻工业，从长远看，重工业发展反而慢，甚至也不那么稳固；另一种是多发展一些农业轻工业，从长远看，重工业发展会多些快些，会使它发展的基础更加稳固。毛泽东的这些论述具有普遍意义。从历史和现实来看，取得革命胜利的社会主义国家，以及取得独立的发展中国家，国民经济一般都比较落后，都面临一个尽快实现工业化和现代化的任务。那么，这道路怎么走？是走苏联的老路，还是另辟蹊径？毛泽东解决了这个问题，创造性地发展了马克思主义。紧接着，毛泽东在1957年发表的《关于正确处理人民内部矛盾的问题》讲话中，更明确地指出："工业化道路的问题，主要是指重工业、轻工业和农业的发展关系问题。"[②]这就清楚地指出了：把重工业、轻工业和农业的发展关系处理好了，就能够较快地实现国家的工业化。

---

① 《毛泽东著作选读》下册，第720～722、726～729、796页。

② 同上。

其次，在工业产业结构中除部门结构外，还有一个地区结构问题，即沿海工业和内地工业的关系。考虑我国历史上工业布局不合理的状况和为国防安全起见，新中国成立以后，确定必须充分利用沿海工业、大力发展内地工业的方针。执行这一方针会使全国工业布局逐步趋向合理，并有利于备战，是完全正确的。但是在实际执行中，对沿海工业的作用估计不足，不那么重视它的发展。特别是有些同志害怕会爆发帝国主义的新的侵华战争和新的世界大战，对在沿海搞工业建设持消极态度。毛泽东批评说，认为原子弹已经在头上，几秒钟就有掉下来的形势估计是不合事实的。他估计新的战争在短期内打不起来，会有一个较长和平时期。不用说有了十年、十二年，我们应当办好沿海工厂，就是只有六年、七年、八年，甚至只要有五年时间，我们也应当在沿海好好地办四年的工业。办了四年以后，等到第五年打起来了再搬家，也是完全合算的。实践证明，毛泽东对当时国际形势的估量，充分利用和发展沿海地区的优势，以支持内地经济发展的战略思想，是富有远见的。现在我国实行改革开放国策，大力开发沿海城市和地区，积极支援并带动中部和西部地区的经济建设，同毛泽东的上述想法是一致的。

最后，在工业产业结构中，还有一个重工业内部的国防工业和民用工业的关系问题，即毛泽东讲的国防建设和经济建设的关系问题。这个关系实际上是如何安排国防工业建设的规模和速度的问题。当时国际上资本主义和社会主义两大阵营严重对峙，加上台湾海峡局势紧张，在酝酿编制第二个五年计划和十五年长远规划时，曾经设想我国国防工业建设的目标，要求在1961年达到满足战时最大需要量，在1956—1959年的四年中每年建设50个大型国防工业工厂。实际上这是不可能做到的。毛泽东基于对国际形势的正确分析说，现在全世界都在谈论减少军事经费、发展和平经济问题，英国法国谈得最多，美国有时候也被迫地谈一下。现在是和平时期，军政费用的比重太大不好。毛泽东分析了国防建设和经济建设的辩证关系，认为这是一个战略方针问题。党的十一届三中全会以后，按照邓小平的分析，和平与发展是当代世界的两大主题。毛泽东在50年代中期确定的国防建设的发展战略，至今仍有重大现实意义。

《论十大关系》的第四、五条是关于改进国民经济管理体制问题。他本人讲过，由于我们没有管理全国经济的经验，所以第一个五年计划的建设，不能不基本照搬苏联的办法。1955 年,他到外地巡视工作期间,听到各省负责同志反映中央对经济统得过死,要求中央向下放权。他回北京后多次讲到要改变经济管理问题时说:经济工作要统一,但要分级管理,要在统一计划下各省负责。1956 年春天,毛泽东在听取中央 34 个部委汇报期间,又多次提到要改进经济管理体制。他讲道,中央各部委“条条”和各地方“块块”的矛盾,光从思想上解决不行,还要解决管理制度问题。紧接着,他在《论十大关系》讲话中,着重从国家经济生活中存在许多矛盾的角度提出改进经济管理体制的若干重要思想。

首先,要处理好国家、生产单位和生产者个人的关系。这种关系中最实质性的问题,是国家、企业和个人三者的权利、责任、利益分配问题。这里有两种关系:第一种是国家和工厂、合作社的关系。在当时高度集中统一的计划经济体制下,国家对企业实行统收统支办法,企业收入全部上缴财政,支出全部由财政拨款。企业收入多少,能否完成,同自己本身的支出没有关系。这种办法对于促进企业从物质利益上关心自己的收入,发挥企业的主动性和积极性搞增收节支是一种限制。在毛泽东讲话之前的中央 34 个部委的汇报中已经提出了是否该给企业以某些自治权的问题。毛泽东在讲话中也强调了“工厂在统一领导下的独立性问题”,指出“把什么东西统统都集中在中央或省市,不给工厂一点权力,一点机动的余地,一点利益,恐怕不妥。”①第二种是工厂、合作社和生产者个人的关系。关于工人,毛泽东认为,在大力发扬他们的艰苦奋斗精神的同时,要更多注意解决他们在劳动和生活中的迫切问题。对于农民,决不能像苏联那样,国家把农民生产的东西拿走太多,给的代价极低,结果把农民挖得很苦,损害了农民的积极性。鉴于苏联犯的严重错误,我们必须注意国家同农民的关系,在增加农业生产的基础上,使百分之九十的农民每年都能增加收入,其余百分之十的农民也不能减少收入。总之,“这是一个关系到六亿人民的大问题”,“不能只顾一头,必须兼顾国家、集体和个人三个方面”②。

其次,要处理好中央和地方的关系。在新中国成立初期,学习了苏联那种国家高度集中统一的计划经济模式。毛泽东发现了这种模式的弊端,指出:“我们不能

---

① 《毛泽东著作选读》下册,第 720～722、726～729、796 页。

② 同上。

像苏联那样，把什么都集中到中央，把地方卡得死死的，一点机动权也没有。”[①]毛泽东认为，解决中央和地方的矛盾，应当在巩固中央统一领导的前提下，扩大一点地方的权力，给地方更多的独立性，让地方办更多的事。“我们的国家这样大，人口这样多，情况这样复杂，有中央和地方两个积极性，比只有一个积极性好得多。”[②]毛泽东在这个问题上并不保守，认为尽管资本主义国家在根本制度上与我们不同，但它们在处理中央和地方的关系上的经验，还是值得我们研究的。

二

1958 年 11 月中共中央召开第一次郑州会议，毛泽东除号召学习斯大林著作《苏联社会主义经济问题》的同时，还建议学习苏联科学院经济研究所编写的《政治经济学(教科书)》(第三版)的社会主义部分。随后，他在武昌会议及八届六中全会上又重申了这一要求。1959 年 7 月庐山会议前期，他拟定会议讨论的十九个问题中，列为头一个问题的是“读书”，就是读苏联《政治经济学(教科书)》。在毛泽东读这本书的谈话记录中，关于改进国民经济管理体制的阐述有以下重要思想：

第一，所有制问题基本解决以后，最重要的问题是管理问题。他明确指出，管理问题，也就是人们在生产中的相互关系问题。可见，他是把经济管理问题当作生产关系的一个重要方面来看待的。值得注意的是，他强调指出，在社会主义国家，基本解决了生产资料所有制改选以后，最重要的问题是解决好管理问题，即全民所有制企业和集体所有制企业如何管理的问题。这就明确了我国在 1956 年基本完成生产资料所有制社会主义改造以后经济工作的重点。

第二，在解决经济管理问题上是大有文章可做的。他认为所有制的变革在一定时期内总是有底的，总是不能没有限度的，而人们在生产中的相互关系很难说有什么底。也就是说，在一定时期内，即所有制性质相对稳定的时期内，人们在生产中的相互关系即管理问题，却是不断改革的。他甚至设想，将来全世界实现共产主义以后，人们在劳动生产中的相互关系，还会有无穷的变化。同时，他还指出，人们

① 《毛泽东著作选读》下册，第 720～722、726～729、796 页。

② 同上。

是改革管理还是不改革管理，对于推进还是阻碍生产力的发展，都有直接的影响。因此，在建设社会主义和共产主义的全部过程中，都要不断抓人们在劳动生产中相互关系的调整，抓经济管理的改革，才能持久地促进生产力的发展。

第三，国家对全民所有制企业要实行分级管理，给企业一定自主权。他认为全民所有制企业本身也有一个变化、变革的过程，如实行体制下放，分级管理，给企业以自治权等。他认为，一切企业都专门由“条条”即中央各部门直接来管，会产生很大的片面性，应该避免这种片面性。他指出，在我国，都同是全民所有制企业，它们归哪一级管理，实行不实行中央和地方分权，是要一个积极还是要两个积极性，是整个社会主义时期进行社会主义建设过程中，要经常注意解决的至关重要的大问题。毛泽东主张，无论是中央各部门管的企业和地方各级管的企业，都要在统一领导和统一计划下，具有一定的自治权。他强调指出，企业有没有这种自治权，对促进生产力发展，还是阻碍生产力发展，关系很大。

第四，企业本身也要改进管理制度，实行“两参、一改、三结合”。他不赞成资本主义国家的企业和苏联的企业实行的“一长制”。他认为，社会主义企业管理原则，应当与资本主义企业有根本的区别，我国实行的党委领导下的厂长负责制，就同资本主义企业管理制度区别开来了。他提出，我们对企业管理，应采取集中领导和群众运动相结合，干部参加劳动，工人参加管理，不断改革不合理的规章制度，工人群众，领导干部和技术人员三结合。后来，人们把他讲的这些原则，概括为“两参、一改、三结合”，也叫“鞍钢宪法”。他特别强调改革不合理的规章制度。他批评苏联企业在生产管理、规章制度上，多少年来没有什么改变，批评苏联《政治经济学(教科书)》只讲工艺规程的改进，不大讲生产管理、规章制度需要改进的问题。

三

在毛泽东的改革经济管理体制思想的指导下，我国在50年代中后期，曾经对于经济管理体制进行过一次改革尝试。与他在《论十大关系》谈话前后大讲体制改革的同时，中央其他领导同志如周恩来、陈云等也谈了自己关于体制改革的意见。为此，国务院于1956年召开了全国体制会议，研究改进经济管理体制方案，并起草出《国务院关于改进国家行政体制的决议(草案)》发下去征求意见。这里讲的国家行政体制,也就是国家经济管理体制。这个决议草案提出了划分中央和地方管理职权的原则,明确规定给予各省市自治区一定范围的计划、财政、企业、事业、物资、人事的管理权。凡关系到整个国民经济而带全局性、关键性、集中性的企业和事业由中央管理;其他的企业和事业,尽可能多地交给地方管理。1957年初,党中央决定成立以陈云为组长的"中央经济工作五人小组",以加强对经济工作和改进体制工作的统一领导。陈云在五人小组调查研究的基础上,于1957年11月亲自代国务院起草了关于改进工业、商业和财政管理体制的三个规定,并经人大常委会批准自1958年实行。

就在1958年2月中共中央举行的春节团拜会上,毛泽东继续谈论了经济体制改革的问题。他说:中央集权太多了,是束缚生产力的。这就是上层建筑与经济基础的关系问题。我是历来主张"虚君共和"的,中央要办一些事,但是不要办多了,大批的事放在省、市去办,他们比我们办得好,要相信他们。他还说:一个工业,一个农业(本来在地方),一个财,一个商,一个文教,都往下放。他还说:有中央的工业,有省的工业,有专区的工业,有县的工业。这样就手脚多,大家的积极性多。单是我们北京这一个方面积极,人太少了。

在1958年一年内,中央和国务院多次召开会议,部署经济工作和改进经济管理体制有关事宜,并作出相应的规定,加快经济的发展速度,加快和扩大权限下放的步伐,促进国民经济的跃进。此后,在全国"大跃进"的形势下,出现了企业管理权迅猛下放的势头,在很短的时间内,中央部直接管理的1165个企事业单位下放了885个,占76%。这些企业不仅从中央下放到省市自治区,而且是层层下放,连"鞍钢"这样的大型企业也下放了。

由于对改进经济管理体制工作看得过于简单,加上步骤、方法匆忙草率,出现了过于分散、多头管理和经济发展混乱的局面,在1959年7月庐山会议前期,毛泽东在拟定的会议"讨论问题"提纲中,关于"体制问题"的一条中讲:"人权、工权、财权、商权这四大权力现要收回,由中央、省市自治区党委两级控制,反对无政府主义。"他在讲话中还说:现在有些半无政府主义。"四权"过去下放多了一些,快了一些,造成混乱,应该强调一个统一领导,中央集权。下放的权力,要适当收回。对下放要适当控制：反对半无政府主义。

按照他的意见，1960 年以后，特别是在 1961 年开始的经济调整期间，又陆续收权，把下放地方的大中型企业陆续收归中央各部管理，前一阶段发生的经济混乱状态有所好转。1962 年 1 月，刘少奇代表党中央向扩大的工作会议（即"七千人大会"）作的报告中，谈到了 1958 年那次下放企业的工作。他说：为了有效地进行国民经济的调整工作，需要解决一个关键问题，就是加强民主集中制，加强集中统一，反对分散主义。经济工作方面的分散主义，把国家的生产计划、基本建设计划、物资分配计划、商业计划、财政计划都搅乱了。从 1958 年到 1960 年的三年内，国家计划外的基本建设投资有 217 亿元，占投资总额的五分之一还多。这些计划外的投资中，虽然有一部分是必需的，但不少的钱是用于建设"楼、馆、堂、所"。1958 年管理权力下放以后，当年全国各方面就新增加职工 2082 万人，以后两年虽然精简，但 1958 年到 1960 年的三年中，工业部门的职工共增加了 1396 万人。刘少奇指出，当我们纠正了高指标、"共产风"、瞎指挥等错误以后，这类分散主义就成为我国前进道路上的主要障碍了。

四

60 年代初期到"文化大革命"以前，在毛泽东、刘少奇、周恩来、邓小平的提议下，我国又一次进行了经济体制改革的试验，即在工业、交通部门试办托拉斯。毛泽东在 1960 年前就提出过这个问题，说我们的工业建设可以走托拉斯的道路。托拉斯是西方工业发达国家找到的比较进步的管理企业的组织形式，产品相同的企业或生产有密切联系的企业组成联营公司，它的主要特点是以一个行业为主，兼营其他行业。到 1963 年，我国经济情况有了明显的好转，党中央和毛泽东决定对工业管理体制进行改革，逐步减少行政管理办法，增加经济管理办法，在工业、交通部门组织专业公司。当时中央起草的《关于工业发展问题》的文件中，就将组织托拉斯作为改革工业管理体制的重要措施。1964 年 1 月，毛泽东在听取关于全国工业交通工作会议和试办工业托拉斯等情况的汇报时，他插话说：目前这种按行政方法管理经济的方法，不好，要改。比如，企业里用了那么多的人，干什么？用那么多的人，就是不按经济法则办事。

应该说，当时毛泽东和中央其他主要领导同志根据新中国成立以来经济建设的实践，已经觉察到单靠行政方法去管理国民经济和企业确有许多弊端，可以借鉴西方经济发达国家先进的经营管理经验和方法（如托拉斯这类企业组织形式），并主要运用经济手段来管理国家经济和企业。

五

在我国生产资料所有制社会主义改造基本完成以后，毛泽东就认识到中央权力高度集中的经济管理体制，影响了地方和企业的积极性的发挥，束缚了生产力的发展，必须加以改革，并在实践中进行了一些改革的尝试和试验，应该说是一个重大贡献。

自 1978 年 12 月党的十一届三中全会以来，我国的经济体制改革工作已经取得了决定性的进展。用现在已经达到的认识来评价“开始全面建设社会主义的十年”时期毛泽东的经济改革思想，其局限性主要是：第一，改革目标模式不明确。当时，毛泽东虽然已经看到了原来体制的某些弊端，但是并没有找到原来体制的症结所在。所以，那时的体制改革，只能在原来那套计划经济体制的框架中，仅在中央和地方分权问题上做文章，真正下放给企业的自主权也极少。当时，毛泽东虽然已经认识到发展社会主义商品生产的必要性，甚至提到要有计划地发展商品生产和商品交换，但是并没有充分认识到发展商品经济的重大意义，没有认识到市场机制的重大作用，没有认识到必须把计划和市场结合起来，从而也就不可能把社会主义商品经济和社会主义市场经济作为经济体制改革的目标。第二，未能将经济体制改革工作当做大事坚持不懈地抓下去。毛泽东虽然已经认识到在所有制问题基本解决以后最重要的是管理问题，可是在实践中并没有按他说的去做。自 1957 年以后，毛泽东始终重视的是阶级斗争、路线斗争，把它们放在经济工作的前面。在经济领域，毛泽东想得比较多的是继续搞所有制的变更（例如，由高级农业合作社过渡到人民公社，人民公社的基本队有制过渡到基本社有制，集体所有制过渡到全民所有制），而不是改革经济管理体制。在 50 年代后期进行的经济管理体制改革工作也是左右摇摆，一开始讲放权，在1958年一下子把绝大多数中央各部管的企业统统下放到地方，后来出现了混乱局面，又在1960年以后把它们收了上来。60年代前期试办的托拉斯，“文化大革命”一来，立即告吹，并挨了批判。在“十年动乱”中，毛泽东原来认定的最重要的管理体制改革问题，也束之高阁了。直到党的十一届三中全会以后，在邓小平建设有中国特色社会主义理论的指导下，经济体制改革工作才摆到重要位置上来，经过不断探索和实践，终于取得了伟大的成就。无疑，毛泽东在50年代中期以后对我国经济改革的探索，对党的十一届三中全会以后经济体制改革理论和实践的发展起了先导作用。

原载《中国人民大学学报》1993年第6期

浅论毛泽东利用资本主义的思想

摘要：经济落后国家建设社会主义过程中要利用资本主义，是马克思主义的一条重要原理。毛泽东在领导我国革命的各阶段，从理论上全面论述过利用资本主义问题，是他的新民主主义经济理论的重要内容。毛泽东在对待资本主义问题上的认识，大大超越了党的六大决议，丰富发展了马克思列宁主义关于利用资本主义的理论，奠定了我们党利用资本主义的理论基础。特别是他在党的七大上提出的在我国民主革命胜利后要广泛发展资本主义的论点，至今仍然有重大现实意义。新中国成立后，他在资本主义工商业社会主义改造的实践上急于求成是一个失误。

关键词：毛泽东；利用资本主义

中图分类号：A841　**文献标识码**：A　**文章编号**：1009-7775（2001）01-0001-06

所谓利用资本主义，按照马克思的提法，是利用、吸取、占有资本主义制度所创造的一切积极成果。这一原理是针对资本主义以前阶段的、资本主义不发展的、生产力不发达的经济文化落后国家提出来的。经济落后国家建设社会主义过程中要利用资本主义，是马克思主义的一条重要原理，也是无产阶级政党的一种必然政策选择。在我国民主革命、社会主义革命和建设阶段，毛泽东结合中国实际，曾大量论述利用资本主义问题，并运用于我国革命实践。学习和继承他的利用资本主义的思想，总结我国利用资本主义实践的经验教训，对于正确理解我国社会主义初级阶段及其基本经济制度、社会主义市场经济体制，自觉执行党的对待资本主义经济的方针政策，都有重要意义。

一、毛泽东利用资本主义的思想的发展过程

作为中国共产党第一代领导集体核心的毛泽东，面对的旧中国是一个半殖民

地半封建的经济文化落后的农业国家，全国解放前国民经济总产值中，现代工业约占10%，个体农业手工业占90%。毛泽东在领导我国革命过程中，从我国以上这个最大最根本的实际出发，在他的主要著述中，在党的许多重要会议上的报告、讲话中，曾经从理论上深刻地阐述过利用资本主义的问题，并成为党的路线方针政策的重要内容。但在革命的不同时期，他论述的重点有所不同。

第一阶段　在30年代，毛泽东认为，在革命根据地建设中，要保护私人经济。

毛泽东的利用资本主义思想，可以追溯到30年代初。1934年1月，第二次全国苏维埃代表大会在江西瑞金召开，从1931年11月起就担任中华苏维埃政府主席的毛泽东，代表中央执行委员会和人民委员会向大会做报告和结论。他在阐述根据地经济建设的方针政策时说，根据地的国民经济，是由国营事业、合作社事业和私人事业这三方面组成的。“对于私人经济，只要不出于政府法律范围之外，不但不加阻止，而且加以提倡和奖励。”“尽可能地发展国营经济和大规模地发展合作社经济，应该是与奖励私人经济发展，同时并进的。”[1]在党的历史上具有重大意义的、于1938年9—11月在延安举行的扩大的六届六中全会上，毛泽东作了《论新阶段》的政治报告，在“全民族的当前紧急任务”这一部分中，提到要实行新的战时财政经济政策，其中一条就是“保护私人工商业的自由营业”[2]。

第二阶段　从30年代末到1948年党的九月会议以前，毛泽东的主导思想是，在新民主主义社会，资本主义经济要有一个广大发展。

如果说毛泽东的以上论述仅提到私人经济、私人工商业，具有政策性，意在保护；那么在这以后的论述则明确讲资本主义经济，更具有理论性，强调发展。他写于1939年的《中国革命和中国共产党》指出，在殖民地、半殖民地、半封建社会的中国存在三种资本形态，即外国帝国主义国家的资本，本国的买办资本和民族资本。在新民主主义革命胜利后，“资本主义经济在中国社会中会有一个相当程度的发展”，“这是经济落后的中国在民主革命胜利之后不可避免的结果。”[3]随后他在1940年1月的《新民主主义论》讲演中论述新民主主义经济时指出，革命胜利后建立的新民主主义共和国“并不禁止‘不能操纵国民生计’的资本主义生产的发展，这是因为中国经济还十分落后的缘故。”同时强调，中国要走孙中山先生所主张的“节制资本”的路，决不能让少数资本家操纵国民生计。[4]

更为重要的是，他在1945年4—5月举行的党的七大上作的书面政治报告《论联合政府》以及口头政治报告和结论中，详细阐述了党的关于利用资本主义的思想。他指出，《论联合政府》与《新民主主义论》不同之处在于，“确定了需要资本主义的广大发展”[5]。他说：只有经过民主主义，才能到达社会主义，这是马克思主义的天经地义。中国不是多了一个本国的资本主义，而是相反，我们的资本主义是太少了。在中国新民主主义国家制度下，除国营经济、合作社经济和个体经济以外，“一定要让私人资本主义经济在不能操纵国民生计的范围内获得发展的便利，才能有益于社会的向前发展”[6]。他还指出，“我们这样肯定要广泛地发展资本主义，是只有好处，没有坏处的。对于这个问题，在我们党内有些人相当长的时间里搞不清楚，存在一种民粹派的思想。”他解释说，所谓民粹主义，就是要直接由封建经济发展到社会主义经济，中间不经过发展资本主义的阶段。他还针对党内某些同志的思想说：“我们不要怕发展资本主义”，“我们的同志对消灭资本主义急得很。”他认为我们所提倡的资本主义是“新民主主义的资本主义”，它有“生命力”，其性质是“帮助社会主义的，它是革命的、有用的，有利于社会主义的发展的。”[7]到1947年12月，毛泽东在《目前形势和我们的任务》报告中仍然认为，资本主义经济，“即使革命在全国胜利以后，在一个长时期内，还是必须允许它们存在；并且按照国民经济的分工，还需要它们中一切有益于国民经济的部分有一个发展；它们在整个国民经济中，还是不可缺少的一部分”。[8]

第三阶段　从1948年党的九月会议到1953年过渡时期总路线提出以前，毛泽东强调的是，对资本主义经济既要利用，同时也要限制。

在1948年九月会议即中共中央政治局会议上毛泽东作了报告和结论，重申党的六大、七大的精神，认为“资本主义在民主革命胜利后要有一个发展”是不可避免的。但是这时他已不赞成把民主革命胜利后的社会经济叫“新资本主义”，说还是叫“新民主主义经济”好，它是“社会主义经济领导之下的经济体系”。毛泽东在会议结论中郑重指出：“现在点明一句话，资产阶级民主革命完成之后，中国内部的主要矛盾就是无产阶级和资产阶级之间的矛盾”[9]。这句话对理解毛泽东后来在对待资本主义问题上的认识和政策上的变化至关重要。

不久，毛泽东在1949年3月召开的党的七届二中全会上，对资本主义经济明确地提出了“利用”和“限制”的意见。他说，要没收帝国主义者和中国官僚资产阶级的资本归无产阶级领导的人民共和国所有，使人民共和国掌握国家的经济命脉，使国营经济成为整个国民经济的领导成分。对于占第二位的私人民族资本，在革命胜利以后一个相当长的时期内，还需要尽可能地利用它的积极性，以利于国民经济的向前发展。“在这个时期内，一切不是于国民经济有害而是于国民经济有利的城乡资本主义成分，都应当容许其存在和发展。”同时他又强调，决不能让它不受限制，任其自由泛滥，要对它“采取恰如其分的有伸缩性的限制政策”，将在活动范围、税收政策、市场价格和劳动条件这四个方面被限制，并认为“限制和反限制”，将是新民主主义国家内部阶级斗争的主要形式。还说，如果认为我们现在不要限制资本主义，这是完全错误的，这就是右倾机会主义观点[10]。可见，毛泽东在党的七届二中会上的报告，是他对待资本主义问题上的一个重大转折，由强调“发展”转向“利用”和“限制”。随后《论人民民主专政》一文重申：为了对付帝国主义的压迫，为了使落后的经济地位提高一步，中国必须利用一切于国计民生有利而不是有害的城乡资本主义因素，“我们现在的方针是节制资本主义，而不是消灭资本主义”。[11]

第四阶段　从 1953 年提出过渡时期总路线到 1956 年基本完成“三大改造”，毛泽东对待资本主义经济由利用、限制转向实行改造即消灭的方针。

1953 年 6 月，毛泽东在中共中央政治局会议上第一次正式提出以“一化三改”为内容的党在过渡时期的总路线和总任务，就是“要在 10 年到 15 年或者更多一些时间内，基本上完成国家工业化和对农业、手工业、资本主义工商业的社会主义改造”[12]。其实质是毛泽东也同意的观点，即“使生产资料的社会主义所有制成为我国国家和社会的唯一的经济基础”[13]。当然在别的场合，毛泽东仍然把党的方针全面地表述为“利用、限制和改造资本主义经济”[14]，但强调的重点是七届二中全会决议关于对私人资本主义经济要加以限制的精神。

怎样对资本主义工商业进行社会主义改造？毛泽东说：“国家资本主义是改造资本主义工商业和逐步完成社会主义过渡的必经之路。”[15]这时他对“改造”的解释是：“现在所说的改造，还不是取消资本家私人所有制，使之变为社会主义企业的最后改造步骤，而是指在承认资本家的受限制的不完全的私人所有制条件下，使资本主义企业逐步变为国家资本主义企业。”[16]为了同资本主义社会中的国家资本主义相区别，他对我国要实行的国家资本主义，给予一个更精确概念即“新式国家资本主义经济”，其定义是“在人民政府管理之下的，用各种形式和国营社会主义经济联系着的，并受工人监督的资本主义经济。”“它主要的不是为了资本家的利润而存在，而是为了供应人民和国家的需要而存在。”“这种新式国家资本主义经济是带着很大的社会主义性质的，是对工人和国家有利的。”[17]他把这种国家资本主义经济又进一步区分为两种情况：一种是半社会主义性质的，如公私合营；另一种是带有若干社会主义性质的，如加工订货等。他总结当时实践情况，认为国家资本主义在私营工业方面有三种形式：公私合营、全部出原料收产品的加工订货和只收大部分产品；在私营商业方面也可以创造出各种形式。他认为在国家资本主义企业里，资本家已不能唯利是图，企业盈利中的至多占 25％归资本家，75％以上是国家的所得税、工人的福利费和扩大生产的公积金。后来把国家资本主义企业里盈利的这种分配方法叫“四马分肥”。

毛泽东后来的论述和实践表明，他所说的对资本主义工商业的社会主义改造，其实质就是消灭资本主义，使之在中国绝种。变化是从 1955 年批判农业合作化运动中的“右倾”错误开始的。在 1955 年 10 月召开的党的七届扩大的六中全会所作结论中说得很明白：搞农业合作化“就会使资产阶级最后地孤立起来，便于最后地消灭资本主义。”“使资产阶级、资本主义在六亿人口的中国绝种，这是一个很好的事，很有意义的好事。我们的目的就是要使资本主义绝种。”[18]

第五阶段　1956 年底，毛泽东提出消灭了资本主义又搞资本主义的思想。

这个思想是他在 1956 年底同民建和工商联负责人的谈话中提出来的。他根据当时上海国营、公私合营企业不能满足社会需要而存在地下工厂的情况，认为中国还可以实行一段“新经济政策”。只要社会有需要，私人可以开厂，甚至开私营大厂，订个协议，十年、二十年不没收；华侨投资的，二十年、一百年不要没收；可以开投资公司，还本付息，可以搞国营，也可以搞私营。总之，“可以消灭了资本主义，又搞资本主义。”[19]这就是说，在所有制结构上，可以放松政策，在国营经济、合作社经济、公私合营经济占主体和优势的前提下，可以在较长时期内保留和发展少量私营经济和个体经济，并引进华侨投资。可是，他的这些正确想法，在后来的实践中并没有认真贯彻执行。

二、毛泽东在利用资本主义问题上的贡献和失误

毛泽东的利用资本主义的思想，是毛泽东思想的新民主主义经济理论的重要内容，在我国革命实践中起过重大作用，丰富和发展了马克思列宁主义关于利用资本主义的理论。

毛泽东在对待资本主义问题上的认识，大大超越了党的六大决议，奠定了我们党利用资本主义的理论基础。

毛泽东自己说，党的六大和七大都承认资本主义在民主革命胜利后要有一个发展，并认为抗战时期在对待资本主义经济问题上是完全实行六大决议案的[20]。1928 年 6—7 月在莫斯科举行的党的六大，在总结大革命失败经验教训的基础上，对中国革命一系列根本问题作出基本正确的回答。六大《政治决议案》对旧中国社会性质、中国革命两阶段和现阶段革命性质的分析，以及提出的中国革命的十大政纲，从根本上说是正确的。但是，决议没有提官僚资产阶级，继续把民族资产阶级看作革命的敌人。十条政纲没有规定要没收官僚资本，没有说要联合中小资产阶级；对中国资产阶级的态度，在政权上根本不要它，在经济上则根本不动它。这表明，十条政纲对于资本主义经济的政策并不十分明确，只是在谈到苏维埃区域的党的任务时谈到保存商业的货物交易，战胜均产主义的倾向——均分小资产阶级财产的倾向如均分小商人小手工业主等等的财产。[21]这意思是说，在苏维埃根据地，要保存商品生产和商品流通，保护工商业，反对平均分配小工商业主的财产。党的六大的这些正确意见，后来也屡屡受到“左”倾机会主义路线的干扰；先是瞿秋白盲动主义、李立三“左”倾冒险主义没收民族资本主义工商业的主张，然后是王明“左”倾教条主义既允许民族资本主义工商业存在但又采取“左”的政策打击它的主张。

纵观毛泽东自 1931 年 11 月担任中结苏维埃主席，特别是 1935 年 1 月遵义会议在事实上确立在党中央的领导地位以后，在对待中国资本主义问题上，他继承了党的六大决议中的正确意见，纠正了“左”倾机会主义的错误主张，提出了明确观点

和基本原则,创立了比较完整的利用资本主义经济的理论,为党制定对待民族资本主义工商业的方针政策奠定了基础。其要点有:第一,由于中国的半殖民地半封建的社会性质,经济文化十分落后,在新民主主义革命胜利后,在一个相当长的时期内,资本主义经济应该有一个较大发展,以利于提高社会生产力,有利于将来向社会主义过渡。第二,把旧中国的资本划为三种形态,即外国帝国主义资本、中国官僚资本和中国民族资本;相应地要采取不同政策,革命胜利后,对前二者要予以没收,对民族资本则要保存、利用,鼓励其发展。第三,私人资本主义经济的和国家资本主义经济是新民主主义经济形态重要构成部分或两种主要经济成分,按照国民经济分工,它们在国营经济领导下,同其他经济成分一起,还有一个发展。第四,将资本主义经济区分为有利于国民经济和有害于国民经济的两种情况,对于前者应当容许其存在和发展。第五,对私人资本主义经济实行利用和限制的政策。所谓限制,就是采取恰如其分的有伸缩性的限制政策,将在活动范围、税收政策、市场价格和劳动条件方面被限制。第六,在从中华人民共和国成立到社会主义改造基本完成的过渡时期内,国家对资本主义工商业实行社会主义改造的方针,改造的主要途径和形式是国家资本主义。

以上这几条是毛泽东根据马克思列宁主义普遍原理结合我国实际,在总结我们党在对待资本主义问题上的经验教训的基础上提出来的,实践证明是正确的。毛泽东关于利用资本主义思想的基本点,对于社会经济条件与我国相同或相似的经济落后国家在建设社会主义过程中也有借鉴意义。

新中国成立后毛泽东在对待中国私人资本主义问题上的失误,主要表现在对资本主义工商业社会主义改造的实践上急于求成。

1953年,毛泽东提出党在过渡时期的总路线,对资本主义工商业的社会主义改造是其一个重要内容。从马克思主义基本原理说,消灭私有制是共产主义革命的基本要求,对资本主义工商业进行社会主义改造是我国社会主义革命要解决的一个重要任务。但是在我国革命实践中,应该根据国情和生产力发展水平,具体规定长远目标和近期要求,创造各种具体形式,制定分阶段实施步骤。正因为理论上不明确,政策上不具体,以致在实践中,一是当时“对资改造”的目标定得太高,要求在十几年的过渡时期内,就要消灭资本主义私有制,使生产资料社会主义所有制成为我国社会的唯一经济基础；二是把完成上述任务的时间定得太短，先说从1953年算起用大约15年的时间，后来实际只用四年到1956年就基本上完成了。到1956年底，全国私营工业户数的99％和私营商业户数的82.2％分别纳入公私合营或合作社的轨道，资本主义经济在国民收入和工业总产值中的比重下降到接近于零。这就是说，资本主义经济已被消灭，真的在中国绝种了。对“三大改造”的成败得失的评价要认真研究，不容回避。如果基本肯定它，那么怎么能同我国现阶段生产力发展水平比当年高得多的条件下还实行允许私营经济发展的方针和社会主义初级阶段基本经济制度并存不悖？如果承认它不是一次成功的实践，那么又怎么能以它的基本完成作为我国过渡时期结束和进入社会主义社会的标志？实践是检验真理的唯一标准。“社会主义经济政策对不对，归根到底要看生产力是否发展，人民收入是否增加。这是压倒一切的标准。”[22]党的十一届三中全会以来，我国改革开放实践的伟大成就，社会主义初级阶段基本经济制度的确立，已经证明我们50年代中期“对资改造”的基本完成并不是一次成功的实践。问题就在于，毛泽东在新中国成立以后部分地放弃了新中国成立前他对资本主义经济的某些正确认识，逐渐滋长了急于求成思想。急于求成的要害在“急”，急了就会搞过头。过急了，规定的目标和任务就会脱离我国现阶段实际而过高，迈的步子和完成时间就会过快。所以这个问题就是：脱离我国生产力发展水平很低这一最根本的实际，违背了生产关系一定要适合生产力状况这一客观规律，人为地拔高生产关系的“超越阶段”。

毛泽东继承马克思主义关于落后国家走向社会主义道路时要利用资本主义创造的积极成果的原理，结合中国社会和革命的实际，运用并发展了这一原理，同时在运用这一原理于实际也留下了丰富的经验教训。以邓小平为核心的党的第二代领导集体，在建设有中国特色社会主义新时期，在改革开放发展实践中，继承了以马克思列宁主义、毛泽东思想关于利用资本主义的理论，在新的历史条件下，解放思想，积极探索，创造性地运用和发展了这一理论。社会主义初级阶段的基本经济制度，社会主义市场经济体制，以及利用资本主义的各种新形式，就是这一探索的最新成果和最新贡献。

参考文献

[1] 毛泽东.毛泽东选集.第1卷[M].北京：人民出版社，1991. 133-134.

[2][21] 中共中央文件选集.第11册，615.

[3][4] 毛泽东.毛泽东选集.第2卷[M].北京：人民出版社，1991. 650，678.

[5][6][7] 毛泽东.毛泽东选集.第3卷[M].北京：人民出版社，1991. 275，106-1061，322-323、384-385.

[8][10][11] 毛泽东.毛泽东选集.第4卷[M].北京：人民出版社，1991. 1254，1431-1432，1479.

[9][12][14][18][20] 毛泽东.毛泽东选集.第1卷[M].北京：人民出版社，1991. 139-141，145，81，92，198-199，140.

[13][15][16][17] 毛泽东.毛泽东选集.第6卷[M].北京：人民出版社，1991. 316，291，286，282.

[20] 毛泽东.毛泽东选集.第7卷[M].北京：人民出版社，1991. 170.

[22] 邓小平.邓小平文选.第2卷[M].北京：人民出版社，1983. 314.

原载《江苏石油化工学院学报》第2卷第1期，2001年3月

毛泽东、刘少奇、张闻天关于利用资本主义思想的比较研究

［提要］ 经济落后国家在建设社会主义过程中，利用资本主义制度所创造的一切积极成果，发展社会主义社会生产力，是马克思主义的一条重要原理。毛泽东在我国革命的各个阶段，从理论上全面阐述过利用资本主义问题，奠定了我们党利用资本主义的理论基础。刘少奇在研究我国新民主主义经济及其向社会主义过渡理论的过程中，阐发和补充了毛泽东的利用资本主义的思想。张闻天在长期革命实践和理论研究中，论述了我国革命各个时期必须利用资本主义的问题，在许多方面发展、丰富了马克思列宁主义、毛泽东思想关于利用资本主义的理论。

［关键词］ 利用资本主义；毛泽东；刘少奇；张闻天

［中图分类号］ D231；D232；K827 ［文献标识码］ A ［文章编号］ 1003-3815(2001)-01-0053-07

A Comparative Study of the Thoughts of Mao Zedong, Liu Shaoqi and Zhang Wentian in the Utilization of Capitalism

Abstract: It is an important principle of Marxism to make use of the positive results of capitalism to develop socialist productive forces in the course of socialist construction in the backward countries. Mao had made comprehensive expositions on the issus of utilizing capitalism during the different stages of the Chinese revolution, laying the theoretical foundations for the CCP. Liu elucidated and replenished Mao's thought in the process of his study of the theory of new democratic economy and its transition to socialism. Zhang expounded the necessity of utilizing capitalism in each period of the Chinese revolution and construction, whose expositions developed and enriched the theory of utilizing capitalism in Marxism-Leninism and Mao Zedong thought in many aspects.

经济落后国家在建设社会主义过程中要利用资本主义，是马克思主义的一条重要原理。所谓利用资本主义，按照马克思的提法，是利用、吸取、占有资本主义制度所创造的一切积极成果。这一原理是针对资本主义以前阶段的、资本主义不发展的、生产力不发达的经济文化落后国家提出来的。在我国民主革命、社会主义革命和建设阶段，毛泽东、刘少奇和张闻天等领导人，结合中国实际，曾大量论述利用资本主义问题，并运用于我国革命实践。

一、毛泽东的利用资本主义思想

作为中国共产党第一代领导集体核心的毛泽东，在领导我国革命过程中，从旧中国是一个半殖民地半封建的经济文化落后的农业国家这个最大最根本的实际出发，在我国革命各阶段曾经从理论上全面深刻地阐述过利用资本主义经济的问题，并成为党的路线方针政策的重要内容。在革命的不同时期，他论述的重点有所不同。

（一）在 30 年代，毛泽东认为，在革命根据地建设中，要保护私人经济。1934 年 1 月，担任中华苏维埃政府主席的毛泽东，在第二次全国苏维埃代表大会上，代表中央执行委员会和人民委员会向大会作报告。他在阐述根据地经济建设的方针政策时说，根据地的国民经济，是由国营经济、合作社经济和私人经济这三方面组成的。“对于私人经济，只要不出于政府法律范围之外，不但不加阻止，而且加以提倡和奖励。”[①]在 1938 年 9 月至 11 月的扩大的六届六中全会上，毛泽东在《论新阶

① 《毛泽东选集》第 1 卷，人民出版社 1991 年版，第 133～134 页。

段》的政治报告中，提到要实行新的战时财政经济政策，其中一条就是“保护私人工商业的自由营业”[①]。

（二）从30年代末到1948年党的九月会议以前，毛泽东的主导思想是，在新民主主义社会，资本主义经济要有一个广大发展。他在《中国革命和中国共产党》一文中指出，在殖民地、半殖民地、半封建社会的中国存在三种资本形态，即外国帝国主义国家的资本，本国的买办资本和民族资本。在新民主主义革命胜利后，“资本主义经济在中国社会中会有一个相当程度的发展”，“这是经济落后的中国在民主革命胜利之后不可避免的结果”[②]。随后他在《新民主主义论》讲演中论述新民主主义经济时指出，革命胜利后建立的新民主主义共和国“并不禁止‘不能操纵国民生计’的资本主义生产的发展，这是因为中国经济还十分落后的缘故”[③]。更为重要的是，他在党的七大上作的书面政治报告《论联合政府》以及口头政治报告和结论中，详细阐述了党的关于利用资本主义的思想。他指出，《论联合政府》与《新民主主义论》不同之处在于，“确定了需要资本主义的广大发展”[④]。他说：只有经过民主主义，才能到达社会主义，这是马克思主义的天经地义。中国不是多了一个本国的资本主义，而是相反，我们的资本主义是太少了。在中国新民主主义国家制度下，除国营经济、合作社经济和个体经济以外，“一定要让私人资本主义经济在不能操纵国民生计的范围内获得发展的便利，才能有益于社会的向前发展。”[⑤]他还指出，我们这样肯定要广泛地发展资本主义，是只有好处，没有坏处的。到1947年12月，毛泽东在《目前形势和我们的任务》报告中仍然认为，资本主义经济，“即使革命在全国胜利以后，在一个长时期内，还是必须允许它们存在；并且按照国民经济的分工，还需要它们中一切有益于国民经济的部分有一个发展；它们在整个国民经济中，还是不可缺少的一部分”[⑥]。

（三）从1948年党的九月会议到1953年过渡时期总路线提出以前，毛泽东强

---

① 《中共中央文件选集》第11册，中共中央党校出版社1991年版，第615页。

② 《毛泽东选集》第2卷，人民出版社1991年版，第650页。

③ 同上书，第678页。

④ 《毛泽东文集》第3卷，人民出版社1996年版，第275页。

⑤ 《毛泽东选集》第3卷，人民出版社1991年版，第1060～1061页。

⑥ 《毛泽东选集》第4卷，人民出版社1991年版，第1254～1255页。

调的是，对资本主义经济既要利用，同时也要限制。在1948年九月会议即中共中央政治局会议上，毛泽东作了报告和结论，重申党的六大、七大关于发展资本主义的精神。但是毛泽东在会议结论中郑重指出："现在点明一句话，资产阶级民主革命完成之后，中国内部的主要矛盾就是无产阶级和资产阶级之间的矛盾"[①]。这句话对理解毛泽东后来在对待资本主义问题上的认识和政策上的变化至关重要。不久，毛泽东在1949年3月召开的党的七届二中全会上，对资本主义经济明确地提出了"利用"和"限制"的意见。他说，要没收帝国主义者和中国官僚资产阶级的资本归无产阶级领导的人民共和国所有，使人民共和国掌握国家的经济命脉，使国营经济成为整个国民经济的领导成分。对于占第二位的私人民族资本，在革命胜利以后一个相当长的时期内，还需要尽可能地利用它的积极性，以利于国民经济的向前发展。同时他又强调，决不能让它不受限制，任其自由泛滥，要对它"采取恰如其分的有伸缩性的限制政策"，将在活动范围、税收政策、市场价格和劳动条件这四个方面予以限制。还说，如果认为我们现在不要限制资本主义，这是完全错误的，这就是右倾机会主义观点[②]。可见，毛泽东在党的七届二中会上的报告，是他对待资本主义问题的一个转折，由强调"发展"转向"利用"和"限制"。

（四）从1953年提出党的过渡时期总路线到1956年基本上完成"三大改造"，毛泽东对待资本主义经济由利用、限制转向实行改造即消灭的方针。1953年6月，毛泽东在中共中央政治局会议上第一次正式提出以"一化三改"为内容的党在过渡时期的总路线和总任务，就是"要在10年到15年或者更多一些时间内，基本上完成国家工业化和对农业、手工业、资本主义工商业的社会主义改造"[③]。其实质是毛泽东也同意的观点，即"使生产资料的社会主义所有制成为我国国家和社会的唯一的经济基础"[④]。怎样对资本主义工商业进行社会主义改造？毛泽东说："国家资本主义是改造资本主义工商业和逐步完成社会主义过渡的必经之路。[⑤]"这时他对"改造"的解释是："现在所说的改造，还不是取消资本家私人所有制，使

① 《毛泽东文集》第5卷，人民出版社1996年版，第139～141、145页。

② 《毛泽东选集》第4卷，第1431～1432页。

③ 毛泽东：《批判离开总路线的右倾观点》，1953年6月15日。

④ 《毛泽东文集》第6卷，人民出版社1996年版，第316页。

⑤ 同上书，第291页。

之变为社会主义企业的最后改造步骤，而是指在承认资本家的受限制的不完全的私人所有制条件下，使资本主义企业逐步变为国家资本主义企业”[①]。毛泽东后来的论述和实践表明，他所说的对资本主义工商业的社会主义改造，其实质就是消灭资本主义，使之在中国绝种。变化是从1955年批判农业合作化运动中的“右倾”错误开始的。他在1955年10月召开的党的七届扩大的六中全会所作结论中说得很明白：搞农业合作化“就会使资产阶级最后地孤立站起来，便于最后地消灭资本主义”。“使资产阶级、资本主义在六亿人口的中国绝种，这是一个很好的事，很有意义的好事。我们的目的就是要使资本主义绝种”[②]。

（五）1956年底，毛泽东提出“可以消灭了资本主义，又搞资本主义”的思想。这是他在1956年底同民建和工商联负责人的谈话中提出来的。他根据当时上海国营、公私合营企业不能满足社会需要而存在地下工厂的情况，认为中国还可以实行一段“新经济政策”。只要社会有需要，私人可以开厂，甚至开大厂，订个协议，十年、二十年不没收；华侨投资的，二十年、一百年不要没收；可以开投资公司，还本付息，可以搞国营，也可以搞私营[③]。可是，他的这些正确想法，在后来的实践中并没有认真贯彻执行。

二、刘少奇的利用资本主义思想

刘少奇作为我们党的第一代领导集体的重要成员和党的七大以后的第二把手，在利用资本主义问题上，他坚持并阐发了毛泽东在党的七大和七届二中全会报告中关于这个问题的基本思想。在我党历史上，刘少奇是把我们党的利用资本主义思想发挥得淋漓尽致的第一个人。刘少奇的利用资本主义思想，集中地反映在解放战争后期和新中国成立头三年的这一段时期的讲话、报告、谈话中。其中特别重要的有：1948年9月在中共中央政治局会议上关于新中国经济建设问题的讲话，1949年4月至5月的“天津讲话”，1951年7月《春耦斋讲话》等。综合这个阶

---

① 《毛泽东文集》第6卷，人民出版社1996年版，第286页。

② 毛泽东：《农业合作化的一场辩论和当前的阶级斗争》，1955年10月11日。

③ 参见《毛泽东文集》第7卷，人民出版社1996年版，第170页。

段刘少奇的利用资本主义的重要观点有：

（一）在新民主主义阶段，资本主义经济及其剥削具有进步性。刘少奇说，我们的基本目标和主要目的就是发展生产，而不管是哪种经济生产的，并不反对哪种生产发展得多。“在中国目前的条件下，私人资本主义经济的若干发展是进步的，对于国民经济是有利的，对于中国是有利的，对于工人也是有利的。”“政府要发展国营生产，也要发展私营生产，这就是公私兼顾。”至于剥削问题，他认为这不是几个资本家可以负责的，是历史发展的必然，是整个社会制度问题。“在一定历史条件下的剥削是有进步性的。”他根据当时天津的实际情况说，国家还暂时没有钱开办很多工厂，而资本家在生产上经济上比我们有办法，我们应该跟他们合作，一个资本家开一个工厂剥削一千多工人，如果他多办几个工厂，剥削两千、两万工人就更好，可以增加工人就业，为社会增加产品。因此，当前中国还不能完全废除资本主义剥削，“中国工人阶级还要忍受一个时期的剥削痛苦”①。

（二）无产阶级可以利用国家资本主义形式使它为国家服务。在 1948 年党的九月会议上，刘少奇提出新民主主义经济整体中应该包括国家资本主义经济。他是最早在中央政治局会议上提出这个观点的。刘少奇认为国家资本主义是“无产阶级领导的国家，在适当条件下监督资本家，使资本家为国家服务的一种制度”。他认为在中国特殊情况下，可以“更多地，更长期地采用国家资本主义的办法”，既可以同中国私人资本合作，也可以同外国资本合作②。

（三）新民主主义阶段不要求侵犯私人资本主义的财产即私有制，刘少奇严格区别了社会主义阶段和新民主主义阶段党对资本主义的不同政策。他说，在新民主主义阶段，“我们的理想是为扩大社会主义因素而斗争，但不要求侵犯私人资本主义的财产”。刘少奇认为，在新民主主义阶段，“对私有制逐步动摇是错误的”，主张目前先不动它，让它发展，以便将来实行国有化的那一天拿过来③。

（四）经过长期经济建设、逐步准备条件之后，采取和平方式，实行工业国有化，以破坏资本主义私有制。刘少奇指出，对资本主义私有制采取社会主义步骤是

① 《刘少奇论新中国经济建设》，中央文献出版社 1993 年版，第 90～92、97～98、107 页。

② 同上书，第 52、97、53、146 页。

③ 同上书，第 209、211 页。

需要一定条件的,而这些条件只能逐步准备。首要的条件是大力发展社会生产,要花十几年甚至更长时期进行有计划的经济建设,使工业、农业生产有大的发展。经过若干年经济建设,从生产力方面看,近代工业比重会逐渐增大,农业和手工业比重会缩小;从生产关系方面看,社会主义、半社会主义性质的经济的比重和作用会逐渐增大,私人资本主义经济和个体经济的比重和作用在缩小。刘少奇认为在具备以上条件时,就可以采取社会主义步骤:第一步是实行工业国有化,然后经过一个时期的建设,再走第二步,实行农业集体化。在刘少奇看来,在条件准备好之后,工业国有化是一天早晨的事,全国人民代表大会一通过,第二天就执行。他认为中国实行工业国有化的方式是“和平方式”,即国家拿出一部分代价来收买资本家的工厂,对资本家本人加薪,让他们照样当经理,有些人还可以到政府、政协任职。这也就是“赎买的方式”[①]。

(五)在中国,要把资本家的私有财产收归国有需要有一个相当长的时期。在1948年九月会议上,刘少奇只笼统地说对资产阶级“过早地采取社会主义政策是要不得的”[②]。在刘少奇看来,新民主主义阶段,是过渡阶段,也是进入社会主义的准备阶段。1948年12月,他在一次报告中提出,中国的过渡时期需要一个相当长的时期,可能是10年到15年,因此资本主义经济在15年内将会发展。1949年5月,他在出席天津市职工代表大会时的讲话中把时间放长了,说:“在新民主主义的经济条件下,在劳资两利的条件下,还让资本家存在和发展几十年。”[③]随后他在天津工商业家座谈会上的讲话、各民主党派人士及北平各级党政机关负责人会议上的报告中也说,搞社会主义,解决私人资本的问题那是“几十年以后的事情”[④]。

三、张闻天的利用资本主义思想

张闻天是我国杰出的马克思主义理论家,是中国共产党在一个较长时期的重

① 《刘少奇论新中国经济建设》,中央文献出版社1993年版,第197～222页。

② 同上书,第7页。

③ 《刘少奇年谱》下卷,中央文献出版社1996年版,第201页。

④ 《刘少奇论新中国经济建设》,第104、140页。

要领导人。他在长期的革命实践和理论研究中,总是根据我国社会生产力十分低下这一基本国情,在深入调查研究掌握第一手材料的基础上,论述了我国革命和建设各个时期必须利用资本主义的问题,发表了许多重要独创见解。

(一)新中国成立前民主革命阶段的三四十年代,张闻天主张利用资本主义来发展革命根据地经济和新民主主义经济。

1. 在20世纪30年代土地革命战争时期,张闻天认为应该利用资本主义来发展中央苏区经济。1933年1月,张闻天进入江西中央革命根据地,任新成立的"中共中央局"常委兼宣传部长,分管政府工作。1933年4月,他写了两篇文章《五一节与〈劳动法〉执行的检阅》和《论苏维埃经济发展前途》[①],列举了发展苏区经济的措施和办法,其中一条就是利用资本主义。他说:"要发展苏维埃的经济,在目前不尽量利用私人资本是不可能的。""这种资本主义的发展,目前不但对于苏维埃政权不是可怕的,而且对于苏维埃政权是有利的。"张闻天认为,资本主义在苏维埃政权下的发展是不可避免的。

2. 40年代初抗日战争时期,张闻天认为抗日根据地应当允许农村资本主义发展,促进农村生产力提高。1942年1月至1943年3月,张闻天率"延安农村工作调查团"赴陕北、晋西北农村进行社会调查。1942年10月,张闻天根据晋西北农村实际情况,写了《发展新式资本主义》[②]一文,从理论和实际的结合上阐述了党中央政策精神,阐述了中国要发展资本主义的思想。文章主旨是说,落后的中国农村,必须发展新式资本主义,才能促进农村进步和生产力提高,并为将来的社会主义奠定基础。但其论述大大超过发展农村资本主义的范围,实际上是泛论中国应当在新民主主义政权下发展资本主义了。张闻天对什么是新式资本主义作了说明:与欧美国家的资本主义不同,它受到以下两个条件决定和制约:第一,我们有革命政权和革命政策,调节社会各阶级的关系;第二,凡可以操纵国民生计的工商业,均掌握在国家手中。可见,新式资本主义实际上是在新民主主义政权和国家掌握国民经济命脉条件下的资本主义,是受到制约和限制的资本主义。这是新式资本主义的内涵,也是它的特点。

① 《张闻天文集》第1卷,中共党史出版社1990年版,第335~350页。以下引自本文者不再注明出处。
② 《张闻天文集》第3卷,中共党史出版社1994年版,第184~187页。以下引自本文者不再注明出处。

3. 40年代末全国解放战争后期，张闻天全面分析了东北的经济构成，认为应当利用国家资本主义和私人资本主义来发展我国新民主主义经济。1945年11月，张闻天来到东北工作后，论述利用资本主义的思想，主要体现在1948年9月15日为中共中央东北局起草并上报中央的文件《关于东北经济构成及经济建设基本方针的提纲》(以下简称《提纲》)[①]中；此外在这前后的讲话和起草的文件中也包含有他的利用资本主义的思想。在这个时期，张闻天提出的重要观点有：第一，以国营经济为主体，包括国家资本主义和私人资本主义的多种经济成分都应该加以发展。《提纲》认为，我们的经济政策必须实行一条明确的阶级路线，即以国营经济为主体，紧紧依靠合作社经济，改造小商品经济，利用私人资本主义经济，尤其是国家资本主义经济。第二，国家资本主义是"私人资本主义中最有利于新民主主义经济发展的形式"。《提纲》指出，国家资本主义经济形式在东北已经开始出现，而且以后还会发展。国家资本主义的特点是："国家为了经济上的需要，给私人资本家以进行生产或交换的一定的必要条件，而私人资本家利用这些条件从生产与交换的活动中挣得一定的利润，是国家根据同资本家依自愿两利的原则所订立的合同。对资本家的活动进行必要的管理与监督。"第三，"把必需要发展的私人资本，引导到有利于国计民生的方向"。《提纲》把私人资本主义经济作为东北经济构成的一个组成部分，主张利用它，鼓励它发展，使它成为国营经济的一个"帮手"。他说，由于当前国营经济力量有限，合作经济不发展，战争和人民的需要，贸易的发展，私人资本主义的发展是必然的与必要的。我们的方针就是把它引导到有利于国计民生的方向。第四，坚决贯彻公私兼顾、劳资两利的方针，给私人资本一定活动的地盘和照顾，纠正"左"的偏差，特别要克服党内"'左'比右好"的思想。

(二) 新中国成立后社会主义建设阶段的60年代初，张闻天主张利用市场机制来克服当时的经济困难和调节社会经济活动。

庐山会议后的张闻天，从1960年11月起到中国科学院哲学社会科学部经济研究所任特约研究员。那时，我国在"三大改造"基本完成和消灭了资本主义、小生产之后，又经历了"大跃进"和人民公社化运动，出现了严重的经济困难。从1959

① 《张闻天文集》第4卷，中共党史出版社1995年版，第17～28页。以下引自本文者不再注明出处。

年下半年到1960年11月，中共中央连续发布一系列指示后，在恢复农民自留地和家庭副业的同时，农村集市贸易也逐步恢复和发展起来。1962年4月至6月，张闻天到江苏、上海、浙江、湖南三省一市的20个县市的城镇进行调查研究后，针对当时集市贸易发展情况和存在问题，给中央报送了《关于集市贸易等问题的一些意见》(以下简称《意见》)。张闻天自己说他的意见同中央现行办法差距不大，实际上他的意见是在当时历史条件下对我国经济体制改革提出的一个大胆建议。这个建议的核心，就是要进一步开放市场，要"自觉地运用价值规律和供求规律的调节作用"，逐渐建立"有领导和有调节的市场价格"机制。

《意见》对当时集市贸易发展现状和存在问题的叙述，表明他对我国当时实行的经济调节机制是不满意的。张闻天提出一个基本看法：集市贸易市场有扩大成为地区性市场，并成为一个地区经济活动中心的趋势，它要求突破妨碍物资交流和商品流通的地区内和地区间各种人为限制和障碍。这是我国当前经济生活中必然要产生的一种客观趋势。

张闻天针对这种趋势提出以下具体建议：第一，扩大市场范围。有领导、有计划、有组织地使集镇贸易超出本地区范围，同其他有关地区发生物资交流关系，从而使集市贸易既成为本地区经济活动的中心，又成为全国市场的一个组成部分。参加集市贸易的人员，除直接生产者和直接消费者外，应该有国营商业、供销合作社、手工业合作社参加，还应该允许合作商店、夫妻店、个体手工业者和小商小贩参加买卖活动。张闻天的这个建议，实际上是一个有各种经济成分参加的跨地区的大市场。第二，增加上市交易商品的品种和数量。压缩农民义务交售农产品的数量和品种。农民在完成征购派购的交售任务后，有在集市上按照市场价格自由出卖包括一、二类物资在内的农副产品的权利。国家对城镇居民必要商品继续实行按低价定量供应的同时，所有商品(包括工业品)都可以一律按较高市场价格或特高价格在市场上出售。这样做既满足了城乡人民需要，又可以回笼货币。第三，改进市场管理。不要采取简单行政措施将市场管死，而要采取经济措施加以引导和利用。国营商业和合作社商业应积极活动，用"文明经商"的本领同私商竞赛(当时讳言竞争)。第四，由价值规律调节市场价格。要善于根据市场行情变化，掌握工农业产品价格的适当比例。国家的价格政策要尽量灵活主动，不要僵化被动。应该自觉运用价值规律和供求规律的调节作用,使市场交易做得愈活愈大。张闻天认为,只要按照这些意见去做,既可以克服当时管理太严、限制太死的僵化的市场和价格机制的弊端,又可以消除“自由市场”和“自由价格”的消极影响,逐渐向有领导和有调节的市场和价格机制过渡。显然,建立有领导、有调节的市场和价格机制,是张闻天追求的理想目标。

四、贡献、比较和现实意义

(一)毛泽东的利用资本主义的思想,是毛泽东思想中新民主主义经济理论的重要内容,在我国革命实践中起过重大作用,丰富和发展了马克思列宁主义关于利用资本主义的理论。从总体上说,毛泽东的利用资本主义思想对刘少奇和张闻天也有重大影响。

1. 毛泽东对待资本主义问题的认识,大大超越了党的六大决议,奠定了我们党利用资本主义的理论基础。毛泽东自己说,党的六大和七大都承认资本主义在民主革命胜利后要有一个发展,并认为抗战时期在对待资本主义经济问题上是完全实行六大决议案的①。1928年六大《政治决议案》对中国革命性质的分析,以及提出的十大政纲,从根本上说是正确的,但是,决议没有提官僚资产阶级,继续把民族资产阶级看作革命的敌人。十条政纲对于资本主义经济的政策并不十分明确②。毛泽东继承了党的六大决议中的正确意见,纠正了“左”倾机会主义的错误主张,提出了明确观点和基本原则,创立了比较完整的利用资本主义经济的理论。其要点有:第一,由于中国的半殖民地半封建的社会性质,经济文化十分落后,在新民主主义革命胜利后,在一个相当长的时期内,资本主义经济应该有一个较大发展,以利于提高社会生产力,有利于将来向社会主义过渡。第二,把旧中国的资本划分为三种形态,即外国帝国主义资本、中国官僚资本和中国民族资本;相应地要采取不同政策,革命胜利后,对前二者要予以没收,对民族资本则要保存、利用,鼓励其发展。第三,私人资本主义经济和国家资本主义经济是新民主主义经济形态

① 《毛泽东文集》第5卷,第140页。

② 《中共中央文件选集》第4册,中共中央党校出版社1989年版,第297~301、323页。

重要构成部分或两种主要经济成分，按照国民经济分工，它们在国营经济领导下，同其他经济成分一起，还要有一个发展。第四，将资本主义经济区分为有利于国民经济的和有害于国民经济的两种情况，对于前者应当容许其存在和发展。第五，对私人资本主义经济实行利用和限制的政策。第六，在从中华人民共和国成立到社会主义改造基本完成的过渡时期内，国家对资本主义工商业实行社会主义改造的方针，改造的主要途径和形式是国家资本主义。以上这几条是毛泽东根据马克思列宁主义普遍原理结合我国实际，在总结我们党在对待资本主义问题上经验教训的基础上提出来的，实践证明是正确的。

2. 新中国成立后毛泽东在对待中国私人资本主义问题上的失误，主要表现在对资本主义工商业社会主义改造的实践上急于求成。1953 年，毛泽东提出党在过渡时期的总路线，对资本主义工商业的社会主义改造是其一个重要内容。从马克思主义基本原理说，消灭私有制是共产主义革命的基本要求。但是在我国革命实践中，应该根据国情和生产力发展水平，具体规定长远目标和近期要求，创造各种具体形式，制定分阶段实施步骤。正因为理论和政策上不具体，以致在实践中，一是当时“对资改造”的目标定得太高，要求在十几年的过渡时期内，就要消灭资本主义私有制，使生产资料社会主义所有制成为我国社会的唯一经济基础；二是把完成上述任务的时间定得太短，先说从 1953 年算起用大约 15 年的时间，后来实际只用了4 年时间，到 1956 年就基本上完成了。1956 年底，资本主义经济在国民收入和工业总产值中的比重下降到接近于零。这就是说，资本主义经济已被消灭，真的在中国绝种了。

（二）刘少奇在全国解放战争时期遵照毛泽东的嘱咐，在研究我国新民主主义经济及其向社会主义过渡理论的过程中，阐发和补充了毛泽东的利用资本主义的思想，并在一些问题上提出了自己的独创见解。

1. 刘少奇对毛泽东的利用资本主义思想作了最出色的阐发。在利用资本主义问题上，毛泽东在一系列根本性问题上提出了原则性的、大纲式的意见，而刘少奇则结合实际对毛泽东的意见进行具体解释和发挥。刘少奇的“天津讲话”及其前后的报告、讲话，就是对毛泽东在党的七大和七届二中全会上所作报告中关于利用资本主义问题的深入浅出的传达和诠释。

2. 刘少奇在阐发毛泽东的利用资本主义思想的过程中，还吸收张闻天和其他人的有价值的观点，以及他自己的研究成果来补充毛泽东的这一思想。例如，毛泽东直到1947年12月在陕北米脂作《目前形势和我们的任务》报告时，对新中国经济构成的分析提到以下经济成分：国营经济，由个体逐步地向着集体方向发展的农业经济，独立小工商业者的经济和小的、中等的私人资本主义经济[①]。在1948年9月中共中央政治局会议上，刘少奇作了进一步分析，认为新民主主义经济应该包括自然经济、小生产经济、资本主义经济、半社会主义经济、国家资本主义经济以及国营的社会主义经济[②]。大致同时，张闻天关于东北经济构成的《提纲》报送到中央，刘少奇接受了修改任务。张闻天的《提纲》原稿认为东北经济基本上是由国营经济、合作社经济、国家资本主义经济、私人资本主义经济、小商品经济、秋林式的社会主义经济六种经济成分构成[③]。刘少奇修改时删去了秋林式的社会主义经济，将东北经济构成规范为主要由五种经济成分构成，使之也适合全国因而具有普遍意义。可见，正是由于有了张闻天、刘少奇的先行性研究，而后才有毛泽东在党的七届二中全会的报告中关于新民主主义经济构成的规范化的分析。

3. 刘少奇在利用资本主义经济问题上的一些独到见解，值得我们重视和深思。在新中国成立前直至新中国成立初，毛泽东和刘少奇在对待新民主主义社会以及向社会主义过渡问题上的认识是一致的，即民主革命在全国胜利后建立起新民主主义社会，在一个较长时期内，不要对资本主义全线进攻或采取社会主义政策[④]，等到以后条件基本成熟，再向社会主义转变。但是到1952年9月以后，毛泽东的想法改变了。这里的关键问题是，如何对待私人资本主义经济，怎样和何时对它采取社会主义步骤即进行社会主义改造。刘少奇原来的看法是，新民主主义社会将是一个相对稳定的发展阶段，提出“现在为巩固新民主主义制度而斗争”[⑤]的口号。在一个相当长的新民主主义阶段，以国营经济为主体的五种经济成分都要发展。在条件成熟后，通过立法，将资本家的私有财产逐步收归国有。毛泽东批判了

① 《毛泽东选集》第4卷，第1255～1256页。
② 《刘少奇论新中国经济建设》，第3页。
③ 《张天闻文集》第4卷，第17页。
④ 《刘少奇论新中国经济建设》，第7页。
⑤ 《刘少奇选集》下卷，人民出版社1985年版，第62页。

“确立新民主主义社会秩序”的观点，主张从现在起就要通过国家资本主义的各种形式，用 15 年或更多一点时间(实际上只用了 7 年)逐步完成对资本主义工商业的社会主义改造。现在回过头来看，且不评说刘少奇提出来的在若干年以后通过立法，在一个早晨就实现资本主义私有制改造的办法是否切实可行，但是他主张在全国革命胜利后有一个较长时期的、相对稳定的新民主主义阶段，使以国营经济为主体的、包括私人资本主义和国家资本主义的五种经济成分长期共同发展的思路是可贵的。

（三）张闻天的利用资本主义思想是一贯的系统的，在很多方面发展并丰富了马克思列宁主义、毛泽东思想关于利用资本主义的思想，是他留给我们的一笔极为宝贵的理论财富。

1. 张闻天在党内很早就论述了利用资本主义经济的思想，40 年代以后则在毛泽东的新民主主义经济理论的框架内创造性地发挥了这一思想。早在 1933 年，当党的六大决议继续视民族资产阶级为敌人、党内“左”倾机会主义泛滥并主张没收民族资本主义工商业的时候，张闻天就提出并较详细地阐述了利用私人资本主义来发展苏区经济的问题。他是我党历史上最早提出并阐述“利用私人资本主义”这一重要思想的最高层领导人之一，这一基本观点的提出在中国共产党内具有突破性意义。在抗日战争时期，毛泽东在 1940 年前后论述了中国资本主义也要有一定发展和提出新民主主义经济概念之后，张闻天接受了毛泽东的这些观点，此后就在新民主主义经济理论框架内进一步研究利用资本主义经济的问题。他在 1942 年写的《发展新式资本主义》一文，试图把他的新式资本主义同毛泽东的新民主主义经济统一起来。到全国解放战争时期，张闻天运用毛泽东的新民主主义理论具体分析了东北的经济构成，主张利用国家资本主义和私人资本主义来发展新民主主义经济。他的这些分析得到党中央的重视，并被毛泽东在七届二中全会上的报告所吸收。

2. 张闻天关于利用国家资本主义经济来发展新民主主义经济的思想，在我们党内具有首创意义，并被毛泽东、刘少奇所接受。张闻天是我们党内高层领导人中最早提出国家资本主义这个范畴的。张闻天早在 1933 年 4 月写的文章中，就首次提到国家资本主义概念；1948 年 7 月至 9 月又将国家资本主义经济作为新民主主义经济构成的一种形式提了出来，并要求人们承认“国家资本主义”范畴[①]。刘少奇

---

① 《张闻天东北文选》，黑龙江人民出版社 1990 年版，第 185 页。

是在1948年九月会议上的讲话中分析新民主主义经济时，接受陈伯达的建议首次提到了国家资本主义经济，但未作分析。毛泽东最早是在1949年3月党的七届二中全会上的报告中第一次将国家资本主义经济纳入新民主主义经济构成之中，但也未作分析。张闻天在1948年的《提纲》中，首次对国家资本主义经济这种形式的含义、性质、地位和作用进行了全面分析。他的这些分析被毛泽东、刘少奇所接受和借鉴。

3. 张闻天的利用市场机制调节社会主义经济的见解，把利用资本主义的思想提高到一个新层次、新高度。到60年代初，张闻天对利用资本主义这一问题的研究和运用转向资本主义制度所创造的另一个积极成果——市场调节机制上来。问题很清楚，发达的商品生产和商品流通，完善的市场体系，全社会范围的以价值规律为主导的市场调节机制，是资本主义创造的一个极为重要的积极成果。张闻天的《关于集市贸易等问题的意见》，其内容和要求远远超过和大大突破对集市贸易的意见，实际上是针对当时高度集中的僵化的计划经济体制（具体说就是统一的计划市场和计划价格）的弊端，提出进一步开放市场和价格，对我国经济体制进行市场化改革的一个极具创见的建议。前面已经提到，张闻天《意见》的核心思想是，要求我国社会主义经济要自觉地运用价值规律和供求规律的调节作用，要逐步建立起有领导有调节的市场和价格机制。它的总体思路和基本方向同我国当前正在建立的社会主义市场经济体制的基本要求即在国家宏观调控下发挥市场机制的基础性的调节作用应该说是一致的。当然，用我们今天的认识来审视张闻天的建议，他的看法可能不够深刻，意见可能还不很彻底，或者说还没有完全跳出当时计划经济的框架。但是在当时历史条件下，他能够提出这个建议，表明他对我国经济生活的深刻洞察力，极具前瞻性的真知灼见，在我们党内实不多见。张闻天是我国社会主义市场经济体制的先行探索者。

毛泽东、刘少奇、张闻天共同继承马克思主义关于落后国家在走向社会主义道路时要利用资本主义创造的积极成果的原理，结合中国社会和革命的实际，运用并发展了这一原理，同时在运用这一原理于实践时也留下了丰富的经验教训，所有这些都是老一辈无产阶级革命家留给后人的宝贵理论财富。

原载《中共党史研究》2001年第1期

刘少奇关于利用资本主义的思想及其贡献

一

刘少奇关于利用资本主义的思想，集中地反映在解放战争后期和新中国成立头三年的这一段时期的讲话、报告和笔记中，其中特别重要的有：

1948年9月在中共中央政治局会议上关于新中国经济建设问题的讲话。毛泽东曾称赞这篇讲话关于新民主主义和社会主义问题以及两个阶段的过渡问题分析得具体、很好，并嘱托他继续考虑新民主主义社会的经济成分，并草拟文件，以便在即将召开的党的七届二中全会中使用。

1949年4—5月的“天津讲话”。刘少奇受中共中央委托到天津视察和指导工作，深入机关、工厂、学校调查研究，同干部、工人、工商企业家座谈，针对天津城市接管后出现和存在的私人工厂开工不足、生产下降、工人生活困难，国营企业和私人企业、工人和资本家关系比较紧张，以及干部、工人和工商企业家的各种思想等问题，作了一系列报告。

1951年7月《春耦斋讲话》。这是刘少奇对马列学院第一班学员所作题为《中国共产党今后的历史任务》的报告，它阐述了中国如何由新民主主义社会过渡到社会主义社会的设想。

综合这个阶段刘少奇关于利用资本主义的重要观点有：

第一，在新民主主义阶段，资本主义经济及其剥削具有进步性。刘少奇说，我们的基本目标和主要目的就是发展生产，“在中国目前的条件下，私人资本主义经济的若干发展是进步的，对于国民经济是有利的，对于中国是有利的，对于工人也是有利的。”“在一定历史条件下的剥削是有进步性的。”他根据当时天津的实际情况说，国家还暂时没有钱开办很多工厂，而资本家在生产上经济上比我们有办法，我们应该跟他们合作。一个资本家开一个工厂剥削一千多工人，如果他多办几个工厂，剥削两千、两万工人就更好，可以增加工人就业，为社会增加产品。因此，当前中国还不能完全废除资本主义剥削，“中国工人阶级还要忍受一个时期的剥削痛苦。”为了强调这个观点，他也讲了一些过头话，如说：“今天在我国资本主义的剥削不但没有罪恶，而且有功劳”，“愈多愈好”等。

第二，无产阶级可以利用国家资本主义形式为国家服务。在1948年党的九月会议上，刘少奇提出新民主主义经济整体中应包括国家资本主义经济。他是最早在中央政治局会议上提出这个观点的。刘少奇认为国家资本主义是“无产阶级领导的国家，在适当条件下监督资本家，使资本家为国家服务的一种制度。”“所谓国家资本主义，这就是私人和公家的长期合作”。他认为中国革命与俄国不同，我们至今没有反对资产阶级，过去和今后都在一定程度上联合了他们，只要我们的条件适当，中国资产阶级可能接受我们的监督。因此，在中国特殊情况下，国家资本主义的经济形式有可能在颇大的范围内采用。

第三，新民主主义阶段不要求侵犯私人资本主义的财产即私有制。刘少奇严格区别了社会主义阶段和新民主主义阶段党对资本主义的不同政策。他说“社会主义的特点是破坏私有制，国有化就是破坏私有制。”实行工业国有化，是严重的社会主义步骤，其性质是破坏资本主义私有制。在新民主主义阶段，“我们的理想是为扩大社会主义因素而斗争，但不要求侵犯私人资本主义的财产。”因此，刘少奇认为，在新民主主义阶段，“对私有制逐步动摇是错误的”，主张目前先不动它，让它发展，以便将来实行国有化的那一天拿过来。在农村，刘少奇在1950年就主张在新区土地改革中要保存富农经济。他说，“我们所采取的保存富农经济的政策，当然不是一种暂时的政策，而是一种长期的政策。这就是说，在整个新民主主义的阶段中，都是要保存富农经济的。”只有到相当长远的将来，到农村可以大量采用机器耕种，组织集体农场，实行社会主义改造之时，富农经济的存在才成为不必要。

第四，经过长期经济建设、逐步准备条件之后，采取和平方式，实行工业国有化，以破坏资本主义私有制。刘少奇指出，实行工业国有化的性质是破坏资本主义私有制。但是，对资本主义私有制采取社会主义步骤是需要一定条件的，而这些条件只能逐步准备。首要的条件是大力发展社会生产，要花十几年甚至更长时期进行有计划的经济建设，使工业、农业生产有大的发展。其他条件是：国家经济的领导作用加强，成为国民经济的绝对领导力量；经济管理干部和技术干部数量增多；工人和农民的政治经济联盟更加巩固；人民代表会议加强，人民民主政权更加巩固。按照刘少奇的分析，在这期间，五种经济成分都将得到发展，但它们在国民经济中的比重和作用会发生如下变化：国营经济发展很快，比重会增大，领导和控制作用会越来越大；合作社经济迅速发展，比重和作用也要增大；国家资本主义经济要增加；私人资本主义经济的企业数和产值的绝对数会增大，但比重会降低，作用会缩小；个体经济也会发展，生产的绝对数会比现在多，但比重会降低。总之，经过若干年经济建设，从生产力方面看，近代工业比重会逐渐增大，农业和手工业比重会缩小；从生产关系方面看，社会主义，半社会主义性质的经济比重和作用会逐渐增大，私人资本主义经济和个体经济的比重和作用在缩小；以上变化也定会引起一切上层建筑的变化。

刘少奇认为在具备以上条件时，就可以采取社会主义步骤：第一步是实行工业国有化，然后经过一个时期的建设，再走第二步，实行农业集体化。所谓工业国有化，就是将私人工业收归国有。在刘少奇看来，在条件准备好之后，工业国有化是一天早晨的事，全国人民代表大会一通过，第二天就执行。他设想，首先将 30 人以上的工厂收归国有，小工厂的国有化放到以后再说。他认为中国实行工业国有化的方式是“和平方式”，即国家拿出一部分代价来收买资本家的工厂，对资本家本人加薪，照样当经理，有些人还可以到政府、政协任职。这也就是“赎买的方式”。

第五，在中国，要把资本家的私有财产收归国有需要有一个相当长的时期。在 1948 年九月会议上，刘少奇只笼统地说对资产阶级“过早地采取社会主义政策是要不得的”。在刘少奇看来，新民主主义阶段是过渡阶段，也是进入社会主义的准备阶段。1948 年 12 月，他在一次报告中提出，中国的过渡时期需要一个相当长的时期，可能是 10 年到 15 年，因此资本主义经济在 15 年内将会发展。1949 年 5 月，他在出席天津市职工代表大会时的讲话中把时间放长了，说：“在新民主主义的经济条件下，在劳资两利的条件下，还让资本家存在和发展几十年。”

第六，在利用资本主义问题上，要防止右和“左”两种倾向。他指出，在中国今后经济建设问题上必须反对两种错误倾向：一是资本主义倾向，就是把发展普通资本主义经济当作今后经济发展方针，把一切希望寄托于私人资本主义经济的发展，向资本家作无原则的让步，这是放弃无产阶级领导地位的资产阶级路线；另一是冒险主义的倾向，就是在经济计划和措施上超出可能性，过早地、过多地、没有准备地采取社会主义步骤去消灭资本主义。在其他场合，刘少奇把前者叫做对新民主主义阶段无产阶级和资产阶级的矛盾和斗争估计不足的右倾机会主义倾向，后者叫做过早消灭资本主义的“左”倾冒险主义错误。

二

刘少奇在党的七大以后是毛泽东的重要助手。在全国解放战争时期，当毛泽东指挥中国人民解放军同国民党军队进行战略决战的时候，刘少奇遵照毛泽东的嘱咐，在研究我国新民主主义经济及其向社会主义过渡理论的过程中，阐发和补充了毛泽东的利用资本主义的思想，并在一些问题上提出了自己的独创见解。

1. 刘少奇对毛泽东的利用资本主义思想作了最出色的阐发和诠释。

只要比较毛泽东和刘少奇的著作就会发现，在利用资本主义问题上，毛泽东在一系列根本性问题上提出了原则性的、大纲式的意见，而刘少奇则结合实际对毛泽东的意见进行具体解释和发挥。刘少奇的“天津讲话”及其前后的报告、讲话，就是对毛泽东在党的七大和七届二中全会上所作报告中关于利用资本主义问题的深入浅出的传达和诠释。例如，毛泽东讲民主革命胜利后的一个相当长的时期内，中国资本主义要有一个较大发展，这样做有利于提高我国生产力，有利于将来向社会主义过渡。刘少奇则根据马克思主义五种社会经济形态学说，具体分析了资本主义生产方式的历史地位，指出它比封建制度具有进步性和积极作用，并用一些通俗例子对我们党当前还允许资本主义剥削的政策做了辩证分析。他说，当前这种剥削对工人来说是一种痛苦，但它的存在又有必然性，现在还有进步作用，所以工人阶级目前还要忍受这种剥削。又例如，毛泽东提出了发展生产、繁荣经济、公私兼顾、劳资两利方针和“四面八方”思想。刘少奇则结合当时天津的实际情况和存在问题，生动地阐述了毛泽东这一方针、这一思想的正确性，对天津以及其他城市的城市接管工作起了很好的作用。

2. 刘少奇在阐发毛泽东的利用资本主义思想的过程中，还吸收张闻天和其他人的有价值观点，以及他自己的研究成果来补充毛泽东的这一思想。

例如，毛泽东直到1947年12月在陕北米脂做《目前形势和我们的任务》报告时，对新中国经济构成的分析只提到以下三种经济成分：国营经济；由个体逐步地向着集体方向发展的农业经济；独立小工商业者的经济和小的、中等的私人资本主义经济。在这时，毛泽东将独立的小工商业者经济同中小私人资本主义经济并列在一起，而且没有提到国家资本主义经济。在1948年9月中共中央政治局会议上，刘少奇作了进一步分析，认为新民主主义经济应该包括自然经济、小生产经济、资本主义经济、半社会主义经济、国家资本主义经济以及国营社会主义经济。大致同时，张闻天关于东北经济构成的《提纲》报送到中央，受到毛泽东、刘少奇的重视，刘少奇接受了修改《提纲》的任务。张闻天的《提纲》原稿认为东北经济基本上是由国营经济、合作社经济、国家资本主义经济、私人资本主义经济、小商品经济、秋林式的社会主义经济六种经济成分构成。刘少奇修改时删去了秋林式的社会主义经济，将东北经济构成规范为主要由五种经济成分构成，使之不仅适合于东北，而且也适合全国因而具有普遍意义。可见，正是由于有了张闻天、刘少奇的先行性研究，而后才有毛泽东在党的七届二中全会报告中关于新民主主义经济构成的规范化的分析。从此，毛泽东的著作和党的文献中，正式把国家资本主义经济和私人资本主义经济作为科学范畴纳入新民主主义经济体系之中。所以，在新民主主义经济构成的规范化分析上，刘少奇功不可没。

3. 刘少奇在利用资本主义经济问题上的一些独到见解，值得我们重视和深思。

如果比较毛泽东和刘少奇在对待新民主主义社会以及向社会主义过渡问题上的论述，就会发现在新中国成立前直至新中国成立初，他们的认识是一致的，即民主革命在全国胜利后建立起新民主主义社会，在一个较长时期内，不要对资本主义全线进攻或采取社会主义政策，等到以后条件基本成熟，再向社会主义转变。但是到1952年9月以后，毛泽东的想法改变了，也就是说，在如何认识这个新民主主义社会，怎样和何时向社会主义过渡这些重大问题上，毛泽东和刘少奇的看法就不完全一样了。这里的关键问题是，如何对待私人资本主义经济，怎样和何时对它采取社会主义步骤即进行社会主义改造。刘少奇原来的看法是，新民主主义社会将是一个相对稳定的发展阶段，提出“现在为巩固新民主主义制度而斗争”的口号。在一个相当长的新民主主义阶段，五种经济成分都要发展；一方面要大力发展国营经济、合作社经济和国家资本主义经济，它们的发展速度很快，规模扩大，在国民经济中的比重增大；另一方面允许私人资本主义经济和个体经济存在和发展，它们的绝对数会增加，但比重会降低。在这个阶段，经过长时期国家工业化建设，做好充分准备之后，在条件成熟后，通过立法，对资本主义采取社会主义步骤，将资本家的私有财产逐步收归国有。刘少奇的这种思路，被称为突变方式。毛泽东的想法改变了，批判了“确立新民主主义社会秩序”的右倾观点，主张从现在起就要通过国家资本主义的各种形式，用 15 年或更多一点的时间逐步完成对资本主义工商业的社会主义改造。毛泽东的这种“逐步过渡到社会主义”的思想，可以理解为渐变方式。现在回过头看，且不评说刘少奇提出的在若干年以后通过立法，在一个早晨就实现资本主义私有制改造的办法是否切实可行，但是他主张在全国革命胜利后有一个较长时期的、相对稳定的新民主主义阶段，使以国营经济为主体的五种经济成分长期共同发展的思路是可贵的，至今仍有重大现实意义。

原载《经济界》2001 年第 2 期

马克思主义社会经济调节理论的形成和邓小平的新贡献

社会经济调节理论是对马克思主义经济理论体系中一个重要理论问题的概括，是指社会化大生产条件下，社会运用什么方式或采取什么手段以调节社会经济正常运行的理论，简言之就是社会调节经济运行的理论。社会化大生产是从资本主义开始的，并且一直在继续和发展。马克思主义经典作家从理论上总结近现代社会化大生产发展的历史实践，指出社会调节经济的方式，或者是自发的方式，即让客观经济规律自发调节社会经济的运行；或者是自觉的方式，即人们在遵守经济规律的前提下自觉利用它来调节社会经济的运行。用现在人们熟知的语言来说，自发调节就是由市场机制调节社会经济的运行，即由市场上的价值规律、竞争机制、供求关系变动来自发地调节社会经济资源的配置；自觉调节就是由社会从宏观上调控社会经济的运行，即社会或国家运用计划手段、财政货币政策以及其他政策手段来自觉地调节社会经济资源的配置。

社会经济调节理论是马克思主义经济理论的基本问题之一和重要组成部分。但是很久以来，人们并没有把它作为一个专门的理论来加以研究和进行概括。其实，从马克思开始一直到邓小平都对这一理论作了大量论述并做出重大贡献。就是社会经济调节理论这一名称本身，也是根据马克思的有关论述加以概括的。例如，马克思在 1868 年就指出，任何一个社会总要以某种方式来调节生产，从而提出社会调节生产的方式问题，并对此作了深入系统的研究。至于党的十一届三中全会以来，计划和市场、计划调节和市场调节、宏观调控和市场机制则是邓小平、陈云等老一辈无产阶级革命家和党的文献中经常使用的概念。所谓计划手段和市场手段、计划调节和市场调节、宏观调控和市场机制等等，它们都是社会调节经济的方式问题，研究这些问题的理论也就是社会经济调节理论。

本文打算从经济理论史的角度探索马克思主义社会经济调节理论的内容及其形成和发展的过程。邓小平对这一理论的重大贡献拟专文论述，本文只在结语中简要地列出要点。

马克思主义社会经济调节理论的创立
——马克思、恩格斯的社会经济调节思想

马克思发现社会总劳动分配规律及其在不同社会中的调节方式。认为私有制社会由竞争机制和价值规律调节；公有制社会由人们直接自觉控制和预定计划调节。

马克思是马克思主义社会经济调节理论的奠基人，对这一理论提出了系统观点。

第一，按比例分配社会总劳动是适用于一切社会形态的共有规律，但它在不同的社会形态里的实现形式是不同的。

在1857—1858年经济学手稿中，马克思从第二种社会必要劳动时间的角度第一次提出了社会总劳动时间的分配问题。他认为，社会为生产某种产品总量所花费的劳动时间，同社会拥有的全部劳动时间即社会总劳动时间之间在客观上应该符合一定的比例，但实际上仍然可能低于或高于这个比例。所以，“从这个观点来看，必要劳动时间就有了另外的意义”[①]。写于1864—1865年间的《资本论》第3卷“主要的手稿”中，马克思从社会分工、社会需要和价值规律的角度，在更高的理论层次上进一步阐发了社会总劳动时间在不同生产领域的分配问题，指出了价值规律在实现这种分配中的作用。他认为，由于人类社会的需要是多方面的，存在着社会分工，因而社会必要劳动应该理解为：“这是生产特殊物品，满足社会对特殊物品的一种特殊需要所必要的劳动”。为了满足社会需要，只有符合这种需要所花费的劳动时间才是必要的。“在这里界限是通过使用价值表现出来的。社会在一定生产条件下，只能把它的总劳动时间中这样多的劳动时间用在这样一种产品上。”

---

① 《马克思恩格斯全集》，第26卷Ⅰ，第234～235页。

“因此，不仅在每个商品上只使用必要的劳动时间，而且在社会总劳动时间中，也只把必要的比例量使用在不同类的商品上。”[①]1867 年 1 月，马克思在给库格曼的信中，把上述思想归结为一条客观规律。他说，人们要想得到与各种不同需要相适应的产品量，就要付出各种不同的和一定量的社会总劳动量。“这种按一定比例分配社会劳动的必要性，决不可能被社会生产的一定社会形式所取消，而可能改变的只是它的表现形式。”他还强调指出：“自然规律是根本不能取消的，在不同的历史条件下能够发生变化的，只是这些规律借以实现的形式。”[②]1868 年 1 月，马克思在给恩格斯的信中提出了社会生产的调节方式问题。他说：“实际上，没有一种社会形态能够阻止社会所支配的劳动时间以这种或那种方式调整生产。”[③]依据德文版原文句中的“调整生产”译为“调节生产”更好。这里马克思是讲，每一种社会形态总要以某种方式调节生产或经济，使按比例分配社会总劳动的规律得以实现。

马克思的上述思想归纳起来有三点：①明确地把按一定比例分配社会总劳动的必要性归结为一条适用于一切社会形态的共有经济规律。马克思所说的社会总劳动应该包括全社会活劳动和物化劳动，亦即人力资源和物质资源，所以，社会总劳动的分配也就是社会经济资源的配置。②明确地把上述经济规律和它的表现形式或实现形式加以区别，认为这一规律在不同的社会形态里具有不同的表现形式或实现形式。马克思的大量论述表明，这一规律在私有制社会和在公有制社会里的实现方式是完全不同的。③明确地提出了社会对生产或经济的调节方式问题，即调节生产的方式作为一种手段或方法，以达到按一定比例分配社会总劳动的目的。这里讲的调节方式，也就是上面讲的规律的表现形式或实现方式。但有一点不同，讲调节就有一个调节主体和调节客体的问题，其主体是社会，客体是社会生产，调节方式是主体为实现某一目的而作用于客体的方式。

第二，私有制商品经济条件下社会总劳动按比例分配规律，是通过市场上的竞争机制、价值规律亦即价格变动而实现的。

在以私有制为基础的商品经济中，商品生产者的私人劳动和社会劳动是矛盾

---

① 《马克思恩格斯全集》，第 25 卷，第 716～717 页。

② 《马克思恩格斯全集》，第 32 卷，第 541 页。

③ 《马克思恩格斯全集》，第 32 卷，第 12 页。

的，这个矛盾是商品经济的基本矛盾。按照马克思的意见，这时社会总劳动按比例分配的规律的实现形式或调节方式是由竞争机制和价值规律。马克思在讲第二种社会必要劳动时间时提出这样一个问题：这种“必要劳动时间究竟按怎样的量在不同的生产领域中分配?”他回答说：“竞争不断地调节这种分配，正像它不断地打乱这种分配一样。”[①]竞争只不过是经济规律借以实现的一种机制，那么这个规律是什么呢？马克思认为是价值规律。他说，如果社会总劳动的分配是按比例进行的，则不同类商品就按照它们的价值或生产价格的变形的价格出售。因此，“事实上价值规律所影响的不是个别商品或物品，而总是各个特殊的因分工而互相独立的社会生产领域的总产品”。“只有当全部产品是按必要的比例进行生产时，它们才能卖出去。社会劳动时间可分别用在各个特殊生产领域的份额的这个数量界限，不过是整个价值规律进一步发展的表现，虽然必要劳动时间在这里包含着另一种意义。”[②]

所谓由价值规律和竞争机制来实现，具体说就是通过交换价值或价格变动来实现。马克思明确指出：“在社会劳动的联系体现为个人劳动产品的私人交换的社会制度下，这种劳动按比例分配所借以实现的形式，正是这些产品的交换价值。”[③]他还说，在私有制下，对社会总劳动时间分配的调节，只能“通过商品价格的变动来实现”[④]。所谓商品价格变动，就是商品价值由于市场上供求关系变化而发生的价格和价值的偏离，这实际是价值规律发生的作用的形式。这也就是现在人们所说的价格杠杆的作用。在私有制商品经济条件下，社会总劳动按比例分配规律由竞争机制和价值规律(价格变动)来实现或调节等等，都是通过市场进行的，所以由竞争机制和价值规律(价格变动)调节也就是市场调节。但是，马克思也指出，在私有制商品经济中，由于存在商品生产者劳动的私人性和社会性的矛盾，社会经济过程既是个人过程同时又是社会过程的矛盾，价值规律是在商品生产者背后在市场上自发地起作用的，因而必然存在盲目性和破坏性。价值规律在自发调节社会资源在各生产领域的分配的同时，也会造成社会资源和生产力的浪费，造成商品

① 《马克思恩格斯全集》，第 26 卷Ⅰ，第 234～235 页。

② 《马克思恩格斯全集》，第 25 卷，第 716～717 页。

③ 《马克思恩格斯全集》，第 32 卷，第 541 页。

④ 《马克思恩格斯全集》，第 32 卷，第 12 页。

生产者的两极分化。

第三,资本主义社会化大生产条件下,社会总劳动按比例分配规律具体地表现为社会总产品价值上和物质上实现的规律,这一规律是通过社会经济发展的周期变动和危机的形式实现的。

前面讲的一点是指私有制商品经济下的情况,并未具体指明是资本主义社会。《资本论》第二卷的社会总资本再生产和流通理论详细深入阐述了资本主义条件下社会总产品的实现规律。资本主义经济是生产资料资本家私人占有制经济,是高度发达的商品经济,是社会化大生产经济。这时,社会总劳动表现为社会总商品产品并进而表现为社会总价值。这时社会总产品的实现,“不仅是价值补偿,而且是物质补偿,因而既要受社会产品的价值组成部分相互之间的比例的制约,又要受它们的使用价值,它们的物质形式的制约”[①]。马克思分别揭示了社会总资本在简单再生产和扩大再生产条件下社会总产品实现的条件和公式。可见,社会总产品的实现归根到底是社会总劳动按比例分配问题。因此,社会总劳动按比例分配规律同社会总产品实现规律是一致的,后者只不过是前者在资本主义社会化大生产下的具体表现。

马克思揭示的资本主义社会化大生产条件下社会总产品实现的条件和规律,是抽象的实现论。那么,这一抽象规律的实现形式是怎样的?或者说在资本主义条件下调节社会总劳动分配的方式是怎样的?应当指出,资本主义作为商品经济的一种特殊形式,前面讲的关于私有制商品经济中调节社会总劳动分配的方式和机制,即竞争机制和价值规律(价格变动)也是完全适用的,但是,它的调节的方式和机制以及负面作用又有了新的特点和表现,或者说上述一般规律又有了新的实现形式。

首先,由价值规律调节转化为由生产价格规律调节。在资本主义发展的较高阶段,商品已不再按价值出卖,而是按生产价格出卖。这时价值规律作用形式也发生了变化,市场价格以生产价格为中心,并围绕这个中心而波动。生产价格等于成本价格加平均利润,各部门的资本都按平均利润率获取平均利润。所以,由生产价格调节也就是由平均利润率调节。受平均利润率规律支配,各部门之间展开自由

---

① 《马克思恩格斯全集》,第 24 卷,第 438 页。

竞争,通过资本自由转移和来回流动,从而社会总劳动或经济资源(包括生产资料和劳动力)也不断重新配置,直到各部门的特殊利润率平均化为一个统一的一般利润率。可见,在资本主义自由竞争阶段,是生产价格规律和平均利润率规律调节社会总劳动的分配和经济资源的配置。

其次,经济发展周期变动和危机也是调节社会总劳动分配的形式。资本主义经济作为发达商品经济和自由市场经济,原先商品经济的一切矛盾,市场机制的负面作用即自发性、盲目性、破坏性也发展了。马克思说:"在资本主义社会,社会的理智总是事后才起作用,因此可能并且必然会不断发生巨大的紊乱"①,以及"不可避免的经常的无政府状态和周期的痉挛现象"。② 马克思分析了在随着生产力发展产生的平均利润率下降规律作用下资本主义经济的内在矛盾的种种表现,如剩余价值生产和剩余价值实现的矛盾,生产扩大和价值增殖的矛盾等等,在工人人口过剩的同时还会形成资本过剩。人口和资本过剩对于资本来说是致命的威胁和打击,表明"生产资料的集中和劳动的社会化,达到了同它们的资本主义外壳不能相容的地步"③。于是,经济发展的周期波动以至经济危机就不可避免了,从而由此造成的资本价值的贬值甚至丧失、社会资源的浪费和破坏、劳动人民的失业和贫困也不可避免了。经济危机是资本主义矛盾尖锐化的结果,同时又是"现有矛盾的暂时的暴力的解决","使已经破坏的平衡得到瞬间恢复的暴力的爆发"④。可见,在资本主义自由竞争和市场机制下,社会总劳动的按比例分配,社会总资本再生产的平衡运行,是通过比例关系和平衡条件的破坏的形式即"平衡—平衡破坏—再平衡"的形式强制地实现的。

第四,在未来公有制社会中,人们将通过直接的自觉的控制和预先制订的计划来实现社会总劳动的按比例分配。

马克思在《资本论》及其手稿中多次提到未来社会中社会总劳动按比例分配规律的实现方式和调节方式。他明确指出,在自由人联合体中,劳动时间起双重作用,"劳动时间的社会的有计划的分配,调节着各种劳动职能同各种需要的适当的

① 《马克思恩格斯全集》,第 24 卷,第 350 页。
② 《马克思恩格斯全集》,第 17 卷,第 362 页。
③ 《马克思恩格斯全集》,第 23 卷,第 831 页。
④ 《马克思恩格斯全集》.第 25 卷,第 278 页。

比例”[①]。还说:“只有在生产受到社会实际的预定的控制的地方,社会才会在用来生产某种物品的社会劳动时间的数量,和要由这种物品来满足的社会需要的规模之间,建立起联系。”[②]

在其他著作和通信中,马克思也多次谈到这个问题。1868 年 1 月,马克思在给恩格斯的信中指出,“只有在公有制之下”,才有可能“通过社会对自己的劳动时间所进行的直接的自觉的控制”的方式来实现对社会生产的“调整”[③](这里的“调整”可译为“调节”——作者注)。1871 年 4—5 月,马克思在《法兰西内战》一书中指出,在共产主义制度下,“联合起来的合作社按照总的计划组织全国生产,从而控制全国生产,制止资本主义生产下不可避免的经常的无政府状态和周期的痉挛现象”[④]。1872 年 3—4 月,马克思在《论土地国有化》的文章中进一步指出,在未来社会中,“农业、矿业、工业,总而言之,一切生产部门都将逐渐地用最合理的方式组织起来。生产资料的全国性的集中将成为由自由平等的生产者的联合体所构成的社会的全国性基础,这些生产者将按照共同的合理的计划自觉地从事社会劳动”[⑤]。

把马克思的上述思想归纳一下主要是:①公有制的自由人联合体的生产将由社会直接自觉控制方式进行调节。②它将根据社会需要来分配社会总劳动时间,按一定比例安排生产。③它将按照预先制订的合理的计划自觉地组织和控制全国生产。我认为,社会直接自觉控制自己的经济活动是未来社会调节经济的属于更高层次的方式,而通过制订计划组织社会生产只是实现上述调节方式的一种具体手段。总之,在马克思看来,在未来公有制的自由人联合体里,社会总劳动按比例分配的规律、社会再生产的实现规律,将通过由社会直接自觉控制和预先制订计划的方式来进行调节,使社会生产符合社会需要的要求得以实现。这是马克思在 20 世纪中叶总结资本主义自由竞争阶段社会经济运动规律及其内在矛盾的基础上,对未来社会经济活动的实现方式和调节方式的一种科学预见。这也是马克思主义关于公有制的社会主义社会实行计划经济的由来。同时,这也是现代社会经济需

---

① 《马克思恩格斯全集》,第 23 卷,第 96 页。

② 《马克思恩格斯全集》,第 25 卷,第 209 页。

③ 《马克思恩格斯全集》,第 32 卷,第 12 页。

④ 《马克思恩格斯全集》,第 17 卷,第 362 页。

⑤ 《马克思恩格斯全集》,第 18 卷,第 67 页。

要实行国家的或社会的宏观调控的思想的最早来源之一。

马克思的最大贡献在于：他在马克思主义思想史上第一次提出比较系统的社会经济调节理论。第一，他最先发现适用于一切社会形态的社会总劳动按比例分配的普遍规律，并认为这一规律在不同的社会形态中具有不同的表现形式、实现方式和调节方式。西方资产阶级经济学家只提出资源配置方式理论、总供给和总需求均衡理论，但是他们从来没有把两者联系起来，从而不可能得出社会资源必须根据社会需要按比例配置的认识。第二，他正确地揭示了私有制商品经济中上述普遍规律的实现形式和调节方式。这就是在市场上发生作用的竞争机制和价值规律（价格变动）。不仅如此，马克思还专门揭示了以社会化大生产为特征的自由竞争阶段资本主义经济中，社会总产品实现的条件和规律，以及这一规律的实现形式和调节方式。这就是在市场上发生作用的竞争机制和生产价格规律（市场价格变动），以及由于这一机制的缺陷，必然要通过社会经济发展的周期变动和危机的形式而强制实现。资产阶级古典政治经济学家亚当·斯密发现了调节资源配置的方式即所谓“看不见的手”，其实就是市场机制和价值规律。但是，斯密和李嘉图并不能区别价值和生产价格，并解决价值规律和平均利润率规律的矛盾，因而不能正确说明资本主义经济实现的内在机制。特别是由于阶级本性，他们不承认市场机制的缺陷，否认经济危机的必然性。第三，他科学地预见了未来公有制的社会主义、共产主义社会中，上述普遍规律的实现形式和调节方式。这时由于商品货币关系已经消亡，市场机制不复存在，社会总劳动的分配、社会资源的配置将由社会的人们直接自觉控制和通过预先制订的计划来实现和调节。在资产阶级经济学方面，直到20世纪20年代，自由放任主义经济学一直占据统治地位，有些非正统学派也提出过各种各样的国家干预主义的政策主张，但影响极微，很少被政府奉为制定政策依据。1929—1933年的空前严重的世界经济危机教训了资产阶级及其思想家，美国罗斯福“新政”从实践上加强了国家对社会经济生活的干预，运用国家政权力量实施反危机的政策法令来缓解和消除危机后果；随后出现的凯恩斯主义则从理论上对国家干预的必要性和干预方式作了系统解释和概括。凯恩斯运用的总量分析方法又称宏观经济分析方法，从而宏观经济学、宏观调控等概念也相继出现了。但是在人类思想史上最先提出对社会经济活动实行自觉控制和从社会宏观上调节经济思想的是马克思，而凯恩斯等人提出类似思想要晚 60 多年。

经过一百多年实践的检验，应该说马克思的社会经济调节理论的基本观点是正确的，至今仍然具有重大现实意义。其不足之处在于：第一，他没有预见到资产阶级及其思想家也会总结社会经济发展的经验教训，并在资本主义范围内对生产关系本身及其运行机制和调节方式进行局部调整，在实行市场调节的同时也可以进行宏观调控，并在一定程度上利用计划手段。第二，他没有预见到在未来经济不发达国家建设社会主义时还需要发展商品经济和实行市场机制，因而还需要市场调节，以市场为基础实现资源配置。

恩格斯同意马克思的社会经济调节理论，认为在资本主义的股份公司和垄断组织中无计划性不再存在。

在资本主义经济调节方式上，恩格斯一方面赞同马克思关于资本主义整个社会生产是无政府状态的观点。他在写于 1876—1878 年的《反杜林论》中全面分析了资本主义社会的矛盾，断定资本主义经济是由市场的自发性支配，尽管个别企业的生产经营可以做到有组织，但整个社会生产的无政府状态越来越严重。他是这样分析的：在资本主义社会，“社会的生产和资本主义占有的不相容性，也必然越加鲜明地表现出来”[①]。这一矛盾有以下两个表现：①“无产阶级和资产阶级的对立”；②“个别工厂中的生产组织性和整个社会中生产的无政府状态之间的对立”[②]。他还说：“随着商品生产的扩展，特别是随着资本主义生产方式的出现”，“社会生产的无政府状态已经表现出来，并且越来越走向极端”[③]。另一方面又认为资产阶级国家将对社会生产发挥领导作用。他说，猛烈增长的生产力要求承认它的社会本性，迫使在资本关系可能的限度内，把生产力当作社会生产力来看待。这时，不仅生产资料要采取社会化的经营形式，而且在一定的发展阶段上，“资本主义社会的正式代表——国家不得不承担起对生产的领导”[④]。

恩格斯这时也认为，到公有制的社会主义社会，人们将自觉地运用经济规律，社会经济活动将由计划来调节。他还说：“一旦社会占有了生产资料，商品生产就

---

① 《马克思恩格斯全集》，中文第 2 版，第 3 卷，第 621 页。

② 《马克思恩格斯全集》，中文第 2 版，第 3 卷，第 622～624 页。

③ 《马克思恩格斯全集》，中文第 2 版，第 3 卷，第 623 页。

④ 《马克思恩格斯全集》，中文第 2 版，第 3 卷，第 628 页。

将被消除，而产品对生产者的统治也将随之消除。社会生产内部的无政府状态将为有计划的自觉的组织所代替。”并认为，在资本主义社会，经济规律“一直作为异己的、支配着人们的自然规律而同人们相对立”；到了社会主义社会，经济规律“将被人们熟练地运用，因而将听从人们的支配”[①]。

19 世纪 80 年代以后，恩格斯的观点有些变化，认为“无计划性”已经不适用于股份公司和垄断组织了。在《资本论》第 3 卷第 27 章中由他插写的段落和 1981 年批评德国社会民主党爱尔福特纲领草案的文章中，恩格斯阐发了马克思关于股份公司和垄断的思想。恩格斯同意马克思在 60 年代中期讲的观点，即股份公司的资本已经直接取得与私人资本相对立的社会资本的形式，股份公司这种企业表现为与私人企业相对立的社会企业。并指出，自那以后股份公司有了新的发展，出现了“股份公司的二次方和三次方”的新的工业企业形式。恩格斯分析说，资本主义生产是一种社会形式，资本主义私人生产只是一个经济阶段，它是由单个资本家经营的生产；而“由股份公司经营的资本主义生产，已不再是私人生产，而是为许多结合在一起的人谋利的生产”[②]。恩格斯认为，这时自由竞争已经日暮途穷，由单个资本家个人经营的生产已经越来越成为一种例外，股份公司大量涌现，进而出现了各种各样的垄断组织。例如一定的部门的大工业家联合成一个卡特尔，它根据订单调节每个企业的产量；又如支配和垄断整个工业部门的托拉斯；甚至有时会成立国际卡特尔；等等。总之，“在有些部门，只要生产发展的程度允许的话，就把该工业部门的全部生产，集中成为一个大股份公司，实行统一领导”[③]。恩格斯的结论是：在卡特尔、托拉斯那些垄断组织中，“不仅私人生产停止了，而且无计划性也没有了”，纲领草案中所说的“根源于资本主义私人生产的本质的无计划性”“这一句需要大加修改”[④]。恩格斯这一思想的可贵之处在于，他总结了资本主义经济实践发展的新情况、新特点，修正和发展了对资本主义经济的认识，抛弃了资本主义私人生产无计划性这一陈旧观点。当然，恩格斯的这一新的认识是就卡特尔、托拉斯、大股份公司这些垄断组织而言的，还没有对整个资本主义经济作出概括。

---

① 《马克思恩格斯全集》，第 3 卷，第 633～634 页。
② 《马克思恩格斯全集》，第 22 卷，第 270 页。
③ 《马克思恩格斯全集》，第 25 卷，第 495 页。
④ 《马克思恩格斯全集》，第 22 卷，第 270 页。

马克思主义经济调节理论在俄国的发展

——列宁、斯大林的社会经济调节思想

列宁提出资本主义正向有计划形式转变。论证社会主义计划经济理论。阐述利用市场发展俄国经济的新经济政策理论。

列宁生活在资本主义从自由竞争阶段向垄断阶段转变的时代，领导俄国1917年十月革命，建立了世界上第一个苏维埃国家，把社会主义从理想变成了现实。在社会经济调节理论上，他不仅全面论证了社会主义计划经济理论，而且提出了利用市场发展俄国经济的新经济政策理论。

第一，列宁同意恩格斯的意见，认为随着资本主义自由竞争阶段向垄断阶段的转变，资本主义正直接向有计划的形式转变。

列宁这一思想是在1917年4月的俄国社会民主工党(布)第七次全国代表会议(四月代表会议)的报告和讲话中提出来的。他在分析当前形势时说，在20世纪，资本主义在战争时期比战前更加发展了，加速了资本主义的发展。战争使资本主义的积聚和国际化大大加强，已经把整个的生产部门抓在自己手里，许多国家实行生产和分配的社会调节。战前就存在托拉斯、辛迪加等一般垄断形式，战时更出现了国家垄断。列宁的结论是：现在一般垄断正转变为国家垄断，垄断资本主义正在向国家垄断资本主义转变。因此，列宁不仅完全赞同恩格斯在27年前所作分析，而且明确指出："现在资本主义正直接向它的更高的有计划的形式转变。"[①]列宁的这一认识比恩格斯又进了一步：第一，恩格斯是就垄断组织、股份公司讲的；而列宁是从整个资本主义经济说的。第二，恩格斯讲无计划性对垄断组织、股份公司不再适用，这是从否定方面讲的；而列宁则说资本主义正向有计划的形式转变，这是从肯定方面讲的。不仅如此，列宁甚至认为资本主义国家也可以制订出符合客观规律的计划。他说：在一切资本主义国家，尽管存在着无政府状态和混乱状态，但它们在制订经济计划时，却有几十年的经验可作依据，各个资本主义国家，可

① 《列宁全集》，中文第2版，第29卷，第435～436页。

以参考这种经验。“从这种参考中可以得出真正科学规律，得出一定的规律性和常规。”[①]应该说，在马克思主义经济思想史上第一次提出资本主义也可以有计划，甚至可以制订出符合科学规律的经济计划这些思想的是列宁。

第二，列宁在十月革命前和革命胜利后，继承了马克思恩格斯关于社会主义经济调节方式预见，全面阐述了社会主义计划经济理论。

在19世纪90年代，列宁在同民粹派的斗争中，从一般理论和经济实践结合上，论证了俄国资本主义国内市场的形成，发展了马克思主义市场理论。十月革命前，列宁在《大难临头，出路何在》《国家与革命》《布尔什维克能够保持国家政权吗?》等文章中，在论证社会主义革命必然性、勾画未来社会主义蓝图时，体现出他的社会主义计划经济思想。在列宁看来，社会主义是这样的：将银行、大工业、土地收归国有，全体居民都加入消费合作社，利用银行、辛迪加等现代的管理机构，对产品的生产和分配实行最严格的、包罗万象的计算和监督，把全社会变成一个劳动平等、报酬平等的大工厂、大辛迪加，使“全体公民都成了一个全民的、国家的‘辛迪加’的职工和工人”[②]。从社会主义经济调节机制来看，这是一个完全排斥市场的、由国家直接进行生产和分配的产品经济模式，一个中央集权的计划经济体制。

十月革命后，列宁在1918年春写的《苏维埃政权的当前任务》《论“左派”幼稚病和小资产阶级性》以及《俄共(布)第七次(紧急)代表大会文献》中，初步制定了俄国向社会主义过渡的规划。这是一个由国家进行产品生产和分配向社会主义直接过渡的规划。其总体思路是：首先恢复和发展大工业，以奠定社会主义物质基础；把资本主义和小商品生产纳入国家资本主义轨道；限制并逐步取消私人贸易，建立由国家直接控制的工农业的产品交换体系；引导小农实行共耕制，建立集体农庄；最终实现全部国民经济由国家实行统一计划、统一领导的“大工厂”的设想。这仍然是一个中央集权式的计划经济体制和产品经济模式。

列宁对这种经济体体制模式进行了全面论证。1918年3月，他在俄共(布)第七次代表大会上作的中央委员会的政府报告中，把用计划指导国民经济活动看做国家的重大任务：“组织计算，监督各大企业，把全部国家经济机构变成一架大机

① 《列宁全集》，中文第2版，第41卷，第8页。

② 《列宁全集》，中文第2版，第31卷，第97页。

器，变成一个使亿万人都遵照一个计划工作的经济机体——这就是落在我们肩上的巨大组织任务”[①]。1918 年 5 月 5 日，他在《论“左派”幼稚病和小资产阶级性》一文中强调了实行计划经济的极端重要性：“没有一个使千百万人在产品的生产和分配中严格遵守统一标准的有计划的国家组织，社会主义就无从设想。”[②]1918 年 7 月 30 日，他在省苏维埃主席会议上的讲话中把按计划配置资源视为社会主义的本质要求：“只有按照一个总的大计划进行的、力求合理地利用经济资源的建设，才配称为社会主义的建设。”[③]即使当由战时共产主义政策转变为新经济政策时，在 1922 年 4 月 10 日给美国著名学者、电工学专家查理·普·施泰因梅茨的信中，列宁以赞赏的文字转述了施泰因梅茨并表达了他自己对社会主义的认识“深信资本主义必不可避免地要被新的社会制度所代替，这种新制度将对经济实行有计划的调节，并且在全国电气化的基础上保证全体人民群众的物质福利”[④]。

第三，列宁在实行新经济政策时期，提出利用商品货币关系和市场交换发展苏维埃经济的思想。

1921 年 3 月，以俄共(布)十大为标志，苏维埃俄国的经济政策实行了战略性的调整，即由战时共产主义政策转变为新经济政策。随着这一转变，那么建设社会主义的途径和社会经济的调节方式有何变化呢？

首先，新经济政策的重要内容之一，是改变余粮收集制而实行粮食税，允许商品货币关系存在，允许市场交换，以调动农民小生产者的积极性。帝国主义武装干涉和国内战争结束以后，国内阶级力量对比发生了重大变化，小生产者农民问题，工人阶级和农民之间的关系问题，成为首位并必须加以解决的问题。因此，用实物税(粮食税)代替余粮收集制，就成为争取农民并调动其积极性的重大政策。在 1921 年 3 月召开的俄共(布)第十次代表大会上，列宁专门作的《关于以实物税代替余粮收集制的报告》，以及随后写的《论粮食税》等著作中，对实行新经济政策作了充分论证，阐述了作为一个小农占优势的国家如何向社会主义过渡的问题。其思路是：与小农长期共处，从农业入手，在支持和活跃小农经济的基础上建设大工

① 《列宁全集》，中文第 2 版，第 34 卷，第 4～5 页。
② 《列宁全集》，中文第 2 版，第 34 卷，第 279 页。
③ 《列宁全集》，中文第 2 版，第 35 卷，第 18 页。
④ 《列宁全集》，中文第 2 版，第 43 卷，第 142 页。

业，奠定实现社会主义的基础。当前应该怎样来满足小农呢？列宁认为："第一，需要有一定的流转自由，需要给小私有主一定的自由。第二，需要弄到商品和产品。"[①]列宁强调指出："应当把商品交换提到首位，把它作为新经济政策的主要杠杆。"[②]在新经济政策初期，由国营企业和各种国家资本主义企业生产的产品，通过国家资本主义形式的交换机构（如合作社等），有组织地同农民进行商品交换。这就是列宁说的"要在许多经济领域退向国家资本主义"[③]。后来列宁发现这还不够，"必需再退，再后退，从国家资本主义转到国家调节买卖和货币流通"[④]。新经济政策的全部意义就在于"新经济同农民经济的结合"[⑤]。这个结合点就是：无产阶级国家必须通过市场，通过贸易，同农民经济建立联系。

其次，新经济政策的又一重要内容，是利用资本主义和国家资本主义，使小生产过渡到社会主义去。列宁认为，既然作为小生产和交换的自发产物和资本主义在一定范围内的存在是不可避免的，那么，我们就应该利用资本主义和国家资本主义"作为小生产和社会主义之间的中间环节，作为提高生产力的手段、途径、方法和方式"[⑥]。这是因为，落后国家存在大量小农，它们需要流转自由、贸易自由，而贸易自由就必然产生资本主义。因此，为了活跃工农之间的流转，即使用资本主义的办法也会给全俄社会主义建设事业带来好处。但是，允许资本主义发展并不是社会主义的目的。因此唯一合理的政策是把"资本主义的发展纳入国家资本主义的轨道"，并"保证在不久的将来把国家资本主义变成社会主义"[⑦]。这时列宁对国家资本主义的认识达到一个新的高度，并赋以新的历史使命，即在允许商品交换存在并引起资本主义发展的情况下，它是把自发资本主义发展纳入无产阶级国家的监督之下，并使其活动范围受到一定限制的最好途径。在这里，列宁把国家资本主义同商品交换直接联系了起来。

总之，列宁倡导和制定的新经济政策；允许小生产存在，允许资本主义和国家

---

① 《列宁全集》，中文第2版，第41卷，第54页。

② 《列宁全集》，中文第2版，第41卷，第327页。

③ 《列宁全集》，中文第2版，第42卷，第226页。

④ 《列宁全集》，中文第2版，第42卷，第228页。

⑤ 《列宁全集》，中文第2版，第43卷，第74页。

⑥ 《列宁全集》，中文第2版，第41卷，第217页。

⑦ 《列宁全集》，中文第2版，第41卷，第211页。

资本主义存在，这样，俄国是由社会主义、国家资本主义、私人资本主义、小商品生产和宗法式经济五种经济成分组成的经济结构。把它们联系起来的只能是商品交换和货币流通，从而贸易、商业和市场必然存在和发展，因此价值规律和市场调节机制必然起重大作用。但是在当时，这种市场机制是由国家调节的，是受统一的国家计划制约的。对此，列宁在给国家计划委员会主席克尔日扎诺夫斯基的信中强调指出，“新经济政策并不是要改变统一的国家经济计划，不是要超出这个计划的范围，而是要改变实现这个计划的办法”[①]。由此可见，在俄国新经济政策时期，在列宁领导下，社会经济调节方式是在坚持计划调节的基础上，在一定范围内、一定程度上实行了市场调节，并且这两者是结合在一起的，并不是完全的计划经济模式。

斯大林建立了中央集权的苏联模式的计划经济体制。论证社会主义有计划按比例发展规律。阐述社会主义条件下商品生产和价值规律的作用。

在20世纪20年代至30年代，在斯大林的领导下，俄国形成了独特的政治经济发展模式，即苏联模式。1936年通过的宪法宣告社会主义已在苏联建成，也意味着苏联模式基本形成。苏联模式在经济方面的一个重要内容就是实行高度集中的计划经济体制。斯大林在1920年11月《无产阶级专政的三年》的报告中，明确主张在全国范围内实行统一的计划经济。他说：“我们建设的不是资产阶级经济，就是说，每个人都追求自己个人的利益”，“我们建设的是社会主义社会”，“应该考虑到整个社会的需要，应该有计划地、有意识地、以全俄规模来组织经济”[②]。这一体制首先是在工业化过程中在工业部门推行的，经过第一、二个五年计划，由国家计划管理的包括120个大中小工业部门；后来这一体制在农业集体化过程中扩展到农业部门。在这个时期，国家大大加强了计划部门和综合管理部门——国家计划局和国家经济委员会。国家不仅是全民所有制经济的代表，同时也是经营管理的主体，几乎一切权力都集中在国家，企业几乎没有经营管理权。整个国民经济活动完全依靠国家计划和行政手段来指挥，排斥市场机制的调节作用。在一定历史条件下，这种计划经济体制曾经发挥过重大作用，但是其弊端也是显而易见的，由

① 《列宁全集》，中文第2版，第1卷，52页，第5卷，第49页。

② 《斯大林全集》，第4卷，第343页。

于管理太多太细太死，大大束缚了企业和劳动者的积极性，妨碍了社会经济的发展和人民生活的改善。

1951年出版的《苏联社会主义经济问题》一书，是斯大林对苏联建设社会主义经验的全面总结，也是对社会主义计划经济模式的理论概括。

第一，斯大林揭示了国民经济有计划按比例发展规律，并认定它是社会主义的特有经济规律。他认为这一规律产生的基础和条件是生产资料社会主义公有制，它的对立物是建立在资本主义私有制基础上的竞争和生产无政府状态的规律。[①]斯大林认为，有计划按比例发展规律是依据社会主义基本经济规律发挥作用的，因为这一规律只规定了国民经济应该按一定比例有计划地发展，至于按什么比例发展则是由社会主义基本经济规律规定的。斯大林还区分了有计划按比例发展规律和国民经济计划化这两个概念，认为不能把两者混为一谈。只有研究并学会熟练地运用这个规律，才能制订出符合实际的国家计划。斯大林的贡献在于：他把马克思发现的社会总劳动按比例分配的一般规律和未来经济有计划发展联系了起来，揭示了社会主义条件下的国民经济有计划按比例发展规律；并且把这一规律的客观性质和人们为实现这一规律而制订的计划的主观性质区别开来，这就指明人们制订的计划有可能不符合客观规律的要求而脱离实际。这些观点是完全正确的。因此，绝不能因为计划工作失误而否定这一客观规律的存在。斯大林这一理论的缺点在于：他把这一规律完全归结为社会主义所特有的，从而计划经济成了社会主义的基本经济特征之一；而资本主义的特征是竞争和生产无政府状态，从而否定资本主义也有可能做到有计划。这一认识显然比恩格斯、列宁后退了。

第二，斯大林承认社会主义制度下存在商品生产和价值规律的作用，从而在一定范围内和一定程度上肯定市场机制的存在。自实行新经济政策以来，在苏联社会存在商品生产和商品交换，价值规律也起一定作用，是不争的事实。斯大林对之从理论上进行了阐述。首先，在商品生产问题上，他承认“社会主义制度下的商品生产”，但把它称为“特种的商品生产”“没有资本家参加的商品生产”，它产生的原因是社会主义公有制两种形式——全民所有制和集体所有制并存。他坚持社会主义制度下，商品生产的活动范围只限于个人消费品，而生产资料仅具有“商品外

① 参见《斯大林文集(1934—1952)》，第602页。

壳”。其次,在价值规律问题上,他承认价值规律是“很好的实践学校”,“它促使我们的经济工作干部迅速成长,迅速变成现今发展阶段上社会主义生产的领导者”[①]。但他又认为,它只在一定范围内即商品流通领域(包括个人消费品的交换)“保持着调节者的作用”,至于它在“社会主义生产中,并没有调节的意义,可是它总还影响生产”[②],比如说在经济核算方面有现实意义。斯大林还认为,在社会主义制度下,价值规律已被有计划发展规律所代替,对生产不起调节作用,随着国家计划管理范围的扩大,价值规律作用的范围将受到进一步的限制。所以,斯大林的社会经济调节理论中的一个重大缺陷,就是把有计划发展规律同价值规律、计划调节和市场调节完全对立起来,认为在有计划发展规律作用的地方,价值规律就不再起作用;只有在有计划发展规律不起作用的地方,价值规律才起作用。总之,斯大林从根本上否定计划机制和市场机制的内在一致性,并把它们结合起来的可能性。这是斯大林理论体系中的内在矛盾,也是苏联计划经济模式失败的理论根源。

马克思主义社会经济调节理论在中国的发展

——毛泽东、陈云的社会经济调节思想

毛泽东基本赞同又主张改革苏联模式的计划经济体制,认为我国社会主义经济建设应该遵循“计划第一,价格第二”原则。

新中国成立以后,由于当时的历史条件,在毛泽东的领导下,在社会主义建设方面“向苏联学习”,实行了苏联模式的高度集中的计划经济体制。毛泽东作为党和国家最高领导人,他的理论、思想对我国社会经济发展和改革具有决定性的影响。他在经济体制方面的思想是:

第一,毛泽东基本赞同苏联模式的计划经济体制,基本赞同斯大林的社会主义计划经济理论,但主张对这一体制进行改革。

毛泽东自己说过,前八年照抄苏联经验,但从1956年提出“十大关系”起寻找一条适合中国自己的建设社会主义路线。他的《论十大关系》一文,总结了我国经

① 《斯大林文集(1934—1952)》,第612页。

② 《斯大林文集(1934—1952)》,第611页。

济建设经验，以苏联教训为鉴戒，率先提出要正确处理社会主义经济中各种矛盾和关系，改进国民经济管理体制的问题。但他考虑的重点不是社会主义经济的运行机制和调节方式，而是管理体制。当时提出的诸多关系中，涉及经济管理体制的问题有两个：一是要处理好中央和地方的关系，主张在巩固中央统一领导的前提下，扩大一点地方权力，给地方更多的独立性，让地方办更多事。二是要处理好国家、生产单位和生产者个人的关系，其核心是国家、企业和个人三者的权利、责任、利益分配问题，主张给工厂一点权力、一点机动余地、一点利益，主张注意解决工人、农民在劳动和生活中的迫切问题，增加他们的收入。到 1959 年，毛泽东又在一些谈话中对改进经济管理体制问题发表了重要见解：认为所有制问题基本解决以后，最重要的是管理问题，而在经济管理问题上是大有文章可做的；主张国家对全民所有制企业实行分级管理，给企业一定自主权，同时企业本身也要改进管理制度，实行“两参、一改、三结合”。在毛泽东倡导和其他中央领导同志赞同下，我国在 50 年代中期到 60 年代初期曾进行过改革经济管理体制的尝试，但收效甚微。但是不管怎么说，在生产资料社会主义改造基本完成以后，毛泽东就认识到中央权力高度集中的经济管理体制影响了地方、企业、劳动者积极性的发挥，束缚了生产力的发展，必须加以改革，并在实践中进行了改革的尝试，应该说这是他的一个贡献。其局限性在于，他的改革思路只在中央和地方的权力上，在国家、企业和个人三者权力、责任、利益分配的调整上做文章，未涉及社会经济运行体制、调节方式这一深层次的问题，也就是说毛泽东的经济体制改革的目标模式不明确。他虽然看到了原来体制的某些弊端，但并没有找到它的症结所在。当时所进行的改革只在原来计划经济体制的框架中，做了局部的浅层次的修补工作。他虽然认识到发展社会主义商品生产的必要性，但并没有认识到市场机制的重大作用，更没有想到要把计划和市场结合起来。

毛泽东是赞同斯大林的社会主义计划经济理论的，但对苏联的计划工作和经济政策持批评态度。这里要提到毛泽东在 1959 年前后读斯大林《苏联社会主义经济问题》和苏联《政治经济学教科书》两本书的谈话记录。就是在这些“读书谈话记录”中，毛泽东首先评论了斯大林的社会主义计划经济理论以及苏联和我国计划经济的实践。毛泽东认为，斯大林关于国民经济有计划按比例发展规律的一段话说得很好。他特别赞赏斯大林所说的“不能把我们的年度计划和五年计划跟国民经济有计划、按比例发展的客观经济规律混为一谈”“不能把可能同现实混为一谈”的观点。毛泽东发挥了这一观点，认为不以规律为计划的依据，就不能使有计划按比例发展的规律的作用发挥出来。他指出“计划是意识形态”，属于主观意识对客观实际的反映，又对客观实际起作用，从而对经济的发展和不发展，对经济发展的快慢，有着很大作用；并强调指出，计划有可能搞好，也有可能搞不好。他认为，苏联的年度计划和五年计划是否反映了客观规律的要求以及这种反映达到了什么程度，这个问题值得研究。因为他们指导制订计划的经济政策，如不重视农业、轻工业等等本身就不符合实际。同时毛泽东认为，我国的计划工作也不能说完全反映了客观规律的要求，缺点确实不少。毛泽东的这些论述给人们的启发是：绝不能因为我们的计划工作以至计划体制出了毛病，就否定有计划按比例发展规律的客观存在。还有，计划是否反映了实际，除人们要尊重客观规律外，还取决于作为制订计划依据的经济政策是否反映了实际。这里的公式是：有计划按比例发展规律——符合实际的经济政策——人们制订的计划。其次，毛泽东对计划工作极为重视，提出全党搞计划的观点。他说，计划机关是什么？是中央委员会，是大区和省市自治区，各级都是计划机关，不只计委、经委是计划机关。计划要靠全党来搞，靠大家来搞。尽管毛泽东在理论上如此重视计划，但在他那急于求成的指导思想和不符合实际的经济政策（如“大跃进”和人民公社化运动）支配下，所制订的计划并不总是反映有计划发展规律的，有时是违反这一规律的。

第二，毛泽东重视发展商品生产和商品交换，承认价值规律的作用，但总是把它们放在次要的地位。

1958年由毛泽东和党中央发动的“大跃进”和人民公社化运动中，出现一种否定商品生产、等价交换、取消货币的“左”的倾向。毛泽东领导全党纠正了这个错误。他对社会主义商品经济的看法，集中地反映在1958年开始的“大跃进”和人民公社化运动以及由此造成的三年困难时期他所作的讲话、经他修改的文件以及读书谈话记录、批注中。毛泽东明确地说：在我国，还存在着商品生产，价值规律还起作用。他自己还讲过，在这个问题上，我们要搬列宁、斯大林的。他赞同斯大林对社会主义条件下商品生产存在的原因的分析，说：只要两种所有制没有变成单一的社会主义全民所有制，商品生产就还不可能废除。同时毛泽东还发表了自己一系列的见解，表明比前人有所前进。第一，分析了商品生产的社会性，认为生产资料所有制不同，因而有两种性质不同的商品生产——资本主义商品生产和社会主义商品生产。跟斯大林的“社会主义制度下的商品生产”“特种的商品”等提法相比，毛泽东干脆提出“社会主义商品生产”的概念，这无疑更明确、更概括了。第二，认为中国商品生产很不发达，很需要有一个发展商品生产的阶段。他特别强调，农村应当在发展自给性生产的同时多搞商品生产，尽可能多地生产能够交换的东西，向全省、全国乃至全世界交换。第三，突破了斯大林的生产资料“商品外壳论”的传统观点，认为在全民所有制范围内调拨的产品，从而大部分生产资料不是商品，但全民所有制企业把农业生产资料和农村为办工业需要的生产资料卖给农民，因为它们的所有权转让了，应列为商品。第四，认为斯大林关于两种所有制的存在是社会主义制度下商品生产存在条件的分析不完整，其实它们只是社会主义商品生产存在的主要前提，但商品生产的命运最终与社会生产力的发展水平有密切关系。毛泽东坚持的这一历史唯物主义基本观点，对澄清当时某些人不管社会生产力发展水平如何，急于消灭商品生产的糊涂观念是大有好处的。第五，认为社会主义制度下商品生产是极其有用的工具，应该充分利用它来为社会主义建设服务。这是因为，只有大力发展商品生产和商品交换，才能大大发展社会生产力；才能使农民获得货币买回生产资料和消费品，满足生产和生活需要；才能团结几亿农民，巩固工农联盟。第六，认为在社会主义的现阶段，价值、价格和货币在商品生产和商品流通中还有积极作用。毛泽东赞同斯大林的价值规律“不能起生产调节者的作用”、只在经济核算方面具有现实意义的观点，提出所有经济单位（包括国营企业和集体企业）都要利用价值规律，作为经济核算的工具，以便不断地改善经营管理工作，合理地进行生产和扩大再生产。后来他在一文件上批道：价值规律“是一个伟大的学校，只有利用它，才有可能教会我们的几千万干部和几万万人民，才有可能建设我们的社会主义和共产主义。否则一切都不可能”。第七，严厉批评了当时我国某些人（如陈伯达等）主张消灭商品生产、废除货币、否定价值规律的“左”的观点和主张。指出这些观点是错误的，是违背客观规律的，实质上是剥削农民。

第三，毛泽东从来没有明确地提出过计划和市场的关系问题，但是如下见解在一定程度上反映了他对这个问题的看法。第一,关于计划和商品生产的关系,他主张把社会主义计划同商品生产联系起来,提出要有计划地发展商品生产和商品流通的论点。他还说,社会主义的商品交换应当有计划地进行,要把国家和人民公社的商品交换纳入计划的轨道,逐步推广合同制度。这一看法不仅突破了把商品生产同社会主义对立起来的传统观念,而且开始克服了把商品经济和计划经济对立起来的局限。他的这一认识与党的十二届三中全会提出的"有计划的商品经济"论断是一致的。第二,他认为在社会主义条件下,价值规律对生产不起调节作用,即不起决定作用,起决定作用的是计划。他还说:价值规律作为计划工作的工具是好的,但是不能把价值规律作为计划工作的主要依据。他认为社会主义经济制度的优越性,主要不是由于人们掌握了价值规律,而是由于社会主义所有制、社会主义经济的基本规律、全国有计划地进行生产和分配等等作用的结果。第三,他还明确地提出了"计划第一,价格第二"的公式。他说的价格,就是市场价格。他讲的计划和价格的关系,实际上就是计划和市场的关系,同党的十一届六中全会以后提出的"计划经济为主,市场调节为辅"方针在意思上是相近的。但是毛泽东关于计划和价格的关系的这些论述,都包含有把计划和市场对立起来的味道。

令人不解的是,毛泽东在50年代末讲的关于社会主义经济下商品生产和价值规律的这些看法,到"文化大革命"后期即1974年发表的《关于理论问题的重要指示》中大大后退了,认为现在还在实行的货币交换"跟旧社会没有多少差别","现在实行的商品制度"要"在无产阶级专政下加以限制"等等。

陈云主张改革原来集中过多的计划经济体制,提出计划经济为主、市场调节为辅的思想。

陈云在新中国成立后作为党和国家领导人,他在领导我国社会主义经济建设工作过程中,对我国经济体制改革提出过许多重要意见。

第一,陈云在50年代中期即提出著名的"三个主体、三个补充"主张。1956年我国基本上完成了对个体农业、个体手工业和私营工商业的社会主义改造,这意味着社会主义公有制经济已成为我国社会的唯一经济基础,小生产和资本主义经济成分已经基本消灭光了。实际统计数字也证明这一点。就在这个历史条件下,中共八大在这一年9月份召开了。陈云在大会上作了题为《社会主义改造基本完成以后的新问题》的发言，提出：①在工商业经营方面，国家经营和集体经营是主体，个体经营是补充；②在生产计划方面，计划生产是主体，自由生产是补充；③在市场方面，国家市场是主体，自由市场是补充。[①] 其中第一条是讲所有制结构的。第二、三条则是讲社会经济调节方式的，其要旨是：在生产和流通方面，其主体部分由国家计划来调节，市场自由调节只能作为补充。考虑到当时的政治形势，特别是当全党欢庆社会主义改造伟大胜利，毛泽东正规划我国社会生产关系向更大更公更纯的形式过渡时，陈云能够冷静地考虑我国的实际情况，发表这个意见是十分难能可贵的。

在1956年毛泽东发表《论十大关系》讲话的同时，陈云也谈了自己关于体制改革的意见。为此，国务院召开了全国体制会议，研究改进经济管理体制方式，并形成决议草案。1957年初，党中央决定成立以陈云为组长的"中央经济工作五人小组"，以加强对经济工作和改进体制的统一领导。陈云在五人小组调查研究的基础上，于1957年11月亲自代国务院起草了关于改进工业、商业和财政管理体制的三个规定。这些文件的主要精神是划分中央和地方管理职权的原则，明确规定给予各省市自治区一定范围的计划、财政、企业、事业、物资、人事的管理权。凡关系到整个国民经济而带全局性、关键性、集中性的企业和事业由中央管理；其他的企业和事业则尽可能地交地方管理。当然，这些文件所体现的改革还是在计划经济的大框架中进行的。

第二，在十一届三中全会以后，陈云最早并多次论述了"计划经济为主，市场调节为辅"的思想。1979年3月8日，在他还没有被任命为财政经济委员会主任之前，就发表了题为《计划与市场问题》的重要讲话，对过去计划经济体制的缺点作了分析，并对经济体制改革的原则提出了十分重要的意见。陈云首先对苏联和我国实行的社会主义计划经济体制作了全面的实事求是的分析和评价。他说，1917年后苏联实行的经济计划和1949年后我国实行的经济计划，都是按照马克思所说的有计划按比例办事的，但是没有根据已经建立社会主义经济制度的经验和本国生产力发展的实际情况，对马克思的有计划按比例的原理加以发展，结果就导致现在计划经济中出现的缺点。这主要是："只有'有计划按比例'这一条，没有在社会主

① 参见《陈云文选》，第3卷，第13页。

义制度下还必须有市场调节这一条。所谓市场调节，就是按价值规律调节，在经济生活的某些方面可以用'无政府''盲目'生产的办法来加以调节"，"现在的计划太死，包括的东西太多，结果必然出现缺少市场自动调节的部分"①。

在我国党和国家领导人中，陈云是最早从理论上分析计划和市场的关系并提出经济体制改革原则的领导人。就在前述《计划与市场问题》的讲话提纲中，他认为整个社会主义时期经济必须有两个部分：一是计划经济部分，即有计划按比例的部分；二是市场调节部分，即不作计划由市场供求变化调节的部分。第一部分是基本的主要的，有了它就能够建设社会主义；第二部分是从属的次要的，但又是必需的，是有益的补充。"问题的关键是，直到现在我们还不是有意识地认识到这两种经济同时并存的必然性和必要性，还没有弄清这两种经济在不同部门应占的不同比例。"②到 1980 年 12 月，陈云在题为《经济形势与经验教训》的讲话中再次强调了计划经济在整个经济中的重要性："我们国家是以计划经济为主体的。对许多方面，在一定时期内，国家干预是必要的。"③在 1982 年 1 月，他在同国家计委负责同志就《加强和改进经济计划工作》问题的谈话中，把以前的观点概括为"坚持以计划经济为主、市场调节为辅"④。

如果说陈云以上把整个国民经济分为计划经济和市场调节两个部分好像它们是彼此分离、互不相关的，那么，下面关于鸟和笼子的关系的比喻则清楚地说明了这两者的关系。那是 1982 年 12 月在五届人大第五次会议上的一次讲话中说的。他说：今后要继续实行搞活经济的政策，继续发挥市场调节的作用。但是，也要防止在搞活经济中出现摆脱国家计划的倾向。"搞活经济是在计划指导下搞活，不是离开计划的指导搞活。"陈云比喻说，这就像鸟和笼子的关系一样，鸟不能捏在手里，捏在手里会死，要让它飞，但只能让它在笼子里飞。没有笼子，它就飞跑了。如果说鸟是搞活经济的话，那么，笼子就是国家计划。当然，"笼子"大小要适当，该多大就多大。"笼子"本身也要经常调整，比如对五年计划进行修改。但无论如何，总得有个笼子。"就是说，搞活经济、市场调节，这些只能在计划许可的范围以内发挥

① 《陈云文选》，第 3 卷，第 245 页。

② 《陈云文选》，第 3 卷，第 245 页。

③ 《陈云文选》，第 3 卷，第 278 页。

④ 《陈云文选》，第 3 卷，第 309 页。

作用，不能脱离开计划的指导。"[①]尽管人们对陈云这一比喻有不同理解甚至不同评价，但是我们如果把这里讲的笼子、计划不是当做陈云也反对的"包括的东西太多""太死"、与实际"脱节"的那种需要改革的计划体制，而是把它理解为宏观调控、国家干预的话，那么，我认为陈云这个比喻形象地说明了宏观调控和市场机制的辩证关系，因而是有重大意义的。

陈云同志提出的"计划经济为主，市场调节为辅"的观点很快被许多同志和党中央所接受。1981 年 6 月，党的十一届六中全会通过的《关于建国以来党的若干历史问题的决议》中，从总结新中国成立以来正反两方面的经验中逐步确立的适合我国情况的社会主义现代化建设道路的主要点之一，就是"必须在公有制基础上实行计划经济，同时发挥市场调节的辅助作用。要大力发展社会主义的商品生产和商品交换"[②]。随后在 1982 年 9 月党的十二大政治报告中，关于为促进社会主义经济全面高涨要注意解决的几个重要原则之一，就是"正确贯彻计划经济为主，市场调节为辅原则"[③]。

结语：邓小平对马克思主义社会经济调节理论的新贡献

我国改革开放的总设计师邓小平，在开创建设有中国特色社会主义道路的进程中，继承了马克思列宁主义、毛泽东思想关于社会经济调节理论的宝贵遗产，考察了当代科学技术和生产力发展的新情况，总结了社会主义国家 70 多年特别是新中国成立 30 多年实行计划经济体制的经验教训，借鉴了西方发达资本主义国家经济调节方式的新变化和现代西方经济学的新进展，在新的历史条件下创造性地发展了马克思主义社会经济调节理论。他对这一理论做出的新贡献——邓小平社会经济调节理论，是邓小平经济理论的重要组成部分。

邓小平对马克思主义社会经济调节理论做出的新贡献，应该做为一个重要课题专门加以研究。作为本文的结语，这里只简要地指出邓小平对这一理论的新贡

① 《陈云文选》，第 3 卷，第 320 页。

② 《三中全会以来重要文献选编》，下册，人民出版社 1982 年版，第 841 页。

③ 《十二大以来重要文献选编》，上册，人民出版社 1986 年版，第 22 页。

献的要点：第一，他第一次提出计划和市场只是发展生产力和调节经济发展的手段和方法，与社会基本经济制度并没有本质联系，从而突破了计划和市场是区别社会主义和资本主义的标志的传统观念。第二，他第一次明确地指出资本主义也有计划，也有计划控制，从而澄清了认为资本主义市场经济只有自由放任、完全由市场调节的片面看法。第三，他第一次提出社会主义也有市场，也可以搞市场经济，从而打破了把市场经济同社会主义对立起来的传统观念。总之，邓小平的以上贡献集中到一点，那就是：为我国建立社会主义市场经济体制奠定了科学的理论基础。

原载西南财经大学出版社《马克思经济理论的历史探索与现实发展》1999 年第 5 期

张闻天新中国经济构成思想的形成过程和理论地位

在我国新民主主义革命已经取得决定性胜利和新中国诞生前夕，张闻天于1948年9月撰写的《关于东北经济的构成及经济建设基本方针的提纲》(以下简称《经济构成提纲》)[①]一文，实际上论述的是即将建立的新中国的经济构成以及应该实行的基本方针。历史向前迈进了半个世纪，我国已经进入社会主义初级阶段，社会主义市场经济体制正在建立。但是，今天读张闻天的这篇文章，它依然熠熠生辉，耐人寻味。它绝不只是一篇光辉的历史文献，而且具有重大现实意义。因为这篇提纲中的基本思想，乃是我们现阶段所有制结构分析以及以公有制为主导和多种经济成分共同发展方针的重要理论来源。本文主要论述张闻天关于新中国经济构成思想的形成过程和它在我国马克思主义发展史上的理论地位。至于张闻天这一思想的现实意义，将在另文中专门阐述。

一、《经济构成提纲》继承了马列主义关于过渡时期社会经济构成理论和毛泽东关于新民主主义经济的思想

张闻天是我国杰出的无产阶级革命家和马克思主义理论家。他的《经济构成提纲》是马列主义普遍原理和中国社会(特别是东北)实际相结合的产物。

张闻天于1925年10月被党派往苏联，先后在莫斯科中山大学和红色教授学院学习和任教，并参加共产国际东方部的工作。在苏联五年，他深入钻研过并翻译、教授过马列主义理论，还出版过多本马恩著作的中文版。1931年2月回国以

---

① 《张闻天社会主义论稿》，中共党史出版社1995年版，第74—99页；《张闻天选集》，人民出版社1985年版，第396—417页。

后，除在党中央担任重要领导工作外，还先后担任过中共中央宣传部长、马克思列宁主义研究院院长、中央研究院院长，主编过《红旗》《斗争》《解放》等刊物，主持过《马恩丛书》和《列宁选集》的编译工作。张闻天的这些经历表明，在中国共产党内，他是最具有马克思列宁主义理论素养的领导人之一。张闻天的大量论著、报告、讲话也证明，他对马克思主义重要经典著作是非常熟悉的。因此，我们有理由认为张闻天对马克思、恩格斯和列宁关于过渡时期的社会经济结构的理论是了解的。

马克思、恩格斯一直认为，在无产阶级掌握了政权以后，应该剥夺资本家的生产资料归社会占有，实行公有制；对于小农则不应该用强制的办法去剥夺，“而是通过示范和为此提供社会帮助”，“把他们的私人生产和私人占有变为合作社的生产和占有”[①]。后来，列宁在十月革命后，具体地探索了从资本主义过渡到社会主义的理论。这里要特别提到，列宁于 1918 年撰写的、发表在《真理报》上的著名论文《论“左派”幼稚性和小资产阶级性》中提出，俄国在十月革命胜利后向社会主义过渡的阶段，在经济上既有资本主义的成分，也有社会主义的成分。“俄国现有各种社会经济结构成分”是：“(1)宗法式的，即在很大程度上属于自然经济的农民经济；(2)小商品生产(这里包括大多数出卖粮食的农民)；(3)私人资本主义；(4)国家资本主义；(5)社会主义。俄国幅员如此辽阔，情况如此复杂，社会经济结构中的所有这些不同的类型都互相错综地交错在一起。”[②]列宁的上述分析，是对十月革命后俄国社会经济构成现实情况的理论概括。1918 年 4、5 月间，列宁阐述了利用国家资本主义过渡到社会主义的思想。他认为，国家资本主义的特点是集中的、有计算和监督的、社会化的，而苏维埃国家正好缺少这些。因此他说，“国家资本主义将会是我们的救星；如果我们俄国有了国家资本主义，那么过渡到完全的社会主义就会容易，就会有把握。”并说，“国家资本主义对于我们来说是一个进步。如果我们在短期内能够在俄国实现国家资本主义，那是一个胜利。”[③]1921 年 3 月俄国国内战争结束后，列宁又强调了应该利用资本主义的问题。他认为，资本主义同

---

① 《马克思恩格斯全集》第 22 卷，第 580 页。

② 《列宁全集》中文第 2 版第 34 卷，第 275 页。

③ 《列宁全集》中文第 2 版第 34 卷，第 235—236 页。

未来的社会主义比较确实是祸害，但同中世纪制度、小生产比较则是幸福。而在小生产占优势的俄国，要向社会主义过渡，必须经过资本主义这个“中间环节”。他说：“既然我们还不能实现从小生产到社会主义的直接过渡，所以作为小生产和交换的自发产物的资本主义，在一定程度上是不可避免的，所以我们应该利用资本主义……作为小生产和社会主义之间的中间环节，作为提高生产力的手段、途径、方法和方式。”[①]列宁在1918年分析俄国社会经济结构成分时，农业社会主义改造还没有提到日程上来，所以列宁没有提到合作社经济或集体经济。到1923年1月，列宁在患重病期间，口授了《论合作制》一文，提出用合作社吸引农民参加社会主义建设，对农业进行社会主义改造的计划。[②] 1927年12月召开的联共(布)第15次代表大会以后，苏联农业集体化运动迅速发展，到被斯大林称为“大转变的一年”的1929年又取得决定性进展，到1931年加入集体农庄的农户已占农户总数的80%以上。

列宁的关于过渡时期经济构成的分析和合作社思想，是极其重要的，在苏联国内广为传播。正是在上述情况下，张闻天于1925年踏上苏联国土，因而对苏联社会经济构成及其变动的情况有实际的了解。因此，马克思、恩格斯和列宁关于过渡时期社会经济结构成分的分析，是张闻天写作《经济构成提纲》的直接的理论根据。

早在1940年1月，毛泽东就在《新民主主义论》中正式提出“新民主主义的经济”这个科学概念，分析了“新民主主义共和国的经济构成”问题，提到了“国营经济”“合作经济”“资本主义生产”等范畴。毛泽东认为：“在无产阶级领导下的新民主主义共和国的国营经济是社会主义的性质，是整个国民经济的领导力量”；“在‘耕者有其田’的基础上所发展起来的各种合作经济，也具有社会主义的因素”；因为中国经济还十分落后，这个新民主主义共和国“并不没收其他资本主义的私有财产，并不禁止‘不能操纵国计民生’的资本主义生产的发展”[③]。1945年4月24日，毛泽东在党的七大上作的政治报告《论联合政府》中再次谈到“新民主主义的经

① 《列宁全集》中文第2版第41卷，第217页。

② 《列宁全集》中文第2版第43卷，第361—368页。

③ 《毛泽东选集》第2版第2卷，第679页。

济”，认为中国现阶段的经济，“必须是由国家经营、私人经营和合作社经营三者组成”，而这个“国家经营”的所谓国家是无产阶级领导的新民主主义的国家。[①] 1947年12月25日，毛泽东在陕西米脂县杨家沟召集的党的高级干部会议上作的《目前形势和我们的任务》报告中说："新中国的经济构成是：(1)国营经济，这是领导的成分；(2)由个体逐步地向着集体方向发展的农业经济；(3)独立小工商业者的经济和小的、中等的私人资本经济。这些，就是新民主主义的全部国民经济。”[②]综合毛泽东到1947年底以前的这些论述，他对“新民主主义共和国经济”的分析，提到了“国营经济”“合作经济”“个体农民经济”“独立小工商业者经济”“小的、中等的私人资本主义经济”。但是，也可以看到：第一，对于新民主主义的经济构成究竟由哪几种经济成分组成，还未作科学归纳；第二，对各种经济成分的范畴还没有规范化；第三，“独立小工商业者”概念不清楚，似乎是指个体手工业者和个体商人，把它们与“小的、中等的资本主义经济”列在一起是不适宜的；第四，没有提到“国家资本主义经济”。张闻天在遵义会议后，代替博古担任党中央书记，经中央政治局常委分工在党内“负总的责任”；1943年3月虽然正式离开了中央书记处，但仍然是中央政治局委员，在党的七大上，继续当选为中央政治局委员。因此，张闻天对毛泽东在上述报告中关于新民主主义经济构成的思想应该是十分了解的，并吸收了这些思想。

二、《经济构成提纲》是对中国社会经济状况的科学概括

张闻天对中国社会经济状况一贯有深入的研究。1931年张闻天从苏联回国以后，在担任中共中央宣传部长期间，曾就中国社会经济性质问题同托派分子任曙等人展开过论战。张闻天运用马克思《资本论》和列宁《帝国主义论》的观点，批驳了任曙等人否认帝国主义在中国的统治和封建关系在中国农村仍占统治地位的观点，坚持了党的六大对中国革命基本问题的马克思主义分析。1933年初，张闻天进入中央苏区，任新成立的“中共中央局”党委兼宣传部长。在取得第四次反“围

① 《毛泽东选集》第2版第3卷，第1058页。
② 《毛泽东选集》第2版第4卷，第1255—1256页。

剿”战争胜利后，中央苏区曾有过一个相对稳定的发展时期。当时张闻天分管政府工作，在掌握根据地实际情况的基础上，起草和撰写了一些阐述根据地经济情况和经济政策的文件和文章。他于 1933 年 4 月 22 日撰写的、发表在中央局机关刊物《斗争》第 11 期上的《论苏维埃经济发展前途》，是一篇全面阐述中央苏区经济的论文。正是在这篇论文中，张闻天全面分析了当时苏区的各种经济成分，指出：“正是因为中国苏维埃政权所统治的区域，是在经济上比较落后的区域，而且在土地革命之后，地主经济的完全消灭与广大中农贫农雇农等的分得土地，所以苏区经济的主要特点之一是农民的小生产的商品经济占绝对的优势。同样地，在工业方面，小手工业的生产者占着主要的地位，私人的资本主义的经济则比较不重要。小生产者私人的集体的合作经济，正在向前发展中间获得更为重要的意义。苏维埃国营企业，则还限制于苏维埃政府必要的军事工业、造币厂与印刷厂方面。国家资本主义的企业可以说还没有。”①在这里，张闻天提到了六种经济成分，即除已消灭的“地主经济”外，还有在苏区占优势的“农民的小生产的商品经济”“小手工业的生产者”、容许发展和应予利用的“私人资本主义的经济”、目前虽不是社会主义性质的但带有一些社会主义成分的“小生产者的集体经济”“苏维埃的国营企业”，以及当时还没有的“国家资本主义”。值得注意的是，尽管当时苏区并没有国家资本主义经济，但是张闻天还是把它提了出来。这表明，张闻天继承了列宁关于国家资本主义的思想，认为这种经济成分以后将会在苏区和中国出现。这还表明，张闻天是中国共产党主要领导中最早提出“国家资本主义”的范畴的，而毛泽东、刘少奇直至 1948 年分析新民主主义经济成分时，经陈伯达建议才使用了这个范畴。在张闻天这篇论文中：第一，提出了“苏维埃经济”概念，而不是“新民主主义经济概念”；第二，分析了苏区的各种经济成分，还没有使用“经济构成”概念。张闻天在这篇论文中所作的分析，是他后来论述新民主主义经济构成思想的萌芽。

抗日战争胜利后，张闻天到达东北，先后担任中共合江省委书记、中共中央东北局常委兼组织部长、东北财政经济委员会副主任等职。东北素来资源特产丰富，经过俄日帝国主义和伪满长期经营，经济较为发展。在当时已经解放的地区，从经济结构的多样性来说，从拥有大中型工矿企业数量来说，当首推东北。有东北日伪

---

① 《张闻天文集》第 1 卷，中共党史出版社 1995 年版，第 343 页。

经营的后被国民党接收的工商企业，即汉奸资本、买办资本和官僚资本企业，而且我解放区军民自己创办的公营工商企业也为数不少，同时还有大量中小私人工商企业，至于广大农村则是一片汪洋大海的农民个体经济。此外，还有少量的苏联在华投资经营的“秋林公司”，在草原地区和边远山区的游牧经济、自然经济。这一切，是张闻天进行理论探索的现实经济基础。到 1948 年 8、9 月，东北广大地区包括哈尔滨在内的许多大城市已经解放，辽沈战役正在顺利展开，国民党军只孤立地盘踞在长春、沈阳、锦州等少数城市，东北全境解放指日可待。在这个新的形势下，如何根据变化了的情况，实现党的工作重心的转移，即由以农村工作为中心转移到以城市工作为中心，从以战争为中心转移到以经济建设为中心，是摆在中共东北局领导面前的新课题。而要解决这个课题，一个重要问题就是要正确认识东北社会经济的构成并制定正确方针。张闻天在东北几年工作的实践，他对东北经济状况的调查研究，使他在东北经济构成以及党的工作方针的探索上获得了重大进展。1948 年 7 月 18 日，张闻天在中共中央东北局召开的各县组织部长、宣传部长联席会议上作报告，在第一部分《农村经济的发展前途》中，首先分析了新民主主义经济结构以及党的基本政策。他明确指出：新民主主义的经济形式有以下几种：(1)国家经济，或叫公营经济；(2)国家资本主义经济；(3)私人资本主义经济；(4)小商品经济(主要是农民经济，还包括城市小手工业经济)；(5)合作经济；(6)游牧经济。[①] 同年 8 月 31 日，中共中央东北局召开东北城市工作会议，张闻天受委托作了总结发言，阐述了城市的地位和城市工作中的阶级路线等问题。在第三部分中，张闻天再次分析了东北的经济构成问题。随后，张闻天将上述总结发言中关于东北经济构成的分析加以补充修改，于 1948 年 9 月 15 日写成题为《关于东北经济的构成及经济建设基本方针的提纲》(即《经济构成提纲》原稿)[②]的文件，经东北局通过后于 9 月 30 日报中央审查。

张闻天在这个《经济构成提纲》原稿中，接受并多次使用了毛泽东的“新民主主义经济”概念，同时使用的还有“新民主主义的经济基础”“新民主主义社会”“新民主主义国家”等概念。这个提纲一开头就提出：“东北经济基本上是由以下六种经

① 《张闻天东北文选》，黑龙江出版社 1990 年版，第 185—187 页。

② 《张闻天社会主义论稿》，第 74—83 页。

济成分构成，这就是国营经济、合作社经济、国家资本主义经济、私人资本主义经济、小商品经济、秋林式的社会主义经济。”所谓“秋林式的社会主义经济”，指的是苏联在我国东北经营的国家企业，亦称“秋林公司”。此外，还有少部分自然经济，因意义不大故略而未计。上述六种经济成分，如除去秋林式的社会主义经济，实际上重要的只有五种经济成分。张闻天认为：“正确认识这五种经济的性质、地位和发展趋向及其相互关系，是正确决定东北经济政策的出发点和基础。”[①]然后，张闻天对以上诸种经济成分分别作了深入分析，指出每一种经济成分的性质，在整个社会经济中的地位和发展前途，以及党对它们的政策。在全国解放前夕，对新民主主义经济构成作出如此专门的、深入的、具体的科学分析，并形成一个独立完整的文件，当首推张闻天起草的这份提纲。在张闻天起草这份提纲之前和以后，还撰写了几篇专门论述各种经济成分和党的政策的文章，其中重要的有《发展工商业的若干政策问题》(1946 年 11 月 7 日)、《城市的地位和城市工作中的阶级路线》(1948 年 8 月 31 日)、《关于发展农村供销合作社问题》(1948 年 12 月 22 日)、《关于农村工作的三个问题》(1949 年 5 月)和《关于东北私人资本主义的报告》(1949 年 7 月 19 日)等。这些文章补充、发挥了《经济构成提纲》中许多重要思想。

三、《经济构成提纲》丰富了毛泽东思想关于从新民主主义向社会主义过渡的理论

与张闻天起草、上报上述提纲大致同时，毛泽东、刘少奇等也正在思考和讨论即将诞生的新中国的经济构成和经济建设问题。1948 年 9 月 8 日至 13 日，党中央在河北省平山县西柏坡村召开政治局会议。9 月 8 日，毛泽东作了报告，最后讲到经济问题时说：有人说我们的社会经济是“新资本主义”，这个名词不妥，因为它没有说明在我们社会起决定作用的是国营经济、公营经济，我们国家是无产阶级领导的，因而这些经济都是社会主义性质的。农村个体经济加城市私人经济在量上是大的，但不起决定作用。名字还是叫新民主主义经济好。[②] 9 月 13 日，刘少奇在会

① 《张闻天社会主义论稿》，第 74 页。

② 《毛泽东年谱(1893—1949)》下卷，人民出版社 1993 年版，第 343 页。

上就新民主主义社会的经济构成、主要矛盾以及如何由新民主主义向社会主义过渡等重大问题发了言。他在阐述“新民主主义经济建设问题”时说：“经济建设问题是个新的问题，要弄清楚，这次会上已经提出来讨论了，要有系统地搞出点东西来”。接着，他依次分析了“中国新民主主义的经济构成”：(1)国家经济；(2)国家资本主义经济；(3)合作社经济；(4)私营经济。“整个国民经济，包含着自然经济、小生产经济、资本主义经济、半社会主义经济、国家资本主义经济以及国营的社会主义经济。国民经济的总体就叫作新民主主义经济。新民主主义经济包含着上述各种成分，并以国营的社会主义经济为其领导成分。”[①]在刘少奇讲话过程中，毛泽东不时插话补充和阐述自己的观点，对刘少奇的分析是基本肯定和赞同的，说“少奇同志的提纲分析得具体、很好”，并嘱托刘少奇对新中国经济构成的分析作进一步的思考，草拟文件提到七届二中全会上讨论。[②] 13 日会议结束时，毛泽东在所作结论中讲到了新民主主义和社会主义的问题，提出：新民主主义中有社会主义的因素，在政治、经济、文化各方面都是这样，并且是领导的因素，而总的说来是新民主主义的。我们努力发展国家经济，由发展新民主主义经济过渡到社会主义，这些观点是可以宣传的。[③]

党中央收到张闻天写的《经济构成提纲》原稿以后，受到毛泽东、刘少奇的高度重视。毛泽东嘱刘少奇修改这个提纲，并提出他的修改意见，强调指出，国营经济首先要在可能与必要限度内适应国民经济的组织性与计划性；合作社要成为普遍的社会制度，必须经过长时期的艰苦工作，一处一处地一步一步地去做；由于有了多种经济成分，有了私人资本主义经济，我们必须有无产阶级的明确周密的政策、经济计划和整套的经济组织去指导国民经济建设。[④] 刘少奇对张闻天的提纲原稿作了精心修改，并报送毛泽东。10 月 26 日，毛泽东致信刘少奇说：“此件修改得很好”，并指出：“在第 29 页上，‘决不可采取过早地限制私人资本主义经济的办法’，改为‘决不可以过早地采取限制现时还有益于国计民生的私人资本经济的办法’。因为就我们的整个经济政策说来，是限制私人资本的，只是有益于国计民生的私人

① 《刘少奇论新中国经济建设》，中央文献出版社 1993 年版，第 1—4 页。

② 薄一波：《若干重大决策与事件的回顾》上卷，中共中央党校出版社 1991 年版，第 49 页。

③ 《毛泽东年谱(1893—1949)》下卷，第 344 页。

④ 薄一波：《若干重大决策与事件的回顾》上卷，第 23 页。

资本,才不在限制之列。而‘有益于国计民生’,这就是一条极大的限制,即引导私人资本纳入‘国计民生’的轨道之上。要达到这一点,必须经常和企图脱出这条轨道的私人资本作斗争。而这些私人资本虽然已经纳入这条轨道,他们总是想脱出去的,所以限制的斗争将是经常不断的。”[①]1948 年 11 月 6 日,经过刘少奇进一步修改的《关于东北经济的构成及经济建设基本方针的提纲》(简称《经济构成提纲》修改稿),经中共中央批准,将它作为“草案”发回东北局,并发华北局有关领导同志征求意见,准备再作修改后分发全国各解放区。在《经济构成提纲》修改稿中,使用了张闻天的提纲原稿中五种经济成分的概念,保留了它的基本思想,但对一些重要问题的具体分析上有所深化,增添了新的内容,文字表达经过推敲更加准确、规范化。原稿正文约 7700 字,修改稿约为 11800 字,增加了 52%。此后,在同年 10—12 月,刘少奇对这个提纲“草案”再次作了若干修改,并经毛泽东又阅改过一次。后来,这个提纲没有形成正式文件。但刘少奇对这个提纲“草案”再次修改的文字(约 7800 字)被保留了下来。[②]

张闻天《经济构成提纲》中关于五种经济成分的科学范畴和对它的性质、地位、作用和相互关系的分析,被党中央和毛泽东所接受并加以利用。之间只有一个小的区别,张闻天提纲中使用“小商品经济”范畴,而毛泽东则使用“个体经济”范畴。1949 年 1 月 6 日至 8 日,中共中央政治局在西柏坡召开会议,讨论形势与任务,对召开七届二中全会作了具体安排,并通过了毛泽东起草的《目前形势和党在一九四九年的任务》的决议。毛泽东在发言中说:关于经济建设的基本方针,去年九月会议(即 1948 年 9 月召开的中央政治局会议)已经决定,“今后对经济构成是应有一个通盘的认识。国营经济是带社会主义性质,合作经济也是带社会主义性质并向社会主义前进的,国家资本主义经济、私人资本主义经济和个体经济,那个东西基本上(是)对的,但要注意两条路线斗争”。还指出要注意防止两种倾向:一方面,决不可认为新民主主义经济不是计划的、向社会主义发展的;另一方面,必须谨慎,不能急于求社会主义化,合作化必须发展,但不可能很快发展,大概要准备十几年的工夫,要长期地稳健地进行。如果希望搞社会主义,太快,会翻跟斗。他比喻

---

① 《毛泽东年谱(1893—1949)》下卷,第 371 页。

② 《刘少奇论新中国经济建设》,第 29—43 页。

说,中国共产党搞民主革命28年,就是铲地基;但是起房子(指搞社会主义——引者注),这个任务要几十年工夫。[1] 在中国人民解放战争的三大战役取得伟大胜利的时刻,在中央领导机构即将迁往北平的前夕,党中央于1949年3月召开了七届二中全会。毛泽东在会上作的那篇著名报告中,勾画了建立新中国的蓝图,以中国的基本国情为出发点,科学地分析了我国的经济状况和经济成分,并阐述了党的经济政策。他明确指出:"国营经济是社会主义性质的,合作社经济是半社会主义性质的,加上私人资本主义,加上个体经济,加上国家和私人合作的国家资本主义经济,这些就是人民共和国的几种主要的经济成分,这些就构成新民主主义的经济形态。"[2]这样,新民主主义经济构成的理论被党的七届二中全会所确认,并作为新中国制定路线方针政策的理论依据,也是1953年制定党的过渡时期总路线的基本出发点。

总的来说,张闻天的新民主主义经济构成思想在中国社会主义经济理论史上的地位是:第一,张闻天是中国共产党内探索从新民主主义向社会主义过渡时期社会经济构成理论的第一位领导人。1933年4月写作的《论苏维埃经济发展前途》是进行这种探索的第一个成果。他把马克思列宁主义基本原理和当时苏区的实际情况结合起来,分析了"苏维埃经济"的各种经济成分,阐述了党的发展经济的政策。尽管这种探索还不够完善,还处于开始形成阶段和不成熟形态,但具有开创性意义。第二,张闻天是制定科学的新民主主义经济构成理论的党的领导人之一。《关于东北经济的构成及其经济建设基本方针的提纲》是其标志。在这篇提纲中,他以马克思列宁主义、毛泽东思想为指导,结合东北社会经济状况,全面研究了东北地区的新民主主义经济构成,科学地规定了五种经济成分的概念,深入分析了各种经济成分的性质、地位、作用和前途,以及它们的相互关系,系统阐述了党对这些经济成分的政策。尽管提纲讲的是东北地区的新民主主义经济成分,但完全适用于全国,有普遍意义。从而,他撰写的这份提纲,使中国共产党的新民主主义经济构成理论具备了成熟的科学的形态。第三,张闻天的《经济构成提纲》丰富了毛泽

---

① 《毛泽东年谱(1893—1949)》下卷,第430页;薄一波:《若干重大决策与事件的回顾》上卷,第24页。

② 《毛泽东选集》第2版第4卷,第1433页。

东思想关于从新民主主义向社会主义过渡的理论。他继承和动用了毛泽东的新民主主义经济理论,又以新民主主义经济构成思想丰富和发展了这一理论。这一事实生动地表明,毛泽东思想是集中全党智慧的结晶,张闻天为之做出了自己独特的贡献。

原载《北京社会科学》1996 年第 3 期

张闻天新中国经济构成思想的现实意义

张闻天于1948年9月撰写的《关于东北经济的构成及经济建设基本方针的提纲》[①](以下简称《经济构成提纲》)一文,在我国马克思主义经济思想史上具有重要理论地位,笔者已撰写专文《张闻天新中国经济构成思想的形成过程和理论地位》加以论述(载《北京社会科学》1996年第3期)。张闻天在这个提纲中提出的以国营经济为主体和五种经济成分都应发展的思想,可以看作是我国社会主义初级阶段所有制结构分析以及实行的以公有制为主体和多种经济成分共同发展方针的理论来源,从而具有重大现实意义。

一、《经济构成提纲》第一次提出以国营经济为主体和五种经济成分都应发展的思想

张闻天在《经济构成提纲》中,在对新民主主义经济构成的五种经济成分即国营经济、合作社经济、国家资本主义经济、私人资本主义经济和小商品经济的性质、地位和发展前途及其相互关系进行具体深入分析的基础上,在最后一节作了总体分析,提出了新民主主义经济建设的基本方针和阶级路线。他说:"一般说来,所有上述的五种经济成分,现在都应加以发展,但在发展中,我们在经济政策上必须实行一条明确的阶级路线,这条路线应该是以国营经济为主体,紧紧依靠群众的合作社经济,改造小商品经济,利用私人资本主义经济,尤其是国家资本主义经济,防止与反对商品的资本主义经济所固有的投机性与破坏性。"[②]这是张闻天《经济构成提纲》一文的结论,也是核心和精华所在。在这里,张闻天指出了我国从新民主主义

---

① 《张闻天社会主义论稿》,中共党史出版社1995年版,第74—99页,《张闻天选集》,人民出版社1985年版,第396—417页。

② 《张闻天社会主义论稿》,第83页。

向社会主义转变时期社会经济构成的总格局。其要点是：第一，强调了五种经济成分都应该同时加以发展；第二，强调了国营经济在国民经济中的主体地位，并将合作社经济视为依靠对象，这就突出了发展社会主义公有经济的重要性；第三，对于大量的独立的私有的小商品经济采取改造的方针，把它们组织起来向合作社经济的方向发展；第四，对于有利于国计民生的私人资本主义经济和国家资本主义经济，允许其存在和发展，要加以利用，使之成为国营经济的帮手，但对于资本主义经济的投机性和破坏性要加以防止和反对。其根本点就是：在我国新民主主义革命胜利后，社会经济发展的基本方针将是，以国营经济为主体，五种经济成分都应加以发展。富有启发意义的是：首先，它没有为新民主主义向社会主义转变的过渡时期设定下限时间，没有指出上述方针应该执行到何时宣告结束。这就意味着，上述发展新民主主义经济的基本方针，将是在一个较长时期内都应执行的方针。其次，它没有明确提出在发展国营经济和合作社经济的同时，要消灭私人资本主义经济和个体经济的任务。所有这些，正是张闻天新民主主义经济构成思想中最具有生命力和现实意义所在。

在新中国成立前，党中央领导人在我国社会经济构成的分析上和采取方针的问题上，认识是比较一致的。当张闻天撰写的《经济构成提纲》报送中央以后，得到毛泽东、刘少奇的赞同，并经刘少奇精心修改后下发征求意见，就是一个证明。当时，毛泽东、刘少奇以及张闻天等人，根据中国革命分两步走（即第一阶段进行新民主主义革命以建立新民主主义社会，第二阶段进行社会主义革命以建立社会主义社会）的理论，都认为新民主主义革命胜利后建立起来的“新民主主义社会”“新民主主义国家”的经济构成将是一个多种经济成分并存的局面，其中国营经济是社会主义性质的、领导地位的经济，合作社经济也带有社会主义性质，对私人资本主义经济要加以利用，对个体经济则要进行改造。这里要提一下刘少奇的有关论述。1948 年 9 月和 12 月，他在中共中央政治局会议上的讲话和在华北财政经济委员会上的报告中，强调指出新民主主义经济是过渡性质的经济，将来要过渡到社会主义，但现在不能过早地采取社会主义政策，从新民主主义过渡到社会主义可能需要 10 年到 15 年。当时毛泽东赞成刘少奇的意见，认为无产阶级向资产阶级何时开始全线进攻，也许全国胜利后还要 15 年[①]。1949 年 6 月，刘少奇在他写的一份党

① 参见《刘少奇论新中国经济建设》，中央文献出版社 1993 年版，第 1—8、44—57 页。

内报告提纲《关于新中国的经济建设方针》中提出：在新民主主义社会，"五种经济成分……都应加以鼓励，使其发展。但在这种发展中，必须以发展国营经济为主体。"并再次重申，他反对"冒险主义的倾向"，不赞成"过早地、过多地、没有准备地去采取社会主义的步骤"①。

二、新中国成立后党在社会经济构成上执行方针的曲折过程回顾

为了理解张闻天关于新民主主义经济建设基本方针的现实意义，有必要对新中国成立以后党在我国社会经济构成上执行方针的变化过程作简单的历史回顾。

全国解放后，党中央领导人的想法一开始并没有大的改变。1951年7月，刘少奇在《春耦斋讲话》中进一步强调了以前的思想，认为在新中国成立后的十年经济建设中，"五种经济成分都要发展。各得其所才能合作，因此五种经济成分的基本关系不能有大的变化"。他还提出，进入社会主义要采取两个步骤，即实行工业国有化和农业集体化。他预计，"采取社会主义步骤，少则十年、多则十五年，二十年恐怕不要。"②1952年9月，毛泽东在中央书记处会议上首次提出向社会主义过渡问题，认为从现在就要开始，用10年到15年的时间基本上完成到社会主义的过渡。1953年2月，他在中央书记处的会议上讲话，认为过渡时期的步骤就是走向社会主义，要在10年到15年或更多一点时间内，基本上完成国家工业化及对农业、手工业、资本主义工商业的社会主义改造。这是毛泽东在思想认识上的一个新变化，即认为从新民主主义到社会主义是一个渐变过程，需要采取逐步推进的社会主义改造的步骤和政策，大体用15年的时间完成这一过渡，而不是采取突变步骤，等到10年到15年以后才采取社会主义政策，再向资产阶级全线进攻。1953年6月，毛泽东在中央政治局会议上，对党在过渡时期的总路线作了比较完整的表述。同年12月，经毛泽东审改、中共中央批准的《关于党在过渡时期总路线的学习和宣

① 《刘少奇论新中国经济建设》，第146、149页。

② 《刘少奇论新中国经济建设》，第206、209页。

传提纲》中的表述是："从中华人民共和国成立，到社会主义改造基本完成，这是一个过渡时期。党在这个过渡时间的总路线和总任务，是要在一个相当长的时期内，逐步实现国家的社会主义工业化，并逐步实现国家对农业、对手工业和对资本主义工商业的社会主义改造。"提纲还具体指明过渡时期的起止时间，说要完成这个任务，大约需要经过三个五年计划 15 年时间，即从 1953 年算起，到 1967 年基本上完成，加上经济恢复时期的三年，则为 18 年。

实际上，1955 年夏季以后，由于毛泽东批判了邓子恢在农业合作化问题上的所谓"小脚女人走路"和"右倾错误"以后，全国对农业、手工业和资本主义工商业的社会主义改造加速进行，并急促完成。到 1956 年底，加入合作社的农户占农户总数的 96.3%，其中参加高级社的农户占农户总数的 87.8%；参加手工业合作社的手工业从业人员占全体手工业人员的 91.7%；全国私营工业户数的 99%和私营商业户数的 82.2%分别纳入公私合营或合作社的轨道，资本主义经济在国民收入和工业总产值中的比重下降到接近于零。这就是说，大体只用了 3 年的时间就完成了原定 15 年完成的任务。后来，1958 年"大跃进"和人民公社化运动的兴起，1959 年的反对彭德怀、张闻天等人右倾机会主义的斗争，以及从 1966 年开始的"文化大革命"，在社会生产关系上，在国民经济构成上，一味地追求"一大二公三纯"，不断地搞生产资料所有制的升级和过渡，批资本主义道路，割资本主义尾巴。在农村，不仅初级社升高级社，而且由小集体所有制升大集体所有制，并一度要想把集体所有制过渡到全民所有制。在城镇，也搞小集体变大集体，大集体变国营，公私合营变国营。这样，原先残留下来的少量个体经济和资本主义经济也荡然无存了，社会主义所有制成为我国社会和国家的唯一的经济基础，多种经济成分同时并存和发展的局面已不复存在了。

以 1978 年 12 月召开的十一届三中全会为起点，在这以后党对我国社会经济构成的理论认识和实行方针都有了重大变化。邓小平在创立建设有中国特色社会主义理论的过程中，对我国现阶段社会经济成分的分析上，提出了以公有制为主体、其他经济成分为补充的思想。他在 80 年代中期发表的《一靠理想二靠纪律才能团结起来》《改革是中国发展生产力的必由之路》《在中国共产党全国代表会议上的讲话》《社会主义和市场经济不存在根本矛盾》和《答美国记者迈克·华莱士问》

等讲话和谈话中,曾多次论述过这个问题。首先他强调指出,“公有制占主体”“是我们所必须坚持的社会主义的根本原则”。[①] 公有制包括全民所有制和集体所有制。在他看来,只有坚持公有制为主体,才能保证我国的社会主义性质,坚持社会主义方向;才能实现共同富裕,避免两极分化;才能保证社会主义生产目的的实现,最大限度地满足人民的物质文化需要。其次他还提出,在以公有制为基础和主体的前提下,应当“允许个体经济发展”,“允许中外合资经营和外资独营的企业发展”,“在小范围内容许资本主义存在”,“这些都是对社会主义经济的补充”,“都是服从于发展社会主义经济这个总要求的”[②]。因为这样做,有利于调动各方面的积极性,促进生产力的发展;有利于吸收外国资金,学到先进的技术和好的管理经验;有利于扩大劳动就业;有利于增加国家税收。总之,“这样做不会也不可能破坏社会主义经济”,相反地“有利于壮大和发展社会主义经济”[③]。

对我国社会主义经济构成分析和实行方针的变化,在党的十一届三中全会以后的历次重要会议的文献中也有所论述。1981 年 6 月召开的党的十一届六中全会通过的决议确认,我国的社会主义制度还处于初级阶段,社会主义生产关系的变革和完善必须适应生产力的状况,国营经济和集体经济是我国基本的经济形式,一定范围的劳动者个体经济是公有制经济的必要补充。1982 年 9 月召开的党的十二大的政治报告,则提出了“坚持国营经济的主导地位和发展多种经济形式的问题”[④],肯定国营经济在整个国民经济中居于主导地位,劳动人民集体所有制的合作经济是农村的主要经济形式,城镇手工业、工业、建筑业、运输业、商业和服务业的相当部分应由集体举办,城镇居民集资经营的合作经济应给以支持和指导,城乡的个体经济作为公有制经济的必要有益补充应鼓励其适当发展。1987 年 7 月召开的党的十三大的政治报告,比较系统地阐述了社会主义初级阶段的理论和党在这个阶段的基本路线,提出了“在公有制为主体的前提下继续发展多种所有制经济”的任务,认为社会主义初级阶段的所有制结构,“应以公有制为主体”,继续鼓励城乡合作经济、个体经济和私营经济发展,认为私营经济是“公有制经济必要的和

---

① 《邓小平文选》第 3 卷,第 111 页。

② 《邓小平文选》第 3 卷,第 110、103、111、138、142 页。

③ 《邓小平文选》第 3 卷,第 139、103 页。

④ 《十二大以来重要文献选编》上册,人民出版社 1986 年版,第 20 页。

有益的补充”，中外合资企业、合作经营企业和外商独资企业，“也是我国社会主义经济必要的和有益的补充”①。1992 年 10 月召开的党的十四大的政治报告，系统地阐述了建设有中国特色社会主义的理论，确定“经济体制改革的目标，是在坚持公有制和按劳分配为主体、其他经济成分和分配方式为补充的基础上，建立和完善社会主义市场经济体制。”“在所有制结构上，以公有制包括全民所有制和集体所有制经济为主体，个体经济、私营经济、外资经济为补充，多种经济成分长期共同发展，不同经济成分还可以自愿实行多种形式的联合经营。”②

三、社会主义初级阶段和过渡时期经济构成和实行方针的比较

把当前我国社会主义初级阶段实行的以公有制为主体、多种经济成分长期共同发展的方针，同四十多年前张闻天、刘少奇提出的新民主主义社会或过渡时期要以国营经济为主体、五种经济成分都应发展的方针进行比较，它们是相似和吻合的。那么，这两者是否有联系？有何异同？我国不少学者对此作了阐述。

一种观点认为过渡时期和社会主义初级阶段是我国社会发展的不同阶段，它们的主要矛盾不同，因而党和国家对不同经济成分应采取不同方针。过渡时期的主要矛盾是社会主义道路和资本主义道路、无产阶级和资产阶级的矛盾，要解决这个矛盾，就要改造非社会主义经济成分，把多种经济成分变为单一的社会主义经济成分。社会主义初级阶段的主要矛盾是人民日益增长的物质文化需要同落后的社会生产之间的矛盾，要解决这个矛盾，就要以公有制为主体、多种经济成分长期共同发展，促进社会生产的发展。这种看法似可商榷。历史阶段是依据社会主要矛盾划分的，而某一阶段的主要矛盾是根据当时社会生产力（社会经济发展水平）和社会生产关系（社会经济构成）的状况及其矛盾情况确定的。因此，正确分析和认识一个历史阶段上的生产力和生产关系及其矛盾的状况，是确定某主要矛盾的唯

① 《十三大以来重要文献选编》上册，人民出版社 1991 年版，第 31—32 页。

② 江泽民：《加快改革开放和现代化建设步伐夺取有中国特色社会主义事业的更大胜利》，人民出版社 1992 年版，第 14、23—24 页。

一根据。新中国成立以后历史阶段的划分及其主要矛盾的分析有进一步研究的必要。过去的传统观念是把社会主义道路和资本主义道路的矛盾,与人民日益增长的物质文化需要同落后的社会生产的矛盾,绝对地对立起来。其实,一个社会的矛盾是多种多样的,它们反映社会的不同领域和不同方面的矛盾:有主要反映社会生产力状况的,如生产和消费的矛盾,人民的物质文化需要同落后的社会生产的矛盾就属于这方面的矛盾,这是任何社会都存在的一个矛盾,也是新中国成立以后贯穿于各个历史阶段的一个主要矛盾;还有主要反映社会生产关系方面的,社会主义道路和资本主义道路的矛盾属于这方面的矛盾,这是从新民主主义到社会主义的过渡时期和社会主义初级阶段都始终存在的一个矛盾。当然,这两个矛盾并不是彼此孤立存在的,而是相互联系、相互影响的。但是它们绝不是相互对立的,也不是彼此可以替代的。我赞成新中国成立以后社会主要矛盾双重性的观点。新中国成立以后到现在的实际情况是,上述两个矛盾都是始终存在的。在过渡时期,既有社会主义道路和资本主义道路的矛盾,也有人民日益增长的物质文化需要同落后的社会生产的矛盾。前者是第一位的矛盾,后者是第二位的矛盾。在社会主义初级阶段,也有这两个矛盾,只不过位置改变了,人民日益增长的物质文化需要同落后的社会生产的矛盾上升为第一位的矛盾;至于社会主义道路和资本主义道路的矛盾虽然基本解决了,但无产阶级和资产阶级的矛盾和斗争仍然在一定范围内存在,也不可以掉以轻心,但它已经下降为第二位的矛盾。过渡时期和社会主义初级阶段在经济构成方面的相似或相吻合的情况,用主要矛盾单一性的观点不能解释,而用主要矛盾双重性的观点则能予以说明。因此,传统的过渡时期和社会主义初级阶段主要矛盾不同的论点,不能作为它们在经济构成上和实行不同方针的根据和证明。

另一种观点是所谓社会主义经济成分在国民经济中是否占优势或占统治地位,乃是过渡时期和社会主义阶段在经济构成上有所区别的标志,这种意见是说,过渡时期经济构成中,社会主义经济成分并不占优势或统治地位,而在社会主义初级阶段经济构成中,社会主义经济成分占了优势或统治地位。有人正是据此提出了"非复归论",认为目前实行的以公有制为主体、多种经济成分同时发展的方针,是社会主义前进的需要,决不是像新中国成立初期那种社会主义公有制尚未在城乡占统治优势的新民主主义的复归。有人也据此提出了"补课论",认为十一届三中全会以后,逐步恢复和发展私人经济,发展多种经济成分等举措带有补新民主主义课的意义。这种观点实际上否认社会主义初级阶段经济构成多样性的必然性,还是社会主义所有制是社会主义的唯一经济基础的传统观点。

其实,过渡时期前期和后期的情况并不一样,在前期社会主义经济可能不占优势,而到后期社会主义经济则占了优势。从我国实际情况来看,到三年国民经济恢复时期结束时,也就是提出党的过渡时期总路线的1952年,在国民经济中,社会主义经济在工业、商业和农业中已经取得了决定性的重大发展。据刘少奇于1952年10月去苏联出席苏共十九大时,受毛泽东委托写给斯大林的信中提供的材料:在当时,在工业总产值中,国营企业占67.3%,私人企业只占32.7%,生产手段生产中国营已占82.8%;在商业经营总额中,国营加合作社经营占62.9%,私人经营占37.1%,零售商业中私人经营占67%;至于铁路、银行则几乎全是国营,进出口贸易中私人经营极少;在农业中参加互助合作运动的农民已有40%,在老解放区则有70%~80%。[①] 另据后来国家统计局正式公布的材料:在过渡时期,在工业总产值中,全民所有制和集体所有制加公私合营工业的比重,1952年为48.8%,1957年为99.1%;私营和个体工业的比重,1952年占51.2%,1957年占0.9%。在社会商业零售总额中,全民所有制和集体所有制加公私合营商业的比重,1952年占34.8%,1957年占94.5%;私营和个体商业的比重,1952年占65.2%,1957年占5.5%。从以上材料可以看出,在提出过渡时期总路线的1952年,社会主义经济已经开始居于举足轻重的地位;到了1957年,社会主义经济成分已经成为社会经济的唯一基础,非社会主义经济成分已微乎其微了。今年5、6月份,江泽民同志在上海、长春召开的企业座谈会上的讲话中,对社会主义公有制的主体地位和国有经济的主导作用作了新的解释。他说:"从总体上看,公有制的主体地位和国有经济的主导作用,主要体现在国家所有和集体所有的资产在社会总资产中占优势;体现在国有经济控制国家的经济命脉;体现在国有经济对国民经济发展的导向作

① 参见刘少奇:《关于中国怎样从现在逐步过渡到社会主义去的问题》(1952年10月20日),载《党的文献》1988年第5期。

用。”[①]当然,公有制的主体地位和国有经济的主导作用,要以一定的比重为基础,但并不一定体现在它们的国内生产总值、工业总产值、农业总产值和社会商品零售总额中的比重都占绝对优势。用这种观点来衡量,我国从过渡时期开始,公有制经济的主体地位和国营经济的主导作用就已经初步确立了。十一届三中全会以后到现在,公有制经济固然有了进一步发展,但其他经济成分则有更大更快发展,因此公有制经济和国有经济在国民经济中的比重已有所下降,但它们的主体地位和主导作用并没有被削弱。顺便指出,公有制经济的主体地位和国营经济的主导作用,必须有其他经济成分处于从属地位和起补充作用才能存在。像 1957 年到 1978 年期间,公有制经济一统天下,非公有制经济几乎绝迹,没有了从属的补充的经济成分,主体经济也就不成其为主体了。

迄今为止,许多学者都否认社会主义初级阶段同过渡时期在经济构成和实行方针上有相同和相通之处,否认现阶段实行的以公有制为主体、多种经济成分同时发展的方针同过去张闻天、刘少奇提出的以国营经济为主体、五种经济成分都应发展的方针之间有历史的和现实的联系。对此,我们需要作比较和辨析。

历史是不会倒退的,也不会完全重复。过渡时期和社会主义初级阶段的经济构成,就其以公有制(或国有经济)为主体、多种经济成分并存和同时发展这一点来说,它们是吻合的,但历史毕竟前进了四十多年,所以它们的情况也不会一模一样。它们的差异主要是:第一,国民经济的规模和发展水平不同。在新中国成立后,经过三年经济恢复时期和第一个五年计划的建设,国民经济有了很大发展。后来,又经过几个五年计划的建设,特别是十一届三中全会以后,我国国民经济快速发展,现在不论在国内生产总值、社会总资产规模、产业结构、产业现代化水平,都同过去不可同日而语,比过去增大了很多倍,在有些方面已经提高到当代先进水平;其中国有经济和公有制经济也随之增大和提高,更加掌握和控制了国家的经济命脉。在电力、石油天然气、石油加工、冶金、交通运输和大型成套设备制造、化工等关系国计民生的重要行业中,国有经济都占有绝对的支配地位。在金融、通信、铁路、航空等属于国家经济命脉的领域,更是控制在国家手里。第二,国民经济构成的类型也不完全相同。过渡时期只有前面已经提到的五种经济成分。在现阶段,按照国

① 《人民日报》1995 年 7 月 13 日。

家有关部门制定的经济类型划分新标准，我国社会经济成分有九种类型：国有经济、集体经济、私营经济、个体经济、联营经济、股份制经济、外商投资经济、港澳台投资经济、其他经济。现在的这九种经济成分同过渡时期的五种经济成分相比较，其基本方面是相同的，但由于改革开放的进展，而使国民经济构成更具有丰富的多样性。第三，社会主义经济成分和非社会主义经济成分在国民经济中的比重不尽相同。在过渡时期，社会主义经济的比重逐步增大，以致一统天下；非社会主义经济的比重不断缩小，以致最后被消灭。在社会主义初级阶段，多种经济成分长期并存和同时发展，社会主义公有制经济要保持主体地位，国有经济要保持主导作用，它们还要不断发展壮大，但在整个国民经济中的比重可能会下降；非社会主义经济也要发展，其数量和比重可能会上升。在1994年，在工业总产值和商品零售总额中，国有企业的比重已不到50%。第四，非社会主义经济成分在国民经济发展中的地位和作用不同。在过渡时期，对非社会主义经济成分实行利用、限制和改造的方针，一方面要利用其有利于国计民生的积极作用；另一方面要限制其不利于国计民生的消极作用，最后则要通过改造的各种形式缩小之以至消灭之。在社会主义初级阶段，非社会主义经济成分，包括个体经济、私营经济、外资经济等是作为社会主义经济的补充而存在，要长期利用和发挥其积极作用，并将之引导到社会主义经济发展的轨道中来。第五，各种经济成分发展趋向和目的不同。在过渡时期，社会经济构成发展的趋势是，非社会主义经济逐渐缩小，并最后被消灭；社会主义经济逐渐壮大，并最后成为社会经济的唯一基础，其目的是在我国基本上建立起社会主义制度，为实现国家工业化服务。在社会主义初级阶段，一方面要保持公有制的主体地位和国有经济的主导作用；另一方面非社会主义经济成分要长期存在和发展，其目的是迅速发展我国生产力，增强综合国力，巩固社会主义制度，为建设中国特色社会主义和实现国家现代化服务。

四、我国实行以公有制为主体和多种经济成分长期同时发展方针的根据

我认为，我国过渡时期和社会主义初级阶段在经济构成上尽管有上述种种不

同,但那些只是非本质的差别,而在本质上是一致或相同的。我们应该面对现实,坚持实事求是的思想路线,以实践作为检验真理的标准,来审视过去发生和现在存在的实践和理论。我认为,张闻天、刘少奇主张的在新民主主义社会或过渡时期要实行以国营经济为主体和五种经济成分都应发展的方针,同当前社会主义初级阶段要实行公有制为主体和多种经济成分同时发展的方针,它们在本质上之所以相同,是由我国国情和社会生产力状况所决定的;或者说,其原因和基础就在于它们在社会生产力状况方面具有共同性。

中国的马克思主义者是主张在我国消灭私有制,建立社会主义和共产主义社会的。但是它的实现并不取决于人们的主观愿望,而最终是由社会生产力状况决定的。马克思和恩格斯早在19世纪40年代所写的《德意志意识形态》中就指出,要消灭私有制,建立共产主义,必须"以生产力的巨大增长和高度发展为前提","如果没有这种发展,那就只会有贫穷的普遍化";同时,"只有随着生产力的这种普遍发展,人们之间的普遍交往才能建立起来",共产主义才能在全世界取得胜利[①]。恩格斯在《共产主义原理》一文中也认为,只有把现有生产力扩大到必要程度才能建立公有经济。因此,私有制不能一下子废除,"只有在废除私有制所必需的大量生产资料创造出来之后才能废除私有制。"[②]邓小平在80年代的许多讲话中反复强调:"马克思主义的基本原则就是要发展生产力。马克思主义的最高目的就是要实现共产主义,而共产主义是建立在生产力高度发展的基础上的。社会主义是共产主义的第一阶段,是一个很长的历史阶段。社会主义的首要任务是发展生产力,逐步提高人民的物质和文化生活水平……贫穷不是社会主义,社会主义要消灭贫穷。"[③]

我国实际情况怎样呢?旧中国是一个半封建半殖民地社会,生产力十分低下,经济非常落后。全国解放以后,尽管经济发展速度很快,全社会资产、经济总量和现代化水平都有大幅度提高,国家的综合经济实力有了巨大增长。但是不能否认,到现在为止,我国社会生产力水平还不高,仍然还是一个发展中国家,人均国民收

---

① 《马克思恩格斯全集》第3卷,第39页。

② 《马克思恩格斯全集》第4卷,第366—367页。

③ 《邓小平文选》第3卷,第116页。

入属低收入国家。对此,邓小平实事求是地作了如下分析:“过去很长一个时期,我们忽视了社会主义阶段要发展生产力。”[①]他认为,新中国成立以后从1949年到1957年,这八年搞得比较好。从1957年起,我国生产力的发展非常缓慢。社会主义改造基本完成以后,还是“以阶级斗争为纲”,忽视发展生产力;到“文化大革命”中,更走到了极端。据他分析,1957年时,农民年平均收入为七十几元人民币。“从1958年到1978年整整二十年里,农民和工人的收入增加很少,生活水平很低,生产力没有多大发展。1978年人均国民生产总值不到二百五十美元。”[②]1987年10月召开的党的十三大政治报告中对我国生产力的落后状况作了具体阐述:“人口多,底子薄,人均国民生产总值仍居于世界后列。突出的景象是:十亿多人口,八亿在农村,基本上还是用手工工具搞饭吃;一部分现代化工业,同大量落后于现代水平几十年甚至上百年的工业,同时存在;一部分经济比较发达的地区,同广大不发达地区和贫困地区,同时存在;具有世界先进水平的科学技术,同普遍的科技水平不高,文盲半文盲还占人口近四分之一的状况,同时存在。生产力的落后,决定了在生产关系方面,发展社会主义公有制所必需的生产社会化程度还很低,商品经济和国内市场很不发达,自然经济和半自然经济占相当比重,社会主义制度还不成熟不完善。”[③]

我国社会生产力的这种状况,决定了我国社会还处于社会主义的初级阶段,也决定了这个阶段的所有制结构,只能实行以公有制为主体和各种经济成分同时发展的方针。我国社会主义初级阶段的理论和实践,实际上已经回答了以下两个问题:其一是,我国50年代过渡时期的国情和社会生产力的状态,比起召开党的十三大的80年代中期来,是处于更低的水平上,当然更要实行以公有制为主体和多种经济成分同时发展的方针,而不应该实行把社会主义所有制作为社会经济唯一基础的方针。因此,张闻天、刘少奇在40年代末提出的以国营经济为主体和五种经济都应发展的方针,不仅适用于建国以后的过渡时期,而且对于后来的社会主义初级阶段也具有很大的适用性和重大的现实意义。其二是,社会主义初级

① 《邓小平文选》第3卷,第157页。

② 《邓小平文选》第3卷,第115页。

③ 《十三大以来重要文献选编》上册,第10—11页。

阶段的所有制结构同过渡时期的经济构成，在本质上并没有不同，存在着内在的本质的同一性和继承性，其基础就是它们的生产力发展水平基本上处在同一发展阶段上。

五、对50年代我国对生产资料私有制社会主义改造得失的思考

如何评价过渡时期总路线提出的对农业、手工业和资本主义工商业的社会主义改造的任务，如何评价1956年全国绝大部分地区基本上完成了对生产资料私有制社会主义改造的成败得失？这些问题有进一步探讨的必要。

如前所述，我认为张闻天新民主主义经济构成思想及其发展方针的核心点是：在以国营经济为主体的同时，五种经济成分都要发展，即国营经济和合作社经济要发展，有利于国计民生的私人资本主义经济要利用，国家资本主义经济要大发展，小商品经济要改造。张闻天的上述主张中并没有只发展国营和合作社经济，而对其他经济成分要通过改造加以消灭的意思。而毛泽东提出的过渡时期的总路线中的“三改”任务，实质上是要通过改造而加以消灭，使社会主义所有制成为社会经济的唯一基础。在经过毛泽东审阅修改的《关于党在过渡时期总路线的学习和宣传提纲》中有这么一句话：“党在过渡时期的总路线的实质，就是使生产资料的社会主义所有制成为我国国家和社会的唯一的经济基础。”紧接着，毛泽东加写了如下一些话：“我们所以必须这样做，是因为只有完成了由生产资料的私人所有制到社会主义所有制的过渡，才利于社会生产力的迅速向前发展，才利于在技术上起一个革命，把在我国绝大部分社会中使用简单的落后的工具农具去工作的情况，改变为使用各类机器直至最先进的机器去工作的情况，借以达到大规模地出产各种工业和农业产品，满足人民日益增长着的需要，提高人民的生活水平，确有把握地增强国防力量，反对帝国主义的侵略，以及最后的巩固人民政权，防止反革命复辟这些目的。”[①]可见，毛泽东完全同意提纲原有的关于总路线的实质的论点，而且加以发

① 参见《社会主义教育课程的阅读文件汇编》(第一编)，人民出版社1957年版。

挥，认为使社会主义所有制成为我国社会唯一的经济基础，关系到发展社会生产力，实现国家工业化，提高人民生活水平，增强国防力量，巩固人民政权，反对帝国主义侵略和防止反革命复辟这一系列重大原则问题。要使社会主义所有制成为国家和社会的唯一经济基础，这就意味着要通过社会主义改造，消灭私人资本主义经济和个体经济。在这以后，毛泽东讲得更明确，就是所谓使资本主义和小生产在中国“绝种”。1995 年 10 月，他在七届六中全会的讲话《农业合作化的一场辩论和当前的阶级斗争》中说：“马克思主义是有那么凶哩，良心是不多哩，就是要使帝国主义绝种，封建主义绝种，资本主义绝种，小生产也绝种。在这方面，良心少一点好。我们有些同志太仁慈，不厉害，就是说，不那么马克思主义。使资产阶级、资本主义在六亿人口的中国绝种，这是一个很好的事，很有意义的好事。我们的目的就是要使资本主义绝种，要使它在地球上绝种，变成历史的东西。”[①]一般地说，毛泽东讲的这一观点并没有错，问题在于应该在什么时候和在什么条件下使资本主义和小生产在中国绝种。实践已经证明，在中国，不仅在 50 年代过渡时期，资本主义和小生产不应该绝种，就是在整个社会主义初级阶段也不能使之绝种。毛泽东把未来要达到的目的，提前到过渡时期来实现就不正确了。

正是在毛泽东的使资本主义和小生产在中国绝种思想的指导下，在严厉批判“小脚女人走路”和反对右倾机会主义斗争的推动下，对农业、手工业和资本主义工商业的社会主义改造，本来计划 15 年完成就过快了，实际上只用三年就于 1956 年基本上完成了，真的使资本主义和小生产在中国绝了种。后来毛泽东的认识有改变。1956 年底，他同工商界人士谈话，认为中国还需要实行一段“新经济政策”：“可以消灭了资本主义，又搞资本主义”；使地下私营工厂成为地上的，使之合法化，可以雇工；地下工厂还可以增加，开私营大厂，十年、二十年不没收；华侨投资的二十年、一百年不要没收；可以开投资公司，国营可以搞，私营也可以搞。[②] 也就是说，在我国所有制结构上，可以放松政策，在国营经济和集体经济为主体的前提下，可以在较长时期内少量保留和发展私营经济和个体经济，并引进华侨投资。可是，他的这些想法，后来在实践中并未贯彻执行。

① 《毛泽东选集》第 5 卷，第 198—199 页。

② 参见薄一波：《若干重大决策与事件的回顾》上卷，中共中央党校出版社 1991 年版，第 433—434 页。

我国过渡时期的社会主义改造的成就不应完全否定，它是在一个几亿人口的大国进行的广泛的、复杂的、困难的、深刻的社会变革，得到绝大多数人民的拥护和赞同，没有发生大的社会震动、反抗和破坏，在我国基本上建立起社会主义制度。但是在社会主义改造中的缺点和错误也不能轻视。在对农业和手工业的改造中固然存在着“四过”，即“改造要求过急，工作过粗，改变过快，形式过于简单划一，以致在长期遗留了一些问题”；而在对资本主义工商业的改造中，不仅存在着“改造基本完成以后，对于一部分原工商业者的使用和处理不很适当”的问题，同样也存在上述对农业和手工业改造中的“四过”问题。我认为，过渡时期社会主义改造中的主要错误，从理论上说，就是那个作为指导思想的传统理论，即社会主义改造的目标，就是消灭私有制，使社会主义所有制成为社会的唯一的经济基础；在实践中，不顾社会生产力的发展状况，片面地追求社会主义生产关系的“大、公、纯”，把非社会主义经济成分通通消灭光。这也是前述“四过”错误的根源和实质。原先党的总路线学习和宣传提纲中所说的党在过渡时期的总路线的实质，正是社会主义改造中所犯错误的实质。要说改造的“要求过急”“改变过快”，就是把将来要消灭私有制的目的，过急过快地想在15年左右的过渡时期办成，而实际上却在3年内实现了。所以，“四过”的错误只不过是上述错误实质的具体表现。因此，对于社会主义改造中的错误，应该更清楚地加以表述和说明。

社会主义改造过程中的错误，主要应该由毛泽东负责，是他把对资产阶级“开始全线进攻”时间提前了，是他最早提出用10年到15年或更多一点时间基本上完成社会主义改造，是他批判了农业社会主义改造工作中的“右倾错误”，并在三年内完成了“三大改造”，是他提出了使“资本主义绝种，小生产也绝种”的极端观点。毛泽东的这个错误，也是他在探索适合中国特色的社会主义道路过程中犯的“左”的错误的开始。也就是说，毛泽东新中国成立后犯的“左”的错误，实际上从1955年下半年就开始了。很显然，党中央的其他领导同志，包括刘少奇、张闻天、邓子恢等的意见，同毛泽东的主张相比，要稳妥、正确得多。他们在过渡时期的时间上主张要长一些；在社会主义改造的步骤上，主张慢一些；在对待资本主义的问题上，主张要利用，并容许其有一定程度的发展；在对待个体经济的问题上，认为也可以发展，农业的社会主义改造要稳步前进；等等。回过头来看，新中国成立以后我们如果不实行“左”的方针,不急于使资本主义和小生产绝种,不采取“消灭了资本主义,又搞资本主义”,而是按张闻天《经济构成提纲》和刘少奇《春耦斋讲话》中提出的方针办,我国社会主义改造中的主要错误将会避免,缺点将会减少,我国社会主义经济建设将会取得更大成就。

原载《北京社会科学》1996 年第 4 期

张闻天的利用资本主义思想及其理论贡献

摘要：张闻天在长期的革命实践和理论研究中，论述了我国革命各个时期必须利用资本主义的问题，发表了许多重要独创见解，在很多方面发展、丰富了马克思列宁主义、毛泽东思想关于利用资本主义的理论。这是他留给后人的一笔宝贵的理论财富，特别是他在新中国成立前讲的我国新民主主义建设中以国营经济为主体的，包括资本主义经济在内的五种经济成分都应该加以发展的论点，社会主义经济要开放市场，自觉利用价值规律，建立有领导有调节的市场和价格的论点，至今仍有重大现实意义。

关键词：张闻天；利用资本主义；理论贡献

中图分类号：F120.3　**文献标识码**：A　**文章编号**：1005-2674（2001）01-26-06

张闻天是我国杰出的马克思主义理论家，我党在一个较长时期的重要领导人，并担任过其他许多重要领导职务；1959 年庐山会议后专门致力于马克思主义理论和国内现实问题的研究工作。在长期的革命实践和理论研究中，他运用马克思主义唯物史观关于生产关系一定要适合生产力发展状况这一根本原理，根据我国社会生产力十分低下这一基本国情，在深入调查研究掌握第一手材料的基础上，论述了我国革命各个时期必须利用资本主义的问题，发表了许多重要的独创见解，许多思想至今仍具有重大现实意义。

一、张闻天的利用资本主义思想的形成和发展

张闻天关于利用资本主义的思想有一个形成和发展的过程。1925 年 10 月，张闻天受党的派遣赴苏联学习，到 1931 年 2 月回国，共有五年多。先在莫斯科中山大学学习马克思列宁主义理论，1927 年 9 月毕业留校任教。1928 年 9 月入红色

教授学院深造，同时参与共产国际东方部的工作，这时除继续深入钻研马克思主义基本理论外，还关注中国革命问题的研究。深厚的马克思主义理论素养，是张闻天后来研究中国要利用资本主义思想形成的基础。

（一）新中国成立前民主革命阶段的三四十年代，张闻天主张利用资本主义来发展革命根据地经济和新民主主义经济

1. 在30年代土地革命战争时期，张闻天认为应该利用资本主义来发展中央苏区经济

1933年1月，张闻天进入江西中央革命根据地，任新成立的"中共中央局"常委兼宣传部长。在取得第四次反"围剿"战争胜利后，中央苏区曾有过一个相对稳定的发展时期。当时张闻天分管政府工作，在掌握根据地实际情况的基础上，撰写和起草了一些阐述根据地经济情况和经济政策的文章和文件。1933年4月写的，发表在中央局机关刊物《斗争》上的两篇文章《五一节与〈劳动法〉执行的检阅》和《论苏维埃经济发展前途》[①]，针对实际工作中发生的倾向，阐述了利用资本主义发展苏维埃经济的思想。他指出，我们党的任务是集中苏区的一切经济力量，帮助革命战争以争取胜利，同时巩固工农在经济上的联合，从经济上保证无产阶级领导，造成社会主义发展的前途。因此，"发展我们苏区的经济是目前的中心任务。"文章列举了发展苏区经济的措施和办法，其中一条就是利用资本主义。他说："要发展苏维埃的经济，在目前不尽量利用私人资本是不可能的。""这种资本主义的发展，目前不但对于苏维埃政权不是可怕的，而且对于苏维埃政权是有利的。"

张闻天认为，资本主义在苏维埃政权下的发展是不可避免的。这是因为：第一，发展私人资本主义经济，"可以增加我们苏区内的生产，流通我们的商品，而这对于苏维埃政权现在是极端重要的。"第二，当前苏维埃政府财力困难，没有足够资本发展国有大企业，经营大规模生产，利用私人资本是主要出路之一。第三，可以利用私人资本主义工商企业的"社会关系""线索"、经济力量和经营经验，来发展生产，流通苏区和白区的贸易。

---

① 张闻天文集[M]. 第1卷，343-350. 以下引自本文者不再注明出处。

张闻天还提出发展苏区私人资本主义的一些带有政策性的意见：第一，采取种种办法来吸引和鼓励资本家投资，使投资的私人工商企业“有利可图，而不是亏本”。第二，对资本主义要加以必要限制。要限制过度剥削，改良工人生活。对资本家企业家实行工人监督，防止进行反革命活动。征收累进的工业税和商业税，并抽取部分利润，以增加苏维埃财政收入。第三，要反对右的和“左”的两种倾向。要同机械地执行《劳动法》等“左”的倾向作斗争。否则就会损害苏区私人企业主利益，引起企业倒闭，业主逃跑，工人失业，经济凋零。

2. 40年代初抗日战争时期，张闻天认为抗日根据地应当允许农村资本主义发展，促进农村生产力提高

1942年1月至1943年3月，时任中共中央政治局委员、中央书记处书记的张闻天，率“延安农村工作调查团”赴陕北、晋西北农村进行社会调查。与此同时，中共中央于1942年1月28日发出《关于抗日根据地土地政策的决定》指出：“承认资本主义生产方式是中国现时比较进步的生产方式”，“富农是农村中的资产阶级”，“奖励资本主义生产与联合资产阶级，奖励富农生产与联合富农”[①]。1942年10月，张闻天根据晋西北农村实际情况，写了《发展新式资本主义》[②]一文，从理论和实际的结合上阐述了党中央政策精神，阐述了中国要发展资本主义的思想。

张闻天在这篇生前未公开发表的论文中，根据调查兴县的实际材料，得出这样一个基本认识：在农村，资本主义生产成分很微弱，封建生产成分还占优势。但农村已经分化，除少数富农、雇农外，大多数是中农、贫农，这是资本主义发展的土壤。但广大干部并不懂得什么是新式资本主义、新民主主义经济以及它们和社会主义的关系。张闻天对什么是新式资本主义作了说明：与欧美国家的资本主义不同，它受到以下两个条件决定和制约：第一，我们有革命政权和革命政策，调节社会各阶级的关系；第二，凡可以操纵国计民生的工商业，均掌握在国家手中。可见，新式资本主义实际上是在新民主主义政权和国家掌握国民经济命脉条件下的资本主义，是受到制约和限制的资本主义。这是新式资本主义的内涵，也是它的特点。为

① 中共中央文件选集[M].第13册.282.

② 张闻天文集[M].第3卷，184-187、328-333.

什么要发展这种新式资本主义，张闻天讲了两点理由：首先，资本主义生产方式比封建制度进步，可以使社会进步。例如在农村，进行资本主义生产，由富农雇用长工经营，可以集中使用土地，进行合理分工。富农和资本家有资本、土地和肥料，他们既经营农业、畜牧业，又经营工商业。这不仅提高了农产品产量，而且促进了商品经济发展和资本积累。其次，发展新式资本主义提高了社会生产力，这就为将来的社会主义打下基础。因此，张闻天提醒人们不要怕发展新式资本主义：一不要怕晋西北资本家、富农多。对于资本主义剥削，应该从它能够发展生产力和增加社会财富来看才妥当。二不要怕工人、雇农受苦。资本主义发展了，工人生活是会改善的。发达资本主义国家工人生活，比中国小地主好得多。

张闻天此文中的"新式资本主义"概念实际上是在双重意义上使用的：一与新民主主义同义；二指新民主主义经济下的私人资本主义。毛泽东在1944年的一次讲话中也在与新民主主义同义上使用过"新资本主义"①。后来，他在1948年9月中共中央政治局会议的报告中纠正了这个提法，认为"还是叫'新民主主义经济'好"②。因为"新资本主义"这个概念，没有指明在我国社会经济即新民主主义经济中还包括社会主义性质的国营经济、半社会主义性质的合作社经济，没有指明国营经济的领导和决定作用。

3. 40年代末全国解放战争后期，张闻天全面分析了东北的经济构成，认为应当利用国家资本主义和私人资本来发展我国新民主主义经济

1945年11月，张闻天来到东北，先后担任中共合江省委书记、中共中央东北局常委兼组织部长和东北财政经济委员会副主任、中共辽宁省委书记等职。这些经历对他了解东北经济实际情况和作出理论概括是非常有利的条件。在这期间，张闻天论述利用资本主义的思想，主要体现在1948年9月15日为中共中央东北局起草并上报中央的文件《关于东北经济构成及经济建设基本方针的提纲》（以下简称《提纲》）③中；此外在这前后的讲话和起草的文件中也包含有他的利用资本主义的思想。例如，在《提纲》以前，他于1946年11月为中共合江省委起草的《发展

① 见毛泽东文集[M].第3卷，110.

② 毛泽东文集[M].第5卷，139.

③ 张闻天文集[M].第4卷，17-28、106-115、429-437.

工商业的若干政策问题》[①]的决议，是全国各解放区中最早系统规定保护和发展私营工商业的政策文件；在《提纲》以后，他于1949年7月代表辽宁省委写给中共中央东北局的《关于东北私人资本主义的报告》[②]，阐述了中央关于贯彻公私兼顾、劳资两利方针以及现阶段对私人资本主义的政策主张，并明确指出当前实际工作中发生的种种"左"的偏向。在这个时期，张闻天提出的重要观点有：

第一，在新民主主义经济中，以国营经济为主体，包括国家资本主义和私人资本主义在内的五种经济成分都应该加以发展。《提纲》全面分析了东北全部解放后的社会经济构成，依次阐述了国营经济、合作社经济、国家资本主义经济、私人资本主义经济、小商品经济和秋林式经济的性质、地位和发展趋向及其相互关系后得出结论是："一般说来，所有上述的六种经济成分(后来刘少奇修改时舍去不占重要地位的秋林式经济成为五种经济成分——引者注)，现在都应该加以发展，但在发展中，我们在经济政策上必须实行一条明确的阶级路线，这条路线应该是以国营经济为主体，紧紧依靠群众的合作社经济，改造小商品经济，利用私人资本主义经济，尤其是国家资本主义经济"。

第二，国家资本主义是私人资本主义中最有利于新民主主义经济发展的形式。张闻天在1933年分析江西苏区经济发展前途时，就把当时还没有的国家资本主义作为一个范畴提了出来。在1948年的《提纲》中则指出，这种经济形式在东北已经开始出现，而且以后还会发展。它的具体形式有出租制、加工制、定货制和代卖制等等。他认为国家资本主义的特点是："国家为了经济上的需要，给私人资本家以进行生产或交换的一定的必要条件，而私人资本家利用这些条件从生产与交换活动中挣得一定的利润，是国家根据同资本家依自愿两利的原则所订立的合同，对资本家的活动进行必要的管理与监督。"他进一步指出，国家资本主义形式是国家从需要出发来利用资本主义并把私人资本置于国家管理与监督之下，使之成为国民经济建设计划的有机的一部分。因此，国家资本主义是"私人资本主义中最有利于新民主主义经济发展的形式"。"应该有意识地承认'国家资本主义'这个经济范畴，有意识地加以提倡、组织与扶助，特别在开始时，应给以优越的有利条件"。"在

① 张闻天文集[M].第3卷，184-187、328-333.

② 张闻天文集[M].第4卷，17-28、106-115、429-437.

新民主主义经济中，它应该成为私人资本主义发展的最有利的方向”。张闻天特别强调，在利用资本主义时，尤其是要利用国家资本主义这种形式。

第三，把必须要发展的私人资本引导到有利于国计民生的方向。早在1946年1月，张闻天起草的关于发展工商业的若干政策的文件就提出：“为繁荣工商业、改善人民生活、支持长期战争，必须承认，大量的吸收私人资本，发展私人资本主义，是非常重要的任务。”并提出公营资本和私营资本两个相对应的概念，主张公营资本应当从全局出发，调节私人资本的活动，补助私人资本的不足与缺陷，使之与整个社会发展的利益相符合。[①] 在1948年的《提纲》中进一步把私人资本主义经济作为东北经济构成的一个组成部分，要利用它，鼓励它发展，使它成为国营经济的一个“帮手”。他说，由于当前国营经济力量有限，合作经济不发展，战争和人民的需要，贸易的发展，私人资本主义的发展是必然的与必要的。凡是国营经济和合作社经济的力量所不及的地方，私人资本的发展在生产与交换上都有其建设的与积极的意义。“我们对于私人资本主义的方针，就是把必需要发展的私人资本，引导到有利于国计民生的方向。”与此同时，张闻天还以是否有利于国计民生作为标准提出不同政策：凡有利于国计民生的，要使之有利可图，都能生存与发展；否则就要使之无利可图，迫其转业。这也是鼓励与限制、联合与斗争的标准。

第四，坚决贯彻公私兼顾、劳资两利方针，给私人资本一定活动地盘和照顾，纠正“左”的偏差。全东北解放后，私人资本主义发展的条件发生很大变化，开始表现出停滞和萧条的状态，面临困难和歧路。张闻天提出，为了使私人资本循着新民主主义经济体系铺设的轨道前进，国家在经济建设计划中给私人资本指出一定的活动地盘，在原料和市场方面给以一定的照顾，并在税收政策、价格政策、劳动政策、运输政策、借贷政策等方面给以一定的有利条件。同时，检讨过去执行政策情况，纠正一切“左”的偏差极有必要。张闻天指出当时在对待资本主义问题上的“左”的偏差是：(1)侵犯正当私人工商业，损害私人资本家利益；在公私合办企业内，只顾公方利益，不顾私方利益。(2)发生片面工人福利观点，损害劳资两利原则。(3)为了税收，对私人工商业者进行过分的干涉和限制，甚至有“杀鸡取卵”的思想和表现。张闻天认为，坚决贯彻中央的公私兼顾、劳资两利方针非常必要，特别是要克

---

① 张闻天文集[M]. 第3卷，184-187、328-333.

服党内“‘左’比右好”的思想。

（二）新中国成立后社会主义建设阶段的60年代初，张闻天主张利用市场机制来克服当时经济困难和调节社会经济活动

庐山会议后被罢了官的张闻天，从1960年11月起到中国科学院哲学社会科学部经济研究所任特约研究员。那时，我国在“三大改造”基本完成和消灭了资本主义、小生产之后，又经历了“大跃进”和人民公社化运动，出现了严重的经济困难。从1959年下半年到1960年11月，中共中央连续发布一系列指示后，在恢复农民自留地和家庭副业的同时，农村集市贸易也逐步恢复和发展起来。1962年4—6月，张闻天到江苏、上海、浙江、湖南三省一市的20个县市的城镇进行调查研究后，针对当时集市贸易发展情况和存在问题，给中央报送了《关于集市贸易等问题的一些意见》（以下简称《意见》）[①]。张闻天自己说他的意见同中央现行办法差距不大，实际上他的意见是在当时历史条件下对我国经济体制改革提出的一个大胆建议。这个建议的核心，就是要进一步开放市场，要“自觉地运用价值规律和供求规律的调节作用”，逐渐建立“有领导和有调节的市场和价格”机制。

《意见》对当时集市贸易发展现状和存在问题的叙述，表明他对我国当时实行的经济调节机制是不满意的。关于这个问题，他讲了以下几点：(1)集市上进行贸易的商品品种和数量都少，国家管理太严、限制太死，使农民不能自由出卖自己的农副产品，买进所需物资。由于人为限制过多，助长了市场物价上涨，投机倒把现象增多。(2)在农副产品方面，国家禁止上市的一类物资和完成派购任务以前上市的二类物资，实际上已经进入自由市场；完全禁止一类物资上市，而国家收购价格又偏低，使粮农损失很多，连简单再生产也不能维持，不利于增加粮食生产。(3)在工业品方面，国家为了平抑物价或维持原定价格，致使不少轻工企业为了维持生产和职工生活，自动提价的较多；国家用高价出卖的商品品种正在增加，刺激了物价上涨，造成城市职工生活水平下降，引起他们不满。(4)参加集市贸易的成员增多，一部分农民、手工业者、城市中失业人员和下放职工及其家属和学生都参加了进

① 张闻天文集[M].第4卷，17-28、106-115、429-437.

来，这对活跃集市贸易起了积极作用，但也使投机倒把行为增多，资本主义自发势力有所发展等；同时，合作商店、夫妻店和专业小商小贩也重新活跃起来；再就是资本主义成分有生长趋势。(5)国营商业、供销合作社和手工业合作社也逐渐参加进集市贸易，开始起一定领导和调节作用。根据以上情况和问题，张闻天提出一个基本看法：集市贸易市场有扩大成为地区性市场，并成为一个地区经济活动中心的趋势，它要求突破妨碍物资交流和商品流通的各种人为限制和障碍。这是我国当前经济生活中必然要产生的一种客观趋势。

张闻天针对这种趋势提出以下具体建议：第一，扩大市场范围。有领导、有计划、有组织地使集镇贸易超出本地区范围，同其他有关地区发生物资交流关系。从而使集市贸易既成为本地区经济活动的中心，又成为全国市场的一个组成部分。参加集市贸易的人员，除直接生产者和直接消费者外，应该有国营商业、供销合作社、手工业合作社，还应该容许合作商店、夫妻店、个体手工业者和小商小贩参加买卖活动。张闻天的这个建议，实际上是一个有各种经济成分参加的跨地区的大市场。第二，增加上市交易商品的品种和数量。压缩农民义务交售农产品的数量和品种。农民在完成征购派购的交售任务后，有在集市上按照市场价格自由出卖包括一、二类物资在内的农副产品的权利。这样做，对农民和国家都有利。国家对城镇居民必要商品继续实行按低价定量供应的同时，所有商品(包括工业品)都可以一律按较高市场价格或特高价格在市场上出售。这样做既满足了城乡人民需要，又可以回笼货币。第三，改进市场管理。不要采取简单行政措施将市场管死，而要采取经济措施加以引导和利用。国营商业和合作社商业应积极活动，用“文明经商”的本领同私商竞赛(当时讳言竞争)。第四，由价值规律调节价格。要善于根据市场行情变化，掌握工农业产品价格的适当比例。国家的价格政策要尽量灵活主动，不要僵化被动。一种商品的价格只要有利于产供销三个方面，就可以认为适当。

张闻天认为，按照这些意见去做，既可以克服当时管理太严、限制太死的僵化的市场和价格机制的弊端，又可以消除“自由市场”和“自由价格”的消极影响，逐渐向有领导和有调节的市场和价格机制过渡。显然，建立有领导、有调节的市场和价格机制，是张闻天追求的理想目标。

二、张闻天的利用资本主义思想的理论贡献

1. 张闻天在党内很早就论述了利用资本主义的思想，40年代以后则在毛泽东的新民主主义经济理论的框架内创造性地发挥了这一思想

张闻天在我国革命的各个阶段都坚定地、始终如一地主张利用资本主义经济为我国革命服务。早在30年代初，当党的六大决议继续视民族资产阶级为敌人、党内"左"倾机会主义泛滥并主张没收民族资本主义工商业的时候，张闻天在1933年就提出并较详细地阐述了利用私人资本主义来发展苏区经济的问题。他是我党历史上最早提出并阐述"利用私人资本主义"这一重要思想的最高层领导人之一。当时张闻天主张利用资本主义的出发点，就是因为它有利于提高社会生产力。其必要性，首先因为它有助于发展当时落后困难的苏区经济，其次还因为它有助于造成社会主义发展前途。这是把马克思列宁主义普遍原理同中国苏区经济实际相结合而得出的正确思想。这一基本观点的提出在中国共产党内具有突破性意义。

在抗日战争时期，毛泽东在1940年前后发表的《中国革命和中国共产党》和《新民主主义论》中论述了中国资本主义也要有一定发展和提出新民主主义经济概念之后，张闻天接受了毛泽东的这些观点，此后就在新民主主义经济理论框架内进一步研究利用资本主义经济的问题。他在1942年写的《发展新式资本主义》一文，其主旨是说农村发展新式资本主义——富农经济，可以促进商品经济发展和农村生产力提高。就在这篇文章中，张闻天试图把他的新式资本主义同毛泽东的新民主主义经济统一起来，认为现在要实行的新民主主义，就是新式资本主义[①]。

到全国解放战争时期，张闻天在关于东北经济构成的《提纲》中运用毛泽东的新民主主义理论，全面具体地分析了当时东北存在的各种经济成分，主张利用国家资本主义和私人资本主义来发展新民主主义经济。他的这些分析得到党中央的重

① 张闻天文集[M].第3卷，184-187、328-333.

视，并被毛泽东在七届二中全会上的报告所吸收，特别是，张闻天在这个《提纲》中第一次提出的，在新民主主义经济建设中要以国营经济为主体，包括资本主义经济在内的五种经济成分都应该发展的思想，不仅在当时具有开创性，并被刘少奇所吸收和发挥，而且至今仍有重大现实意义，是我们党在十一届三中全会以后制定的社会主义初级阶段基本经济制度理论的来源之一。

张闻天在利用资本主义问题上一直注意反对右的和“左”的错误倾向，特别是“左”的倾向。在我国革命的各个阶段，他都提出要防止对私人工商业、富农的各种“左”的偏向，例如政府对私人企业限制、干涉过多，税负过重，工人的片面福利观点等等不符合公私兼顾、劳资两利方针而损害私方、资方利益的倾向。同时他还特别提醒人们要注意克服“‘左’比右好”的错误思想。张闻天的这些深刻见解具有警示意义。

2. 张闻天关于利用国家资本主义经济来发展新民主主义经济的思想，在我们党内具有首创意义，并被毛泽东、刘少奇所吸收

张闻天是我们党内高层领导人中最早提出国家资本主义这个范畴的。从现已公开的文献看，张闻天早在 1933 年 4 月写的文章中，就首次提到国家资本主义概念；1948 年 7 月 18 日，他在中共中央东北局召开的一次会议上的讲话①中，把国家资本主义作为新民主主义经济的第二种形式做了分析；两个月以后又在关于东北经济构成的《提纲》中对国家资本主义经济作了规范分析，要求人们承认“国家资本主义”范畴，刘少奇最早是在 1948 年九月会议上的讲话中分析新民主主义经济时，接受陈伯达的建议首次提到了国家资本主义经济，但未作分析，并认为这个名词不通俗②。毛泽东最早是在 1949 年 3 月党的七届二中全会上的报告中第一次将国家资本主义经济纳入新民主主义经济构成之中，但也未作分析。

张闻天也是我们党内高层领导人中最早对国家资本主义经济作出比较详细分析的领导人。他在 1948 年 9 月写的关于东北经济构成的《提纲》中，首次对国家资本主义经济这种形式的含义、性质、地位和作用进行了全面分析。张闻天的《提纲》

---

① 张闻天东北文选[M].黑龙江人民出版社，1990，185.

② 刘少奇论新中国经济建设[M].52-53、97.

报到中央后，刘少奇修改这个《提纲》时，对其中关于国家资本主义问题未作任何修改，表明他同意张闻天的分析。在这以后的几个月中，刘少奇在几次报告、讲话[①]中，也讲了国家资本主义经济问题，其分析与张闻天的分析基本相同。毛泽东到全国解放以后，特别是在1953年下半年，在许多场合[②]也讲了国家资本主义经济问题，其提法和表述比张闻天、刘少奇讲的更规范更科学。

3. 张闻天的利用市场机制调节社会主义经济的见解，把利用资本主义的思想提高到一个新层次、新高度

到60年代初，我国对资本主义工商业的社会主义改造已基本完成，资本主义经济被消灭作为伟大历史性胜利已成定论，被罢官的张闻天不可能再直接谈论什么利用资本主义的问题。深厚的马克思主义理论素养，使他对利用资本主义这一问题的研究和运用，自觉和不自觉地转向另一个层次，即资本主义制度所创造的一个积极成果——市场调节机制上来。问题很清楚，发达的商品生产和商品流通，完善的市场体系，以价值规律为主导的市场调节机制，是资本主义创造的一个极为重要的积极成果。我们过去在理论上也承认，在社会主义条件下存在商品生产和商品流通，需要市场，价值规律有重大作用。但是很少有人认识到，它们是资本主义市场经济创造的并留下的一个积极成果，殊不知我们承认、运用它们，就是利用、吸取和占有资本主义制度所创造的积极成果的一个重要方面。

张闻天在60年代初写的《关于集市贸易等问题的意见》，其内容和要求远远超过和大大突破对集市贸易的意见，实际上是针对当时高度集中的僵化的计划经济体制（具体说就是统一的计划市场和计划价格）的弊端，提出进一步开放市场和价格，对我国经济体制进行市场化改革的一个极具创见的建议。前面已经提到，张闻天《意见》的核心思想是，要求我国社会主义经济要自觉地运用价值规律和供求规律的调节作用，要逐步建立起有领导有调节的市场和价格机制。当然，用我们今天的认识来审视张闻天的建议，他的看法可能还不够深刻，意见可能还不很彻底，或者说还没有完全跳出当时计划经济的框架。但是在当时历史条件下，他能够提出

① 刘少奇论新中国经济建设[M]. 52-53、97.

② 毛泽东文集[M]. 第6卷，282、285-290、291-293.

这个建议,表明他对我国经济生活的深刻洞察力,是极具有前瞻性的真知灼见,在我们党内实不多见。我国在党的十一届三中全会以后改革开放的实践以及社会主义市场经济体制的建立,足以证明他的意见是多么难得,多么珍贵。张闻天是我国社会主义市场经济体制的先行探索者。

原载《当代经济研究》2001 年第 1 期

张闻天在《资本论》研究方面的贡献及其现实意义

——读《张闻天社会主义论稿》

一、杰出的马克思主义经济学家

过去人们只知道张闻天是一位杰出的无产阶级革命家、政治家，但对于他还是一位杰出的理论家，在经济学方面有很深的造诣，并不十分了解。新近中共党史出版社出版的《张闻天社会主义论稿》一书，给人们认识和研究张闻天提供了新材料，表明他对政治经济学基本理论，特别是对社会主义经济问题有全面深入的研究，是一位富有创见的、勇于探索和坚持真理的马克思主义经济学家。

为什么这样说呢？这是因为：第一，张闻天的马克思主义经济学的功底是很深厚的。他对马克思、恩格斯、列宁、斯大林的经济学著作十分熟悉，特别是对《资本论》有深刻理解。第二，张闻天对社会主义经济学研究的范围是相当广泛的，在所有重大理论问题上都发表过自己的见解。这包括：社会主义经济学的对象和方法，生产力和生产关系的辩证关系，经济规律的客观性，政治和经济的关系，社会主义社会的基本矛盾和主要矛盾，过渡时期的经济构成，社会主义社会要以经济建设为中心，国民经济按比例发展和综合平衡，社会主义价值规律和市场，社会主义扩大再生产，社会主义按劳分配，等等。第三，张闻天在经济学研究方面提出了许多有价值的新见解。其中最具创见的思想主要是：(1)关于新民主主义经济构成思想。他实际上提出了新中国的经济构成和党的基本经济政策，为制定我国过渡时期总路线提供了理论依据。(2)关于生产关系的两重性的思想。他对生产关系的内涵进行了全新的研究，提出了生产关系的两重性及其对立统一关系的新见解。在其他方面，诸如社会主义经济规律、社会主义条件下政治和经济的关系等问题上，他也发表了许多精辟见解。第四，张闻天留下了大量研究社会主义经济学的文稿。他在庐山会议以后，实际上被剥夺了发表和出版自己论著的权利，但依然孜孜研究，辛勤写作。从1959年被“罢官”到“文化大革命”开始之前的七年中，他撰写的文稿约80万字，其中标明“社会主义经济学笔记本”字样的就有九个之多。“文化大革命”中写的“肇庆文稿”，其中大多也是关于社会主义经济问题的。第五，张闻天的理论研究有很强的针对性和现实性。他从我国社会主义经济发展中迫切需要解决的实际问题出发，进行理论探索，并提出了自己的见解和建议。他于1959年庐山会议以后对社会主义经济学的研究，是针对1957年以后毛泽东的“左”的错误的；“文化大革命”中的理论研究，则是针对林彪、“四人帮”的极“左”路线的。第六，张闻天在理论研究中具有坚定的共产主义信念和大无畏的理论勇气。他在庐山会议上的发言及其表现，永远是共产党人、马克思主义理论工作者的楷模。他以后撰写的研究论文、研究报告等报送党中央和毛主席后，虽未引起重视，但并不气馁，依然坚持不懈地研究。“文化大革命”中，他处于被“监护”和“遣送”的险境，冒着受进一步迫害的危险，但依然写下了批判林彪、“四人帮”的文稿。

张闻天的社会主义经济思想，是一笔宝贵的理论财富，有很大的理论意义和现实意义，应该加以认真研究，并予以继承和发扬。

二、对《资本论》研究的贡献

张闻天十分重视马克思主义基本著作的学习和宣传。1939年，张闻天在主管宣传、干部教育和马列学院工作期间，亲自组织了一个《资本论》学习小组，参加者有王首道、多年研究《资本论》的王学文、《资本论》早期版本译者王思华、马列著作翻译家吴亮平和何炳麟、哲学家艾思奇以及邓力群等十来个人。他们隔周学习讨论一次，用了一年多的时间学完了第一卷。每次学习都由张闻天主持，小组成员轮流作学习各章的中心发言人，讲心得体会，张闻天带头讲了学习第一篇的有关问题。大家学习十分认真，为了正确理解原著基本精神，经常把德文版与中、英、俄、法、日文等版本对照起来学习和研究。[①]

---

① 参见程中原：《张闻天传》，当代中国出版社1993年版，第442页。

张闻天的大量经济学论著也表明，他对马克思主义政治经济学特别是《资本论》有着深刻理解，并能创造性地加以运用，从而做出了重大贡献。在老一辈无产阶级革命家当中，张闻天是精通《资本论》的突出代表之一。他在经济学基本理论研究方面能够做出独特贡献，在我国社会主义经济问题上能够发表并坚持正确意见，应该说是得益于对《资本论》和其他马克思主义经济学著作的深入钻研并致力于实践。

张闻天在研究《资本论》方面所取得的最重要的贡献，我认为有以下两点：

第一，提出了生产关系的两重性的思想。1963 年 4 月，张闻天写了《关于生产关系的两重性的问题》[①]一文。这是他在深入研究马克思的《〈政治经济学批判〉导言》《〈政治经济学批判〉序言》和《资本论》的基础上，运用马克思的科学方法论，特别是关于一般和特殊、内容和形式、抽象和具体的辩证思想，对生产关系理论进行创造性的研究而写作出来的。他不仅从对《资本论》的研究中提出生产关系两重性的认识，而且认为《资本论》这部著作就是研究资本主义生产关系两重性的。他说："关于资本主义生产关系的两重性及其内在矛盾的发展规律，正是马克思在《资本论》中所研究的主题。"[②]

在这篇论文中，张闻天对生产关系本身进行了解剖分析，把它区分为两重性：其一是生产关系一般性，即直接表现生产力的生产关系，它具有连续性、继承性等特点；其二是生产关系特殊性，即表现所有关系的生产关系，它具有历史性、暂时性等特点。这是对生产关系范畴的全新的创造性的探索，为历史唯物主义的研究，为政治经济学及其对象问题的研究，提供了一个新视角，从而发展了马克思主义，并具有重大理论意义和现实意义。这是一个极具创见性的思想，它给人们以启发，打破了过去一些传统看法。首先它有助于打破过去那种认为生产关系都体现阶级关系，资本主义生产关系同社会主义生产关系是完全对立，没有共性，只能全部否定，不能继承的传统观念；与此相联系还可以打破过去那种认为马克思主义经济学和西方经济学、社会主义经济范畴和资本主义经济范畴是完全对立，不能相容，对后者只能彻底批判，不能吸收和借鉴的传统观念。

---

① 《张闻天社会主义论稿》，中共党史出版社 1995 年版，第 209～226 页。

② 同上书，第 215 页。

第二，提出了《资本论》是“解剖社会主义经济形态的典范”的思想。张闻天具体讲了三点：(1)“《资本论》的方法论具有普遍意义”，“体现在《资本论》中的从抽象上升到具体的方法，同样适用于社会主义经济的研究。”[①](2)马克思从资本主义特殊形态中揭示出生产一般，不但发现了资本主义发展的特殊规律，而且也指出了社会化大生产的一般规律，以及适用于社会主义社会的一般规律。[②] 这个观点现在已经为大家所接受，但张闻天在60年代初就得出这个结论，是难能可贵的。(3)《资本论》中的许多概念、范畴除表现资本主义特殊性以外，还表现出社会化大生产的共同性。它们可以适用于社会主义经济。他还尖锐地指出，我们的经济学家对《资本论》的范畴的使用有一种恐惧，怕犯修正主义错误[③]。

张闻天关于《资本论》是解剖社会主义经济形态的典范以及对社会主义经济具有重大现实意义的看法，源于他从《资本论》研究中得出的生产关系两重性的学说。正因为资本主义生产关系具有两重性，其第一重性即直接表现生产力的资本主义生产关系一般，当然可以为社会主义经济所继承。

三、对社会主义市场经济的现实意义

张闻天研究《资本论》所得出的两点重要认识，对于我国当前建立社会主义市场经济体制具有特别重要的现实意义。张闻天的这些思想明确告诉我们，社会主义经济和资本主义经济除在基本制度(特别是生产资料所有制)方面存在根本区别以外，它们在生产关系一般方面还有许多共性，资本主义生产关系的若干方面(即反映社会化大生产和商品市场经济方面)，社会主义经济是可以借鉴、吸收的。因此，《资本论》作为研究建立在社会化大生产基础上的资本主义市场经济的优秀著作，它所阐述的许多原理、范畴也可以用来研究社会主义市场经济体制。

首先，《资本论》所揭示的资本主义经济的绝大多数原理和规律，反映了社会化大生产和发达商品经济的一般原理和规律，撇开它的资本主义形式，对社会主义市

① 《张闻天社会主义论稿》，第219、235页。

② 同上书，第217页。

③ 同上书，第157～158页。

场经济也是适用的。例如，商品和货币理论（劳动价值理论）、劳动力商品理论、剩余价值生产理论（资本价值增殖理论）、资本积累理论、资本循环和周转理论、社会资本再生产理论、平均利润和生产价格理论、商业资本和商业利润理论、借贷资本、利息和信用理论、地租理论等等，只要抛开资本家对雇佣劳动者的剥削关系，它们对社会主义经济的研究都有重大指导意义。

其次，《资本论》中所揭示的许多经济范畴也是这样，只要说明它们的性质在社会主义社会不同于资本主义社会，也可以大胆地引进到社会主义经济学中来。像《资本论》中两个最基本的范畴——资本和剩余价值，过去绝大多数学者都认为它们是资本主义经济所特有的，在社会主义经济学里不能使用。因此，一些学者提出了取代它们的新范畴。代替资本的有“社本”“公本”“资金”等等。“社本”“公本”只是个别学者在自己著作中使用了，并未被大多数学者所接受；“资金”虽然被广泛使用了，但它往往被理解为货币形态，或者说容易与货币形态的“资金”相混淆，不像“资本”与它的货币形态即“货币资本”的区别一目了然。代替剩余价值的有“社会纯收入”“公共必要价值”“社会必要价值”“盈余价值”“价值剩余”等。只有孙冶方在“文化大革命”前在中国人民大学经济系讲课时说过：“依照我的逻辑，既然承认‘剩余产品的价值’的说法，那么，甚至剩余价值一词也可以采用。”[①]现在看来，过去人们为取代资本和剩余价值这两个范畴而提出来的许多新范畴的种种尝试，正像张闻天所说“没有十分必要而且也难于成功”，[②]因为这些新范畴并未反映出它们的科学内涵，同马克思的资本和剩余价值范畴相比较，其科学性不是前进了，而是后退了。党的十四届三中全会以后，情况有所变化。正是在十四届三中全会的决定中，第一次在中央正式文件中使用了“资本”概念，但只是有限地使用，主要用于长期资本市场的场合。江泽民同志在1995年5、6月份在上海、长春召开的企业座谈会上的讲话中，使用了“资本金”范畴[③]。

我原来也不赞成把资本和剩余价值范畴用于社会主义经济，但最近读了张闻天《关于生产关系的两重性的问题》一文，深受启发。现在觉得，过去提出来的许多

---

① 孙冶方：《社会主义经济论稿》，人民出版社1985年版，第189页。

② 《张闻天社会主义论稿》，第218页。

③ 参见《人民日报》1995年7月13日。

取代范畴，其科学性都不如马克思的资本和剩余价值这两个范畴。在没有更科学的范畴提出来以前，还是可以沿用资本和剩余价值范畴的。首先是资本范畴。马克思在19世纪50年代后期写的《1857—1858年经济学手稿》中，曾经提出了"资本一般"范畴。在马克思看来，"资本显然是关系，而且只能是生产关系。""资本一般""仅仅表现为一种抽象"，"资本一般，这是每一种资本作为资本所共有的规定，或者说是使任何一定量的价值成为资本的那种规定。"那么，资本一般的共有的规定是什么呢？马克思认为，同单纯的价值不同，同单纯的货币也不同，资本一般作为价值，它的最本质的规定就在于，它作为运动的主体，在运动过程中通过劳动保存自己并使自己增殖，能够"自我增殖"。[①] 当然，这个增殖额是劳动者用自己的剩余劳动创造的，马克思把它叫作剩余价值。可见，当一定价值具有自我增殖特性时才是资本，或者说，资本是一种能够增殖的价值。我以为，这就是"资本"的最一般的科学含义。因此，原始人手里的简陋的生产工具不是资本，因为那时还没有商品生产，生产工具不表现为价值；简单商品经济条件下，小生产者手里的生产工具具有价值，但这种生产只要求按照生产者彼此花费的劳动进行等价交换，以获得自己所需要的使用价值，并不以价值增殖为目的。所以，只有在出现出卖劳动力的雇佣劳动者的条件下，在社会经济发展到了发达的商品经济的条件下，资本作为价值才是能够增殖的价值。这时，资本作为生产条件被一些人占有，并被用来作为增殖手段，在生产过程中由于榨取了雇佣工人创造的剩余价值，从而使资本价值现实地发生了增殖。用张闻天的生产关系两重性学说来解释就是：资本，一方面作为资本主义生产关系一般，它是能够增殖的价值；另一方面作为资本主义生产关系特殊，这种能够增殖的价值是被资本家占有的。其次是剩余价值范畴。按照马克思的分析，它是雇佣工人在剩余劳动时间创造的价值，是劳动者剩余劳动的凝结，这种剩余价值为资本所有者、劳动力购买者的资本家无偿占有了。用张闻天的生产关系两重性学说来说明那就是：剩余价值，一方面作为劳动者的剩余劳动的凝结，它是资本主义生产关系一般；另一方面它为资本家无偿占有，它是资本主义生产关系特殊。因此，我认为，只要把资本和剩余价值这两个范畴在资本主义社会和社会主义社会里所体现的不同的所有制关系，具有不同的社会性质讲清楚了，是可以适用

① 《马克思恩格斯全集》第46卷(上)，第518、444～445、204～219页。

于社会主义经济学的。

现在的问题是：在我国正在建立社会主义市场经济体制的今天，马克思的《资本论》以及张闻天对《资本论》的论述是否还有现实意义？对于这个问题人们的认识并不一致。有人认为，《资本论》写的是一百多年前西方资本主义社会的情况，不适合现代中国实际。这种观点否定了《资本论》理论和方法的普遍指导意义。有人认为，《资本论》是传统计划经济体制的理论，现在搞市场经济体制它就不适用了。这是极大的误解，殊不知《资本论》正是研究资本主义市场经济、揭示市场经济运动规律的最优秀的著作。有人认为，在当前加快改革开放和进行现代化建设的新时期，《资本论》已经陈旧了，只要学习邓小平建设有中国特色社会主义理论就够了。当然，我们现在要认真学习邓小平建设有中国特色社会主义理论，但是不应该把它同马克思主义、《资本论》对立起来。其实，邓小平的上述理论来源于马克思主义，又发展了马克思主义。还有人认为，现在我国搞市场经济，应该主要学习、借鉴西方经济学，而不是《资本论》。但是，我国要建立的是社会主义市场经济体制，我们固然要借鉴、吸收西方经济学和西方发达国家搞市场经济的于我有用的东西，但是指导我国建设社会主义的理论基础仍然是马克思主义，以及它在当代中国最新发展的邓小平建设有中国特色社会主义理论。总之，马克思的《资本论》以及张闻天对《资本论》的论述，在今天仍然具有重大现实意义。因此，研究和宣传张闻天的社会主义经济思想，包括他对《资本论》的论述，是十分重要的事情。

原载《马克思主义与现实》1996 年第 3 期

当代现实经济问题研究

资本主义发展阶段划分依据的理论述评

［关键词］ 资本主义；发展阶段；划分依据

［摘　要］ 将迄今已有500年历史的资本主义经济制度划分为若干阶段，对于认识资本主义发展规律和建立政治经济学体系具有重要意义。本文总结了一百多年来国内外学者提出的划分资本主义发展阶段的种种依据以后，认为根据资本主义经济发展的实际，遵循唯物史观，在资本主义社会生产力和生产关系的辩证运动中，以科学技术进步和生产力发展状况为出发点，以资本主义所有制为基础，以资本本身的社会化进程及其形式变化来划分资本主义发展阶段，应该是最主要的依据。

［中图分类号］F03　［文献标识码］A　［文章编号］0257-2826(2003)10-0066-07

资本主义作为一种经济社会制度，从16世纪产生以来到现在已经走过了5个世纪的历程。在这500年里，资本主义社会的生产力和生产关系以及上层建筑诸方面经历了巨大而深刻的变化。今日的资本主义不仅与16—18世纪时的情况不同，而且与马克思恩格斯生活时代的19世纪、与列宁生活时代的19世纪末到20世纪初的情况相比也有了许多新变化。因此，把业已存在了5个世纪的资本主义社会划分为若干阶段，对于总结资本主义发展的规律性，认识现代资本主义的新特点并进行历史定位，估计未来资本主义的发展趋势，以及建立马克思主义政治经济学科学体系，从理论和实践上都具有重要意义。

一、一百多年来对资本主义发展阶段划分的各种观点

一百多年来，马克思主义经典作家、马克思主义研究者以及社会学家、未来学家对资本主义的发展阶段曾作过多方面的探讨，采用各种依据和标准，对资本主义

发展阶段进行了划分。他们对这个问题的研究成果是我们依以前进的出发点。把他们划分阶段的依据归纳一下,大致有以下几种情况:

第一,以生产力发展状况作为划分依据。其内容包括科技革命、生产方式、产业结构和生产组织形式,等等。最突出的例子,就是马克思在《资本论》中将从16世纪到19世纪中叶的资本主义经济发展过程划分为分工和工场手工业、机器和大工业两大时期。当然,马克思做这样的划分,并不是孤立地以劳动生产力发展程度和生产方式的物质基础作为唯一依据,而是紧密结合资本和雇佣劳动的关系、剩余价值生产方法的演变来做这种划分的。再有一个例子,就是一些历史学家、社会学家以产业类型为依据来划分人类社会、资本主义社会的发展阶段。因为他们把资本主义经济制度当作既定的前提,看作最合理的永恒的社会,从来不对它的生产关系进行研究并以此为依据来划分发展阶段。他们看到的是科学技术的发展、生产工具的进步、产业形式的变化,等等,于是就以这些属于生产力方面的标志来划分社会发展阶段。过去有些历史学家以生产工具作为标志把人类历史划分为石器时代、青铜时代、铁器时代、蒸汽时代、电气时代等阶段,或者以主导产业形式为依据把人类社会划分为狩猎经济社会、畜牧经济社会、农业经济社会、工业经济社会等阶段。在当代,最具有代表性的是美国未来学家约翰·奈斯比特在1982年出版的《大趋势——改变我们生活的十个新方向》一书阐述的观点。他说,1956—1957年是一个转折点,我们已经从旧社会进入新社会,从工业社会进入一个以创造和分配信息为基础的经济社会,即信息经济社会。[1](P1-10)而另一位美国社会学家丹尼尔·贝尔则把这个信息社会叫作“后工业社会”。他们是社会学家而不是经济学家,对于所讲的社会阶段的转变并未作深入的经济分析。客观地说,用生产力的发展历程、社会主导产业形式来描述和称呼社会的某个阶段,也是观察和认识社会的一个有意义的角度,不应该简单地予以否定。

第二,以经济上的竞争和垄断作为划分依据。理论家们对竞争和垄断的理解不尽相同,有的人认为它们是社会的基本经济特征,有的人把它们视为经济的调节手段,有的人把它们看作经济运行体制。从一般意义上说,竞争是指人们为生存和经济利益而进行的争夺,垄断是指人们对事物或经济利益的排他性的占有。在市场经济中,竞争和垄断是联系和表现商品生产者之间关系的经济现象,是商品经济规律的实现形式和调节手段。同时，竞争和垄断是相互联系和相互对立的一对范畴。竞争是垄断的对立物，垄断是竞争的对立物，两者之间存在着对立统一的辩证关系，同时存在，相互对立，相互转化，“垄断产生着竞争，竞争产生着垄断”。[2](P178)历史的辩证法正是这样，封建垄断产生了商品经济和资本主义经济的自由竞争；资本的竞争又产生了资本的垄断。后来，人们开始用自由竞争和垄断作为两种对立的基本经济特征来表示资本主义经济的不同发展阶段。这是因为，在19世纪末以前的资本主义经济中，商品生产者的自由竞争、资本的竞争是普遍的、占主导的经济现象，并成为资本主义经济的基本经济特征之一，因而经济学家们把那时的资本主义称作自由竞争阶段，并认为马克思《资本论》所分析的资本主义经济就是这样的阶段。到19世纪末20世纪初以后的资本主义经济中，从自由竞争中产生的垄断资本统治成为普遍的、占主导的经济现象，并成为这时资本主义经济的基本特征之一，因而列宁以及一些经济学家们把这时的资本主义称作垄断阶段，列宁的《帝国主义是资本主义的最高阶段》是对这个阶段所作的理论概括。这种以自由竞争和垄断这两种基本经济特征作为依据来划分资本主义发展阶段，一直为绝大多数学者的专著和政治经济学教科书所采用。具体说又有三种不同意见：(1)在20世纪五六十年代，一般根据《资本论》和《帝国主义是资本主义的最高阶段》的理论，都持“两阶段论”：垄断前阶段（自由竞争资本主义）和垄断阶段（帝国主义或垄断资本主义）。(2)在20世纪七八十年代，由于国家干预的加强，国家垄断资本主义的发展，于是出现了“三阶段论”：自由竞争资本主义、垄断资本主义（也叫私人垄断资本主义）和国家垄断资本主义。(3)到20世纪90年代，由于信息科技的发展，跨国公司的大量兴起，经济全球化的发展，有些学者认为跨国垄断（有人叫国际垄断）是现代资本主义发展的新阶段，从而出现了“四阶段论”，即在自由竞争资本主义之后，把垄断资本主义进一步划分为私人垄断、国家垄断和跨国垄断（或国际垄断）三个阶段，[3]总共四个阶段。

后来有些经济学家对用来划分资本主义发展阶段依据的竞争和垄断，在认识上逐步明确和深化。他们认为，作为资本主义不同发展阶段基本经济特征的竞争和垄断，实际上是经济调节手段和运行体制。苏联经济学家在1988年编写的《政治经济学》教科书，就是根据这种理解把资本主义经济制度划分为自由竞争资本主义、垄断资本主义和国家资本主义三个阶段的。[4](P245-251)后来中国的经济学家在这个问题上的认识也有变化。他们主张把资本主义经济制度和经济运行体制分开，认为在资本主义经济制度下，由于经济运行体制不同而呈现出不同的发展阶段。中国人民大学在1995年编写的《经济学》就是根据这种理解，把资本主义经济制度确立以后的二百多年，划分为自由竞争体制、私人垄断体制和国家垄断体制三种经济体制形式。[5](P308-309)综观百年来国内外马克思主义学者把竞争和垄断，或理解为基本经济特征，或理解为调节经济方式和经济运行体制，并以之为依据划分资本主义经济制度的发展阶段，是主流意见和普遍做法。

第三，以资本主义经济发展的历史顺序或成熟程度作为划分依据。就是说，对资本主义发展阶段不用专门的概念、用语来表示，而是用比较笼统的历史发展时段顺序，如早期、中期和晚期，原始阶段、古典阶段和现代阶段等这类用语来表示，或者用经济发展成熟程度，如萌芽阶段、成长阶段、发展阶段和没落阶段，初级阶段、中级阶段和高级阶段这类用语来表示。日本学者宇野弘藏把以《资本论》原则来阐明的资本主义社会历史发展阶段及其政治、经济特征的理论叫作“阶段论”，认为资本主义的发展应当分为“发生期”“成长期”和“没落期”三个时期。法国学者博卡拉等人把19世纪前的资本主义发展划分为“原始阶段”和“古典阶段”。[6](P22-23)比利时学者厄尔奈斯特·曼德尔把列宁说的帝国主义阶段以后的资本主义叫作“晚期资本主义”阶段。[7]我国学者胡培兆认为，马克思《资本论》所分析的那个资本主义早已不存在了，20世纪欧美一些主要资本主义国家经过“一战”“二战”的洗礼和向社会主义国家仿效，使资本主义过了一个坎，“将先前的资本主义变为后资本主义”。[8](P33)这种看法实际上是把资本主义划分为“先前的资本主义”和“后资本主义”两个阶段。我国学者黄苏把资本主义发展的500年划分为：(1)16世纪至18世纪是资本主义生产关系的萌芽与成长时期，是封建制度瓦解与向资本主义过渡时期。(2)18世纪下半叶到19世纪70年代是资本主义在欧美先进国家普遍胜利和蓬勃发展时期，但在整个资本主义生命史中，它仅仅是一个不成熟的初级阶段，即马克思所说的自由竞争阶段。(3)第二次世界大战后，由于资本主义社会生产力和生产关系有了较充分的发展，表现出一些新的特点，资本主义已经进入它的高级阶段，即国家垄断资本主义阶段。[9](P3-22)黄苏的叙述中缺少了一个阶段，即19世纪

70年代以后到20世纪第二次世界大战结束之间大体七八十年，这一段是否可以叫作资本主义的“中级阶段”呢？她本人没有这么讲，而是本文作者的续貂之举。上述种种意见，从文字表述上看是遵循历史发展顺序和经济发展成熟程度来划分的，其实仍然是以资本主义社会的生产力和生产关系发展的实际情况为依据的。

第四，用资本所有制形态变化状况、资本社会化程度作为划分依据。就是说，在资本主义发展进程中，资本的所有制和所有权本身是不断变化发展的：一开始，资本家的企业是本人出资、个人所有、独自经营的，这样的资本马克思把它叫做个人资本、单个资本、个别资本、私人资本；到后来，资本家的企业是许多个人出资、集体所有、合伙经营的，这样的资本马克思把它叫作股份资本，也叫作社会资本，即社会化的资本；再后来，股份资本或社会资本本身的社会化程度不断变化发展，出现许多发展形态、转化形态和变异形态，如垄断公司资本、金融资本、法人资本、国有资本、跨国资本、国际资本等。马克思首先提出了社会资本概念，具体指的是股份资本。马克思十分重视股份资本，计划把它放在《资本》册中列于资本一般、竞争、信用篇之后加以研究，认为它是资本的最完善的形式，并将导向共产主义。在马克思的著作中，个人资本转化为社会资本的过程是资本集中的过程，是许多中小的个人资本集中为一个大的社会资本的过程，也就是资本社会化的过程。马克思看到并研究了这个过程，但由于实践本身的不成熟性，使他不能做出进一步概括。马克思恩格斯对于垄断，除把它理解为自由竞争的对立物外，同时还把它理解为资本集中的过程，即由许多个人企业集中组成一个大的股份公司、新的企业形式即垄断企业。恩格斯说的大的垄断企业“代表股份公司的二次方和三次方”的论断，说明他是把垄断企业看做资本集中、资本社会化的高级形式的。列宁在论述帝国主义的基本经济特征时说，“生产和资本的集中发展到这样的程度，以致造成了在经济生活中起决定作用的垄断组织”的论断，也表明他是把垄断组织看作由生产和资本高度集中引起的结果。

20世纪80年代到现在，我国不少学者主张用资本社会化的进展程度来划分资本主义的发展阶段。最早在1988年于光远提出，资本主义发展趋势有两个侧面，一个侧面是由自由资本主义发展到垄断资本主义，另一个侧面是私人资本主义发展到社会资本主义，后者是基本的侧面。这个意见实际上认为资本主义的发展可以分为私人资本主义和社会资本主义两个阶段。[10]1989年，鲁从明认为，第二次世界大战后的资本主义不是国家垄断资本主义阶段，而应该是社会资本主义阶段。[11]1991年，吴大琨虽然也持主流的"三阶段论"，即自由竞争资本主义、私人垄断资本主义和国家垄断资本主义三个阶段，但也重视资本社会化的分析，认为与资本主义发展三阶段相对应的，是资本关系本身发生了三次重大调整，出现了资本社会化的三种形式：(1)在自由资本主义阶段，其经济基础是个体资本，发生了由个体资本到股份资本的转变，股份资本是资本社会化的初级形式；(2)在私人垄断资本主义阶段，发生了由股份资本向私人垄断资本的转变，私人垄断资本是资本社会化的较高形式；(3)在国家垄断资本主义阶段，发生了由私人垄断资本向国家垄断资本的转变，国家垄断资本是资本社会化的最高形式。[9](P1-3)后来龚唯平更提出"社会化资本"范畴，认为资本作为资本主义经济运动的主体有一个形式变化过程，即资本社会化过程。所谓社会化资本就是私人资本向社会资本转化过程中的资本，它有三种形式，即股份资本、国有资本和国际资本，与之相适应的是资本社会化的三个发展阶段。[12]1999年，张彤玉在其专著中第一次系统研究了资本社会化的过程及其阶段。他以产业资本社会化发展过程作为重点，把到目前为止的资本主义生产方式发展的历史过程划分为三个大的历史时期：(1)资本主义生产方式形成时期(14、15世纪到19世纪初期)，包括它的萌芽时期、形成时期和确立时期。(2)社会资本形成时期(19世纪)，上半期是近代工业股份资本形成时期，下半期是股份公司制度时期。(3)社会资本发展时期(20世纪)，上半期是金融资本统治时期，下半期是法人资本、国家资本和国际资本发展时期。[13](P148-149)2001年，高放在其论文中，从生产力到生产关系，从经济基础到上层建筑，从社会结构到社会生活，从内部关系到国际关系，进行了全方位的研究，认为当代资本主义的社会化程度越来越高、范围越来越广、层次越来越多，加之社会主义因素又在逐步增长，所以当代资本主义可称为社会资本主义，社会资本主义才是世界资本主义的最高、最后阶段。[14]

第五，同时使用前述两种或两种以上的划分依据。就是说，对资本主义发展阶段的划分，不是运用单一依据，而是同时使用两种或好几种依据形成混合的或综合的划分依据。这种情况比较普遍，研究者一方面继承了传统的、经典的"两阶段论"(自由竞争资本主义和垄断资本主义)或"三阶段论"(自由竞争资本主义、私人垄断资本主义和国家垄断资本主义）；另一方面又想根据资本主义发展的新情况对以往理论有所突破和创新，于是就出现以上讲的混合的或综合的划分依据。国外学者有这种情况。例如，曼德尔将资本主义划分为自由竞争的资本主义、"古典的"帝国主义和晚期资本主义三个阶段。博卡拉等人将资本主义划分为原始阶段、古典阶段和垄断阶段三个阶段，就是同时使用了按基本经济特征（自由竞争和垄断）划分和按历史发展顺序（原始、古典、晚期等）划分这两种依据。我国学者也有类似情况。例如，吴大琨主编的《当代资本主义：结构·特征·走向》一书，前言把资本主义分为自由资本主义、私人垄断资本主义和国家垄断资本主义三个阶段，这是按资本主义发展不同阶段的基本经济特征来划分的；而第一篇把自由竞争资本主义阶段叫做资本主义的初级阶段，国家垄断资本主义阶段叫作资本主义的高级阶段，这又是按经济发展的成熟程度来划分的。[9]高德步把500年资本主义历史的前300年叫作封建制度灭亡和资本主义制度兴起的过渡期，真正的资本主义制度实际上只有二百多年，先后采取了自由竞争、私人垄断和国家垄断或混合经济体制，20世纪70年代以后又出现了资本全面社会化的趋向，已开始进入一个更新的阶段。[5]从以上叙述可以看出，先后有按历史发展顺序、经济体制和资本社会化程度几种划分阶段的依据。鲁从明把资本主义划分为竞争资本主义、垄断资本主义和社会资本主义三个阶段，前两个阶段是以基本经济特征来划分的，最后一个阶段则是以资本社会化的程度来划分的。[11]张彤玉把从16世纪以来甚至14世纪以来的资本主义划分为资本主义生产方式形成时期、社会资本形成时期和社会资本发展时期三个阶段，前一时期是以历史发展顺序为标准的，后两个时期则是以产业资本社会化过程为依据的。[13]

二、简要评论

一百多年来，马克思主义经典作家和马克思主义理论研究者对资本主义发展阶段的划分提出了许多重要意见，我们要结合资本主义发展的实践，特别要依据现代资本主义经济的实际，审视过去的种种意见，并尽可能地提出创新见解。

第一，资本主义经济是一个复杂有机体，具有多方面特征，可以从不同角度、不同层面对它进行考察、描述和揭示，从而应该允许用不同依据、标准来划分资本主义的发展阶段,使人们能够更全面、完整、准确地认识资本主义的发展过程和现代资本主义的历史地位。所以不宜用单一的、唯一的依据、标准来划分资本主义的发展阶段。像以上列举的几种依据,都可以用来划分资本主义的发展阶段。但是,从一个角度或一个层面观察资本主义发展进程和划分阶段,其依据、标准必须贯穿始终,力求避免交叉采用两种或多种依据、标准,即不要使用混合依据、标准。有些学者是采用同一依据、标准来划分资本主义发展阶段的。例如,日本学者宇野弘藏用发生期、成长期和没落期来表示资本主义发展的不同阶段,采用的是历史发展顺序标准。于光远认为资本主义发展趋势有两个侧面,一个侧面用资本社会化作为标准,另一个侧面用基本经济特征作为标准,对两个侧面的划分分别采用同一标准,没有发生交叉的情况。而另一些学者往往采用两种或多种依据、标准对资本主义发展同一进程划分为若干阶段。像以上第五点所列举的种种情况就是这样,这给人以划分阶段依据前后不一致的感觉。

第二,传统的划分资本主义发展阶段的依据,即用自由竞争和垄断这两种基本经济特征作为依据来划分资本主义发展阶段,仍然具有重要意义。马克思主义经典作家研究资本主义发展进程时,十分重视社会经济生活中自由竞争向垄断的发展转化,是符合历史实际的。从 16 世纪开始,特别是从 18 世纪下半叶资本主义生产方式确立到 19 世纪下半叶,资本的自由竞争在社会经济生活中确实占主导的统治的地位,所以马克思主义理论家把这个阶段叫作自由竞争的资本主义;但是这并不意味着这个阶段一点儿垄断也不存在。到 19 世纪后期,在普遍存在资本竞争的前提下,资本垄断也迅速发展。19 世纪末 20 世纪初,由于生产和资本的迅速集中,在某些部门、行业垄断资本代替了自由资本,产生了垄断资本统治,所以列宁把这个阶段称之为垄断资本主义或帝国主义;但是这时垄断并没有消灭竞争,是竞争和垄断同时并存,而且竞争更加激烈,资本竞争仍然是资本垄断的基础。对于这一点,列宁讲得再清楚不过了。在这里,把资本垄断与资本竞争完全对立起来,甚至认为资本垄断完全取代甚至消灭了资本竞争的观点,并不符合那时社会经济生活的实际。20 世纪 30 年代到现在的七十多年中,西方资本主义国家为了克服 1929—1933 年世界经济危机带来的严重后果,为了保障第二次世界大战的军事需求,战后又为了恢复被战争破坏了的国民经济,国家政权和垄断资本融合,加强了政府对经济社会生活的干预。马克思主义经济学家面对这种新的经济现象，认为私人垄断资本已经转变为国家垄断资本，并用国家垄断资本主义定位这个阶段上的资本主义。

马克思主义经典作家和绝大多数马克思主义理论家，正确地阐明了资本主义条件下竞争和垄断的关系。现在回过头来看，为了符合实际地表示竞争和垄断在资本主义发展各阶段的地位和作用，避免可能产生的误解，对传统的资本主义发展三阶段的提法，有必要用更精确的用语来表述。首先，对“自由竞争资本主义”阶段，可以继续使用这个用语。其次，对“垄断资本主义”阶段，可以使用“垄断竞争资本主义”这个用语。这里的“垄断竞争”概念，是采用高峰在其专著中所作的马克思主义解释：“垄断竞争作为自由竞争的对立物或对应物，可以被用来概括垄断条件下所特有的竞争形式”，是指“以垄断资本为主体或以垄断资本为主要方面而进行的资本竞争”，“是垄断条件下资本竞争的主导形式”，因而具有与自由竞争不同的特征。[15](P160-162)“垄断竞争”这一用语比较好地反映了垄断资本形成以后垄断和竞争的关系，说明了这一阶段的特征，消除了人们可能产生的把垄断和竞争对立起来和认为垄断排斥、消灭竞争的误解。因此，我主张用“垄断竞争资本主义”这一用语表示“自由竞争资本主义”以后的阶段，以代替原来“垄断资本主义”阶段的提法。最后，对“国家垄断资本主义”阶段，可以使用“国家—垄断竞争资本主义”这一用语，这意味着国家和垄断资本的融合，意味着国家加强了对经济生活的干预，从而比较准确地说明了这个阶段上资本主义的特征。

第三，以经济调节方式为依据来划分资本主义发展阶段也有重要意义。苏联和我国少数学者都从这方面做过探索，但是他们囿于传统划分阶段的意见，认为自由竞争和垄断就是调节方式或运行体制。现在看来，借鉴现代西方经济学的研究成果，特别是自由放任主义和国家干预主义、微观经济学和宏观经济学中关于市场调节和宏观调控的理论和政策，用来划分资本主义发展阶段是值得研究的。西方经济学的这些理论和政策已被西方发达国家所采用。大体说来，从 18 世纪到 19 世纪下半叶，经济自由放任主义是主流学派，“看不见的手”即自由竞争、市场调节是社会经济活动的主导调节方式，但是国家干预主义并不是一点儿也不起作用，国家仍然承担着“守夜人”的经济职能。进入 20 世纪以后，资本竞争、市场调节在经济活动中仍然发挥着基础性作用,但国家的干预作用逐渐加强,第一次世界大战和1929—1933年世界经济大危机是促进这种变化的重要因素。20世纪30年代以后,美国罗斯福的“新政”和英国凯恩斯的“革命”是重要标志,市场自由调节和国家宏观调控相结合成为西方发达国家经济活动中普遍实行的调节方式。第二次世界大战以后到现在,对于上述调节方式,新古典综合学派从理论上给予了论证,西方国家的实践不断予以充实完善,对缓解社会矛盾、推动经济发展起了重要作用。我认为,如果以经济调节方式作为依据,可以把16世纪以来的资本主义划分为以下两个阶段:(1)16世纪到19世纪末20世纪初,是市场调节主导阶段;(2)20世纪30年代到现在,是国家调控和市场调节相结合阶段。

第四,用历史发展顺序或经济发展成熟程度来划分资本主义发展阶段,可以科学地反映资本主义经济制度的发展进程和规律。根据马克思主义唯物主义历史观,任何一种社会制度、生产方式由于其内在基本矛盾运动,都有其产生、发展和灭亡的规律。资本主义也不例外,同样是一个产生、发展和必然灭亡的自然史的过程。因此,有些学者主张用历史唯物主义的这一方法,对资本主义发展过程进行历史分期和划分阶段,应该说这是一种科学的划分阶段方法。如有的学者用发生、成长和衰落来划分阶段,有的学者用过渡期、初级阶段、中级阶段和高级阶段来分期,等等,都是有益的尝试。

学者们用历史顺序或经济发展成熟程度划分资本主义发展阶段时,对19世纪末以前的认识是比较一致的,只是对其后到现在的认识不尽相同。(1)从16世纪到18世纪下半叶,将近三百年,是封建生产方式瓦解和资本主义产生时期。学者们用萌芽期、发生期、原始阶段、过渡期等用语来定位这个历史阶段,这些提法基本上是一致的。(2)从18世纪下半叶到19世纪下半叶大体一百年,经过产业革命建立了机器大工业,确立了特殊的资本主义生产方式。学者们用成熟期、古典阶段、确立时期、初级阶段等用语来定位这个历史阶段,这些提法也是比较接近的。以上两个阶段就是马克思说的原始积累阶段和后人说的自由竞争资本主义时期。(3)从19世纪末20世纪初到现在,大体也是一百年。有的学者用“没落期”来定位。多数学者主张将它分为两个阶段,前一阶段称为“古典(帝国主义)时期”“中级阶段”等,即列宁所说的帝国主义阶段;后一阶段称为“晚期资本主义”“后资本主义”“高级阶段”“现代阶段”等，即学者们所说的国家垄断资本主义阶段。

我同意将资本主义的发展划分为三个时期。这有两个发展系列：(1)将上述三个历史时期定位为过渡时期、古典阶段和现代阶段；(2)将上述三个历史时期定位为萌芽阶段、确立阶段和进一步发展阶段。这两个系列是一致的。最重要的是近一百年来，可以作为一个大的阶段，为了承前启后和给资本主义以后发展留有余地，用现代阶段或进一步发展时期来定位它比较恰当。在这里，要慎用一些绝对化的用语来指称它。当然，这一大阶段可以再划分为若干小阶段，以便更细致、更精确地反映现代资本主义经济关系的变化。

第五，以资本关系本身的变化即从个人资本到社会资本的转化作为依据来研究资本主义发展阶段，是最具本质意义的探索。因为这种探索的依据同其他依据相比更为重要，它抓住了资本主义经济运动的主体——资本关系本身，抓住了资本主义生产关系的基础——资本所有制，抓住了资本主义私有制自我扬弃和向新的生产形式转化的过渡点——社会资本。马克思说过：资本主义“本身已经创造出一种新的经济制度的因素”，“实际上已经以一种集体生产为基础的资本主义所有制只能转变为社会的所有制”。[16](P130)资本主义社会的社会资本所有制必然要转变为未来社会的社会所有制，后者与前者只有一步之遥。正是在这个意义上，马克思把股份资本——社会资本称为“导向共产主义”的“最完善的形式”。[17](P299)我国学者提出这种探索思路本身就是一个重要的成果。有的学者从这个思路出发，将资本主义划分为私人资本主义和社会资本主义两个阶段，并认为从19世纪末股份资本及股份公司迅速发展以来已经进入社会资本主义阶段。这些看法已被不少学者接受。需要进一步探讨的一个问题是，从个人资本到社会资本的转化，或者说资本社会化是一个渐进的过程，在这个过程中社会资本采取了哪些具体形态？在这个问题上，学者们的看法不尽相同。需要进一步探讨的另一个问题是：资本社会化的进程及其形态能否作为划分资本主义发展阶段的依据？如果可以，那么应该划分为几个阶段？对此，有些学者已经提出了一些有价值的见解，但总的来说，这方面的探讨还应该继续和深入。

总之，根据马克思的唯物史观，划分社会发展阶段的基本依据是生产力和生产关系的情况。对于人类历史发展的大阶段的划分是这样，对于一种社会经济制度进一步再划分为若干阶段也是这样。因此，遵循唯物史观这一根本方法，在资本主义社会生产力和生产关系的辩证运动中，以科学技术进步和生产力发展状况为出发点，以资本所有制为基础，以资本运动主体即资本关系本身的社会化进程来划分资本主义发展阶段，应该说是主要的依据。在进行这样的划分时，可以与以历史发展顺序为划分依据结合起来，如前面提到的过渡时期、古典阶段、现代阶段等等。至于其他依据则应该围绕、服从于主要依据。也许只有当资本主义成为一种历史的社会形态时，后代人才能对它及其发展阶段做出最终的科学的评判。但是当代人以马克思主义科学理论和方法作指导，尽量避免时代局限性，也能够做出比较符合实际的概括。以上介绍的种种探索，尽管表现出这样或那样的不足，但总的来看，人们对资本主义及其发展阶段的认识在不断深化，日益接近它的发展规律。

参考文献

[1] 约翰·奈斯比特.大趋势——改变我们生活的十个新方向[M].北京：中国社会科学出版社，1984.

[2] 马克思恩格斯全集[M].第4卷.北京：人民出版社，1958.

[3] 王亦楠.跨国垄断：现在资本主义发展新阶段[J].求是，2002(1).

[4] B.A.梅德维杰夫等编.政治经济学[M].北京：中国社会科学出版社，1989.

[5] 魏杰主编.经济学[M].下册.北京：高等教育出版社，1995.

[6] 法共中央经济部.国家垄断资本主义[M].上册.北京：商务印书馆，1982.

[7] 厄尔奈斯特·曼德尔.晚期资本主义[M].哈尔滨：黑龙江人民出版社，1983.

[8] 胡培兆.社会主义国有资本论[M].北京：经济科学出版社，1999.

[9] 吴大琨主编.当代资本主义：结构·特征·走向[M].上海：上海人民出版社，1991.

[10] 于光远.学习马克思恩格斯关于社会资本主义的论述[J].马克思主义研究，1988(4).

[11] 鲁从明.是国家垄断资本主义还是社会资本主义[J].经济研究，1989(4).

[12] 龚唯平.资本社会化与社会化资本[J].学习与探索，1992(1).

[13] 张彤玉.社会资本论[M].济南：山东人民出版社，1999.

[14] 高放.社会资本主义是资本主义的最高阶段[J].江汉论坛，2001(8).

[15] 高峰.发达资本主义经济中的垄断与竞争[M].天津：南开大学出版社，1996.

[16] 马克思恩格斯全集[M].第19卷.北京：人民出版社，1963.

[17] 马克思恩格斯全集[M].第29卷.北京：人民出版社，1972.

Comments on Theoretical Support of Division of Development Stages of Capitalism

CHENG Bao-liang

(School of Economics,Renmin University of China,Beijing 100872,China)

[**Key words**] capitalism; development stage; criteria for the division

[**Abstract**] Dividing the 500-year history of capitalist economic system into various development stages is of significance in that it will shed light on our understanding of the regularity of capitalism and on establishment of a research framework for political economics. This article analyzes the criteria used by scholars at home and abroad for division of capitalist development stages in the recent 100 years. On top of this analysis,the author offers his own criteria. The point of departure,the author holds,should be progress in science and technology and development of production. The stages are then identified by evidence of socialization of the capital and its changes in form on the basis of the capitalist system of ownership. The author maintains that this is the most important set of criteria that reflects the reality of capitalist economic development and is in line with historical materialism

原载《教学与研究》2003 年第 10 期

现代资本所有制形式和资本主义发展阶段*

摘要：以科学技术进步和生产力发展状况为出发点，以资本主义所有制为基础，以资本本身的社会化进程及其形式变化来划分资本主义发展阶段，应该是最主要的依据。由于19世纪后期以来，以股份资本或社会资本为主体，多种所有制形式并存和共同发展，可以将资本主义社会划分为个人资本占统治地位和股份资本或社会资本占统治地位的两大阶段。对于从19世纪后期到现在股份资本或社会资本占统治地位的一百多年，可以暂且划分为股份资本或社会资本的初级阶段和股份资本或社会资本的发达阶段两个阶段。

关键词：现代资本所有制形式；资本主义发展阶段；股份资本

中图分类号：F030　**文献标识码**：A　**文章编号**：1005-2674(2005)09-0003-07

资本主义作为一种经济社会制度，从16世纪产生以来，到现在已经走过了5个世纪历程。在这500年里，资本主义社会的生产力和生产关系及其上层建筑诸方面经历了巨大而深刻的变化。今日的资本主义，不仅与马克思恩格斯生活时代的19世纪不同，而且与列宁生活时代的19世纪后期到20世纪初期的情况相比也有了许多新变化。因此，把业已存在了5个世纪的资本主义社会划分为若干阶段，对于总结资本主义发展的规律性，认识现代资本主义的新特点并进行历史定位，预测未来资本主义的发展趋势，以及建立马克思主义政治经济学科学体系，在理论和实践上都具有重要意义。

---

* 本文是论文《论政治经济学划分资本主义发展阶段的依据》的第三、四节。第一节"一百多年来对资本主义发展阶段划分的各种依据"和第二节"对划分资本主义发展阶段各种依据的简单评述"，以"资本主义发展阶段划分依据的理论述评"为题，发表于《教学与研究》2003年第10期。

一、现代资本关系和所有制形式的演变

我在《资本主义发展阶段划分依据的理论述评》一文中，把一百多年来国内外学术界划分资本主义发展阶段的依据归纳为五种。我赞成以资本所有制的形式变化、资本主义经济运动主体即资本关系本身社会化程度的发展，即从个人资本到社会资本的转化作为主要依据，来划分资本主义的发展阶段。探讨这个问题时，应该遵循以下两个原则：

第一，必须坚持马克思《资本论》的基本方法和资本所有制演变的思想。以下几点对于我们认识和划分资本主义的发展阶段有着特别重要意义：

(1) 根据马克思的唯物史观，划分社会发展阶段的基本依据是生产力和生产关系的状况。对于人类社会历史发展大阶段的划分是这样，对于一种社会经济制度再划分为若干阶段也是这样。遵循唯物史观这一根本方法，在资本主义社会生产力和生产关系的辩证运动中，以科学技术进步和生产力发展状况为出发点，以资本所有制为基础，以资本运动主体即资本关系本身的演变进程划分资本主义发展阶段，应该是主要依据。

(2) 马克思在创立自己的经济学体系时，特别重视对股份资本的研究。他在19世纪50年代末60年代初，把他计划写作的政治经济学著作分为六个分册，其中第一分册"《资本》又分成四篇。(a)资本一般(这是第一分册的材料)；(b)竞争或许多资本的相互作用；(c)信用，在这里，整个资本对单个的资本来说，表现为一般的因素；(d)股份资本，作为最完善的形式(导向共产主义的)，及其矛盾。"[1]这个"四篇结构"体现了马克思对资本的分析的从抽象上升到具体的方法，其第四篇分析的是单个资本的抽象形式在最后阶段上升到股份资本这种具体形式。使我们感兴趣的，正是这个结构所体现出的马克思分析资本关系的科学方法、关于个人资本到股份资本的发展轨迹、股份资本在资本关系发展中的地位以及在向未来社会过渡中的作用等一系列预示。马克思的这个天才预见，在他逝世以后一百多年资本主义发展的实践中，已经完全得到证实。他的这个光辉思想，至今仍然是我们认识和分析现代资本关系和发展阶段的重要理论根据。

(3) 值得注意的是，马克思恩格斯晚年对资本主义发展中出现的新的经济现象的分析。他们在股份公司上看到了资本所有制关系的新变化，即资本的社会化——从个人资本向社会资本转化。马克思指出，在股份公司里，个人资本"直接取得了社会资本(即那些直接联合起来的个人的资本)而与私人资本相对立，并且它的企业也表现为社会企业，而与私人企业相对立。"[2]这是资本所有制关系在资本主义生产方式自身范围内的一种扬弃，表明单个的个人资本已转化为联合起来的个人资本，它是一种社会化的资本即社会资本，或者说资本社会化了；而作为"股份公司二次方和三次方"的卡特尔、托拉斯等企业组织形式，则表明资本社会化进一步发展了。马克思恩格斯十分重视资本社会化这种新现象，认为它"表现为通向一种新的生产形式的单纯过渡点"[3]，资本主义"本身已经创造出一种新的经济制度的因素"，"实际上已经以一种集体生产为基础的资本主义所有制只能转变为社会的所有制。"[4]资本主义社会的社会资本所有制必然要转变为未来社会的社会所有制，后者与前者只有一步之遥。正是在这个意义上，马克思把股份资本——社会资本称为"导向共产主义的""最完善的形式"。股份资本这种社会资本形式，与马克思原先着力研究的独立投资经营的个人资本形式相比，无疑是资本所有制关系的一个重大变化。股份资本、社会资本的出现，资本的社会化，是传统的资本所有制关系的一种新变化，并成为最近一百多年来资本主义发展中的一个突出而主要的经济现象，对我们研究资本主义发展阶段具有根本性的意义。

第二，必须认真研究几百年来资本所有制关系的内容和形式演变的实际情况。资本所有制是资本家私人占有生产资料并剥削雇佣工人生产的剩余价值的所有制形式。但是在实际生活中，资本在不同的经济领域会表现为不同的具体形式，并表现为不同的企业组织形式。这些企业是由资本所有者出资建立的，所以这些企业的所有制叫作资本所有制，其核心问题是资本归私人所有。这里要说明的一点是，我认为，在资本主义社会，除少量国有资本、国营企业或公营资本、公营企业外，占绝大数量的其他形式的资本和企业，本质上都是私人资本和私人企业。因此在本文中，与股份资本和股份企业、社会资本和社会企业相对立的，采用马克思本人也使用过的个人资本和个人企业的用语，一般不使用私人资本和私人企业的用语。

在现代资本主义社会，就资本所有制关系来说，一个重大变化和根本特点是，个人独资企业大量地被合并或兼并为股份企业，个人资本迅速向股份资本、社会资本转化，一句话，资本社会化大大地发展了。资本关系的迅速社会化，大致是从19世纪后期开始的，自那时以后，资本社会化的企业数量急剧增加、规模不断扩大，资本社会化的形式日新月异、从低级到高级，资本社会化的程度也日益提高、从一国扩展到世界各国。纵观自马克思逝世以后的一百多年来，前后继起和同时并存地出现了多种社会化的资本形式，其中重要的有：

(1) 简单私人股份资本。它的企业组织形式就是马克思说的股份公司。其实，股份公司作为一种企业组织形式，在资本主义发展早期就开始出现了，到19世纪后期大量地发展起来了，股份资本已经成为资本关系的普遍形式、主导形式。当时这种股份公司的资本结构很简单，它的总资本被分成若干股份，通过发行股票和个人认股的方式，由若干个人共同出资组建而成。在这时，垄断在社会经济生活中还没有占统治地位，股份资本仍然生活在竞争的环境中，具有竞争性的特点。这种简单的竞争的私人股份资本，是股份资本的初始形式。

股份资本的出现，是资本关系的一次重大调整，向资本社会化迈出了关键的一步。这表现在：第一，资本积累方式社会化了。股份公司通过发行股票的方式，将社会上许多分散的大大小小的个人资本迅速地集中起来，形成巨额的股份资本。第二，资本占有形式社会化了。在资本的占有形式上，股份资本扬弃了个人资本的形式，采取了社会资本的形式，它已经不属于某个股票持有者个人占有，而是归全体股东占有。个人资本一旦以股份形式联合起来，个人即失去了独立支配这份资本的权力。第三，资本管理职能社会化了。在股份公司里，资本所有权和资本使用权分离了，普遍实行两权分离的经营管理形式，董事会从社会上聘用具有专业知识和管理经验的职业化的经理，专门从事企业的经营管理，而资本所有者变成单纯的所有者从生产经营过程中消失了，其资本所有权只表现为一种获取股息的权力。第四，资本收入分配方式社会化了。在股份制度下，股票在资本市场上自由买卖，意味着资本在各部门、各企业间自由转移，从而促进了资本收入分配的社会化。

从以上分析可以得到以下认识：第一，股份资本是由个人资本转化而来的社会资本，是社会资本的基本形式；在早期是简单的股份资本形式，到后来则是比较复杂的股份资本形式。第二，简单股份资本既是一种具体的特殊的股份资本形式，也是一种简单的抽象的股份资本形式。第三，19 世纪后期出现的股份公司的资本，是简单的竞争性的私人股份资本，即简单股份资本，是股份资本的初始形态；20 世纪出现的一切发达的复杂的股份资本形式，是由它成长、衍化、发展而来。第四，简单股份资本形式所具有的社会化的特征，也是以后一切发达的复杂的股份资本形式都具有的，但具有更丰富的内容。第五，在 19 世纪后期，尽管股份公司取得了长足发展，股份资本开始成为资本关系的主导形式，但与此同时，个人资本的、非股份制的企业仍然大量存在。

（2）集团私人股份资本。19 世纪末，恩格斯认为当时新出现的诸如卡特尔、托拉斯、国际卡特尔等生产社会化的、垄断的工业企业形式，仍然是股份公司，但它"代表着股份公司的二次方和三次方"，即比一般股份公司更高级、更发达的股份公司。20 世纪初，列宁深入研究了当时资本主义经济发展的新现象、新特点，认为生产和资本的"集中发展到一定阶段""就自然而然地走到垄断"[5]，他把这样形成的资本叫作"垄断资本"。综合恩格斯和列宁的说法，我把通常说的"垄断资本"，定义为具有垄断性的集团性的私人股份资本，简称集团的私人股份资本。

19 世纪末 20 世纪初，在欧美主要资本主义国家，集团的私人股份公司获得巨大发展，在很多部门、行业占统治地位。与简单的私人股份公司相比，集团的私人股份公司的特点是：第一，它把无数中小个人企业、众多中小股份公司甚至大股份公司的资本集中到自己的麾下，联合成一个巨型的股份公司，形成一个庞大的股份资本集团，具有巨大的资本规模和生产规模。第二，它控制、支配、垄断了一个或几个部门的生产和市场的大部或全部份额。由于其生产经营情况不同，它又有多种多样的组织形式，如卡特尔、辛迪加、托拉斯、康采恩等等。它们凭借其垄断地位，制定垄断价格，攫取垄断利润。第三，由于它在资金规模、生产技术、管理方法等方面具有强大优势，在它本身获得迅速发展的同时，也有力地推动了社会生产力的提高。

在 20 世纪中叶，特别是第二次世界大战以后，集团的私人股份公司仍然占据支配地位。但与以前相比，仅就资本关系而言，现代集团的私人股份公司有了一些新的变化：第一，它的资本股权在进一步集中的同时，又走向分散化。由于发达市场经济国家股份企业大量增加和资本市场蓬勃发展，股市十分红火，大量普通劳动者和老百姓也是集团的股份公司的股票持有者，从理论上说，他们也拥有这些股份公司的资本股权。因此，它的股东不仅人数大量增加，而且成分也大为扩展，不仅有原来的大中小资本家，而且新增加了本公司的职员、工人和普通老百姓以及其他社会人士。第二，它的家族统治色彩渐趋淡化。在过去，它往往以某一大股东的家族为核心，并以这一家族来命名；而现在，它们之间相互融合、相互渗透的现象经常发生并日益深化，一个巨型集团私人股份公司只凭某个家族的力量已难以控制，而只能由几个大股东共同控制。第三，资本的垄断受到了反垄断的限制。在 19 世纪末 20 世纪初，资本的垄断有了很大发展，但整个 20 世纪实践表明，垄断并没有否定和消灭竞争，而是竞争和垄断并存，并且垄断是以竞争为前提和基础的。资本的本性是趋向自由竞争，而不是垄断。在现代西方发达市场经济国家，如果一家公司垄断了某一产品的生产，就会受到反垄断法律的追究，令它拆分为几个企业。以上这些变化表明，资本社会化进一步发展了。

由此可见，集团的私人股份资本是更大规模的、社会化程度更高的社会资本。尽管如此，但它仍然在股权的形式上保留着资本的个人私有权，本质上仍然是资本所有制。

(3) 法人社团股份资本。通常简称为法人资本。简单股份公司和集团股份公司的筹资对象和资本所有者是个人资本或其他简单股份资本和集团股份资本，其筹资能力受到限制；同时这些企业的经营行为比较注重短期投资利益，不利于企业内部资源优化配置。于是，突破这种限制的一种新的股份资本形式——法人社团股份资本就产生了。法人一般是指拥有自主经营财产、具有民事权利和行为能力，并依法享有民事权利和承担民事义务的经济组织。法人经济组织具有三个基本特征：有特定的组织机构；拥有独立的财产；能独立承担财产责任。这种法人经济组织的资本是法人资本；它拥有或占有的资本大都是各种社团组织所有的，所以它的资本又是法人社团资本；各种社团组织大多是按股份制建立的，所以其资本实际上是法人社团股份资本。广义的法人资本有两种情况：一是公司法人资本，因为所有的股份公司都具有法人资格，所以它们的资本也属于法人资本范畴；二是机构法人资本，即社会上各种具有法人资格的社团、组织、机构所拥有的资本。本文讨论的属于后者。

法人组织的主要职能是接受出资人的委托，管理属于委托人的资产，并使之增殖。起初，法人组织一直以受出资人委托、管理他人财产的身份发挥作用，即它是他人财产的管理者，自己并非出资者。第二次世界大战以后，西方发达国家的法人组织开始也以出资人的身份出现，投资于资本市场，购买其他法人组织的股票，这样，它既是他人财产的管理者，同时又是自有股票的持有者。特别是许多非金融机构，诸如年金基金、共同基金、保险公司、各种基金会等机构，纷纷介入资本市场，进行证券投资，并持有大量股票，于是一些管理这些机构资产的法人组织遂成为许多股份公司的主要持股人，甚至成为一些股份公司的控股主体。从其发展趋势看，随着机构投资者的资产存量的不断增加，法人组织持股的比重将持续上升。

法人资本的出现，是股份资本的更高级形态，是资本社会化的又一次提升。首先，法人资本的形成和发展，使资本占有形式进一步社会化。法人经济组织不仅拥有自有资本，占有股份公司参股的资本，而且占有大量机构投资者的资本，从而占有的社会资本的面广量大，资本占有形式更趋多样化和社会化。同时，它的资金雄厚，投资潜力巨大，为大股份公司提供了方便可靠的增资渠道，有助于企业生产经营规模扩大，推动资本集中，提高资本社会化程度。其次，在法人资本的形式上，更加虚化了资本的个人性质，而凸显其社会资本的性质。在公司法人持股场合，其简单形态是运用本公司股东的资产进行经营，但在经过公司之间相互参股、循环参股以后，其资本的产权归属已经变得模糊。在机构法人持股场合，其运作的资金并不只是许多股东的资产，而且有广大居民和储户的信托资金，其资金的产权归属更难于界定。特别是机构法人之间通过交叉持股、相互持股、相互兼并等方式，致使法人组织之间发生资本融合和人事结合，形成公司企业之间相互占有的情况更是这样。

(4) 国有股份资本。通常称国有资本，是指由资产阶级国家所有的资本。自资本主义社会产生以来，就出现了由国家出资建立、归国家所有并经营的国有企业，但在国民经济中并不占主导地位。在20世纪，国有企业有时有较大发展，有时又有所收缩，其兴衰起落与战争和重大经济危机密切相关。现代资本主义国家的国有企业，与以前的国有企业不同：第一，现代国有企业的资本大都是股份资本，是股份资本的一种新的形式。目前，西方发达国家的国有企业大体有三种类型：

一是由国家独立投资并经营的企业,即独资国有企业,是纯粹的国有资本;二是前一种独资国有企业,随着资本市场的发展,它也可以上市,发行股票,吸收社会投资而成为股份企业;三是国有资本对其他经济成分的企业进行参股或控股的企业。前二者也称公营企业,后者实际上是一种合资企业或混合制企业。第二,现代国有企业主要集中在国民经济的关键部门和行业,占有重要地位,并具有垄断性。例如,在西方世界,除美国、加拿大、日本等国外,西欧诸国的基础设施、能源业、钢铁业、重型机器制造业、交通运输业、邮电通信业、公用事业、金融业等行业中,全部或相当大的一部分曾经都是国有企业。这些国有企业由国家垄断经营,就是通常所说的"国家垄断资本"。第三,现代国有企业资金雄厚,规模宏大,在国民经济中占有一定的比重。西欧国家的国有企业都是大型公司或巨型公司,其中有的是跨国公司,这些国家的国有经济的比重比较大;而美国的国有经济的比重就比较小。在全球,国有经济产值占 GDP 的比重,在发达国家,1982 年占 7.7%,1995 年占 4.5%;在发展中国家,1982 年占 12.5%,1995 年占 9.5%[6]。"二战"后,西方资本主义各国,由于国情不同、政策不同,即使在同一国家在不同时期采取的政策也不同,从而国有企业在不同国家、在同一国家不同时期,其发展是不平衡的,其地位和作用也不一样。

资本主义国家的国有企业与私人企业相比,具有不同的特点和作用:第一,国有企业,或者由国家控股或参股的企业,它们的资本的全部所有权或部分所有权属于国家,或者由政府部门直接管理,或者由国家全部或大部分持有这个企业的股份,从而在形式上否定或部分地否定了资本的个人私有权。这意味着在由社会本身占有一切生产力方面进入一个新的准备阶段,提供一种新的过渡形式。第二,国有企业的经营目标是双重的:一方面要遵循企业的普遍经营原则,追求利润的最大化;另一方面又要考虑资产阶级国家的整体利益,服从政府的经济和社会的宏观目标,从而突破了私人企业完全以营利为经营目标的局限性。第三,国有企业主要分布在关乎国家安全和国计民生的那些具有天然垄断性的部门和行业,在一定程度上要服从政府的宏观调控机制,纳入国家的宏观调控体系,从而突破了一般私人的竞争性的部门和行业完全奉行市场调节机制的局限性。

在现代资本主义国家,国有资本的出现和发展,意味着资本由国家占有,突破了资本由私人占有的界限,在资本主义生产方式自身范围内扬弃着资本的私有制,具有直接的社会性质,所以是资本关系的重大质变。当然不能抽象地观察国有企业,任何社会形态中都存在国有企业,它的性质取决于其所有者——该社会形态国家的性质。恩格斯说得好:“现代国家,不管它的形式如何,本质上都是资本主义的机器,资本家的国家,理想的总资本家。”[7]因此,国有资本只是资本主义所有制的一种变化了的形态,它突破了资本的私有制,但并没有突破资本的所有制。不言而喻,现代资本主义国家的国有资本,无疑是一国范围内资本社会化程度最高的资本占有形式,是社会资本在一国范围内的最高形式;因为现代国有资本主要也是股份资本,所以它也是一国范围内股份资本的最高形式。

(5) 国际股份资本。简称国际资本,或称跨国资本。资本社会化概念,原本是指资本在一个民族国家范围内社会化的现象。在出现国际资本这一经济现象后,资本社会化已经超越一国范围,应该使用资本国际化概念。在 19 世纪末 20 世纪初,帝国主义国家的商品输出和资本输出,是资本国际化和国际资本的早期形态。“二战”后,随着西方发达国家对外直接投资的发展,资本国际化遍及生产领域、流通领域和服务领域,其中产业资本国际化占据重要地位。20 世纪后期,跨国公司大量兴起,促进了经济全球化;而经济全球化的发展,又进一步推动了跨国公司的发展。跨国公司是一种国际性的企业,它以本国总公司为基地,在其他国家和地区设立子公司,从事跨国界的生产、贸易、金融和其他业务活动。联合国贸发会议《2000 年世界投资报告》统计,全球跨国公司有 6.3 万个,子公司 69 万个,遍布 160 多个国家和地区,形成一个庞大的全球生产经营体系;2002 年 8 月 12 日其新闻公报指出,全球 100 家最大的跨国企业产值占全球国民生产总值的比例,1990 年为 3.5%,2000 年上升到 4.3%。这表明,跨国公司在国际经济中的地位和作用在不断加强。

跨国公司在其他国家和地区的直接投资,除创办独资企业外,主要采取合资经营和合作经营方式创办企业。20 世纪 90 年代以来,跨国公司的发展出现了一些新的情况:一是出现了跨国公司和跨国公司合办的“多国公司”或“无国籍公司”,这是一种层次更高的跨国经营形式,其产权关系已经成为多国占有的国际资本。二是机构投资者的投资行为也趋向国际化,其活动重心正逐渐从国内金融市场向国际金融市场转移。三是区域经济集团化的浪潮也推动了国际资本的发展，在区域经济集团内出现了各民族国家的国有资本的国际联合所有制企业，其资本社会化已经超出民族国家范围。在上述三种情况发展的进程中，国际资本也进一步股份化了。所以，国际资本的绝大部分是高度社会化、国际化的股份资本。

国际资本或资本国际化是资本超出一个民族国家国界在国际范围内的运动，但它由以构成的一个个的个别资本，仍然以民族国家为基础，除国有资本外，它的最终所有权大多仍然是私人所有的资本。

二、资本主义发展阶段的划分

根据以上全部分析，对于现代资本主义国家的资本关系，对于资本主义社会的发展阶段，提出以下不成熟的看法：

第一，在资本主义社会，以 19 世纪末为界限，在其后，资本关系和资本所有制形式发生了重大变化：一是全局性的主要变化，原先占统治地位的个人资本大多已经被各种形式的股份资本所代替，从而社会资本占统治地位；二是局部性的质的变化，原先一统天下的私人资本已经被新出现的国有资本所突破，现代国有资本大都采取股份资本形式而存在，也属于社会资本范畴。据此，从资本关系和资本所有制形式的角度来说，可以将资本主义社会划分为两个大的发展阶段：(1)从 16 世纪到 19 世纪后期，是个人资本占统治地位的阶段，也可称为个人资本主义阶段，或私人资本主义阶段；(2)从 19 世纪后期到现在，是股份资本或社会资本占统治地位的阶段，也可称为股份资本主义阶段，或社会资本主义阶段。

在资本主义条件下，股份资本最重要和最具进步性的特点，是所有权和使用权的分离，是所有权分散和使用权集中的对立运动，而且随着资本主义的发展，资本所有权越来越分散，资本使用权越来越集中。资本所有权越分散，资本越具有社会性，为资本的全社会占有作了准备；资本使用权越集中，越符合社会化大生产的要求，促进社会生产力的发展。

股份资本，特别是国有股份资本的出现，是资本关系在资本主义生产方式自身范围内的突破，具有重大意义。资本主义是建立在私有制基础上的经济制度，私人股份资本作为社会资本，是对资本私有性质的初步扬弃，从而具有了一定的社会性质；国有股份资本作为更高形式的社会资本，则是对资本私有性质的进一步扬弃，从而具有更高程度的社会性质。尽管私人股份资本和国有股份资本还具有资本的形式，但它们已经是向将废除私有制的未来社会的新的所有制——社会所有制转变的过渡形式。这就是一百多年前马克思关于股份资本是“导向共产主义的”“最完善的形式”论述的真谛。

第二，自19世纪后期股份资本普遍产生以来，资本关系由于社会化而形成了一种新的结构，即在资本主义私有制的基础上，以股份资本为主体，多种资本所有制形式并存和共同发展。从所有制的社会属性来说，资本主义所有制和非资本主义所有制并存，后者如个体私有制、残余的封建主义私有制以及孕育有社会主义因素的经济组织等；从资本所有制来说，私人资本、国有资本和跨越国界的国际资本并存；从私人资本来说，个人资本和股份资本或社会资本并存；从股份资本或社会资本来说，简单股份资本、集团股份资本、法人社团股份资本和国有股份资本并存，大股份资本和中小股份资本并存，上市的股份资本和没有上市的股份资本并存，等等。在现代资本主义社会，在所有这些经济成分中，股份资本是基本的、普遍的、主导的形式，集团股份公司、法人社团和跨国公司的股份资本占据统治地位。

对于从19世纪后期到现在股份资本占统治地位的一百多年，我倾向于不进一步再划分阶段。因为在股份资本发展的生命史中，这一百多年可能只是一个较短时期，它的阶段性的特征表现得还不明显。如果要作初步划分的话，可以暂且把它划分为以下两个小的阶段：(1)19世纪后期到20世纪50年代，是股份资本的初级阶段，其特征是股份资本为主导，简单私人股份资本和集团私人股份资本为主要形式，各种经济形式并存；(2)20世纪50年代到现在，是股份资本的发达阶段，其特征是股份资本为主导，集团私人股份资本、法人社团资本、国有资本和跨国资本为主要形式，各种经济形式并存。

正如大家所知，从19世纪末到现在的一百多年的资本主义社会应该划分为几个阶段，历来有“两阶段论”(自由竞争阶段和垄断阶段)、“三阶段论”(又将垄断阶段分为私人垄断阶段和国家垄断阶段)和“四阶段论”(再加上国际垄断阶段)，其实它们是一脉相承的，共同认为自由竞争资本主义在19世纪末以后进入了垄断资本主义阶段，随着时代的前进，这一大的阶段相继被划分为私人垄断资本主义、国家垄断资本主义和国际垄断资本主义几个小阶段。国内近期出版的几本有重大影响的政治经济学教材，对于19世纪末以来的一百多年，先研究了私人垄断资本主义，接着研究了国家垄断资本主义，最后研究了经济全球化与现代资本主义、国际垄断资本主义。以上这些观点有一个共同看法，即就一国范围来看，这一百多年来的资本主义应该划分为私人垄断资本主义和国家垄断资本主义两个阶段，认为从20世纪20年代末爆发世界经济危机以来，特别是从“二战”后到现在，资本主义就进入并处于国家垄断资本主义阶段，或者用个比较笼统的提法，叫作现代资本主义。

认为现代资本主义仍然处于国家垄断资本主义阶段的看法值得商榷，其理论逻辑进程和现实历史过程并不完全一致。从理论逻辑进程来看，从私人垄断到国家垄断再到国际垄断，从资本社会化较低形式到较高形式，从资本社会化到资本国际化，是资本垄断和资本社会化不断提高、扩大和升级的过程。这在理论逻辑上是严密的、精美的，但是它并不完全符合历史过程。例如，认为“二战”后到现在仍然是国家垄断资本主义阶段，那么从理论上讲，虽说按照列宁的定义，国家垄断资本主义是资产阶级国家同垄断资本相结合的一种垄断资本主义，但是其经济基础——国家垄断资本就应该占统治地位。可是现实情况又怎样呢？首先，西方国家一直存在着经济自由主义和国家干预主义、国有化和私有化、垄断和反垄断的两种倾向的对立运动。不争的事实是，20世纪80年代以来，经济自由主义思潮再度兴起，私有化浪潮冲击整个西欧，欧美国家普遍制定和实施了反垄断法案，世界贸易组织有关公平竞争、贸易自由协议规则的签订。特别是，反垄断法在西方市场经济国家被奉为“经济基本法”“经济宪法”，目前世界上已有80多个国家制定了反垄断法。奉行上述理论和政策的结果，一是使资本垄断受到一定限制，资本自由竞争得到保护；二是国有资本和公营企业普遍萎缩和减少，至今仍未见再度崛起的势头。其次，既然当代仍然处于国家垄断资本主义阶段，那么国有资本和公营企业在国民经济中应该占有相当大的比重，发挥重大作用。现在，尽管国有资本和公营企业的各种形式，如国家所有并直接经营的公营企业、国私共有合营企业、国家对私人企业参股或控股等形式，在西方各国仍然存在，但正如前面举的材料所揭示，在发达国家,国有或公营经济在GDP中的比重原本就不高,1982年只占7.7%,而且江河日下,到1995年只剩下4.5%了。而且,在西欧国家,国有或公营企业在某些重要经济部门中确实占较大比重;但在最大最发达的美国,国有或公营企业从来就不发展,只在电力、铁路运输等极少部门占较小比重。最后,把现代西方国家对宏观经济的调控和对微观经济的管制,当作国家垄断资本主义表现形式的论点缺乏说服力。在这里,应该将现代资本主义国家的经济职能和现代市场经济的调节机制(包括宏观调控和市场调节),与国家垄断资本主义对国民经济的垄断加以区别,它们是不同层次的概念,不应混为一谈。大家知道,现代所有市场经济国家都具有重要经济职能,包括对社会经济进行宏观调控和微观管理,这是市场经济机制的重要内容和根本要求。如果把这些都说成是国家垄断资本主义的表现形式,那么,一切市场经济国家岂不都成了国家垄断资本主义了吗?这种说法显然是不能成立的。还有,这种观点还把国家制定的反垄断、反托拉斯的法令,国家对自然资源和环境的保护、对消费者权益的保护等经济社会的管制措施,也当作国家垄断资本主义的表现,这不仅是风马牛不相及,而且国家制定反垄断法令成了国家垄断的表现岂不自相矛盾吗?

第三,在以资本所有制形式变化作为主要依据划分资本主义发展阶段时,可以与以历史发展顺序划分依据结合起来,如过渡时期、古典阶段、现代阶段,初级阶段、发达阶段等等。至于其他依据则应该围绕、服从于主要依据。也许只有当资本主义成为一种历史的社会形态时,后代人才能对它及其发展阶段做出最终的科学的评判。但是当代人以马克思主义科学理论和方法作指导,尽量避免时代局限性,也能够做出比较符合实际的概括。学者们进行的种种探索,尽管表现出一些不可避免的局限性,但总的来看,人们对资本主义及其发展阶段的认识在不断深化,日益接近它的发展规律。

参考文献

[1] 马克思恩格斯全集(第29卷)[M].北京:人民出版社,1972.299-306.

[2][3] 马克思恩格斯全集(第25卷)[M].北京:人民出版社,1975.493、495-496.

[4] 马克思恩格斯全集(第19卷)[M].北京:人民出版社,1963.130.

[5] 列宁选集(第 2 卷)[M]. 北京：人民出版社，1995. 585.
[6] 世界经济[M]. 中国统计年鉴，2000(2).
[7] 马克思恩格斯全集(第 20 卷)[M]. 北京：人民出版社，1971. 303.

原载《当代经济研究》2005 年第 9 期

一百多年来对资本主义发展阶段划分的各种观点综述

一百多年来，马克思主义经典作家、马克思主义研究者以及社会学家、未来学家对资本主义的发展阶段曾进行过多方面的探讨，提出了种种划分阶段的意见。下面简要介绍一下他们的观点。

一、马克思恩格斯划分资本主义发展阶段的思想

马克思恩格斯对资本主义经济发展阶段划分的意见是留给后人的珍贵遗产。他们首先把资本主义经济制度产生以前的历史时期，叫作资本的原始积累阶段，看作"形成资本及与之相适应的生产方式的前史"。马克思认为，在 14 世纪和 15 世纪，资本主义的最初萌芽在地中海沿岸的某些城市就已经出现了。当然，资本的原始积累作为一种经济现象是一个历史过程，它在欧洲各国的起始和完成时期并不尽相同，有的国家和地区一直持续到 19 世纪末才告结束。但是马克思明确指出："资本主义时代是从 16 世纪才开始的。"[①]在《资本论》第 1 卷中，马克思第一次对资本主义经济的发展阶段做了划分，将从 16 世纪到 19 世纪中叶的资本主义生产方式划分为三个阶段，即简单协作、分工和工场手工业、机器和大工业。不过，简单协作并不构成资本主义生产方式的一个特殊发展时代的固定的特殊形式，而以分工为基础的协作在真正的工场手工业时期占据了统治地位。马克思明确指出：真正的工场手工业时期大约从 16 世纪中叶到 18 世纪末叶。18 世纪 60 年代到 80 年代发生的具有重大历史意义的产业革命，使资本主义生产方式进入了机器和大工业阶段。机器大工业作为特殊的资本主义生产方式的建立，为资本

---

① 《马克思恩格斯全集》第 44 卷，人民出版社 2001 年第 2 版，第 822、823 页。

主义制度奠定了适合它本性的物质技术基础，从而确立了资本主义经济制度的统治地位。

尽管马克思恩格斯十分重视自由竞争，认为它是商品经济、资本主义经济中内在经济规律的实现形式，并计划在他的经济学著作中研究“资本一般”之后专门研究资本竞争，但是并没有把他们生活的那个时代及其以前的资本主义明确地叫作“自由竞争”阶段。在马克思恩格斯晚年，他们看到了资本主义经济生活中出现了被称为“股份公司的二次方和三次方”的卡特尔、托拉斯等新的工业企业组织形式，并认为英国的某些工业部门，“竞争已经为垄断所代替”。尽管当时垄断已经在某些部门成为一个突出的经济现象，但在整个社会经济生活中还没有占统治地位，所以他们也没有做出未来的资本主义即将进入“垄断阶段”的预见。

值得注意的是，马克思把资本主义划分为工场手工业和机器大工业两大时期所依据的基本理论和基本方法。马克思是从生产方式变革出发，以资本和雇佣劳动关系为轴心，剩余价值生产的方法和劳动从属于资本的形式为依据，来划分资本主义经济发展阶段的。在第一阶段工场手工业时期，从生产力方面看，劳动过程是以分工为基础的协作，从事手工劳动的局部工人和简单的手工工具是生产过程的主要要素和物质技术基础，因此劳动生产力和生产方式处于较低的发展阶段；从生产关系方面看，资本对雇佣劳动的剥削主要采取延长工作日的方法，绝对剩余价值生产占据主要地位，与此相适应，劳动形式上从属于资本是主要形式。在第二阶段机器大工业时期，从生产力方面看，资本主义生产过程发生了根本变化，劳动的技术过程和社会组织发生了根本革命，机器代替了手工工具，使用机器的劳动代替了手工劳动，大工业把巨大的自然力和自然科学并入生产过程，机器的协作代替了原来局部手工工人的协作，机器和使用机器的工人成了生产过程的主要要素和物质技术基础，从而使资本主义生产方式发生了革命性的变革，劳动生产力和资本主义生产方式发展到更高的阶段；从生产关系方面看，机器是生产剩余价值的手段，资本对雇佣劳动的剥削主要采取提高劳动生产力的方法，相对剩余价值生产占据统治地位，与此相适应，劳动形式上从属于资本完全转变为实际上从属于资本。由此可见，马克思对资本主义经济上述两个发展阶段的划分，是根据他发现的唯物史观，从生产力和生产关系辩证统一的观点进行科学分析得出的结论。

还有一点值得注意的是,马克思恩格斯晚年对资本主义发展中出现的新的经济现象的关注。这就是:19世纪后期资本所有制关系的新变化,突出的表现就是资本社会化的新发展,这时不仅出现了与单个独资企业相对立的股份公司这种企业组织形式,而且出现了“股份公司二次方和三次方”的卡特尔、托拉斯这类企业组织形式。马克思恩格斯很重视股份公司的出现和发展,认为它不单纯是企业组织形式的变化,即从独资经营变为合资股份经营,而是资本所有制关系在资本主义生产方式自身范围内的一种扬弃,表明独立的个人资本已转化为联合起来的个人资本,它是一种社会化的资本,即马克思说的社会资本,或者说资本社会化了;作为“股份公司二次方和三次方”的卡特尔、托拉斯等企业组织形式,则表明资本社会化进一步发展了。马克思恩格斯十分重视资本社会化这种新现象,认为股份资本“作为最完善的形式”会“导向共产主义”[①]。但是,由于这种新的经济现象刚刚出现,在资本主义经济生活中还没有占据主导和统治地位,所以他们对它进一步发展的意义还没有来得及做出新的概括。股份资本这种社会资本与马克思原先着力研究的独立经营的单个资本相比,无疑是资本所有制关系的一个重大变化。马克思恩格斯以资本所有制关系为核心,对资本社会化趋势敏锐观察和论述,在19世纪末和整个20世纪被完全证实了。资本社会化是传统的资本所有制关系的一种新变化,并成为资本主义发展中的一个突出而主要的经济现象,对我们研究资本主义发展阶段具有根本性的意义。

二、列宁和同时代人划分资本主义发展阶段的思想

列宁对资本主义发展阶段的研究成果也是留给后人的宝贵遗产。19世纪末20世纪初,资本主义经济出现了一系列新的现象。列宁在其著名的《帝国主义是资本主义的最高阶段》一书中,全面分析了资本主义经济的五个基本特征,认为生产和资本的集中发展到很高程度以至造成了在经济生活中起决定作用的垄断组织,银行资本和工业资本融合形成了金融资本和金融寡头,资本的输出有了特别重

① 《马克思恩格斯全集》第29卷,人民出版社1972年第1版,第299页。

要的意义,形成了瓜分世界的资本家国际垄断同盟,最大的资本主义列强,已把世界上的领土分割完毕。据此,列宁把具备这些基本经济特征的资本主义叫作垄断资本主义,也叫帝国主义,认为它是资本主义发展的最高阶段。1917—1919年间,列宁在几篇论著中又提出国家垄断资本主义概念。他认为,第一次世界大战使各交战国遭到空前的灾祸,大大加速了资本主义的发展,"使垄断资本主义向国家垄断资本主义转化"[①]。他在《大难临头,出路何在?》一文中,更明确地提出国家垄断资本主义是社会主义"前阶"的思想。他说:"战争异常地加速了垄断资本主义向国家垄断资本主义的转变,从而使人类异常迅速地接近了社会主义","国家垄断资本主义是社会主义的最充分的物质准备,是社会主义的前阶"[②]。尽管列宁对国家垄断资本主义没有作更系统的论证,但意思很清楚,在他看来,国家垄断资本主义是垄断资本主义进一步发展的阶段,是社会主义的前阶,是资本主义最高最后阶段。所以,埃内斯特·曼德尔认为,列宁使用"国家垄断资本主义"用语,只是为了说明处于"战争状态中"的垄断资本主义的特征,是为了说明资本主义生产方式并没有进入新的发展阶段的看法是不能成立的。列宁在第一次世界大战期间还得出结论说,资本主义较为和平地发展的时代已一去不复返,帝国主义战争这一最大的历史危机开辟了社会主义革命的纪元。列宁上述关于国家垄断资本主义和战争造成革命危机的思想,奠定了资本主义总危机学说的基础。

在19世纪末20世纪初,与列宁同时代的一些马克思主义理论家也根据当时资本主义经济发展出现的新现象,对资本主义发展阶段提出自己的看法。保尔·拉法格对美国资本主义新现象进行了深入研究,1896年就在一篇文章中论述了自由竞争必然导致垄断、垄断组织操纵国家机器等问题。1903年,他在一篇论文中更系统地论述了托拉斯问题,认为"资本以前所未有的惊人规模大量集中,单是这一现象本身就足以说明资本主义已演进到特殊阶段了"[③]。同时,他还明确地提出了这个资本主义特殊阶段的一些特点,但是并没有给它确定一个固定名称。卡尔·考茨基到较晚时候才谈到帝国主义问题,并因提出"超帝国主义论"而遭到严厉批

① 《列宁全集》第16卷,人民出版社1988年第2版,第364页。

② 《列宁全集》第32卷,人民出版社1985年第2版,第218～219页。

③ 《拉法格文选》下册,人民出版社1985年版,第213页。

判。他认为,帝国主义是“高度发展的工业资本的产物”,是“每个工业资本主义民族力图征服和吞并越来越多的农业区域”,即把帝国主义国家理解为是资本主义国家对外采取的一种政策。在此基础上,他还提出“超帝国主义政策”和“超帝国主义阶段”的观点。他认为,帝国主义强国联合起来共同剥削全世界的政策即超帝国主义政策将会代替各帝国主义国家相互争霸的政策。“从纯经济的观点来看,资本主义不是不可能再经历一个新阶段,也就是把卡特尔政策应用到对外政策上的超帝国主义的阶段。”[①]可见,他不是从经济实质上来看待帝国主义阶段,而是从国家政策层面上来理解“超帝国主义阶段”的。爱德华·伯恩斯坦否认生产集中和垄断组织的出现,提出“资本日益分散”的观点,认为“伴随着社会财富的增长而出现的,将不是数目日益缩小的资本巨头,而是数目日益增加的各种等级的资本家”[②]。在他看来,承认一个人数众多的中产阶级的存在,是在生产不断提高的情况下容许我们做出的唯一的选择。这样一来,他从根本上否定了垄断资本的存在和垄断资本主义阶段的出现,他只承认人数众多的中产阶级存在的资本主义社会。鲁道夫·希法亭在1910年出版的《金融资本》一书,分析了19世纪末20世纪初的资本主义经济发展中出现的新现象,认为由于资本集中的加剧,资本主义经济已发展到一个全新阶段,指出这个新阶段的基本特征就是由银行资本与工业资本融合而形成的金融资本,取代了产业资本在资本主义经济中的中心地位,形成了以金融资本为中心的资本主义经济体制,并认为金融资本是资本的最高、最抽象的形式。其次,希法亭在1927年还提出“有组织的资本主义理论”。他认为,资本主义的发展进入了一个新的历史阶段,在这一阶段中,“资本主义,纯粹由盲目的市场规律所统治的自由竞争时代基本上被克服了,我们达到了资本主义对经济的组织化,也就是从各种力量的自由比赛的经济达到了有组织的经济”。“有组织的资本主义实际上意味着在原则上用有计划的生产的社会主义原则来代替自由竞争的资本主义原则。”[③]列宁早在1917年前就讲过“现在资本主义正直接向它更高的、有计划的形式转变”[④],但

---

① 考茨基:《帝国主义》,生活·读书·新知三联书店1964年版,第2、18页。

② 伯恩斯坦:《社会主义的前提和社会民主党的任务》,生活·读书·新知三联书店1965年版,第38页。

③ 希法亭:“社会民主党在共和国中的任务”,载《第二国际修正主义者关于帝国主义的谬论》,第221、225页。

④ 《列宁全集》第29卷,人民出版社1985年第2版,第436页。

希法亭的这一观点被概括为“有组织的资本主义理论”，而不断遭到批判。罗莎·卢森堡没有系统的帝国主义理论，但在她的《资本积累论》一书中，把资本积累与帝国主义联系了起来。她认为，在资本积累的矛盾运动中资本主义生产方式走上了自己“历史生命上的最后阶段”即“帝国主义”。帝国主义的典型外部形象是：资本主义国家之间为了获得殖民地、势力范围、投资机会而进行的斗争，国际贷款制度、军国主义、关税壁垒以及金融资本和托拉斯在世界政治中的支配作用，等等。由此，她得出结论说，“作为一个整体的帝国主义只不过是一个特定的积累方法”①。

总之，在19世纪末20世纪初，大多数著名的马克思主义理论家在对当时资本主义经济进行研究的基础上得出一个共识，这就是：生产和资本的集中所引起的垄断统治，是资本主义发展中出现的一个突出的新的经济现象，从而资本主义已经发展到一个新的历史阶段。其中列宁的贡献最大，他把资本主义发展的这个新阶段叫作帝国主义阶段或垄断资本主义阶段。而希法亭除同意列宁的这个分析外，还认为资本主义经济由于受到国家的强制影响已经进入“有组织的”阶段。从此以后，马克思主义经济学著作和教科书都接受列宁的分析结论，把资本主义的发展划分为两大阶段：垄断前资本主义即自由竞争资本主义阶段，垄断资本主义即帝国主义阶段。最权威的莫过于在斯大林亲自指导下由苏联科学院经济研究所编写的、于1954年出版的《政治经济学教科书》，在第二篇《资本主义生产方式》下，明确地分为“（甲）垄断前的资本主义”和“（乙）垄断资本主义——帝国主义”两大阶段。

三、当代国外马克思主义研究者对资本主义发展阶段划分的意见

列宁以后，从20世纪二三十年代到现在，随着资本主义经济的新发展，一些马克思主义者包括西方的马克思主义研究者对资本主义发展阶段又提出一些新的观

① 卢森堡：《资本积累——一个反批判》，黑龙江人民出版社，第68～69页。

点。斯大林继承列宁关于资本主义总危机的思想，30 年代以来进一步阐发了这一思想，特别是 1952 年出版的《苏联社会主义经济问题》一书更是正式表述了这一思想。他认为，自第一次世界大战之后，资本主义已进入总危机阶段。他解释说：资本主义总危机是世界资本主义体系的总危机，是包括经济和政治的全面危机。第一次世界大战时期，特别是在苏联脱离资本主义体系之后，是总危机的第一阶段；第二次世界大战时期，特别是在欧洲和亚洲的各人民民主国家脱离资本主义体系之后，展开了总危机的第二阶段。苏联经济学家列·阿·列昂节夫在 30 年代写的《政治经济学》一书中也阐述了资本主义总危机的理论。他实际上表达了这样一个观点，资本主义总危机时期是帝国主义时期的一个新阶段。这种观点深刻地影响着我国的理论界。到 20 世纪 80 年代初，我国南方 16 所大学编写的大学试用教材《政治经济学(资本主义部分)》一书认为，帝国主义时期由于资本主义世界基本矛盾尖锐化引起无产阶级社会主义革命，资本主义就开始进入了资本主义总危机时期，并用 3 章篇幅论述了“资本主义总危机时期的帝国主义经济”问题。

第二次世界大战以后，苏联和西方一些马克思主义研究者对资本主义发展阶段的划分提出了与马克思主义经典作家不完全相同的观点。20 世纪五六十年代，日本学者宇野弘藏通过对世界资本主义发展历史和现状的考察，提出“三步骤理论”，即将马克思经济学研究划分为三个阶段，第二阶段叫“阶段论”，是以《资本论》原则来阐明资本主义社会历史发展阶段及其政治、经济特征的理论，它把资本主义的发展划分为三大时期：(1)“发生期”，即重商主义时期，以商业资本为基本特征；(2)“成长期”，即自由主义时期，以工业资本为基本特征；(3)“没落期”，即帝国主义时期，以金融资本为基本特征。前两个时期以英国的产业发展为例证，帝国主义时期则主要以德、英、美等国的垄断发展为例证。70 年代初，比利时学者埃内斯特·曼德尔的《晚期资本主义》一书出版，提出“晚期资本主义”理论。他认为根据马克思主义经济学的基本原理和基本方法，从 18 世纪末以来的资本主义的发展可以划分为三个阶段：(1)自由竞争的资本主义；(2)“古典的”帝国主义，即列宁所论述的帝国主义时代；(3)晚期资本主义，或晚近资本主义，是帝国主义进一步发展阶段，或帝国主义第二阶段。他认为，晚期资本主义的提法不是以当代资本主义的某些特征，而是按时间顺序、历史年代来综合表示的，因而比目前马克思主义经济学流行用语更科学、更优越。第一,它比“有组织的资本主义”用语更合理。因为当代资本主义根本不是一个完全组织起来的社会,而是一个有组织性和无政府状态的混合、杂交的结合体。第二,它比当时流行的“国家垄断资本主义”用语更科学。因为“国家垄断资本主义”用语是列宁用来表示处于战争状态下的垄断资本主义的特征的,现在一些人却用它来表示战争结束后的垄断资本主义的特征,是不符合列宁原意的。而且,“国家垄断资本主义”用语不是从资本本身的内在逻辑,而是从国家在经济中的新作用来解释当代资本主义发展新阶段的本质特征的。曼德尔试图以马克思《资本论》和列宁《帝国主义是资本主义的最高阶段》的理论为基础,以资本和雇佣劳动的关系为轴心,详细分析了当代资本主义即他所说的晚期资本主义的十个特征,包括科学技术革命、生产过程、劳动组织的改革,资本对剥削方法的改变,资本的国际运动,世界经济格局的变化,跨国公司的发展,通货膨胀、国民经济军事化等等。以及由此引发的国家调节经济的职能的增强、资本主义生产关系危机的加剧等等。曼德尔的意思很清楚,由于现代资本主义经济关系极为复杂,很难用某一特征(如垄断、国家垄断以及国家的新作用等)来表示它,倒不如干脆用历史年代来概括为好。这种见地是有一定道理的。

与此同时,苏联和西方一些马克思主义研究者对战后垄断资本主义的新发展进行了比较深入的研究,系统地阐述了国家垄断资本主义理论,有人明确地认为现代资本主义已经发展为国家垄断资本主义阶段。比较早的要数苏联 N.库兹敏诺夫于 1955 年出版的专著《国家垄断资本主义》。该书依据列宁关于垄断资本主义、国家垄断资本主义和斯大林关于现代资本主义论述,研究了 20 世纪初到 50 年代资本主义经济发展的实际材料,系统地阐述了国家垄断资本主义产生的必然性、基本特征、矛盾和发展趋势。作者认为,“国家垄断资本主义是帝国主义时代的产物,它成长自垄断,是垄断发展的结果和最高阶段”[①];它使资产阶级国家机构、国家经济从属于垄断组织,国家对经济的调整是保证最大限度利润的手段和加强剥削和掠夺的工具,并使资本主义的矛盾进一步尖锐化;它意味着资本主义制度下生产社会化的最高阶段,是社会主义的客观物质前提和最完满的准备。1966 年出版的美国学者巴兰、斯威齐合著的《垄断资本》一书被认为是垄断资本理论的新体系,它

① [苏]库兹敏诺夫:《国家垄断资本主义》,人民出版社 1957 年版,第 1~2 页。

以当代最发达的垄断资本主义国家美国的经济社会发展事实为依据，以“经济剩余”的产生和吸收分析为中心线索，提出用他们发现的剩余增长规律代替古典马克思主义的利润率趋向下降规律，是从竞争资本主义向垄断资本主义转变的最本质的东西，表明资本主义已经发生了根本性的变化。对于巴兰、斯威齐的著作和理论，有人认为它是最好的马克思主义文献，应当成为现代资本主义的理论基础；也有人认为它只在表面层次上进行推理，没有贯彻马克思以生产过程的价值分析为基础，把马克思主义经济学的正统理论结构已经丢弃了。

在这一时期，还要提到法国共产党理论家的国家垄断资本主义理论，以及用它表述当代资本主义发展阶段性质的新观点。1966 年 5 月，法国共产党和《经济和政治》杂志召开国际学术讨论会，专门讨论国家垄断资本主义理论。1971 年法共经济学家保罗·博卡拉等人出版《马克思主义经济学论著——国家垄断资本主义》，系统阐述了国家垄断资本主义理论，认为帝国主义已进入国家垄断资本主义阶段，并揭示了国家垄断资本主义的基本特点，论述了国家和垄断资本主义之间的辩证关系。值得注意的是，博卡拉等人把资本主义生产方式的发展划分为三个主要阶段：(1)资本主义的原始阶段，始于 16 世纪，以封建生产方式被摧毁和新生的资本主义生产方式迅速发展为特征。(2)古典阶段，又叫自由阶段或传统阶段，始于 18 世纪末，在 19 世纪得到了充分发展，以自由竞争和工业领域的生产力迅速发展为特征。(3)垄断阶段，即帝国主义阶段，始于 19 世纪末，其特征的分析与列宁关于帝国主义基本经济特征的论述大致相同。博卡拉等人还把垄断阶段划分为两个时期：(1)简单垄断时期，这是列宁帝国主义理论中所论述的发展时期。(2)国家垄断时期，即国家垄断资本主义时期，初步形成于第一次世界大战期间，在 30 年代大萧条和第二次世界大战期间得到了进一步的发展，第二次世界大战结束以后进入一个新的时期。他们认为，“国家垄断资本主义是一个有机的整体，不仅包括经济因素和社会因素，而且包括政治、意识形态、军事等方面。国家投资、国营部门、国家消费以及垄断性的计划化，固然都是国家垄断资本主义的明显特征，但是，经济的军事化、意识形态和政治上强制性、反动势力的集结、政治专制主义的趋势，也都同样是国家垄断资本主义的基本特征。从这个意义上说，国家垄断资本主义是帝国主义阶段中真正独特的时期。国家和垄断组织之间建立的新关系，就是这个时期的特殊标志。”①

博卡拉等人开创将垄断资本主义明确地划分为一般垄断资本主义和国家垄断资本主义两个阶段的先河，这种意见成为第二次世界大战后马克思主义经济学具有重大影响的主流观点。随后，关于国家垄断资本主义的论著接踵问世，并写入了政治经济学教材。1988 年，由苏共中央政治局委员、中央书记、苏联科学院通讯院士 B. A. 梅德维杰夫等一批院士、博士集体编著的苏联高等院校教科书《政治经济学》第 2 篇《资本主义经济制度》中，用两章分别阐述了“垄断资本主义”和“国家垄断资本主义”问题。作者认为，国家垄断资本主义是经济垄断化的一个新的更高阶段，是国家垄断对私人垄断的补充，是两者有机的交错。作者强调私人垄断和国家垄断既是经济形式，又是调节机制。“国家垄断调节是对再生产矛盾激化的一种反映。它合乎规律地是从私人垄断调节中产生的，但它是以垄断组织的力量和资产阶级国家的力量联合成一个特殊的机制为基础的。”作者认为，“国家垄断资本主义”概念的实际内容是：“私人垄断和国家垄断两种力量的结合，国家机构在某种程度上发挥着整个经济生活中心的作用，在部门内、部门间和全国范围内对生产进行有目的的调节同仍然保存着和继续发挥着的私人资本主义生产关系相结合”。作者在讨论国家垄断资本主义条件下的现代资本主义经济机制问题时，强调尽管国家垄断资本主义对社会生产的调节机制带来巨大变化，形成了完整的国家垄断调节体系，但“组织资本主义经济的基本力量依然是市场”。在国家垄断调节体系中，私人资本主义的竞争、市场调节手段、私人垄断的计划工作和国家进行集中调节的杠杆并存，互相作用，互相影响。②

四、我国马克思主义学者对资本主义发展阶段划分的观点

博卡拉、梅德维杰夫等人关于国家垄断资本主义的思想，对我国经济学界有重大影响。我国在 20 世纪八九十年代出版的一大批研究现代资本主义的专著和政治经济学教科书对资本主义生产方式或资本主义经济制度的阶段划分，大都采用

① 法共中央经济部：《国家垄断资本主义》上册，商务印书馆 1982 年版，第 25～26 页。

② ［苏］B. A. 梅德维杰夫等编：《政治经济学》，中国社会科学出版社 1989 年版，第 245～251 页。

了他们的观点。

90年代初,马健行等人合著的《垄断资本概论——马克思主义的帝国主义理论·历史与当代》明确地提出资本主义发展"三阶段论"。在第一章叙述了马克思主义帝国主义理论的形成史以后,先用4章探讨了一般垄断资本主义的基本特征及其在第二次世界大战后的新变化、新发展,接着用4章研究国家垄断资本主义以及与之有关的一些重要经济政治问题。作者指出,"自从资本主义剥削制度出现在世界上以来,它的发展大致经历了三个阶段:自由资本主义阶段、垄断资本主义阶段和国家垄断资本主义阶段。这是资本主义生产关系在自身范围以内,适应着生产力发展水平进行自我调整所经历的三个时期。在这三个时期资本主义剥削制度在其根本性质不变的情况下,发生了部分质的变化"。① 作者认为,国家垄断资本主义是资本主义发展的最高阶段,这就是它的历史地位。国家垄断资本主义这个论断包括有两方面的含义:一是说它仍然是资本主义;二是说它不同于自由资本主义和一般垄断资本主义,而是这两者的继续和发展。

由吴大琨主编的专著《当代资本主义:结构·特征·走向》一书,从生产力发展和生产关系变革相统一的角度更深入地阐发了资本主义发展三阶段论。吴大琨在该书前言中说,资本主义制度自英国产业革命开始至今已有200多年历史,共发生三次科学技术革命,生产力出现过三次飞跃,相应地资本主义生产关系有过三次重大调整,从而有资本主义发展的三个阶段。(1)18世纪中期至19世纪中期,发生了以纺织机、蒸汽机的发明和使用为主要标志的第一次科技革命,出现了生产力发展的第一次变革,被称为"蒸汽机时代",生产方式由工场手工业转变为机器大工业;相应地出现了资本主义生产关系的第一次调整,即由个体资本到股份资本的转变,股份资本是资本社会化的初级形式。(2)19世纪中后期开始到20世纪50年代,发生了以电动机、电力的发明和使用为主要标志的第二次科技革命,出现了生产力发展的第二次变革,被称为"电力时代",产业结构由轻工业型转变为重工业型;相应地出现了资本主义生产关系的第二次调整,即在股份资本基础上向私人垄断资本的转变,私人垄断资本是资本社会化的较高形式。(3)20世纪50年代开始到现在,发生了以电子计算机、原子能的发明和使用为主要标志的第三次科技革

---

① 马健行等:《垄断资本概论》,山东人民出版社1993年版,第364页。

命，出现了生产力发展的第三次变革，被称为“原子能时代”或“电子时代”，产业结构由劳动密集型和资本密集型转变为技术密集型；相应地出现了资本主义生产关系第三次调整，即由私人垄断资本向国家垄断资本的转变，国家垄断资本是资本社会化的最高形式。由于生产力的三次重大变革和资本主义生产关系的三次重大调整，资本关系在其自身范围内发生了两次“部分质变”：第一次表现在由个体资本到股份资本和私人垄断资本的发展，这是资本的集体和集团所有对资本的个人所有的扬弃；第二次表现在私人垄断资本到国家垄断资本的发展，这是垄断资本的国家所有对资本的集团所有的扬弃，是对资本主义私人产业的更高形式的扬弃。基于以上资本主义发展进程中生产力的三次变革、生产关系的三次调整和资本关系的两次部分质变，主张把资本主义划分为三个阶段：(1)自由资本主义阶段，其经济基础是个体资本或者说是资本的个体所有；(2)私人垄断资本主义阶段，其经济基础是私人垄断资本，或者说是垄断资本集团所有；(3)国家垄断资本主义阶段，其经济基础是国家垄断资本和国私结合的垄断资本，或者说是垄断资本的国家所有和国私共有。[①] 该书第一篇“历史的考察”执笔者黄苏进一步提出：(1)16 世纪至 18 世纪是资本主义生产关系的萌芽与成长时期，是封建制度瓦解与向资本主义过渡时期。(2)18 世纪下半叶到 19 世纪 70 年代，是资本主义在欧美先进国家普遍胜利与蓬勃发展时期，但在整个资本主义生命史中，它仅仅是一个不成熟的初级阶段，即马克思所说的自由竞争阶段。因为在这个阶段，社会变革的主要任务，仍然是扫除前资本主义残余的障碍；机器大工业和工厂制度的建立，只是资本主义生产力大发展的开始；商品关系、资本关系的发展，无论在广度或深度上都远远没有充分展开；资产阶级统治尚不成熟。(3)第二次世界大战后，由于该书前言中分析的原因，表现出一些新的特点：前资本主义社会残余及痕迹在主要的社会过程中已基本消失，未来社会形式的萌芽或因素开始较多地出现；比较完善的社会经济运行机制业已确立，能够较好地应付各种矛盾和危机；资产阶级建立并发展了较稳定的统治形式，掌握了缓和与处理阶级矛盾的较多手段。由此作者认为，战后资本主义已经进入它的高级阶段，即国家垄断资本主义阶段[②]。作者上述阶段划

① 吴大琨主编：《当代资本主义：结构·特征·走向》前言，上海人民出版社 1991 年版，第 1～3 页。

② 吴大琨主编：《当代资本主义：结构·特征·走向》第一篇，上海人民出版社 1991 年版，第 3、22 页。

分中缺少了一个阶段,即19世纪70年代以后到20世纪第二次世界大战结束之间大体七八十年这一段时期,它应该算资本主义发展的什么阶段呢?作者没有明确说明,按照理论逻辑,这一没有确定名称的阶段,不妨可以叫作“中级阶段”。这并不是黄苏本人的意见,而是本书作者的续貂之举。相比较而言,吴大琨、黄苏对资本主义发展阶段的划分的意见是系统的、有启发意义的。

20世纪90年代以来,现代资本主义的发展中又出现了一系列新的经济现象,一个突出的表现就是:跨国公司的发展,经济全球化的趋势。有鉴于此,一些学者对垄断资本主义的发展阶段进行了更深入、更细致的研究,除自由竞争阶段外,把垄断资本主义细分为私人垄断、国家垄断和跨国垄断三个阶段。这种意见实际上主张资本主义发展的“四阶段论”。2002年1月,王亦楠在“跨国垄断:资本主义发展的新阶段”一文中说:在资本寻求剩余价值最大化的强力驱动下,伴随着科技革命的发展,在资本主义国家自我调节机制的作用下,垄断资本主义的发展经历了从低级形态向高级形态的演变过程。大致可分为三个阶段,即:(1)19世纪末20世纪初至第二次世界大战期间,为私人垄断阶段;(2)第二次世界大战以后至20世纪70年代末,为国家垄断阶段;(3)20世纪80年代到现在,为跨国垄断阶段。关于跨国垄断,作者认为,从80年代开始,西方发达国家为克服70年代以来的“经济滞胀”局面开展了经济重建行动。90年代初,随着经济全球化的到来,以信息技术为核心的第三次科技革命为资本在全球范围内实现自由流动创造了条件。“这一时期,跨国公司成为垄断资本攫取高额利润的有效方式,国际直接投资成为垄断资本向外扩张的主要途径,垄断资本主义的发展进入了一个更高的历史阶段——跨国垄断资本主义。”①

新中国成立以来,特别是20世纪80年代以来,政治经济学教材对资本主义发展阶段的划分,大体上是前面介绍的主流意见即“三阶段论”的教科书化。大多数教材不分篇只设章,关于资本主义部分依次按《资本论》结构和《帝国主义论》的顺序介绍了这两本书的基本原理,然后讲了国家垄断资本主义问题。这种体系实际是资本主义发展“三阶段论”,即自由竞争资本主义阶段、垄断资本主义阶段和国家垄断资本主义阶段。有的教材设置了专篇或部分,在“资本主义经济制度”“资本主

① 王亦楠:“跨国垄断:资本主义发展的新阶段”,载《求是》2002年第1期。

义生产方式"或"资本主义部分"标题下，分别讲述了资本主义发展的"三阶段"。也有少数教材实际上把资本主义的发展划分为四个阶段：首先把资本主义分为自由竞争阶段（或垄断前阶段）和垄断阶段；然后在垄断阶段下面又分为一般垄断资本主义（或私人垄断资本主义）、国家垄断资本主义和国际垄断资本主义三个发展时期。[①] 还有的教材倾向于把资本主义经济制度的发展演变过程划分为：一个过渡时期，然后经历了三种体制形式，现在开始进入一个更新的阶段。作者写道：资本主义经济制度的历史，从16世纪算起到今天已近500年，前300年是封建制度灭亡和资本主义制度兴起的过渡期，真正的资本主义制度实际上只有200多年，它已经历了或者说先后采取了三种体制形式，即自由竞争体制、私人垄断体制和国家垄断体制。这三种体制的演变过程代表了资本主义生产关系不断调整和发展的过程。20世纪70年代以后，资本主义生产的进一步社会化，导致出现了以资本全面社会化趋向为核心的一系列新的趋向，有可能引起资本主义体制的进一步变革，表明国家垄断资本主义体制已开始进入一个更新的阶段。[②] 这本教材首次十分明确地把资本主义发展的三个阶段理解为经济体制演变的三种形式。

80年代以来，我国好几位学者提出另一种意见，主张以资本社会化的过程或社会资本形成、发展过程作为依据来划分资本主义的发展阶段。首先是在1988年，于光远在一篇论文中第一次提出把资本主义划分为私人资本主义和社会资本主义两个阶段，并认为与从私人资本主义到社会资本主义的发展相并行的，是自由资本主义到垄断资本主义的发展，它们是同一发展趋势的两个侧面，而由私人资本主义到社会资本主义的发展是基本的侧面。[③] 1989年，鲁从明在一篇论文中也提出了社会资本主义的概念，认为现代资本主义是社会资本主义，而不是国家垄断资本主义。因此，资本主义发展阶段应该是竞争资本主义、垄断资本主义和社会资本主义三个阶段。他对社会资本主义基本含义的解释是：资本主义经济实现了更高阶段的全面社会化，发达资本主义国家逐渐产生社会主义因素，开始了向社会主义

---

① 卫兴华主编：《政治经济学教科书》，中国人民大学出版社1990年版，第73～209页。

② 魏杰主编：《经济学》下册第28章，高等教育出版社1995年版，第308～309页。第28章由高德步撰写。

③ 于光远："学习马克思恩格斯关于社会资本主义的论述"，载《马克思主义研究》1988年第4期。

的过渡。[①] 1994 年,龚唯平在其专著《所有制范畴论》和有关论文中,提出了"社会化资本"范畴,认为资本作为资本主义经济运动的主体有一个形式变化的过程,从私人资本到社会资本的转化过程,即资本社会化过程。社会化资本就是私人资本向社会资本转化过程中的资本。资本社会化的历史过程呈现出一种相互矛盾的逆向运动:资本所有权由分散走向集中,又由集中走向分散。整个过程表现为三个发展阶段,与之相适应的社会化资本具有三种形式,即股份资本、国有资本和国际资本。[②] 1999 年,张彤玉在其专著《社会资本论》中,以产业资本社会化发展过程为重点,把到目前为止的资本主义生产方式形成和发展的历史过程划分为三个大的历史时期:(1)资本主义生产方式形成时期:14 世纪至 15 世纪是资本主义生产关系萌芽时期,16 世纪至 18 世纪上半期是资本主义生产关系形成时期,18 世纪下半叶至 19 世纪初期是资本主义生产方式确立时期。(2)社会资本形成时期:19 世纪上半期是近代工业股份资本形成时期,19 世纪下半期是股份公司制度时期。(3)社会资本发展时期:20 世纪上半叶是金融资本统治时期,20 世纪下半期是法人资本、国家资本和国际资本发展时期。简言之,作者把资本社会化的过程分为两个阶段:第一阶段是社会资本的形成,即股份资本的产生,股份资本是社会资本的基本形态;第二阶段是社会资本的发展,第一发展形态是金融资本,高级形态是法人资本,完成形态是国有资本,超级形态是国际资本。[③] 2001 年,高放在"社会资本主义是资本主义的最高阶段"一文中指出,当代资本主义已经不是列宁所讲的垄断资本主义、帝国主义阶段,列宁所阐明的垄断资本主义的五个基本特征迄今大部分都已发生了重大变化,有的特征甚至已经消失。当代资本主义具有以下六个新的基本特征:(1)社会生产力的社会化程度更高、范围更广、层次更多;(2)适应社会生产力新革命的需要,资本主义生产关系社会化程度更高、范围更广、层次更多;(3)资本主义社会结构发生了很大变化,在经济、政治、文化和社会生活各个方面都有明显表现;(4)国家政府的社会职能大为增强,也在更加社会化;(5)全球各国之间的竞争与协作大为增强,国际关系更加社会化;(6)社会主义因素在逐步增长。

① 鲁从明:"是国家垄断资本主义还是社会资本主义?",载《经济研究》1989 年第 4 期。

② 龚唯平:"资本社会化与社会化资本",载《学习与探索》1992 年第 1 期;《所有制范畴论》,陕西人民出版社 1994 年版。

③ 张彤玉:《社会资本论》,山东人民出版社 1999 年版。

总之，从生产力到生产关系，从经济基础到上层建筑，从社会结构到社会生活，从内部关系到国际关系，社会化程度越来越高、范围越来越广、层次越来越多，社会主义因素又在逐步增长，所以当代资本主义可以称为社会资本主义，社会资本主义才是世界资本主义的最高、最后阶段。[①]

原载经济出版社《当代资本主义经济的新发展》2005 年第 4 期

① 高放："社会资本主义是资本主义的最高阶段"，载《江汉论坛》2001 年第 8 期。

论共产主义、社会主义用语含义的演变和发展

摘要：本文以马克思主义文献为依据，阐述了共产主义和社会主义用语的起源、演变和发展。在马克思恩格斯的著作中，作为学说、理论，科学共产主义和科学社会主义是同一学说；作为工人运动、革命事业，共产主义运动和社会主义运动是一致的；作为未来社会的名称，共产主义社会和社会主义社会是指同一个社会，它们在内涵上并没有差别，也不是两个不同发展阶段的名称。在马克思主义思想史上，是列宁第一次把共产主义两个阶段分别称为"社会主义"和"共产主义"。社会主义初级阶段理论是中国共产党人和邓小平对马克思主义关于共产主义两个阶段理论的创新和发展。

关键词：共产主义社会；社会主义社会；社会主义初级阶段

中图分类号：F091.9　**文献标识码**：A　**文章编号**：1005-2674(2004)09-0053-05

共产主义有两个阶段，社会主义社会是它的初级阶段，共产主义社会是它的高级阶段，这是马克思主义史已经解决了的问题，也成为人们的基本常识。有人却以马克思 19 世纪 40 年代的手稿为依据，认为社会主义才是人类社会发展的目标，而共产主义只不过是实现社会主义的一种运动和必要环节。也有人以为马克思恩格斯已经把共产主义两个阶段分别命名为社会主义社会和共产主义社会。本文以马克思主义文献为依据，阐述了共产主义和社会主义用语及其含义的起源、演变和发展。

一、马克思恩格斯著作中共产主义、社会主义用语含义的演变

空想社会主义是马克思主义三个主要来源之一，也是马克思恩格斯关于未来社会思想的直接来源之一。社会主义作为一种学说、理论，早在 16 世纪初就产生

了，到 19 世纪 40 年代马克思恩格斯创立他们的理论体系时，已经有 300 多年的历史。马克思恩格斯批判和继承前人优秀成果，创立了科学社会主义以后，在此以前的社会主义学说，被叫作空想社会主义。

尽管社会主义作为一种社会思潮在历史上出现比较早，但社会主义、共产主义这两个用语出现却很晚。"社会主义"一词最早出现于 1827 年英国欧文主义刊物《合作杂志》和 1832 年圣西门主义刊物《地球》杂志上，其本义指圣西门主义、傅立叶主义和欧文主义体系。"共产主义"一词是 19 世纪 30 年代法国工人密谋团体首先使用的，其本义除指欧文主义外，主要指 19 世纪 30 年代工人运动中出现的空想共产主义。[①]

在 19 世纪 40 年代，马克思恩格斯在创立自己的理论体系的过程中，对前人的社会主义、共产主义学说采取批判、继承和创新的态度。他们对社会主义、共产主义学说及运动的认识有一个过程，从而对自己的学说、运动和未来社会的用语也有一个演变过程。

在 19 世纪 40 年代初期，马克思恩格斯在他们的著作中，批评了形形色色的社会主义、共产主义学说，并提出了他们自己对共产主义的理解："共产主义是私有财产即人的自我异化的积极的扬弃"，是"对人的本质的真正占有"，"是人和自然之间、人和人之间的矛盾的真正解决"，"是历史之谜的解答"。[②] 简言之，在马克思看来，共产主义就是彻底消灭剥削，是异化的完全的扬弃。同时，马克思认为，共产主义是一种思想、理论，而且是"现实的共产主义运动"。人们即使认识到共产主义实现的必然性，但共产主义运动"实际上将经历一个极其艰难而漫长的过程"。他还认为，"共产主义是最近将来的必然的形式和有效的原则"，但"并不是人类的目标"和人类的绝对社会形式，而只是"人的解放的和复原的一个现实的、对下一段历史发展来说是必然的环节"。[③] 总的来说，马克思在这部手稿中还是用异化观点、人性观点来探讨和论证共产主义的，应该说是不成熟的。

到 40 年代后期，马克思恩格斯确立了唯物主义历史观，并在此基础上得出了

① 吴易风，等. 马克思主义经济理论的形成和发展[M]. 北京：中国人民大学出版社，1998，142.

② 马克思恩格斯全集(第 42 卷)[M]. 北京：人民出版社，1979，117-120.

③ 马克思恩格斯全集(第 42 卷)[M]. 北京：人民出版社，1979，120、131、140.

共产主义革命必然性的结论，阐明了科学共产主义的基本观点，把共产主义理论大大向前推进了一步。这时，他们自称共产主义者、共产党人，把未来社会称为共产主义社会，对当时流行的各种流派的社会主义和共产主义做了深入无情的批判；明确认为，共产主义不仅应该当作一种学说和运动，也应该看作一种社会制度。

后来马克思恩格斯在《共产主义原理》《共产党宣言》中通俗地阐述了共产主义基本原理。恩格斯认为，“共产主义是关于无产阶级解放的条件的学说”，而且是一种“新的社会制度”和“组织”。他们在《共产党宣言》中，把“共产主义社会”与“资产阶级社会”相对立。

既然有社会主义和共产主义这两个用语，那么马克思恩格斯为什么选用“共产主义”这个用语，并把自己党的纲领叫作《共产党宣言》？后来，恩格斯在《共产党宣言》的 1890 年德文版序言中做了说明。他说：在 1847 年，所谓社会主义者是指两种人：一是指各种空想主义体系的信徒，特别是英国的欧文派和法国的傅立叶派，这两个流派当时都已经缩小成逐渐走向灭亡的纯粹的宗派；二是指形形色色的社会庸医，他们想用各种万应灵丹和各种补缀办法来消除社会弊病而毫不伤及资本和利润。这两种人都是站在工人运动以外，宁愿向“有教养的”阶级寻求支持。与以上两种人不同，那些要求根本改造社会的工人则把自己叫作共产主义者，并形成两种空想的共产主义体系，如法国的卡贝的“伊加利亚”共产主义和德国的魏特林的共产主义。“在 1847 年，社会主义意味着资产阶级的运动，共产主义意味着工人的运动。当时，社会主义，至少在大陆上，是上流社会的，而共产主义却恰恰相反。”正因为如此，马克思恩格斯决定在这两个名称中间选定了“共产主义”，把自己党的纲领性的文件叫《共产党宣言》，并说“后来我们也根本没有想到要把这个名称抛弃”[①]。

1849 年以后，马克思偶尔也把他们创立的学说叫作“革命的社会主义”。例如，马克思写于 1849 年底到 1850 年 3 月和 1850 年 3—11 月的《1848 年至 1850 年法兰西阶级斗争》一文中，在批判了无政府派的社会主义、资产阶级社会主义、小资产阶级社会主义和空论的社会主义等各种社会主义流派之后说，当今的无产阶级

① 马克思恩格斯选集(第 1 卷)[M]. 北京：人民出版社，1995，264、462.

“愈益团结在革命的社会主义周围”“共产主义周围”，这种革命的社会主义“就是宣布不断革命，就是无产阶级的阶级专政，这种专政就是达到消灭一切阶级差别，达到消灭这些差别所产生的一切生产关系，达到消灭和这些生产关系相适应的一切社会关系，达到改变由这些社会关系生出来的一切观念的必然的过渡阶段”。[①] 可见，马克思在这里是把“革命的社会主义”和“共产主义”并列并作为同义语来使用的，是为了同“空论的社会主义”相对立才使用的。

过了二十多年，到 70 年代，马克思恩格斯有时又用“科学社会主义”来概括他们所创立的理论。首先是恩格斯在写于 1872—1873 年 1 月的《论住宅问题》一文中指出，巴黎公社所采取的许多经济措施，“完全不合乎蒲鲁东的精神，而合乎科学社会主义精神”。稍后，马克思在 1874—1875 年初写的《巴枯宁〈国家制度和无政府状态〉一书摘要》中，也使用了“科学社会主义”一词。为此他解释说：“科学社会主义，也只是为了与空想社会主义相对应时才使用，因为空想社会主义力图用新的幻想欺骗人民，而不是仅仅运用自己的科学认识来探讨人民自己进行的社会运动。”[②]1877—1878 年，恩格斯在《反杜林论》一书中，大量使用了“社会主义”这一用语，特别是在《引论》和第 3 编《社会主义》中，对科学社会主义的形成和发展，主要理论观点和意义进行了详细阐述。1883 年，恩格斯在《反杜林论》一书的基础上写成《社会主义从空想到科学的发展》一书，全面叙述了科学社会主义的形成过程，书的最后用“无产阶级运动的理论表现即科学社会主义”作为结尾。[③] 很显然，在这本书中，科学社会主义是与空想社会主义相对立的思想体系。从此，“科学社会主义”一词，一方面作为“共产主义”同义语，用来泛指无产阶级及其政党的革命理论；另一方面又专指马克思主义三个主要组成部分之一的社会主义理论以及马克思主义关于未来社会即社会主义、共产主义的学说。

迄今为止，还没有发现马克思在自己论著或手稿中直接使用过“社会主义社会”这一概念。相反，马克思在 1875 年写的《哥达纲领批判》中继续使用“共产主义社会”这一概念来称呼未来社会。到 90 年代初，恩格斯开始使用“社会主义社会”

---

① 马克思恩格斯选集(第 1 卷)[M]. 北京：人民出版社，1995，264、462.

② 马克思恩格斯选集(第 3 卷)[M]. 北京：人民出版社，1995，29、760.

③ 马克思恩格斯选集(第 3 卷)[M]. 北京：人民出版社，1995，29、760.

这一术语。最早是在 1890 年 8 月 5 日致康德拉·施米特的信中说："在所有参加辩论的人看来，'社会主义社会'并不是不断改变、不断进步的东西，而是稳定的、一成不变的东西，所以它应当也有一个一成不变的分配方式。"[①]几天之后，他在 8 月 21 日致奥托·伯尼克的信中又重述这一观点说："我认为，所谓'社会主义社会'不是一种一成不变的东西，而应当和任何其他社会制度一样，把它看成是经常变化和改革的社会。它同现存制度的具有决定意义的差别当然在于，在实行全部生产资料公有制(先是单个国家实行)的基础上组织生产。"[②]接下来，他在 1892 年 6 月致卡尔·考茨基的信中表示，在修改德国社会民主党新纲领(《爱尔福特纲领》)时要"痛击关于旧的污秽的东西活泼、温顺、愉快而自由地'长入''社会主义社会'的论调"。[③] 值得注意的是，在以上三封信中提到"社会主义社会"时，都加了"所谓"一词或引号。这是因为，"社会主义社会"这一术语在当时是国际工人运动和工人阶级政党文献中颇为流行的用语，恩格斯在上述三封信中是借用或沿用的。而到了 1894 年 1 月，恩格斯在《〈论俄国的社会问题〉跋》一文中就不再加"所谓"或引号了。在这篇文章中，他说了一段思想深刻、意义深远的话："要处在较低的经济发展阶段的社会来解决只是处在高得多的发展阶段的社会才产生了的和才能产生的问题和冲突，这在历史上是不可能的。发生在商品生产和私人交换出现以前的一切形式的氏族公社同未来的社会主义社会只有一个共同点，就是一定的集团的东西即生产资料由一定的集团公共所有和共同使用。但是单单这一个共同特性并不会使较低的社会形态能够从自己本身产生出未来的社会主义社会，后者是资本主义社会本身的最后产物。"[④]在这里，恩格斯讲的"社会主义社会"仍然是他和马克思一贯追求的科学预见的共产主义社会，而不是后来列宁所说的共产主义第一阶段的社会主义，更不是我们今天所实践的社会主义社会。

从以上许多论述，可以得出这样一点认识：在马克思恩格斯的著作中，共产主义社会和社会主义社会都是用来指称未来社会的用语，它们在内涵上并没有差别，也不是两个不同发展阶段。如前所述，马克思恩格斯对于自己创立的学说和从事

① 马克思恩格斯全集(第 37 卷)[M]. 北京：人民出版社，1971，432、443.

② 马克思恩格斯全集(第 37 卷)[M]. 北京：人民出版社，1971，432、443.

③ 马克思恩格斯全集(第 38 卷)[M]. 北京：人民出版社，1972，119—120.

④ 马克思恩格斯全集(第 22 卷)[M]. 北京：人民出版社，1965，502.

的革命事业，以及对未来社会的用语有一个演变过程。总的说来，他们创立的学说、从事的运动同对未来社会的用语是一致的，但在不同时期在用语上稍有差别。从19世纪40年代初到1848年《共产党宣言》发表，他们在绝大多数场合一直自称共产主义者，把他们创立的学说叫作共产主义学说，把他们从事的革命事业叫作共产主义运动，把他们所设想的未来社会叫作共产主义社会。40年代末，他们偶尔地把自己创立的学说叫作"革命的社会主义"。到70年代，他们又把自己创立的学说称为"科学的社会主义"。但正如马克思所解释的那样，只是为了同空想社会主义相对应时，才使用这个术语。在70年代，马克思仍然把他们所追求的未来社会叫作共产主义社会，例如在《哥达纲领批判》一书中就是这样。在90年代，恩格斯也把未来社会叫作社会主义社会。尽管如此，恩格斯特地做了解释，说他和马克思自40年代发表《共产党宣言》以来，根本没有想到要把共产主义这个名称放弃。

由此可见，在马克思恩格斯的著作中，作为学说、理论，科学共产主义和科学社会主义是同一学说；作为工人运动、革命事业，共产主义运动和社会主义运动是一致的；作为未来社会的名称，共产主义社会和社会主义社会是指同一个社会。现在人们把已经普遍认同的社会主义社会和更高阶段的共产主义社会这两个阶段在用语上的区分，认为是马克思恩格斯的思想，这纯粹是误解。有人认为，马克思在《1844年经济学哲学手稿》中，把社会主义视为他所追求的理想的未来社会制度，"社会主义社会"是人类发展的目标，认为共产主义有局限性，它只不过是实现社会主义的一种运动和必要环节。[①] 我认为，这种看法未必符合马克思的原意。在这个手稿中，马克思确实有几次提到社会主义，但大量论述的是共产主义。这是因为，当时流行的社会主义、共产主义思潮是马克思理论研究的出发点之一，而且社会主义是一种比共产主义流行更久远、影响更广泛的思潮，所以马克思在自己的手稿里同时使用共产主义和社会主义这两个术语并不奇怪。同时还应该看到，马克思是在讲同宗教、有神论相对应的无神论时才提到社会主义的。在马克思的这部手稿中，是看不到他把社会主义看作是比共产主义更高阶段的意思。

---

① 赵家祥.马克思恩格斯著作中未来社会名称的历史演变[J].理论与视野，1999(3).

二、列宁和中国共产党人对共产主义、社会主义用语的定义和发展

在马克思主义思想史上，是列宁第一次把共产主义两个阶段分别称为“社会主义”和“共产主义”。

进入20世纪以后，列宁在1915—1917年期间的某些论著中，开始使用“社会主义”这一概念，指称无产阶级社会主义革命胜利后建立起来的新社会，即马克思说的共产主义第一阶段，而用“共产主义”这一概念，指称共产主义高级阶段。列宁对共产主义两阶段的名称表述得最明确的是他在1917年8—9月间写的《国家与革命》一书中。他说：“社会主义同共产主义在科学上的差别是很明显的。通常所说的社会主义，马克思把它称作共产主义社会‘第一’阶段或低级阶段。既然生产资料已成为公有财产，那么‘共产主义’这个名词在这里也是可以用的，只要不忘记这还不是完全的共产主义。”它们“可以称为共产主义在经济上成熟程度的两个阶段”。他还特地指出：“在第一阶段，共产主义在经济上还不可能完全成熟，完全摆脱资本主义的传统或痕迹。”[①]但在这以后，列宁在某些场合还沿用马克思恩格斯著作中传统用法，仍然把社会主义作为共产主义的同义语来使用。

在国际共产主义运动中，把共产主义两个阶段的用语严格区别开来，用“社会主义社会”一词专指共产主义第一阶段或低级阶段，用“共产主义社会”一词专指共产主义高级阶段，则是列宁逝世以后的20世纪30年代。斯大林在1936年作的《宪法草案的基本特点》的报告中，依据苏联当时的情况，即“社会主义体系在国民经济一切部门中，完全胜利”、所有的剥削阶级消灭了的情况，宣称：“我们苏联社会已经做到在基本上实现了社会主义，建立了社会主义制度，即实现了马克思主义者又称为共产主义第一阶段或低级阶段的制度。这就是说，我们已经基本上实现了共产主义第一阶段，即社会主义。”[②]从此，列宁在《国家与革命》一书中的概括和斯大林的这一表述，就成为马克思关于共产主义两个阶段的名称的权威解释和固

① 列宁全集(第31卷)[M].北京：人民出版社，1985，94.

② 斯大林文集(1934—1952)(第3卷)[M].北京：人民出版社，1985，102、103、107—108.

定用法。

社会主义初级阶段理论是中国共产党和邓小平对马克思主义共产主义两个阶段理论的创新和发展。

马克思恩格斯对共产主义的科学预见和中国社会主义社会的实践是不同的。在20世纪,自俄国十月社会主义革命胜利后,世界上出现了苏联、中国等社会主义国家。苏联在1936年以后,中国在1956年以后,都宣称已经建立了社会主义制度,进入了社会主义社会。那么,苏联、中国等国家在革命胜利后建立起来的社会主义社会,是否就是马克思、恩格斯、列宁所预见的社会主义社会呢?前已说过,马克思恩格斯根据他们对资本主义社会本质、机制及其矛盾的分析,认为代替资本主义社会的未来社会,即他们称之为共产主义社会或社会主义社会,至少要具备以下几个重要特征:(1)社会生产力高度发展,大大超过当时资本主义社会已经达到的水平;(2)全部生产资料由全社会共同占有共同使用,实行生产资料完全的公有制;(3)阶级已经消灭,旧的分工也已经消除,个人获得全面自由发展。可见,马克思主义创始人预言的共产主义社会或社会主义社会的标准是很高的,人类社会要达到这一目标、这一境界将要经历一个漫长而艰巨的过程。诚然,马克思晚年将共产主义社会划分为两个阶段,但我认为它们的根本标准应该基本上是一样的,其不同之处在于,正像列宁所说,只有经济上成熟程度上的差别,即生产力发展水平和产品丰富程度的差别,从而分配原则有所不同,第一阶段实行按劳分配,高级阶段实行按需分配。用上述马克思恩格斯预见的共产主义社会的标准来衡量,苏联和我国所建立的现实的社会主义社会的实际情况相距甚远。应该明确地承认,苏联和中国所建立起来的现实社会主义社会,并不是马克思恩格斯所预见的共产主义第一阶段,也不是列宁后来称为共产主义低级阶段的社会主义社会。

对我国现阶段的现实的社会主义社会给予它一个怎样的科学概念呢?中国共产党及其领导人将之历史地定位为社会主义初级阶段。早在1979年3月,邓小平在一篇讲话中分析了我国现阶段实际情况时说:要把我国建成一个社会主义国家,是一个非常艰巨的任务。中国搞社会主义现代化建设,必须适合中国情况,从中国特点出发。在现阶段的中国,至少要注意以下两个特点:一是底子薄,至今仍然是世界上很贫穷的国家之一。科学技术水平总体上要比先进国家落后二三十年。二是人口多,耕地少。全国九亿多人口,百分之八十是农民。土地面积广大,但是耕地很少。以上情况不是很容易改变的。他还指出:社会主义的中国经济、技术、文化等方面现在还不如发达的资本主义国家,这是事实。[①]到1980年8月,邓小平进一步指出:"社会主义是共产主义第一阶段,这是一个很长的历史阶段"。[②]邓小平的这些论述,是对我国现阶段经济文化落后状况的实事求是的分析,是我们党提出社会主义初级阶段理论的科学根据和前提。

从党的十三大开始,把社会主义初级阶段问题作为一个重大理论问题写进党的文献中。1997年3月21日,党中央负责人向邓小平报告的《关于草拟十三大报告大纲的设想》中说:十三大报告全篇拟以社会主义初级阶段作为立论的根据,要着重指出我国正处在社会主义初级阶段。这是我们所以必须采取这样的方针政策而不能采取别的方针政策的基本根据。邓小平认为"这个设计好"。4月26日,邓小平在会见外国客人时说:"搞社会主义,一定要使生产力发达,贫穷不是社会主义。我们坚持社会主义,要建设对资本主义具有优越性的社会主义,首先必须摆脱贫穷。现在虽说我们也在搞社会主义,但事实上不够格。只有到了下世纪中叶,达到了中等发达国家的水平,才能说真的搞了社会主义。""现在我们正在向这个路上走。"[③]这一段话是对我国社会主义初级阶段的最深刻的说明。同年8月,邓小平在会见外国客人时指出:"我们党的十三大要阐述中国社会主义是处在一个什么阶段,就是处在初级阶段,是初级阶段的社会主义。社会主义本身是共产主义的初级阶段,而我们中国又处在社会主义的初级阶段,就是不发达的阶段。一切都要从这个实际出发,根据这个实际来制订规划。"[④]

1987年11月,党的十三大政治报告比较全面系统地阐述了社会主义初级阶段理论,指出:"正确认识我国社会现在所处的历史阶段,是建设有中国特色的社会主义的首要问题,是我们制定和执行正确的路线和政策的根本依据。"对这个问题,我们党已经有了明确的回答:我国正处在社会主义的初级阶段。这个论断,包括两层含义,第一,我国社会已经是社会主义社会。我们必须坚持而不能离开社会主

① 邓小平文选(第2卷)[M].北京:人民出版社,1994,163—166、351.

② 邓小平文选(第2卷)[M].北京:人民出版社,1994,163—166、351.

③ 邓小平文选(第3卷)[M].北京:人民出版社,1993,225、252.

④ 邓小平文选(第3卷)[M].北京:人民出版社,1993,225、252.

义。第二,我国的社会主义社会还处在初级阶段。我们必须从这个实际出发,而不能超越这个阶段。党的十三大在正确分析中国社会主义初级阶段的基础上,制定了同这个阶段相适应的建设有中国特色的社会主义基本路线,即以经济建设为中心,坚持四项基本原则和改革开放,把我国建设成为富强、民主、文明的社会主义现代化国家的路线。

可见,社会主义初级阶段理论是中国共产党和邓小平对马克思主义关于共产主义、社会主义发展阶段理论的创新发展和重大贡献。

原载《当代经济研究》2004 年第 9 期

理想的社会主义与现实的社会主义的区别

马克思所说的共产主义社会第一阶段，或列宁所说的社会主义社会，是一种科学预见的、代替资本主义社会的、有待通过共产主义革命加以实现的未来的社会形态，可以把它叫作理想的社会主义社会。苏联在 1936 年宣布已经基本实现的、建立了的社会主义社会，中国在 1956 年宣布已经基本建立起来的社会主义社会，还有第二次世界大战后一些人民民主国家后来宣布建立起来的社会主义社会，是现实的社会主义社会。绝不应该把马克思主义创始人预见的理想的社会主义社会，同后来在苏联、中国建立的现实的社会主义社会加以等同。

马克思恩格斯科学预见的理想的共产主义社会，包括它的第一阶段或低级阶段的社会主义社会，是有质的规定性的，其标准是很高的。马克思主义关于人类社会发展的五个时代或五种社会形态，是一个由低级形态向高级形态演进的序列，最后的共产主义社会(包括它的第一阶段的社会主义社会)是在资本主义社会基础上发展起来的、紧随其后的并比它更高级的社会形态。高在哪里？应该说，整个社会结构，从生产力到生产关系，从经济基础到上层建筑，共产主义社会(包括它的第一阶段的社会主义社会)至少在以下三个方面要高于资本主义社会：第一，生产力发展水平，产品和财富的丰裕程度，要大大高于资本主义。马克思恩格斯曾经用这样一些简单的语言来描述共产主义，说它是“社会劳动生产力极高度发展的同时又保证每个生产者个人最全面的发展的这样一种经济形态”，说共产主义社会的生产规模将十分宏伟，能够满足所有人的需要，相形之下资本主义生产将显得非常渺小。第二，生产关系和所有制的形式要高于资本主义。资本主义私有制将消灭，“由社会占有全部生产资料”，“实行全部生产资料公有制”或“社会所有制”。第三，政治关系以至全部社会关系也高于资本主义。彻底消灭了阶级和阶级对立，同时消除了旧分工，每个人都得到解放和全面发展，成为自然界和社会的真正主人。在这三条中，最重要的是生产力发展水平要高于资本主义。因为生产力是社会发展的决定性力量，它决定人们的经济关系、政治关系以至全部社会关系的形式和发展水平。生产关系等等的形式在某种条件下可以被人为地错误地改变或拔高，而生产力是一种不以人们意志为转移的客观的物质力量，只能按客观经济规律发展，想主观地实现“大跃进”、短期内“赶超”等等是行不通的。

20 世纪在不少国家出现的现实的社会主义社会同理想的社会主义社会的区别是显而易见的，最重要的差距就在于生产力发展水平，大大低于马克思主义创始人所设想的共产主义社会（包括它的第一阶段的社会主义社会）应该达到的水平——比资本主义更高的水平。马克思主义创始人的设想是对的，如果新的社会的生产力发展水平不高于资本主义，那么它怎么战胜和代替旧的资本主义社会，它怎么显示比资本主义具有的优越性？苏联和中国宣布进入社会主义社会的标志是生产关系和阶级关系的改变，即资本主义经济和剥削阶级被消灭，而不像马克思主义创始人主张的那样，要以生产力发展水平为首要标志，以生产力和生产关系、经济基础和上层建筑的全面情况为综合标志。俄国在十月革命前资本主义虽然有一定发展，但跟欧美发达资本主义国家相比，仍然算是一个经济文化落后的农业国家。它在 1936 年宣布基本建立了社会主义社会，但其生产力发展水平仍然落后于发达资本主义国家。中国在全国解放前是半殖民地半封建社会，资本主义很不发展，更是一个经济文化落后的农业国家。全国解放后，1956 年宣布进入社会主义社会之后，经过 20 多年的建设，到 1978 年党的十一届三中全会以前，仍然没有从根本上摆脱人口多、底子薄的经济文化落后状况。尽管我国的经济发展速度一直比较高，但在 70 年代末，人均 GDP 却居世界后列，不足 300 美元；到 1999 年，人均 GDP 才接近 800 美元，只及西方发达资本主义国家的 1/20～1/30，同时也大大落后于亚洲许多发展中国家。苏联和今日中国的现实的社会主义社会已经达到的发展水平，同马克思主义创始人理想的社会主义社会应该达到的标准相距实在太远了，苏联和今日中国的现实的社会主义社会不是马克思主义创始人理想的社会主义社会。邓小平在 80 年代中期会见外国客人时曾经说过：搞社会主义，一定要使生产力发达，贫穷不是社会主义。现在虽说我们也是搞社会主义，但事实上不够格。只有到以后达到了中等发达国家的水平，才能说真的搞了社会主义。现在我们正在向这个路上走。邓小平说我国现在还是“不够格”的社会主义，是对我国现实的社会主义社会的最准确的诠释，指出了现实的社会主义社会同理想的社会主义社会的差距。

由此可见，要实现马克思主义创始人科学预见的理想的社会主义社会，就要消除现实的社会主义社会和理想的社会主义社会的差距，把现实的社会主义社会提高到理想的社会主义社会应该具备的水平。历史造就的现实的社会主义社会都出现于原来经济文化落后的国家，其生产力发展水平大大落后于当代发达资本主义国家。这些社会主义国家要达到理想的社会主义社会，首先要消除它们和当代发达资本主义国家在生产力发展水平上的差距，这就需要有一个改变经济文化落后状态，赶超当代发达资本主义国家的历史阶段。只有赶上并超过了当代资本主义国家的生产力发展水平，才能说我们真的搞了社会主义并将显示出社会主义的优越性。

原载《领导理论与实践》2000 年第 5 期

社会主义社会概念和社会主义初级阶段地位之我见

必须把马克思主义创始人科学预见的理想的共产主义第一阶段即社会主义社会,同20世纪出现的现实的社会主义社会加以区别。经济落后国家走上社会主义道路以后,需要一个很长的过渡时期。社会主义初级阶段是像中国这样原来经济落后国家走上社会主义道路后的起始的和必然要经历的特殊阶段,实际上它就是马克思主义创始人所称的过渡时期。以中华人民共和国成立为起点,我国即进入社会主义初级阶段。

关键词:社会主义社会　社会主义初级阶段　过渡时期

1949年中华人民共和国成立以后,中国社会性质及其科学名称,在开头几年叫新民主主义社会,1953年起称为过渡时期,1956年开始进入社会主义社会,80年代又把50年代中期以后的中国社会叫作社会主义初级阶段。它们的各自含义如何？划分的依据是什么？相互关系又是怎样的？下面仅就社会主义社会的概念和社会主义初级阶段的地位,谈一点不成熟的看法。

一

必须把马克思恩格斯在19世纪科学预见的共产主义社会第一阶段或列宁所说的社会主义社会,同20世纪出现的现实的社会主义社会加以区别。苏联和中国所建立的现实的社会主义社会,并不是马克思主义创始人所预见的理想的社会主义社会,即马克思所讲的共产主义社会第一阶段和列宁所讲的社会主义社会。中国现阶段的社会主义社会,实际上是不够格的社会主义。经济落后国家无产阶级掌握政权以后,首先要在生产力发展水平上赶上发达资本主义国家,因此需要有一个很长的过渡时期。

马克思恩格斯著作里提出的共产主义社会、社会主义社会，包括马克思所说的共产主义社会第一阶段，或列宁所说的社会主义社会，是一种科学预见的、代替资本主义社会的、有待通过共产主义革命加以实现的未来的社会形态，可以把它叫做理想的社会主义社会。20世纪，苏联在1936年宣布已经基本实现的、建立了的社会主义社会，中国在1956年宣布已经基本建立起来的社会主义社会，还有第二次世界大战后一些人民民主国家后来宣布建立起来的社会主义社会，是现实的社会主义社会。绝不应该把马克思主义创始人预见的理想社会主义社会，同后来在苏联、中国建立的现实的社会主义社会加以等同。

二

社会主义初级阶段是像中国这样的经济落后国家走上社会主义道路后的起始的和必然要经历的特定阶段，是它们大力发展社会生产力、实现国民经济现代化和赶上发达资本主义国家的历史阶段。实际上，它就是马克思主义创始人所称的过渡时期。以中华人民共和国成立为起点，我国即进入社会主义初级阶段。这就是我国社会主义初级阶段的历史定位。

马克思首先提出来的过渡时期，是指资本主义社会和共产主义社会之间的、由前者转变为后者的时期。列宁讲过渡时期，有时说是资本主义和共产主义之间的时期，有时则是说从资本主义到社会主义的时期。后来人们通常把从无产阶级取得革命胜利并掌握政权开始，到对生产资料私有制的社会主义改造基本完成之间的一段时期叫过渡时期。例如，俄国从1917年十月社会主义革命胜利开始，到1936年社会主义工业化和农业集体化完成、宣布基本上建立社会主义制度之间的19年，算作过渡时期；中国从1949年民主革命胜利、中华人民共和国成立开始，到1956年对生产资料私有制社会主义改造基本完成之间的7年，称作过渡时期，它在新中国成立后开头几年则叫作新民主主义社会。社会主义初级阶段概念是中国共产党提出来的，用来指称从50年代中期生产资料私有制社会主义改造基本完成开始，到21世纪中叶社会主义现代化基本实现之间的历史阶段。按照这样的定义，在中国，过渡时期和社会主义初级阶段是性质上不同的、一先一后的两个不同历史时期。这种看法有进一步研究的必要，有些问题需要澄清。

首先来比较中国过渡时期和社会主义初级阶段的政治经济特点。我国从1949年开始的过渡时期至少有以下三个特点：第一，在国家政权方面，中国无产阶级及其政党通过民主革命阶段的长期武装斗争夺取了国家政权，建立了中华人民共和国。作为临时宪法的《共同纲领》规定中华人民共和国为新民主主义国家，实行工人阶级领导的、工农联盟为基础的人民民主专政。第二，在经济构成方面，《共同纲领》规定我国有五种经济成分，即社会主义性质的国营经济、半社会主义性质的合作社经济、农民和手工业者的个体经济、私人资本主义经济、国家资本和私人资本使用的国家资本主义经济，它们在国营经济领导下分工合作，各得其所，以促进整个国民经济发展。第三，在社会生产力方面，解放前的旧中国是半殖民地半封建社会，经济文化落后，生产力低下，在国民经济总产值中，现代工业占10%，个体农业手工业占90%。到1956年进入社会主义初级阶段，以下这几个特点并没有显著变化：(1)在国家政权性质方面，现行宪法虽然把原来的新民主主义国家改称社会主义国家，但其内容并没有变化，仍然是工人阶级领导的、工农联盟为基础的人民民主专政的国家。(2)在经济构成或所有制结构方面，党的十五大规定社会主义初级阶段的基本经济制度是社会主义公有制为主体、多种所有制经济共同发展。这种所有制结构同过渡时期开始时并没有本质区别。发生变化的是在经济体制方面，在党的十一届三中全会以后，经过改革和探索，逐步把原来高度集中的计划经济体制转变为社会主义市场经济体制，目前这种经济体制还不成熟，需要逐步使之完善、成熟。(3)在社会生产力方面，社会主义初级阶段就是社会主义的不发达阶段。我国从50年代中期开始到现在虽然取得了前所未有的成就，社会经济总量的许多指标居世界各国前列，但人均量的许多指标仍居各国后列，总的来说，人口多、底子薄，地区发展不平衡，生产力不发达的状况并没有根本改变。

其次再来比较中国过渡时期和社会主义初级阶段的总路线和总任务。毛泽东在1953年提出来的党在过渡时期的总路线和总任务有两个方面：“一化”即逐步实现国家的社会主义工业化，“三大改造”即逐步实现国家对个体农业手工业和对资本主义工商业的社会主义改造。到1956年，这两个任务完成情况如何呢？第一个任务，经过新中国成立开头三年经济恢复时期和第一个五年计划建设时期，我国的经济建设虽然取得很大成就,但只不过为社会主义工业化奠定了初步基础,离实现工业化还很远。当时曾经预计,即使经过三个五年计划,工业化也只是打下了一个基础。第二个任务通过“三大改造”也确实基本上完成了。但是现在回过头来看,那时的“三大改造”的基本完成即生产关系的变革,并不符合当时以至现在我国生产力发展水平,实际上超越了发展阶段。从一个较长时期看,这种生产关系的变革并没有带来我国生产力的快速发展,到党的十一届三中全会以后不得不退回来再搞多种所有制经济长期并存和共同发展。社会主义初级阶段的基本路线和任务,简单说来就是“一个中心”即以经济建设为中心和“两个基本点”即坚持四项基本原则和坚持改革开放,目标是把我国建设成为富强民主文明的社会主义国家。发展生产力是社会主义的根本任务,在初级阶段尤其要把集中力量发展社会生产力摆在首要地位,实现国家的工业化和经济的社会化、市场化、现代化。党的十五大政治报告还从九个方面具体阐述了社会主义初级阶段的任务,总的说就是从经济、政治、文化诸方面,逐步摆脱不发达状态以达到发达状态,基本实现社会主义现代化。值得注意的是,在十三大、十四大、十五大的政治报告中都没有明确指出在社会主义初级阶段,现有所有制结构以后将会发生什么变化,再没有重提过渡时期曾经提出要逐步实现对私有制社会主义改造和使社会主义所有制成为我国社会唯一的经济基础的任务。

从以上比较分析中得出两点认识:

第一,在我国,过渡时期和社会主义初级阶段具有共同的特点和任务,因此它们在性质上是相近或相同的。关于过渡时期的性质,它属于哪个社会形态,马克思未予明确,列宁则说过渡时期兼有资本主义和共产主义这两种社会经济结构的特点,在经济上既有资本主义也有社会主义的成分、部分和因素。所以,过渡时期的社会性质问题,在理论上并未解决。我认为,根据马克思主义关于五种社会形态学说,在资本主义社会被消灭之后应是共产主义社会(社会主义社会是它的第一阶段),两者之间并没有另外一种或什么也不是的社会形态。从中国实际情况来看,决定过渡时期性质的基本因素有两个:一是政权的性质。由于1949年民主革命的胜利,无产阶级已经掌握了政权。政权的无产阶级性质对于中国社会发展的走向和社会主义前途具有决定性意义。二是生产关系的性质。由于革命胜利后立即没收了帝国主义资本和官僚资本，国家迅速掌握了国民经济命脉的行业和部门，例如钢铁、煤炭、电力、机器制造等重工业的大多数企业，铁路、公路、航运等交通运输业的全部或大多数企业，以及银行、邮电、对外贸易的整个部门，它们都变成了社会主义性质的、国民经济领导成分的国营经济，从而成为新民主主义国家的强大经济基础。到 1952 年，在工业总产值中，国营工业占 56％，国家资本主义工业占 26.9％，两者合计占 82.9％；在商业批发总额中，国营商业占 60.5％；在商业零售总额中，国营商业和供销合作社商业占 42.6％；至于在银行、铁路、邮电、外贸等行业中，国营经济占的比重则更高甚至是全部。正是由于这两条——政权的无产阶级性质和国营经济的领导、主体地位，决定我国的过渡时期具有社会主义性质，应该归入社会主义社会范畴。至于社会主义初级阶段的性质毋庸多说，这个提法本身已经指明它的社会主义性质，只不过是它的起始阶段。

由此可见，我国过渡时期和社会主义初级阶段由于具有相同的政治经济特点和共同任务，从而具有相同的社会主义性质。由此推论，过渡时期就是社会主义的初级阶段，社会主义的初级阶段就是过渡时期。有人可能不赞成把社会主义初级阶段等同于过渡时期。对此需要明确以下几点：首先，中国的社会主义初级阶段是现实的社会主义社会，并不是马克思主义创始人所预见的理想的社会主义社会，而是经济落后国家通过革命走上社会主义道路后的起始的和必然要经历的特定阶段，是大力发展社会生产力、实现国民经济现代化和赶上发达资本主义国家的历史阶段；是不够格的社会主义和不发达的社会主义，或者说是从不够格的、不发达的社会主义向够格的、发达的社会主义过渡的阶段。其次，最根本的一条，就是马克思主义关于过渡时期的基本特点即既有社会主义经济也有资本主义经济的情况，在我国社会主义初级阶段并没有根本改变。也就是说，我国社会主义初级阶段具有过渡时期的基本特点，原先过渡时期的任务还需要在社会主义初级阶段来完成。因此，马克思主义关于过渡时期理论在社会主义初级阶段仍然具有很大的适用性。或者说，指导我国社会主义初级阶段的毋宁说是马克思主义关于过渡时期的理论。

第二，在我国，过渡时期和社会主义初级阶段的起点和开始的标志也应该是相同的。我国过渡时期的起点是民主革命的胜利和中华人民共和国的成立，其标志就是前面分析过的：无产阶级掌握了国家政权，人民民主国家控制了国民经济命脉，社会主义国营经济占据了领导和主体地位。我国过渡时期结束和社会主义初级阶段的起点，一般认为是50年代中期或1956年，其标志是对生产资料私有制社会主义改造的基本完成。这个起点和标志在理论上是值得商榷的。这是因为：(1)"三大改造"的基本完成本身是一次不成功的实践，是超越社会发展阶段的失误。(2)这个起点和标志同社会主义初级阶段的基本经济制度是相互矛盾的，已经在过渡时期末尾"三大改造"中被消灭了的资本主义经济和个体经济，怎么在社会主义初级阶段又复活了，不仅允许其存在，而且还鼓励它们发展。(3)如果以非公有制经济被消灭作为进入社会主义初级阶段的标志，那么我国现阶段就不应该允许非公有制经济存在，从而也就与现在的社会主义初级阶段基本经济制度相矛盾了。所以，1956年的"三大改造"的基本完成，既不能作为过渡时期结束的标志，也不能成为社会主义初级阶段开始的标志。为了使社会主义初级阶段理论建立在一个坚实的科学的基础上，它的起点和标志就不应该是"三大改造"基本完成这个不成功的实践。既然在我国，过渡时期和社会主义初级阶段性质是相同的，因而我国社会主义初级阶段的起点也应该是1949年中华人民共和国成立，其标志也就是无产阶级掌握了国家政权，人民民主国家控制了国民经济命脉，国营经济成为国民经济的领导成分和主体地位。

最后申明两点：第一，尽管我认为社会主义初级阶段和过渡时期、新民主主义社会三者没有原则区别，或者说我国社会主义初级阶段实际上就是马克思主义创始人所说的过渡时期和我们党在新中国成立初期所说的新民主主义社会，但是我赞成把我国新中国成立后到现在以至本世纪中叶这一段历史时期称为社会主义初级阶段，没有必要再倒回去叫过渡时期或新民主主义社会。因为社会主义初级阶段概念符合马克思主义基本原理，符合我国社会实际，科学地指明了我国社会现阶段的历史定位。

第二，马克思主义创始人的共产主义社会理论，是在总结人类社会发展规律，特别是资本主义社会产生、发展和必然灭亡规律的基础上，得出的关于理想的未来社会的科学预见。像一切科学预见一样，它也要由实践来检验、证明、修正、丰富和发展，把它绝对化、教条化是不符合马克思主义世界观、方法论的。马克思主义创始人的共产主义社会理论是19世纪中叶提出来的,一个半世纪以来人类社会的实践发生了巨大变化。因此,一方面,共产主义社会理论在实践中已经创造并将继续创造丰富多样的实现形式。中国的社会主义初级阶段,是在经济落后国家中实现的一种模式,是对马克思主义共产主义社会理论的重大发展。另一方面,共产主义社会理论本身,也将随着实践的丰富发展而不断丰富发展。

My View on the Concept of Socialist Society and the Status of the Primary Stage of Socialism

CHENG Bao-Liang

(School of Economics,The Chinese People's University,Beijing 100872)

Abstract: We must distinguish the ideal first stage of communism scientifically predicted by the originator of Marxism from the realistic socialist society appeared in the 20th century. Countries backward in economy need quite a long period of transition after their taking the socialist road. The first stage of socialism,in fact the transitional period called by the originator of Marxism,is an original and inevitable special stage for the countries like China which are formerly backward in economy. China has entered the first stage of socialism if we set as a starting point the foundation of the People's Republic of China.

Key Terms: socialist society; the primary stage of socialism; transitional period

原载《经济学家》2001年第2期

以公有制为主体和多种经济成分共同发展思想的形成过程

［**内容摘要**］ 我国现阶段在所有制结构上实行的方针有一个历史发展过程。早在新中国成立前张闻天就提出以国营经济为主体和五种经济成分都应发展的思想，当时毛泽东、刘少奇肯定并接受了这一思想。新中国成立后毛泽东在执行党在过渡时期总路线的过程中，主张改造生产资料私有制为社会主义公有制，并运用于实践，一度使我国在所有制结构上形成"一大二公三纯"的局面。党的十一届三中全会以后，邓小平提出以公有制为主体和其他经济成分为补充的思想，十四大正式制定了以公有制为主体和多种经济成分长期共同发展的方针。

［**关键词**］ 所有制结构　多种经济成分

党的十四大确定了我国现阶段经济体制改革的目标是建立和完善社会主义市场经济体制，在所有制结构上实行以公有制为主体和多种经济成分长期共同发展的方针。探讨这一方针的理论来源，回顾和总结我国实行这一方针的曲折过程及其经验教训，对于我们现在深刻理解和自觉坚持这一方针，都是非常有意义的。

一、新中国成立前张闻天第一次提出以国营经济为主体和五种经济成分都应发展的思想

1948 年秋，东北广大地区包括哈尔滨在内的许多大城市已经解放，辽沈战役正在胜利展开，东北全境解放指日可待。在这个新的形势下，如何根据变化了的情况，实现党的工作重心的转移，即由以农村工作为中心转移到以城市工作为中心，从以战争为中心转移到以经济建设为中心，是摆在中共东北局领导面前的新课题。

张闻天根据马克思列宁主义关于过渡时期社会经济构成理论和毛泽东关于新民主主义经济的思想，根据他对中国特别是东北地区社会经济状况的调查研究，对东北的经济构成进行了分析，并提出了党的工作方针。

1948年7月18日，张闻天在中共中央东北局召开的各县组织部长、宣传部长联席会议上作报告，在第一部分“农村经济的发展前途”中，首先分析了新民主主义经济结构以及党的基本政策。他明确指出，新民主主义的经济形式有以下几种：(1)国家经济，或叫公营经济；(2)国家资本主义经济；(3)私人资本主义经济；(4)小商品经济(主要是农民经济，还包括城市小手工业经济)；(5)合作经济；(6)游牧经济。[①] 后经过修改补充，张闻天于1948年9月15日写成题为《关于东北经济的构成及经济建设基本方针的提纲》(下面简称《经济构成提纲》原稿)[②]的文件，经东北局通过后于9月30日报中央审查。

张闻天在这个《经济构成提纲》原稿一开头就提出：“东北经济基本上是由以下六种经济成分所构成，这就是国营经济、合作社经济、国家资本主义经济、私人资本主义经济、小商品经济、秋林式的社会主义经济。”如除去秋林式的社会主义经济，实际上重要的只有五种经济成分。张闻天认为：“正确认识这五种经济的性质、地位和发展趋向及其相互关系，是正确决定东北经济政策的出发点和基础。”[③]然后，张闻天依次对以上五种经济成分的性质、在整个社会经济中的地位和发展前途，以及党对它们的政策作了阐述。张闻天在最后一节作了总体分析，提出了新民主主义经济建设的基本方针和阶级路线。他说：“一般说来，所有上述的五种经济成分，现在都应加以发展，但在发展中，我们在经济政策上必须实行一条明确的阶级路线，这条路线应该是以国营经济为主体，紧紧依靠群众的合作社经济，改造小商品经济，利用私人资本主义经济，尤其是国家资本主义经济，防止与反对商品的资本主义经济所固有的投机性与破坏性。”[④]这是张闻天《经济构成提纲》一文的结论，也是核心和精华所在，指出了我国从新民主主义向社会主义转变时期社会经济构成的总格局。其要点是：第一，强调了五种经济成分都应该同时加以发展；第

① 参见《张闻天东北文选》，黑龙江出版社1990年版，第185～187页。

② 参见《张闻天社会主义论稿》，中共党史出版社1995年版，第74～83页。

③ 同上。

④ 同上。

二，强调了国营经济在国民经济中的主体地位，并将合作社经济视为依靠对象，这就突出了发展社会主义公有经济的重要性；第三，对于大量独立的私有的小商品经济采取改造的方针，把它们组织起来向合作社经济的方向发展；第四，对于有利于国计民生的私人资本主义经济和国家资本主义经济，允许其存在和发展，要加以利用，使之成为国营经济的帮手，但对于资本主义经济的投机性和破坏性要加以防止和反对。其根本点就是：在我国新民主主义革命胜利后，社会经济发展的基本方针将是，以国营经济为主体，五种经济成分都应加以发展。富有启发意义的是：首先，它没有为新民主义向社会主义转变的过渡时期设定下限时间，没有指出上述方针应该执行到何时宣告结束。这就意味着，上述发展新民主主义经济的基本方针，将是在一个较长时期内都应执行的方针。其次，它没有明确提出在发展国营经济和合作社经济的同时，要消灭私人资本主义经济和个体经济的任务。所有这些，是张闻天新民主主义经济构成思想中最具有生命力和现实意义的。

二、新中国成立前毛泽东、刘少奇肯定并接受张闻天提出的新中国经济构成思想和工作方针

与张闻天起草、上报上述提纲大致同时，毛泽东、刘少奇等也正在思考和讨论即将诞生的新中国的经济构成和经济建设问题。1948 年 9 月 13 日，刘少奇在中央政治局会议上就新民主主义社会的经济构成、主要矛盾以及如何由新民主主义向社会主义过渡等重大问题发了言。他在阐述“新民主主义经济建设问题”时，分析了“中国新民主主义的经济构成”：“整个国民经济，包含着自然经济、小生产经济、资本主义经济、半社会主义经济、国家资本主义经济以及国营的社会主义经济。国民经济的总体就叫做新民主主义经济。新民主主义经济包含着上述各种成分，并以国营的社会主义经济为其领导成分。”[①]

党中央收到张闻天写的《经济构成提纲》原稿以后，毛泽东、刘少奇非常重视。毛泽东嘱刘少奇修改这个提纲，并提出他对修改的意见[②]。刘少奇对张闻天的提

① 《刘少奇论新中国经济建设》，中央文献出版社 1993 年版，第 1～4、1～8 页。

② 参见薄一波：《若干重大决策与事件的回顾》上卷，中共中央党校出版社 1991 年版，第 23、433～434 页。

纲原稿作了精心修改，并报送毛泽东。10月26日，毛泽东致信刘少奇说："此件修改得很好"，同时又提出了一些修改意见[①]。1948年11月6日，经过刘少奇进一步修改的《关于东北经济的构成及经济建设基本方针的提纲》（简称《经济构成提纲》修改稿），经中共中央批准，将它作为"草案"发回东北局。在《经济构成提纲》修改稿中，使用了张闻天的提纲原稿中五种经济成分的概念，保留了它的基本思想，但对一些重要问题的具体分析上有所深化，增添了新的内容，文字表述经过推敲更加准确和规范化[②]。

张闻天《经济构成提纲》中关于五种经济成分的科学范畴和对它们的性质、地位、作用和相互关系的分析，被党中央和毛泽东所接受并加以利用。1949年1月，中共中央政治局在西柏坡召开会议，讨论形势与任务，对召开七届二中全会作了具体安排，并通过了毛泽东起草的《目前形势和党在一九四九年的任务》的决议。毛泽东在发言中说："今后对经济构成是应有一个通盘的认识。国营经济是带社会主义性质的，合作经济也是带社会主义性质并向社会主义前进的，国家资本主义经济、私人资本主义经济和个体经济，那个东西基本上（是）对的，但要注意两条路线斗争。"[③]党中央于1949年3月召开了七届二中全会。毛泽东在会上作的那篇著名报告中，勾画了建立新中国的蓝图，科学地分析了我国的经济状况和经济成分，并阐述了党的经济政策。他明确指出："国营经济是社会主义性质的，合作社经济是半社会主义性质的，加上私人资本主义，加上个体经济，加上国家和私人合作的国家资本主义经济，这些就是人民共和国的几种主要的经济成分，这些就构成新民主主义的经济形态。"[④]这样，新民主主义经济构成的理论被党的七届二中全会所确认，并作为新中国制定路线方针政策的理论依据，也是1953年制定党的过渡时期总路线的基本出发点。

由此可见，在新中国成立前党中央领导人在我国社会经济构成的分析上和采取方针的问题上，认识是比较一致的。当时，毛泽东、刘少奇以及张闻天等人，根据

---

① 参见《毛泽东年谱（1893—1949）》下卷，人民出版社1993年版，第371页。

② 参见《张闻天社会主义论稿》，第84～99页；《张闻天选集》，人民出版社1985年版，第396～417页。

③ 参见《毛泽东年谱（1893—1949）》下卷第430页；薄一波：《若干重大决策与事件的回顾》上卷第24页。

④ 《毛泽东选集》第2版第4卷，第1433页。

中国革命分两步走的理论，都认为新民主主义革命胜利后建立起来的“新民主主义社会”“新民主主义国家”的经济构成将是一个多种经济成分并存的局面，其中国营经济是社会主义性质的、居于领导地位的经济，合作社经济也带有社会主义性质，对私人资本主义要加以利用，对个体经济则要进行改造。

三、新中国成立后毛泽东的改造生产资料私人所有制为社会主义所有制的思想和实践

全国解放后，党中央领导人的想法一开始并没有大的改变。1952 年 9 月，毛泽东在中央书记处会议上首次提出向社会主义过渡问题，认为从现在开始要用 10 年到 15 年的时间基本上完成到社会主义的过渡。这是毛泽东在思想认识上的一个新变化，即认为从新民主主义到社会主义是一个渐变过程，需要采取逐渐推进的社会主义改造的步骤和政策，大体用 15 年的时间完成这一过渡，而不是采取突变步骤。1953 年 12 月，经毛泽东审改、中共中央批准的《关于党在过渡时期总路线的学习和宣传提纲》中的表述是：“从中华人民共和国成立，到社会主义改造基本完成，这是一个过渡时期。党在这个过渡时期的总路线和总任务，是要在一个相当长的时期内，逐步实现国家的社会主义工业化，并逐步实现国家对农业、对手工业和对资本主义工商业的社会主义改造。”①提纲还具体指明了过渡时期的起止时间，即大约需要经过三个五年计划 15 年的时间。

实际上，1955 年夏季以后，由于毛泽东批判了邓子恢在农业合作化问题上的所谓“小脚女人走路”和“右倾错误”以后，全国对农业、手工业和资本主义工商业的社会主义改造加速进行，并急促完成。到 1956 年底，加入合作社的农户占农户总数的 96.3%，其中参加高级社的农户占农户总数的 87.8%；参加手工业合作社的手工业从业人员占全体手工业人员的 91.7%；全国私营工业户数的 99%和私营商业户数的 82.2%分别纳入公私合营或合作社的轨道，资本主义经济在国民收入和工业总产值中的比重下降到接近于零。这就是说，大体只用了 3 年的时间就完成了原定 15 年完成的任务。后来，1958 年“大跃进”和人民公社化运动的兴起，

① 《社会主义教育课程的阅读文件汇编》(第一编)，人民出版社 1957 年版。

1959年的反对彭德怀、张闻天等人的所谓“右倾机会主义”的斗争，以及从1966年开始的“文化大革命”，在社会生产关系上，在国民经济构成上，一味地追求“一大二公三纯”，不断地搞生产资料所有制的升级和过渡，批资本主义道路，割资本主义尾巴。在农村，不仅初级社升高级社，而且由小集体所有制升大集体所有制，并一度要想把集体所有制过渡到全民所有制。在城镇，也搞小集体变大集体，大集体变国营，公私合营变国营。这样，原先残留下来的少量个体经济和资本主义经济也荡然无存了，社会主义所有制成为我国社会和国家的唯一的经济基础，多种经济成分同时并存和发展的局面已不复存在。

如何估价过渡时期总路线提出的对农业、手工业和资本主义工商业的社会主义改造的任务，如何评价1956年全国绝大部分地区基本上完成了对生产资料私有制社会主义改造的成败得失？这个问题有进一步探讨的必要。

毛泽东提出的过渡时期的总路线中的“三改”任务，实质上是要通过改造而加以消灭，使社会主义所有制成为社会经济的唯一基础。在经过毛泽东审阅修改的《关于党在过渡时期总路线的学习和宣传提纲》中有这么一句话：“我们所以必须这样做，是因为只有完成了由生产资料的私人所有制到社会主义所有制的过渡，才利于社会生产力的迅速向前发展，才利于在技术上起一个革命，把在我国绝大部分社会经济中使用简单的落后的工具农具去工作的情况，改变为使用各类机器直至最先进的机器去工作的情况，借以达到大规模地出产各种工业和农业产品，满足人民日益增长着的需要，提高人民的生活水平，确有把握地增强国防力量，反对帝国主义的侵略，以及最后地巩固人民政权，防止反革命复辟这些目的。”[①]可见，毛泽东完全同意提纲原有的关于总路线的实质的论点，而且加以发挥，认为使社会主义所有制成为我国社会唯一的经济基础，关系到一系列重大原则问题。要使社会主义所有制成为国家和社会的唯一经济基础，这就意味着要通过社会主义改造，消灭私人资本主义经济和个体经济。在这以后，毛泽东讲得更明确，就是所谓使资本主义和小生产在中国“绝种”。一般地说，毛泽东讲的这一观点并没有错，问题在于应该在什么时候和在什么条件下使资本主义和小生产在中国绝种。实践已经证明，在中国，不仅在50年代过渡时期，资本主义和小生产不应该绝种，就是在整个社会

① 《社会主义教育课程的阅读文件汇编》(第一编)，人民出版社1957年版。

主义初级阶段也不能使之绝种。毛泽东把未来要达到的目的,提前到过渡时期来实现就不正确了。

后来毛泽东的认识有改变。认为中国还需要实行一段“新经济政策”:“可以消灭了资本主义,又搞资本主义”;使地下私营工厂成为地上的,使之合法化,可以雇工;地下工厂还可以增加,开私营大厂,10 年、20 年不没收;华侨投资的 20 年、100 年不要没收;可以开投资公司,国营可以搞,私营也可以搞[①]。就是说,在我国所有制结构上,可以放松政策,在国营经济和集体经济为主体的前提下,可以在较长时期内少量保留和适当发展私营经济和个体经济,并引进华侨投资。可是,他的这些想法,后来在实践中并未贯彻执行。

我国过渡时期的社会主义改造的成就不应完全否定。它是在一个几亿人口的大国进行的广泛的、复杂的、困难的、深刻的社会变革,得到绝大多数人民的拥护或赞同,没有发生大的社会震动、反抗和破坏,在我国基本上建立起社会主义制度。但是,社会主义改造中的缺点和错误也不能轻视。在对农业和手工业的改造中固然存在着“四过”即“改造要求过急,工作过粗,改变过快,形式过于简单划一,以致长期遗留了一些问题”;而在对资本主义工商业的改造中,不仅存在着“改造基本完成以后,对于一部分原工商业者的使用和处理不很适当”的问题,同样也存在上述对农业和手工业改造中的“四过”问题。我认为,过渡时期社会主义改造中的主要错误,从理论上说,就是那个作为指导思想的传统理论,即社会主义改造的目标,就是消灭私有制,使社会主义所有制成为社会的唯一的经济基础;在实践中,不顾社会生产力的发展状况,片面地追求社会主义生产关系的“大、公、纯”,把非社会主义经济成分通通消灭光。这也是前述“四过”错误的根源和实质。

四、党的十一届三中全会后邓小平提出以公有制为主体和其他经济成分为补充的思想

以 1978 年 12 月召开的党的十一届三中全会为起点,在这以后,党对我国社会经济构成的理论认识和实行方针都有了新的变化。邓小平在创立建设有中国特色

---

① 参见薄一波:《若干重大决策与事件的回顾》上卷,中共中央党校出版社 1991 年版,第 23、433~434 页。

社会主义理论的过程中，对我国社会主义初级阶段的经济成分作了全面分析，提出了以公有制为主体和其他经济成分为补充的思想。首先，他强调指出，“公有制占主体”是我们所必须坚持的社会主义的根本原则。[①] 公有制包括全民所有制和集体所有制。在他看来，只有坚持公有制为主体，才能保证我国的社会主义性质，坚持社会主义方向；才能实现共同富裕，避免两极分化；才能保证社会主义生产目的的实现，最大限度地满足人民的物质文化需要。其次，他还提出，在以公有制为基础和主体的前提下，应当“允许个体经济发展”，“允许中外合资经营和外资独营的企业发展”，“在小范围内容许资本主义存在”，“这些都是对社会主义经济的补充”，“都是服从于发展社会主义经济这个总要求的”[②]。因为这样做，有利于调动各方面的积极性，促进生产力的发展；有利于吸引外国资金，学到先进的技术和好的管理经验；有利于扩大劳动就业；有利于增加国家税收。总之，这样做“不会也不可能破坏公有制为基础的社会主义经济”，相反“有利于壮大和发展社会主义经济”[③]。

对我国现阶段社会经济构成的分析和实行方针的变化，在党的十一届三中全会以后的历次重要会议的文献中也有所论述。1981 年 6 月召开的党的十一届六中全会通过的决议确认，我国的社会主义制度还处于初级阶段，社会主义生产关系的变革和完善必须适应于生产力的状况，国营经济和集体经济是我国基本的经济形式，一定范围的劳动者个体经济是公有制经济的必要补充。1982 年 9 月召开的党的十二大的政治报告，则提出了“坚持国营经济的主导地位和发展多种经济形式的问题”[④]，肯定国营经济在整个国民经济中居于主导地位，劳动人民集体所有制的合作经济是农村的主要经济形式，城镇手工业、工业、建筑业、运输业、商业和服务业的相当部分应由集体举办，城镇居民集资经营的合作经济应给予支持和指导，城乡的个体经济作为公有制经济的必要有益补充应鼓励其适当发展。1987 年 7 月召开的党的十三大的政治报告，比较系统地阐述了社会主义初级阶段的理论和党在这个阶段的基本路线，提出了“在公有制为主体的前提下继续发展多种所有制

① 《邓小平文选》第 3 卷，第 111、110、103、113、142、139 页。

② 同上。

③ 同上。

④ 《十二大以来重要文献选编》上册，人民出版社 1986 年版，第 20 页。

经济”的任务，认为社会主义初级阶段的所有制结构，“应以公有制为主体”，继续鼓励城乡合作经济、个体经济和私营经济发展，认为私营经济是“公有制经济必要的和有益的补充”，中外合资企业、合作经营企业和外商独资企业，“也是我国社会主义经济必要的和有益的补充”[①]。1992 年 10 月召开的党的十四大的政治报告，系统地阐述了建设有中国特色社会主义的理论，确定“经济体制改革的目标，是在坚持公有制和按劳分配为主体、其他经济成分和分配方式为补充的基础上，建立和完善社会主义市场经济体制”。“在所有制结构上，以公有制包括全民所有制和集体所有制经济为主体，个体经济、私营经济、外资经济为补充，多种经济成分长期共同发展，不同经济成分还可以自愿实行多种形式的联合经营。”[②]

不难看出，过去张闻天、刘少奇主张的在新民主主义社会或过渡时期要实行的以国营经济为主体和五种经济成分都应发展的方针，同当前社会主义初级阶段要实行的以公有制为主体和多种经济成分同时发展的方针，它们尽管存在种种差别，但在基本方面是吻合的，在本质上是相同的。之所以是这样，这是由我国国情和社会生产力状况所决定的，或者说其原因和基础就在于它们在社会生产力状况方面具有共同性。

中国的马克思主义者是主张在我国消灭私有制，建立社会主义和共产主义社会的。但是它的实现并不取决于人们的主观愿望，而最终是由社会生产力状况决定的。马克思和恩格斯早在 19 世纪 40 年代所写的《德意志意识形态》中就指出，要消灭私有制，建立共产主义，必须“以生产力的巨大增长和高度发展为前提”，“如果没有这种发展，那就只会有贫穷的普遍化”；同时，“只有随着生产力的这种普遍发展，人们之间的普遍交往才能建立起来”，共产主义才能在全世界取得胜利[③]。恩格斯在《共产主义原理》一文中也认为，只有把现有生产力扩大到必要程度才能建立公有经济。因此，私有制不能一下子废除，“只有在废除私有制所必需的大量生产资料创造出来之后才能废除私有制”。[④] 邓小平在 80 年代的许多讲话中反复强调：“马克思主义的基本原则就是要发展生产力。马克思主义的最高目的就是

① 《十三大以来重要文献选编》上册，人民出版社 1991 年版，第 31～32 页。

② 《十四大以来重要文献选编》上册，人民出版社 1996 年版，第 11、19 页。

③ 《马克思恩格斯全集》第 3 卷，第 39 页。

④ 《马克思恩格斯全集》第 4 卷，第 366 页。

要实现共产主义,而共产主义是建立在生产力高度发展的基础上的。社会主义是共产主义的第一阶段,是一个很长的历史阶段。社会主义的首要任务是发展生产力,逐步提高人民的物质和文化生活水平……贫穷不是社会主义,社会主义要消灭贫穷。"①

我国实际情况怎样呢?旧中国是一个半封建半殖民地的社会,生产力十分低下,经济非常落后。全国解放以后,尽管经济发展速度很快,全社会总资产、经济总量和现代化水平都有大幅度提高,国家的综合经济实力有了巨大增长。但是不能否认,到现在为止,我国社会生产力水平还不高,仍然还是一个发展中国家,人均国民收入属低收入国家。1987年10月召开的党的十三大政治报告中对我国生产力的落后状况作了具体阐述:"人口多,底子薄,人均国民生产总值仍居于世界后列。突出的景象是:十亿多人口,八亿在农村,基本上还是用手工工具搞饭吃;一部分现代化工业,同大量落后于现代水平几十年甚至上百年的工业,同时存在;一部分经济比较发达的地区,同广大不发达地区和贫困地区,同时存在;少量具有世界先进水平的科学技术,同普遍的科技水平不高,文盲半文盲还占人口近四分之一的状况,同时存在。生产力的落后,决定了在生产关系方面,发展社会主义公有制所必需的生产社会化程度还很低。商品经济和国内市场还不发达,自然经济和半自然经济占相当比重,社会主义经济制度还不成熟不完善"②。

我国社会生产力的这种状况,决定了我国社会还处于社会主义的初级阶段,也决定了这个阶段的所有制结构,只能实行以公有制为主体和多种经济成分同时发展的方针。我国社会主义初级阶段的理论和实践,实际上已经回答了以下两个问题。其一是,我国50年代过渡时期的国情和社会生产力的状况,比起召开党的十三大的80年代中期来,是处于更低的水平上,当然更要实行以公有制为主体和多种经济成分同时发展的方针,而不应该实行把社会主义所有制作为社会经济唯一基础的方针。因此,张闻天、刘少奇在40年代末提出的以国营经济为主体和五种经济都应发展的方针,不仅适用于新中国成立以后的过渡时期,而且对于后来的社会主义初级阶段也具有很大的适用性和重大的现实意义。其二是,社

① 《邓小平文选》第3卷,第111、110、103、113、142、139页。

② 《十三大以来重要文献选编》上册,第10~11页。

会主义初级阶段的所有制结构同过渡时期的经济构成，在本质上并没有不同，存在着内在的本质的同一性和继承性，其基础就是它们的生产力发展水平基本上处在同一发展阶段上。

原载《中国人民大学学报》1997 年第 1 期

发达市场经济是当代世界各国经济运行的共同形式

摘要：马克思关于三大社会形式学说从人的发展角度，揭示了人类社会发展的规律，指明商品经济是社会经济发展不可逾越的历史阶段。商品经济作为一种经济形式，在漫长的历史长河中经历了简单商品经济和发达商品经济两大发展阶段。资本主义经济是与资本主义结合的发达的商品经济。发达的商品经济就是发达的市场经济。20世纪的社会主义国家是在商品经济不发展的经济文化落后国家里诞生的，革命胜利后必须大力发展商品经济，实行市场经济体制。发达市场经济是当代世界各国经济运行的共同形式。在社会主义市场经济条件下，除商品、价值、货币、市场等这些基本范畴外，资本和剩余价值也是重要范畴。

关键词：商品经济；发达市场经济；资本范畴

中图分类号：F014.3　**文献标识码**：A　**文章编号**：1005-2674 (2003) 04-03-08

党的十一届三中全会以后，我国经济体制逐步转轨，实行社会主义市场经济体制。对于这一创举，马克思主义创始人确实没有直接讲过，但是马克思关于三大社会形式学说对于我们理解这一转轨提供了启示。我国创立并实行的社会主义市场经济体制，丰富和发展了马克思主义。当代实践表明，发达的市场经济是世界各国经济运行的共同形式。

一、人类社会只有经过商品经济才能进入共产主义是马克思的一个基本观点

认识人类社会发展进程，观察当代世界各国经济社会形态以及我国新建立的社会主义市场经济体制时，应该全面把握马克思的社会形态学说。马克思对于社

会形态的划分，是有多种依据和划分序列的。这里只谈谈他大致同时提出的两种社会形态划分学说。一种是他在1859年写的《〈政治经济学批判〉序言》中提出的，以一个社会中占统治地位的生产关系总和为依据，把人类社会的发展进程划分为五种经济社会形态的学说。后人将之概括为原始公社制、奴隶制、封建制、资本主义和共产主义五种经济社会形态或生产方式的序列。这种划分是大家熟知的，也是广为流传和普遍采用的。但是，还应该注意马克思的另一种关于社会形态的划分，这就是他在《1857—1858年经济学手稿》中，以人的发展程度为依据，把人类社会发展进程划分为三大社会形式或三个阶段的学说。

马克思关于三大社会形式学说的基本观点是："人的依赖关系（起初完全是自然发生的），是最初的社会形式，在这种形式下，人的生产能力只是在狭小的范围内和孤立的地点上发展着。以物的依赖性为基础的人的独立性，是第二大形式，在这种形式下，才形成普遍的社会物质变换、全面的关系、多方面的需要以及全面的能力的体系。建立在个人全面发展和他们共同的、社会的生产能力成为从属于他们的社会财富这一基础上的自由个性，是第三个阶段。第二个阶段为第三个阶段创造条件。"[①]马克思提出的五种经济社会形态学说和三大社会形式学说的时间相距不足一年半。马克思对人类社会形态的这两种划分序列并不矛盾和排斥，也不存在哪一种划分更重要，或者五种经济社会形态学说已经取代了三大社会形式学说的问题。

马克思说的三大社会形式或社会发展三个阶段，是以社会主体的个人的发展程度，即个人是否获得全面发展和具有自由个性作为标准或依据进行划分的。从经济上说，这种划分反映了社会生产力的发展程度，人们交换活动方式从而经济关系的发展和演变。这种划分说明：起初，由于生产力低下，个人没有战胜自然界的力量，不得不依赖并从属于共同体，个人没有独立性。这表明个人发展程度很低，马克思把这个阶段称为最初的社会形式即社会发展的第一阶段。在这个发展阶段，生活在共同体中的不独立的个人，凭借血缘关系和对他人的依赖建立联系，这时个人之间只有劳动交换，没有产品交换，从而人们直接地交换彼此的活动，个人劳动直接地表现和实现为社会劳动，这意味着自然经济占统治地位。后来，由于生

① 马克思恩格斯全集[M].第30卷，人民出版社1995年第2版，107—108、510.

产力的发展,原来自然发生的个人对共同体的依赖、从属关系解体,个人获得了一定的独立性,但这种独立性是建立在对物的依赖性的基础上的。这表明个人虽然有了很大发展,但仍然是不全面、不自由的,马克思把这个阶段称为第二大社会形式或社会发展的第二阶段。在这个发展阶段,生活在社会中的已获得一定独立性的个人,通过交换自己生产的产品实现劳动交换和建立社会联系,从而人们间接地交换彼此的活动,个人劳动间接地表现和实现为社会劳动,这意味着商品经济占统治地位。最后,由于生产力的高度发展,原先单独的个人变为联合起来的个人,他们共同占有和控制生产资料和生产能力,并成为他们的共同的社会财富,从而个人得到全面发展,并获得完全的自由个性。在这个发展的阶段,人们又直接地交换自己的活动,个人劳动直接地表现和实现为社会劳动。这表明个人的发展达到了很高的程度,实现了人类的最高理想,马克思把这个阶段称为社会发展的第三个阶段或第三大社会形式。

个人发展程度是社会生产力发展的标尺。马克思说的个人发展的三个阶段,也是生产力发展的三个阶段,相应地也是人们经济关系的形式发展的三个阶段。马克思的三大社会形式或三个发展阶段序列,揭示了人类社会发展的这样一条规律:人类社会的发展必须遵循以上三大社会形式或三个阶段依次相继前进,决不能从生产力低下的、人们在狭小范围内发展着的第一大社会形式或第一个阶段,跳跃过人们建立了普遍社会物质交换和全面关系的、能够满足人多方面需要的、存在发达分工体系的第二大社会形式或第二个阶段,而直接过渡到生产力高度发达的、个人全面发展的第三大社会形式或第三个阶段。从人们劳动交换的社会形式而言,人类社会决不能从自然经济或半自然、半商品经济,直接进入共产主义经济,而商品经济的充分发展是一个必经的历史阶段。所以,马克思用人的发展程度作为标准和依据,来衡量社会发展程度和划分社会发展阶段,是科学的。

马克思对人类社会发展阶段的以上两种划分序列,对于正确认识经济文化落后国家走上社会主义道路后所处的社会发展阶段,以及采取的经济形式,有重大现实意义。我国解放前是一个半封建半殖民地的、商品经济和资本主义都很不发展的经济文化落后国家,在取得新民主主义革命胜利后走上了社会主义道路,从五种经济社会形态序列来看,属于第五种即社会主义社会,但从三大社会形式序列来看，仍然属于第二大社会形式或第二个发展阶段。这种情况同马克思原来设想的社会主义并不完全符合，或者正如有学者所说发生了“错位”现象。也就是说，我国现阶段的社会主义，从五种经济社会形态序列来看不同于资本主义，但从三大社会形式或三个发展阶段序列来看，又同资本主义处于同一社会形式即第二大社会形式或同一个发展阶段即第二个发展阶段上。过去我们在理论研究和实践中，只依据马克思关于五种经济社会形态学说，不考虑马克思关于三大社会形式学说，结果在理论上和实践上都犯了超越阶段的错误，走了不少弯路，直至党的十一届三中全会以后才纠正过来。

因此，正确理解马克思关于人类社会发展进程的两种划分序列具有重要理论意义。一个重大启发是，在认识本国社会发展阶段、确定理论政策和创建马克思主义广义政治经济学体系时，将五种经济社会形态学说和三大社会形式学说结合起来考虑，可能是一种新思路。也就是说，在考察当代资本主义和社会主义时，不仅要看到它们在基本经济制度即生产关系性质上的根本区别，而且要看到它们在社会经济形式上又有相同的地方。在西方发达资本主义国家，商品经济已经发展为更高层次的发达商品经济、现代市场经济，大大超越了马克思生活时代的发展水平，并将在一个相当长的历史阶段存在。在像中国这样原来经济文化落后的社会主义国家，商品经济的发展则是社会发展的必经阶段，必须实行市场经济体制。而这些都是马克思恩格斯当初没有预料到的。因此，我们党将我国现阶段社会定位为社会主义初级阶段，要大力发展商品经济，并实行社会主义市场经济体制，是对传统社会主义理论和实践的重大突破和创新，是对马克思三大社会形式学说的创造性运用和发展。

二、当代世界各国实践表明发达市场经济是普遍共同的经济形式

资本主义作为一种社会经济制度从16世纪诞生，到现在已有500年的历史。以资本主义制度诞生为标志，人类社会进入了马克思提出的三大社会形式序列的第二大社会形式或第二个阶段。从人们的劳动交换关系的形式来说，尽管商品经

济在资本主义社会以前就早已产生并缓慢发展，但它成为社会的占统治地位的经济形式却属于资本主义社会。按照马克思恩格斯的分析，商品生产在原始社会末期就开始出现，价值规律已经在长达500～700年的时期内起作用。那么，在这漫长的历史过程中，商品经济的发展经历了几个阶段？当代的商品经济又处在一个什么阶段上？

关于商品经济的发展历史，传统看法认为，它经历了三个阶段或有三种类型。马克思恩格斯认为，商品生产从原始社会末期产生，跨越存在于奴隶社会、封建社会和资本主义社会，到未来共产主义社会就将消亡。他们把商品经济发展的历史划分为简单商品生产和资本主义商品生产两个阶段。20世纪10年代以后，社会主义从理想变成现实，出现了一系列社会主义国家，它们在实践中认识到，现阶段的社会主义还不能消灭商品和货币，还需要利用价值规律。苏联在斯大林领导时期，明确承认“社会主义制度下的商品生产、价值规律和货币”，但强调它与资本主义商品生产有根本区别。这一理论对其他社会主义国家有重大影响，总不敢理直气壮地发展商品生产，自觉或不自觉地把商品生产和资本主义挂钩，某些国家在特殊时期甚至主张取消商品货币和价值规律。20世纪80年代以后，中国共产党宣布：商品经济的充分发展是社会经济发展不可逾越的阶段，中国经济改革的目标是建立社会主义市场经济体制。与此同时，中国经济学家提出商品经济发展三阶段论，将迄今为止的商品经济发展历史划分为简单商品经济、资本主义商品经济和社会主义商品经济这三个阶段或三种类型。但在理论研究和著述中，总是强调这三种商品经济类型的不同，特别强调社会主义商品经济和资本主义商品经济的根本区别；对于这三种商品经济的共性只简单地提及，而对社会主义商品经济和资本主义商品经济的共性只有少数人探讨过。其实，我国既然要发展商品经济和实行市场经济体制，上述这些问题是不容回避的，应该深入加以研究。首先要研究这三种商品经济的共性和个性，考察它们的联系和区别；其次还要研究社会主义商品经济和资本主义商品经济的共性和个性，考察它们的联系和区别。

关于上述三种商品经济的共性，我国学者将之归纳为以下诸点：生产者的劳动采取价值形式，商品交换遵循等价原则，商品生产者具有本位利益，商品生产者进行自主经营，与货币经济共同存在，经济活动受市场调节，通行自由竞争原则，经济具有开放性，等等。对于简单商品生产和资本主义商品生产的区别，马克思作了经典分析，集中表现在他提出的两种流通公式上，前者为 W—G—W（为买而卖），后者为 G—W—G′（为卖而买）。它们的根本区别在于生产资料所有制不同：前者建立在生产资料小生产者私有制和个体劳动的基础上，经济活动的目的是追求使用价值以满足生产者自身生产和生活的需要，交换时贯彻等价原则，不发生价值增殖；后者建立在生产资料资本家私有制和雇佣劳动的基础上，经济活动的目的是为了追求资本价值增殖，在生产过程中资本家剥削并占有雇佣工人的剩余劳动，而等价交换仅仅存在于流通过程。对于社会主义商品经济和资本主义商品经济的区别，研究者总是强调它们的性质根本不同，如所有制、生产目的、作用和后果不同等等；至于它们的共同点，学者们很少论及。

但是，我国也有少数学者对此进行了探索。20 世纪 80 年代初，卓炯作为我国最具创见的经济学家之一，首先提出"扩大商品生产"概念，为研究近现代商品经济理论，特别是为研究社会主义商品经济和资本主义商品经济的共性开辟了一条拓荒之路。他认为，商品经济的发展过程是从简单商品生产到扩大商品生产。从逻辑形式来看，简单商品生产的对立物是资本主义商品生产。如果把简单商品生产说成是小商品生产，那么它的对立物是大商品生产。资本主义商品生产和社会主义商品生产都属于扩大商品生产，这是它们的共性，不同的是生产资料所有制。因此，如果按生产资料所有制来划分，则是小私有制商品经济、资本主义私有制商品经济和社会主义公有制商品经济[①]。可见，卓炯对商品经济发展历史进行划分时有两个标准，一是按生产力发展状况和生产规模来划分，则有简单商品生产和扩大商品生产两种类型；二是按生产资料所有制性质来划分，则有前述商品经济的三种类型。他的创见和突破在于前一种划分，类似于马克思把社会生产划分为简单再生产和扩大再生产两种类型一样。按生产规模来划分商品经济发展阶段，符合从过去的小商品生产到后来的大商品生产发展的历史过程。卓炯按生产规模划分商品经济类型的优点在于，既能把历史上的简单商品经济和后来的资本主义商品经济、社会主义商品经济区别开来，又能把资本主义商品经济和社会主义商品经济的共性寻找出来。但是，扩大商品生产是资本主义商品经济和社会主义商品经济

① 卓炯：再论社会主义商品经济[M].经济科学出版社 1986 年第 1 版，68—73、77—82.

的一个共性，但却不能涵盖和概括它们的主要共性；它是考察它们共性的一个切入点，但并没有直接点击到它们的核心。

根据16世纪以来世界各国经济发展的实际情况，为了研究和揭示商品经济发展各阶段的共性和个性、一般性和特殊性，在划分发展阶段或类型时，采用包容性较宽的用语似乎更好，可以首先把历史上迄今的商品经济划分为简单商品经济和发达商品经济两个阶段。为了与发达商品经济相对应，可以把简单商品经济理解为不发达商品经济。

发达的商品经济也就是发达的市场经济。我国自改革开放以来，“市场经济”成为使用频率最高的概念之一。这里涉及市场经济和商品经济这两个概念的异同及其关系问题。20世纪90年代初我国学术界曾经热烈讨论过这个问题。在我看来，商品经济和市场经济是大同小异的两个概念。从这两个概念的主词商品和市场来说，它们是不可分离的。商品生产和商品交换要通过市场实现，市场是商品交换关系的总和，没有商品就不会有市场出现，没有市场也就没有商品存在，所以商品和市场是一并产生、互相依存、共同发展的。因此，从这个意义上说，商品经济和市场经济作为同一种经济关系的形式，在概念上并无实质性区别。但从这两个概念提出的过程来看，它们的含义又是有区别的。商品经济是马克思主义经济学的基本概念之一。马克思恩格斯专门研究了商品生产和商品交换产生和发展的历史过程，制定了完整科学的商品货币理论，认为商品货币关系的实质是与自然经济相对立的、人们劳动通过产品交换而建立的一种生产关系的特殊社会形式。后来，列宁把人们的商品生产和商品交换关系的总和，作为一种经济形式称之为商品经济。而市场经济概念则主要是西方经济学家使用的。20世纪20—30年代以后，比较经济学或比较经济制度学提出市场经济和计划经济这两个对立概念，用来描述资本主义经济和社会主义经济，说明两者的资源配置和经济调节方式不同：资本主义用市场来配置资源和调节经济活动，称为市场经济；社会主义用计划来配置资源和调节经济活动，称为计划经济。可见，市场经济的本质含义是指与计划经济相对立的、由市场及其机制来配置资源和调节经济活动的一种形式或体制。即使从市场经济概念的这个含义来说，它与商品经济概念也是一致的，是专指商品经济的资源配置方式的特征。商品经济和市场经济这两个概念是对同一关系——商品货币关系从不同角度考察而得出的不同用语：市场经济是从资源配置和经济调节方式来说的商品经济；商品经济是由市场机制调节人们劳动交换关系的市场经济。从市场经济是资源配置和经济调节方式的角度来看的商品经济的这一含义说，那么它们就没有什么发展阶段的高低之分，说市场经济是商品经济的高级阶段的提法，其根据似乎并不能成立。然而，就市场经济概念提出的时间来说，实际上它指称是已经有400多年历史的发达的商品经济。在这个意义上说，只有与资本主义结合的发达的商品经济才称得上是市场经济，把资本主义以前的简单商品经济称为市场经济则比较勉强，充其量只能是不发达的、不成熟的市场经济。所以，与资本主义结合的发达的商品经济，其实也就是发达的市场经济，两者在发展阶段上是一致的。

在西方国家，发达的商品经济或发达的市场经济已经存在了5个世纪。在20世纪最后20年，社会主义国家经济体制改革的目标是建立发达的市场经济体制。从而，发达商品经济或发达市场经济是资本主义国家和社会主义国家共同采取的经济形式。简单商品经济和发达商品经济或发达市场经济的区别主要是：(1)在生产技术上，前者是建立在落后技术和手工劳动基础上的个体小生产；后者是建立在现代科学技术和机器大工业基础上的社会化大生产。(2)在所有制上，前者是个体小私有制；后者是日益社会化的所有制，或者是资本主义私有制，或者是社会主义公有制。(3)在存在领域上，前者在资本主义以前的经济社会形态中不占主导地位，只作为附属经济成分在比较小的范围内存在；后者则与资本主义经济或社会主义经济结合在一起，在全社会范围内存在。(4)在经济活动的目的上，前者是为了获得相等价值的使用价值，以保值为目的；后者是为了追求更大的价值，以价值增殖为目的。(5)在市场范围上，前者只形成狭窄的有限的地区市场，后者则形成广阔的完整的国内市场体系和不断扩大的世界市场。(6)在经济运行机制上，前者是在自然经济统治下的小生产者的自由竞争和市场自发调节；后者是资本自由竞争和市场自发调节，并逐步与国家宏观调控相结合。(7)在生产规模上，前者以简单再生产为特征；后者以扩大再生产为特征。

上面讲的发达商品经济不同于简单商品经济的七个特点，正是资本主义商品经济和社会主义商品经济的共同点或共性。它们的区别点或个性有：(1)所有制基础不同，前者是生产资料资本家私有制；后者是生产资料社会主义公有制或社会所有制，现阶段中国则是公有制为主体和多种所有制经济共同发展的所有制结构。(2)追求价值增殖的目的不同，前者是为了资本家个人发财致富；后者是为了社会整体和全体人民的根本利益。(3)在收入分配上，前者是少数资本家剥削大多数劳动者创造的剩余价值，并占有社会财富的大部分，劳动者仅获得维持生存的劳动力的价值或价格，只占有社会财富的一小部分；后者在本质上是劳动者平等地劳动，实行各尽所能、按劳分配，但在一定历史阶段允许其他生产要素参与分配。(4)在社会后果和最终目的上，前者必然造成社会两极分化，社会成员贫富鸿沟加深；后者发展趋势是全体人民共同富裕。

对于已经存在了5个世纪历史的发达商品经济或发达市场经济如何划分阶段？过去对资本主义社会的发展阶段，由于划分依据不同而有多种发展阶段划分的序列；而单从发达商品经济或发达市场经济形式这一角度来划分阶段，则很少有学者做过。我认为，对它同样可以从不同角度、用不同依据来划分发展阶段。如果从市场经济概念原来的含义，即以市场为基础配置资源和调节经济的方式来看的商品经济的角度，那么则可以依资源配置和经济调节方式的变化，把发达商品经济或发达市场经济的500年历史划分为以下两个阶段：(1)从16世纪资本主义诞生到19世纪末20世纪初，资本主义经济的资源配置和经济调节方式基本上是由市场自发调节的，可以叫做市场调节主导的市场经济。(2)20世纪初，特别是20—30年代以后，资本主义经济的资源配置和经济调节方式除市场调节手段外，又有了国家干预和宏观调控手段，可以叫作国家调控和市场调节相结合的市场经济。前者可以理解为发达市场经济的近代形式，后者可以理解为发达市场经济的现代形式，或者叫作现代市场经济。当今世界客观存在的经济事实是：包括中国等社会主义国家在内的约200个国家和地区，几乎都实行市场经济形式，一些国家早已建立了发达的市场经济，一些国家已经初步建立起市场经济，另一些国家正向市场经济转变。这就是说，除已经建立起发达市场经济的国家外，其余大多数国家正向建立发达市场经济的模式前进。总之，从当前实践和今后一段较长时期的发展趋势来看，发达的市场经济是当代世界各国经济运行的普遍的共同的形式。

三、资本和剩余价值也是发达市场经济的共有范畴

前已说明发达市场经济是当代世界各国共同的经济形式，但社会主义国家和资本主义国家的基本经济制度并不相同，那么，它们有没有共有经济范畴呢？当然，首先因为它们都实行市场经济形式，不言而喻，商品经济一切范畴，如商品、价值、货币、市场等等都是它们的共有范畴。可是，《资本论》分析资本主义经济关系的核心范畴，如资本和剩余价值能否成为发达市场经济的共有范畴并适用于社会主义市场经济呢？这是一个有争议的问题。

资本和剩余价值是现代发达市场经济共有范畴的问题在实践中已经解决。在中国社会主义初级阶段，资本作为社会主义市场经济的一个范畴已经正式载入党和国家的重要文献中。现在的问题是，这样做是否有悖于马克思主义基本理论？当代实践新发展出现的这个问题，因为已经超越马克思主义经典作家当时进行理论概括的时代，我们既不应该要求前人那时就做出完全符合现在实际的回答，同时我们也不应该受前人结论的束缚而不再进行符合时代发展要求的探索。因为马克思《资本论》的任务是揭示19世纪中叶以前资本主义经济运动规律，他和恩格斯对资本主义社会发展趋势和对未来社会主义社会经济特征的意见只是一种科学预测，这些预测应该接受实践检验，并根据新的实践加以发展。这样做完全符合马克思主义世界观方法论。

马克思主义的伟大恰恰在于，《资本论》为我们解决当前问题提供了科学方法和据以前进的出发点。马克思是运用辩证逻辑方法来研究资本主义经济关系的，一般和特殊相结合是一个重要方法，贯穿于整个理论体系的分析之中。当我们考察马克思对资本和剩余价值这两个范畴本身进行分析时，发现它们又有一般性和特殊性两个方面。

关于资本。资本的一般性是指它是一种能够增殖的价值。马克思在《1857—1858年经济学手稿》中研究了资本范畴的一般规定性。在他看来，“资本显然是关系，而且只能是生产关系”。但是他在分析资本这种生产关系时，首先撇开了资本和雇佣劳动的关系，在最一般、最抽象意义上，从流通过程的层面上，分析了资本的

属性。马克思在讨论货币转化为资本时,为了发现作为资本的货币和作为货币的货币的不同,认为应该“先考察资本的一般规定”。马克思认为,资本是一个价值额,也是货币,但与单纯的价值不同,与单纯的货币也不同,资本的一般规定就在于,它作为价值成了运动的主体,在运动过程中通过劳动保存自己,并使自己“增殖”[①]。《资本论》第1卷第4章在研究“资本的总公式”时,在叙述“劳动力的买和卖”之前,从比较资本流通公式和简单商品流通公式的区别入手,从价值流通过程的角度,揭示了资本的一般规定性,说:“原预付价值不仅在流通中保存下来,而且在流通中改变了自己的价值量,加上了一个剩余价值,或者说增殖了。正是这种运动使价值转化为资本。”[②]《资本论》第2卷第4章在谈到“资本是一种运动”这一观点时给资本下了一个定义:“资本作为自行增殖的价值,不仅包含着阶级关系,包含着建立在劳动作为雇佣劳动而存在的基础上的一定的社会性质。”[③]资本的这一完整定义,显然有两个层次,首先它是一种自行增殖的价值,其次它是具有一定社会性质的、建立在剥削雇佣劳动基础上的生产关系。前一层次可以理解为资本的一般属性,后者可以理解为资本的特殊属性。资本的特殊性是指它是资本家所有的和进行生产的条件,是剥削和占有雇佣劳动者剩余劳动的手段,是资本和雇佣劳动的生产关系。资本的特殊性的含义从生产过程的角度,解决了资本作为能够增殖的价值是怎样增殖的,其来源是什么的问题。《资本论》第3卷最后一篇从社会历史的高度指出:资本是“一定的、社会的、属于一定历史社会形态的生产关系,它体现在一个物上,并赋予这个物以特有的社会性质”[④]。所以,说资本是体现资本主义生产关系特殊属性的范畴是完全符合马克思原意的。

关于剩余价值。剩余价值的一般性就是马克思说的“只是剩余劳动时间的凝结,只是对象化的剩余劳动”[⑤]。这是对剩余价值一般性的经典解释。马克思还说过,如果我们把剩余价值、剩余劳动的“独特的资本主义性质去掉,那么,剩下的就

① 马克思恩格斯全集[M].第30卷,人民出版社1995年第2版,107—108、510.

② 马克思恩格斯全集[M].第44卷,人民出版社2001年第2版,176、251.

③ 马克思恩格斯全集[M].第24卷,人民出版社1972年第1版,122.

④ 马克思恩格斯全集[M].第25卷,人民出版社1974年第1版,920、990.

⑤ 马克思恩格斯全集[M].第44卷,人民出版社2001年第2版,176、251.

不再是这几种形式，而只是它们的为一切社会生产方式所共有的基础。”[①]这表明马克思本人也主张对剩余价值这些范畴进行抽象，发现它们的一般性并成为一切社会生产方式的共有范畴。当然，马克思讲得最多的是剩余价值的特殊性，即它是被资本家无偿占有的雇佣工人剩余劳动时间的凝结，体现资本和雇佣劳动的生产关系。

马克思自己以及后来的马克思主义者，也往往在资本的一般性即能够增殖的价值的含义上使用资本范畴，说明其他社会形态里的经济现象。一个明显的例子是，马克思在《资本论》及其手稿中经常提到前资本主义社会里的古老的资本形式。尽管那时并不存在现代意义上的资本和雇佣劳动的关系，却使用了商业资本、生息资本(高利贷资本)等这类用语，以说明它们也是一种能够增殖的价值，从而拓展了资本范畴的适用范围。中国共产党领导人在全国解放前后也经常在一般含义上使用资本范畴，用来说明革命胜利后的经济现象。毛泽东认为新中国成立后“国家银行的资本”是社会主义性质的。张闻天在分析东北经济情况时，为了与“私营资本”范畴相对立，提出了“公营资本”范畴，还使用了“国家资本”概念。1949 年 9 月，《中国人民政治协商会议共同纲领》在经济政策方面规定：“国家资本和私人资本合作的经济为国家资本主义。”[②]在这里，使用了“国家资本”概念。1950 年 1 月，中苏两国在新疆合资设立金属和石油公司，刘少奇给毛泽东的报告谈到双方出资问题时，使用了“资本”“中国资本”“苏联资本”等概念[③]。可见，新中国成立前后，我国重要文献和党的领导人并不认为“资本”是资本主义特有范畴而忌讳使用它，而是在通常一般意义上即企业经营所需本钱、资金来理解它的。

后来对资本、剩余价值等范畴作绝对化理解，拒绝在一般性上使用它们的始作俑者，是斯大林主持编写的、于 1954 年出版的《政治经济学教科书》。这本教科书从资本主义和社会主义是两种根本对立的社会制度这一立场出发，在资本主义部分中，只强调资本范畴的特殊社会性，完全否认它们具有一般适用性；在社会主义部分中，宣布“资本、剩余价值、利润、生产价格、雇佣劳动、劳动力价值等等表现资

① 马克思恩格斯全集[M]. 第 25 卷，人民出版社 1974 年第 1 版，920、990.

② 建国以来重要文献选编[M]. 第 1 册，中央文献出版社 1992 年第 1 版，8、98.

③ 建国以来重要文献选编[M]. 第 1 册，中央文献出版社 1992 年第 1 版，8、98.

本主义关系的范畴已经消失"[①],甚至认为必要劳动和剩余劳动、必要产品和剩余产品等范畴也不复存在了。取代它们的是社会财富、国民财富、公共财产、生产资料、产品等大量物质形态的范畴;因为还承认有商品、货币存在,也使用了一些价值形式的范畴,如基金(生产基金、流通基金)、货币资金、营利、成本、价格、社会纯收入等等。可见,教科书作者试图用一整套全新的范畴代替《资本论》中的范畴,以表现社会主义经济关系。苏联教科书的这些观点和做法,深深地影响着20世纪80年代以前我国理论界。

在这里,不应该忘记那时及其后我国许多马克思主义理论家在这方面进行的探索和做出的贡献。首先要提到的是无产阶级理论家张闻天,在庐山罢官之后的1963年,在深入钻研《资本论》及其科学方法的基础上,提出了生产关系两重性学说[②]。他认为"资本主义生产关系两重性以及内在矛盾的发展规律"是《资本论》研究的主题;并认为《资本论》是"解剖社会主义经济形态的典范"。他还认为,马克思从资本主义特殊形态中揭示出生产一般,不但发现了资本主义发展的特殊规律,而且也指出了社会化大生产的一般规律,以及适用于社会主义的一般规律。因此,《资本论》中的许多范畴,除表现资本主义特殊以外,还表现出社会化大生产的共性,适用于社会主义经济。他针对苏联教科书在社会主义经济学中绝对排斥《资本论》范畴的作法,尖锐地指出:"在社会主义政治经济学中,有人企图用全新的概念和范畴去代替马克思在《资本论》中所使用的一切概念和范畴,这种尝试,看来没有十分必要,而且也难以成功,因为这些概念和范畴除了表现资本主义生产的特殊以外,还表现社会生产的一般性。"还要提到的是著名马克思主义经济学家孙冶方,他在60年代初也对苏联教科书进行了严肃批评,提出了许多真知灼见。这里只提及一点,即剩余价值也适用于社会主义的观点,他说:"依照我的逻辑,既然承认'剩余产品的价值'的说法,那么,甚至剩余价值一词也可以采用。"[③]卓炯在80年代初,更系统地提出关于扩大商品经济的共有范畴的观点。他认为,资本主义经济和社会主义经济同属扩大商品经济,资金、劳动力价值和剩余价值等等是它们的共有范

---

① 苏联科学院经济研究所主编:政治经济学教科书[M].人民出版社1955年第1版,435.

② 张闻天文集[M].第4卷,中共党史出版社1995年第1版,441—461.

③ 孙冶方:社会主义经济论稿[M].人民出版社1985年第1版,189.

畴。对于剩余价值,他坚持马克思所说它是剩余劳动时间的凝结、物化的剩余劳动的理解。他认为剩余价值有两重性:作为劳动过程的剩余价值是一个经济效果问题,而作为资本主义社会形式的剩余价值才是一个剥削问题。他的这一观点在经济学界引起很大争论,现在已被多数人所接受。但另一方面,他又认为资本是资本主义经济的特有范畴,资金才是扩大商品经济的共有范畴。这就是说,资金作为扩大商品经济的共有范畴,在资本主义社会表现为剥削工人的资本,而在社会主义社会则表现为发展生产、增进社会福利的"社本"①。卓炯用"社本"与"资本"相对立,后来还有人用"公本"与"资本"相对立,多数人用"资金"与"资本"相对立,这表明前人在对"资本"是否现代发达市场经济的共有范畴这个问题上的探索是多么艰难。

我认为,根据马克思经济学的科学方法,根据当今世界各国经济发展的实践,现阶段世界各国仍然并将继续处于发达市场经济阶段,资本和剩余价值是它的一般性的共有范畴;与此相联系,由它们派生的许多范畴,以及相关的经济理论、经济规律也具有一般性和共同作用。当然,在不同基本经济制度下,它们又具有特殊性,其内涵、性质、表现会有所不同,运用于实践时的作用、后果也会不一样。其理由简单归纳如下:

首先,这是运用马克思经济学科学方法论得出的结论。马克思研究方法中一般和特殊相结合的辩证分析方法,是解决这个问题的钥匙。这一方法说明,事物的一般性和特殊性是结合在一起的,一般性是特殊性的基础,特殊性是一般性的表现。马克思的《资本论》是研究特殊的资本主义经济制度的,但资本主义经济又是社会化大生产和市场经济,因此马克思的经济理论必然有两个方面:一是资本主义社会化大生产和资本主义市场经济的特殊性的方面;二是撇开资本主义特殊性的关于社会化大生产和发达市场经济的一般性的方面。正是后一方面,为我们现在研究社会主义的社会化大生产和社会主义市场经济提供了理论支持。必须指出,在马克思时代,他没有预见到现代资本主义市场经济的新情况,也没有预见到现代社会主义国家还要保留和发展商品经济。所以,我们现在提出将商品经济划分为简单商品经济和发达商品经济或发达市场经济两个阶段,以及资本和剩余价值是发达市场经济的共有范畴等等,并不是马克思原来就有的观点,而是根据马克

① 卓炯:再论社会主义商品经济[M].经济科学出版社1986年第1版,68—73、77—82.

思提供的方法论研究当代世界各国经济实践而得出的认识。

其次,这是对当代世界各国经济发展实际做出的概括。当代世界各国的具体情况不尽相同,有些国家实行资本主义制度,另一些国家实行社会主义制度,有些国家属于经济发达国家,而大多数国家则属于经济欠发达的发展中国家,但是正如前文所说,它们有一个共同点,都实行市场经济制度或体制,像资本、利润(剩余价值的现象形式)是普遍通用的概念。既然各国普遍实行市场经济,那么,它们必然奉行市场经济理论,遵守市场经济规律,实行市场经济政策,因此,市场经济理论中的一些范畴和规律,必然成为各国经济学的共有范畴和规律。像马克思分析资本主义商品经济使用的商品、价值、货币、市场和资本、剩余价值这些基础范畴,可以为现代发达市场经济继承和使用,也就没有什么奇怪了。还要指出的是,目前实行市场经济体制的社会主义国家,像资本、利润(剩余价值)已经广泛应用于社会经济生活,并且进入党和国家的重要文献,这是客观事实。理论界要做的,是对这种实践做出马克思主义的概括和阐释。所以,本文的上述概括,并不是单纯的理论推导,而是对当代世界各国市场经济实践做出的符合实际的理论概括。

最后,这是我国社会主义初级阶段改革开放和现代化建设以及参与经济全球化的客观需要。第一,社会主义的根本任务是发展生产力,生产目的是满足全体人民的物质文化需要,为此不仅要扩大再生产,而且要追求经济效益,增加资金积累,因此资本或资金的保值增殖是国家和企业的重要任务。马克思所说的资本是增殖的价值、剩余价值是物化的剩余劳动这些一般含义,完全符合社会主义经济本质,应该大胆地运用于社会主义经济。第二,我国现阶段实行公有制为主体和多种所有制经济共同发展的基本经济制度和社会主义市场经济体制,运用现代发达市场经济通行的理论和范畴是很自然的事。我国现在有各种所有制企业,除公有制企业和私有制企业外,还有国家控股的、各种所有制互相参股的股份制企业或混合所有制企业。对于各种所有制企业,特别是混合所有制企业来说,进行经营活动和建立经济联系,必须有统一的经济范畴、概念、用语、指标,否则将寸步难行。在一个企业内部或企业之间,如果对于国有、公有经济成分使用“资金”“社本”“公本”,对于私有经济成分使用“资本”,这将如何具体操作?第三,社会主义市场经济是开放性的经济,不仅要大力发展对外贸易、吸收外资和发展“三资企业”,而且要参与经济全球化进程，开展对外经济交流，与国际经济组织（世界贸易组织、世界银行、国际货币基金组织等）打交道等等。如果我们的经济范畴不与国际经济接轨，自立一套范畴，这又将如何操作？可见，我国推进改革开放建设事业，迫切要求我们提出一套符合现代发达市场经济的范畴，只有做到了这一点，才谈得上创新马克思主义经济学体系。

原载《当代经济研究》2003 年第 4 期

马克思社会总劳动分配和控制的理论对社会主义市场经济的现实意义

马克思在《资本论》及其手稿中，对企业微观经济活动和社会宏观经济运行都有深入科学分析，对商品经济和市场经济中的价值规律、供求关系、价格运动、竞争机制都有详细阐述。本文只拟就马克思提出的社会总劳动分配及其调节机制问题和社会对总劳动进行自觉控制问题，对我国建立社会主义市场经济体制的重大现实意义，谈一点粗浅看法。

社会总劳动时间的分配和市场经济的资源配置

马克思在1861—1863年经济学手稿《剩余价值理论》中第一次系统阐述了社会总劳动时间的分配及其调节机制的问题。马克思指出：在一个单位商品上花费的劳动时间不超过社会必要劳动时间，即不超过生产这个商品平均所需要的时间，这是资本主义的结果，而且资本主义生产在不断降低这个必要劳动时间的最低额。当然，这是以资本主义生产必须在不断扩大的规模上进行为前提的。马克思提问："必要劳动时间究竟按怎样的量在不同的生产领域中分配？"他回答说："竞争不断地调节这种分配，正像它不断地打乱这种分配一样。"马克思进一步解释说，如果某个部门花费的社会劳动时间量过大，那么，就只能按照应该花费的社会劳动时间量来支付等价。因此，在这种情况下，总产品的价值就不等于它本身所包含的劳动时间，而只等于这个生产领域的总产品同其他生产领域的总产品保持应有的比例时按比例应当花费的劳动时间，这时商品的价格就比它原来的价值降低了。这个领域总产品的价格比它的价值降低多少，总产品的每一部分的价格也降低多少。例如，原来生产4000码麻布，其价值为8000先令，现在生产6000码，其价值是12000先令，但它们还会按8000先令出卖，每码的价格不是2先令，而是4/3先令，即比价值低1/3。可见，这就好比在每码的生产上比必须花费的劳动时间多花费了1/3。由此，马克思得出结论说："在商品的使用价值已定时，商品价格降低到商品价值以下的事实证明，虽然花费在产品的每一部分上的只是社会必要劳动时间(……)，但花费在整个这一生产部门中的社会劳动总量过多了，超过必要量了。"①

后来，马克思在1864—1865年间写的《资本论》第3卷"主要的手稿"地租篇《导论》中，从社会分工、社会需要和价值规律的角度，在更高的理论层次上，进一步发挥了上述《剩余价值理论》手稿中的观点。他说，虽然食物直接生产者的劳动，对他们自己来说也分为必要劳动和剩余劳动，但对社会来说，它所代表的只是生产食物所需的必要劳动。由此马克思把这一道理引申到整个社会分工的一切领域。马克思认为，由于人类社会的需要是多方面的，存在着社会分工，因此，社会必要劳动应该理解为："这是生产某一种特殊物品，满足社会对特殊物品的一种特殊需要所必要的劳动"。如果这种分工是按比例进行的，那么，不同类产品就按照它们的价值或生产价格出售，或者按照由一般规律决定的价值或生产价格的变形的价格出售。马克思指出，"事实上价值规律所影响的不是个别商品或物品，而总是各个特殊的因分工而互相独立的社会生产领域的总产品；因此，不仅在每个商品上只使用必要的劳动时间，而且在社会总劳动时间中，也只把必要的比例量使用在不同类的商品上。"为什么呢？马克思用商品的使用价值是交换价值和价值的前提的道理说明了这个问题。如果说个别商品的使用价值取决于该商品是否满足一种需要，那么，社会产品总量的使用价值就取决于这个总量是否适合于社会对每种特殊产品的特定数量的需要，从而劳动是否根据这种特定数量的社会需要按比例地分配在不同的生产领域。在这里，社会需要，即社会规模的使用价值，对于社会总劳动时间分别用在各个特殊生产领域的份额来说，具有决定的意义。如果某种商品生产过了，超过了社会需要所规定的比例，尽管在这种商品的总产品中只体现了一定条件下为生产这个总产品所必要的劳动时间，但是总的说来，生产这种商品的特殊部门消耗的社会劳动已经过多了，产品的一部分已经没有用处。"因此，只有当全部产品是按必要的比例进行生产时，它们才能卖出去。社会劳动时间可分别用在

① 以上引文均见《马克思恩格斯全集》第26卷第1册，第234—235页。

各个特殊生产领域的份额的这个数量界限,不过是整个价值规律进一步发展的表现,虽然必要劳动在这里包含着另一种意义。为了满足社会需要,只有这样多的劳动时间才是必要的。在这里界限是通过使用价值表现出来的。社会在一定生产条件下,只能把它的总劳动时间中这样多的劳动时间用在这样一种产品上。"①

马克思《资本论》及其手稿中关于社会总劳动时间分配及其调节机制的思想,从社会宏观方面提出了一个具有重大意义的理论问题和实际问题。首先,他提出在任何社会形态下,社会总劳动时间都必须根据社会需要按一定比例分配于各种不同的生产领域,这就揭示出人类社会经济发展的共同的一般的规律;其次,他提出在私人的商品交换的社会(包括资本主义社会)里,上述按一定比例分配社会总劳动时间的客观规律,是借助于交换价值或价格运动这种形式来实现的,是通过竞争来调节的,这就指明了私有制商品经济实现和调节机制。马克思的这些论述对于当前我国建立社会主义市场经济体制有特别重要意义。

第一,社会主义经济必须遵循商品经济一般规律来调节社会总劳动的分配。尽管马克思的论述是就私有制商品经济制度来讲的,并预言在消灭了资本主义私有制以后的未来社会即共产主义社会里,商品货币关系将消亡,建立起崭新的经济形式和调节机制。但是实践已经作出回答,商品经济日益充分发展是社会经济发展的不可逾越的阶段,我国虽然已经建立起社会主义制度,可是商品经济很不发展,因此大力发展商品经济仍然是社会主义的历史任务。社会主义商品经济或市场经济是建立在公有制基础上的,资本主义商品经济或市场经济是建立在私有制基础上的,两者虽有重大区别,但又有其共性。因此,不仅马克思所揭示的人类社会经济发展的一般规律,如根据社会需要分配社会总劳动的必要性,社会总供给和社会总需求必须相适应,社会必要劳动的两种含义等思想,都适用于社会主义经济;而且马克思所揭示的商品生产和商品交换的共有规律,如遵循价值规律,通过价格形式、竞争机制等实现和调节社会总劳动时间分配的思想,对社会主义经济也是适用的。

第二,一个社会的资源配置就其主要部分来看就是社会总劳动时间的分配。在任何生产方式下,都有一个全社会的资源如何配置的问题。马克思讲的社会总

① 以上引文均见《马克思恩格斯全集》第25卷,第721—717页。

劳动时间的分配应从两个方面来理解：一方面，它指当年新投入社会生产的物化劳动和活劳动的总和在各特殊生产领域的分配；另一方面，在商品经济条件下，社会总劳动时间凝结为社会价值，社会总劳动时间的分配就表现为社会总价值的分配。一个社会的资源配置和社会总劳动时间分配是有差别的，前者是从生产要素的物质形态来讲的，后者从生产这些物质要素所需要的劳动时间来说的，具有更高的抽象性，能够化为统一的衡量单位，便于进行总量计算。但是，这两者又是一致的，都是讲一个社会现有的人力、物力、财力如何在由社会分工引起的各个特殊生产领域中进行配置或分配，资源配置就其主要部分来看就是社会总劳动时间的分配。

第三，价格运动仍然是调节供求和实现资源配置的主要手段。价格促进资源配置最优化的实现过程是：价格变动引起供给和需求、生产和消费关系的变动。当某种商品价格上涨时，生产者会因为利润优厚而增加生产和供给，从而导致资源流入，但这又会减少消费者的需求；反之，当这种商品价格下跌时，生产者会因为利润微薄或亏损而减少生产和供给，导致资源流出，但这又会增加消费者的需求。正是这种供求关系变动和价格变动的交相作用和复合运动，调节着资源在各生产领域的合理配置，实现社会总供给和总需求的平衡，实现产业结构的优化。这不正是马克思讲的价值规律的作用形式吗？这不正是商品生产社会里借助于价格或交换价值这种形式实现社会总劳动分配的规律吗？

第四，竞争机制也是社会主义市场经济的各个规律的实现形式。在商品经济中，价格运动是同竞争机制的作用分不开的，竞争是价值规律、价格运动的实现形式。首先，从微观经济活动来看，竞争是企业达到资产保值增值的有效手段。在社会主义市场经济下，存在着许多从事经济活动的市场主体，它们都要按照市场需求组织生产经营，在市场上展开平等竞争，实行优胜劣汰。企业在市场上，由于竞争的压力，只有不断提高劳动生产率，增加经济效益，才能达到资产保值增值的目的。其次从宏观经济活动来看，竞争也是实现资源配置优化、产业结构优化的有力手段。在社会主义市场经济体制下，同样广泛存在着一个生产部门内部各个企业之间为争夺有利销售市场、追求超额利润的激烈竞争，存在着各个生产部门之间为争夺有利投资场所、追求更高利润率的激烈竞争。在我国市场经济中，完全竞争市场、完全垄断市场、不完全竞争市场和寡头垄断市场等，将以多种多样的具体形式而存在。随着我国社会主义市场经济体制的逐步建立，竞争机制在微观经济和宏观经济中将会发挥更大的作用。社会总劳动根据社会需要按比例分配，资源根据市场需要配置，国民经济持续、快速、健康发展，这些社会宏观经济规律都要通过竞争机制来实现。

社会对总劳动的自觉控制和社会主义国家的宏观调控

马克思在批判地研究了资本主义私有制的本质规律及其运行机制的基础上，得出了资本主义必然被社会主义、共产主义代替的结论，认为在未来的社会里，生产资料的社会占有或公有制将比私有制优越，对社会总劳动的直接自觉控制将克服资本主义生产无政府状态的弊病，更能促进社会生产力的发展。1864—1865年，马克思在《资本论》第3卷主要手稿中指出："只有在生产受到社会实际的预定的控制的地方，社会才会在用来生产某种物品的社会劳动时间的数量，和要由这种物品来满足的社会需要的规模之间，建立起联系。"[①]1868年1月，马克思在给恩格斯的信中提到，"只有在公有制之下"，才有可能"通过社会对自己的劳动时间所进行的直接的自觉的控制来实现"对社会生产的调整。[②] 1871年4—5月，马克思在《法兰西内战》一书中指出，在共产主义制度下，"联合起来的合作社按照总的计划组织全国生产，从而控制全国生产，制止资本主义生产下不可避免的经常的无政府状态和周期的痉挛现象"[③]。1872年3—4月，马克思提交给第一国际曼彻斯特支部讨论会的论文《论土地国有化》中进一步指出，在未来社会中，"农业、矿业、工业，总而言之，一切生产部门都将逐渐地用最合理的方式组织起来。生产资料的全国性的集中将成为由自由平等的生产者的联合体所构成的社会的全国性基础，这些生产者将按照共同的合理的计划自觉的从事社会劳动。"[④]在19世纪中叶，马克思的上述思想还是在总结资本主义社会经济运动规律及其内在矛盾的基础上，对未

① 《马克思恩格斯全集》第25卷，第209页。
② 《马克思恩格斯全集》第32卷，第12页。
③ 《马克思恩格斯全集》第27卷，第362页。
④ 《马克思恩格斯全集》第18卷，第67页。

来社会特征的一种科学预见；在20世纪，它已经是被当代社会经济发展实践所证明的科学真理。无可怀疑，马克思关于对社会总劳动要自觉控制和有计划地进行分配的思想，是对人类思想宝库的天才贡献，永放光芒！

新中国成立以来，我国实行苏联模式的僵化的计划经济体制，忽视价值规律、市场机制、竞争机制的作用，阻碍了国民经济的迅速发展。党的十一届三中全会以后，对我国传统的经济体制进行了改革，取得巨大成效。党的十四大确定我国实行社会主义市场经济体制。一方面要使市场对资源配置起基础性作用，另一方面也要看到市场有其自身弱点和消极方面，必须加强和改善国家的宏观控制。这意味着，我国要建立的社会主义市场经济体制，必须充分发展市场机制和宏观调控这两个方面的作用，充分发挥市场和计划两种调节手段的作用。对此，邓小平有很多论述："计划和市场都得要"；"计划和市场都是发展生产力的方法"；"计划和市场都是经济手段"；甚至说计划经济和市场经济这"两者都是手段"；"把计划经济和市场经济结合起来，就更能解放生产力，加速经济发展"；"实际工作中，在调整时期，我们可以加强或者多一点计划性，而在另一个时候多一点市场调节，搞得更灵活一些。"[①]邓小平关于计划和市场的论述，是全面的、正确的。

在当前的理论研究和政策宣传中有两种倾向值得注意：第一，把计划经济同传统的僵化的计划经济体制等同起来，把计划经济本身当作坏东西给否定了；第二，只讲宏观调控，讳言计划调节，把计划手段从宏观调控手段中排除了。在某些人的心目中，计划、计划调节、计划经济都成了贬义词，视为万恶之源，弃之如敝屣；有的人只强调市场机制的作用，不赞成国家对经济实行宏观调控，反对使用计划调节手段。这些认识和主张，不仅抛弃了马克思主义关于对社会总劳动进行自觉控制和有计划地分配的意见，而且从现代西方经济学已经达到的认识和西方发达国家已经实行的宏观调控、计划调节的实践中后退了。在当代，要实行19世纪以前那种完全由市场自由调节的经济自由主义已一去不复返了。

原载《当代经济研究》1994年第6期

① 《邓小平文选》第3卷，第364、203、373、367、148—149、306页。

经济范畴史的有意义的探索

——评《市场与市场经济》[①]

经济科学作为关于人类社会经济关系的理论表现，是一门内容和范围十分广泛的学问，理论经济学是它的基础和精髓。理论经济学从本质上和在抽象形态上揭示社会经济关系的运动，内容深邃。近代经济科学本身发展历史证明了这一点。无论是亚当·斯密、李嘉图的著作和马歇尔、凯恩斯的著作，或是马克思的《资本论》都是这样。就理论经济学本身来说，它又有不同的层次，研究不同的问题。马克思在19世纪50年代酝酿他的经济学著作的研究计划时，曾打算写三部著作。其中，第三部著作为经济范畴史，马克思生前没有来得及动手。这个经济范畴史是研究什么的，它同前两部著作，特别是同第二部著作有何区别，马克思没有进一步的说明，后来也很少有人加以研究，更没有这方面的专著问世。姚开建同志对此作了如下解释：政治经济学理论史是以一定的理论为指导，阐述各个历史时期具有代表性的经济学理论的产生、发展及其演变的历史；经济范畴史是在政治经济理论史的基础上，研究各个基本范畴以及范畴体系的产生、发展和演变的历史，从而反映经济学理论体系总体的演进过程，因而后者是前者更高一级的理论概括。基于这种理解，作者写的这部专著《市场和市场经济——近代西方市场与市场经济理论研究》，实际上是一部关于经济范畴史的专著，是实现马克思遗愿即打算写但没有来得及动手写的第三部著作经济范畴史的一种极有意义的探索和尝试。

在当代中国，市场和市场经济是社会生活中使用频率最高的用语之一，也是经济学研究中最重要的范畴。其实，近代经济思想史表明，从微观层次上对市场及其体系的分析，从宏观层次上对市场经济总体的分析，是所有近代西方经济学家们研

---

① 姚开建：《市场与市场经济——近代西方市场与市场经济理论研究》，中国物价出版社1998年版。

究的主题。近代西方经济学即近代资产阶级经济学，是随着资本主义生产方式的产生而形成和发展起来的。它以资本主义经济制度的存在为基础和前提，并将之永恒化。它只研究在这种现存的、既与的经济制度下，社会经济活动如何更好地运行，怎样增加这个社会的财富——实为资产阶级财富。这就是资产阶级经济学家们研究经济学的目的。亚当·斯密的经济学著作《国民财富的性质和原因的研究》，就明白地指出了这一点。纵观近代西方经济学家的著作，尽管理论观点不尽相同，但有一点却是共同的，即他们都不作基本经济制度的分析，不研究资本主义经济制度的本质、内在矛盾和发展趋势。他们注重的是这个社会的生产、交换、分配和消费诸环节如何均衡协调地进行，使生产力发展和财富增长。他们在研究社会经济运行时，发现企业生产的商品通过市场交换而实现是一个至关重要的问题。因此，资产阶级经济学家在研究社会经济运行时，首先围绕市场及其体系问题展开分析，是符合实际的。为此，他们深入分析了市场的诸种要素：买者和卖者，商品和货币。继而又进一步抽象之，研究价格和价值、劳动和分工、供给和需求、竞争和垄断等等范畴，并综合研究了市场体系。在这个基础上，他们又研究了资产阶级国家的经济职能，其核心问题是国家作为资本主义社会的上层建筑，如何制定适当的经济政策和利用各种经济杠杆，维护和促进企业的生产经营正常发展。这就是所谓的国家干预，也就是后来的更发展了的形式——国家的宏观调控。尽管近代经济学家们的著作，没有十分明确和有意识地把市场及其体系放在研究的中心位置，最初也没有提出市场经济范畴，更没有把对它们的研究分为微观经济和宏观经济这两大层次，但这不能低估他们对这些问题的研究以及作出的相应的理论贡献。把市场和市场经济这两个范畴置于社会经济生活的中心，作为现代经济学的重要范畴加以研究，把现代社会经济区分为微观经济和宏观经济，应该说是现代西方经济学家继承先辈研究成果并结合现代社会经济发展实践作出的理论新贡献，是西方经济学家几个世纪积极探索的新成果。这种情况正像马克思所说，劳动这个被近代经济学研究提到首位的并表现出适用于一切社会形式关系的最简单的抽象，只有当资本主义经济发展到较高阶段，它的抽象性才表现为实际上真实的东西。市场和市场经济这两个范畴也是这样，尽管它们所表现的关系早就存在于社会经济生活中，但从理论上把它们抽象出来并置于经济学研究的中心，却是现代市场经济发展的产物。从这个意义上说，本书抓住市场和市场经济这两个范畴，从总体上考察了近代经济学几百年的发展历程，并作出相应的结论，这充分表现出作者理论上的抽象力和概括力。

在实际生活里，人们往往把市场调节和国家干预、微观运行和宏观调控、市场经济和计划经济完全对立起来，并在理论史的研究中，把自由主义经济学和国家干预主义经济学绝对对立起来，总之把它们看作理论上不可兼容、实践上不能兼备的东西。近代资本主义经济发展的历史，近代经济学发展的历史，以及市场和市场经济范畴本身形成的历史表明，自资本主义生产方式产生以来，市场调节和国家干预就有机地结合在一起，尽管它们在社会经济发展过程中的地位和作用，在不同历史时期和不同国家有所不同。除特殊个别例外的情况，在资本主义经济发展历史中，就没有不要国家干预的纯粹的市场调节，更没有不要市场调节的国家干预。在经济理论史上，尽管自由主义经济学和国家干预主义经济学有所不同，但正如本书作者正确指出的，自由主义经济学也主张国家干预，国家干预主义经济学也标榜自由竞争、自由放任，看不到这一点是一种极大误解。

说到底，所谓市场调节和国家干预的关系，只是经济基础和上层建筑相互关系的一种表现形式或一个方面。国家作为上层建筑的一个重要组成部分，它从来就具有经济职能。作为资本主义社会上层建筑的国家更是这样，它是同经济关系紧密地联系在一起的，是经济关系的一种延伸。马克思把这种情况叫作“资产阶级社会在国家形式上的概括”[①]。后来马克思为总标题《政治经济学批判》的著作制定的“六册计划”中，其第 4 册《国家》显然不是研究作为单纯上层建筑的国家，而是跟国家相联系的经济关系，或者说就是国家的经济职能。资产阶级经济学家在研究社会经济运动时，从来没有忘记国家的存在及其作用。作为对资本主义经济进行最初探讨的重商主义，极力主张国家干预，一开始就以增加国家财富、获得最大的公共收入为政策目标。坚决主张用“看不见的手”和市场自行调节经济的、极力宣扬“自由放任”“自由竞争”的斯密，其“自行”“自由”等等也只是相对的，有一定条件的，其实他也很重视国家的职能和作用并纳入其理论体系之中。一般说来，在 20 世纪 30 年代以前，近代经济学家们一方面推崇“看不见的手”的作用，主张由市场

① 《马克思恩格斯全集》第 46 卷上册，第 46 页。

自由调节经济，另一方面也承认国家的经济作用。到20世纪20年代末30年代初那场世界经济大危机前后，以凯恩斯为代表的经济学家们更把国家干预提到重要地位上来，主张把市场调节和宏观调控结合起来，从而为资本主义经济的发展找到了一个合适的运行机制。这是资产阶级经济学家们在总结资本主义经济发展的经验教训的基础上，从理论上积极探索的重大成果。如果说，在西方经济学家那里，把市场经济泛指为资本主义经济的话，那么，市场经济运行机制本身就包括市场调节和国家干预或宏观调控这两个方面，而且是这两个方面的有机结合。本书作者指出，即使只存在"纯粹竞争"市场，市场也要具体化为市场经济，在这个理论的具体化过渡中，也要以国家形式对资本主义社会经济进行概括，因而国家以某种形式、在某种程度上发挥经济职能或干预经济已经包括在市场经济当中。

马克思关于社会经济运行调节机制的见解是独特的、新颖的，他是站在人类社会经济发展的一般规律及其实现形式的高度提出来的。在他的经济理论体系中，有一个极为重要但往往为许多人忽视的原理，即社会总劳动的分配及其实现方式或调节机制的原理。在《资本论》第1卷出版后的1868年，他多次指出，在任何社会形态下都有一个调节社会生产的方式问题。他说，人们要想得到和各种不同需要相适应的产品量，就要付出各种不同的和一定数量的社会总劳动量。这种按一定比例分配社会劳动的必要性决不可能被社会生产的一定社会形式所取消，而可以改变的只是它的表现形式。他认为，在私有制的商品交换社会里，这种按一定比例分配社会总劳动所借以实现的形式，是通过竞争机制和价格变动来实现的①。用现在的话说，就是通过市场调节机制来实现社会经济资源的配置。马克思认为，在资本主义制度下，社会的理智总是事后起作用，因此可能并且必然发生巨大的紊乱，社会生产不可避免地发生无政府状态和周期性经济危机，造成工人阶级失业和贫困，使生产力和生产关系的矛盾、工人阶级和资产阶级的矛盾不断加深和尖锐化，因此主张用共产主义公有制代替资本主义私有制。马克思认为，在未来的共产主义社会里，由于实行了公有制，商品货币关系已经消亡，上述按一定比例分配社会总劳动的客观规律将这样来实现：社会经济活动由人们自觉直接控制，按照社会需要把社会总劳动有计划地分配于各个特殊生产领域，社会根据总计划组织全

① 参见《马克思恩格斯全集》第32卷，第12、541页；第26卷I，第234—235页。

国生产。[①] 用现在的话说，就是运用计划调节方式来实现经济资源配置和组织社会经济活动。马克思的这些见解是人类思想史上最具创见的理论贡献。由此可见，在人类思想史上最先提出对社会经济活动进行自觉控制和宏观调控思想的是马克思，而凯恩斯等人提出类似思想要晚半个世纪还多。但是有一点是共同的，无论是马克思，还是西方经济学家，他们提出的对社会经济进行自觉控制或宏观调控的思想，都是针对社会化大生产的，都是针对资本主义市场调节缺陷的。

现在看来，马克思没有预见到资产阶级及其经济学家能够在资本主义生产关系范围内，在运用自发的市场调节机制的同时还会运用国家干预和宏观调控机制，从而在一定阶段和一定程度上纠正"市场失灵""市场失败"的缺陷，克服经济盲目发展和无政府状态，缓解周期性危机和社会矛盾，并在科学技术革命强有力的推动下，促进社会经济发展。在马克思时代，社会主义、共产主义只是一种理想。社会主义实践表明，在推翻了资本主义以后建立起来的社会主义社会的一个很长历史阶段，在原来经济落后国家，由于社会生产力发展水平还不高，除公有制经济这个主体外，还存在非公有制经济，公有制也将会采取多种实现形式，商品货币关系不仅没有像马克思原先预言的那样会马上消亡，而且需要有一个更大的发展。这样，实践就提出一个崭新课题，在公有制的社会主义条件下用什么机制和方法来调节资源配置和经济运行？

邓小平在总结当代发达资本主义国家经济发展实践和新中国成立以来经济发展经验教训的基础上，第一次指出计划和市场、计划经济和市场经济并不是属于基本经济制度方面的范畴，而是现代社会化大生产与商品经济的发展生产力和调节经济运行的手段和方法。他说："计划经济不等于社会主义，资本主义也有计划；市场经济不等于资本主义，社会主义也有市场。"他并没有把计划经济同市场经济对立起来，认为"社会主义也有市场经济，资本主义也有计划控制"，把"计划经济和市场经济结合起来，就更能解放生产力，加速经济发展"。他还说："实际工作中，在调整时期，我们可以加强或者多一点计划性，而在另一个时候多一点市场调节，搞得更灵活一些。以后还是计划经济与市场调节相结合。"[②]邓小平关于计划和市

① 参见《马克思恩格斯全集》第 32 卷，第 12 页；第 23 卷，第 96 页；第 27 卷，第 322 页。

② 《邓小平文选》第 3 卷，第 373、364、148—149、306 页。

场、计划经济和市场经济的论述是全面深刻的，是唯物辩证的。

遗憾的是，尽管人们十分拥护邓小平理论并给予很高评价，但并不是都正确理解了邓小平的上述思想，也不是所有理论阐述和政策宣传都符合邓小平理论。一个突出的表现，就是自觉或不自觉地、完全或部分地对计划忽视或否定。新中国成立以后，建立和实现的计划经济体制对我国社会主义经济的建立和发展，曾经发挥过巨大作用，功不可没。现在，我们要改革的正是这种高度集中的计划经济体制，而不是否定计划本身，不是否定计划手段和计划方法。我国经济体制改革的重要内容，就是全面地、充分地发挥计划和市场这两种手段和方法、这两种调节机制的作用，并将两者很好地结合起来，并不是只要市场这一种手段、方法和调节机制。现在理论宣传上经常讲的所谓从计划经济向市场经济转变这一提法，只不过是从传统的高度集中的计划经济体制向社会主义市场经济体制转变这一论断的简化说法，而且只能这样理解。有必要强调，社会主义市场经济体制这一概念，应当理解为国家宏观调控下以市场为基础性资源配置的经济体制，它本身就是计划调节和市场调节相结合的经济体制，而不是只要市场调节而不要计划调节。这是我读了姚开建同志的专著中对近代西方经济思想史上关于市场调节和宏观调控、经济自由主义和国家干预主义的历史发展过程及其相互关系的分析中所受到的启发，这也是这部专著的现实意义所在。

原载《当代经济研究》1998 年第 5 期

与改革共呼吸　为改革而呐喊

——读《蒋映光经济文选》

为纪念蒋映光同志逝世一周年，汤群英从他生前撰写的大量文章中选出七十二篇编辑成的《蒋映光经济文选》（简称《文选》，下同）一书，已由人民日报出版社出版。

蒋映光的著述有一个基本特点，那就是紧密结合实际，有的放矢，言之有物，不尚空谈。党的十一届三中全会以后，他紧扣时代脉搏，围绕我国新时期改革开放和现代化建设这个主旋律，为之呼号呐喊。《文选》中除了少数几篇，其余都是1978年以后写作的，论述的几乎全是我国改革开放各个阶段的一些重大经济问题，包括拨乱反正，批判“左”的错误，分析僵化的计划经济体制的弊端；阐述改革开放的必要性、理论基础，研究改革进程中出现的新问题；论述我国经济建设中的各种关系和矛盾，以及处理的原则、对策，等等。这些文章从理论和实践的结合上有力地宣传了党的路线方针政策，在实践中起到了很好的作用。

《文选》表明作者经济学研究领域的面很宽，在理论经济学、部门经济学（工业、农业、贸易、财政、投资、金融等经济学科）、经济发展战略学、生产力经济学、生态经济学、国际经济学等方面均有所涉猎，而在政治经济学基本理论、社会主义市场经济方面造诣更深。他80年代中期写的一组关于商品经济和价值规律的论文，其主旨是说明商品经济是发展社会主义经济的最好形式，马克思主义商品经济理论是我国经济改革的理论基础。他对所谓商品经济的盲目性、价值规律的消极作用、产品经济是比商品经济更高级的形式等问题作了辩证分析，澄清了许多似是实非的观念，提出了不少独到的见解，现在读来仍深受启发。80年代末，他研究了世界经济发展的新情况，对商品经济发展阶段提出新看法，不赞成把它划分为简单商品经济、资本主义商品经济和社会主义商品经济三个阶段，认为它的真实历史发展过程应该是简单商品经济、发达商品经济和现代商品经济三个阶段。现代商品经济的基本特点是国际化。由于科学技术飞速进步和生产力的巨大发展，各国的生产、市场日益国际化，进而产生资本流动、金融、交通、信息等等的国际化。他认为，这是商品经济发展的一个质的飞跃，我们应该树立现代商品经济观念，并用以指导经济改革。从他对这个问题的全部分析来看，他所说的现代商品经济国际化，就是今天讲的经济全球化趋势。

《文选》表明作者对我国经济生活有敏锐的观察力，善于捕捉一些具有重大意义和实际价值的题目和问题。比如，1979年，针对我国当时计划经济体制下生产和消费脱节、国民经济比例失调的状况，他与别人合写的一篇评价斯大林对为生产而生产的观点进行批评的文章，在一个内部刊物上发表后得到当时中央领导同志的肯定，并进而引起一场关于社会主义生产目的的全国性大讨论，对推动我国国民经济的调整和健康发展，帮助广大干部树立正确的生产目的观产生了积极影响。

蒋映光的文风宛如其人，质朴无华。《文选》中除少数有相当深度的长篇论文，多数是短小精悍的千字文。他积极提倡写经济短文。他认为要写好短文，必须选好题目，想好了再下笔，要讲新话、不讲老话，要单刀直入、大题小做，要用自己的话讲出来。这是他长期写作的经验之谈。在他的笔下，深奥的经济理论问题，写得生动活泼，深入浅出，言简意赅，清新流畅。

原载2001年2月10日《人民日报》